JN317341

体系アメリカ契約法

英文契約の理論と法務

AMERICAN CONTRACTS:
LEGAL PRINCIPLES BEHIND TERMS AND CONDITIONS

平野　晋著

中央大学出版部

はじめに

　本書は、「アメリカ契約法」の「概説書」である。学術と実務の融合を目指した「実学」の書でもある。本書が実学を強調する理由は、アメリカ契約法がそれを重視しているからである。その一端を、本場ロー・スクールの授業から以下、紹介しておこう。

Robert S. Summers(サマーズ)教授の授業（UCC）に見る実学としての契約法

　それは、本書筆者が幸いにも居合わすことが出来た、R. Summers 教授による授業の初回に於いてであった。Summers 教授は「契約法」の応用・上級科目である「ＵＣＣ(ユー・シー・シー)」[1]の指導的研究者であり、且つ同法の権威ある基本書(か)（treatise(トリーティス)）[2]の共同執筆者としても世界的に有名である…が、しかし、コーネル・ローの学生内で彼が有名な理由は、寧(むし)ろ、典型的な「ソクラテス方式」[3]授業の厳しさ故(ゆえ)であった。彼は一年生必修の「契約法」も担当していたから、映画「ペーパー・チェイス」[4]や日記文学『One L.(ワン・エル)』[5]等の「法と大衆文化」（law and popular culture）的ステレオ・タイプにピッタリと当てはまってしまい、様々な「伝説」も持つ人

---

1) 「UCC」とは『UNIFORM COMMERCIAL CODE』の略語。*See infra* text at §1-02-2.
2) JAMES J. WHITE & ROBERT S. SUMMERS, UNIFORM COMMERCIAL CODE (5th ed. 2000).
3) 問答を通じて、争点発見能力や法理抽出能力やその当てはめ能力等を鍛えて「legal reasoning」（法的推論）の能力向上を目指す授業形式であり、「ケース・メソッド」と併用される。「ケース・メソッド」に就いては、その始祖と言われる後掲（§1-04-2）Christopher C. Langdell に関する項を参照。
4) 「The Paper Chase」（Twentieth Century Fox 1974）（ロー・スクールに於ける「契約法」の授業を舞台にして、学生がその厳格なソクラテス方式と苦闘する様を描いた名作）.
5) SCOTT TUROW, ONE L. (1977). 後に『推定無罪』（PRESUMED INNOCENT (1987)）等のシリーズを書いて「legal thriller」ムーブメントの旗手としても高名になった作者が、ロー・スクールに於いて「ロー・ジャーナル」誌編集部員の地位を目指して好成績獲

ii　はじめに

物でもあった[6]。

　以上，前置きが長くて恐縮だが，筆者が伝えたかったのは授業に於ける彼の指摘（以下）である。

> UCC［の規定］は多くの部分を契約によって変更可能である。この法体系を効率的に扱う法曹は，依頼人の多大な時間と問題とエネルギーとお金とを，節約できる。法曹は，...UCCを模写するような契約書を起案する必要は無い。契約上に別段の約定（やくじょう）が無い限り［合意内容を］UCCが支配するからである。しかしながら授業の中では，［他の事柄よりも］契約起案者の視点（contract drafter）...が強調される[7]。

　即ちアメリカのロー・スクールでは，実体法科目に於いてさえも，契約書の起案や実務を常に念頭に入れて授業が行われるとの印象を，筆者は強く受けた。「実学」の精神が，授業でも活きているのである。

欠缺（けんけつ）を「穴埋め」（filling-the gap）（フィリング・ザ ギャップ）する実学書

　過去二〇数年程の間，途中の留学期間を挟んで英文契約書と取り組んで来た筆者は，今でも実務家向け英文契約の講師を依頼されることがある。その際，勉強熱心な社会人の受講生達からは，巷（ちまた）に数多く出回っている書籍の物足り無さに就（つ）いての苦情を多く耳にする。曰（いわ）く，謂わゆる英文契約の「実務書」では学術面が不足しがちである。更に曰く，アメリカ契約法に関する邦語の「体系書」が無く，手に入る「翻訳本」は読（に）み難い，と言うのである。それならば，これらの欠缺（けつ）を「穴埋め」しようと思ったのが，本書執筆の動機である。UCCと同じよう

　　　得の為に勉学に苦闘する実態を描いた日記文学。
6)　幾つかの「伝説」が未だ活きていると触れながら，同教授自身曰（いわ）く，三〇年の教歴の中で「一度も学生を殴ったことはない」し，「授業の前に雄牛の生き血を飲んでいる訳でもない。実際，授業の前は何も飲食をしない」と言っている。Robert S. Summers, *The First Hour of the Course in Commercial Law, Spring Semester 1990*, CORNELL LAW FORUM, Vol.17, No.1, at 12, 12 (July 1990).
7)　*Id.* at 14 (emphasis added)（日本語訳は本書筆者）.

に,「filling-the gap」な役割を果たそうと思ったのである。

　Summers 教授の授業を引き合いに出す迄も無く,そもそも法律学という学問は「実学」であるから,実務抜きに論理を語ることは空しい。しかし同時に,学問である以上は,理論や原理抜きに実務に走ることもまた,浅く,悲しい。両者の充実に,本書が幾らかでも貢献したいと願うばかりである。

実務と学術の融合と「解剖学」

　基本書たらんと欲する本書は,アメリカ契約法体系や論点を知りたい研究者に加えて,実務家の需要をも満たすことを志向している。例えば国際／英文契約実務に携わりたいと希望する人々が,英文契約のグローバル・スタンダードであるアメリカ契約法体系を理解できることも目指したつもりである。企業法務に於いては言うまでも無く,契約交渉を含む契約書の「起案」(ドラフティング[8])の「術」(art：芸「術」?!)を習得することが重要である。その「術」は,契約紛争の未然防止[9]という「予防法務」(preventive law practices)の実践に於いて不可欠だからである。しかし,「術」を倣うよりも前に不可欠な,実学としての体系的理解を実務家も,是非とも本書で学んで欲しい。

　「実学」を目指す本書は,アカデミックな米国契約法体系と法理を「解剖」しつつ,「臨床」法学の初歩として具体的な英文条項・約定 (terms and conditions) の問題点や治癒策にも要所要所で言及したつもりである。尤も紙面と時間という「稀少資源」には限りがあるので,臨床面の充実は他日を期したいと願っている――臨床面については,本書初版後に上梓した『国際契約の起案学』(木鐸社 2011 年)参照――。しかし臨床法学に移行する前に読者には,体系を解剖した本書で基礎力を是非とも養っておいて欲しい。

---

[8] 「drafting」とは,他人に依って解釈されることに成る成文法や法律書面等の法律起案 (legal writing) の意であり,契約書はその一つである。BRYAN A. GARNER, A DICTIONARY OF MODERN LEGAL USAGE 297 (2d ed. Oxford Univ. Press 1995).

[9] Louis M. Brown, *The Law Office —— A Perspective Law Laboratory,* 104 U. PA. L. REV. 940, 945-46 (1956).

iv　はじめに

Robert A. Hillman（ヒルマン）教授の授業に見る契約法

　イントロダクションの最後に，アメリカ契約法の入り口に少しだけ触れておこう。当時は日本で未だ紹介されることも少なかった若き日の R. Hillman（ヒルマン）教授が[10]，毎週三日連続で行う授業に於いてしばしば板書した内容である。（履修した筆者の記憶が正しければ，以下のような図が描かれていたと思う。勿論，日本語は附されていなかったけれども...。）

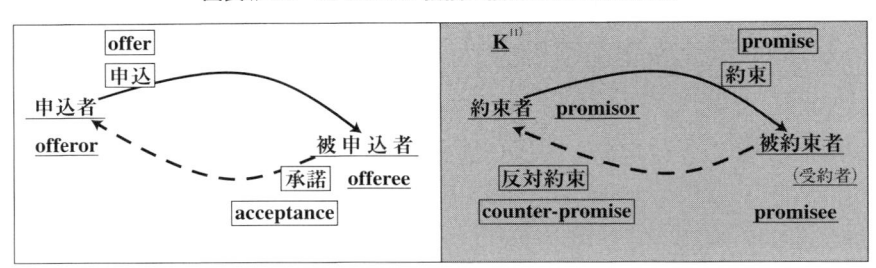

図表＃0.0　R. Hillman 教授の授業の典型的板書例

```
  offer                           K[11]        promise
   申込                                          約束
申込者 ────────→ 被申込者    約束者 promisor ────→ 被約束者
offeror ←╌╌╌╌╌╌ offeree     ←╌╌╌╌╌╌╌╌╌╌╌╌      (受約者)
          承諾                  反対約束
       acceptance           counter-promise      promisee
```

　左側のコラムは大陸法国（civil law）でも理解できるが，重要なのは右のコラムである。「コモン・ロー」の契約法では，「取引された交換［関係］」（a bargained-for exchange）と呼ばれる基本構造がまずは大切だからである。それは Oliver Wendell（オリバー ウエンデル）Holmes, Jr.（ホームズ ジュニア）判事がそう言ったからという「教義主義」（doctrinalism）的理由（?!）からではなく，法の原理（特に「法と経済学」）上もそうであり，契約実務でもそうだからである...。と，語り出すと止（と）め処（ど）なくなりそうなので，残りは本文（§3-03 以降）に続けることとしよう。（なお本書は筆者が大学で担当する講座のテキストでもあ

---

10) 近年では日本のアカデミックなアメリカ契約法書籍に於いても多々引用されるに到っている。See, e.g., 樋口範雄『アメリカ契約法』5 頁＆脚注 2, 318-327 頁（弘文堂 1994 年）（なお樋口教授の同書は本書脱稿直前に第二版が出版された）； ロバート・A. ヒルマン＆笠井修編著『現代アメリカ契約法』（弘文堂 2000 年）.

11)「K」とは「contract」の略語である。

るので，契約法の原理的な導入のトピックスを§1-01にて記述しているが，ここを実務家は読み飛ばしても構わないであろう。）

2008 年 6 月

中央大学多摩キャンパスの研究室から
青葉に満ちた「桜広場」を眺めつつ

著　者

凡　　例

引用に就いて（rules of citation）

　本書に於ける注書の形式は，出来るだけ，所謂『ブルーブック』[1]に従っている。『ブルーブック』とは，アメリカの主要ロースクールの紀要論文（「ロー・ジャーナル」(law journal)或いは「ロー・レヴュー」(law review)と言う）に於ける引用（citation）形式の基準書である。

「see」「*supra*」「*infra*」「*id.*」「note」「text」「*i.e.*」「*e.g.*」の意味に就いて

　これ等の意味は概ね『ブルーブック』に定義されているけれども，本書の脚注（footnote や単に note と言う）に於いて多用するので，簡潔に説明しておく。「see」は「参照」の意[2]，「*supra*」は「前掲」の意[3]，「*infra*」は「後掲」の意[4]，「*id.*」は「*ibidem*」「*ibid*」「*idem*」の略で「同上」（same）の意である[5]。「text」とは「本文」の意であり，「note」とは「脚注」の意であるから，「*See infra* text accompanying notes 242-44.」と記載されている場合は「後掲脚注番号242〜244に付帯する本文参照」の意である。

　更に「*i.e.*」は「*id est*」の略で「that is」（即ち）の意であり，「*e.g.*」は「*exempli gratia*」の略で「for example」（例えば）の意である。

---

[1]　THE BLUEBOOK: A UNIFORM SYSTEM OF CITATION (Columbia Law Review Ass'n et al. eds., 18th ed. 2005).
[2]　*Id.* R. 1.2(a), at 46.
[3]　*Id.* R. 4.2(a), at 66.
[4]　*Id.* R. 3.5, at 63.
[5]　*Id.* R. 4.1, at 64-65; WEBSTER'S THIRD NEW INTERNATIONAL DICTIONARY ON THE ENGLISH LANGUAGE UNABRIDGED 1122 (Philip Babcock Gove, ed. 2002).

「K」（contract）に就いて

「契約」を「contract(s)」と表記するけれども，アメリカのロースクールの講義に於いては略して「K」の一文字で表される。そこで本書でもこの慣行に従う場合がある。

原告（π）・被告（⊿）の表記に就いて

本書が主に扱うアメリカの裁判例とその紹介や研究に於いては，当事者名を表すことが慣例であり，本書もこれに従っている。更に，アメリカの法律実務や法学教育では，「原告」（plaintiff）のことをしばしば"π"や"P"という頭文字を用いた略称によって表し，且つ，「被告」（defendant）を"⊿"や"D"という頭文字で表すので，本書でもこれを採用している。

判例や裁判例や決定例等の違い（cases）

厳密にこれ等を区別する記述方法も日本には存在しているけれども，本書では全て「判例」或いは「事例」という表現に統一して記述することとした。

「ハイポ」（hypo. 或いは hypothetical）に就いて

ロースクールに代表されるアメリカの法学教育や，ロー・ジャーナル（またはロー・レヴュー）等のアカデミックな法律学論文等に於いては，「hypothetical」と呼ばれる仮想事例を用いて，それに関して様々な議論を展開することが一般的である。更にそのような仮想事例を短縮して，「hypo.」と呼ぶのが慣わしである。英文では「Suppose ...」とか，「Assume ...」という書き出しで始まるセンテンスがその類である。本書でも，「ハイポ」という文言を用いて仮想事例を紹介しているが，それは以上のようなアメリカ的法律学の伝統に基づいている。

目　次

はじめに

凡　例

§1．総　論 …………………………………………………………………… 3

1-01．「啓典の民」と契約 ………………………………………………… 3

1-01-1．ユダヤ・キリスト教と契約／a．イスラームと契約　**1-01-2**．古代ギリシア文明と契約　**1-01-3**．「自然法」（natural law）と契約　**1-01-4**．「社会"契約"論」（a social *contract* theory）とジョン・ロック的な近代憲法思想　**1-01-5**．「身分から契約へ」（*from Status to Contract*）／a．アメリカ契約法の目的も市民に依る自由な将来設計の「期待の保護」にある　**1-01-6**．「法と経済学」が分析する「交換」（exchange）と契約の分析／a．「交換」（exchange）の重要性／b．「自然状態」（state of nature）と「財産権（物権）」の重要性／c．「債権」と「契約法」の重要性／d．「債務」と，「債権」（right *in personam*）と「物権」（right *in rem*）の違い　**1-01-7**．「契約を破る自由」と「法と経済学」——"神は死んだ(!?)"——　**1-01-8**．「倫理」（moral）と契約　**1-01-9**．「法と文学」と契約／a．『ヴェニスの商人』と契約法／b．『ファウスト』と契約法

1-02．アメリカ契約法と国際契約の法源 ……………………………… 28

1-02-1．『リステイトメント』（RESTATEMENT）　**1-02-2**．『UNIFORM COMMERCIAL CODE（U C C）』（統一商事法典）　**1-02-3**．『CISG』（ウイーン売買条約）と，UNIDORIT Principles（ユニドロワ国際商事契約原則）

1-03．アメリカ契約法の歴史 …………………………………………… 34

1-03-1．「実証主義」（positivism）・「古典学派」（classical school）　**1-03-2**．「リーガル・リアリズム」（legal realism）・「新古典学派」（neoclassical school） x　目　次

　　1-03-3. 「法と経済学」（law and economics）と「学際法学」（law ands ロー アンズ）と，『契約の死』THE DEATH OF CONTRACT から「批判的法学研究」Critical Legal Studies まで

1-04. アメリカ契約法のアカデミックな巨人達 ……………………………38

　　1-04-1. オリヴァー・ウエンデル・ホームズ（Oliver Wendell Holmes, Jr.）
　　1-04-2. クリストファー・C. ラングデル（Christopher Columbus Langdell）
　　1-04-3. サミュエル・ウイリストン（Samuel Williston）　　1-04-4. アーサー・L. コービン（Arthur Linton Corbin）　　1-04-5. カール・N. ルウェリン（Karl Nickerson Llewellyn）　　1-04-6. グラント・ギルモア（Grant Gilmore）　　1-04-7. ロン・L. フラー（Lon Luvols Fuller）　　1-04-8. E. アラン・ファーンスワース（E. Allan Farnsworth）

1-05. 英文契約のグローバル・スタンダードはアメリカ法である ……………44

第Ⅰ章　契約の成立　Formation of Contracts

§2. 「契約(K)」とは何か？ ……………………………………………………49

　2-01. 「契約」の定義 ……………………………………………………………50
　　2-01-1. 「合意」（agreement）とは何か？／a. 契約実務に於ける「合意」（agreement）の使用慣行　　2-01-2. 「取引」（bargain）とは何か？

　2-02. 「約束」とは何か？ ……………………………………………………54
　　2-02-1. 定義／a. 契約は「未履行」（executory）でなければならない／b. 如何なる法制度に於いても全ての約束が強制される訳では無い　　2-02-2. 「擬似約束」（illusory promise イリューサリー）　　2-02-3. 「不確定な約束」（indefinite promise）／a. 契約実務上の留意点　　2-02-4. 「covenant コヴェナント」と「要式契約」（formal contract）／a. 「捺印契約」（contracts under seal）法理と歴史に就いて／b. 「船荷証券」（bill of lading ビル・オブ・レイディング－B L ビー エル）／c. 「信用状」（letter of credit : L C エル・シー）／c-1. 「商業信用状」（commercial letter of credit）／c-1-a. 「独立の原則」（independence principle）／c-1-b. 国際物品売買に於ける支払手段と商業信用状の利点／c-2. 「スタンド・バイ信用状」（standby letter of credit）

2-03.「拘束力の在る」（binding）という意味……………………………77
 2-03-1. 法的拘束力の在る契約に成る為には ...

§3. 契約の「成立」（formation of K）……………………………79

3-01.「口頭契約」（oral agreement）も契約……………………………79
3-02. 契約「書」は何故必要か？……………………………………80
 3-02-1. Fuller が指摘する形式の果たす三つの機能／a.「証拠機能」(evidence function)／b.「注意喚起機能」(cautionary function)／c.「伝達手段機能」(channeling function)　3-02-2. その他の書面化の果たす役割／a. 当事者理解明確化の役割／b. 紛争未然防止の役割／c.「強制可能性」（enforceability）要件としての書面化を満たす役割

3-03.「取引交換」(bargained-for exchange) と「約因」(consideration)……83
 3-03-1.「取引交換」(bargained-for exchange) 関係／a.「交換」(exchange) こそが契約法の核心　3-03-2.「誘引」(inducement)　3-03-3.「約因」(consideration)　3-03-4.「債権債務関係の双方性」(mutuality of obligation)　3-03-5.「法的な不利益・損失」(legal detriment) と「便益」(benefit)　3-03-6.「双務契約」(bilateral contract)　3-03-7.「片務契約」(unilateral contract)／a.「片務契約」と,「条件」と「約束」の違い

3-04.「申込」と「承諾」による客観的（表示的）な「意思の合致（相互の同意）」………………………………………………94
 3-04-1.「申込」(offer)　3-04-2.「承諾」(acceptance)　3-04-3.「意思の合致」(meeting of the minds) から「相互の同意」(mutual assent) へ

3-05. 隔地者間の「承諾」の意思表示と「mailbox rule」……………………99
 3-05-1. 契約実務上の「通知条項」(notice clause) の意味

3-06.「consideration」(約因) と, これを欠く場合……………………104
 3-06-1.「贈与」(gift)／a.「条件」(condition) と「法的な不利益・損失」(legal detriment)／b. O. W. ホームズ Jr. 判事による取引交換理論のリマインダー／c. 贈与に consideration を与える契約実務上の工夫例／d. 贈与の約束には原則として法的拘束力が附与されない理由　3-06-2.「胡椒の実の理論」(Pepper

Corn Theory）　　**3-06-3.**「偽契約」(sham contract)・「名目的約因」(nominal consideration)　／　a．契約実務上の留意点（「＄1.⁰⁰」の授受を consideration として記載する例）

3-07．「過去の約因法理」(past consideration doctrine)・「道義的債務」
　　　（moral obligation）と，「既存義務の準則」(pre-existing duty rule) …112
　　3-07-1.「過去の約因法理」(the "past consideration" doctrine)　／　a．「道徳的債務」(moral obligation)　　**3-07-2.**「既存義務の準則」(pre-existing *duty* rule)　／　a．「変更契約」(modification agreement) と「既存義務の準則」

3-08．「イリューサリー・コントラクト」(illusory K：擬似契約) に於ける
　　　「債権債務関係の双方性」の欠如 ……………………………………………*121*
　　3-08-1.「リクアイアメント契約」(必要量購入契約／requirement K) と「アウトプット契約」(生産量一括売買契約／output K)　　**3-08-2.**「*Wood 対 Lucy, Lady Duff-Gordon*」事件判決　　**3-08-3.** イリューサリー契約を回避する為の「販売特約権（一手販売権）契約」(distributorship agreement) 起案時の留意点

3-09．電子商取引に於けるサイバー契約の成立 ……………………………*126*

§4．consideration によらずに約束に法的拘束力を附与するか或いは救済を附与する主な法理 ……………………………………………………………*130*

4-01．「約束的禁反言・不利益的信頼」(promissory estoppel・detrimental reliance) ……………………………………………………………………*131*
　　4-01-1. 約束的禁反言の要件　　**4-01-2.** 契約実務上の留意点　　**4-01-3.** 代表判例「*Hoffman 対 Red Owl*」事件判決

4-02．「利得返還」(restitution) ……………………………………………*137*
　　4-02-1. 目的・背景　　**4-02-2.** 手続と救済　　**4-02-3.**「準契約」(*quasi* contract) 或いは「法定契約」(implied-*in-law* contract)　／　a．「implied-*in-fact* contract」(黙示契約) と「implied-*in-law* contract」(法定契約) の違い

第Ⅱ章　救済　Remedies

§5．契約に係わる様々な「救済」(remedies) ……………………*151*
　5-01．契約が不成立・強制不可能な場合にも救済の法理が存在する ………*152*
　5-02．「金銭賠償(損害賠償)」の原則と，例外的な「衡平法」上の救済 ……*154*
　5-03．「損害賠償(金銭賠償)」の権利と義務 ………………………………*157*
　　5-03-1．「損害賠償」(damages)の種類／ a．名目的損害賠償(nominal damages)／ b．懲罰的損害賠償(punitive damages)　5-03-2．「履行利益」(performance interest)の補償が原則　5-03-3．「直接損害」(direct damages)
　5-04．「確定性の準則」(certainty rule) ……………………………………*164*
　　5-04-1．「機会」(opportunity)と確定性
　5-05．「損害軽減の原則」(mitigation principle) ……………………………*166*
　5-06．「予見可能性」(foreseeability) ………………………………………*168*
　　5-06-1．「通常損害[賠償]」(general damages)　5-06-2．「特別損害[賠償]」(special damages)または「結果的損害[賠償]」(consequential damages)／ a．「付随的損害賠償」(incidental damages)／ b．「利子」(interest)／ c．「弁護士報酬」(attorney's fees)／ d．「精神的苦痛」(mental distress)
　5-07．「救済方法の選択」(election of remedies)と「重複的救済条項」(cumulative remedy provision) ……………………………………………*175*
　　5-07-1．契約実務に於ける「重複的救済条項」
　5-08．三つの利益──「期待利益」「信頼利益」「利得返還利益」 ………*177*
　5-09．「期待利益」(expectancy interest) ……………………………………*179*
　5-10．「信頼利益」(reliance interest) ………………………………………*180*
　5-11．「利得返還利益」(restitutional interest) ……………………………*182*
　5-12．「損失補償」(indemnity)条項または「hold harmless clause」(ホールド・ハームレス条項)(賠償責任免除特約) …………………………………………………………………*183*
　5-13．「責任制限」(limitation of liability)・「責任排除」(disclaimer)条項 …*185*
　5-14．「予定損害賠償」(liquidated damages) ……………………………*187*

5-15. 衡平法上の救済 ……………………………………………………194

5-15-1. 「クリーン・ハンドの法理」(clean hand doctrine) と「"良心"の衡平法裁判所」(courts of equity as *courts of conscience*)　5-15-2. 「laches」(ラチズ)(衡平法上の時効)や請求遅延　5-15-3. 衡平法に於ける非陪審裁判の原則と例外

5-15-4. 「宣言的判決」(declaratory judgment)　5-15-5. 「特定履行」(specific performance)／a.金銭賠償では「不適切」(inadequate)な場合／b.「管理」(supervision)が困難過ぎないこと／c.約定が「確定性」(certainty)を有していること　5-15-6. 「差止命令」(インジャンクション)(injunction / restraining order)／a.「先買権[による拒絶権]」(ファースト リフューザル ライト)(first refusal right)と特定履行　5-15-7. 「文書訂正命令」(reformation decree)　5-15-8. 「契約破棄／取消」(リシジアン)(rescission)

5-16. 不法行為法上の救済 ……………………………………………………209

5-16-1. 不法行為法上の「不実表示」(misrepresentation)　5-16-2. 「契約関係への不法介入(不法行為的債権侵害)」(tortious interference with contractual relations)／a.「*Texaco* 対 *Pennzoil*」(テキサコ 対 ペンゾイル)事件　5-16-3. 「事業関係への不法介入」(tortious interference with *business* relations)　5-16-4. 「専門家責任」(malpractice)　5-16-5. 「不誠実な契約違反」(バッド・フェイス・ブリーチ)(bad faith breach of contract)

5-17. 契約締結「前」の責任 ……………………………………………………214

5-17-1. 諸法理／a.「利得返還」(restitution)の援用／b.「不実表示」(misrepresentation)の援用／c.「約束的禁反言」(promissory estoppel)の援用／d.「契約締結上の過失」(カルパ・イン・コントラヘンド)(culpa-in-contrahendo)と「契約締結前交渉中の公正な取引の義務」(fair dealing in precontractual negotiation)　5-17-2. 契約実務に於いて「確定的合意書」前に作成される文書／a.「N D A」(エヌ・ディー・エイ)(non-disclosure agreement 非開示合意書)／b.「条件書」(ターム シート)(term sheet)／c.「議事録」(ミーティング ミニッツ)(meeting minutes)／d.「L O I」(エル・オウ・アイ)(letter of intent)／e.「M O U」(エム・オウ・ユー)(memorandum of understanding)　5-17-3. 「予備的合意書」(preliminary agreement)／a.予備的合意書の法的効果と分類／b.「*Texaco* 対 *Pennzoil*」事件の教訓／c.「agreement to agree」の法的拘束力

5-18. 救済と契約の関係 ……………………………………………………233

第Ⅲ章　法的拘束力　Legally Binding Promises

§6.「強制可能性」(enforceability) に係わる諸法理 …………………239
6-01.「強制可能性」の分類 ……………………………………………239
6-01-1.「無効」(void) と「取り消し得る」(voidable) と「強制不可能」(unenforceable) の違い ／ a.「無効」(void) ／ b.「取り消し得る」(voidable) ／ c.「強制不可能」(unenforceable)

§7. 契約能力に関する規制 ………………………………………………248

§8. 契約の「成立・交渉」過程に於ける不正からの約束者の保護 …251
8-01.「錯誤」(mistake) ……………………………………………251
8-01-1.「共通的錯誤」(mutual mistake) ／ a. 要素①「契約締結時の…」(at the time of a contract was made) ／ b. 要素②「基礎的前提に就いての…」(a basic assumption) ／ c. 要素③「重大な効果が…」(a material effect) ／ d. 要素④「錯誤した当事者が危険を負担した等の場合でない限り…」(unless he bears the risk of the mistake) ／ d-1.「due diligence」(デュー・ディリ) と錯誤　**8-01-2.**「一方的錯誤」(unilateral mistake) ／ a. 要素⑤「相手方（錯誤当事者）の錯誤を…知る理由があり」(the other party had reason to know the mistake) ／ b. 要素⑥「非良心的であること」(enforcement of the contract would be unconscionable) ／ c. 錯誤に至った際の錯誤者側の過失　**8-01-3.**「[重大な]相互の誤解」([material] mutual misunderstanding)　**8-01-4.**「表示上の錯誤」(mistake in expression) と、「文書訂正命令」(reformation decree) ／ a. その他の救済に関すること

8-02.「不実表示」(misrepresentation) ……………………………273
8-02-1.「誘引の不実表示」(misrepresentation in the inducement) ——「取り消し得る」場合 ／ a. ①「不実表示」=「事実に反する表明」／ b. ②-1「悪意不実表示」(fraudulent misrepresentation) ／ c. ②-2「重大な不実表示」(material misrepresentation) ／ d. ③「不実表示を信頼したこと」(reliance) ／ e. ④「不実表示を信じることが正当化されたこと」(justified in relying)　**8-02-2.**「文書作成・署名の詐欺」(fraud in factum / fraud in execution)——無効と成る場合

8-02-3．「［詐欺的な］隠蔽」（[fraudulent] concealment）と「非開示」（non-disclosure）　　8-02-4．救済／a．文書訂正命令（reformation decree）　　8-02-5．「保証（担保）責任」（warranty）との近似性

8-03．「強迫」（duress） ……………………………………………………288

　　8-03-1．「物理的強迫」（physically compelled manifestation of assent）　　8-03-2．「不適当な脅しによる同意の表明」（improper threat inducing manifestation of assent）／a．「不適当な脅し」（improper threat）／b．「誘引に成ったこと（induced）」（因果関係の主観的基準）と，「如何なるリーズナブルな代替案も無い（no reasonable alternative）」（客観基準）こと　／c．「経済的強迫」（economic duress）

8-04．「不当威圧」（undue influence） ……………………………………295

8-05．「非良心性」（unconscionability） ………………………………296

　　8-05-1．「実体上の非良心性」（substantive unconscionability）　　8-05-2．「手続上の非良心性」（procedural unconscionability）　　8-05-3．「標準書式合意書」（standardized agreement）・附合契約（contract of adhesion）の非良心性的検討　　8-05-4．効果　　8-05-5．「plain language movement」と非良心性

8-06．「詐欺防止法」（statute of fraud） ………………………………306

　　8-06-1．書面化要件が満たされる場合／a．書面（writings）または記録（records）／b．重要事項等が記載されていること／c．署名（signature）

§9．契約の「成立」に於いてはたとえ有効であっても，契約の「内容」がパブリック・ポリシーに反する故に裁判所が被約束者への援助を躊躇う場合 ………………………………………………………311

9-01．「競合避止義務」（duty not to compete） ………………………312

　　9-01-1．契約実務に於いて有効な付随的競合避止義務条項の起案の仕方

　　9-01-2．「青鉛筆の準則」（blue-pencil rule）と「合理性の準則」（rule of reasonableness）

9-02．「分離性」（severability・divisibility） …………………………316

　　9-02-1．契約実務に於ける「分離条項」（severability provision）

目　次　xvii

9-03．「違法性」（illegality）……………………………………………………*319*

9-04．「責任排除・免責・責任制限条項」（disclaimer・exculpatory clause・limitation of liability）の有効性 ………………………………………*320*

9-05．「出訴期限制限条項」（contractual statute of limitation）……………*324*

9-06．「陪審裁判の権利放棄」（waiver of jury trial）…………………………*325*

 9-06-1．契約実務に於ける起案上の留意点

9-07．「法廷地選択条項」（forum selection clause または choice-of-forum provision）……………………………………………………………………*329*

 9-07-1．契約実務に於ける起案上の留意点

9-08．「準拠法条項」（choice of law clause・governing law）………………*335*

 9-08-1．「反致・転致・再致」（*renvoi*）

9-09．「紛争解決（ADR）条項」…………………………………………………*340*

 9-09-1．契約実務に於ける起案上の留意点

§10．契約は如何に「解釈」（interpretation・construction）されるのか？
……………………………………………………………………………………*348*

10-01．「解釈」とは何か？………………………………………………………*348*

 10-01-1．裁判所は原則として契約を書き換え（rewrite）ない　　10-01-2．解釈は一義的に「法律問題」（a matter of law）であって「事実問題」（a matter of fact）では無い

10-02．出来るだけ「当事者の意図・目的」を実現するように解釈する……*352*

 10-02-1．「明白な意味の準則」（plain meaning rule）の衰退と「文脈」（context）の尊重　　10-02-2．「主要目的の準則」（primary purpose rule）と，「説明部」（recital）に於ける目的明記の重要性　　10-02-3．「説明部」（recital）と「本文」（body of K）が相違した場合の解釈の優劣

10-03．「客観的」に解釈する……………………………………………………*357*

 10-03-1．「主観（意思）主義」も活きている「重大な相互の誤解」（material mutual misunderstanding）の法理と「*Peerless*号」事件

10-04．語句・文言の「通常の意味」として解釈する…………………………*361*

10-05．「全体として」解釈する …………………………………………362
10-06．「表題・小見出し」（caption・heading）は解釈に影響を与えない……363
10-07．一貫性が維持されるように解釈する ………………………………364
10-08．出来るだけリーズナブルで合法的で且つ効力を有するように解釈する ……………………………………………………………………364
10-09．条項の欠缺も「穴埋め［補充］」（gap filling）して出来るだけ有効に成るように解釈する ………………………………………………366

 10-09-1．「優勢な危険負担者・優勢な危険回避者」（the "superior risk bearer"・"superior risk avoider"）　10-09-2．「［特別事情非開示］当事者の損失負担の原則」（"penalty default"）　10-09-3．「公正」（fairness）

10-10．単語や文法や句読点上のミスも矯正して解釈する ………………369
10-11．「特別条項」（special terms）や手書文言を「一般条項」（general terms）や印刷文書よりも相互矛盾時には優越させて解釈する ……370
10-12．慣行（custom）等の尊重 ……………………………………………371

 10-12-1．「取引慣行」（trade usage, custom）　10-12-2．「取引の経過」（course of dealing）　10-12-3．「履行の経過」（course of performance）　10-12-4．「取引慣行」「取引の経過」「履行の経過」の間の優劣順位　10-12-5．取引慣行例としての引渡条件─「F. O. B.」「C. I. F.」等　／　a．F. O. B. と trade terms　／　a-1．「INCOTERMS」に於ける「FOB」　／　b．「C. I. F.」　／　b-1．「INCOTERMS」に於ける「CIF」　10-12-6．「GAAP」

10-13．「*提出者に不利な推定*」（起草者に不利に解釈される）（*contra proferentem*）……………………………………………………………382
10-14．「*同類解釈則*」（*ejusdem generis*）…………………………………384
10-15．「*列挙されたものと同種*」（*noscitur a sociis*）の解釈 ……………386
10-16．「*一つの表示は他を排除する*」（*expressio unius*）………………387
10-17．列挙されている直近の最後の文言を修飾する ……………………389
10-18．「*各々に夫々の意味を与え*」（*reddendo singula singulis*）………389
10-19．数を文言（word）で表した場合と数値（numeral）で表した場合の相

　　　　違時の優劣関係 ··· *391*

10-20．相反する規定の解釈と先後関係 ······································ *392*
　　　10-20-1．契約条項の順番に関する契約実務上の留意点

10-21．パブリック・ポリシーに適うように解釈する ················· *393*

10-22．「曖昧性・多義性」（vagueness・ambiguity）を出来る限り除去すること ··· *393*
　　　10-22-1．契約実務に於いて問題に成る「vagueness（ヴェイグネス）」の代表例　**10-22-2**．「語義上の多義性」（ambiguity *in semantics*）と「構文上の多義性」（ambiguity *in syntax*）／a．「語義上の多義性」と定義条項の重要性

10-23．「誠実かつ公正な取扱」（good faith and fair dealing）の義務 ······ *397*

10-24．「最善の努力」（best efforts）や「理に適った努力」（reasonable efforts）等の努力義務 ··· *402*
　　　10-24-1．黙示の努力義務　**10-24-2**．「best efforts」と「reasonable efforts」と「good faith efforts」と「diligent efforts」の相違——起案上の留意点

10-25．「満足感条件」（satisfaction）の解釈 ································ *407*

§11．「口頭証拠排除の準則」（parol evidence rule） ······················· *410*

11-01．「口頭証拠排除の準則」の概要 ··· *410*
　　　11-01-1．理由・目的・背景等　**11-01-2**．契約書締結「以前」の外部証拠のみが排除の対象　**11-01-3**．「書証」も排除の対象　**11-01-4**．手続法では無く実体法上の準則

11-02．口頭証拠排除の準則の「原則」 ··· *418*
　　　11-02-1．「相反する」（contradictory）外部証拠　**11-02-2**．「完全な完結」（total integration）　**11-02-3**．「部分的完結」（partial integration）／a．Corbin の批判
　　　11-02-4．「同時的」（contemporaneous）な外部証拠／a．Corbin の批判

11-03．裁判官が行う「完結」（integration）の判断と，その判断基準 ········ *424*
　　　11-03-1．「四隅（文書自体）の準則」（four corners rule）／a．裁判官が検討を許される証拠の範囲／b．表見的に完全に見える書面の場合　**11-03-2**．「"付随的

契約"理論"("collateral contract" theory)　11–03–3.「自然包含基準（Williston test）・自然排除基準」（natural inclusion test・natural omission test）／a.「自然包含基準」から学ぶ契約実務上の留意点／b. Corbin の批判　11–03–4. UCC の採る「修正ウイリストン基準」（modified Williston test）

11–04.　口頭証拠排除の準則の「例外」——排除対象に成らない主要な証拠 ……*433*

　11–04–1.「取引慣行」「取引の経過」等に対する UCC の立場　11–04–2. 第二次リステイトメントが指摘する口頭証拠排除準則の対象外な諸事項

11–05.「完全合意条項・完結条項」（entire agreement・merger clause・integration clause）…………………………………………………………………………………………*440*

　11–05–1. 完全合意（完結）条項の効果

§12.　契約の「条件」（condition）と「実質的な履行」（substantial performance）と「重大な違反」（material breach）……………………………*445*

12–01.「条件」と，「債務履行期到来」（to become due）と，「実質的履行・重大な違反」と，反対債務「免除」の関係 ………………………………………………*445*

12–02.「条件」（condition） ………………………………………………………………*446*

　12–02–1.「前提（停止）条件」（condition precedent）／a. 約束・義務の範囲を「制限」（qualify）でき，「危険を配分」（risk allocation）する契約実務上重要な「条件」の役割／b.「約束」と「条件」の相違／c.「条件」を理解する為に有用な「if／then」な関係と，契約実務典型例——M＆A に於ける「クロージング」／d. 一方当事者だけの条件と双方に関わる条件／e. 条件は「権利（債権）」の前提にも成り得る　12–02–2.「事後的（解除）条件」（condition subsequent）／a. 前提（停止）条件と事後的（解除）条件の近似性／b. 契約実務に於ける起案上の留意点と立証責任の違い　12–02–3.「同時条件」（concurrent condition）　12–02–4.「明示の条件」（express condition）と，「事実上の黙示の条件」（implied-*in-fact* condition）と，「擬制的条件」（constructive condition）／a.「明示の条件」と「擬制的条件」に於ける解釈の相違／b. 契約実務に於ける起案上の留意点

12-02-5.「約束的条件」(promissory condition)と「純粋条件」(pure condition)と「契約違反」(breach of K) ／ a.「純粋条件」のように見えて実は「擬制的約束的条件」・「黙示の義務」の場合 ／ b.「約束」と「条件」の違いを契約実務では文言("*shall*"対"*must*")で明確化する重要性　12-02-6.「条件」か否かが不明な場合　12-02-7. 条件を免除すべき場合 ／ a. 契約実務に於いて条件を明確化する必要性とその文言例　12-02-8. 条件の免除と「権利・条件放棄」(waiver) ／ a. 多義的な「waiver」(権利・条件放棄)の定義 ／ b.「変更契約」(modification)と「権利・条件放棄」(waiver)の違い ／ c. 契約実務に於ける「反放棄・強制懈怠条項」(anti-waiver・failure to enforce clause)　12-02-9. 条件の免除と「衡平的禁反言」(equitable estoppel)　12-02-10.「権利・条件放棄」と「衡平的禁反言」の違いの契約実務上の効果

12-03.「実質的な履行」(substantial performance)と「重大な違反」(material breach)と「履行拒絶」(repudiation) ················· *478*

12-03-1.「重大な違反」の定義　12-03-2. 重大な違反と救済の程度の関係

12-03-3.「完全履行提供の準則」(perfect tender rule)と UCC Article 2

12-03-4.「履行拒絶」(repudiation)

§13. 履行義務の「免除（債務免除）」(excuses) ······························ *487*

13-01.「後発的履行不能」(impossibility of performance) ················ *489*

13-02.「実行困難性」(impracticability of performance) ················ *491*

13-02-1. 後発事象の不発生が該契約の「基本的前提」であること　13-02-2. 後発事象ゆえに「不当な迄の負担」を課すこと　13-02-3. 履行免除を求める当事者の過誤が後発事象を生じさせていないこと　13-02-4. 履行免除を求める当事者が危険を引き受けていないこと　13-02-5. 実行困難性による免除の効果　13-02-6. 危険負担（risk of loss） ／ a. 契約目的物たる不動産の滅失毀損 ／ b. 契約目的物たる物品の滅失毀損

13-03.「契約目的の達成不能・挫折」(frustration of purpose) ············· *500*

13-04. 契約締結後の履行免除事由に関する契約書条項文言 ············· *502*

13-04-1.「不可効力条項」(*force majeure* clause)／a. 表題／b. 対象偶発事象の例示列挙／c. 不可抗力条項の典型例とその諸争点／c-1. 人為的偶発事象 (act of people)の争点／c-2.「包括規定」(catch-all provision)の争点／c-3.「unforeseeable」或いは「unforeseen」の争点／c-4.「beyond the reasonable control of the party ...」の争点／c-5.「*ejusdem generis*」(同類解釈則)の争点　13-04-2.「辛苦条項」(hardship)または「事情変更条項」(change of circumstances)──「交渉規定」(negotiation provision)／a. 要件／b. 効果　13-04-3.「条件変化」(changed condition) 条項と「重大な不利な変化」(material adverse change：MAC) 条項

§14．契約の「変更」(modification of K) ……………………………518
14-01．consideration と「既存義務の準則」(the pre-existing duty rule) の例外
　…………………………………………………………………………518
14-02．書面化の要件と「NOM 条項」(no-oral-modification clause) …………519
　14-02-1．制定法が書面化を要求する場合　14-02-2．書面化要件の例外
　14-02-3．「NOM 条項」／a. UCC に於ける NOM 条項の効果

§15．契約・義務の「解消・消滅」(discharge) ………………………525
15-01．契約の解消・消滅の用語と分類……………………………………525
　15-01-1．「rescission」(合意解除(解消))／a.「契約変更」(modification) との相違　15-01-2.「終了」(termination) と「破棄」(cancellation)／a.「終了」(termination) と「誠実かつ公正な取扱」(good faith and fair dealing) の義務
　15-01-3．義務解除 (discharge) の分類
15-02．義務解除の合意に於ける consideration の原則と例外 ……………533
　15-02-1．「証書の破棄」(cancellation, destruction or surrender of a writing)
　15-02-2．反対履行 (支払) 債務の免除 (assent to discharge duty of return performance)　15-02-3．引渡債務の免除 (assent to discharge duty to transfer property)
　15-02-4．契約違反による損害賠償請求権の放棄 (renunciation)

目　次　xxiii

15-03．既存義務の代替的約束（代物弁済と更改）……………………………538
　　15-03-1．「代物弁済」（substituted performance）　15-03-2．「代物弁済契約による解除合意」（accord agreement・executory agreement）と「更改による新契約」（substituted contract）の異同／a．「代物弁済契約による解除合意」（accord agreement・executory agreement）／b．「更改による新契約」（substituted contract）
　　15-03-3．「当事者代替型更改」（novation）　15-03-4．「確定勘定」（account stated）

15-04．代替的約束なしの義務解除の合意………………………………………546
　　15-04-1．「債務免除の合意」（release）　15-04-2．「訴訟不提起契約」（contract not to sue 或いは covenant not to sue）

15-05．契約書の変造（alteration）………………………………………………549
　　15-05-1．債権者による文書変造は義務解除の効果　15-05-2．同意等の場合

第Ⅳ章　第三者と権利義務の移転　Third Parties

§16．複数当事者関係（third party beneficiary：第三受益者）・債権譲渡と履行義務委任（assignment of right and delegation of duty）………553

16-01．「第三受益者」（third party beneficiary）…………………………………554
　　16-01-1．第三者による強制と原契約当事者の意図　16-01-2．「意図された受益者」（intended beneficiary）と「付随的受益者」（incidental beneficiary）
　　16-01-3．効果　16-01-4．権利の「確定的附与」（vested）と抗弁（defense）

16-02．「債権譲渡」（assignment）と「履行義務委任」（delegation）に関わる用語………………………………………………………………………565
　　16-02-1．債権譲渡・義務委任に関わる自由の原則と両者の相違点

16-03．債権譲渡（assignment）に於けるポリシーと要件と譲渡制限 ………568
　　16-03-1．有効な債権譲渡の為の要件　16-03-2．譲渡制限　16-03-3．債務者（obligor）への通知と抗弁権　16-03-4．債権の二重譲渡に対する登記制度

16-04．委任可能（delegable）な履行義務………………………………………574
　　16-04-1．履行義務委任の効果

16-05. 債権譲渡・履行義務委任の禁止条項 …………………………………579
　16-05-1.「契約譲渡」の禁止条項の是非と効果　16-05-2.「債権譲渡」の禁止条項／a. 譲渡無効（void）文言明記の有無と効果　16-05-3.「履行義務委任」の禁止条項

第Ⅴ章　保証(担保)責任　Warranties

§17. 保証(担保)責任（warranty）……………………………………………585
　17-01. 物品売買に於ける保証(担保)責任 ……………………………………586
　17-02. 権原に関する保証(担保)二種 …………………………………………588
　　17-02-1.「権原の保証(担保)」（warranty of title）　17-02-2.「侵害をしていない旨の保証(担保)」（warranty against infringement）／a. 権原の保証(担保)責任の排除（disclaimer）
　17-03. 品質の保証(担保)三種 …………………………………………………589
　　17-03-1.「明示の保証(担保)」（express warranty）／a.「puffing」（バフィング）（誇大な賛辞）／b. 明示の種類／c.「遠い購入者」に対する保証書等や広告宣伝等による保証責任（2003年改訂）　17-03-2.「商品性の黙示の保証(担保)」（implied warranty of merchantability）　17-03-3.「特定目的に適合する黙示の保証(担保)」（implied warranty of fitness for a particular purpose）　17-03-4. 責任排除（disclaimer）／a. 明示の保証(担保)と責任排除／b. 黙示の保証(担保)と責任排除／c.「マグナソン・モス保証(担保)責任法」（Magnuson-Moss Warranty Act）

お わ り に

主要参考/関連/引用文献

索　　　引

体系アメリカ契約法

英文契約の理論と法務

§1. 総　　論

§1-01.「啓典の民」と契約

　国際社会は「契約社会」であるという話をしばしば耳にする。この言説の背景を，先ずは文化・宗教的文脈から探ってみよう。

　言う迄もなく国際契約に於いて支配的な規範は，英米法と欧州大陸法である。そしてこれら法体系を生んだ欧米諸国の精神・文化的背景基盤と成る宗教は，キリスト教である。その起源は『旧約聖書』であり，同経典はユダヤ教の経典にも成っているばかりか，イスラームの啓典にも成っている。これら三宗教の信者は，同じ神からの啓示・啓典を共有する系譜に属するので「啓典の民」と呼ばれ，或る意味，精神・文化・法律の基盤を共有する[1]。その一つが，「契約」概念なのである。

§1-01-1.　ユダヤ・キリスト教と契約：

　『旧約聖書』に拠れば，エジプトに於いて奴隷として虐げられていたイズラエルの民を率いて「出エジプト」（Exodus）を成し遂げた預言者モーゼ（Moses）が，シナイ山に於いて神イェフォヴァ（Jehovah）から授かったとされる「十戒」（Ten Commandments 或いは Decalogue[2]）は，二枚の石板に記載され，ここに於いてイェフォヴァ神とイズラエル

---

[1] See, e.g., 清水芳見『イスラームを知ろう』16-17, 19-20 頁（2003 年）（旧約聖書や新約聖書の一部もイスラームの啓典を形成しているばかりか，旧約聖書に登場するアダム，ノア，アブラハム，およびモーセに加えて，新約聖書のイエスと，イスラームのムハンマドとの計六名が，預言者の中でも特に重要視されていると指摘）。

[2] 「deka」は「ten」の意であり，「logos」は「speech」の意である。Morton Moskin, *How New York Law Became America's Defining Law of Contract: A Selective History*, in 1 COMMERCIAL CONTRACTS: STRATEGIES FOR DRAFTING AND NEGOTIATING §1.01, at 1-3 n.1 (Morton Moskin ed., Supp. 2005).

の民との間の契約が締結されたとされる[3]。イズラエルの民が神の法に従うならば、神はイズラエルの民を繁栄と平和と幸福によって祝福する[4]。しかし神に従わなければ、神はイズラエルの民を貧困と抑圧と悲惨によって罰するであろうという「神との約束」(covenant with God：「聖約」或いは「誓約」)である[5]。「神との約束はそれ自身、契約として尊重され、だからこそユダヤ教は契約を正に人類実存の真髄として重んじる」[6]と言われている。即ち十戒は「契約」であり、これを記した石板は契約「書」であると理解できる。西欧社会の契約の起源は、少なくともこの十戒にまで遡ることが出来る[7]。

しかし少し調べを進めれば[8]、「モーゼの十戒」よりも古くに神イェフォヴァは預言者アブラハム(Abraham 或いは Abram)との間で「covenant」を交わしているし[9]、更には「方舟」(Noah's Ark)のエピソードに関しても神イェフォヴァ

---

[3] *See, e.g.,* David Bosworth, *American Crusade: The Religious Roots of the War in Terror,* 7 BARRY L. REV. 65, 90 (2006).

[4] *Id.*

[5] *See id.* なお、「covenant」が「約束」の意味であることに就いては、see *infra* text at §2-02-4.

[6] Lawrence A. Hoffman, *The Relevance of Religion to a Lawyer's Work,* 66 FORDHAM L. REV. 1157, 1161 (1998).

[7] JOHN EDWARD MURRAY, JR., MURRAY ON CONTRACTS §1, at 1 (4th ed. 2001). *See also* Moskin, *supra* note 2, §1.01, at 1-3(冒頭に於いて "one can trace contracts ... to the 'ten words' writ [書面による命令] in stone, the Decalogue, [] a pact between man and God." と記している).

[8] *See, e.g.,* C. Scott Pryor, *Consideration in the Common Law of Contracts: A Biblical-Theological Critique,* 18 REGENT U. L. REV. 1, 6-7 (2006); E. Allan Farnsworth, *Religious Ethics and Contract Enforceability,* 71 FORDHAM L. REV. 695 (2002).

[9] 土地の領有や子孫の繁栄等に関して神がアブラハムに言ったといわれる以下の記述がしばしば引用されている。「I will give you and your descendants after you ... all the land of Canaan, and I will be God to your descendants ...」Genesis 17:8.「For your part, you must keep my covenant, you and your descendants after you, generation by generation.」*Id. E.g.,* Farnsworth, *Religious Ethics and Contract Enforceability, supra* note 8, at 698 & nn.16-17.
なお Farnsworth が引用した上のやり取りでは、神の約束とアブラハムの約束とが取引交換関係に成っているように見受けられるので、契約実定法上の所謂 consideration と

とノアとの間の契約が見受けられる[10]。加えて『新約聖書』に至っても,「最後の晩餐」(the Last Supper)に於いてイエスが杯(所謂「聖杯」)を取って「... 私の血の契約 ...」("This cup which is poured out for you is the new covenant in My blood.")と言ったとされる部分にも,契約概念が現れている[11]。これら数多くの伝承が例示するように,ユダヤ・キリスト教に於ける神と人との間の束帯は「covenant」に求められ,「covenant」とは即ち二者間の合意を意味する[12]。つまり聖書に於いては神が人に対し約束をして,人が反対約束を履行することの重要性(i.e.,「契約は履行すべし」)もその教義の基本に成っているので,「約束」,言い換えれば「契約」規範の根源が聖書によって確立されているという解釈も可能である[13]。

更に神と人との間の契約(covenant)は,現世に於ける契約(contract)と次のように類似している。即ち双方共に,将来の作為・不作為を引き受けて(are

---

bargained-for exchange の要件さえをも満たしていると言えるのかもしれない。

10) 神が地球上に洪水を起こす云々というエピソードに関して神がノアに言ったといわれる以下の記述がしばしば引用されている。「I will make my covenant with you: never again shall all living creatures be destroyed by the waters of the flood, never again shall there be a flood to lay waste to the earth.」Genesis 9:11.「Then will I remember the covenant which I have made between myself and you and living things of every kind.」Genesis 9:15. *E.g.,* Farnsworth, *Religious Ethics and Contract Enforceability, supra* note 8, at 698 & n.15.

11) Michele Brewer Brooks, *The Biblical View of Marriage: Covenant Relationship,* 12 REGENT U. L. REV. 125, 128 (2000)(1 Corinthians 11:25 と Hebrews 12:24 を出典引用); Pryor, *supra* note 8, at 7 (Luke 20:20 を出典引用). 更には時代を逆に人類の起源に迄も遡って,人口増加をアダムとイヴに促した神の「command」も契約であるという解釈もある。*Id.* at 7.

12) Pryor, *supra* note 8, at 6. なお一般英語上の意味としての「covenant」とは,正式に拘束力を持たせる意図を有した合意をいい,更には神とイズラエルの民との間で締結されたとされる契約も意味し,そこに於いてはイズラエルの民が神に対して忠誠を尽くし,これに対し神がその忠誠的な民を保護し加護／恵みを与える合意を意味する。WEBSTER'S THIRD NEW INTERNATIONAL DICTIONARY ON THE ENGLISH LANGUAGE UN-ABRIDGED 524 (Philip Babcock Gove ed., 2002). なおアメリカ契約法上の「covenant」の意味に就いては,see *infra* text at §2-02-4.

13) *See* Pryor, *supra* note 8, at 31-33.

bound to undertake），且つ約束を守らねばその報い無しには済まされない云々というんぬんという「取引された交換［関係］」（a bargained-for exchange）の基本構造[14]を共有する。一方に於いてこれら宗教は，人が神との契約を破ることをいまし戒める規範に成っている。他方に於いて現世の契約法も，契約違反に対し一定の救済を違反者が非違反者へ与えるように命じているから，両者は近似しているのである。

　ところでユダヤ・キリスト教とその契約観が欧米社会の宗教，文化，および倫理基盤に影響を与えているからと言っても，現世の契約「実定法」（positive law）が宗教上の規範と全く一致している訳ではない[15]。例えば後掲（§3-07-1）する「過去の約因法理」（the "past-consideration" doctrine）コンシダレイションが象徴するように，たとえキリスト教的には奨励される「善きサマリア人びと」（Good Samaritan）的な行いおこないに対して，善行を受けた人が事後に金銭支払を約束しても，その約束が契約法上は強制力が無いと判示されたりしている[16]。この場合はアメリカ実定契約法上の要件で

14）「a bargained-for exchange」の法理に就いては，see *infra* text at §3-03．

15）*See generally* Farnsworth, *Religious Ethics and Contract Enforceability, supra* note 8（聖書の中に神自身の約束（"promises by God and to God [Himself]"）云々の記述は数多く発見できても，「私人間の約束／契約」に関する直接的な記述・規範は必ずしも発見できる訳では無く，様々な間接的記述を法曹として類推解釈しなければ契約実定法の規範を見い出すことが難しいかもしれないと示唆する論文）．Farnsworth は例えば以下のように指摘している．即ち，モーゼはイズラエルの民に対して「When a man makes a vow with the Lord or swears an oath and puts himself under a binding obligation, he must not break his words.」（Numbers 30:2-3）と言って警告しているけれども，コーランの中に挿入されたような，他人との間の契約を尊重するように命じる「第十一戒」（eleventh commandment）は［旧約聖書／ユダヤ・キリスト教には］存在しない，と。Farnsworth, *Religious Ethics and Contract Enforceability, supra* note 8, at 698 & n.19．

16）*See id.* at 697（有名な後掲§3-07-1 で紹介する「*Mills v. Wynman*」判例を新約聖書上の「善きサマリア人」のエピソードとダブらせながら比較分析）．尤もそのような Farnsworth の指摘に対しては，「過去の約因法理」にも「重大な便益の準則」（material benefit rule）等の例外があることを反論として挙げることが出来るのではなかろうか。同準則に就いては，see *infra* text at §3-07-1 [a]．更に同じアメリカ法の「不法行為法」分野では，逆に「善きサマリア人」の教えを奨励するような制定法が見受けられる。医療過誤の免責に関する Good Samaritan Act や，サイバー法に於ける ISP（Internet Service Provider）による有害情報スクリーニング行為の免責を規定した Good Samaritan Act

ある「consideration（約因）」と呼ばれる「対価」，または「bargained-for exchange」と呼ばれる「取引交換関係」が欠けているからである。このように宗教文化的倫理規範と実定法とが乖離する理由の一つは，前者に於いては「慈悲」（mercy）や無償の「愛」（agape）が重んじられるけれども，後者では対価・取引交換関係が更に重視されるからではないかと，本書筆者には感じられる[17]。

a．イスラームと契約： イスラーム国の「イスラム法」（Shari'a）に於いては世俗の法と宗教が密接な関係性を有しており[18]，「契約」はキリスト教国である欧米諸国よりも更に「神聖さ」[19]さえ伴う「当事者達の聖なる法」（sacred law of the [contracting] parties）と言われる[20]。その理由は，「唯一神（Allah）があらゆる契約（含，個人間の契約）の証人である」（God is a witness to any contract）為に，「全ての有効な契約はクルアーン（コーラン）に表されたイスラームの諸原理と唯一神の法に従って義務が生じる」からである[21]。そしてクルアーンは，「契約を締結する際にはそこでの約束に対して誠実で在らねばならない」と言っている[22]。即ち契約上の義務を尊重する姿勢は，イスラーム国に於ける契約法の基本

等である。*See* 拙書『アメリカ不法行為法：主要概念と学際法理』148-49 頁（中央大学出版部 2006 年）．

17) この筆者の指摘に就いては Farnsworth も次のように言っている。即ち対価を得る契約が新約聖書中に出て来るのはユダに関し「They ... undertake to pay him a sum of money. He agree ... .」の記述（Luke 22:5-6）しか思い出されず，逆に Luke 6:35 に拠ればジーザスは追従者達に以下のように言っている，と。「[L]end without expecting any return.」Farnsworth, *Religious Ethics and Contract Enforceability, supra* note 8, at 700 & nn.29-30.

18) T. S. Twibell, *Implementation of the United Nations Convention on Contract for the International Sale of Goods (CISG) under Shari'a (Islamic Law): Will Article 78 of the CISG Be Enforced When the Forum Is in an Islamic State?*, 9 INT'L LEGAL PERSP. 25, 27-28 (1997).

19) Fatima Akaddaf, *Application of the United Nations Convention on Contracts for the International Sale of Goods (CISG) to Arab Islamic Countries: Is the CISG Compatible with Islamic Law Principles?*, 13 PACE INT'L L. REV. 1, 25 (2001).

20) *Id.*; Twibell, *supra* note 18, at 28.

21) Twibell, *supra* note 18, at 28. *See also* Akaddaf, *supra* note 19, at 26-27（同旨）．

22) Twibell, *supra* note 18, at 28（訳は本書筆者）; Akaddaf, *supra* note 19, at 27.

とされているのである[23]。

　更にイスラム法は「売買契約」を一番重要な典型契約と看做し、クルアーンは合意内容の書面化を強く奨励しているという[24]。これは預言者ムハンマドが国際商業都市マッカ（メッカ）生まれの商人だったという話[25]にも通じて興味深いばかりか、そこにはアメリカ契約法との共通点さえも見い出し得る。即ち後者に於いても契約法の基本は売買契約であると言われ、後掲（§1-02-2）のＵＣＣ Article 2と呼ばれる物品売買契約の特別［モデル］法が一般契約法の規範・解釈にまで影響を与えている。更に後掲（§8-06）「詐欺防止法」(statute of fraud) というアメリカ契約法上の特別法も、一定の契約には書面化を強制可能性の要件にしているのである。

　以上、概説して来たように、契約を重んじる宗教・文化の影響はユダヤ／キリスト教文化圏を遥かに越えてイスラーム諸国に迄も広がっていると捉え得る。従って国際社会が契約社会であるという言説は、あながち的を外れていない。

§1-01-2. 古代ギリシア文明と契約：

契約の重要性に就いては、キリスト教と共に西洋文明の基礎となった古代ギリシア文明の中にもその端緒を見い出すことが出来る。例えば哲学者ソクラテスも次のように述べている。

---

23) Akaddaf, *supra* note 19, at 26（もう一つの基本は契約自由の原則であると指摘。尤も契約の自由は「クルアーン」("Qur'an"または"the recitation"）の範囲内という制限を受ける）. *See also* Farnsworth, *Religious Ethics and Contract Enforceability, supra* note 8, at 697（イスラーム国に於いては［キリスト教国よりも］契約を履行すべしという倫理上の義務が実定法上の義務にも成っていると指摘）.

24) Akaddaf, *supra* note 19, at 27（尤も書面化は強制法規に迄はなっていないと法学者が解していると指摘）.

25) 清水, *supra* note 1, at 16. 清水に拠れば、実際にイスラームは「契約の宗教」と呼ばれ、契約を重視する商人思想が反映され、ムハンマドが商人であったこととの関係性は云うに及ばず、神アッラーと信徒ムスリムとの関係も契約と解し得て、後者が現世での契約を遵守することと交換に来世で前者が天国に受け入れる約束に成っていると指摘。*Id.* at 39.

… [M]ost of the affairs of life among both Greeks and barbarians are transacted through pacts and covenants [pactis & cobentis] … . By means of these we form contracts [commercial agitamus] with one another, and lay aside private enmities as well as general wars.
　　　ギリシア人と異邦人との間の殆どの事柄は，協定と誓約を通じて取引される。これ等を通じて我々は契約を形成し，私的な反目のみならず戦争一般をも退けている。
　　ISOCRATES, AGAINST CALLIMACHUS *quoted in* Victoria Kahn, Essay, *Early Modern Rights Talk,* 13 YALE J. L. & HUMAN. 391, 401 n 36 (2001)（訳は本書筆者）．

　もう一人の哲学者，アリストテレスも契約履行の重要性を以下のように指摘している。

　　　If contracts are invalidated, the intercourse of men is abolished.
　　　もし契約が失効すれば，人間同士の通商は滅びる。
　　ARISTOTLE, RHETORIC, Bk 1 I, ch. XV[22] *quoted in* Kahn, *supra,* at 401. *See also* MURRAY ON CONTRACTS, *supra* note 7, §1, at 1 （訳は本書筆者）．

　即ち古代ギリシア文明の時代から，既に契約は重視されていたのである。

§1-01-3. 「自然法」(natural law) と契約： 「カノン法」(Canon Law)[26]
に由来すると言われている「契約は履行すべし」(*pacta sunt servanda* = agree-

---

26) BRIAN A. BLUM, CONTRACTS §1.4.2, at 10 (4th ed. 2007). なお「Canon Law」とは，中世カソリック教会によってローマ法から発展させた「教会法」（eccelisiastical law）であり，英国国教会がカソリック教会と決裂する迄は英国に於いてコモン・ローと共にカノン法が並存していた時期があった為にその法理はコモン・ローにも影響を与えている。*Id.* at 10 n.3. *See also* Pryor, *supra* note 8, at 21（17世紀のルター派の自然法学者である Samuel Pufendorf が 1688 年に「*pacta sunt servanda*」の語句をその形で用い始めたと紹介）．

ments must be kept）の法諺(ほうげん)（legal maxims）は，「自然法」（natural law）の中でも最も神聖な規範であり，全ての人間の品格，行儀作法，および合理性を統治するものであるから，各人はその約束を守り，約束と合意を実行すべきと解されて来た[27]。なお，アメリカ契約法がその自然法思想に多大な影響を受けて来たことは，高名な連邦最高裁判事 John Marshall(ジョン マーシャル)[28]の以下の法廷意見にも表れている[29]。

> 契約を締結する権利とその契約により創設される義務の起源を遡れば，<u>社会［が存在する］以前に，社会とは独立して，契約が存在していたこと</u>が判るし，その元々の社会以前の諸原理が他の多くの自然権（natural rights）と同様に人と共に社会に持ち込まれ，且つそれ等は管理可能だけれども，<u>人の立法によって附与された訳ではない（are not given by human legislation）</u>と，我々はリーズナブリーに結論付ける(理に適って)ことが可能である。 …。
>
> Ogden v. Saunders, 25 U. S. (12 Wheat.) 213, 345 (1827)（強調付加）（訳は本書筆者）
> *cited in* CALAMARI & PERILLO ON CONTRACTS, *infra* note 29, §1. 4, at 7-8.

§1-01-4．「社会"契約"論」（a social *contract* theory）とジョン・ロック的な近代憲法思想： トーマス・ホッブズ[30]，ジョン・ロック[31]，そしてジャン・ジャック・ルソー[32]に至る「社会*契約*論」（a social *contract* theory）は，近

---

27) BLUM, *supra* note 26, §1, at 1 & n 1.
28) 「*Marbury* 対(マーベリー) *Madison*(マディソン)」判決（5 U.S. 137 (1803)）によって違憲立法審査権を確立させたこと等で有名な第四代合衆国最高裁判所主席裁判官。同判例に就いては，see, *e.g.*, WILLIAM BURNHAM, INTRODUCTION TO THE LAW AND LEGAL SYSTEM OF THE UNITED STATES 10 (4th ed. 2006).
29) JOSEPH PERILLO, CALAMARI & PERILLO ON CONTRACTS §1.4(a), at 7-8 (5th ed. 2003).
30) THOMAS HOBBS, LEVIATHAN (1651).
31) John Locke, An Essay Concerning the True, Original, Extent and End of Civil Government (1690)（所謂『統治二論』（The Second Treatise of Government）であるところの『世俗的統治の真の源泉，範囲，および目的とに関する論考』）.
32) JEAN-JACQUE ROUSSEAU, ON THE SOCIAL CONTRACT (1762).

代市民社会の基本的な思想であり，且つ近代憲法の基礎と成る考え方であることは言う迄もない。この社会思想も，<u>被統治者達の相互の「契約」合意に基づいて政府が存在</u>するという契約観を土台としている[33]。即ち社会契約論は，合理的な人間であれば<u>契約あるいは約束を通じて</u>，正義と拘束力を有した「法の支配」（rule of law）で統治された「市民社会」（civil society）の治安（security）を得る代わりに，規制の無い自由な状態を放棄すると説く[34]。そのような付託を受けた政府権力の源泉は，主権を有する個人の意思による拘束力に由来する「社会契約」に基づくとされるのである[35]。以上のように西欧近代社会の礎(いしずえ)に成っている社会契約の思想に於いても，擬制的な取引交換と「契約」が重要な機能を担っていると見て取れよう。

社会「契約」論はヨーロッパ大陸のみならず，アメリカにも多大な影響を与え，その独立革命と建国（*e.g.,* 独立宣言や合衆国憲法，同修正条項等）自体が社会契約論に基づくと言っても過言では無い程である[36]。更には現代思想に於いても，John Rawls(ジョン ロールズ)の有名な「無知のヴェール（behind a veil of ignorance）の中の原初状態（original position）に於いて人は…」云々の「正義の二大原則」（two principles of justice）も，社会契約に基づくと指摘されている[37]。

§1-01-5. 「身分から契約へ」（*from Status to Contract*）：

身分によって社会が構成されていた旧体制とは異なり，市民革命後の近代西欧社会は「財産権」（property）を保障された平等な市民同士が契約を締結して取引を自由に行う社会に成ったことは言う迄もない。その市民社会の礎が，財産権の保障とこれに基づ

---

33) BLUM, *supra* note 26, §1, at 1 & n 2.
34) Anita L. Allen, *Social Contract Theory in American Case Law*, 13 FLA. L. REV. 1, 2 (1999).
35) CALAMARI & PERILLO, *supra* note 29, §1.4 (a), at 7.
36) Allen, *supra* note 34, at 3-5（例えば植民者が英国支配への抵抗精神を育んだのは「ジョン・ロック的な社会契約思想」（Lockean notion of a social contract）であったという指摘や，社会契約論者の哲学が John Quincy Adams や Thomas Jefferson や James Madison 等に影響を与えたと紹介）.
37) *Id.* at 2.

く「契約の自由」(**freedom of contract**)[38]にあることもまた，近代西欧社会に於いて契約が重要な役割を担っていることの証左であろう。国家は市民を身分から開放して自身の事柄を自らが規律する権限を附与し[39]，自由を得た市民は<u>自身の将来を自由に設計し，その実現の為に意思により自身の将来を縛る現時点の契約を通じて希望を実現する</u>ことが出来るのである[40]。その為に不可欠な契約を締結し且つ契約関係の約定を形成する権限は，「自由」の不可分な一部である「**個人の自治**」(**individual autonomy**) または「**私的自治**」(**private autonomy**) 権の行使と捉えられている[41]。「契約」を通じて市民達は，自らを自由に律する「**私的立法者**」(**private legislature**) たり得るのである。

a. アメリカ契約法の目的も市民による自由な将来設計の「期待の保護」にある：

　　上の指摘を理解しておくことは，本書が後に概説する様々なアメリカ契約法理を理解する前提としても重要である。例えば<u>「契約」に不可欠な構成要素は，「法的拘束力」（強制可能性）にある</u>と言われる。その理由は前項や後掲（§1-01-6 [a] [c]) が指摘するように，将来の希望を現時点の契約により実現させようとする社会の要請を考えれば容易に理解できよう。即ち，権利と義務を創造する「private law making」な権能を人々に附与しても，その「私的な法」に国家権力 (compulsive power of the state) が裏打ちした「強制力」を「法的」に与えなければ，将来の約束を実行させしめることが出来ない。そうなれば，人々が真に将来を自由に設計し発展し得なくなる。『リステイトメント（第二次）契約法』(RESTATEMENT

---

[38] 「契約の自由」とは，契約を締結する自由を意味するだけではなく，契約を締結しない自由も包含される概念である。BLUM, *supra* note 26, §1.4.1, at 8. なお「身分から契約へ」(*from Status to Contract*) という標語に就いては，see CALAMARI & PERILLO, *supra* note 29, §1.3, at 5 & n.6 (MAIN, ANCIENT LAW 165 (3d. American ed. 1873) を出典表示).

[39] 1 ARTHUR LINTON CORBIN, CORBIN ON CONTRACTS §1.4(c), at 8 (Joseph M. Perillo ed., rev. 2007).

[40] *See* BLUM, *supra* note 26, §1, at 2; 1 CORBIN ON CONTRACTS, *supra* note 39, §1.4(c), at 8. *See also* Pryor, *supra* note 8, at 28（自身の将来を縛ることによって却って自由を得ることが出来るとする倫理的な契約法の分析の立場を紹介).

[41] BLUM, *supra* note 26, §1.4.1, at 8.

(SECOND) OF CONTRACTS）（後掲§1-02-1）もこの点を，以下のように指摘している。

> 公共の利益は，<u>法的に強制可能な約束締結を通じた自身の諸事を律する諸個人の広範囲な諸権限保有の認容に存する</u>，という概念に契約自由の原則は根ざしている。
>
> RESTATEMENT (SECOND) OF CONTRACTS Ch.8, Introductory Note（訳は本書筆者）（強調付加）．

だからこそ契約法の目的は，「契約当事者の期待」（expectations of the parties to K）を保護することにあると言われる。後掲（第Ⅲ章）するように法的拘束力は実際には「remedies」（救済）の概念の下で，「損害賠償」や「特定履行」（履行の強制）という形で契約に附与される。特に主な救済である損害賠償の「原則」は「to make someone whole」と言われ，仮に契約が完全履行されていたならば<u>到達していたであろうと期待したのと同じ経済的立場に成る救済を与えること</u>（*i.e.*, 履行利益：performance interest）にある（後掲§5-03-2）。このルールも，やはり将来の希望を現時点の契約により実現させようとする社会の要請に由来すると思い帰せば，容易に理解できるはずである。

指導的な treatise（トリーティス）[42]の『CORBIN ON CONTRACTS（コービン）』も，契約法の目的を以下のように述べているので参考になろう。

---

[42]「treatise」とは，日本に於ける所謂「基本書」に匹敵する学術兼実務（実学）書籍［集］。*See, e.g.,* E. ALLAN FARNSWORTH, AN INTRODUCTION TO THE LEGAL SYSTEM OF THE UNITED STATES 85 (3d ed. 1996); 拙書『アメリカ不法行為法』，*supra* note 16, at 56. なおアメリカ契約法に於いて権威のある treatise の例としては，本書も多くを依拠している以下がある。ARTHUR LINTON CORBIN, CORBIN ON CONTRACTS (Joseph M. Perillo ed., rev. ed. 2007)［所謂『CORBIN ON CONTRACTS』］; SAMUEL WILLISTON, A TREATISE ON THE LAW OF CONTRACTS (Richard A. Lord ed., 4th ed. 2007)［所謂『WILLISTON ON CONTRACTS』］; E. ALLAN FARNSWORTH, FARNSWORTH ON CONTRACTS (3d ed. 2004)［所謂『FARNSWORTH ON CONTRACTS』］; JOSEPH PERILLO, CALAMARI & PERILLO ON CONTRACTS (5th ed. 2003)［所謂『CALAMARI & PERILLO ON CONTRACTS』］; JOHN EDWARD MURRAY, JR., MURRAY ON CON-

> [T]he law of contracts, attempts the <u>realization of reasonable expectations</u> that have been induced by the making of a promise.
> 契約法は，約束することで誘引されたリーズナブル(理に適った)な期待の実現化を試みる。
>
> 1 CORBIN ON CONTRACTS, *supra* note 39, §1.1, at 2 (emphasis added)（訳は本書筆者）.

　上の指摘に続けて Corbin は，期待の実現化が合意への信頼促進に資するという解釈を示している[43]。

§1-01-6. 「法と経済学」が分析する「交換」(exchange) と契約の分析：

　「法と経済学」(law and economics) はアメリカ法アカデミズムの世界で興隆中の「学際法学」(**law ands**)(ロー・アンズ)[44]の一種である。それは<u>人間の多様な欲求に対し稀少資源 (scarce resources) の効率的配分 (efficient allocation)</u> を指導原理としている。法と経済学の旗手である Richard A. Posner, J.(リチャード ポズナー判事) による以下の言葉は，その拠って立つ前提を示している。「man is a rational maximizer of his ends in life, his satisfaction ── what we shall call his "self interest."」（人は，「自己利益」と呼ばれる，自身の満足という人生目的の合「利」的な極大化者である。)[45]　この前提は，「法と経済学」が契約法

TRACTS (4th ed. 2001)［所謂『MURRAY ON CONTRACTS』］．更に契約法の応用・上級科目である UCC の代表的 treatise は JAMES J. WHITE & ROBERT S. SUMMERS, UNIFORM COMMERCIAL CODE (5th ed. 2000)［所謂『WHITE & SUMMERS』］である。

43) 1 CORBIN ON CONTRACTS, *supra* note 39, §1.1, at 2.

44) 「学際法学」(law ands) に就いては，see, *e.g.,* 拙書『アメリカ不法行為法』, *supra* note 16, at iii, 211, 348. 「law and economics」の定義に就いては，see *also* BLACK'S LAW DICTIONARY 901 (8th ed. 2004).

45) RICHARD A. POSNER, ECONOMIC ANALYSIS OF LAW 3 (7th ed. 2007). アダム・スミス風に言えば，パン屋がパンを焼くのは公益の為ではなく，利益を得る為であり，それは自己利益なのである。ADAM SMITH, AN INQUIRY INTO THE NATURE AND CAUSES OF THE WEALTH OF NATIONS 423 (1776) (Edwin Cannan ed. 1937) *reprinted in* HENRY N. BUTLER & CHRISTOPHER R. DRAHOZAL, ECONOMIC ANALYSIS FOR LAWYERS 74 (2d ed. 2006). *See also* 拙書『アメリカ不法行為法』, *supra* note 16, at 215-90（法と経済学の基礎と不法行為法に於ける分析を紹介）.

との親和性が高いと言われる[46]所以(ゆえん)でもあろう。何故なら人は，利用可能な競合する多くの資源の中で自身の欲求を満たす目的の為に価値（value）の効率的な移転を行い，その手段として「契約」を用いるからである[47]。更に「法と経済学」は，例えば上で概説した「*契約＝経済的交換（exchange）活動*」に対し法的強制力を附与する重要性も，次のように分析している。

a.「交換」（exchange）の重要性： 人が財と，他人の財とを交換することは，社会に不可欠な営みであると言われる[48]。これは「法と経済学」によれば，交換が「余剰」（surplus）を生むから望ましいとされ，所謂「ゲーム理論」を用いて説明される。「**取引ゲーム**」（**bargaining game**）である。例えば hypo.(ハイポ)（仮想事例）として[49]，社会が「売主氏」と「買主氏」の二人から構成されていると仮定してみよう。更に，売主氏は＄5,000 以上ならば売っても良いと思っている自動車を所有していて，対する買主氏は＄10,000 の現金を有しその金額以下であれば自動車を売主氏から買っても良いと思っていると想定してみる。取引は，＄5,000 以上＄10,000 以下の間で成立するはずである。その値ならば，「双方共に得」（win-win）をするからである。話を単純にする為に，中間値である＄7,500 の代金で取引が成立したと仮定して，無事に代金と自動車が交換されたとする。結果的に売主氏は＄2,500 分だけ得をしたことに成る。*＄7,500 − ＄5,000 ＝ ＄2,500*

---

46) *See, e.g.,* Pryor, *supra* note 8, at 24.

47) *See id.*

48) *See generally* MURRAY ON CONTRACTS, *supra* note 7, §6, at 14.

49) *See, e.g., id.* §6, at 16; ROBERT COOTER & THOMAS ULEN, LAW AND ECONOMICS 78–80 (4th ed. 2004). なお日本語の文献としては，see, *e.g.,* ロバート D. クーター＆トーマス S. ユーレン著，太田昭造訳『（新版）法と経済学』113–18 頁（2d ed. 商事法務 1997 年）。*See also* JEFFREY L. HARRISON, LAW AND ECONOMICS IN A NUTSHELL 34–35 (4th ed. 2007)（本書と類似の hypo. を用いつつ，買主も売主も better off しているから Pareto superior に該当すると解説）; DONALD WITTMAN, ECONOMIC FOUNDATIONS OF LAW AND ORGANIZATION 95, 71 (2006, Cambridge Univ. Press)（同旨）; BUTLER & DRAHOZAL, *supra* note 45, at 71（本文中と同様のハイポを用いつつ win-win な取引は *買主余剰＝ consumer surplus* と *売主余剰＝ producer surplus* を生むと分析）.

だからである。買主氏も同じく＄2,500分だけ得をしたことに成る。 *＄10,000 −
＄7,500 = ＄2,500* だからである。即ち売主氏の得と買主氏の得を合計すると，
＄2,500 + ＄2,500 = ＄5,000 にも達する。これは，交換が為される前の社会に比
べると，豊かさが＄5,000分だけ増えた計算に成る。何故ならば，交換前には，
売主氏はその所有自動車に＄5,000の価値を見い出していて，買主氏は＄10,000
の現金を有していたから，社会の富は合計＄15,000であった。ところが交換後
には，売主氏は＄7,500の現金を保有し，買主氏は＄10,000相当の自動車＋現金
残額＄2,500を保有するから，両者併せて＄20,000にも達する。即ち，社会全
体の富は，交換前の＄15,000から交換後の＄20,000に増加したので，差引合計
「＋＄5,000」の増加額に達した訳である。この社会の富の増加分＄5,000のこと
を，法と経済学では「**余剰**」(**surplus**) と言う。以上のように，交換は余剰を生
み，それは即ち社会が「**良化**」(**better off**) したことに成るので，望ましい。そ
れは有限な資源 (scarce resources) を社会の構成員にとって極大化 (maximize) さ
せるので望ましく，買主氏・売主氏の何れも「悪化」(worse off) させること無
く「良化」させているから所謂「パレート優位」(Pareto superior) な資源配分と
成り理想的である[50]。

図表＃1.1　交換が生む余剰

	交換「前」	交換	交換「後」	余剰
売主氏	＄5,000相当の自動車	⇒	＄7,500の現金	＋2,500
買主氏	＄10,000の現金	⇒	＄10,000相当の自動車＋＄2,500	＋2,500
売主氏＋買主氏＝社会全体	＄15,000	⇒	＄20,000	＋5,000

---

50) MURRAY ON CONTRACTS, *supra* note 7, §6, at 16; HARRISON, *supra* note 49, at 33-34; BUTLER & DRAHOZAL, *supra* note 45, at 71. *See also* Russell Korobkin, *The Problems with Heuristics for Law, in* HEURISTICS AND THE LAW 45 (Gerd Gigerenzer & Christoph Engel eds., 2006)（同旨）.

b.「自然状態」(state of nature) と「財産権(物権)」の重要性： 　交換がスムーズに実現される為には，その前提として，先ず交換の対象に対して人が管理を及ぼせなければ話が始まらない[51]。管理していない対象を相手方に引き渡すことは不可能だからである。尤(もっと)も法の行き亘(わた)らない「**自然状態**」(**state of nature**) に於いては，その管理は「力」によって維持される。しかし人々が互いに力に頼って財を奪い合うような社会では，力の維持・行使の費用が無駄 (waste) に成り，その分だけ余剰を生めなく成り非効率 (inefficient) である。寧ろ，力を保持せずとも互いに協力し合った「**文明社会**」(**civil society**) の方が，力の費用を生産に割り当てられる分だけ，富が増加して余剰を生むので社会は「良化」(better off) する。そこで社会には法が必要に成る[52]。そのような法を，人々は，擬制的な交渉と契約を通じて政府という組織に付託する。これが前掲 (§1-01-4) の「社会契約」(social contract) と成る。「社会契約」と呼ばれる理由は，それが「社会生活の基本的な約定」(basic terms for social life) だからである[53]。

　ところで，交換に必要な法とは，先ず，前述のように，<u>交換の対象に対して人が管理を及ぼせる権利を認める法</u>である。即ち「**right in property**」或いは「**right in rem**」(財産権，或いは日本法的には物権と言う) であり，物権が認められるからこそ人は物権を有する対象物を交換させることが可能に成る[54]。

---

51) *See, e.g.,* MURRAY ON CONTRACTS, *supra* note 7, §6, at 14. *See also* BUTLER & DRAHOZAL, *supra* note 45, at 17（私的財産権は自由市場経済の基礎であると指摘）.

52) 本文中の以上の説明に就いては，see, *e.g.,* COOTER & ULEN, *supra* note 49, at 83-84 & tables 4.1 and 4.2. *See also* BUTLER & DRAHOZAL, *supra* note 45, at 17（国家が財産権を保障しない限り個人は高額な費用を私的に負担して自身の財産を保護しなければならなく成ると指摘）. なお，「協力」を前提にした取引交換の障害となる「取引費用」(transaction costs) を引き下げることに契約「法」の存在意義があると説明する文献として，see, *e.g.,* HARRISON, *supra* note 49, at 81, 108.

53) COOTER & ULEN, *supra* note 49, at 82.

54) なお「private property」(私的財産権) を認める思想は，古く旧約聖書の時代にも見受けられるという興味深い指摘がある。即ち「汝，盗む無かれ」等と説いているからである。*See* Pryor, *supra* note 8, at 44.

c.「債権」と「契約法」の重要性： 物権さえ認められれば，わざわざ契約法概念を持ち出さなくても，所謂「物々交換」（barter）のように瞬時に履行が生じる交換は可能である。（従って本項後段で示すように，物々交換がアメリカ契約法上は「契約」概念から原則として除外されている。）しかし，例えば売主が来年に果実を収穫したならばそれを引き渡してもらうという「将来の約束」に対して買主が代金を前払するような交換に成ると[55]，買主は二の足を踏んでしまう。売主が「将来の約束」を守る裏付が無いからである[56]。そこで，原始的な物々交換を超えて，将来の約束を含めた多様な交換を実現する為には，人が与えた約束を法的「義務」として強要すると共に，これと「相関関係」（correlative relation）にある人の約束の実行を要求できる「権利」を法が認める必要が生じる[57]。この権利を「債権」（**right in** *personam*）と言い，その債権と相関関係にある法的義務を「債務」（**obligation**）と言う（詳しくは次項§1-01-6 [d] 参照）。前項で概説した「物権」に加えて，「債権・債務」も法が認定することにより，約束と約束を交換する取引さえも可能に成り[58]，延いては人が「将来を」自由に設計しその実現が可能な社会の要請に応えることも出来るのである[59]。

　なお先に触れたようにアメリカ契約法上の「契約」の一般的な定義によれば，物々交換は除外されるのが普通である。後掲（§17）する「保証責任」（warranty）が残存するような場合を除き，既に履行が全て完了していれば，「約束」や「未履行」や「「契約」違反」といった契約の諸要素が無いからであり（後掲§2-02-1 [a] 参照），それは最早，「契約関係」（contractual relation）では無く「財産権（物権）的関係」（property relation）に成り，当事者は相手方に債権を有するのでは無く，

---

55) 例えばその前払で受領した代金を元手にして，売主は果実を育てることが可能に成るのである。
56) *See generally* MURRAY ON CONTRACTS, *supra* note 7, §6, at 15.
57) *Id.*
58) このように双方当事者の義務が未だ果たされていない契約を「bilateral contract」（双務契約）と言う。*See infra* text at §3-03-6.
59) *See, e.g.,* Pryor, *supra* note 8, at 28.

物に対して「物権」(right in rem) を有することに成って来る[60]。何故なら相手方の作為・不作為を請求せずとも，即ち相手方とは独立して，「直接に」財物に対して権利を有しているからである[61]。

ところで人が，約束を通じて将来の自らの行為に「制約を課す」ことにより「将来設計の自由」を得る論理は，パラドックスに聞こえるかもしれない[62]。しかし「法と経済学」の立場からは，制約により生じる「費用」(costs) よりも大きな「便益」(benefits) を得られると期待されるからこそ，人は契約を結ぶと説明されている[63]。

d.「債務」と，「債権」(right *in personam*) と「物権」(right *in rem*) の違い[64]：　これ迄に触れた「債権」「債務」と「物権」の関係は，契約法の論理で重要なだけではなく，英文契約書の「起案」(drafting：ドラフティング) 実務に於いても重要なので，ここでお浚いをしておこう。まず契約が法的拘束力または強制可能性を有するとは，即ち「強制可能な権利」を生み，且つそれと「相関関係」(correlative relation) にある「強制可能な義務」も生むことを意味する。更にこれを説明すれば，約束，即ち将来の作為または不作為を約した「約束者」(promisor) は強制可能な義務を負うから，仮にその約束に「違反」(breach) すれば，「被約束者（受約者）」(promisee) からの請求に基づく裁判所を通じて間接的（または場合によっては直接的）にその約束を実行するような圧力を課される。この場合の「約束者」は，言い換えれば「義務者」(**obligor**) であり，日本法上は「**債務者**」と表記される。ここでの「義務」(obligation / duty) は日本法では「債

---

60) *See* 1 CORBIN ON CONTRACTS, *supra* note 39, §1.3, at 10–11.
61) *Id.* at 11.
62) Pryor, *supra* note 8, at 28.
63) COOTER & ULEN, *supra* note 49, at 207. *See also* BUTLER & DRAHOZAL, *supra* note 45, at 71（費用よりも便益が大きければ人は交換を行うと指摘）．そもそも法と経済学は，「費用」と「便益」との限界分析（marginal analysis）を重視する．HARRISON, *supra* note 49, at 27–28.
64) *See, e.g.,* MURRAY ON CONTRACTS, *supra* note 7, §2, at 3–4.

務」と言われる。前項§1-01-6 [c] 参照。

　上の関係を「権利」から眺めると，債務者が契約に違反した場合に「被約束者」（受約者）は，債務者が損害賠償を支払うか，または契約通りの作為・不作為をするように裁判所に請求できることに成り，これにより権利を法的に強制できる。このように被約束者，即ち権利者は，債務者に約束を守るように働き掛ける「権利」を有することに成り，この権利を日本法上は「**債権**」（*in personam* right）と言い，権利者を「**債権者**」（**obligee**：被義務者）と言う。前項§1-01-6 [c] 参照。

　以上のように通常は「債権」が「債務」とコインの両面のように背中合わせに互酬的・相互依存的な関係に成っている[65]。即ち「法的権利」（債権）は「法的義務」（債務）と「相関関係」にあり，もし債務があればそれは債権者に対する義務と成る[66]。なお「債権者」は「**right holder**」と表すことができ，「債務者」は「**duty bearer**」と表せる[67]。

　契約書の起案に於いては以上のような，「債権は債務と裏腹である」（[r]ghits are the converse of duties）[68]関係を理解しておくことが非常に重要である。権利と義務を明らかにすることが契約書の大きな役割だからである。

　上の説明のように，債権とは契約の相手方（債務者）に対して作為・不作為を請求できる権利を言う。その請求権は，原則として契約の相手方に対してのみ行使可能で「**対人効**」（**right against the promisor**）と言われる。これに比べて例えば或る人が，その所有する財産に対して有する権利は既に言及して来たように「**物権**」（**right *in rem***）と言われ，契約関係の有無とは無関係に，その所有権を侵害しようとしたり，侵害した世界中の誰に対しても請求権が生じる。「**対世効**」（**right against the world**）である。この点も，債権と物権との主な相違である。

---

65) TINA L. STARK, DRAFTING CONTRACTS: HOW AND WHY LAWYERS DO WHAT THEY DO §3.4, at 23–24 (2007).
66) 1 CORBIN ON CONTRACTS, *supra* note 39, §1.2, at 6.
67) *Id.*
68) THOMAS R. HAGGARD & GEORGE W. KUNEY, LEGAL DRAFTING: PROCESS, TECHNIQUES, AND EXERCISE 310 (2d ed. 2007).

§1-01-7.「契約を破る自由」と「法と経済学」——"神は死んだ(!?)"——：

前掲(§1–01–1 & [a])の通りユダヤ・キリスト・イスラームという「啓典の民」にとっては，「契約は履行すべし」という倫理観と規範が存在していたにも拘わらず，「法と経済学」に於いては，契約違反が効率性を向上させる場合には故意な違反も正当化されるとする説が有名である。所謂「**効率的違反理論**」(**efficient breach theory**)である。同法理曰く[69]，もし一方当事者が契約に違反し，非違反者の損害を賠償した後も契約を履行した場合よりは「良化」(better off)する場合は，違反者が良化しただけではなく誰をも「悪化」(worse off)させていないので，所謂「パレート優位」(Pareto superior)[70]に成っている。従ってこの場合，違反により利益を得る当事者は違反すべきとされる。例えば R. Posner, J. も，或る法廷意見の中で以下のように述べている。

> **たとえ契約違反が意図的で在っても，それが必ずしも非難可能な訳ではない**。約束者(promisor)は単にその履行が他の誰かにとってはより価値が在ることを発見したに過ぎないのかもしれない。もしそうならば，被約束者／受約者(promisee)の実損害を補償さえすれば，**約束者に約束破りを許した方が効率性は促進される**。仮に約束者にそれ以上の支払を強要すれば，効率的違反が抑止されてしまい，そのような結果を法は望まないのである。

Patton v. Mid-Continent Systems, Inc., 841 F.2 d 742, 750 (7th Cir. 1988)(訳は本書筆者)(強調付加).

更に「カルドア・ヒックス原理」(Kaldor-Hicks principle)[71]を採用した場合には，もし非違反者の損害が賠償されずとも，違反者の違反により得られた利益が

---

69) 1 CORBIN ON CONTRACTS, *supra* note 39, §14.36, at 619; 11 *id.* §55:15, at 78. *See also* A. MITCHELL POLINSKY, AN INTRODUCTION TO LAW AND ECONOMICS 31 (2d ed. 1989); R. POSNER, *supra* note 45, at 120; ROBERT S. SUMMERS & ROBERT A. HILLMAN, CONTRACT AND RELATED OBLIGATION: THEORY, DOCTRINE, AND PRACTICE 235 (5th ed. 2006).

70) *See, e.g.*,『アメリカ不法行為法』, *supra* note 16, at 227–28.

71) *See id.* at 228–29.

非違反者の損害額を上回れば，社会全体としては良化したことに成るので，違反が肯定化され得ることに成る[72]。

尤も上の効率的違反理論は，学説としては有名である（悪名高い？）けれども，実定法が必ずしもこれに従っているとは言えないと指摘されている[73]。例えば，後掲（§5-16-2 [a]）の，やはり有名な（悪名高い?!）「*Texaco 対 Pennzoil*」（テキサコ 対 ペンゾイル）事件判例[74]では，M&A（エマンデイ）の文脈に於いて，殆ど売買が成立しかけた取引に新たな買手が更に高額な値で株式購入を申し込んで来たので，これに売手が応じた。すると新たな買手は古い買手に対する不法行為責任を課され，実損害を遥かに超える高額な懲罰賠償金まで認定されてしまった。これに関し「法と経済学者」は，不法行為の適用を否定するか或いは適用を酷い（ひど）場合に限定すべきと主張していると言われているけれども，裁判所もビジネス・ピープルも契約違反を奨励するような規範に対しては冷淡だと言われている[75]。

§1-01-8.「倫理」（moral）と契約：

アメリカ契約法に於ける近時のアカデミックな関心事は専ら（もっぱ）「法と経済学」に向けられていて，「契約法と倫理」の関係には余り向けられていないと言われる[76]。何故ならば，法は我々の倫理的直感と余りにも調和し過ぎるので，最早（もはや）これ以上の検討は不要と捉えられているか

---

72) 11 CORBIN ON CONTRACTS, *supra* note 39, §55:15, at 78 n. 1.　*See also* R. POSNER, *supra* note 45, at 120.

73) CALAMARI & PERILLO, *supra* note 29, §14.36, at 620; 11 CORBIN ON CONTRACTS, *supra* note 39, §55:15, at 78.　更に理論的にも，効率的違反の法理は，非違反者が賠償を得る迄に掛かる市場取引費用を加味していないとか，非違反者の賠償が完全に認定される訳ではない現実も加味していない等と批判されている。CALAMARI & PERILLO, *supra* note 29, §14.36, at 620.

74) Texaco v. Pennzoil, 729 S.W.2d 768 (Tex. App. 1987).

75) CALAMARI & PERILLO, *supra* note 29, §14.36, at 620.

76) Farnsworth, *Religious Ethics and Contract Enforceability, supra* note 8, at 707.　*See also* CALAMARI & PERILLO, *supra* note 29, §1.4(e), at 9（1970年から始まって今日に至るまで契約法の論文の関心事が経済的分析にあったと指摘）．

らかもしれない[77]。しかし契約法の原理は経済効率性だけに求められているのでは無く，「倫理」(moral) も動員される。

例えば指導的な treatise の一つである『CALAMARI & PERILLO ON CONTRACTS』に拠れば[78]，約束に拘束力を認めていたのは自然法思想だけでは無く，それに先立って宗教上の倫理が約束に「神聖さ」(sanctity of a promise) を附与していたという。自由意思に基づく約束の履行を怠ることは，「神を冒瀆すること」(an offense against the Deity) に成るからである。そしてキリスト教の教義からルネサンスのヒューマニティへ思想上の力点が移動しても，この宗教的倫理観に変わりは無かったというのである[79]。

更に前掲（§1-01-5）の「契約自由の原則」という規範は，「個人の自治」(individual autonomy) を重んじる倫理観に由来しているとも言える。即ち，契約自由の原則により，身分と無関係に人々は自由に他人に対し約束を出来るように成り，他人はその約束を信頼 (trust) して，謂わば約束が守られると「期待」(expect) して，「反対約束」(counter promise) により契約が成立する「相互の信頼」(mutual trust) に基づく社会規範／社会基盤が存在して来た[80]。しかし一度，自由な意思で他人の信頼を導き出した約束者がその約束を破った場合，社会規範となっていた信頼を裏切ったことに成り，倫理的に許容されないことと成ろう[81]。このように倫理的に契約法の原理を探る立場は，イマニュエル・カント (Immanuel Kant) が説いた，他人の自由を尊重する制限範囲内での人間の自由な意思決定と私的自治を重んじた「実践理性」(practical reason) の「啓蒙思想」(the Enlightenment) にまで遡ってその倫理的な正当性を主張する[82]。

更には例えば契約の約定に欠缺があった場合に裁判所がこれを穴埋めする際の指導原理としては，後掲（§10-09-3）するように，法と経済学が依拠する効率性

---

77) Farnsworth, *Religious Ethics and Contract Enforceability, supra* note 8, at 707.
78) CALAMARI & PERILLO, *supra* note 29, §1.4(b), at 8.
79) *Id.*
80) *See* Pryor, *supra* note 8, at 27.
81) *Id.*
82) *Id.* at 27-28.

のみならず「公正」（fairness）も考慮されるのである。

　以上の指摘に照らせば，アメリカ法を中心として「法と経済学」が世界に多大な影響を与えている今日(こんにち)に於いてさえも，契約法の理解・解釈に於ける「倫理」の果たす役割は，小さなものでは無いであろう。

§1-01-9.「法と文学」と契約：　　西欧古典の名作にも契約を題材にするものが見受けられる。「学際法学」の一つである「法と文学」（law and literature）は，「文学の中の法」（law *in* literature）と「文学としての法」（law *as* literature）の二つに分類され[83]，特に前者は契約法を題材に用いたウイリアム・シェークスピア作と言われる有名な戯曲『ヴェニスの商人』を取り上げて来たので，先ずは以下，同作品を簡潔に解剖しておこう。

a.『ヴェニスの商人』と契約法：　　ご承知の通りこの戯曲では，約束した返済期日迄に借金を返済できなければ，借主アントニオの肉一ポンドを切り取って良いという契約の強制可能性が問題に成っている。後掲（§2-02-1 [b]）するように契約法の核心的役割の一つは，古今東西を問わず無数に存在する約束の中の何れを法が強制可能と捉えるかにある。如何(いか)なる時代の如何なる法域に於いても，全ての約束を「契約」として裁判所が強制することは無かったのである[84]。本作品も正にその契約法の強制可能性という核心がメイン・テーマに成っている。

　ところで数々のシェークスピアの名作の例に漏れず『ヴェニスの商人』も，様々な論点に於いて多義的な解釈が可能である。しかしその中でも特に紹介しておきたい「法と文学」からの指摘は，「法的安定性」と「具体的妥当性」の抵触が同作品に表されているという解釈である。即ちヴェニスは，貿易に依存して繁

---

83) *See, e.g.,* Michael Pantazakos, *Ad Humanitatem Pertinent: A Personal Reflection on the History and Purpose of the Law and Literature Movement,* 7 CARDOZO STUD. L. & LITERATURE 31, 39 (1995). *See also* BLACK'S LAW DICTIONARY 901 (8th ed. 2004)（law and literature を定義）.

84) *See, e.g.,* Lon L. Fuller & William R. Perdue, Jr., *The Reliance Interest in Contract Damages* (Part 1), 46 YALE L. J. 52, 58 (1936)("No legal system attempts to invest with juristic sanction all promises."と指摘).

栄している商業都市国家であった。そこに於いて重要な社会基盤は，国籍も素性も異なる商人達が安心して商取引を行えるような法の存在である。そのような法に求められるのは，約束者がきちんと約束を守ることである。何故なら約束が守られなければ，安心して取引交換が行えないからである。言い換えれば，「契約は履行すべし」（*pacta sunt servanda*）という法諺(ほうげん)の実行こそがヴェニスの裁判所には求められていた[85]。貸主のシャイロックが以下の有名な台詞を言う背景には，正にヴェニスの与える法的安定性が代弁されている，と解されるのである。

> **SHYLOCK:** I stand here for law. わしは法を求めているんでさぁ。
> … .
> **SHYLOCK：** … . If you deny me, fie upon your law！ 執行せぬとおっしゃるのなら，法など嫌で御座居ます。／ There is no force in the decrees of Venice. ヴェニスの裁判所命令には最早(もはや)，何の力も在りませぬ。／ I stand for judgmeht. Answer, shall I have it？ わしは判決を求めて居るんです。お答え下さい，当然，頂けるんでしょうねぇ。
> WILLIAM SHAKESPEARE, THE MERCHANT OF VENICE, Act IV, Scene I, lines 4, 130-31（訳は本書筆者）.

しかし如何に法的安定性が重用であるとは言え，借主アントニオの命を奪うことになる肉一ポンドを切り取る行為の強制に法が手を貸す訳にはいかない。作品中では契約書の字句「解釈」を用いて，有名な，血を流してはならぬという命令を下すことにより，女性法曹の象徴（?!）でもあるポーシャ[86]が「大岡裁き」（?）を下す劇的展開に成る。これを R. Posner, J. が，興味深いことに「法と文学」的

---

[85] *See, e.g.,* Michael Jay Willison, *A View of Justice in Shakespeare's The Merchant of Venice and Measure for Measure,* 70 NOTRE DAME L. REV. 695, 709 (1995); Kenji Yoshino, *The Lawyer of Belmont,* 9 YALE J. L & HUMAN. 183, 209 n.135 (1997).
[86] アメリカで最初の女性ロー・スクールは「Portia Law School」として 1908 年に設立されている。

に分析して次のように指摘している[87]。ポーシャの裁きは，法の硬直的な原則に対する柔軟な「衡平法」(equity)の適用である。法は厳しい規範だけでは成り立ち得ず，具体的妥当性を実現する為の衡平法に拠る修正も不可欠なのである，と。本書の紹介する契約法も，「原則」と「例外」が様々な論点に於いて出て来るが，そこには<u>所謂コモン・ローの硬直性と衡平法の柔軟性に象徴される相克が現れていると分析する</u>ことが可能かもしれない。

b.『ファウスト』と契約法： ここで目を欧州大陸に転じて，ゲーテ作の古典『ファウスト』に簡単に触れつつ，契約の「法と文学」的な解剖を試みてみよう[88]。この作品の冒頭でファウスト博士は，悪魔メフィストフェレスとの間で「魂の売買契約(?!)」を締結する。メフィストフェレスは，ファウストを信用したのであろうか，先に様々な反対給付をファウストに対し提供する。それを博士は受領し，享受しておきながらも，最後に自らの履行の段になると約束を反故にしてしまう．．．．。

本件では，魂の譲渡こそが「取引の核心」(essence of the bargain)であることに疑いは無く，従ってファウストの行為は「重大な契約違反」(material breach of the contract)に該当し，本来ならば賠償責任を免れないはずである[89]。金銭賠償の責に任ずるのみならず，「魂」という契約の対象物は代替が不可能な特異性を有しているから，「特定履行」(履行の強制)すら回避できないはずであろう(?!?)[90]。更に解剖を進めれば，ファウストが契約を破る契機は，メフィストフェ

---

87) RICHARD A. POSNER, LAW AND LITERATURE 119–21 (revised and enlarged ed. 1998).
88) なお管見では，ファウスト的なテーマは「法と大衆文化」(law and popular culture)的にも欧米法文化に未だに活きている。例えば「legal thriller」ムーヴメントの旗手 John Grisham の小説『THE KING OF TORTS』(1st ed. Boubleday 2003)［邦題『甘い薬害』(2008年)］は，企業⊿や人身被害者達を食い物にする不法行為訴訟弁護士が悪徳を尽くした後に転落するけれども，最後は魂が救われる(?!)という展開を遂げている。
89) *See infra* text at §12–03.
90) *See infra* text at §5–15–5. 尤も無効(void)，取消(voidable)，または強制不可能(unenforceable)といった抗弁に服する類の契約であろう——本文中で後述するように「裁判所は違法に手を貸さない」からである．．．。*See infra* text at §§5–15–1（クリーン・ハ

レスと博士との契約関係に天使・神が介入した事実に帰すことが出来る。従って，不法行為法理上の請求である「契約関係への不法介入」（tortious interference with contractual relation）[91]さえも成立しそうである …。

…と，このように，冷徹に作品を解剖して，「悪魔の代理人」（Devil's Advocate!!）[92]の如くにメフィストフェレスの主張を擁護するのが本書筆者の意図では無い。筆者が伝えたいのは，誰もが知るこの文学の古典に於いてさえも，そのベースには「契約」概念が用いられている事実である。ところでメフィストフェレスの請求は法的に認められるであろうか？　答は「否」であろう。前段の『ヴェニスの商人』と同じように，ここでも衡平法的な公正さが，コモン・ロー的な硬直的規範に歯止めを掛けるのである。即ち「裁判所は違法に手を貸さない。」ファウストが反対給付を享受しておきながら，メフィストフェレスが「*対価＝博士の魂*」を得られないのは不公平ではある。しかしそこには「*in pari delicto* rule」（イン パリ デリクトー）（同罪の準則）が働く。つまり「*in pari delicto protior est conditio defendentis*」（in case of equal fault, the condition of the party defending is stronger）なのである。更には，そもそも魂の売買は違法な取引かもしれない。たとえ俗世の実定法上では違法でなくても，少なくともパブリック・ポリシーには反すると解され得よう。以上は「*メフィストフェレス対ファウスト*」事件の解剖であったが，それでは派生的な請求の「*メフィストフェレス対イェフォヴァ a/k/a*[93]*神*」事件の方は如何なる結果に成るであろうか？　介入された契約自体が違法ゆえに法的強制力の無いものだから，こちらの請求も弱そうである。後掲（§5-16-2）参照（「契約関係への不法介入」には有効な契約の存在が要件）。

ンドの準則），9-03（同罪の準則）．
91) *See infra* text at §5-16-2.
92) 「Devil's Advocate」（Warner Bros. 1997）（邦題「ディアボロス：悪魔の扉」アル・パチーノ，キアヌ・リーブス出演）．
93) 「a/k/a」とは，「as known as」の略語である。

§1-02. アメリカ契約法と国際契約の法源

アメリカ契約法の「主要な法源」(primary authorities) は判例法 (case law) であり，その多くは州法である[94]。尤も一部，制定法 (statutory law) と連邦法 (federal law) が関係して来る場合もある。前者の主な例は各州で制定法化された後掲 (§1-02-2)「ＵＣＣ：統一商事法典」である。なおアメリカでは合衆国憲法によっても，契約行為の権能が以下のように保障されている[95]。

> **Section 10. No state shall ... ; pass any bill of attainder, ex post facto law, or law impairing the obligation of contracts, or grant any title of nobility.**
> U.S. CONST. art. 1, sec.10 (emphasis added).

ところでアメリカ契約の全米的な実体法を理解する上で実際上有用なのは，以下の「二次的法源」(secondary authorities)[96]である。(尤もその中でUCCは州制定法化されると「一次的法源」(primary authority) に成る。)

§1-02-1.『リステイトメント』(RESTATEMENT)[97]：
前述の通りアメリカ契約法の「一次的法源」は判例法であり且つ州法であり，それはナラティヴな法廷意見から構成されるだけではなく州毎に異なるから益々判り難いという弊害がある。そこで，判例法／州法を判り易く統一する目的を達成すべく，法改革を行

---

94) BLUM, *supra* note 26, §2.4, at 24.
95) *Id.* §1.4.1, at 9.
96)「二次的法源」に就いては，see, *e.g.*, 拙書『アメリカ不法行為法』, *supra* note 16, at 62-64 頁; BLUM, *supra* note 26, §2.8, at 31 n.7.
97)「リステイトメント」に就いても，see, *e.g.*, 拙書『アメリカ不法行為法』, *supra* note 16, 55-56, 62-64 頁; MURRAY ON CONTRACTS, *supra* note 7, §8, at 21; BLUM, *supra* note 26, §2.8, at 30-31; 1 FARNSWORTH ON CONTRACTS, *supra* note 42, §1.8, at 32-33; CALAMARI & PERILLO, *supra* note 29, §1.6, at 15-16; 1 CORBIN ON CONTRACTS, *supra* note 39, §1.21, at 75.

う権威ある全米組織の「ＡＬＩ」(American Law Institute) により判例諸原則の集約編纂された「法典のような著作物」(a code-like document) が『リステイトメント』であり、それは一次的法源ではないにも拘わらず非常に影響力を有した [二次的] 法源である[98]。確定した判例法 (settled law) を「言い直す」(re-state) ことがリステイトメントの本来の趣旨であるけれども、在るべき法 (i.e., 判例法ではない理想的な規範) を採用している場合もある。内容は、「**black letter**」と呼ばれる条文的な部分と、「comment」と呼ばれる解説部と「illustration」と呼ばれる例示的な事例の部分に加えて、「reporter's note」と呼ばれる出典表示部分から成る。最初に全米的契約法体系を包括的に著したことで偉大な業績と成る『リステイトメント [第一次] 契約法』(1932年) は、後掲するように「古典学派」(起草に責任を持つ主席報告者は後掲 Samuel Williston[99]) の影響を受けて「形式主義」(formalism) と「客観論／表示主義」(objective theory) を反映している[100]。(尤も特別顧問兼「救済：Remedies」の章の報告者は新古典学派の後掲 Arthur L. Corbin であった[101])。

その後、老朽化ゆえに、『リステイトメント (第二次) 契約法』(1981年) (主席報告者は Chapters 1 から 9 迄は Robert Braucher、それ以降は主に後掲 Allan Farnsworth[102]) が Corbin の見解に大きく依拠して起草・発布[103]されることに成り、そこでは「ポスト古典学派」の影響が反映され、既に発布されていた UCC Article 2 (第二編) の思想も積極的に取り入れられることと成った。第一次リステイトメントとの大きな相違は、以前よりも「約束的信頼」(promissory reliance) を重視する当事者達の傾向を反映させたことと、UCC の革新性を類推解釈的に採用した点にある。

---

98) *See, e.g.,* CALAMARI & PERILLO, *supra* note 29, §1.6, at 15.
99) 1 CORBIN ON CONTRACTS, *supra* note 39, §1.21, at 75.
100) *See* CALAMARI & PERILLO, *supra* note 29, §1.6, at 16 (第一次リステイトメントは Williston の影響が強く、第二次リステイトメントは Corbin の影響が強いと指摘).
101) 1 CORBIN ON CONTRACTS, *supra* note 39, §1.21, at 75.
102) *Id.*
103) *Id.*

§1-02-2. 『UNIFORM COMMERCIAL CODE (U C C)』(統一商事法典)[104]：

「UCC」（UNIFORM COMMERCIAL CODE：統一商事法典）とは，法改革を行う権威ある二つの全米組織である「NCCUSL」（the National Conference of Commissioners on Uniform State Laws）と前掲「ALI」が作成した「模範法典」（model code）である。フランスの『ナポレオン法典』（CODE NAPOLEON）を採用しているルイジアナ州を除く全州が採用し，全米の共通規範と成った。そもそも契約法の特別法である商法も嘗てのアメリカではコモン・ローから発展した個別制定法であり，且つ州法であった。そこで全米的な「統一化」（unify）と「法典化」（codify）を図る為に編纂されたのが，UCCである。尤もUCCには1906年に発布され三七の州で採用されていた『UNIFORM SALES ACT』という前身があり，謂わばその修正として着手されたUCCの公式版が完成したのは1952年である。尤も州立法府に依るその採用は当初，スムーズにいった訳ではなく，1953年にペンシルヴァニア州が採用しただけで他州が続かず，大幅な修正をしなければ採用すべきではないというニューヨーク州から出された報告に従って修正が為されてやっと，1957年から'67年に掛けてルイジアナ州以外での採用に至った。

図表#1.2　アメリカ商法の発展史[105]

年　代	法	備　考
17世紀	*Lex Mercatoria* (Law Merchant)	英国の商慣習法
1893年	SALE OF GOODS ACT	英国で制定法化
1906年	UNIFORM SALES ACT	S. Willistonが起草
1952年	UNIFORM COMMERICIAL CODE (UCC)	Art. 2などをK. Llewellynが起草

---

104) *See, e.g.*, JAMES J. WHITE & ROBERT S. SUMMERS, UNIFORM COMMERCIAL CODE §1, at 1 to §2, at 7 (5th ed. 2000); MURRAY ON CONTRACTS, *supra* note 7, §8, at 21–28; BLUM, *supra* note 26, §2.7.1, at 25 to §2.7.3, at 30; CALAMARI & PERILLO, *supra* note 29, §1.7, at 17–20; 1 CORBIN ON CONTRACTS, *supra* note 39, §1.21, at 76–79.
105) *See, e.g.*, 1 CORBIN ON CONTRACTS, *supra* note 39, §1.21(b), at 76.

UCC の中でもアメリカ契約法に多大な影響を与え，且つ同法の修得に於いて必ず言及されるのは，後掲（§1-04-5）Karl Llewellyn が主要な起草者として貢献した「Article 2」(第二編)と呼ばれる「sales of goods」(物品の売買)[106]を規律する部分と定義や解釈原則等に関連する「一般原則」を規律した Article 1 である。なお「goods」とは，無体的な権利（intangible rights）を除外した動産（movable things）であり[107]，「a sale」とは対価と引き換えに権原が買主から売主に移転することである[108]。なお契約法全般に影響を与える UCC Article 2 および Article 1 は，その条文のみならず「official comments」と呼ばれる「公式解釈部」も裁判所によって尊重されている。それは条文解釈に於いて重要な謂わば「起草者の意図」（drafter's intent）を表しているからである。

　ところで Article 2 および Article 1 が契約法全般に影響を与えると言われる理由は，売買が契約の基本であり，且つこれを物品売買以外の契約にも実際に裁判所が類推適用して来たからである。そもそも UCC は改革を目指した模範法典であるから[109]，たとえ物品の売買以外の契約が紛争に成っている場合でも，望ましいと解釈すればこれを積極的に類推適用する傾向が裁判所に見受けられたのである。更に，例えば第二次リステイトメントに於いても UCC Article 2 の諸規定を明確に採用した部分を各所で発見することができ，その影響が物品売買に止まらない証左と成っている。

---

106) なおブラック・レター上は「transactions in goods」とされている。UCC §2-102 (2003 amend.).

107) UCC §2-105(1).　なお 2003 年改訂では UCC §2-103(1)(k) に規定され，「情報」（information）等を対象外にすることが明確化された。See UCC §2-103(1)(k) (2003 amend.).　尤も 2003 年改訂は，2011 年に撤回された。後掲脚注 113 参照。

108) UCC §2-106(1)(改訂版で変更なし); CALAMARI & PERILLO, supra note 29, §1.1, at 3 n.8.

109) リーガル・リアリズム学派 (新古典学派) の旗手たる主席報告者 Karl Llewellyn が，古典学派の形式主義を批判して UCC を起草している点に就いては，see e.g., infra text at §1-03.

32

なお UCC は元来 9 編＋1 編から成っていたところ[110]，後に二つの編[111]を追加されている。更に，2003 年に UCC の Article 2 は大幅に改訂され[112]，Article 1 も 2001 年に改訂されたけれども，前者は未だ州で批准されていない状況にある[113]。従って当面は，改訂前の規定が実定法としては有効であると同時に，モデル法としては改訂版も並存する状態にある。本書が折に触れて「2003 年改訂云々」等と言及しているのは，そのような事情によることを理解しておいて欲しい。

§ 1-02-3. 『CISG』（ウイーン売買条約）と，UNIDROIT Principles （ユニドロワ国際商事契約原則）[114]：　　アメリカ契約法を研究していると，ときに国際条約に言及する文献を目にする。そこで，基本的なものだけを簡潔に触れておこう。

先ず『CISG』（ウイーン売買条約）とは[115]，「UNCITRAL」と略称される「the

---

110) Article 1 は general provisions，Article 2 は sales of goods，Article 3 は commercial paper，Article 4 は bank deposits and collections，Article 5 は letters of credit，Article 6 は bulk transfer，Article 7 は warehouse receipts, bills of lading, and other documents of title，Article 8 は investment securities，Article 9 は secured transactions, sales of accounts and chattel paper，および Article 10 は UCC の発効日等を規律する。

111) 新たに Article 2A が leasing of goods を規律し，Article 4A が electronic funds transfer を規律した。

112) 2003 年改訂の概観に就いては，see, *e.g.,* 5 FREDERICK M. HART & WILLIAM F. WILLIER, FORMS AND PROCEDURES UNDER THE UNIFORM COMMERCIAL CODE 21 A.01 to APPENDIX A to Part 1 A, at Art.2 1 A-1 to App. A 1 A-150 (2007).

113) BLUM, *supra* note 26, Preface, at xxix. なお Article 1 の方は半数の州で採用されている。*Id.* なお本書増刷時の情報によれば，Article 2 の 2003 年改訂は撤回された模様である。*Recommendation of the Permanent Editorial Board for the Uniform Commercial Code to Withdraw the 2003 Amendments to UCC Article 2 and 2A from the Official Text of the Uniform Commercial Code,* 65 CONSUMER FIN. L. Q. REP. 150 (2011).

114) 1 FARNSWORTH ON CONTRACTS, *supra* note 42, §1.8a, at 34-35, 38-41; MURRAY ON CONTRACTS, *supra* note 7, §14, at 31; CALAMARI & PERILLO, *supra* note 29, §1.7, at 20.

115) ウイーン売買条約に就いては，以下も参考になる。Guide to the Pace Database on the CISG and International Commercial Law, *available at* < http://www.cisg.law.pace.edu/cisg/guide.html> (last visited on Feb. 26, 2008). *See, e.g., generally* Kathryn S. Cohen, *Achieving*

United Nations Commission on International Trade Law」が創作した「Convention on Contracts for the International Sale of Goods」の意であり，「the Vienna Convention」（ウイーン売買条約）とも呼ばれ，アメリカも 1986 年に批准している。CISG／ウイーン売買条約が適用されるのは<u>物品の売買契約</u>であり，且つ批准国の直接・間接的な当事者間で国際契約が締結される場合である。原則としては該当部分に就いて<u>国内法よりも優先する</u>けれども，<u>当事者は適用除外を選択できる</u>（CISG Art. 6)[116]。適用される該当部分とは，即ち物品売買契約の成立と当事者の債権・債務であり，強制可能性に関しては明らかに国内法に委ねているので（CISG Art. 4 (a)），例えば詐欺，強迫，違法性，錯誤，および非良心性等の論題[117]には介入しない。更には適用除外に成る取引類型も多く列挙されていて，例えば船舶系や航空機，および電力の取引は適用除外である。

ところで「ユニドロワ国際商事契約原則」（the UNIDROIT Principles of International Commercial Contracts）とは，ローマに本拠を置く UNIDROIT（the International Institute for the Unification of Private Law）が 1994 年に発布した，<u>契約法共通諸原則</u>の集大成であり，消費者取引には適用されず，寧ろ出来るだけ広範囲な

---

 a Uniform Law Governing International Sales: Conforming the Damage Provisions of the United Nations Convention on Contracts for the International Sale of Goods and the Uniform Commercial Code, 26 U. PA. J. INT'L ECON. L. 601, 602-07 (2005).

116) 契約書の起案（drafting：ドラフティング）上は，例えば以下のような文言を，準拠法条項（governing clause）の中に挿入することにより適用除外を実現することに成ろう。準拠法条項全文の例文に就いては，後掲 §9-08-1 参照。

> **THE PARTIES <u>HEREBY EXPRESSLY EXCLUDE</u> APPLICABILITY OF THE 1980 UNITED NATIONS CONVENTION FOR THE INTERNATIONAL SALE OF GOODS (THE "CISG") ACCORDING TO THE ARTICLE 6 OF THE CISG.**

 This phrase is partially based upon suggested ones in 5B HART & WILLIER, *supra* note 112, ¶ 21.00 at 2-13; Jeffrey Schweon, *Agreements for the Sale of Good, in* 2 COMMERCIAL CONTRACTS: STRATEGIES FOR DRAFTING AND NEGOTIATING Ch. 26, §26.08, at 26-82 to 26-83 (Morton Moskin ed., Supp. 2005)（英文契約書の諸実例を参考に本書筆者が修正）（強調付加）.

117) これらに就いては，see *infra* text at 第Ⅲ章。

商人への適用を目指した「*Lex Mercatoria*」(レックス マェアーカトリーア) の概念を採る。尤も強制力は無く，立法される為の模範法典でも無いけれども，リステイトメントと同様な機能が期待され，当事者が国際契約書でこれを採用したり，国際仲裁人が採用することを期待したものである。大陸法に於ける共通原則とコモン・ローに於ける共通原則との双方が反映されている。物品の売買に関する国際規範としては既に前掲ウイーン売買条約が扱っているので，当ユニドロワ原則は物品売買以外の契約，特に役務契約での利用が期待されている。約一二〇条から成り，comment と illustration が付帯している点もリステイトメントに似ている。

§1–03. アメリカ契約法の歴史

ここでの話題は一見すると，アカデミックな記述に過ぎず実務家には無縁のように思われるかもしれない。しかし，学術的な背景を知っておくことは，実定法に於ける解釈上の対立とその理由を理解する為にも大いに有用なはずである。

例えば後掲（§11）する「口頭証拠排除の準則」(parol evidence rule) は，契約の解釈が争いに成った場合の影響も大きい為に実務家にとっても非常に重要な論点である。そして解釈の際に「外部証拠」(extrinsic evidence) を何処まで認めるべきかの争点に関しては，後掲（§1–04）する Samuel Williston と Arthur Corbin との間で見解が相違する。何故(なぜ)そのような相違が生じるのかに就いては，ルールを闇雲に読むだけでは理解できないし，納得も出来ないであろう。しかしその背景には，以下の段落で紹介する「古典学派」(classical school) と「新古典学派」(neoclassical school) という立場の違いが存在する。その違いが厳格な規範（*i.e.*, 法的安定性）への固執と，逆に柔軟な例外への寛容（*i.e.*, 個別具体的妥当性）という見解の相違に繋がっていることを把握すれば，相違の理由も理解できる。そして何故に後者の見解が，現代の学説上多くの支持を得ているのか（即ちより説得的と捉えられているのか）も理解できるであろう。

更には，例えばアメリカ契約法には欠かせず度々引用される UCC の立場が，コモン・ローの立場よりも柔軟な点に本書の読者も出くわすはずである。その背

景にはやはり，以下の諸段落が説明するような見解や主要起草者（Karl Llewellyn）の視点[118]が影響していると把握できれば，UCC のアプローチがコモン・ローと異なる理由と，近年の裁判所がこれを尊重しそのルールを類推適用する理由も理解できるはずである。因みに Articles 2 と 1 の起草者 Llewellyn が憂慮していたのは，UCC 以前の古典的契約法の技術的規範が当事者達の取引の事実を阻害することであった。即ち形式主義が当事者達の真の合意と理解を把握しないかもしれない，と心配しながら UCC を起草している[119]。

§1-03-1. 「実証主義」（positivism）・「古典学派」（classical school）[120]：

これは 19 世紀末から 20 世紀前半に掛けて，『リステイトメント［第一次］契約法』（1932 年）に集約された思想である。諸判例から包括的かつ良く定義化された規範を抽出し，その規範を個別紛争事例上の事実に当てはめて結論を導き出すという司法の役割を重視する。つまり，明確な規範と，「科学としての法」（**law as a science**）を信じる立場である。更に，厳格な「客観論／表示主義」を採り，自由経済に於ける契約関係の促進を目指す。代表的な学者は後掲（§1-04-3）の Samuel Williston である[121]。

批判としては，「形式主義的」（formalistic）且つ硬直的（rigid）であるとされ，或いは「『機械的』法学」（"mechanical" jurisprudence）であると批判される。尤

---

118) *See, e.g.,* MURRAY ON CONTRACTS, *supra* note 7, §10, at 23 （以下の Llewellyn 自身の論文を出典表示しながら形式主義を批判する UCC の態度を紹介。K. LLEWELLYN, WHY A COMMERCIAL CODE?, 22, 779 (1953); K. LLEWELLYN, THE COMMON LAW TRADITION: DECIDING APPEALS 370 (1960))．

119) MURRAY ON CONTRACTS, *supra* note 7, §10, at 23.

120) *See, e.g.,* BLUM, *supra* note 26, §2.3.1, at 18-19, 20-21; MURRAY ON CONTRACTS, *supra* note 7, §8, at 18-19; 1 FARNSWORTH ON CONTRACTS, *supra* note 42, §1.8, at 31; CALAMARI & PERILLO, *supra* note 29, §1.6, at 16. *See also* MERCURO & MEDEMA, *infra* note 122, at 14 （ラングデル（Christopher Columbus Langdell）に象徴される教義主義（doctrinalism）が ALI 結成とリステイトメント編纂に向わせたと指摘）．

121) 「classical contract law」とは，19 世紀に発展して S. Williston により原則化されたものを言う。1 FARNSWORTH ON CONTRACTS, *supra* note 42, §1.8, at 35 n.18.

も，リステイトメント編纂等に象徴される，契約法体系の基礎を築いたのは古典学派の功績であることは否めないであろう。例えばそれ迄の契約法の著作が主に分野別なもの (e.g., 保険契約) に偏っていたところ，Williston は契約全体に通じる諸原則を示し，契約法学者が一般原則の発見に視線を向ける契機にも成ったのである。

§1-03-2.「リーガル・リアリズム」(legal realism)・「新古典学派」(neo-classical school)[122]：　古典学派 (実証主義) の主張に対して懐疑的な「リーガル・リアリズム」(legal realism) 或いは「新古典学派」(neoclassical school) は，司法制度のダイナミズムを強調し，規範の定義化，一般化，形式化に疑問を抱き，法規範の優越性への挑戦を試みる。規範への偏重から離れて，法理が何を示すのかだけではなく，それが実際に如何に機能しているのかに着目し，社会的な文脈や司法制度の実際の機能を「学際的」(multidisciplinary) に研究する。判決に影響を与えるのは，論理や規範や先例よりも寧ろ「判事が朝食で何を食べたか」に左右されると戯画的に表されるように，人間行動の相互作用への洞察を進化させ，判決に至る前には倫理や経済や社会状況を考慮に入れるべきと主張する。即ち多様性を尊重し，法律分析に対しより柔軟なアプローチを採り，科学としての法を強調する古典学派の硬直性を批判し，契約自由の原則への規制を唱え，消費者保護，従業員の保護，および企業倫理を強調する。代表的な学者は後掲 (§1-04) Arthur Corbin と Karl Llewellyn であり，新古典的契約法は UCC と第二次リステイトメントに集約されている。ところで以下の Corbin 自身の言葉が，リーガル・リアリズムの立場を象徴しているように本書筆者には感じられる。

---

122) *See, e.g.,* BLUM, *supra* note 26, §2.3.1, at 19–21; MURRAY ON CONTRACTS, *supra* note 7, §8, at 19–20; 1 FARNSWORTH ON CONTRACTS, *supra* note 42, §1.8, at 31; CALAMARI & PERILLO, *supra* note 29, §1.6, at 16–17; NICHOLAS MERCURO & STEVEN G. MEDEMA, ECONOMICS AND THE LAW: FROM POSNER TO POSTMODERNISM AND BEYOND 15 (2d ed. Princeton Univ. Press 2006).

The evolutionary process of life in all of its manifestations —— mental, moral and physical —— is the process by which our system of law was created and is being recreated for the future.

1 ARTHUR LINTON CORBIN, CORBIN ON CONTRACTS, Introduction, at v (revised ed. 2007).

ところでリーガル・リアリズムに対する批判としては，「秩序と確実性に対する社会の期待」（society's expectation of order and certainty）[123]に応えていないと言われている。

§1-03-3. 「法と経済学」（law and economics）と「学際法学」（law ands ロー・アンズ）と，『契約の死 THE DEATH OF CONTRACT』から「批判的法学研究 Critical Legal Studies」まで[124]：

「ポスト・リアリズム」（post-realist approach）として最も影響力がある一つの学際研究を確立させた分野は，「法と経済学」（law and economics）であり，自由市場に於ける取引交換促進に主な関心を寄せる。その他にも様々な学問分野から学際的に法を研究する「**law ands**」（ロー・アンズ）と呼ばれる「**学際法学**」が発展して来ている。例えば社会学や哲学等と法との間の学際法学である。

更に新古典学派への批判として有名なモノグラム『**THE DEATH OF CONTRACT**』（**契約の死**）は，後掲（§3-03）「取引交換理論」（the bargained-for-exchange theory）の衰退と「**contort**」（コントート）（不法行為的契約法理）の興隆を指摘して大きな論争を生んだ[125]。その後，マルクス主義やニヒリズムに支配されたポスト・モダンな「**the**

---

123) 契約法の主な目的（goal）は，「予見可能性」と「確実（安定）性」（predictability and certainty）であるという指摘も見受けられる。*See, e.g.,* Farnsworth, *Religious Ethics and Contract Enforceability, supra* note 8, at 707.
124) BLUM, *supra* note 26, §2.3.1, at 20; MURRAY ON CONTRACTS, *supra* note 7, §8, at 20; 1 FARNSWORTH ON CONTRACTS, *supra* note 42, §1.8, at 36-38; CALAMARI & PERILLO, *supra* note 29, §1.4 (e), at 9-10.
125) 最早「契約法」という独立した分類の存在自体に疑念を抱く主張が表れたのである。*See, e.g.,* CENTO VELJANOVSKI, ECONOMICS PRINCIPLES OF LAW 109 (Cambridge Univ. Press 2007).

Critical Legal Studies (CLS) Movement」(批判的法学研究運動)が流行り出し，利他主義と連帯を激しく強調した偏ったアプローチを採りつつ現代契約法が個人の自律に対する敵であると批判し，且つ市場原理とその「道具」である新古典学派を批判したけれども，支持を得られずに二一世紀に入って崩壊したとさえ言われている。即ちCLSは批判はするけれども，より良い制度の代替案を示すことなく，コミュニタリアニズムや理想的社会主義を主張するばかりであったとされる[126]。

§1-04. アメリカ契約法のアカデミックな巨人達

本項では，アメリカ契約法の文献上で登場する著名人物を少しだけ紹介しておこう。

§1-04-1. オリーヴァー・ウエンデル・ホームズ（Oliver Wendell Holmes, Jr.）[127]：　1841年～1935年。南北戦争に従軍し三度の負傷の後，ハーヴァード大学の法学生に成る。ボストンで実務経験後に母校で教鞭を執り，ミシガン州最高裁判所判事から主席判事を歴任後，連邦最高裁判所裁判官へ。同職に約三〇年間就任。反対意見を唱えることで有名な為に「the Great Dissenter」の異名を持つ。Benjamin Nathan Cardozo判事やRoscoe Poundと共に，法律学を独立自律したものと捉えず，法に影響を与える経済学や諸条件・社会諸科学へも目を向けるように主張して，ラングデル的な法科学（Langdellian legal science），「機械的法学」（mechanical jurisprudence），或いは法の「教義主義」（doctrinalism）を批判する**「社会学的法学」**（sociological jurisprudence）に分類される。彼の法廷意見と著作が契約法形成に貢献。有名な著作は講義録を基にした『THE COMMON

---

126) CALAMARI & PERILLO, *supra* note 29, §1.4(e), at 10.
127) 3 FARNSWORTH ON CONTRACTS, *supra* note 42, Biographical Appendix, at 388; Bruce Kuklick, *Honorable Justice?: The Life of Oliver Wendell Holmes,* 90 COLUM. L. REV. 803, 803 (1990)(book review); MERCURO & MEDEMA, *supra* note 122, at 12.

LAW』である。なおその講義自体は彼が未だ四〇歳に満たない，教授でも判事でもない 1880 年に行った二〇コマであり，内三コマが契約法に当てられていて現在までも影響力を有しているという[128]。契約法に関する彼の大きな貢献とされるのは，consideration（約因）の取引交換法理（後掲§3-03），契約の客観理論（表示主義）（後掲§3-04-3），および「*Hadley 対 Baxendale*」判例（後掲§5-06）の示す損害賠償の因果関係則等である[129]。

§1-04-2. クリストファー・C. ラングデル（Christopher Columbus Langdell）[130]：

1826 年～1896 年。ニューハンプシャー生まれ。ニューヨーク州法曹であり法律事務所のパートナー（共同経営者）でもあった。一六年間の法律実務経験後，1869 年からハーヴァード・ロー・スクールの教授，研究科長（Dean）に。所謂「case method」の始祖として有名[131]。判例を集めた彼の「契約法」の教科書は「casebook」という体裁を採り[132]，それは現在に至る迄も全米ロー・スクールの教科書の基準的な編纂方法と成っている。法が拠って立つ法理を修得する為の最速かつ最善の方法は，その法理が具現化された判例（opinion：

---

128) E. Allan Farnsworth, *Contracts Scholarship in the Age of the Anthology,* 85 MICH. L. REV. 1406, 1410 (1987).

129) *Id.* at 1412.

130) FARNSWORTH, LEGAL SYSTEM, *supra* note 42, at 19 & n.11; W. Burlette Carter, *Reconstructing Langdell,* 32 GA. L. REV. 1, 14-17 (1997); MERCURO & MEDEMA, *supra* note 122, at 9-12.

131) ケース・メソッドの起源は，Langdell が 1870 年の秋に「契約法」科目の冒頭を以下の言葉で始めたことにある。「フォックスさん，『*Payne 対 Cave*』事件の事実を述べてくれませんか？」と。Farnsworth, *Contracts Scholarship in the Age of the Anthology, supra* note 123, at 1406（訳は本書筆者）．この指摘を「法と大衆文化」的に分析すると，Langdell の時代から百年以上も経た映画「The Paper Chase」（Twentieth Century Fox 1974）に於ける契約法科目の冒頭シーンと全く変わりがないことに驚かされる。

132) 初版本には三三六件の判例が殆ど編集しないまま解説もなく収録され，しかも殆どが英国判例で，アメリカ判例は僅か二二件（その殆どはマサチューセッツ州とニューヨーク州のもの）だったという。Farnsworth, *Contracts Scholarship in the Age of the Anthology, supra* note 128, at 1411.

法廷意見）を読むことという彼の考えの下でcasebookが用いられた。宗教や様々な形而上学に結び付けられた嘗ての法と決別し，法を独立した科学として捉えようとする所謂「**教義主義**」(**doctrinalism**) の代表者とされる。何故なら帰納法と演繹法を用いて規範と判例の関連性を強調するcase methodが，法廷意見からのみ自律した法原則を導き出し得ると看做していたと捉えられるからである。

§1-04-3. サミュエル・ウイリストン（Samuel Williston）[133]： 1861年〜1963年。専門分野は物品売買法（sales）と契約法。ボストンで法律実務経験後にハーヴァード・ロー・スクールの教員に成る。『RESTATEMENT OF CONTRACTS』（第一次リステイトメント）の「主席報告者」（Chief Reporter）であり，当時の代表的な契約法学者。UCCの前身である『UNIFORM SALES ACT』の起草者でもある。当初四巻から成る彼の著作『A TREATISE ON THE LAW OF CONTRACTS』［所謂『WILLISTON ON CONTRACTS』］（1st ed. 1920）は[134]裁判所や法曹に依拠された権威であり，契約法の古典である。後掲のArthur L. Corbinに比べると規範志向が強く，柔軟性を欠くという批判も受けている。例えば「口頭証拠排除の準則」を堅持しようとしたWillistonの立場は後掲（§11）が参考に成ろう。

§1-04-4. アーサー・L. コービン（Arthur Linton Corbin）[135]： 1874年〜1967年。コロラド州に於いて四年の法律実務経験の後に母校イェール・ロー・

---

133) *See, e.g.,* MURRAY ON CONTRACTS, *supra* note 7, §8, at 18–19; 1 FARNSWORTH ON CONTRACTS, *supra* note 42, §1.8, at 31; 3 *id.* Biographical Appendix, at 390; CALAMARI & PERILLO, *supra* note 29, §1.6, at 16. なおWillistonの肖像写真は，see 1 FARNSWORTH ON CONTRACTS, *supra* note 42の表紙の次頁。

134) なお本書筆者が本書執筆時に依拠したtreatisesの一つである『WILLISTON ON CONTRACTS』の改訂版（Richard A. Lord ed., 4th ed. 2007）は，総計二九巻（除，目次冊子）にも上る大著作集である。

135) *See, e.g.,* MURRAY ON CONTRACTS, *supra* note 7, §8, at 18–19; 1 FARNSWORTH ON CONTRACTS, *supra* note 42, §1.8, at 31; 3 *id.* Biographical Appendix, at 386; CALAMARI & PERILLO, *supra* note 29, §1.6, at 16; 1 CORBIN ON CONTRACTS, *supra* note 39, Introduction, at vi. なおCorbinの肖像写真も，see 1 FARNSWORTH ON CONTRACTS, *supra* note 42の

スクールに招かれて終身，主に契約法を指導。それ迄は講義形式と暗記中心だった同ロー・スクールに於ける教育を，ケース・メソッド中心に変えた立役者でもある。契約法に関する一三巻から成る彼の著書『CORBIN ON CONTRACTS』は[136]体系書として高名であり，多くの支持を得，且つ影響力を与えている古典。『RESTATEMENT OF CONTRACTS』（第一次リステイトメント）の中の「救済」（Remedies）の章の「特別顧問兼報告者」（Special Advisor and Reporter）でもあった。前掲 <u>Samuel Williston</u> よりも柔軟な立場を採り，且つ法の<u>学際的</u>アプローチに積極的で経済的，社会的，倫理的な諸考慮も採り入れている。柔軟な反面，確実（安定）性や予見可能性に於いては弱い点が批判されており，同時に法律学に他の学際領域の諸価値を持ち込む点を非難する者もいる。「consideration」（約因）法理が全盛だった第一次リステイトメントの中に，consideration に基づかない「約束的禁反言」（promissory estoppel）プロミッサリー エストッペルの法理を§90 に挿入させた Corbin の逸話に就いては，後掲（§4-01）を参照。更に，「口頭証拠排除の準則」に批判的な Corbin の立場は後掲（§11）が参考に成ろう。なお後掲（§16-01）の「第三受益者」（third party beneficiary）法理の発展も彼に負う所が大きい[137]。

§1-04-5. カール・N. ルウェリン（Karl Nickerson Llewellyn）[138]： 1893年～1962年。「リーガル・リアリズム学派」の旗手であり，且つ契約法と商法

表紙の次頁。

136) 二〇世紀の始めにイェール・ロースクールで教鞭を執った頃から書き始めて 1950 年に完成し，九三歳で逝去するまで改訂し続けた著作である。なお本書筆者が本書執筆時に依拠した treatises の一つである『CORBIN ON CONTRACTS』の最新改訂版（Joseph M. Perillo ed., rev. 2007）は，総計一五巻（除，目次バインダー等）にも上る大著作集である。

137) 9 CORBIN ON CONTRACTS, *supra* note 39, §41.1, at 2 & n.3.

138) *See, e.g.,* MURRAY ON CONTRACTS, *supra* note 7, §8, at 19–20; 3 FARNSWORTH ON CONTRACTS, *supra* note 42, Biographical Appendix, at 389; Shael Herman, *Llewellyn the Civilian: Speculations on the Contribution of Continental Experience to the Uniform Commercial Code,* 56 TUL. L. REV. 1125, 1130 n.20 (1982); David Ray Papke, *How the Cheyenne Indians Wrote Article 2 of the Uniform Commercial Code,* 47 BUFFALO L. REV. 1457, 1459–61

42

（commercial law）の指導的研究者。イェール・ロー・スクールではロー・ジャーナルの編集長を務め，Arthur L. Corbin 達とも親しく交流していた。ドイツ法に興味を抱いていて，文化人類学や社会学，言語学にも広く関心を持ち，ニューヨーク州で法律実務経験後，1922 年〜24 年までイェール大の専任教員に続いてコロンビア大に移籍後，シカゴ大に。学際法学に関心を抱いていた彼は，イェール大の「人類・社会学部」で「law in society」の講座を担当していた程であり，アメリカ原住民シャイアン族の法に関して人類学者との共著[139]を上梓したことでも有名。1944 年に『UNIFORM COMMERCIAL CODE (UCC)』構築の立役者と成った「主席報告者」（Chief Reporter）に就任。因みに「陪席主席報告者」（Associate Chief Reporter）は細君の Sonia Mentschikoff であった。彼は特に「Article 2」（物品の売買）の主要な起草者（drafter）であり，且つ「Article 1」も起草。これら二編の中に最も彼の思想が現れている。リアリズム法学の見地を UCC に生かし，真の当事者合意を表すような柔軟で機能する契約法のルールの追及に於いては前掲 Corbin と共に「realistic and "neoclassical"」であると並び称されている。

§1-04-6. グラント・ギルモア（Grant Gilmore）[140]： 1910 年〜1982 年。有名なモノグラム『THE DEATH OF CONTRACT』[141]（契約の死）の著者。イェールで教鞭を執り，ウォール・ストリートで法律実務経験後にシカゴ大へ。リーガル・リアリズムに影響を受けた『契約の死』は，法理・判例を分析した上で，契約法の実態が違反当事者の権利実現よりも寧ろ「不法行為法」（torts）のようにコミュニティーの価値を表した国家の課す規範であるとし，後者が前者を飲み込ん

(1999). その肖像写真は 1 FARNSWORTH ON CONTRACTS, *supra* note 42 の表紙の次頁を参照。

139) L. N. LLEWELLYN & E. ADAMSON HOEBEL, THE CHEYENNE WAY: CONFLICT AND CASE LAW IN PRIMITIVE JURISPRUDENCE (1941).

140) 3 FARNSWORTH ON CONTRACTS, *supra* note 42, Biographical Appendix, at 387. *See also* Robert A. Hillman, *The Triumph of Gilmore's the Death of Contract,* 90 NW. U. L. REV. 32 (1995).

141) GRANT GILMORE, THE DEATH OF CONTRACT (1974).

で契約は「死んだ」と主張している[142]。この思想に関連性が深い救済法理である「promissory estoppel」等に就いては，後掲（§4）の consideration（コンシダレイション）に基づかない救済法理等を参照。

§1-04-7. ロン・L. フラー（**Lon Luvols Fuller**）[143]： 1902 年～1978 年。オレゴン大，イリノイ大，およびデューク大で教鞭を執った後，ハーヴァード大学で三〇年を過ごし契約法と法哲学（jurisprudence）を教えた。リーガル・リアリズムの持つ虚無主義を回避して，Henry M. Hart 達と共に法の正当性を中立的な司法手続，制度，或いは構造に求める「**手続的〔自然〕法学運動**」（**legal process movement**）に属する。救済論の中の「信頼利益」（reliance interest）に関する学生との共著論文 L. L. Fuller & W. R. Perdue「*The Reliance Interest in Contract Damages* (pts 1 & 2)」『YALE LAW JOURNAL』誌第 46 巻 52 頁，373 頁（1936, 1937 年）が同分野の法改革に繋がった[144]。契約法の要件として求められる諸「形式」（formalities）が，「証拠機能」（evidentiary function）「注意喚起機能」（cautionary function）「伝達手段機能」（channeling function）という三つの機能を果たしている（後掲§3-02-1）と指摘・分析したことでも有名である。

§1-04-8. E. アラン・ファーンスワース（**E. Allan Farnsworth**）： 1928 年～2005 年。数学の学士号と物理学の修士号取得後，コロンビア大学ロー・スクールを卒業し，サン・フランシスコで法律実務経験後に母校ロー・スクールの教員

---

142) *See, e.g.*, Pryor, *supra* note 8, at 26.
143) 3 FARNSWORTH ON CONTRACTS, *supra* note 42, Biographical Appendix, at 387; 1 *id.* §1.8, at 36 n.20; MERCURO & MEDEMA, *supra* note 122, at 17–19.
144) *See, e.g*, 23 WILLISTON ON CONTRACTS, *supra* note 42, §64:2, at 20–21 ("an extraordinarily influential law review article in the first half of the 20th century"であると指摘); 1 CORBIN ON CONTRACTS, *supra* note 39, §1.1, at 2 & n.2 ("one of the most influential law review articles ever written"であると紹介). 確かに調べてみると，『YALE LAW JOURNAL』誌掲載論文の中で最も多く引用されている順位のトップ一二位を占めている。*See* Fred R. Shapiro. *The Most-Cited Articles from The Yale Law Journal*, 100 YALE L. J. 1449, Table 1 (1991).

に。『RESTATEMENT (SECOND) OF CONTRACTS』の起草者であり，その著書『FARNSWORTH ON CONTRACTS』は[145]多く（含．判例）に依拠・引用され，現代の契約法に於ける指導的学者とされている。契約法以外に「国際商取引法」（International Business Transactions）等にも興味を抱き，独仏中国等の大学にも招聘され，イスタンブール大学で教鞭を執った際の米国法入門書『AN INTRODUCTION TO THE LEGAL SYSTEM OF THE UNITED STATES』[146]も良書で多数翻訳されている。

―――――――――――

以上，僅かに代表的巨人達を紹介しただけであるが，彼らの多くの共通点は，「法律実務」（practices）を経験していることである。これも「実学」志向の強いアメリカ法律学の伝統であろう。本書もそのような先達の足元に少しでも近付ければ幸いであると願いつつ，実際の英文契約書の論点にも触れて，「実学」としてのアメリカ契約法の「解剖」を試みていく。

§1-05. 英文契約のグローバル・スタンダードはアメリカ法である

"世界の商業活動の中心であるニューヨーク…。"これは判例[147]を研究していて出くわす法廷意見中の言葉である[148]。そればかりではなくニューヨークは，国際契約の「準拠法」（governing law）・「法廷地／裁判管轄地」（venue / jurisdic-

―――――――――――

145) 1-3 FARNSWORTH ON CONTRACTS, *supra* note 42.
146) FARNSWORTH, LEGAL SYSTEM, *supra* note 42.
147) *See, e.g.,* Weltover et al. v. Argentina, 941 F.2d 145, 153 (2d Cir. 1991)("New York, as a preeminent commercial center, has an interest in protecting those who rely upon that reputation to do business"と指摘).
148) *See, e.g.,* Moskin, *supra* note 2, §1.01, at 1-3 ("New York's growth as center of commerce"と指摘).

tion）としてもしばしば指定されることが多い[149]。それはニューヨークが，「資本の都(みやこ)」(the capital of the capital) であることも関係しているのかもしれない。或いはニューヨークには，世界的巨大法律事務所(mega [law] firms)の多くの本店が集中・所在していることも関係しているのかもしれない[150]。何れにせよ，国際契約・英文契約の世界の中心と言っても差し支えはあるまい。

更に，国際契約（英文契約）実務を経験すれば直ぐに判ることであるが，契約書の冒頭の，「recital」(リサイタル)とか「whereas clause」(フェアラズ クローズ)と呼ばれる「説明部」[151]に続いて出て来る決まり文句は，大抵，「in *consideration* of the covenants and premises hereinafter[152] set forth （強調付加）」と成る。この「consideration」(コンシダレイション)（約因）という文言も，英米契約法でなければ全く意味のない「呪文」である。

そして例えば，契約法に関する国際条約である 1964 年 Diplomatic Conference at the Hague（所謂 the 1964 Hague Conventions）は，アメリカを含むコモン・ロー諸国が参加しなかったから失敗したと言われている[153]。このようにアメリカ契約法が*国際契約＝英文契約法*のグローバル・スタンダードであることの証拠には枚挙に遑(いとま)が無い。

嘗て，古代ローマ帝国が世界の覇者であった時代とそれ以降に「ローマ法」が世界標準として重要であったように，現代契約社会に於いてアメリカ契約法が重要であることは自明である。そのようなグローバル・スタンダードたるアメリカ契約法の全体像を，日本に紹介する一助に少しでも本書が貢献できれば幸いである。

---

149) *Id.* at 1-4. *See also infra* text at §§ 9-07 to 9-08 （法廷地選択条項や準拠法条項に就いて解説・分析）.
150) Moskin, *supra* note 2, §1.01, at 1-4.
151) *See infra* text at §3-06-3[a]（recitals 等の後に出て来る "in consideration of ..." の文言を紹介）.
152) 「hereinafter」等の「here」は，「this Agreement」を意味する為に用いる。*See* GEORGE W. KUNEY, THE ELEMENTS OF CONTRACT DRAFTING WITH QUESTIONS AND CLAUSES FOR CONSIDERATION 35 (2006).
153) MURRAY ON CONTRACTS, *supra* note 7, §13, at 28.

第 I 章　契約の成立

Formation of Contracts

§2.「契約(K)」とは何か？

...

Each of the parties hereto represents that ... and that this Agreement constitutes a valid and _binding_ obligation of each party hereto.

IN WITNESS WHEREOF, both the Seller and Buyer have executed this Agreement by their respectively duly authorized representatives.

ANAHEIM ELECTRONIC, INC.　　　　**ZEONIC COMPANY KABUSHIKI KAISHA**

By　　　　　　：　　／s／　　　　By　　　　　　：　　／s／

Printed Name　：　Richard Roe　　　**Printed Name**　：　Taro Chuo

Title　　　　：　CEO　　　　　　　**Title**　　　　：　President

英文契約書の「終章・終結部」と「署名欄」の例（強調付加）（契約実務の諸文例を参考に本書筆者が起案）。

　なお「execute」とは，署名により書面を法的に有効させしめることをいう。KENNETH A. ADAMS, A MANUAL OF STYLE FOR CONTRACT DRAFTING ¶5.6, at 64 (American Bar Association 2004). 尤も「sign」は本人が自署することを意味し，「execute」は本人または代理人による署名の意という説もあり，両者共に同じ意味という説もある。更には「execute」には署名に加えて契約書の「手交」(delivery) も含意するという説と，両者を区別する説とが存在する。TINA L. STARK, DRAFTING CONTRACTS: HOW AND WHY LAWYERS DO WHAT THEY DO §17.2.1, at 188 (2007). なお「execute」は多義的で，契約を「履行する」意味もあるので，寧ろ「sign」の語を用いるべきと Adams は指摘しているけれども（ADAMS, A MANUAL OF STYLE, _supra_, ¶5.7, at 64），契約実務では相変わらず例文のような文言が多いと本書筆者には思われる。

　署名欄の「By」は不可欠である。これが無ければ署名者自身が当事者として同意したように解される虞が生じるからである。「By」の後のコロン「：」に就いて

は，最終契約書面作成前に署名者が判明している場合には不要とする説もあるけれども，法域によって扱いが異なるようでもある。GEORGE W. KUNEY, THE ELEMENTS OF CONTRACT DRAFTING WITH QUESTIONS AND CLAUSES FOR CONSIDERATION 126 n.1 (2006).

「Richard Roe」という架空名に関連し，法律英語に於ける架空名の他の代表例としては，「John Doe」「Jane Doe」「Richard Roe」「Jane Roe」「Peter Roe」等がある。BRYAN A. GARNER, A DICTIONARY OF MODERN LEGAL USAGE 290-91 (2d ed. Oxford Univ. Press 1995).

§2-01.「契約」の定義

「契約」（contract または「K」[1]と言う）とは，「**法的拘束力の在る約束**」（**legally binding** または **enforceable** な **promise**）である。権威ある基本書（treatise）の『FARNSWORTH ON CONTRACTS』も，契約とは「法が強制する約束」[2]を意味すると定義する。同じく代表的 treatise の『CORBIN ON CONTRACTS』も，契約は「法に於いて直接的または間接的に強制可能な約束である」と定義する[3]。更には treatise の古典である『WILLISTON ON CONTRACTS』の改訂版（第四版）も，「contract」が伝統的に，違反に対する救済を附与する約束か，またはその何らかの履行を法が義務と捉える約束であるという第二次リステイトメントの定義を引用しながら，以下の二点が核心であると指摘している[4]。即ちその (1)「約束」的な性格（a promissory nature）と，その (2)「強制可能性」（enforceability）の二点である。

---

1) 「K」の一文字で「contract」を示すのがアメリカ契約法学上の慣行である。See BLACK'S LAW DICTIONARY 885 (8th ed. 2004).

2) 1 E. ALLAN FARNSWORTH, FARNSWORTH ON CONTRACTS §1.1, at 4 (3d ed. 2004) ("a *promise*, ... that the law will *enforce* ... ") (italicization original).

3) 1 ARTHUR LINTON CORBIN, CORBIN ON CONTRACTS §1.13, at 35 (Joseph M. Perillo ed., rev. ed. 2007)（訳は本書筆者）.

4) 1 SAMUEL WILLISTON, A TREATISE ON THE LAW OF CONTRACTS §1:1, at 3 (Richard A. Lord ed., 4th ed. 2007) [WILLISTON ON CONTRACTS].　See also JOHN EDWARD MURRAY, JR., MURRAY ON CONTRACTS §2, at 3 (4th ed. 2001)（同旨）.

§2–01.「契約」の定義　51

図表♯2.1　契約の構成要素

"contract" 「契約」の構成要素	（1）約束 **promise (undertaking / commitment)**
	（2）法的拘束力（強制可能性） **legally binding (enforceability)**

　そこで後掲（§§2–02 to 2–03）に於いては，（1）「約束」と（2）「拘束力の在る」の意味を解剖する。尤もその前に次段以降では，「contract」に近似した「agreement」（合意）や「bargain」（取引）という用語の意味を解剖しておく。

§2–01–1.「合意」(agreement) とは何か？：　「contract」は前段の通り「拘束力の在る約束」を意味するけれども，これより意味の広い同類語が「**agreement**」（合意）であり，後者は「**二名以上の*相互の同意の表明***」（**a manifestation of mutual assent between two or more persons**）を意味する[5]。

図表♯2.2　「合意」と「契約」の関係

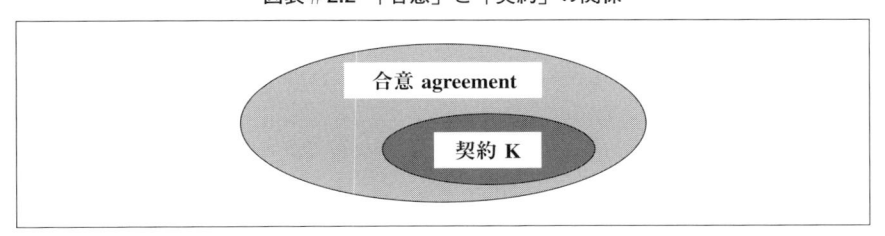

（合意 agreement を表す外側の楕円と，契約 K を表す内側の楕円）

　「agreement」は「contract」より広い概念であるとはいえ，「contract」に不可欠

5）　RESTATEMENT (SECOND) OF CONTRACTS §3; 1 WILLISTON ON CONTRACTS, *supra* note 4, §1:3, at 25; 1 CORBIN ON CONTRACTS, *supra* note 3, §1.9, at 25.

な要素であることに違いない[6]。尤も「agreement」の場合は相互の同意さえあれば，履行済（executed）の売買や，贈与や，その他の財産の移転や，更には法的拘束力を全く有さない「紳士協定」（"gentleman's agreement"）も含む概念ゆえに「contract」よりも広範である[7]。なお UCC も「agreement」を広く法的拘束力の有無とは無関係に定義して，「事実上の当事者達の取引」（the bargain of the parties in fact）としている[8]。

「合意」は原則として「相互の表示」（mutual *expression*）によって形成されるので，実際の「調和した意図または内心の意思」（harmonious intentions or states of mind）である必要は無い[9]。後掲（§3-04-3）するように，合意は文言からのみ生じるのではなく，所謂「客観(表示)主義」に基づいて表示の状況や文脈からも生じるのである[10]。

a. 契約実務に於ける「合意」（agreement）の使用慣行： 以上のように法的な定義に於いては「contract」と「agreement」が厳密に区別されているにも拘わらず，実務に於いては契約書の表題として前者を用いる例を余り見掛けない。「○○ Agreement」という表題が，以下のように圧倒的に多いのである。

---

[6] JOSEPH PERILLO, CALAMARI & PERILLO ON CONTRACTS §2.2, at 26 (5th ed. 2003)("essential prerequisite to the formation of a contract" であると指摘).

[7] 1 WILLISTON ON CONTRACTS, *supra* note 4, §1:3, at 26; RESTATEMENT (SECOND) OF CONTRACTS §3 cmt. *a*. 例えば日曜に友人同士でテニスをする取り極めも「agreement」である。KENNETH A. ADAMS, LEGAL USAGE IN DRAFTING CORPORATE AGREEMENTS 2 (2001) [hereinafter ADAMS, LEGAL USAGE].

[8] UCC §1-201(b)(3); CALAMARI & PERILLO, *supra* note 6, §2.5, at 32 n.8; 1 WILLISTON ON CONTRACTS, *supra* note 4, §1:3, at 27-28.

[9] 1 CORBIN ON CONTRACTS, *supra* note 3, §1.9, at 25.

[10] *See, e.g., id.* at 25-26.

図表#2.3　表題に於ける「Agreement」の使用例

```
Sales Agreement
Non-Disclosure Agreement (NDA)
Loan Agreement
Asset Purchase Agreement
```

　その理由は慣行によるとしか言いようがないのかもしれない。しかし，「contract」よりも「agreement」の語の方が「上品・優雅」(genteel) という指摘もあり興味深い[11]。即ち「contract」の方は「粗野な響き」(harsh consonants) を有しているという[12]。

　なお「contract」は契約「全体」を明確に指すけれども，「agreement」は理論的には契約の一部しか指さない場合もあると指摘されている。実務では，契約書全体を「... this Agreement ...」のように指し示すことが多い[13]。

§2-01-2.　「取引」(bargain) とは何か？：
ラテン語の慣用句で「quid pro quo」クイッド プロ クオー (something for something) と言われることもある[14]。**bargain**（取引）とは，約束と約束を交換すること，約束と履行を交換すること，または履行と履行を交換することである[15]。「約束」と「約束」の交換は「**双務契約**」(**bilateral contract**) と呼ばれ，「約束」と「履行」の交換は「**片務契約**」(**unilateral contract**) と呼ばれ，「物」と「物」との同時瞬時的交換は「barter」バーター（物々交換）と呼

---

11) KENNETH A. ADAMS, A MANUAL OF STYLE FOR CONTRACT DRAFTING ¶ 2.4, at 3 (American Bar Association 2004) [hereinafter ADAMS, A MANUAL OF STYLE].
12) ADAMS, LEGAL USAGE, supra note 7, at 1.
13) See ADAMS, A MANUAL OF STYLE, supra note 11, ¶¶ 2.44–2.45, at 11.
14) 1 CORBIN ON CONTRACTS, supra note 3, §1.10, at 27.
15) See RESTATEMENT (SECOND) OF CONTRACTS §3;　1 WILLISTON ON CONTRACTS, supra note 4, §1:4, at 29;　1 CORBIN ON CONTRACTS, supra note 3, §1.10, at 27.

ばれる[16]。後掲（§3-03-6 以降）参照。

ところで「bargain」の意味は「agreement」よりも狭く（*i.e.*, bargain は agreement の一種である），「contract」よりも広い[17]。即ち後掲（§3-03）する「consideration」（約因）が欠けている為に contract は成立せずとも bargain では在り得るし，やはり後掲（§9-03）する違法性ゆえに強制可能性が欠けていて contract として不十分であってもやはり bargain では在り得るのである[18]。更には「barter」（物々交換）のように履行済（exec<u>uted</u>）な取引でも交換の要件を満たせば bargain たり得る[19]。

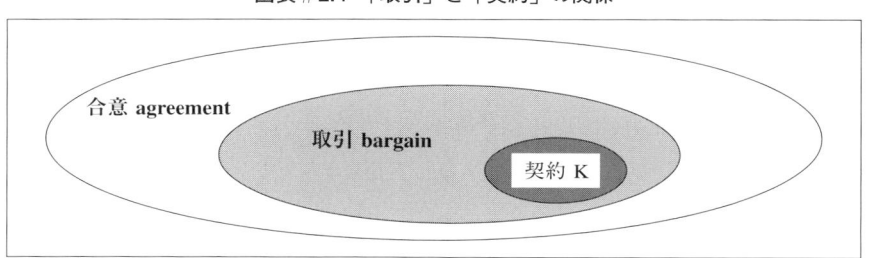

図表#2.4 「取引」と「契約」の関係

```
合意 agreement
    取引 bargain
        契約 K
```

§2-02.「約束」とは何か？

以下，「約束」（promise）の定義を示しつつ解剖を進めて行こう。

§2-02-1. 定義： 「契約」の核心的要素の一つである「約束」とは，或る人が，*将来*に何かを*為*し，または為さないことを「明白に確信させること」（un-

---

16) 1 CORBIN ON CONTRACTS, *supra* note 3, §1.10, at 27.
17) 1 WILLISTON ON CONTRACTS, *supra* note 4, §1:4, at 29; RESTATEMENT (SECOND) OF CONTRACTS §3 cmt. *c*.
18) 1 WILLISTON ON CONTRACTS, *supra* note 4, §1:4, at 29–30; RESTATEMENT (SECOND) OF CONTRACTS §3 cmt. *c*.
19) 1 WILLISTON ON CONTRACTS, *supra* note 4, §1:4, at 30.

equivocal assurance）の宣言であって[20]，特にそのような宣言者（author）が名誉や良心や法によってその内容に縛られ（which binds the person who makes it, either in honor, conscience, or law），且つその宣言をされた人がその「履行」（**performance**）[21]を請求できるような宣言を意味する[22]。宣言者自身が約束を意図していなくても，約束が為されたと他人にリーズナブルに信じさせれば原則として約束が成立する[23]。契約として法的に「**拘束力の在る**」（**binding**）約束は，無論，「名誉や良心」によって縛る約束ではなく[24]，「法」によって縛る約束であることは後掲（§2-03）する通りである。そこでは「**約束者**」（**promisor**）[25]が，一定の作為または不作為を履行する法的義務（duty to perform）を負う（undertake an obliga-

---

[20] *See, e.g.,* Martin A. Frey & Phyllis Hurley Frey, Essentials of Contract Law 40 (2001); Brian A. Blum, Contracts §1.2.3, at 4-5 (4th ed. 2007); Murray on Contracts, *supra* note 4, §6, at 15; 1 Williston on Contracts, *supra* note 4, §1:2, at 20.

[21] 「履行」（performance）とは，約定（terms）に従って約束，契約，またはその他の義務を遂行し，または「果たし」て（completion），更なる義務から解除されることをいう。*See* Black's Law Dictionary 1173 (8th ed. 2004).

[22] *See id.* at 1213. 特に法的に履行を請求できる意味では，「promise」は「contract」と同義である。1 Williston on Contracts, *supra* note 4, §1:2, at 19. 契約書の起案実務上も「I promise to do something.」と書けば，それは宣言者の債務と成り，*被宣言者＝債権者*が履行を請求でき得ることに成る。*Id.*

[23] 1 Corbin on Contracts, *supra* note 3, §1.13, at 37. 所謂「客観(表示)主義」である。

[24] 「法の支配」の外の闇世界に於いては力や恐怖が契約に強制力・拘束力を附与している点は，映画「Rocky」（United Artists, 1976）に表れているという興味深い指摘がある。Calamari & Perillo, *supra* note 6, §1.4, at 6 n.4. 高利貸しの債権回収を請け負う売れないボクサーが，支払を怠る債務者に対して，「お前の体が担保だぞ」（"Your body is your collateral."）と脅して債務履行を迫るというのである。*See id* at 6.

[25] Restatement (Second) of Contracts §2(2) ("The person who manifesting the intention [to act or refrain from acting] is the promisor."(強調付加))．*See also* 1 Williston on Contracts, *supra* note 4, §1:2, at 18（同旨および「promisor」の文言は契約違反当事者を示す上でしばしば使用されると指摘）．なお約束をされた名宛人たる当事者は「a promisee」（被約束者／受約者）と言う。Restatement (Second) of Contracts §2(3). *See also* 1 Williston on Contracts, *supra* note 4, §1:2, at 18（同旨および「promisee」の文言は契約違反の被害者当事者を示す上でしばしば使用されると指摘）．

tion)のである[26]。前掲（§1-02-1）『リステイトメント（第二次）契約法』も「約束」を以下のように定義している。

> **A promise is <u>a manifestation of intention to act or refrain from acting</u> in a specified way, so made as to justify a therefore in understanding that <u>a commitment has been made.</u>**
>
> **Comment:**
> a. .... "Promise" as used in the Restatement ... denotes the <u>act of the promisor</u>. If ... <u>there is a legal duty to perform, the promise is a contract;</u> ... .
> RESTATEMENT (SECOND) OF CONTRACTS §2(1) & cmt. *a* (emphasis added).

引用文中太字「ブラック・レター[27]（black letter）部」内の下線部文言「**commitment**」とは，「束縛」の意である。即ち「約束」とは，宣言者がその宣言内容に「束縛」されることである。

a．契約は「未履行」（executory）でなければならない： 契約法上，「契約」は「未履行」（executory）でなければならないと言われる[28]。前掲（§2-02）の通り契約には「約束」が不可欠であり，その約束は「将来の」履行を為す宣言的な束縛であるから，/将来の履行/＝/未履行/の部分が残っていなければたとえそれが「合意」や「取引」であっても「契約」では無くなってしまう。だからこそ前掲（§1-01-6 [c]）の通り，瞬時に発効し財産権の移転が全て完了する「物々交換」は契約の定義から除外されるのが普通である。後掲（§17）する「保証（担

---

26) *See* SCOTT J. BURNHAM, DRAFTING AND ANALYZING CONTRACTS: A GUIDE TO THE PRACTICAL APPLICATION OF THE PRINCIPLES OF CONTRACT LAW §10.2, at 136 (3d ed. 2003).
27)「**black letter**」とは，リステイトメント内の**太字**で印刷されているルールを規定した部分である。*See supra* text at §1-02-1. なおアメリカ法学一般に於いても，ルールを示す部分を「black letter law」と言う慣例に成っている。
28) *See* 1 CORBIN ON CONTRACTS, *supra* note 3, §1.2, at 4.

保)責任」（warranty）が残存するような場合を除いて，取引の履行が既に全て完了していれば，「約束」や「未履行」や「[契約]違反^(breach)」の要素が無くなってしまうからである。

　尤も上段の原則の例外として，UCC は物々交換のような，現金の引渡と交換して即座に発効する財産権の譲渡も同法の対象としている[29]。UCC §1-201 (b)(12)が「contract」の定義を，「合意から生じる全ての法的義務である…」として，「約束」(=／将来の履行／)の限定が課されていないからである[30]。

b. 如何なる法制度に於いても全ての約束が強制される訳では無い： 古^(いにしえ)より如何なる法域に於いても，全ての約束が法的強制力を附与されて来た訳では無い[31]。即ち契約法の機能は，無数に生じる約束の中から何^(いず)れの約束に法的強制力を附与するか如何に懸かっている[32]。そしてアメリカ契約法の目的は，約束に表れた当事者のリーズナブルな^(理に適った)期待を実現させることにあるので，何がリーズナブルな期待であるのかが探られることに成る。しかし何が「リーズナブル」なのかは，何が「正義」なのかと同様に確定し難い概念である[33]。「リーガル・リアリズム」[34]風に言えば，リーズナブルネス自身，慣習や「しきたり」の表現であり，慣習・しきたりは複雑で時代と場所に応じて変化し，且つ一貫性を欠き相反するものでもある[35]。そもそも法とは「人の制度」(human institution) であり，そ

---

29) *Id*. §1.2, at 3-4.
30) *See id.* at 3. なお改定前の UCC §1-201(11) もほぼ同じ内容である。CALAMARI & PERILLO, *supra* note 6, §1.1, at 3. n.8.
31) *See, e.g.,* MURRAY ON CONTRACTS, *supra* note 4, §3, 52, at 5, §52[A], at 222; 1 CORBIN ON CONTRACTS, *supra* note 3, §1.1, at 4; THOMAS R. HAGGARD & GEORGE W. KUNEY, LEGAL DRAFTING: PROCESS, TECHNIQUES, AND EXERCISE 36 (2d ed. 2007).
32) *See, e.g.,* ROBERT COOTER & THOMAS ULEN, LAW AND ECONOMICS 205, 208 (4th ed. 2004); CENTO VELJANOVSKI, ECONOMICS PRINCIPLES OF LAW 109 (Cambridge Univ. Press 2007).
33) 1 CORBIN ON CONTRACTS, *supra* note 3, §1.1, at 4.
34) *See supra* text at §1-03-2.
35) 1 CORBIN ON CONTRACTS, *supra* note 3, §1.1, at 4.

の意味するところは不完全性と変動と非一貫性なのである[36]。

§2-02-2.「擬似約束」(イリューサリー illusory promise):

例えば「気が向いたら義務を履行する」という約束は，契約法上，「真の約束」(real promise) には成らず，原則として契約を構成し得ない。何故ならばそのような約束は，将来の行為が将来の意思次第とされるから何も約束していないことと同義だからである[37]。言い換えれば余りにも約束者側の一方的かつ恣意的な判断次第に左右され過ぎており (entirely within the control of the promisor)，「気が向かなかったので義務を履行しない」という逃げ道 (an alternative) が残されている為に，宣言者が宣言内容に「束縛」(commit) されていないからである[38]。つまり約束者が義務を負っていないから，約束では無い。このように約束者が自身を束縛 (commit) していない，真の約束ではない外見だけの約束を，「擬似約束」(イリューサリー illusory promise) と言う[39]。契約の「申込者」(offeror) が擬似約束を申し出て，それを「被申込者」(offeree：受約者) がたとえ承諾しても，それでは契約が成立しない[40]。そのような契約は「イリューサリー・コントラクト：擬似契約」(illusory K) だからである。後掲 (§3-08) 参照。

なお上段例文中の「気が向いたら」の語句は，契約法的には後掲 (§12-02-1) する「前提(停止)条件」(condition precedent) に該当し，その条件が満たされない限りは債務を履行しなくても良いという構文に成っている。そのような構文は通常は契約として有効だけれども，上段の例のように前提条件の成就が債務者自身の束縛の無い行為に懸かっている場合には，説明したように必要な前提行為を懈怠

---

36) Id.

37) 1 Id. §1.17, at 47.

38) 1 Farnsworth on Contracts, supra note 2, §2.13, at 133. なお第二次リステイトメントも約束者の選択に完全に委ねられたような「約束の声明」([w]ords of promise) は約束ではないと指摘している。Restatement (Second) of Contracts §2 cmt. e.

39) Murray on Contracts, supra note 4, §57 [A], at 245. See also infra text at §3–08.

40) 有効な offer ではないからである。Frey & Frey, supra note 20, at 40.

すれば債務を免れてしまうので束縛を欠いており，無効に成るのである[41]。

従って自身は将来，束縛されないままに，相手方にだけ義務を課す契約書は，「イリューサリー・コントラクト」の疑いが生じて契約不成立と解される虞が出て来るから，英文契約書の「起案」（drafting）の際には注意が必要である。

§2-02-3.「不確定な約束」(indefinite promise):

「不確定な約束」(indefinite promise)とは，約束違反が生じた場合に裁判所が適切な救済を決定できる為に不可欠な約定を欠いている約束のことである[42]。例えば「a fair share of my profits」（利益の内の公正な割合）を支払う旨の約束は，その金額が具体的には一体幾らになるのかが「全くの当て推量」（a pure conjecture）に成ってしまい，裁判所では救済できないとされた判例がある[43]。即ち法的に強制可能な約束とは裁判所が救済を附与できる約束でなければならないから，「不確定な約束」は契約に成らないのである[44]。第二次リステイトメントも以下のように規定している。

§33. Certainty
(1) Even though a manifestation of intention is intended to be understood as an offer, it <u>cannot be accepted so as to form a contract unless the terms of the contract are reasonably certain.</u>
(2) The terms of a contract are reasonably certain if they provide <u>a basis for de-</u>

---

41) TINA L. STARK, DRAFTING CONTRACTS: HOW AND WHY LAWYERS DO WHAT THEY DO §11.2, at 134 (2007).
42) Id. なお，金銭賠償のみならず，履行の強制（specific performance）等の衡平法上の救済も約定が不確定であれば認容されない。RESTATEMENT (SECOND) OF CONTRACTS §362.
43) 1 FARNSWORTH ON CONTRACTS, supra note 2, §3.28, at 420 (Varney v. Ditmas, 111 N.E. 822, 824 (N.Y. 1916)を例示).
44) 尤も UCC は非常に柔軟な態度を採用し，たとえ重要な約定が欠缺していても，出来るだけ契約を有効に解する方針を採っている。See infra text at §5-17-3[c]（agreement to agree のように不確定な場合の救済に就いて）．

termining the existence of a breach and for giving an appropriate remedy.

(3) . . . .

RESTATEMENT (SECOND) OF CONTRACTS §33(1), (2) (emphasis added).

a. 契約実務上の留意点： 強制可能な契約書面を起案（drafting：ドラフティング）する際には，「不確定な約束」に成らないように，重要事項を記載しておくことが肝要となる。例えば法務部門に対してビジネス・ピープルである社内クライアントが契約書を起案してくれと丸投げして来ても，先ずは重要事項を聞き出さなければ契約書を起案してあげられないことを，社内クライアントに理解してもらう必要がある。何故ならば，後掲（§10-01）する「事実的解釈」（interpretation）や「擬制的解釈」（construction）を用いても治癒することが出来ない程に重要事項が不確定なまま（a material aspect ... is left indefinite ... incurable ...）であれば，契約が成立しないという一般原則がある[45]からである。ここに於いて重要事項とは，即ち「取引の根源的な基礎」（a fundamental basis of the bargain）であり[46]，それが約定されていなければ裁判所も如何に救済して良いかが判らない事柄である。

§2-02-4.「covenant(コヴェナント)」と「要式契約」（formal contract）：
同じ邦語の「約束」を表す契約英語としては，「promise」以外にも「covenant(誓約)」が使われる[47]。現代的には余り区別されることなく使われている両語であっても[48]，後者

---

45) BLUM, *supra* note 20, §10.1, at 267-68.
46) *Id.*
47)「covenant」が「約束（誓約）」を意味することに就いては，see *supra* text at §1 accompanying note 5.
48) 余り区別なく使われる場合が多いといっても，両語の違いを理解しておくことは，混乱を回避する為に重要な場合もある。例えば第二次リステイトメントは，後掲（§15-04-2）する「covenant not to sue」（訴訟不提起契約）の法理を規定する項目に於いて，その伝統的な言い方を意図的に回避して，「contract not to sue」の文言を用いている。前者の文言のままでは，本文で概説する「捺印証書」の場合にしかその法理が適用にならない誤解の虞があるから，これを避けて，所謂「不要式契約」（informal contract）にも同法理が適用される趣旨を明らかにしたかったからである。RESTATEMENT (SECOND)

は古[いにしえ]の英国法理に起源を置く。

　そして英国法に起源を有する嘗てのアメリカ契約法理に於いても，「**要式契約**」（**formal contract**）[49]と呼ばれる一定の「方式」（formalities）を満たす約束でなければ法的拘束力が附与されなかった[50]。そのような要式契約の一つであり且つ最古[51]の形式である「**contract under seal**[シール]」（捺印契約），「**deed**[ディード]」（捺印証書），「**specialty**」（捺印証書契約），或いは「**covenant**[コヴェナント]」と呼ばれる[52]ものに於いては，契約締結者の「印影」（impression）を示す「蝋[ろう]」（wax）で「押印」（sealed）[53]し，且つ署名し

　　OF CONTRACTS §285 cmt. *a*.

49）「contract under seal」以外に第二次リステイトメントが挙げる formal K は次の通りである。「recognizance」（「正式誓約書」：法廷で債務者が債務を承認した旨を記した書面），「negotiable instrument」（「流通証券」：promissory notes（約束手形）や certificate of share of stock（記名株券）等で，UCC Articles 3, 8 等に規定されるもの），「negotiable document」（「権原証券」：warehouse receipt（倉庫証券）や bill of lading[ビル オブ レイディング]（船荷証券）のように権原（title）が移転する証券で，UCC Article 7 等に規定されるもの），および「letter of credit」（所謂『ＬＣ[エル・シー]』と略称される「信用状」：手形等の支払要求に応じる約束で，UCC Article 5 等に規定されるもの）。RESTATEMENT (SECOND) OF CONTRACTS §6(b)–(d) & cmts. *b, c, d, e, f*. *See also* CALAMARI & PERILLO, *supra* note 6, §1.8(a), at 20（同旨）。なお『WILLISTON ON CONTRACTS』はコモン・ロー上の formal contract が三つ（contract under seal と recognizance と negotiable instrument）であると指摘しつつも，追加的に negotiable document と LC を第二次リステイトメントが formal contract に含めていることに就いては理解できるとしている。何故ならば後者二つもその有効性が形式に依存していることに於いて同じだからである。1 WILLISTON ON CONTRACTS, *supra* note 4, §1:7, at 47–48. 特に LC に就いては，*see id*. §1:11, at 53–54.

50）*See, e.g.*, MURRAY ON CONTRACTS, *supra* note 4, §15, at 36.

51）*Id*. §52, at 222.

52）*Id*. §53, at 225. 同じ意味で使われる三つの用語も，古くは以下のように微妙に意味が異なっていた。即ち一方の「deed」と「specialty」は「promise under seal」のみならず「transfer of property under seal」をも意味したけれども，他方の「covenant」は「promise under seal」しか意味せずに「transfer of property under seal」は意味しなかったという。1 WILLISTON ON CONTRACTS, *supra* note 4, §1:8, at 50.

53）「seal」に就いては，*see, e.g.*, BLUM, *supra* note 20, Glossary, at 774; RESTATEMENT (SECOND) OF CONTRACTS Ch. 4, Topic 3, Introductory Note. なお中世の英国では識字率が低かった故に，真正さを表す手段として「署名」ではなく「印鑑」が用いられていた。*See id*. at Topic 3, Introductory Note.

た書面を「手交」(delivery) する形式が採用されていて[54]、これに基づくコモン・ロー上の「訴訟方式」(form of action)[55] を「action covenant」と呼んでいた[56]。そして「約束」(promise) は書面化されて其処に seal (印影) と署名が附されて手交されれば、action covenant により強制可能に成ったのである[57]。このように押印された要式契約に記された約束は、その約束内容・実質ゆえに法的拘束力が附与されたのでは無く、寧ろ専らその形式ゆえに強制されて来た[58]。(後掲図表#2.5参照。) 何れにせよその歴史的経緯ゆえに、deed に於ける約束は特に「covenant」と呼ばれるに至った[59]。要するに、押印された正式契約に基づく約束を「covenant」と言っていたのである[60]。

---

54) *See, e.g.,* Murray on Contracts, *supra* note 4, §3, at 7. 即ち「contract under seal」の構成要素は、以下の三つである。①書面化、②捺印、および③引渡。*Id.* §53, at 225. *See also* Restatement (Second) of Contracts §95 (1)(引渡等を要件とする旨を規定).

55)「訴訟方式」とは、個別に異なる手続方法が規定されていた嘗てのコモン・ロー上の「令状」(writ) に関連した司法手続の意。嘗ては訴訟方式という「形式」に合致した請求／救済しか裁判所が認容しない硬直化が見られたけれども、現代では民事訴訟規則改革に伴って廃止されている。*See, e.g.,* Black's Law Dictionary 679 (8th ed. 2004).

56) 1 Farnsworth on Contracts, *supra* note 2, §2.16, at 154. *See also* Lon L. Fuller & Melvin Aron Eisenberg, Basic Contract Law 1078-79 (8th ed. 2006)(コモン・ロー上の seal[ed K]は、ローマ法上の stipulation (*stipulatio*)または現代大陸法上の notarial contract に匹敵する正式契約の概念であると指摘); Murray on Contracts, *supra* note 4, §3, at 7 (ローマ法上の *stipulatio* 同様に形式に強制力が附与されたと指摘); Blum, *supra* note 20, Glossary, at 762.

57) E. Allan Farnsworth, William F. Young, & Carol Sanger, Contracts: Cases and Materials 23 (6th ed. 2001); Murray on Contracts, *supra* note 4, §15, at 36 n.170.

58) Murray on Contracts, *supra* note 4, §3, at 7.

59) *See, e.g.,* Bryan A. Garner, A Dictionary of Modern Legal Usage 234 (2d ed. Oxford Univ. Press 1995).

60) Murray on Contracts, *supra* note 4, §3, at 7.

§2-02.「約束」とは何か？   63

図表#2.5 古の「要式契約」と現代の「不要式契約」[61]

契約成立の方法は以下の二種類に分類される[62]。	
formal contract （要式契約）	「**contract under seal**」（捺印契約）等。有効性の要件として「方式（form）」（*e.g.*, 蝋へ押印した書面の交付）を重んじる。尤も現代では廃れて、以下が一般契約の主流に成っている。
informal contract （不要式契約） または **simple contract** （単純契約） または **parol contract** （捺印証書に拠らない契約）	古い形式よりも実質的（substantive）要件を重んじ、主に後掲（§3-03）consideration／約因を要件とする。なお consideration の代替法理（*e.g.*, 後掲§4-01）でも強制力が発生する。後掲（§8-06）「詐欺防止法」等の制定法上の制限がない限り、原則として口頭でも良い。書面であろうとも口頭であろうとも捺印証書に拠らない類の契約は「parol contract」と呼ばれる。

a.「捺印契約」（contract under seal）法理と歴史に就いて：　前項で概説した通り、そもそもの「seal」（印影）の要件は、①蝋を書面に付着させ、且つ②その蝋に印影を附すことであった[63]。しかし時代と共にこの要件が緩和され[64]、米国では書面上直接に印影を付けたものや[65]、seal を構成させる明白な意図で万年筆や鉛筆で書かれ或いは印刷された「筆跡」（scrawl）[66]、「飾り書き」（scroll）[67]、

---

61) *See, e.g.,* RESTATEMENT (SECOND) OF CONTRACTS §6 & cmt. *a*; 1 WILLISTON ON CONTRACTS, *supra* note 4, §1:7, at 47, §1:15, at 58; MURRAY ON CONTRACTS, *supra* note 4, §52, at 222; 1 CORBIN ON CONTRACTS, *supra* note 3, §1.5, at 15–16.
62) CALAMARI & PERILLO, *supra* note 6, §1.8(a), at 20.
63) RESTATEMENT (SECOND) OF CONTRACTS §96(2) & cmt. *a*.
64) *See id.* Ch. 4, Topic 3, Introductory Note（識字率が高まるに従って、真正さを表す手段として「印鑑」ではなく「署名」が用いられるように成ったと指摘）.
65) *Id.* §96 & cmt. *a*.
66) *Id.* なお「scrawl」の語源は、ノルマン・フランス語の「writing」にある。MURRAY ON CONTRACTS, *supra* note 4, §53, at 230 n.52.
67) RESTATEMENT (SECOND) OF CONTRACTS §96 & cmt. *a*. なお「scroll」の語源も、ノルマン・フランス語の「writing」にある。MURRAY ON CONTRACTS, *supra* note 4, §53, at 230

その他の「目印となる符号」(mark)，或いは「表象」(symbol) が，seal を構成するのに十分であるとされた[68]。更には以下（図表#2.6）のような文言でも十分であるとされ，それ等が印刷されていても要件を満たすと解されるに至った[69]。

図表#2.6　捺印契約と印影とその代替物

```
                          「seal」
          「locus sigilli」("the place of the seal" の意)
             「L.S.」("locus sigilli" の略語)
                         「scrawl」
                         「scroll」
```

　以上の歴史・背景から，現在でも契約書の書名欄には例えば以下のような「L.S.」の文言が印刷されている場合がある。有効な契約書にしようとする起案者の意図が感じられよう。

```
ANAHEIM ELECTRONIC, INC.        ZEONIC COMPANY KABUSHIKI KAISHA
By: _____ (L.S.)   By: _____ (L.S.)
Printed Name: _____         Printed Name: _____
Title: _____                Title: _____
Date: _____                 Date: _____
```

---

n.52.

68) MURRAY ON CONTRACTS, *supra* note 4, §53, at 230 n.52.
69) *Id.*　なお『WILLISTON ON CONTRACTS』によれば，「seal」の語の上に署名すれば捺印契約としての効力を有したとされる。1 WILLISTON ON CONTRACTS, *supra* note 4, §1:8, at 50.　*See also* RESTATEMENT (SECOND) OF CONTRACTS §96(3)（蝋や印影を用いなくても seal たり得ると規定）．

§2-02.「約束」とは何か？　65

b.「船荷証券」(bill of lading ― BL)：　要式契約の一つである「bill[s] of lading」(船荷証券)は, ロー・スクールの基礎必修科目である「契約法」の範囲を超えて, 上級応用科目の「commercial law」上の概念である。しかし, 取引手段として多用され且つ英文契約書の条項に於いても頻出する文言なので実学を目指す本書では以下, 簡潔に触れておく。

　略して「ＢＬ」とも呼ばれる **bill of lading**(船荷証券)とは, そもそも, 物品の受領を証明する為に輸送業者の代表者が発行する「受領書」(a written receipt)の意であり[70], 物品を引き渡した者の氏名と, 物品の行き先地名と, 物品概要と, 輸送の約定内容を記載しているのが通常である[71]。元来は受託者の発行する(1)受領証の意味しか無かったものに加えて, 後には(2)輸送契約の意味と, (3)譲渡可能な権原証券としての意味とが加わるように成った[72]。特に(3)を含む意味に於いては「譲渡可能な船荷証券」(a negotiable bill of lading)と言う。(「権原証券: document of title」[73]の意味に就いては次段落参照。) なお「bill of lading」の用語は, 元来は海上輸送の場合にのみ用いられていたけれども, 現在では陸上輸送でも用いられる[74]。

　「(3)譲渡可能な船荷(権原)証券」の性格に就いては, bill of lading が物品を化体し且つその物品の引渡を要求していると解されている[75]。前段で触れた通りこれは「権原証券」(document of title)であり, 権原証券とは物品を特定した書面に拠る記述であって, その所持人(holder)(通常は受寄者(bailee))が同書面およびそれが表章する物品そのものを受領, 保持, および処分する権限を附与する証券の一般名称である[76]。譲渡可能性は特に国際取引に於ける資金繰りと物品移動にとって不可欠な役割を担って来た。即ち売主にとっては, 特に「信用状(ＬＣ)」(後掲§2-02-4 [c])

---

70) *See* BLACK'S LAW DICTIONARY 176 (8th ed. 2004).
71) 22 WILLISTON ON CONTRACTS, *supra* note 4, §58:20, at 79.
72) *Id.* at 79-80. *See also* BLACK'S LAW DICTIONARY 176 (8th ed. 2004)(同旨).
73) *See* BLACK'S LAW DICTIONARY 176 (8th ed. 2004).
74) 22 WILLISTON ON CONTRACTS, *supra* note 4, §58:20, at 80.
75) 18 *id.* §58:23, at 93.
76) BLACK'S LAW DICTIONARY 520 (8th ed. 2004).

と組み合わせることによって，船荷証券を地元銀行に渡せば物品が目的地に到達する前でも金銭を得ることが可能で，地元銀行はそれを買主側銀行に negotiate（流通）することに成る[77]。これにより売主は代金支払を長期に亘(わた)って待つ不便さから開放されるばかりか，買主が輸送途中で支払不能に陥る危険を回避できる[78]。逆に買主側も，買主側銀行が船荷証券を担保として抑えている間は同銀行が買主に代金を融通しておいてくれるという資金繰り上の利点を享受できるのである[79]。

因(ちな)みに航空輸送の場合は「airway bill」（空輸証券）或いは「air waybill」と言う[80]。air waybill は，譲渡可能性がない等の点に於いて bill of lading と異なる[81]。譲渡可能性が無い理由は，航空業界が譲渡可能性に因る危険の上昇を嫌がっているのみならず，そもそも海上輸送の場合程には輸送時間が掛らない為に譲渡可能性は不要という主張も存在する[82]。

c.「信用状」（letter of credit: ＬＣ(エル・シー)）： 前段の「船荷証券」と同じように要式契約の一つである「letter[s] of credit(レター オブ クレディット)」（信用状）は，やはり「契約法」の範囲を超えた「commercial law」内の概念である。これも契約実務上の決済手段として多く利用され，且つ英文契約文言としても多く出くわすので，以下，簡潔に触れておく[83]。

先ず定義として「**letter[s] of credit**」（信用状）とは，通常は銀行の「発行者（発

---

77) 18 WILLISTON ON CONTRACTS, *supra* note 4, §58:23, at 94.
78) *Id.*
79) *Id.*
80) *Id.* §58:20, at 80-81. なおワルシャワ条約（Warsaw Convention and the Hague Protocol）上は「air waybill」と言われる。*Id.* at 80-81 n.7.
81) *Id.* §58:20, at 81.
82) *Id.* §58:23, at 95-96.
83) LC の主要な法源としては，UCC Article 5 に加えて，国際商業会議所（ICC: International Chamber of Commerce）が発行している「UCP」（Uniform Customs and Practices）が実務に於いて任意に採用されて影響力を有している。*See, e.g.,* JAMES J. WHITE & ROBERT S. SUMMERS, UNIFORM COMMERCIAL CODE §20-1[a], at 697 n.1 (5th ed. 2000).

行銀行)」(issuer / issuing bank) が，顧客の要求に応じて，「名宛人（受益者）」(beneficiary)である第三者からの支払要求が特定された条件を満たす限り，背景に在る顧客と名宛人との間の契約（underling transaction：原因関係）が充足されているか否かに拘わらず，名宛人からの支払要求に応じる旨を約束する証書（instrument）を言う[84]。契約実務に於いては「Ｌ Ｃ」或いは「L/C」[85]や「LOC」と略称され，以下（図表#2.7）の二種類に分類される[86]。尤も，多く見掛けるのは上のコラムの「商業信用状」である。

図表#2.7　二種類の「信用状」(letter of credit)

分　　類	適　　用
commercial letter of credit（商業信用状）	主に国際的な物品売買契約の支払手段。
standby letter of credit（スタンド・バイ信用状）	主に大型プロジェクトに於ける請負業者の履行義務を担保する手段。

c-1.「商業信用状」(commercial letter of credit)：　商業信用状は通常，国際契約に於ける物品売買の支払手段として用いられ[87]，買主が「発行者／発行銀行」の顧客と成り，売主は「名宛人／受益者」に成り[88]，取引関係の無い当事者同士が安心して決済を行う手段として用いられる[89]。「海外出荷」(overseas shipment)の場合，「国際的に評判の良い」(a good international repute) 金融機関が発行す

---

84) BLACK'S LAW DICTIONARY 923 (8th ed. 2004).　*See also* WHITE & SUMMERS, *supra* note 83, §20–1[a], at 697–98（同旨）.

85) BLACK'S LAW DICTIONARY 923 (8th ed. 2004).

86) 5B FREDERICK M. HART & WILLIAM F. WILLIER, FORMS AND PROCEDURES UNDER THE UNIFORM COMMERCIAL CODE ¶ 51.01, at Art. 5 1–18 to 1–19, ¶ 51.03[1], at Art. 5 1–26 (2007).

87) *See, e.g.*, WHITE & SUMMERS, *supra* note 83, §20–1[a], at 697（"Commercial letter of credit originated in international trade and continue in wide use there." と説明）.

88) BLACK'S LAW DICTIONARY 923 (8th ed. 2004).

89) *See, e.g.*, Ronald J. Mann, *The Role of Letters of Credit in Payment Transactions,* 98 MICH. L. REV. 2494, 2519 (2000)（LCは銀行の報酬額が他の決済手段に比べて割高なので，取引関係が確立していない「one-shot transactions」や，長期的関係構築を目指した場合ではその最初の取引に於いて効率的であると分析）.

る,「撤回(取消)不能」(irrevocable) な信用状でなければならないとされる[90]。その業務の流れは概ね下段（図表#2.8）の通りである[91]。普通は(1)買主と,(2)買主側の取引銀行と,(3)売主と,(4)売主側の地元銀行の四者間取引に成る[92]。実態上, 買主側取引銀行と売主側地元銀行は併せて取引額の約0.25%の報酬を得ている[93]。

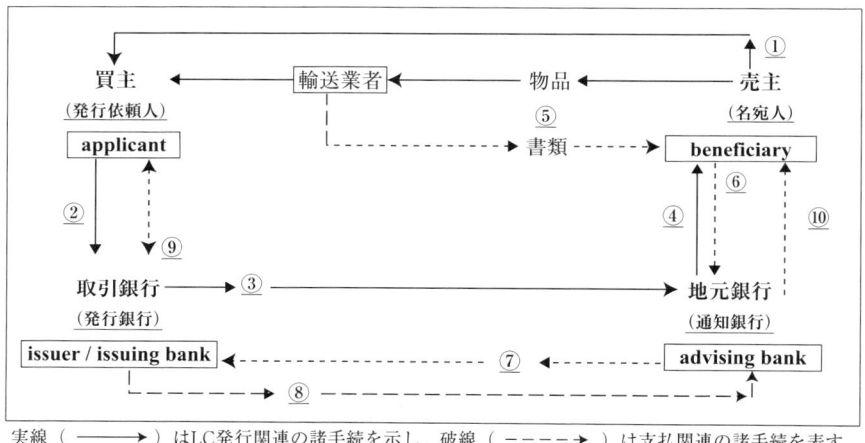

図表#2.8 「商業信用状」(LC)による決済の概念図[94]

```
          ①
買主  ←  輸送業者 ←  物品  ←  売主
(発行依頼人)          ⑤              (名宛人)
applicant  -------書類------→  beneficiary
                               ④    ⑥    ⑩
②    ⑨

取引銀行  ──③──→  地元銀行
(発行銀行)          (通知銀行)
issuer / issuing bank ←----⑦----  advising bank
              ⑧
```

実線（────→）はLC発行関連の諸手続を示し, 破線（----→）は支払関連の諸手続を表す。

---

90) 18 WILLISTON ON CONTRACTS, *supra* note 4, §52:3, at 27; UCC §2-325(3) ("Unless otherwise agreed the term "letter of credit" or "banker's credit" in a contract for sales means an irrevocable credit issued by a financing agency of good repute and, where the shipment is overseas, of good international repute, ..."（強調付加）と規定）。

91) *See, e.g.,* 5B HART & WILLIER, *supra* note 86, ¶51.01, at Art. 5 1-18 to 1-19, ¶51.03[1][2], at Art. 5 1-26 to 1-29; Mann, *supra* note 89; Paolo S. Grassi, *Letter of Credit Transactions: The Bank's Position in Determining Documentary Compliance. A Comparative Evaluation under U.S., Swiss and German Law,* 7 PACE INT'L L. REV. 81, 102 (1995). 更に例えば *Voest-Alpina Trading USA Corp. v. Bank of China,* 142, F. 3d 887, 890 (5th Cir, 1998)は業務の流れの理解にも有用である。

92) Mann, *supra* note 89, at 2499. 尤も売主（名宛人）が買主側の取引銀行（発行者）に対して直接に書類を提示して支払を受ける方法も存在するけれども, その利用率は, 実態調査の結果, 僅か3%に止まっている。*See id.* at 2501 n.24.

93) *Id.* at 2499.

① 先ず買主と売主が，信用状の「原因関係」(underling transaction) と成る売買契約を締結し，その中で，信用状で決済する旨を合意しておく[95]。

② 買主は取引銀行[96]に行って，売主を「名宛人」(in favor of the seller) とするLCの開設・発行を依頼(apply for)する。買主のことを「**applicant：発行依頼人**」と言い[97]，取引銀行は「**issuer / issuing bank：発行者**または**発行銀行**」と言い[98]，売主は「**beneficiary：名宛人**または**受益者**」と言う[99]。

発行銀行は自社で用いる定型の標準約款と成っているLCの様式を発行依頼人（買主）に使わせる[100]。

③ 発行銀行が，LCを開設・発行する[101]。即ち発行依頼人（買主）はLCの様式を用いて発行銀行との間に「信用状契約」(letter of credit agreement) を締結し（これがLCとなる），そのLCを発行銀行は名宛人（売主）の居る地元銀行に送付する[102]。LCの「発行」はLCが発行銀行によって名宛人または通知銀行（後掲）宛

---

94) *Id.* at 2499 と 2501 に記載されている図（Fig.1 & 2）も参考に成る。
95) *See, e.g.,* Grassi, *supra* note 91, at 102.
96) 実務に於いても売主は通常，買主に対し，「reputable bank」（評判のある銀行）から LC を入手するように要求する。reputable bank が発行する LC ならば安心だからである。*See* Mann, *supra* note 89, at 2495.
97) UCC §5-102(a)(2).
98) *Id.* §5-102(a)(9).
99) *Id.* §5-102(a)(3).
100) Grassi, *supra* note 91, at 102.
101) 発行銀行は，実務上，信頼できる顧客（買主）からの LC 発行依頼しか受け付けない。銀行は LC 発行に応じる前に，顧客を，その支払能力のみならずその行動が業界水準を超えて LC 支払拒絶をするような顧客ではないことも含めて，きちんと選別しているという。銀行としても信用が最も重要であり，信用状の不払をするような顧客を避けたいからである。Mann, *supra* note 89, at 2526.
102) *See, e.g.,* Grassi, *supra* note 91, at 102. なお発行銀行と発行依頼人との間の契約は「reimbursement contract」と呼ばれることもあり，その性格は「loan agreement」（貸付契約）の側面も有している。何故ならば発行銀行は後に発行依頼人が弁済（reimburse）することを信用して，代わりに代金支払の義務を引き受ける（本文の⑧＆⑨参照）からである。*See* WHITE & SUMMERS, *supra* note 83, §20-1[a], at 698-99.

70   第Ⅰ章　契約の成立

に送付された時点で生じる[103]。「送付」は郵便等に託された際に生じる[104]。

　LC の発行により，発行銀行は次の機能を引き受けることに成る。つまり名宛人（売主）が，LC 上に記載された金銭支払を要求する「為替手形」（draft）[105]を，「船荷証券」（bill of lading）や「送り状」（invoice），「荷造目録」（packing list），および「保険証券」（insurance certificate）等[106]の商品発送を証明する「書類」（document）と共に提示した場合に，発行銀行が名宛人に代金支払を約束したことに成り[107]，それは即ち「third-party promise」である[108]。（尤も実務では提示された書類等が LC 記載内容と多少異なっていても，その相違による支払拒絶権を買主が放棄することにより殆どの場合に支払が行われている[109]。）売主（名宛人）側から見れば，LC 開設によりその発行銀行が売主宛に代金を支払う旨の「約束」を買主（発行依頼人）から得たことに成る。

　④　地元銀行（「**advising bank：通知銀行**」[110]と言う）は，LC を売主（名宛人）に通

---

103) UCC §5-106(a); 5B HART & WILLIER, *supra* note 86, ¶ 51.07, at Art. 5 1-39 & n.1; Grassi, *supra* note 91, at 102.
104) 5B HART & WILLIER, *supra* note 86, ¶ 51.07, at Art. 5 1-39 to 1-40.
105) beneficiary が issuer に対して金銭支払を命じる書面のことを「draft」と言う。5B HART & WILLIER, *supra* note 86, ¶ 51.06[1], at Art. 5 1-35 n.7.
106) *See* Mann, *supra* note 89, at 2495（典型的な書類として本文中のものを例示）.
107) UCC §5-102(a)(10).
108) なお，LC［の発行銀行と名宛人との間の関係］は，銀行の約束以外には何も反対約束のない「一方的な引受」（unilateral undertaking）である。LC 専門家は契約法の「第三受益者」（third party beneficiary）的な推認を避ける為に，銀行によるこの LC の「引受（約束・保証）」（undertaking）のことを「契約」（contract）とは呼称したがらず，単に「undertaking」や「letter of credit」と呼ぶと言われている。WHITE & SUMMERS, *supra* note 83, §20-1[a], at 698.
109) Mann, *supra* note 89, at 2497（実態調査の結果，LC 記載内容を遵守した書類提示の比率は僅か 27% に過ぎなかったと報告）．なお同論文は買主の有する支払拒絶権を，発行銀行が実質的に放棄させて支払を行っているとも報告している。銀行としては信用の維持が至上命題なので，買主に支払拒絶を許したくないからである。*Id.* at 2525-28 & nn.103, 107.
110) 地元銀行は，一方では本文中の説明のように単に「**advising bank**」（通知銀行）或いは「nominated person」として名宛人に信用状開設を「advise」（通知）し，名宛人から

知する。LC 開設を知った時点で売主は，売買契約とは直接には関係の無い第三者である発行銀行が，書類さえ提示すれば原則として確実に支払をしてくれることを知る[111]。

⑤　売主（名宛人）は物品を輸送業者に引き渡して出荷し，代わりに輸送業者から船荷証券等の必要「書類」を受領する。

⑥　売主は「書類」と為替手形を通知銀行（地元銀行）に提示する[112]。なお LC は，前述の通り必要書類等が提示されれば発行銀行が名宛人への支払を約束する書面である。言い換えれば，必要書類等の提示によって銀行の支払義務の前提（停止）条件が満たされることに成る。従って売主は買主から直接支払を受けるのでは無く，「LC から支払を受ける」（the seller is paid from the letter of credit）ことに成る。

⑦　通知銀行から発行銀行に為替手形と書類等が転送される[113]。

⑧　発行銀行は書類等が要件を満たしていることを確認してから，通知銀行に代金を送金する[114]。

⑨　発行銀行は書類等を顧客である買主（発行依頼人）に転送し，発行依頼人は書類等が要件を満たしていることを精査してから発行銀行が立替払した代金を同

の書類を処理し，且つ自らは信用状に関して責任を負わずに発行銀行からの支払を得る場合と，他方では地元銀行が「**confirming bank**」（確認銀行）として信用状を「confirm」（確認）して自らが直接に信用状に責任を負いこれを引き受けて名宛人に代金支払を直接行ってから，徴収した書類を発行者に送付して弁済（reimbursement）を受ける場合とがある。Id. at 2501 & n.25; WHITE & SUMMERS, supra note 83, §20-1[d], at 700; UCC §5-102(a)(11), §5-107(a)(c), §5-108(i)(1). 尤も後者の利用の方が少ない。See, e.g., Mann, supra note 89, at 2501 n.27; Grassi, supra note 91, at 103.

111)　Grassi, supra note 91, at 90.
112)　See, e.g., id. at 103.
113)　See, e.g., id.　地元銀行が「確認銀行」（confirming bank）であった場合には，この時点で書類等が要件を満たしている旨を確認したならば為替手形に対して確認銀行が支払を行い，書類等を発行銀行に転送して弁済を求める。Id.
114)　See, e.g., id.

銀行に弁済（reimburse）する[115]。

⑩　通知銀行が売主に代金を支払う[116]。

c-1-a.「独立の原則」（independence principle）：　LCに於いては，適切な書類が提示されればその背後に在る売買取引（underling transaction：原因関係）の有効性云々は原則として問わずに（例えば商品に瑕疵があっても）銀行は支払を行わなければならないという「独立の原則」（independence principle）が適用される[117]。つまり発行者は，提示された書類のみを見てLC上の条件成就を判断しなければならない[118]ので，LCは「paper transaction」（書類取引）と呼ばれる[119]。売主にとっては一度LCが発行されれば，支払を期待する相手が発行銀行に成る訳である[120]。LCは書類に基づく取引であって，商品に基づいて行われる訳では無いからである[121]。代わりに発行銀行は，買主から代金の弁済を受ける権利を得るのである[122]。

c-1-b.　国際物品売買に於ける支払手段と商業信用状の利点：　国際的な物品売買取引に於いては主に以下のような各種決済手段が存在し，中でもLCは，中立的でリスク回避が可能な決済手段として活用されている[123]。

---

115) *See, e.g., id.*
116) 通知銀行はLCから附与された権限に基づいて名宛人に支払を行うのである。*See* WHITE & SUMMERS, *supra* note 83, §20-1[d], at 700.
117) 5B HART & WILLIER, *supra* note 86, ¶51.03[1], at Art. 5 1-26 to 1-27 & n.4.1; Mann, *supra* note 89, at 2500; WHITE & SUMMERS, *supra* note 83, §20-1[c], at 699; UCC §5-103 (d).
118) 5B HART & WILLIER, *supra* note 86, ¶51.06[2], Art. 5 1-36; Mann, *supra* note 89, at 2500; WHITE & SUMMERS, *supra* note 83, §20-1[c], at 699.
119) WHITE & SUMMERS, *supra* note 83, §20-1[c], at 699.
120) Clayton P. Gillette, *Letters of Credit as Signals,* 98 MICH. L. REV. 2537, 2542 (2000).
121) 5B HART & WILLIER, *supra* note 86, ¶51.03[1], at Art. 5 1-26.
122) Gillette, *supra* note 120, at 2542.
123) *See* Mann, *supra* note 89, at 2516-17.

図表♯2.9　決済手段の相違とLC

① pre-payment　　LC　　② documentary collection　　③ open account

pro-seller ←-----　-----→ pro-buyer

　前掲図表（♯2.9）中の「①前払・予納」（pre-payment）は，売主が物品を出荷する前に買主が代金を支払い，「③未払勘定」（open account）は，物品が買主に届いてから支払をしてくれるか否かの保証なしに売主が出荷する掛売なので，双方に於いて一方当事者が完全に履行を終えてから他方当事者が反対履行（反対給付）をしてくれるとの期待と信用に基づき行動する[124]。

　以上①③の両極端に対して，少し中立的な決済手段は「②荷為替［手形］取立」（documentary collection または単に collection transaction）であり[125]，物品の権原を表す書類を銀行経由で買主側の銀行に届けて，買主が代金を銀行に支払わなければ書類を入手できず従って物品の権原も得られない方法である[126]。②に於いては物品の権原が買主に渡る前に買主の支払債務の履行が求められるので，先の①や③よりも中間的な決済手段である[127]。しかし，②がLCよりも売主に不利な点は，買主が支払行動を採る前に売主が物品を出荷するので，買主が*物品の受領＝支払*を強要されていないことに成り，仮に支払を拒否されると，物品が海外の何処かで放置されたまま代金も得られない危険を売主が負っていることにある[128]。尤

---

124) *Id.* at 2517.
125) 「documentary collection」とは，売主がその取引銀行に対し一定金額を回収するように要求することであり，銀行は売主（顧客）からの指図の単なる執行者に過ぎず支払義務を引き受ける訳ではない。Grassi, *supra* note 91, at 88.
126) Mann, *supra* note 89, at 2517.
127) *Id.*
128) *Id.* at 2517-18. Mannの実態調査論文に拠ると，LCに於ける不払率が僅か0.1%であったのに比べて documentary collection に於いては不払率が12%にも上ったと報告されている。*Id.* at 2518 n.75.

も②の取引費用は LC よりも銀行の報酬が安価で，凡そ $100〜$300 程の固定価格で済む為に，既に信用関係にある買主向けには費用が危険を下回ると分析することも可能である[129]。

　以上の決済手段に比べて LC の利点[130]の一つ目は，商品が買主の手元に届く前に売主が書類を提示して代金を受領できる点にある[131]。これは資金繰り上の売主の利点であるのみならず，例えば買主が心変わりをして他のより安価な売主から同様な物品を買おうとして本来の売主への支払を拒むことも出来なくなることからも安心である[132]。即ち買主が実際に支払をする前に売主が銀行から支払を受けるので，商品を銀行が一定期間管理することと成る[133]。言い換えれば，買主が実際にその債務を完了する前に，銀行が買主に成り代わって銀行の名と評判に於いて買主の勘定（on [customer's] account）で，背景にある売買取引（underling transaction：原因関係）を履行・完了させてしまう訳である[134]。更に LC の利点の二つ目として，LC の発行を商品発送の前提条件にしておけば，商品発送後に買主が支払不能（insolvent）に陥って売主が代金を得られない危険を回避できる[135]。何故なら LC は「撤回(取消)可能」（revocable）と明記した場合以外は<u>原則として</u><u>「撤回(取消)不能」（irrevocable）</u>であり[136]，且つそもそもが見知らぬ買主への販

---

129) See id. at 2518-19 & n.77（実態調査の結果，報酬額が割高な LC の決済手段利用率は僅か 1/5 程度に止まっていると報告）.

130) 5B HART & WILLIER, supra note 86, ¶ 51.01, at Art. 5 1-18.

131) See id.

132) WHITE & SUMMERS, supra note 83, §20-1, at 698.

133) Grassi, supra note 91, at 103.

134) Id. なお銀行には国際的な評判（reputation）があるからこそ支払約束を遵守する点を指摘したものとして，see, e.g., WHITE & SUMMERS, supra note 83, §20-1, at 698.

135) 5B HART & WILLIER, supra note 86, ¶ 51.01, at Art. 5 1-18 to 1-19, ¶ 51.03[2], at Art. 5 1-28. See also Gillette, supra note 120, at 2537（信用でき且つ信用に値する相手からの支払保証が誘因に成って売主は買主による支払前の出荷を行うと指摘）; WHITE & SUMMERS, supra note 83, §20-1, at 698（同旨）.

136) UCC §5-106(a). なお「**irrevocable letter of credit**」とは，名宛人が前提条件を満たす限りは発行銀行がその義務を果たす約束をした信用状である。次の二種類に分科される。一つは「**irrevocable confirmed letter of credit**」であり，発行銀行だけではなく

売に於ける支払を担保することにこそ LC 機能の重要性がある為に「撤回可能（revocable）な LC」は殆ど利用されていない[137]からである。LC の利点の三つ目は，買主としても商品が無事に発送されて輸送業者に引き渡されてから代金が引き出される（drawn up）為に，安心して支払が出来ることにある[138]。

以上の三つの LC の利点の内で最も重要な利点は二つ目の，買主の支払を確かなものとすることにあり，その利点ゆえに売主は取引実績の無い，謂わば「一見（いちげん）の客」である遠方・海外の買主に対しても安心して商品を送付できる[139]。特に国際的にも「評判のある銀行」（reputable bank）から発行される LC を決済の条件としておけば，物品の発送関連「書類」を提示さえすれば，売買契約とは直接関係の無い第三者である発行銀行が原則として（その評判に懸けても）[140]支払を拒まないことを売主は知っており[141]，従って LC さえ開設されていれば支払が保証されていると安心できる訳である[142]。この機能を買主の立場から言い換えれば，

「確認銀行」（confirming bank）も，前者から後者への弁済の有無に拘わらず，支払を約束している信用状であり，謂わば二重に約束をしている分だけ売主にとっての保証が厚い。もう一つの撤回不能の信用状は，「**irrevocable unconfirmed letter of credit**」であり，「通知銀行」（advising bank）は発行銀行の為に，名宛人に LC 開設を通知したり，書類を徴収して転送したり，発行銀行から代金を受けたときに名宛人に支払を行ったりという管理業務を執行するだけである。Grassi, *supra* note 91, at 91 & n.23.

137) 5B HART & WILLIER, *supra* note 86, ¶ 51.03[2], at Art. 5 1-29. なお「**revocable letter of credit**」とは，発行銀行が支払前であれば何時でも，任意に，解約したり修正することが可能な信用状であり，名宛人に対して何らの保証も附与しないものである。Grassi, *supra* note 91, at 91 & n.22.
138) 5B HART & WILLIER, *supra* note 86, ¶ 51.03[2], at Art. 5 1-29. *See also* Gillette, *supra* note 120, at 2537（同旨）; Grassi, *supra* note 91, at 90（同旨――通常の Cash On Delivery と同様に買主も安心できると指摘）.
139) 5B HART & WILLIER, *supra* note 86, ¶ 51.01, at Art. 5 1-19. *See also* Mann, *supra* note 89, at 2519（同旨）.
140) 実態調査の結果，銀行は評判を重視すると指摘されている。Mann, *supra* note 89, at 2521-22, 2525.
141) *Id.* at 2495. *See also* Grassi, *supra* note 91, at 90.
142) Mann, *supra* note 89, at 2495.

買主は支払の信用を発行銀行の評判から「借りている」(rent) とも言え[143]，正に LC が「信用状」と言われる由縁でもある[144]。

c-2.「スタンド・バイ信用状」(standby letter of credit):

スタンド・バイ信用状は，支払手段に用いるのでは無く，商業信用状とは逆に<u>売主・役務提供者側の履行義務を担保する</u>（to "guarantee" performance）為の「third party guarantee」であり，売主側が履行懈怠（default）した旨を買主側が記した書面を銀行に持参・提示すれば，支払が為される仕組みであり，売主側の懈怠が無い限りは引き落とされないものであり[145]，巨大建設プロジェクト等に於いて「performance bond」(履行保証証書)[146]の代わりに利用される[147]。なおこの場合も「独立の原則」（independence principle）が適用される[148]。即ち<u>「performance bond」と「スタンド・バイ信用状」の違いは，前者が「背景に在る取引」</u>(underlying transaction: 原因関係)<u>に依存した契約であるけれども，後者は背景に在る取引とは独立している</u>から，発行者としてはその背景的取引に於いて本当に債務者が債務不履行をしたか否かに拘わらずに違反をした旨を宣誓する書面さえ提示されれば支払を行って良いのである[149]。尤も銀行としては，顧客からのスタンド・バイ信用状発行の要請を引き受ける前に，果たしてその顧客が背景にある取引(例えば巨大建設プロジェクト)上の債務を履行できる能力を有するか否かを測る必要があると言われている[150]。

---

143) *Id.* at 2521.
144) *See, e.g.,* Grassi, *supra* note 91, at 86.
145) *See, e.g., id.* at 92 n.24（背景となる取引（underlying transaction）が不味く成った場合にのみ発行者が支払を求められると指摘）. *See also* WHITE & SUMMERS, *supra* note 83, §20-1[b], at 699（同旨）.
146)「performance bond」とは，主に銀行(ときに保険会社等の第三者)が発行する保証書で，時宜に適った履行を保証するものであり，通常は履行金額の 2% 程度(高額な場合は 5%)を保証している。*See* BLACK'S LAW DICTIONARY 1174 (8th ed. 2004).
147) 5B HART & WILLIER, *supra* note 86, ¶ 51.01, at Art. 5 1-19, ¶ 61.04[3], at Art.5 1-29.
148) *Id.* ¶ 51.04[3], at Art.5 1-29.
149) Grassi, *supra* note 91, at 92 n.24.
150) WHITE & SUMMERS, *supra* note 83, §20-1[b], at 699.

§2-03.「拘束力の在る」(binding) という意味

　既に説明して来たように，そもそも「契約」(contract / "K") とは「約束」であり，特に「法的拘束力の在る」(legally binding) 約束である[151]。契約の核心はその拘束力に在ると言っても過言ではあるまい。<u>契約の主目的はラテン語で「_vinculum juris_」</u>（ヴィンキュルム ジューリス）("legal knot" 或いは "a bond of the law") と呼ばれるように，<u>当事者を取引内容に縛らせることにある</u>と言われているのである[152]。尤も当事者の双方または少なくとも一方が当初は拘束力のある契約締結を目指して約束に合意し，或いはさせていたにも拘わらず，後掲する諸般の要素の結果として拘束力が欠けることに成れば，それは法的には拘束力を欠いた単なる「約束」に過ぎないので，司法府・裁判所にその約束の遵守や違反に対する救済を命じるように求めても原則[153]としては認められない。そのような約束を敢えて「契約」と呼ぶならば[154]，それは正確には「強制不可能な契約」(unenforceable contract) と成る。しかしそもそも「契約」に不可欠な構成要素が「法的拘束力」であると捉えるならば，「強制不可能な契約」という言葉はナンセンスである。後掲（§6-01）「強制可能性の分類」の項も併せて参照。

　ところで参考までに，以下，ＵＣＣ（ユー・シー・シー）上の契約の定義も示しておこう。

---

151) *See, e.g.,* BURNHAM, *supra* note 26, §10.2, at 136; 1 CORBIN ON CONTRACTS, *supra* note 3, §1.6, at 20.

152) David V. Snyder, *The Law of Contract and the Concept of Change: Public and Private Attempts to Regulate Modification, Waiver, and Estoppel,* 1999 WIS. L. REV. 607, 685 (1999). *See also* 1 CORBIN ON CONTRACTS, *supra* note 3, §1.2, at 6（契約の義務と債権・債務関係を説明）.

153) 例外的には，拘束力の在る「契約が成立」(formation of K) していなくても裁判所の救済を求め得る場合が存在する。後掲の「約束的禁反言」や「利得返還」等の法理の要件を満たす場合である。*See infra* text at §4.

154) *See* 1 WILLISTON ON CONTRACTS, *supra* note 4, §1:2, at 23（「contract」の語は voidable や unenforceable な undertakings も含まれる広範なものであると指摘）.

> "Contract", as distinguished from "agreement", **means the total legal obligation** that results from the parties' agreement . . . .

UCC§1-201(b)(12)（改訂版）（emphasis added）（改訂前は§1-201 (11) に於いてほぼ同じ規定あり）．

§ 2-03-1．法的拘束力の在る契約に成る為には…：　ところで契約が拘束力を有する為には，先ず原則として[155]契約が「成立」（formation of K）しなければならないことは勿論である。しかしそれだけでは未だ「拘束力」が実現されるとは限らない。契約を取り消し得たりする場合があるからである。即ち約束の拘束力が実現される為には以下（図表#2.10）が必要に成る。

図表＃2.10　法的拘束力が実現される為には…

①	原則として[156]「契約が成立」（formation of K）し，
②	それが「強制不可能」（unenforceable）では無く，
③	即時的な「履行期に達して」（due）いて，且つ
④	更に「履行免除」（excuse）な場合に当たらないこと。

なお本書に於いて①は次の§3「契約の『成立』」の項に於いて紹介し，②と③は第Ⅲ章の「法的拘束力」に於いて紹介し，④は§13で触れる。

---

155) BURNHAM, *supra* note 26, §10.2, at 136.
156) *Id.*

§3. 契約の「成立」(formation of K)

> メフィストフェレス： 一つ，ちょっとしたお願いが御座居ます——ご理解いただけると確信しているのですが，もしもの場合の為に，ほんの一，二行の一筆(いっぴつ)をいただきたいんで...。
>
> ファウスト ： 愚かな規則屋め！それも書面化しなきゃぁならんのか？

GOETHE, FAUST (Part One), lines 1714-17 (D. Luke trans. 1987) *in* 1 E. ALLAN FARNSWORTH, FARNSWORTH ON CONTRACTS §6.1, at 106 n.18 (3d ed. 2004)(訳は本書筆者)．

§3-01. 「口頭契約」(oral agreement) も契約

　契約は書面化（written）されていなくても，成立要件さえ満たせば有効に成立するのが原則である[1]。例えば小さな取引に於いては単なる口(くち)約束と，両当事者の合意の意思表示となる「握手」（a handshake）によって契約が成立することも多い[2]。尤(もっと)も書面化等による何らかの記録化が為(な)されていない「口頭契約」(**oral agreement**) は，その存在の立証が難しく成る難点がある。更には後掲（§8-06）する「詐欺防止法」（statute of fraud）と呼ばれる，書面化しなければ強制力を欠く場合も出て来る。

---

1) *See, e.g.,* MARTIN A. FREY & PHYLLIS HURLEY FREY, ESSENTIALS OF CONTRACT LAW 177-78 (2001); BRIAN A. BLUM, CONTRACTS §1.2.1, at 3 (4th ed. 2007); JOHN EDWARD MURRAY, JR., MURRAY ON CONTRACTS §68, at 340 (4th ed. 2001).
2) 1 E. ALLAN FARNSWORTH, FARNSWORTH ON CONTRACTS §3.8, at 226 (3d ed. 2004).

§3–02. 契約「書」は何故(なぜ)必要か？

口頭の約束だけでも契約は原則として成立し得るのに敢えてこれを書面化する目的は何かと問えば，それは約束，即ち取引合意（deal）内容を「**memorialize**」（記録化する）ことにある[3]。そこには当事者が将来何を為すべきかが記載される[4]。更に以下のFullerの分析（*Consideration and Form*, 41 COLUM. L. REV. 799 (1941)）は，書面化の果たす役割を理解する上で有用である。

§3-02-1. Fullerが指摘する形式の果たす三つの機能：
契約の「形式」(form/formality)は，「**evidentiary function**」（証拠機能），「**cautionary function**」（注意喚起機能），および「**channeling function**」（伝達手段機能）の三つを果たしている（図表#3.1）というLon Fullerの有名な指摘[5]を，以下，簡潔に紹介しておこう。

図表#3.1 「形式」が果たす三つの機能（41 COLUM. L. REV. at 800–01）

	分　類	概　要
契約の「形式」や「書面」や「consideration」(コンシダレイション)（約因）の要件が果たす三大機能	evidence function 証拠機能	記録が残るので契約の証拠に成る。
	cautionary function 注意喚起機能	手間が掛かる分だけ契約締結に慎重に成る。
	channeling function 伝達手段機能	形式さえ満たせば有効に成る。

a.「証拠機能」（evidence function）：　取引が合意に至った旨の記録には，当然に，将来の紛争時の証拠としての役割が期待されている[6]。書面や各種証書

---

3) ROBERT A. HILLMAN, PRINCIPLES OF CONTRACT LAW 116 (2004).
4) *See* GEORGE W. KUNEY, THE ELEMENTS OF CONTRACT DRAFTING WITH QUESTIONS AND CLAUSES FOR CONSIDERATION 26 (2006).
5) *See, e.g.,* Duncan Kennedy, *From the Will Theory to the Principle of Private Autonomy: Lon Fuller's "Consideration and Form,"* 100 COLUM. L. REV. 94, 102 (2000).
6) *See, e.g.,* MURRAY ON CONTRACTS, *supra* note 1, §53, at 224; CLAUDE D. ROHWER &

は，証人の証言に左右されることの無い，契約の存在に関する信頼できる証拠と成る。これは後掲（§3-03）する「consideration」(約因)が契約成立の要件とされる理由として Fuller 教授が挙げた点として有名である[7]。書面化され文言として明白に表明された当事者意思・合意内容は，解釈に於いても最も高い比重を置かれ，且つ，後掲（§11）する「口頭証拠排除の準則」(parol evidence rule)に拠って口頭証拠よりも最終的な契約書面の方が契約実体法上も重視されるので，書面化の証拠としての役割は大きいし，それだけに契約書の「起案」(drafting：ドラフティング)の際には注意が必要に成る。

b.「注意喚起機能」(cautionary function)： 古くは「要式契約」の代表例である「捺印契約」に於いて，法的拘束力を附与された契約に成る為には，蝋を暖めて書面に付着させ，更にそこに約束者の嵌める指輪に彫られた印影を押印するという面倒な作為が必要であったので，そこに要する手間と時間が約束者に熟考する機会を与えていた[8]。即ち形式には，不用意な約束や情熱に駆られた約束に対する抑止効果があったのである[9]。現代に於いても契約を書面化することで，安易な契約締結を避けて慎重深さ (cautionary) や真摯であること (seriousness) を確認する機能が果たされる[10]。これも後掲「consideration」(約因)の存在が拘束力の在る契約成立の要件とされる理由として Fuller 教授が挙げた点として有名である[11]。

ANTONY M. SKROCKI, CONTRACTS IN A NUTSHELL §3.1.2. at 185 (6th ed. 2006).
7) HILLMAN, PRINCIPLES OF CONTRACT LAW, *supra* note 3, at 23-25.
8) MURRAY ON CONTRACTS, *supra* note 1, §53, at 224.
9) *Id*.
10) HILLMAN, PRINCIPLES OF CONTRACT LAW, *supra* note 3, at 23-24; ROHWER & SKROCKI, *supra* note 6, §3.1.2, at 185. なおサイバー契約に於ける「ラップ型契約」(後掲§3-09) は安易なクリックやブラウジングが「承諾」の意思表示に成ってしまうので，「注意喚起機能」を退化させていると捉えられよう。
11) Lon L. Fuller, *Consideration and Form,* 41 COLUM. L. REV. 799, 799, 800 (1941)(consideration の意義の一つとして注意喚起を指摘).

c.「伝達手段機能」(channeling function)： 法的に強制可能な約束と強制不可能な約束との境界線を非常に明確にし、それを当事者達が理解し且つそれに合わせて行動できることを確かなものとする機能である[12]。即ち小切手のような流通証券 (negotiable instrument) に見られるように、形式さえ満たせば原則としてそれだけで反証不可能な証拠 (conclusively presumed) と成ってその中身の約束に法的強制力が附与される機能を「伝達手段機能」(channeling function) と言う[13]。「捺印契約」のような「要式契約」は正に実質よりも形式を満たすことで有効と成る契約だったので[14]、伝達手段機能を有していたと言えよう。

§3-02-2. その他の書面化の果たす役割： 以上の三機能が契約の形式に見い出される役割として最も有名なものであるが、これ等に加えて、契約を書面化することには以下のような役割も存在していると言えよう。

a. 当事者理解明確化の役割： 口約束だけでは気付かなかった取引の重大性や、付帯的な諸問題・諸論点も、書面化することで気付かされることが多い。取り極めておかなければ裁判所も救済を与えられないような重要事項 (material elements) が、口頭契約では未決に成っている場合も多いであろう。そのような問題を防止する役割が、書面化にはある。

なお後掲（§10-22）の「解釈」の項に於いて説明するように、当事者間の理解・合意を書面化する際には、「曖昧性・多義性」(vagueness / ambiguity) を出来るだけ除去することが肝要に成る。

b. 紛争未然防止の役割： 契約の書面化は、言った言わない、という紛争を未然に回避して企業法務研究分野に於けるいわゆる所謂「予防法務」(preventive law practices) に資する。即ち紛争が起きてしまってから処理をする「*ex post*」（事後的）

---

12) Kennedy, *supra* note 5, at 102; Fuller, *supra* note 11, at 801.
13) MURRAY ON CONTRACTS, *supra* note 1, §53, at 224 & n.14., 227.
14) *See supra* text at §2-02-4.

な「争訟法務」機能よりも，寧ろ「*ex ante*」(事前的)に紛争防止を図る「予防法務」機能の要が，契約の書面化に関連する諸実務（draftingや契約交渉等）なのである[15]。

c.「強制可能性」(enforceability)要件としての書面化を満たす役割： 先に触れた通り一定の重要な契約は書面化しなければ，たとえ契約として「成立」(formation)しても「強制不可能」(unenforceable)という法律が存在する。その代表例は「詐欺防止法」(**statute of fraud**)である。同法が書面化を要求する目的は，詐欺(fraud)防止の為と，慎重さ(deliberation)や真摯さ(seriousness)を求める為と言われている。詳しくは後掲（§8-06）参照。

§3-03.「取引交換」(bargained-for exchange)と「約因」(consideration)

アメリカの契約を理解する為に，先ずは典型的なアメリカ契約・取引の核心部分を見てみよう。契約実務では，契約書の「起案」(drafting)方法を倣う際の典型契約として，最初に「[物品の] 売買契約」(sales of goods)から学べと言われる。そこで本書でも，先ずは物品売買契約の取引の核心部を表す文例を示してみよう。

> **The Seller shall deliver to the Buyer the Product for which the Buyer shall pay $ 499.**[00] **to the Seller.**
> 売主は製品を買主に引き渡さねばならず，その引き換えとして買主は四九九ドルを売主に支払わねばならない。

この取引合意文の前半部分において「売主」は「買主」に対し製品を「引き渡す」(delivery)約束をしている。後半部分は，前の売主の約束に対して，逆に買

---

[15] 拙稿「国際法務戦略」*in* 福原紀彦編『企業法務戦略』67, 73頁（中央経済社 2007年）。

主が売主に「金銭支払」(payment) の「**反対約束**（返約）」(**return promise**) をしている。これが典型契約・取引の核心である。

図表♯3.2　典型的な契約（売買）

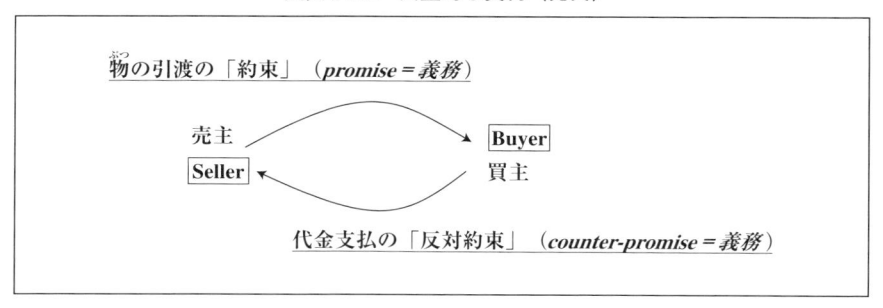

```
        物の引渡の「約束」（promise＝義務）
              ───────────▶
     売主                              Buyer
    Seller                              買主
              ◀───────────
        代金支払の「反対約束」（counter-promise＝義務）
```

§3-03-1.「取引交換」(bargained-for exchange) 関係： 契約とは前掲 (§2) の通り「約束」であり，それら（約束と反対約束）が原則として「**取引**［された］**交換**」(**a bargained-for exchange**) 関係に成っている。「取引交換」とは，一方当事者の約束が他方当事者の約束［や履行[16]］によって導き出され，逆に他方当事者の約束［や履行］も一方当事者の約束から導き出されて，相互に交換された関係を言う[17]。アメリカ契約法の大原則は，「取引交換」を欠く約束が「契約」として成立しないと捉えるものであり[18]，これを「**取引交換理論**」(**a bargained-for exchange theory**) と言う[19]。従って実務に於いても有効な契約を成立させる為には，「取引交換」の法理を理解し，これを満たすように取引関係を形成させてから合意することが肝要と成る。

---

16) 約束と「履行」が交換されるのは，後掲する「unilateral K」（片務契約）の場合である。*See infra* text at §3-03-7.
17) *See, e.g.,* Murray on Contracts, *supra* note 1, §55, at 239.
18) *See, e.g., id.* §55, at 240.
19) 高名な Oliver W. Holmes, Jr. 判事が明確化した理論と言われる。Blum, *supra* note 1, §7.3, at 156 n.5.

§3–03.「取引交換」(bargained-for exchange) と「約因」(consideration)　85

a.「交換」(exchange) こそが契約法の核心[20]：　契約関係に不可欠な目的は，「交換」(an exchange) にこそ存在する。前掲（§1–01–6[a]）の通り経済と社会の基礎は，財の交換にこそ存在し，その交換を促進し且つ規律するのが契約だからである。そしてこの交換の核心は，<u>「何かを諦める代わりに何かを得ること」(giv[ing] up something to get something)</u> という「互酬関係」(a reciprocal relationship) にある。そのような特徴を有する「交換」こそが，アメリカ契約法規範の指導原理と成るのである。

§3–03–2.「誘引」(inducement)：　更に*契約＝取引交換関係*に於いては，一方当事者の約束（引き渡す約束）が他方当事者の反対約束（支払う約束）を誘い出す「誘引」(**inducement**) に成っており，他方当事者の約束（支払う約束）もまた一方当事者から反対約束（引き渡す約束）を誘い出す誘引となる相互関係に成っている。つまり双方が<u>互いに相手を導き出している</u>ような「誘引」の存在が必要とされる[21]。

§3–03–3.「約因」(consideration)：　一方の約束を誘き出す原因と成った相手方の約束（や履行）のことを「約因」(**consideration**) と言う[22]。即ち<u>「consideration」とは，約束者が約束をする為に被約束者（受約者）から得る「対価」([t]he price of the promise</u>[23] <u>または *quid pro quo*</u>[24]）である。

この consideration が欠けていれば契約が形成されないとするアメリカ契約法の大原則は，極言すれば，<u>対価が無ければ契約法理上は約束を強制され得ない</u>と捉え得る。従って，そのような consideration や取引・交換の法理をロー・スクールで学ぶ際に，その対極として常に引き合いに出されるのは，「贈与」(gift) の約

---

20)　本文中の当段落の記述に就いては，see *id.* §1.2.2, at 4.
21)　この要件に関する Oliver W. Holmes, Jr. 判事の指摘に就いては，see 後掲§3–06–1[b].
22)　*See, e.g.,* HILLMAN, PRINCIPLES OF CONTRACT LAW, *supra* note 3, at 15.
23)　*Id.*
24)　BLUM, *supra* note 1, §7.2, at 155.

束である[25]。即ち贈与とは，その本質から受贈者からの対価なしに無償で何かを与える行為であり，その約束は対価によって「支えられて」いないから，贈与の約束は強制可能な契約では無い，と教えられるのである。

§3-03-4. 「債権債務関係の双方性」(mutuality of obligation):

相互の約束が互いの consideration と成っている状態のことを「**債権債務関係の双方性**」(**mutuality of obligation**) と言い[26]，この要素も満足していなければ契約が成立しない原則のことを「doctrine of mutuality of obligation」と言う[27]。尤も同法理は，後掲（§3-03-7）の「片務契約」(unilateral K) には当てはまらない。更に債権債務関係の双方性は，前掲（§2-02-2）の「擬似約束」／「イリューサリー・コントラクト」法理と同じことを tautological に言い直しているに過ぎず，従って法理として何ら新たに加えるものでは無いという批判も見受けられる[28]。

§3-03-5. 「法的な不利益・損失」(legal detriment) と「便益」(benefit):

「**legal detriment**」（法的な不利益や損失）とは，法的に有する権利を放棄・不行使扱いにしたり，または法的に負っていない義務を負うことの意であり，作為 (act) も不作為 (forbearance) も含まれる[29]。取引交換／consideration の関係は，互いに相手方の約束を対価として交換関係にあると捉え得るということは，即ち被約束者が「**benefit**」（便益）を約束者から得ようとして取引することである[30]。しかしこの関係は便益の面から捉え得るだけでは無く，逆に「損失」の面から捉えることも可能である。即ち物の引渡や金銭の支払という約束者の「法的な不利益」を対価・約因として，被約束者も「法的な不利益」を伴う何かを附与する約束を

---

25) *Id. See also* SCOTT J. BURNHAM, DRAFTING AND ANALYZING CONTRACTS: A GUIDE TO THE PRACTICAL APPLICATION OF THE PRINCIPLES OF CONTRACT LAW §2.1, at 29 (3d ed. 2003).
26) *See* BURNHAM, *supra* note 25, §2.1, at 27–31, §2.6, at 33 to §2.9, at 38.
27) MURRAY ON CONTRACTS, *supra* note 1, §65, at 305.
28) *Id.* §65, at 306, 308.
29) *See id.* §7.2, at 157; BLUM, *supra* note 1, Glossary, at 762.
30) *See* MURRAY ON CONTRACTS, *supra* note 1, §7.2, at 156.

§ 3-03.「取引交換」(bargained-for exchange) と「約因」(consideration)　87

為すことに依り，相互に交換関係にあると捉え得るのである[31]。

　なお，現代的な解釈の第二次リステイトメント（§79 (a)）に於いては[32]，約束者にとって反対約束が「便益」を齎さずとも，「法的な不利益」さえ在れば十分とされている[33]。この論点に就いては贈与の「条件」と「法的な不利益」との違いに関する後掲（§3-06-1 [a]）も参照。

　更に『CALAMARI & PERILLO ON CONTRACTS』は明確に「法的な不利益」を consideration の核心的要素として重視し，consideration の要件を以下のように纏めている[34]。

(1)　被約束者（受約者）が「法的な不利益」を被らねばならない。なお「法的な不利益」とは，法的に義務の無い作為，または法的に特権がある行為を差し控えることである。
(2)　その「法的な不利益」が約束の誘引でなければならない。
(3)　約束が「法的な不利益」の誘引でなければならない。

---

31)　Id.
32)　以下のように規定している。

　§ 79. Adequacy of Consideration; Mutuality of Obligation
　　If the requirement of consideration is met, there is no additional requirement of
　　　(a) a gain, advantage, or benefit to the promisor …;
　　　(b) … .
　RESTATEMENT (SECOND) OF CONTRACTS § 79 (a) (emphasis added).

33)　BURNHAM, supra note 25, §7.3.2, at 159.　See also MURRAY ON CONTRACTS, supra note 1, §56[B], at 241（同旨）; RESTATEMENT (SECOND) OF CONTRACTS §79 cmt. b（約束者に便益が無ければ consideration が無いと嘗て言われたこともあったけれども，今日では被約束者に法的な不利益が在れば良いと示唆）。
34)　JOSEPH PERILLO, CALAMARI & PERILLO ON CONTRACTS §4.2, at 174-75 (5th ed. 2003)（訳は本書筆者）。

§3-03-6.「**双務契約**」(**bilateral contract**)：　これまで説明して来た売買の典型契約例では，両当事者共に未だ債務を果たしておらず将来に向かって義務を果たす約束をしている。それは，将来の履行義務を負う契約形態なので，「***executory* contract**」(*未履行*契約) と言い，両当事者共に未履行な義務を負う契約は「executory *bilateral* contract」(未履行*双方*契約または未履行の双方的約束による契約) と言い，略して単に「**bilateral contract**」(双務契約) と言う[35]。双務契約の特徴は，約束 (未履行の債務) と反対約束 (未履行の反対債務) とが交換されている点である。以下の例文がその代表例である。

This Company will sell you the Product for $ 499.⁰⁰.

例文中の「will sell」(未履行) は「promises to sell」(約束) を簡略化した表現であると契約法的には捉えられ，「for」は「for your promise to pay us」(反対約束) を簡略化したと捉えられる[36]。即ち以下のように約束と反対約束の交換 (未履行の双方的約束) を表していることに成る。

This Company ~~will~~ promises to sell you the Product for your promise to pay us $ 499.⁰⁰.

そして契約書の起案 (drafting) に於いては，「約束」(promise to...) の文言が「義務 (債務)」(shall...) と同義とされている[37]。このように「*将来の約束＝未履行債務*」と「*未履行反対債務*」とが交換されているのが「双務契約」である。そして通常の取引は，これまで説明して来たように双務契約に成る。

---

35) *See, e.g., id.* §2.10(a), at 65; Fuller, *supra* note 11, at 816.
36) *See* FREY & FREY, *supra* note 1, at 39.
37) *See, e.g.,* 1 SAMUEL WILLISTON, A TREATISE ON THE LAW OF CONTRACTS §1:2, at 19 (Richard A. Lord ed., 4th ed. 2007) [WILLISTON ON CONTRACTS].

§3-03-7.「片務契約」(unilateral contract):

双務契約の原則に対し例外的な「片務契約」または「一方的約束による契約」(***unilateral*** contract)とは，契約成立後に一方当事者のみが未履行債務を負う類の契約である[38]。即ち一方当事者のみが「約束」をしている場合である[39]。前段の「双務契約」では「約束」と「約束」が交換されて成立しているけれども，片務契約に於いては「約束」と「行為（作為・不作為）／履行」とが交換される[40]。片務契約に於いては一方当事者のみが未履行債務を負う理由は，他方当事者が契約の成立時点で既に「*履行の完遂＝承諾*」をした為に将来の履行義務は負わないからである。原則として片務契約に於いては約束と約束の交換が存在しないし，そのような合意成立に至る迄の取引過程（bargaining process）も原則として存在しない[41]。約束が一つだけだからである。そして片務契約の場合はほぼ常に約束者が申込を行う[42]。

『CORBIN ON CONTRACTS』が挙げる片務契約の判り易い例としては，L 氏が B 氏に＄100.00 を貸したことと交換に，B 氏が L 氏に「Ｉ Ｏ Ｕ ＄100.00」[43]と書いた紙片を渡した場合，この契約は片務契約に成る，というものである[44]。現金を渡した「行為」が，書面による返済の「約束」と交換されているからである[45]。

---

38) *See, e.g.*, FREY & FREY, *supra* note 1, at 65–66.
39) *See, e.g.*, 1 ARTHUR LINTON CORBIN, CORBIN ON CONTRACTS §1.9, at 59 (Joseph M. Perillo ed., rev. 2007).
40) 1 WILLISTON ON CONTRACTS, *supra* note 37, §1:17, at 60–61.
41) *Id.*
42) 1 CORBIN ON CONTRACTS, *supra* note 39, §1.9, at 59. 尤も逆に被約束者が*申込＝履行を行う*（言い換えれば被申込者が約束を求められる）ような「*reverse* **unilateral contract**」（*逆片務契約*）も存在する。その多くは*申込者＝被約束者*が対価を期待して役務を提供し，その役務を約束者が黙って受領する場合であり（黙示的に約束者は対価支払の約束をしている），例えば家屋が焼失した場合には＄200,000 の保険金を支払うような「約束」を保険会社（被申込者）に求めて，保険会社に対し被保険者（申込者）が＄500 の保険料を支払う（履行の）場合が「逆片務契約」である。*See* CALAMARI & PERILLO, *supra* note 34, §2.10(a), at 67.
43)「I owe you.」の意である。
44) *See* 1 CORBIN ON CONTRACTS, *supra* note 39, §1.23, at 90.
45) *See id.*

CORBINの挙げる他の例としては，特定の商品を，「as is」(アズイズ)（現状渡し）の条件で，指定した運送業者を通じて出荷するようにB氏がS氏に対し要求しつつ，S氏の以前提示した価格表通りの値段をB氏が支払う旨を約束した場合，出荷以外の他の履行を提供する要求や慣行が存在しなければ，片務契約に成る[46]。出荷という行為・履行自身が「承諾」としても機能しているからである[47]。

図表#3.3 双務契約と片務契約の相違

分　類	概　要	原則／例外の区別	例
双務契約 **bilateral K** （双方の約束による契約）	双方が未履行の債務を負っている。	原則	お金を支払えば物(ぶつ)を引き渡す。
片務契約 **unilateral K** （一方的約束による契約）	一方のみがほぼ全ての未履行債務を負っている。	例外	物を引き渡すのみ（お金は支払済）。

更に有名判例の「*Lefkowitz* 対 *Great Minneapolis Surplus Store*」[48]に出て来る事実を借りて説明すれば，毛皮のコートの売主が，セール開始日の朝の開店時間に先着三名に対し僅か$1.00で毛皮を販売すると言っていた（約束／申込[49]の）場合，買主がその時間に先着して$1.00を提示（行為／承諾）して契約が「成立」した後

---

46) *Id.* §3.16, at 383.
47) *Id.*
48) Lefkowitz v. Great Minneapolis Surplus Store, 251 Minn. 188, 86 N.W.2d 689 (1957).
49) なおこのハイポは，広告宣伝が通常は「申込」では無く申込の事前勧誘に過ぎないから客が応じても「承諾」では無く契約も成立しない文脈に於ける「例外」的事例として，三名限りの「先着順」(first come, first serve basis) という広告宣伝内容が「申込」を充分に構成し得る例として示される。*See, e.g.,* CALAMARI & PERILLO, *supra* note 34, §2.6(e), at 37-38（先着順であり且つ対象が三名に絞られていたから申込に該当すると判示されたと指摘）; RESTATEMENT (SECOND) OF CONTRACTS §26 illus. 1（先着順の文言を用いると宣伝が申込に成り得ると指摘）; MURRAY ON CONTRACTS, *supra* note 1, §34 [A], at 77.

§3-03.「取引交換」(bargained-for exchange) と「約因」(consideration)　91

には, もはや毛皮を引き渡す債務のみが売主側に残るだけなので,「片務契約」に分類可能である。(尤も厳密に言えば買主にも未だ物(ぶつ)を受領する義務が残っているけれども, そのような些細な義務はこの際考えに入れない。) [主な] 債務が一方当事者にのみ残存するから,「債権債務関係の双方性」(mutuality of obligation) の原則も当てはまらない[50]。そもそも不特定な客達側には先着して＄1.⁰⁰を提示する「義務」は存在していなかったのであり[51], 先着者は任意に売主の申し出に応じただけである。即ち債権債務関係の双方性は,「双務契約」の場合にこそ当てはまる原則である[52]。

　片務契約であるのか, または双務契約なのかの区別は, 約束者が「申込」の中で反対約束を求めているのか (双務契約), または行為・履行を求めているのか (片務契約) を区別する文言により決せられる[53]。言い換えれば,「片務契約」と成り得る場合とは,「the master of his/her offer」(後掲§3-04-1) である申込者が申込の記述の中で, 承諾の方法として約束への同意の表明を求めているのでは無く, 履行を求めている場合である[54]。即ち申込者が「反対履行 (反対給付)」(counter performance) を期待しているのであって,「言葉による承諾の権能を附与していない」(no power to accept by words) 場合であり,「懸賞の申込」(reward offer) の多くがこれに該当する[55]。

---

50) 1 WILLISTON ON CONTRACTS, *supra* note 37, §1:17, at 64-66.
51) *See id.* at 64-66.
52) *Id.* at 64-65.
53) *Id.* at 63. *See also* 1 CORBIN ON CONTRACTS, *supra* note 39, §1.23, at 92（双務契約の場合は申込者が被申込者に承諾する権能を附与し, 被申込者がその権能を行使することにより承諾する仕組みを説明）.
54) *See, e.g.,* CALAMARI & PERILLO, *supra* note 34, §2.10(a), at 66.
55) 1 CORBIN ON CONTRACTS, *supra* note 39, §3.11, at 360.

図表#3.4 片務契約の成立と「申込」と「承諾」

申込 offer	承諾 acceptance
申込 履行による「承諾の意思表示」を要求 申込者 ……… 被申込者	申込 申込者 ……… 被申込者 承諾 履行による承諾

formation of contract
片務契約成立

約束
未履行
申込者　*executory* promise　被申込者

申込者（約束者）の未履行な約束のみが残存し，被申込者（被約束者）には義務が無い。
⇓
片務契約：*unilateral* contract

　例えば前述の「*Lefkowitz* 対 *Great Minneapolis Surplus Store*」判例の事実に出て来る「申込」内容をほぼ表す以下の文[56]が,「片務契約」の申込の例である。

---

56) *Lefkowitz,* 86 N.W.2d at 691 で争われた広告文言を本書筆者が修正。

§3-03.「取引交換」(bargained-for exchange)と「約因」(consideration)

> **On Saturday 9:00 AM sharp, this Store will sell customers three (3) brand new fur coats for only \$1.⁰⁰ each on the first-come-first-served basis.**
> 土曜日午前九時丁度に，当店は，新品毛皮コート三着を夫々僅か一ドルで先着順でお客様に販売致します。

　例文中下線部の「will sell」が「promises to sell」を簡略化した表現であると捉えられる点は「双務契約」と変わらない。しかし「for」の方が求めているのは，「for a promise to come first」では無い。「for coming the first」という履行を求めているのであり，「承諾」と捉えられる為には「履行」が必要である。たとえ最初に行く「約束」をしても承諾には成らない。

　尤も実際には申込の文言や内容から，反対約束を求めているのか（双務契約），または反対履行（反対給付）を求めているのか（片務契約）が不明な場合も多い。そのような場合，被申込者は如何なるリーズナブルな承諾の方法を採っても良い，とUCCや第二次リステイトメントは規定している[57]。

a.「片務契約」と，「条件」と「約束」の違い：
片務契約の場合，承諾の意思表示として求められる作為・不作為を被申込者が実行しなくても，被申込者が「約束」を「違反」(breach) したことには成らない。しかし双務契約に於いては，被申込者が承諾した後は契約が成立しているので，被申込者による反対約束の違反が「契約違反」(breach of K) を構成する。両者にこの違いが生じる理由は，以下のように説明できる。先ず後者の双務契約に於いては，被申込者も「反対約束」(counter promise) をしてそれに束縛されているからこそ，履行を怠れば約束 (i.e., 契約) 違反に成ってしまう。しかし前者の片務契約に於いては，被申込者が求められている作為・不作為は約束では無く，契約成立の為の「条件」(condi-

---

57) UCC §2-206（2003年改訂もほぼ同じ）; RESTATEMENT (SECOND) OF CONTRACTS §§ 32, 62; 1 CORBIN ON CONTRACTS, *supra* note 39, §3.16, at 386; CALAMARI & PERILLO, *supra* note 34, §2.10(a), at 67-70.

tion) なのである。被申込者はこの条件を満たす旨を何ら約束しておらず、従って条件を満たさなければならない束縛も無い。後掲（§12-02-5）純粋条件の項参照。このように、遵守しなければ「違反」を構成する「約束」の概念と、遵守せずとも違反には成らず単なる「条件の未成就」と成る「条件」の概念との相違を理解する上でも、片務契約という類型の理解は役に立つ。条件と約束の違いに就いては更に後掲§12も参照。

図表#3.5　双務契約の「約束」と片務契約の「条件」の違い

分類	契約成立（承諾）の為に被申込者（受約者）が求められている事象	承諾の性格	被申込者が作為・不作為を懈怠した場合の効果
双務契約	反対約束	約束	契約違反
片務契約	履行	条件	条件未成就

　片務契約に於ける作為・不作為は以上のように条件成就と捉えられるだけではなく、約束者からの「申込」に対する「承諾」と「consideration」との双方を兼ねていると捉えることも可能である[58]。承諾とconsiderationの双方を兼ねているので、拘束力の在る契約が成立することに成る。

§3-04.「申込」と「承諾」による客観的（表示的）な「意思の合致（相互の同意）」

　契約の取引交換に於ける約束と反対約束は、通常どちらかが最初に「申込」(offer) をして他方が「承諾」(acceptance) をし、互いの「意思が合致」(meeting of the minds) した「合意」(agreement) と成っている。この「合意」は、「相互の同意」(mutual assent) と表される[59]。このように「申込」と「承諾」によって「意思の合致」⇒「相互の同意」が生じるから「契約」が「成立」するという

---

58)　1 WILLISTON ON CONTRACTS, *supra* note 37, §1:17, at 69.
59)　MURRAY ON CONTRACTS, *supra* note 1, §29, at 59.

§3-04.「申込」と「承諾」による客観的（表示的）な「意思の合致（相互の同意）」　95

アメリカ契約法の構造は，大陸法と同様である。

　なおここで求められる「意思の合致」は，原則として「主観的」（subjective）な実際（actual）の「意思の合致」では無い[60]。主には「客観的（表示的）」（objective）に表明（manifestation）された「相互の同意」である[61]。なおアメリカ契約法に於いては客観（表示）主義が主流であると言っても，その内容には主観的意思も加味したハイブリッドな部分も残されている。例えば両当事者の理解がリーズナブルなものから乖離していることが明白な場合には，当事者達の理解が尊重されるような場合である[62]。詳細は後掲（§3-04-3）参照。

§3-04-1.「申込」（offer）：

　「申込」（offer）とは，取引を締結する意思の「表明」（manifestation）である[63]。申込は，「被申込者」（offeree）側が承諾をすれば契約を成立させ得る権能を附与する意思を「申込者」（offeror）が表明することによって為される[64]。被申込者がどのような方法で意思を表示すれば承諾を形成できるかを決めるのは申込者の側であり，その承諾方法を「申込」の中に記載するのである。言い換えれば有効な承諾をして契約を成立させる為には，被申込者は申込内容が指示する承諾方法を採らねばならない。この概念は以下のよう

---

[60]　*See, e.g., id.* §30, at 62; 1 CORBIN ON CONTRACTS, *supra* note 39, §4.12, at 631.

[61]　*See, e.g.,* MURRAY ON CONTRACTS, *supra* note 1, §30, at 62-64; 1 CORBIN ON CONTRACTS, *supra* note 39, §4.12, at 631.

[62]　1 CORBIN ON CONTRACTS, *supra* note 39, §4.13, at 636 ("But <u>if it is made clear that there has in fact been no such 'meeting of the minds,' the court will not hold a party bound by a contract varying from the party's own understanding</u> unless this party's words and conduct were in a context giving the party reason to know that the other party would be and was in fact misled."（強調付加）と指摘。　*See also* 1 *id.* §4.12 at 630, §4.13 at 631（同旨）.

[63]　*See, e.g.,* FREY & FREY, *supra* note 1, at 4, 33 ("the manifestation of willingness to enter into a bargain, so made as to justify another person in understanding that his assent to that bargain is invited and will conclude it" という RESTATEMENT (SECOND) OF CONTRACTS §24 のブラック・レターを引用しつつ概説).

[64]　*Id.* at 37.

に表される[65]。

> **The offror is the master of his/her offer.**
> 申込者は申込の主人である。

従って実務に於いて「附合契約」(contract of adhesion) を用いた「標準書式契約 (約款)」(standard form contract) を起案する際には，その承諾方法を明記し，且つその方法以外の承諾の試みは承諾と看做さない旨を明確にしておくことが望ましい。

§3-04-2.「承諾」(acceptance)： 「承諾」(acceptance) とは，申込の約定に対する「同意の表明」(**manifestation of assent** to the terms of the offer) である[66]。承諾の意思表示の「方法」は，前項 (§3-04-1) にて説明した通り，申込の指示に従わねばならない。承諾の「内容」に就いては，古典的には[67]申込の約定内容を被申込者が変更して承諾することは出来ないとされていて，その法理は「**mirror image rule**」(鏡像の準則) と呼ばれる[68]。もし被申込者が申込の約定内容を変更して承諾した場合には，申込が「拒絶」(**rejection**) された上で「反対申込」(**counter-offer**) が被申込者から為されたと解されて来た[69]。この被申込者

---

65) *See, e.g.,* Restatement (Second) of Contracts §29 cmt. *a*; Murray on Contracts, *supra* note 1, §41, at 110.
66) Frey & Frey, *supra* note 1, at 5.
67) 本文中の記述は伝統的な判例法上の法理であり，これに対する物品売買に関する特別法の UCC Article 2 に於いては，もっと柔軟 (且つ複雑) な規定を置いていて，その内容に就いては特に「battle of the forms」(書式の戦い) の論題の下で議論されている。*See, e.g.,* Frey & Frey, *supra* note 1, at 93–94. なお，複雑な battle of the forms の UCC §2–207 のルールを，2003年改訂版が改善を試みている点に就いては，see Henry D. Gabriel & Linda J. Rusch, The ABCs of the UCC—(Revised) Article 2: Sales 79–91 (Amelia H. Boss ed., 2004, American Bar Association).
68) *See, e.g.,* Frey & Frey, *supra* note 1, at 93–94.
69) *Id.* at 91.

§3-04.「申込」と「承諾」による客観的（表示的）な「意思の合致（相互の同意）」　97

からの反対申込を当初の申込者が承諾すると，そこで契約が成立する。この場合は，最初の申込の約定内容では無く反対申込の約定内容が契約内容を形成する。つまり後から出した約定の方が凌駕することに成るので，これを「**the last shot doctrine**」（最後に撃った方が勝つ法理）と呼ぶ[70]。

§3-04-3.「意思の合致」(meeting of the minds) から「相互の同意」(mutual assent) へ：　古典的には「意思の合致」(meeting of the minds) が契約成立の要件であると表されて来た。それはラテン語で「*consensus ad idem*（アドアイデム）」や「*aggregatio mentium*（アグレァゲイシーオー メンシーウァム）」(gathering together of minds) とも呼ばれ[71]，両当事者が実際に合意に同意していることを不可欠であるとし，実際の同意が欠けていれば契約は成立しないとする「**主観論**」(**subjective theory**) であり[72]，両当事者の主観的・自主的な意思に従って約束は強制されるとする「**意思理論／意思主義**」(**will theory**) である[73]。しかし契約法の現代的な解釈の主流は，「主観的」な意思の合致はもはや嘗て程には重視されず，寧ろ，<u>成立要件は「客観（表示）基準」(objective test) を用いた「同意の表明」(**manifestation of assent**) の有無にこそ求められるとされている</u>[74]。「両当事者の行為によって表明される当事者意思の外部的または客観的な表見性」(external or objective appearance of the parties' intentions manifested by their actions) を重視する「**客観（表示）主義**」(**objective theory**) である[75]。後掲図表（#3.6）参照。

---

70)　*Id.*
71)　1 Corbin on Contracts, *supra* note 39, §4.12, at 631；Black's Law Dictionary 72, 323 (8th ed. 2004).
72)　1 Farnsworth on Contracts, *supra* note 2, §3.6, at 208-09；Calamari & Perillo, *supra* note 34, §2.2, at 26.
73)　Hillman, Principles of Contract Law, *supra* note 3, at 39；1 Corbin on Contracts, *supra* note 39, §4.12, at 631.
74)　Frey & Frey, *supra* note 1, at 34-35.　*See also* 1 Corbin on Contracts, *supra* note 39, §4.12, at 631；Calamari & Perillo, *supra* note 34, §2.2, at 27.
75)　1 Farnsworth on Contracts, *supra* note 2, §3.6, at 209.

図表#3.6 「主観論」と「客観論（表示主義）」[76]

旧		新
"meeting of the minds" 意思の合致	⇔	"mutual manifestation of assent" 相互の同意の表明
subjective（主観的）		objective（客観的／表示的）

　「同意の表明」で重視されるのは主に，意思を表示された方の当事者に於けるリーズナブルな人の視点とされる[77]。客観論／表示主義に拠れば，契約成立の為に当事者の「内心的な同意」（mental assent）は必要ないとされる[78]。裁判所は実際の「主観的な意思理論（意思主義）」（the theory of subjective intent）が契約成立の構成要素として機能しないと判断しているのである[79]。しかし歴史的な経緯ゆえに現代に於いても「意思の合致」の文言が使われている[80]。「客観論（表示主義）」対「主観論」の対立は，法制史的には客観論／表示主義を積極的に採用した時代を経た後に，主観的要素が以前よりは自由に参酌されるという変遷を辿っている[81]。客観論／表示主義を基調にして主観も時に考慮する Corbin や第二次リステイトメント等のハイブリッドな解釈の主流に就いては，後掲（§10-03-1）も参照。

　なお客観論／表示主義のリーディング・ケースとして多く引用紹介されて来た

---

76) 本文中の図表の概念に就いては参考として，see, e.g., 27 WILLISTON ON CONTRACTS, supra note 37, §70:8, at 222; 1 CORBIN ON CONTRACTS, supra note 39, §4.12, at 631.
77) CALAMARI & PERILLO, supra note 34, §2.2, at 27.
78) 1 FARNSWORTH ON CONTRACTS, supra note 2, §3.6, at 209. See also HILLMAN, PRINCIPLES OF CONTRACT LAW, supra note 3, at 39（"In reality, the objective test of assent trumps actual intentions."であると指摘）.
79) MURRAY ON CONTRACTS, supra note 1, §30, at 63.
80) FREY & FREY, supra note 1, at 5. See also MURRAY ON CONTRACTS, supra note 1, §30, at 63（同旨）; 1 CORBIN ON CONTRACTS, supra note 39, §4.12, at 631（同旨）; 1 FARNSWORTH ON CONTRACTS, supra note 2, §3.6, at 209（meeting of the minds というメタファーが濫用されて来たと指摘）.
81) CALAMARI & PERILLO, supra note 34, §2.2, at 27.

判例は「*Lucy 対 Zehmer*」事件[82]である。同事件に於いて，両当事者はレストランでお酒を飲みながら，買主が＄50,000で売主の農場を買う旨の申込をした。売主は以前，その申込を断ったことがあったけれども，今回は買主が冗談を言っているのかと思って，その冗談に乗るつもりで勘定書の裏に＄50,000で農場を売ると記載し，署名までした。買主が同契約書の強制を裁判所で請求すると，売主は抗弁として酔っていた，冗談だった云々と主張したけれども，裁判所はその抗弁を退けて以下のように述べた。曰く「人の意思の表明として，その人の秘密で表示されない意思を見るのではなく，その人の外形的な表示を見なければならない」と[83]。即ち売主の内心の意思が問題なのでは無く，その表示をリーズナブルな買主が同意の意思であると誠実に捉えたか否かが鍵と成ったのである[84]。

§3–05. 隔地者間の「承諾」の意思表示と「mailbox rule」

　当事者達の場所と時間が隔たったような，古くは手紙で意思疎通を図る所謂「隔地者」（distance）間の意思表示の場合，申込の「撤回」（revocation）が着信する前に承諾の通知を発出した場合に契約が成立するか否か等が論じられて来た。後掲（図表#3.7）参照。隔地者間では無く，「同時的意思疎通」（instantaneous communication）が可能な「対面的な交渉」（face-to-face negotiation）が行われる場合には，承諾は原則として発話した時では無く聞いた時に発効するけれども（**the presence rule：面前の準則**）[85]，被申込者による承諾の意思表示が申込者に到達する

---

82) Lucy v. Zehmer, 84 S.E.2d 516 (Va. 1954).
83) Id. at 521 *cited in* HILLMAN, PRINCIPLES OF CONTRACT LAW, *supra* note 3, at 38（訳は本書筆者）．
84) *See* HILLMAN, PRINCIPLES OF CONTRACT LAW, *supra* note 3, at 38–39.
85) MURRAY ON CONTRACTS, *supra* note 1, §47, at 163. *See also* CALAMARI & PERILLO, *supra* note 34, §2.23(b), at 113（対面的な申込と承諾の意思表示の場合は「着信主義」であり，申込者が承諾を聞いたり聞かないことに就いて申込者の過誤があれば契約が成立するけれども，申込者が承諾を聞かなかったことを被申込者が知っていたり知る理由があった場合には契約が成立しないと指摘）．

迄の時間差が無いので，実際的には表明と同時に生じる規範に成る[86]。

隔地者間の承諾の意思表示に就いては，コモン・ロー上の原則的な規範は，所謂「**mailbox rule**」（郵便ポストの準則）または「**承諾発信主義の準則**」（**deposited acceptance rule**）と呼ばれて，被申込者が適切な宛先を記載し郵便料金を支払って街角の郵便ポスト等に投函した場合には，<u>承諾を発出した時点，即ち被申込者が送付の為の最終的行為をして郵便局に占有を移転した時点で契約が成立</u>するとされる[87]。「発信主義」（the dispatch rule / the distance rule）である。

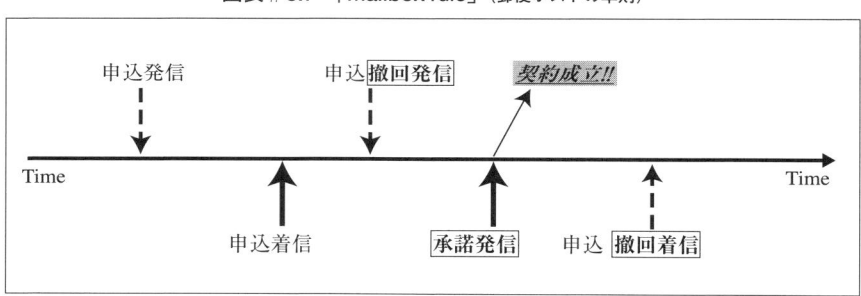

図表＃3.7 「mailbox rule」（郵便ポストの準則）

申込発信 → 申込着信 → 申込撤回発信 → 承諾発信（契約成立!!） → 申込撤回着信

クーリエ（宅急便）を用いた場合や，電話や電子メール等の電子機器を媒介した隔地者間の通信に於いても，過半数の判例は「(承諾)発信主義」を採用して来たと指摘されているけれども[88]，この論題に関する規範は以下の図表（＃3.8）が示すように一貫していない点が残っているようにも思われる。

---

86) BLUM, *supra* note 1, §4.11, at 75-76.
87) *See, e.g.,* Steven R. Berger, *Notices, in* TINA L. STARK, NEGOTIATING AND DRAFTING CONTRACT BOILERPLATE Ch.15, at 461, §15.02[2], at 464 (2003); BLUM, *supra* note 1, §4.11, at 76; 1 CORBIN ON CONTRACTS, *supra* note 39, §3.24, at 437-38, 446. *See also* CALAMARI & PERILLO, *supra* note 34, §2.23(a), at 109-10（「the rule of *Adams v. Lindsell*」（106 Eng.Rep. 250 (K.B. 1818)）とも呼ばれると指摘）.
88) MURRAY ON CONTRACTS, *supra* note 1,§47, at 163-64; CALAMARI & PERILLO, *supra* note 34, §2.23(b), at 114.

§3-05. 隔地者間の「承諾」の意思表示と「mailbox rule」　101

図表#3.8　現代的媒体に於ける「mailbox rule」「presence rule」の適用（*1）

媒　体	判例（*2）	第二次リステイトメント（*3）	UCITA（*4）
電話	[mailbox rule] ［郵便ポストの準則／ 承諾発信主義］	presence rule 面前の準則／ 受信主義	n.a.
電信・テレックス	[mailbox rule] ［郵便ポストの準則／ 承諾発信主義］	presence rule 面前の準則／ 受信主義	n.a.
ファックス	?	?	n.a.
電子メール等の電子的コミュニケーションズ	?	n.a.	presence rule 面前の準則／ 受信主義

（*1）　*See, e.g.,* Valerie Watnick, *The Electronic Formation of Contracts and the Common Law "Mailbox Rule,"* 56 BAYLOR L. REV. 175 (2004).
（*2）　第二次リステイトメントの規定（下段*3）にも拘わらず、過半数の判例（majority）は電話（telephone）・電信（telegraph）等に対し mailbox rule を適用していると解釈されている。*See, e.g.,* Paul Fasciano, Note, *Internet Electronic Mail: A Last Bastion for the Mailbox Rule,* 25 HOFSTRA L. REV. 971, 984-85 (1997). 尤も判例は契約が「何時」成立したかを問題にしているのでは無く、専ら「［受信地か発信地かの］何処で」成立したのかを準拠法の争点に関し審査している。更に、受信地法を適用する立場をカリフォルニア州最高裁は採っている。
（*3）　RESTATEMENT (SECOND) OF CONTRACTS §64 のブラック・レター部は、「Acceptance given by telephone or other medium of substantially instantaneous two-way communication is governed by the principles applicable to acceptances where the parties are in the presence of each other.」と規定している。*See also id.* §64 cmts. *a, b,* illus. 1 & 2.
（*4）　UCITA [UNIFORM COMPUTER INFORMATION TRANSACTIONS ACT] §203(4)(A)は「... a contract is formed ....(a) when an electronic acceptance is received; ... .」と規定している。但し UCITA は所謂「computer information」取引にのみ適用され、且つ、同モデル法を採用する州は極めて少ない。UCITA に就いては、see 拙書『電子商取引とサイバー法』103-58 頁（1999 年、NTT 出版）。なお実体法に影響を与えない立場を採る UETA（UNIFORM ELECTRONIC TRANSACTIONS ACT）や E-Sign 法（ELECTRONIC SIGNATURE IN GLOBAL AND NATIONAL COMMERCE ACT, 15 U.S.C.A. §7006(2)）は、発効時点に関して規定せずに他の法規に委ねているという解釈が一般的である。

隔地者間の場合に原則として「承諾発信主義」が採られる理由は，先ず申込者が承諾の意思表示方法と発効時を決める権限を有することによる[89]。前掲（§3-04-1）の通り，申込者は「master of his/her offer」なのである。従って申込者が他の承諾の意思表示方法や発効時期を申込に於いて指定していれば，それが有効な承諾の意思表示方法と成るけれども[90]，そのような特段の指定が欠けている場合には申込者と同様な方法を被申込者は用いなければならない[91]。つまり郵便の申込に対しては郵便の承諾と成る。この場合，被申込者は，承諾の意思を表示する際に，その意思の発出は郵便局によって正しく送達されると推定することが許される[92]。何故ならば申込者が選んだ送達方法によって承諾の意思を表示するからである[93]。従って承諾の意思表示は発信時に発効することとされたのである。

なお『CORBIN ON CONTRACTS』は，着信主義にしても発信主義にしても，何れに於いても申込者または被申込者が発効を確認できない不利益が生じることに変わりは無いと分析した上で，その確認の為の通知を求めるとしても循環に陥ってしまうので，何れにせよルールを決めておいて各当事者がその規範を知って危険を回避できるようにしておくことが重要と指摘している[94]。

承諾発信主義の根拠として第二次リステイトメントは，郵便局を申込者の「代理人」（agent）と看做すという理由を示している[95]。即ち代理人たる郵便局に承諾通知が渡された時点でその効果が本人（principal）たる申込者に生じる訳である。

mailbox rule は，同時的では無い意思疎通の媒体が用いられる如何なる場合に

---

89) *See, e.g.,* 1 CORBIN ON CONTRACTS, *supra* note 39, §3.23, at 436.
90) *See, e.g.,* CALAMARI & PERILLO, *supra* note 34, §2.23(a), at 111.
91) Berger, *Notices, supra* note 87, §15.02[2], at 464. *See also* BLUM, *supra* note 1, §4.11, at 76.
92) Berger, *Notices, supra* note 87, §15.02[2], at 464.
93) *Id.*
94) *See* 1 CORBIN ON CONTRACTS, *supra* note 39, §3.24, at 440.
95) RESTATEMENT (SECOND) OF CONTRACTS §64. *See also* MURRAY ON CONTRACTS, *supra* note 1, §47, at 162（郵便を申込者の代理人，または双方の代理人と解する説を紹介）; 1 CORBIN ON CONTRACTS, *supra* note 39, §3.24, at 439（郵便局は申込者の代理人とする説だけでは無く，両当事者共通の代理人とする説も紹介）.

も適用されるけれども，承諾の意思表示にのみ適用されるので，申込者の撤回には不適用であり（着信主義と成る）[96]，更には被申込者による拒絶（rejection）や反対申込（counter-offer）にも不適用である[97]。この為に被申込者が承諾を発信した途端にその承諾の意思表示は「撤回不能」（irrevocable）に成る。何故なら郵便局に承諾を託す行為により占有を撤回不能に放棄したからだと説明される[98]。

§3-05-1. 契約実務上の「通知条項」（notice clause）の意味：

以上のような「mailbox rule」を言い換えれば，申込者が別段の送達方法を指定しなかったが故に郵便という送達手段が選択された為に生じる誤配信や遅送の危険を，法が申込者に割り当てたと言える[99]。承諾は到達せずとも発信だけで発効するからである。このように契約上の通知の問題は，通知が送達されない危険を何れの当事者が負担するかの問題として捉えることが可能である[100]。この指摘によれば，これ迄の議論は媒体が伝達しない過程ばかりに着目し過ぎであり，情報が先方に伝達されるという，本来ならば重視すべき点が軽視されている[101]。通知が先方に伝達されていなければ，通知には意味が無いからである。

そこで「mailbox rule」に拠る*申込者側*（=起案者）の危険を回避する為には，送達方法を先ず指定することばかりでは足りず，発信だけでは法的効果が発生しない旨を明確化しておくことが肝要である。具体的には着信を要件とするのである。着信を発効要件とすれば，送達上の着信しない危険を発信者側に負担させることが可能に成るからである[102]。例えば以下のような文言を用いれば良い。

---

96) MURRAY ON CONTRACTS, *supra* note 1, §47, at 161.
97) BLUM, *supra* note 1, §4.11, at 76, 77.
98) 1 CORBIN ON CONTRACTS, *supra* note 39, §3.24, at 440（尤も実際の郵便物は投函後でも回収可能なので，本文で挙げた理由の説得力には懐疑的な姿勢が『CORBIN ON CONTRACTS』には見受けられる）.
99) BLUM, *supra* note 1, §4.11, at 76.
100) Berger, *Notices*, *supra* note 87, §15.02[2], at 464-65; MURRAY ON CONTRACTS, *supra* note 1, §47, at 163.
101) Berger, *Notices*, *supra* note 87, §15.11[2], at 474.
102) *Id.* §15.04[1], at 466.

> All notices so given are <u>deemed to be given upon the receipt</u> by the addressee.

This clause is partially based upon suggested one and descriptions in Berger, *Notices, supra* note 87, §15.11 [2], at 474 & n.37, §15.15[1], at 499（強調付加）（英文契約書の諸実例を参考に本書筆者が修正）。

　上の文言は，通知方法として複数の媒体を列挙する起案の仕方に続くものである。「All notices so given」という部分が，それ以前に媒体を列挙していることを受けている。

§3-06.「consideration」(約因)と，これを欠く場合

　前掲（§3-03-3）に於いて概説した通り，「consideration」(約因)とは「対価」(price for ...) の意である。即ち対価関係が無ければ原則として契約が成立しないルールが，英米法の特徴であり，それが欠ける場合云々が契約法では議論される。consideration を欠くか否かの論点として問題に成るのは主に，「贈与」(gift)，「Pepper Corn Theory」(胡椒の実の理論)，および「シャム・コントラクト」(虚偽契約) の場合である。

　§3-06-1.「贈与」(gift)：　贈与は無償で何かを与えることであるから，その約束は対価を欠いており，従って原則として consideration を欠く。例えば[103] hypo.(仮想事例) として，レストランの所有者が，その店の前を根城にしている路上生活者に対して，数ブロック先の仕立屋に行けば服を只で作らせて与えよう

---

[103] 本文中のハイポは，HILLMAN, PRINCIPLES OF CONTRACT LAW, *supra* note 3, at 16-18 に掲載されているだけではなく，MURRAY ON CONTRACTS, *supra* note 1, §60[B], at 265 にも掲載されており，後者によればその起源は Williston にまで遡るという。MURRAY ON CONTRACTS, *supra* note 1, §60[B], at 265 n.249.

と約束した場合，被約束者が仕立屋に行く作為は約束者・贈与者にとって「対価」というよりは，寧ろ被約束者・受贈者が贈与を受領する為の「**条件**」(**condition**)または「**付随的不利益**」(**incidental detriment**)[104]である。従ってそれはconsiderationでは無い。尤も仮に贈与者の「動機」(motive)が，レストランの前から路上生活者を移動させることであったならば，移動することがそのレストランにとっての「benefit」(便益)であり，誘引でもあり，且つ移動行為は服を与える約束と交換関係にも成っている（後掲§3-06-1[b]参照）。言い換えれば服を与える約束が移動行為の「対価」に成っているのでconsiderationたり得る。更に次項のように路上生活者側の「法的な不利益」(legal detriment)の面からも，considerationの存在は肯定できる。

a. 「条件」(condition)と「法的な不利益・損失」(legal detriment)： 贈与の「条件」／「付随的不利益」はconsiderationでは無いけれども，単なる条件を超えた，<u>法的には自由な行動をする権利があるにも拘わらずに一定の「legal detriment」（法的な不利益，損失）を被約束者（受約者）が受忍するような場合</u>には，「forbearance」（抑制・不作為）として有効なconsiderationたり得る[105]。この点を理解するのに資する法源としては，有名な判例[106]を基に起案されたと推察される以下の第二次リステイトメント上の「例示」(illustration)が参考に成ろう。

Illustrations:

9. *A* promises *B,* his nephew aged 16, that *A* will pay *B* $1000 when *B* becomes 21 if *B* does not smoke before then.   *B*'s forbearance to smoke is a performance

---

104) 正確に言えば「condition precedent」（前提／停止条件）であろう。*See infra* text at §12-02-1（前提／停止条件に就いて概説）.
105) *See, e.g.,* MURRAY ON CONTRACTS, *supra* note 1, §56, at 242.
106) Hamer v. Sidway, 27 N.E. 256 (N.Y. 1891)（禁煙をすれば金銭を贈与する約束に於いて，被約束者の禁煙は法的な行動の自由の不行使で在ってconsiderationたり得ると判断）。*See also* CALAMARI & PERILLO, *supra* note 34, §4.5, at 182 & n. 8（同判例を紹介しつつ解説）.

and if bargained for is consideration for *A*'s promise.

 10. ... .

RESTATEMENT (SECOND) OF CONTRACTS §71, cmt. *d*, illus. 9 (italicization added).

　被約束者（受約者）の作為・不作為が，贈与の「条件」に過ぎないのか，または法的な損失として認定される「抑制」であるのかの違いは，単なる程度の違いのようでもあり，結局は裁判による事実認定と価値評価に委ねられる所が多いのかもしれない。それは客観（表示）基準に拠って，被約束者が贈与を得る為に「付随」（incidental to）する条件としての付随的行為に過ぎないと表見的・常識的に捉えられるか，または，約束者が対価として被約束者に「*行為＝法的な不利益*」（legal detriment）を求めていると表見的・常識的に捉えられるのか次第で決せられることに成る[107]。

b. O. W. ホームズ, Jr. 判事による取引交換理論のリマインダー：　　「誘引」に関し前掲（§3-03）に於いて言及した通り，「取引交換」（bargained-for exchange）に不可欠な要素は，約束と反対約束（または反対履行／反対給付）とが「互いに」誘引と成って相手方の約束または履行を導き出している関係の存在である。これを思い出せば，「贈与の条件」と「契約に於ける detriment（法的な不利益）」との区別に資する。特に「互いに誘引」と成る要件に就いて，高名な Oliver Wendell Holmes, Jr. 判事が「reciprocal conventional inducement」（強調付加）と呼びつつ[108]判例の中で以下のように指摘している点は，贈与の条件と consideration の区別に有用である。

> **[T]he promise and the detriment are the conventional inducements each for the other. . . ., the promise and consideration must purport to be the motive each for the other, in whole or at least in part. It is not enough that the promise in-**

---

107) *See, e.g.,* BURNHAM, *supra* note 25, §7.3.4, at 160–61.
108) OLIVER WENDELL HOLMES, THE COMMON LAW 230 ([1881] Howe ed. 1963) *cited in* MURRAY ON CONTRACTS, *supra* note 1, §60[A], at 264 n.246.

duces the detriment or that the detriment induces the promise if the other half is wanting.

Wisconsin & M.R. Co. v. Powers, 191 U.S. 379, 386 (1903) (emphasis added).

即ち約束が不利益を導き出すだけではなく，<u>不利益も約束を導き出していなければならない</u>[109]。このルールを先の路上生活者の hypo.（仮想事例）に当てはめてみよう。路上生活者が仕立屋に移動する不利益がレストラン・オーナーの約束を導き出していないならば，取引交換が成立しない。従って移動することは贈与の「条件」に過ぎない[110]。しかし，路上生活者が移動してくれる不利益がオーナーの約束を導き出していれば，取引交換が成立し，*法的拘束力を有する約束＝「契約」*に成るのである。

c. 贈与に consideration を与える契約実務上の工夫例：　以上の諸法理から，贈与を有効な契約として形成させる為に起案者に求められているのは，有効な「対価」の考案にあるという結論が導き出される。例えばアメリカでは富裕者が金銭を公益性のある法人に寄附する際に，寄附を受けた法人はその金銭を用いて建築した建物に寄附者の名称を付ける慣行が見受けられる。そこで，寄附の「対価」として，寄附者の名称を被約束者が付ける義務を負うように契約・契約書を形成すれば，有効な consideration に支えられた約束として法的に強制可能と成り得ると言われている[111]。尤も名前の記載が本当に支払約束の誘引に成っているのか，または単なる贈与の条件であるのかは，解釈上の問題として事例毎に判断されることに成ろう[112]。

---

109) MURRAY ON CONTRACTS, *supra* note 1, §60[A], at 264.
110) *See id.* §60[B], at 265.
111) *See* BURNHAM, *supra* note 25, §2.4, at 32（以下のような文言例を採用した上で，被約束者たる病院側がそのような銘板（plaque）を証拠として示せるようにすべきと示唆。"In consideration of the hospital affixing a plaque in donor's memory in a prominent place in the hospital...."）.
112) MURRAY ON CONTRACTS, *supra* note 1, §62, at 276.

d. 贈与の約束には原則として法的拘束力が附与されない理由： R. Hillman はそのモノグラムに於いて，そもそも贈与の価値は愛や友情，好意，感謝，友愛にあるのだから，法的に強制されるとその価値が著しく喪失されるので強制され得ないという学説上の指摘を紹介している[113]。説得力のある指摘であろう。

§3-06-2.「胡椒の実の理論」(Pepper Corn Theory)：
consideration の価値は反対約束や反対履行（反対給付）に比して「相当」(adequate)[114]な価値を有している必要は無い。裁判所は当事者の合意した価値の内容に介入しないのである。当事者自治 (autonomy) の尊重の現われとも評せよう[115]。そもそも当事者達による価値評価を裁判所が規律することは不可能でもある[116]。そこで「**Pepper Corn Theory**」（胡椒の実の理論）とは，対価がたとえ胡椒の実のように価値の低いものでも，それが約束の申込者の望んだ真の対価である限りは，裁判所が異議を差し挟まない[117]というメタファーである。

§3-06-3.「偽契約」(sham contract)・「名目的約因」(nominal consideration)：
consideration が対価として「相当」か否かの評価を法（裁判所）は問わ

---

113) HILLMAN, PRINCIPLES OF CONTRACT LAW, *supra* note 3, at 25.
114) 第二次リステイトメントは「adequacy of consideration」の文言を用いるべきとし，「sufficiency of consideration」の文言を避けている。consideration は「有」「無」の二者択一的な問題であって，insufficient consideration で在りながらも consideration が存在することは在り得ないからである。MURRAY ON CONTRACTS, *supra* note 1, §59[A], at 260–61. *See also* CALAMARI & PERILLO, *supra* note 34, §4.4, at 181（第一次リステイトメントと異なって第二次リステイトメントでは両者の区別を無くしていると指摘）.
115) *See, e.g.,* MURRAY ON CONTRACTS, *supra* note 1, §59[A], at 258. *See also* CALAMARI & PERILLO, *supra* note 34, §4.4, at 178（大人がひとたび契約した約束に裁判所が介入して義務を免れさせることは契約自由の原則から正当化され得ないと指摘）.
116) MURRAY ON CONTRACTS, *supra* note 1, §59[A], at 259.
117) FREY & FREY, *supra* note 1, at 44. 判例は "Pepper corn would be sufficient." とか "Even a pepper corn may be sufficient." と言っている。MURRAY ON CONTRACTS, *supra* note 1, §59[A], at 259 n.215.

ないのが原則であるけれども，consideration が真の対価では無く偽装目的の単なる「見せ掛け」だけである場合には，現代的には多くの法源が consideration の有効性を否定して，契約が形成されないと判断している。何故ならば，そのような見せ掛けの対価は，反対約束または反対履行（反対給付）を導き出しておらず，従って取引交換に成っていないからである[118]。そのような見せ掛けの約因は「**名目的約因**」(**nominal consideration**) と言われ[119]，そのような契約は「**シャム・コントラクト**」(偽契約：**a sham K**) 等と呼ばれる。シャム・コントラクトとは即ち，偽り或いは想像上（feigned or pretended）の契約である[120]。

a. 契約実務上の留意点（「＄1.⁰⁰」の授受を consideration として記載する例）： シャム・コントラクト／名目的約因の典型例は，英文契約書の実例に於いても見受けられる。即ち「whereas clause」或いは「recital」（説明部）の最後に，いささか古い文言例として以下のように「...＄1.⁰⁰を対価（約因）にして，...以下を合意する...」と記載する例[121]がある。

> **NOW, THEREFORE,** *in consideration of one dollar ($1.⁰⁰) paid by the Buyer to the Seller, the receipt and adequacy whereof is hereby acknowledged,* **the Buyer and Seller hereby covenant and agree as follows:**

This provision is based upon suggested one in KUNEY, ELEMENTS OF CONTRACT DRAFTING, *supra* note 4, at 60（英文契約書の諸実例を参考に本書筆者が修正）（強調付加）．

このように授受した金額を＄1.⁰⁰と記載する理由は，本当の取引額を知られたく

---

118) MURRAY ON CONTRACTS, *supra* note 1, §61[A], at 269.
119) *Id.*; CALAMARI & PERILLO, *supra* note 34, §4.6, at 184.
120) FREY & FREY, *supra* note 1, at 46.
121) *See also* CALAMARI & PERILLO, *supra* note 34, §4.6, at 183（同様な false / sham recitals の例を分析）．

ない場合や，本当は＄1.$^{00}_{—}$を授受していないけれども consideration があるように見せ掛けて契約を有効に成立させたい為と言われている[122]。しかし＄1.$^{00}_{—}$の授受の記載は，それが真に相手方の約束の「誘引」（inducement）には成っておらず，もしそれが名目的約因／偽りの「シャム・コントラクト」で，且つ，他に実質的な consideration が無い場合には，consideration の欠如を理由に契約が無効に成る虞[123]を残してしまう。そこで，このような文言は現在では回避すべきと指摘されている[124]。

なお例文中の「<u>adequacy</u> whereof is hereby acknowledged」や類似した文言として「<u>sufficiency</u> of which are hereby acknowledged」が使用されることがある。しかし法理的には consideration が取引交換に成ってさえいれば，その価値が交換される反対約束に比べて如何に釣り合っていなくても，有効に consideration は認定されるのが原則である。「シャム・コントラクト」等で無い限りは，当事者の意思・合意内容は尊重されるのが原則だからである。

なお前掲「Pepper Corn Theory」（ペッパー コーン セオリー）の原則と，その例外である本項「シャム・コントラクト」に就いて第二次リステイトメント§79 は，以下のように規定している。

---

122) BURNHAM, *supra* note 25, §2.4, at 32.
123) 嘗ての第一次リステイトメント等の幾つかの法源は，例文のように取引交換（bargain）を形式的に表せば consideration を認容していたけれども，第二次リステイトメントを含む現代的な解釈は取引交換の「形式」だけでは不十分と指摘している。*See* 1 FARNSWORTH ON CONTRACTS, *supra* note 2, §2.11, at 127-28; CALAMARI & PERILLO, *supra* note 34, §4.6, at 184. 尤も幾つかの法域では書面による契約書に於いて consideration が「had been received」と記述されている場合にはその存在を推定する場合もある。KUNEY, ELEMENTS OF CONTRACT DRAFTING, *supra* note 4, at 59（カリフォルニア州制定法を出典例示）; CALAMARI & PERILLO, *supra* note 34, §4.6, at 183-84（minority な法域では recital 上の記載が禁反言等を理由に拘束力を有させると指摘）． *See also* MURRAY ON CONTRACTS, *supra* note 1, §61[A], at 269（第一次リステイトメントの§84 illus. 1 は 1 ドルの consideration を有効としているけれども，第二次リステイトメント §71 cmt. *b*, illus. 5 は無効にしていると指摘）; Fuller, *supra* note 11, at 820.
124) *See* BURNHAM, *supra* note 25, §2.4, at 32.

§3-06.「consideration」(約因)と,これを欠く場合　111

§ 79. Adequacy of Consideration; Mutuality of Obligation

If the requirement of consideration is met, there is no additional requirement of

(a) . . . ;

(b) **equivalent in the value exchanged; or**

(c) . . . .

Comment:

a. ... .

b. ... .

c. Exchange of unequal values.　. . . , the parties to transactions are free to fix their own valuations.　. . . . Valuation is left to private action in part because the parties are thought to be better able than others to evaluate the circumstances of particular transactions.　. . . . / Ordinarily, therefore, courts do not inquire into the adequacy of consideration.　. . . .

d. Pretended exchange. Disparity in value . . . , sometimes indicates that the purported consideration was not in fact bargained for but was a mere formality or pretense. Such a sham or "nominal" consideration does not satisfy the requirement of § 71. . . . .

RESTATEMENT (SECOND) OF CONTRACTS §79 & cmts. *c, d.* (emphasis added).

即ち価値評価には裁判所が適さず(且つ運用的にも負担が大きいから回避したいのであろうから),当事者自治に委ねることを原則とする。しかし偽契約の場合には,要件を満たさない判断も辞さない訳である。

§3-07. 「過去の約因法理」(past consideration doctrine)・「道義的債務」(moral obligation) と,「既存義務の準則」(pre-existing duty rule)

　既に説明して来た通り,契約成立に不可欠な「取引交換理論」に於いては,「inducement」(誘引) が無ければ契約は成立しない。即ち申込者が約束をするのは,あくまでも被申込者側の「反対約束」(return promise) または「反対履行（反対給付）」(return performance)[125] を「導き出す」(induce する) 為でなければならない。従って,既に被申込者が例えば何らかの履行をし終えてから,その履行済の作為・不作為に対して申込者が約束を申し込んでも誘引の要件が満たされない。「過去の約因法理」(past consideration doctrine) または「既履行義務の準則」である。更に例えば,既に被申込者が負っている同一内容の義務に対して申込者が新たな約束をしても,誘引の要件は満たされない。「既存義務の準則」(pre-existing duty rule) である。

　§3-07-1.「過去の約因法理」(the "past consideration" doctrine): 　「過去の約因」(**past consideration**) とは,過去に為された作為や不作為が,後に為された約束を支持しないという意である[126]。一方の約束者は,約束するよりも前に便益 (benefit) を得てしまっているので,新たな約束に因り便益を得る訳ではない[127]。他方の被約束者（受約者）も,約束されるよりも前に不利益 (detriment) を被っているので,新たな約束により不利益を被る訳では無い[128]。更には約束が不利益を導き出した (induce) のでは無く,且つ不利益も約束を導き出していないから,取引交換も存在しない[129]。従って「過去の約因」には consideration

---

125) 片務契約の場合である。
126) MURRAY ON CONTRACTS, *supra* note 1, §67[A][1], at 327.
127) Id.
128) Id.
129) Id.

§3-07.「過去の約因法理」(past consideration doctrine)／「道義的債務」(moral obligation)と,「既存義務の準則」(pre-existing duty rule)　113

が存在しないのである[130]。

図表♯3.9「過去の約因」と時間軸

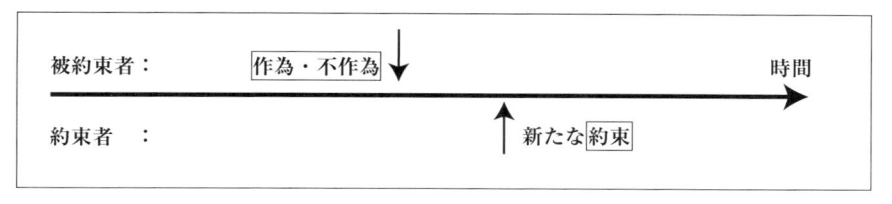

```
被約束者：  │作為・不作為│↓                           → 時間
約束者　：              ↑ 新たな│約束│
```

例えば過去に善行をしてもらったので,感謝の気持ちとして何かを贈与するという以下の約束に於いても,過去の善行は原則として有効なconsiderationたり得ない[131]。

In consideration for having saved my life, I promise to give you my car.

何故ならば,被約束者による人助けの善行は過去の作為であり,約束者側の贈与の約束が誘引と成って導き出されたもの (extracting) でも無いからである。言い換えれば善行は「過去」のものである為に,「現在」の贈与の約束と取引交換されていないから,契約を形成し得ない。この点に関する有名なリーディング・ケースは「*Mills 対 Wyman*」判例である[132]。被告(△)の息子(成人)が病気に成ったので原告(π)が数週間に亘(わた)って手当てし,△はπの経費を支払う義務が無かったにも拘わらず自主的に弁済する旨を約束。しかし後に△が約束の履行を拒んだところ,裁判所は△を支持したのである。なお本件は,πが所謂(いわゆる)「善

---

130) *Id*.;　CALAMARI & PERILLO, *supra* note 34, §5.2, at 229.
131) *See* HILLMAN, PRINCIPLES OF CONTRACT LAW, *supra* note 3, at 17;　1 FARNSWORTH ON CONTRACTS, *supra* note 2, §2.6, at 90.
132) Mills v. Wyman, 20 Mass. (3 Pick.) 207 (1825).

114　第Ⅰ章　契約の成立

きサマリア人」（Good Samaritan）として聖書の奨める善行をしていたにも拘わらず，裁判所がその行為に報いない判断を下したことから，契約法が必ずしも宗教上の倫理観と一致しない代表例としても，宗教的倫理観の契約実定法への影響に関する学術的議論の対象に成っている[133]。

a. 「道徳的債務」（moral obligation）： 　前段で述べた通り「過去の約因」はconsideration の要件を満たさないので契約は成立していない。従ってこの場合，契約法上は約束者が約束を履行せずとも「契約違反」には成らない。しかし，たとえ契約違反には成らずとも，即ち狭義の契約法理上は違反に対する損害賠償等を理論的に請求できずとも，「**道徳的債務**」または「**道徳的義務**」（**moral obligation**）と呼ばれる[134]法理に基づいて極一定の場合に限って例外的に約束を有効と捉えて「約束違反」に対し被約束者を救済する判例法が存在する。尤も「道徳的債務」は約因／取引交換法理の例外であるから，判例はその適用を狭く解している[135]。道徳的債務が肯定される主な場合として以下の二種を挙げることが出来る[136]。

---

133) E. Allan Farnsworth, *Religious Ethics and Contract Enforceability,* 71 FORDHAM L. REV. 695, 696-97 (2002).

134) *See* HILLMAN, PRINCIPLES OF CONTRACT LAW, *supra* note 3, at 36; RESTATEMENT (SECOND) OF CONTRACTS §86(1)(to the extent necessary to prevent injustice な場合には有効等と規定). *See also* BLUM, *supra* note 1, §9.7.1, at 252, §9.7.3, at 253-54（嘗て得た便益に因り約束者が不当に利得を得，且つそれは贈与として得たものでは無く，且つ該便益を認識して約束をしたことが要件）．

135) MURRAY ON CONTRACTS, *supra* note 1, §67[A][1] to [3], at 327-30; CALAMARI & PERILLO, *supra* note 34, §5.2, at 229（道徳的債務を認める minority に於いても当該事件の特殊性ゆえに多くの限定付きで認容するに過ぎないと指摘）．

136) なお，例えば本文中図表（#3.10）中の上段コラム一つを『CALAMARI & PERILLO ON CONTRACTS』は更に四つに細分化して，道徳的債務が認容される場合の合計を五類型に分類して説明している。CALAMARI & PERILLO, *supra* note 34, §5.2, at 229-30.

図表#3.10 「道徳的債務」が適用される主な場合

例外	道徳的債務 （moral obligation）	「既存*債務*」弁済の新たな約束（pre-existing *debt*）	返済期に返済しない債務者による新たな返済の約束や、出訴期限法や破産法等の法技術的理由で強制不可能に成っていたに過ぎない債務への返済の約束や、同様に詐欺防止法ゆえに強制不可能に成っていた契約、または取り消し得る契約への新たな債務履行の約束。殆どの法域が強制力を認定。
		過去に受領した便益への新たな約束（past benefit received）：「重大な便益の準則」（material benefit rule）	実質的に重大な便益を過去に得たことに対して対価の支払を約した場合。少数の法域（minority）と第二次リステイトメントで強制力を認定。

原則	「過去の約因法理」 （past consideration doctrine）	前掲§3-07-1	「過去の約因」の原則通りに契約不成立＆強制不可能。

　先ず第一に、「**既存*債務***」（pre-existing *debt*）と言われる弁済の新たな約束には、たとえ新たなconsiderationが欠けていても強制力が附与される[137]。その代表例は、「出訴期限法」（statute of limitation）故に債権者が提訴・請求できない債権に対し債務者が自発的な支払を約した場合である[138]。その新たな約束は道徳的債務によって支持されて法的拘束力を得ると裁判所に解されて来たのであ

---

137) *See, e.g., id.* §5.2, at 229–30, §5.3, at 230, §5.5, at 235. §5.6, at 236, §5.7, at 236–38, §5.8, at 239, §5.9, at 239–40, §5.10, at 240–41.

138) RESTATEMENT (SECOND) OF CONTRACTS §82; 1 FARNSWORTH ON CONTRACTS, *supra* note 2, §2.8, at 92; MURRAY ON CONTRACTS, *supra* note 1, §67[B][1][a], at 330–31.

る[139]。そもそも道徳的債務の適用を狭く解して来た裁判所が、出訴期限法ゆえに効力を失っている債務への新たな支払約束に就いては法的拘束力を認めて来た理由は、それが単に出訴期限法ゆえに効力を失っているに過ぎずそれ以外では有効なので、他の様々な、限りない道徳的債務の主張よりも比較的明確だからである[140]。出訴期限以外にも、破産法によって効力を失った既存債務への支払約束も同様に強制力が附与される[141]。更には取り消し得る債務を新たに履行する約束も同様である[142]。その他に就いては前掲図表（#3.10）右上欄を参照して欲しい。

　第二の類型として consideration を欠いても道徳的債務により約束に強制力が附与される場合は、「過去に受領した便益」(past benefit received) に対して新たに約束をする場合であり[143]、「**受領便益への約束理論**」(**the promise-for-benefit-received theory**) や「**重大な便益の準則**」(**material benefit rule**) とも呼ばれる[144]。この場合は前掲（§3-07-1）「過去の約因法理」の判例が示した通り、原則として強制力を有さないはずであるけれども、厄介なことに少数の法域[145]（minority）では特に「重大な便益」(material benefit) を得た場合に約束を強制する判例傾向が見られ[146]、第二次リステイトメントもそのような少数派の採る例外的場合に基づ

---

139) Murray on Contracts, *supra* note 1, §67[B][1][a], at 330-31;　Blum, *supra* note 1, §§9.7.3, at 252-53.
140) Murray on Contracts, *supra* note 1, §67[B][1][a], at 331.
141) Restatement (Second) of Contracts §83; Blum, *supra* note 1, §§9.7.3, at 254; Murray on Contracts, *supra* note 1, §67[B][1][b], at 332-34.
142) *See, e.g.*, 1 Farnsworth on Contracts, *supra* note 2, §2.8, at 95;　Murray on Contracts, *supra* note 1, §67[B][2], at 334-35.
143) Restatement (Second) of Contracts §86(1);　1 Farnsworth on Contracts, *supra* note 2, §2.8, at 94.
144) Hillman, Principles of Contract Law, *supra* note 3, at 34;　Blum, *supra* note 1, §9.7.2, at 253.　*See also* Murray on Contracts, *supra* note 1, §67[B][3], at 336 ("material benefit rule" として紹介).
145) *See, e.g.*, Blum, *supra* note 1, §§9.7.4, at 255（後掲脚注146の「Webb」判例は他の州では支持されていないけれども第二次リステイトメントは採用していると指摘).

ところで道徳的債務の法理は，新たな約束が被約束者の行為を induce（誘引）していないから，非契約的な約束に関する責任諸法理の一つである後掲（§4-01）「約束的禁反言」(**promissory estoppel**)と異なる。更に，道徳的債務では新たな約束が要件に成っている点に於いて，約束が無くても救済が認容される非契約的な責任諸法理の一つである後掲（§4-02）「利得返還」(**restitution**)とも異なる。

§3-07-2.「既存義務の準則」(pre-existing *duty* rule)[148]：例えば[149]，既に一定金額で建築を請け負っている大工が，建築途中で値上を要求し，これを施主が承諾しなければ建築を打ち切ると言って来た際に，仮に施主が値上に応じる新たな約束をしても，その新たな約束は新たな consideration を欠くから，法的にも強制力を欠くというのが「**既存義務の準則**」である。即ち大工が法的に履行義務を既に負っている義務（pre-existing duty）を履行する旨を約束しても，それは新たな値上の約束に対する「**法的な不利益**」(legal detriment) を構成しないので consideration たり得ず[150]，consideration に支えられていないから取引交換も成立し得ず[151]，従って値上げの新たな約束は単なる「贈与」(gift) の約束に過

---

146) 有名な代表判例は，*Webb v. McGowin,* 168 So. 196 (Ala. Ct. App. 1935)（雇用主の命を救った為に完全に治癒不能な障害を負った従業員に対し，二週間おきに$15を従業員の生涯に亘って支払うと約し且つ該雇用主の生前八年間以上は該約束が履行されていたところ，該雇用主の死後遺族が約束継続を拒否し，裁判所は約束の有効性を判示）．なお同判例は第二次リステイトメントの例示部に採用されている。RESTATEMENT (SECOND) OF CONTRACTS §86 illus. 7. *See also* MURRAY ON CONTRACTS, *supra* note 1, §67[B][3], at 336 & n.641（同旨）．

147) *See supra* notes 143, 146.

148) *See* BLACK'S LAW DICTIONARY 1216-17 (8th ed. 2004).

149) 建築請負の途中や船舶の運航の途中で請負業者や船員が値上を要求する例が「既存義務の準則」では例示されることが多い。*See, e.g.,* MURRAY ON CONTRACTS, *supra* note 1, §64[A], at 282, n.334, 283.

150) BLACK'S LAW DICTIONARY 1216-17 (8th ed. 2004).

151) MURRAY ON CONTRACTS, *supra* note 1, §64[A], at 282.

ぎない[152]。更には大工が値上の為に「建築を打ち切る」と言って来た点は，契約を違反すると言って「脅し」（threat）ている，「hold out game」，「economic duress」（経済的強迫），或いは「extortion of a modification」（契約変更の恐喝）等と呼ばれる行為に成り[153]，「誠実かつ公正な取扱」（good faith and fair dealing）の義務違反を構成し得る[154]。以上のように「既存義務の準則」は，「恐喝された約束」（an extorted promise）を防止して，契約変更の強要を「規律」（policing coerced modification）する役割を果たすことに成る[155]。なお大工の例のような「不適当な脅し」（improper threat）と呼ばれる行為により被害者の同意を得た契約変更はconsideration（コンシダレイション）が欠如するばかりか，「強迫」の法理によって取り消し得る点に就いては，後掲（§8-03-2）「不適切な脅し」の項を参照。

ところで更に少しhypo.（仮想事例）を換えて，もし大工が二階建の家屋を完成させる既存の義務を負っていて，施主が値段を換えないまま一階建の完成義務だけで許してあげる旨を新たに約束したとしても，そのような既存の大工の義務の「減免」（discharge）は，大工からの新たなconsiderationに支えられておらず既存の義務の範疇を超えていない為に，新たな契約を成立させ得ず，従って原則として法的には強制不可能な約束と成る[156]。尤も例外的に一定の要件を満たせば，次項（§3-07-2 [a]）で紹介するように有効な「契約変更」と解される場合もある。

ところで興味深いことに，上で紹介した「既存義務の準則」はキリスト教上の規範と一致しているという指摘がある。即ち，イエスが使徒達に話したエピソー

---

152) HILLMAN, PRINCIPLES OF CONTRACT LAW, *supra* note 3, at 31.
153) *See* MURRAY ON CONTRACTS, *supra* note 1, §64[A], at 283（相手方の自発的な意思・選択権を奪うduressに当たると指摘）.
154) ROHWER & SKROCKI, *supra* note 6, §7.1, at 330-31.
155) *See* BLUM, *supra* note 1, §13.9, at 408; Brian A. Haskel, *Amendment and Waiver*, in NEGOTIATING AND DRAFTING CONTRACT BOILERPLATE Ch.16, §16-02, at 505, 508 (Tina L. Stark, 2003); MURRAY ON CONTRACTS, *supra* note 1, §64[A], at 283, 284（「既存義務の準則」は，追加的なincentiveが無いにも拘わらず履行を怠る事態から雇用主や大衆を保護する役割を担い，且つan extorted promiseを防止すると指摘）.
156) *See* BURNHAM, *supra* note 25, §11.1, at 157.

ドとして Farnsworth が紹介する所に拠れば，或る葡萄園所有者が朝，労働者を日額銀貨一枚で雇い入れ，加えて日没一時間前に他の労働者も更に雇い入れ，一日が終わった際に，夕刻に雇用した労働者と朝から雇っていた労働者とに同じく一銀貨を支払ったところ，もっと多くの賃金を得られると期待していた後者から不満が出たけれども，所有者は以下のように言ったという。「友よ，私はあなた方に対して不公正ではない。<u>あなた方は銀貨一枚で合意したのではなかったのか</u>」と[157]。

a.「変更契約」（modification agreement）と「既存義務の準則」：

伝統的コモン・ロー上の「既存義務の準則」は，「**変更／修正契約**」（**modification contract / amendment agreement**）の有効な成立を妨げる。特に後掲する「事情変更」等の環境変化の為に価格を両当事者が合意の上で変更する場合にさえも consideration を欠く為に無効と成れば柔軟性を欠いてしまう。そこで，第二次リステイトメントは，既存義務の準則を以下のように修正し，一定の要件を満たせば consideration を欠いていても有効としている。

> § 89. Modification of Executory Contract
>
> <u>A promise modifying a duty</u> under a contract not fully performed on either side <u>is binding</u>
>
> (a) if the modification is <u>fair and equitable in view of circumstances not anticipated</u> by the parties when the contract was made; or
>
> (b) to the extent provided by statute; or
>
> (c) <u>to the extent that</u> justice requires enforcement in view of <u>material change of position in reliance on the promise.</u>
>
> RESTATEMENT (SECOND) OF CONTRACTS §89 (emphasis added).

---

[157] See Farnsworth, *Religious Ethics and Contract Enforceability, supra* note 133, at 700–01 n.32（引用句の和訳と強調付加は本書筆者）（『新約聖書』マタイ伝20章によると指摘・紹介）．

上のサブ・パラグラフ(a)は，例えば前掲の大工の最初の例のように値上に応じなければ既存の義務を履行しないと脅すような，債権者の弱い立場を「奇貨」として不正な強迫や圧力を与える場合には変更契約を法的に認容しない意味であると同時に，後掲（§13-03）の「**契約目的の挫折**」(**frustration of purpose**)のように，<u>契約時には予想しない事態の事後的な発生</u>を考慮している[158]。例えばAが地下室用の穴を掘りBが一定額を支払う契約をしていた場合に，予期していなかった岩が土中から出て来たことをAがBに伝えたところ，岩を除去する為の単価をBが支払うことでAが岩を除去して穴堀を続ける旨を両者で合意して履行を完了した後には，その合意した単価がたとえ当初の契約額の九倍であったとしても，Bには単価を支払う義務があるとされる[159]。以上のように，considerationが要件に成っている原則に対する契約変更の成立の際の例外は，「**予見しない困難性の例外**」(**the unforeseen difficulties exception**)とも呼ばれている[160]。

サブ・パラグラフ(b)は，次段で紹介するUCC§2-209のように「制定法」でconsiderationを不要とする場合を想定している[161]。UCCは州制定法典化（codification）により，制定法としての効力を附与されるのである。

サブ・パラグラフ(c)は，considerationが無くても約束者に賠償義務が生じる後掲（§4-01）「**約束的禁反言**」(**detrimental reliance**)が変更契約にも当てはまることを規定している[162]。

ところで第二次リステイトメントと異なりUCCの方はあっさりと，considerationを不要である旨を以下のように明言している。

---

158) *See* RESTATEMENT (SECOND) OF CONTRACTS §89 cmt. *b*.
159) *Id.* §89 illus. 1; ROHWER & SKROCKI, *supra* note 6, §7.3, at 336. *See also* MURRAY ON CONTRACTS, *supra* note 1, §64[A], at 284（似たようなhypo.を紹介）.
160) ROHWER & SKROCKI, *supra* note 6, §7.3, at 335. *See also* MURRAY ON CONTRACTS, *supra* note 1, §64[D], at 294-95（promisee側にunfair pressure of economic coercionやbad faithが無くunanticipated difficultyが生じたような場合で，promisor側も自発的に新たなcommitmentを与えたような場合にはmodificationが有効とされて来たと指摘）.
161) RESTATEMENT (SECOND) OF CONTRACTS §89 cmt. *c*.
162) *Id.* §89 cmt. *d*.

§2–209. Modification; Rescission and Waiver.

(1) An agreement modifying a contract within this Article <u>needs no consideration</u> to be binding.

UCC §2–209(1) (emphasis added)（2003年改訂で変化なし）.

　このようなルールに成っている理由は，UCC起草者の意図が，形式的なconsiderationの要件を取り除くことによって望ましい契約変更の有効な成立を保護したかったことによる[163]。

　ところで契約変更の論点に就いては，更に後掲（§14）の「契約の『変更』」の項も参照。

§3–08. 「イリューサリー・コントラクト」（illusory K：擬似契約）に於ける「債権債務関係の双方性」の欠如[164]

　「擬似契約」（イリューサリー契約：illusory K）とは，「擬似約束」（illusory promise）故に「債権債務関係の双方性」（mutuality of obligation）を欠く契約である。「擬似約束」とは前掲（§2-02-2）の通り，一方当事者の約束が将来的な作為・不作為の「明白な保証」や束縛では成かった場合であり，約束者が自身を「縛って」（commit）いない場合である[165]。擬似約束は真の約束では無く，双方の約束は共に真のcommitment（束縛）に成って居なければならないという「債権債務関係の双方性」[166]が満たされないので（前掲§3-03-4参照），契約は「イリューサリー契約」

---

163) UCC §2–209 cmt. 1（2003年改訂で変更なし）. considerationの存在に懸からせるよりは寧ろ，good faithな義務を通じて，原契約の履行をbad faithに免れることの防止が起草者の意図である。*Id.* §2–209 cmt. 2.

164) *See* BURNHAM, *supra* note 25, §§2.6–2.9, at 33–38; HILLMAN, PRINCIPLES OF CONTRACT LAW, *supra* note 3, at 27–31.

165) MURRAY ON CONTRACTS, *supra* note 1, §57[A], at 245.

166) *See* BLUM, *supra* note 1, Glossary, at 770–71.

に成り無効である。イリューサリー契約が問題に成る契約類型には，次項以下で説明する「リクアイアメント契約／アウトプット契約」，および「（独占的）販売特約権（一手販売権）契約」等がある。

§3-08-1．「リクアイアメント契約」（必要量購入契約／requirement K）と「アウトプット契約」（生産量一括売買契約／output K）：　「リクアイアメント契約」（requirement K）とは，買主がその*需要分（＝requirement）*を全て売主から買うことを約した契約である[167]。具体的にどれだけの量なのかが特定されておらず，買主は注文する義務を負わないように読める点に於いて擬似約束の問題が生じる。即ち約束者（買主）自身の恣意に依ってcommitment（束縛）を免れ得る為に，債権債務関係の双方性を欠く虞が議論されて来たのである[168]。他方の「アウトプット契約」（output K）とは，売主がその生産分を全て買主に売ることを約した契約を言う[169]。やはり具体的にどれだけの量なのかが特定されておらず，売主は自身の恣意によってcommitmentを免れ得る為に　擬似約束の疑念が生じる[170]。実際の所，嘗ては以下のような文言の契約が債権債務関係の双方性の欠如等を理由に無効と判示されている。

Virgie Coal Company shall sell and deliver all coals which will be mined from a mine in Pike County to Jacks Creek Mining Company.　Jacks Creek Mining

---

167）　もう少し詳しく説明すると，一定の期間に於いて，一定価格または一定基準で決まる価格で，*買主が必要とする全て*の量の特定種類の物または役務を売主が生産し，且つ買主が購入する契約である。BLACK'S LAW DICTIONARY 348 (8th ed. 2004)；　1 FARNSWORTH ON CONTRACTS, *supra* note 2, §2.15, at 143；　LON L. FULLER & MELVIN ARON EISENBERG, BASIC CONTRACT LAW 103 (8th ed. 2006).
168）　*See* BLUM, *supra* note 1, Glossary, at 774.
169）　もう少し詳しく説明すると，一定の期間に於いて*売主が生産する全て*の特定種類の物または役務を，一定価格または一定基準で決まる価格で，買主が購入し，且つ売主も供給する契約である。BLACK'S LAW DICTIONARY 347 (8th ed. 2004)；　1 FARNSWORTH ON CONTRACTS, *supra* note 2, §2.15, at 144；　FULLER & EISENBERG, *supra* note 167, at 103.
170）　*See* BLUM, *supra* note 1, Glossary, at 774.

§3-08.「イリューサリー・コントラクト」(illusory K 擬似契約) に於ける「債権債務関係の双方性」の欠如　123

Company <u>agrees to accept all coal which its equipment permit to it to process</u> at the best advantage <u>and which market conditions will permit it to handle</u>. The price to be paid is $ 4.$\underline{^{50}}$ per ton, subject to revision by mutual agreement.

See Baber v. Lay, 305 S.W.2d 912, 913 (Ky. 1957)(emphasis and revision added).

　<u>買主（Jacks Creek Mining Company）は売主から排他的に購入しなければならない義務が課されておらず，その注文量は他の供給源から購入する量を恣意的に調整することでゼロにすることも可能で，売主からの購入義務を課していないことに成る</u>と解釈された[171]のである。

　尤も嘗てはイリューサリーの疑いを抱かれた契約も今日に於いては，<u>「誠実」</u>**(good faith)** な義務が gap-fillers（穴埋め）[172]等に拠って認定され得るように解釈されて来ている。例えばリクアイアメント契約やアウトプット契約は，現在では買主（or 売主）が他の売主（or 買主）から買う（or 売る）権利を放棄した <u>detriment</u>（法的な不利益）（*i.e.,* 排他的取引義務）の存在が黙示的に認定されて有効と解釈され得るのである[173]。更に，特に物品の売買契約を司る UCC が，以下のように「誠実」(in good faith) な義務を約束者に課すと解釈する規定を置いて，有効性を高めている。

A term which measures <u>the quantity by the output of the seller</u> <u>or</u> <u>the requirements</u> of the buyer <u>means</u> such actual output or requirements as may occur <u>in good faith</u>, except that . . . .

UCC §2-306(1)(emphasis added)(2003 年改訂で変化なし)．

---

171)　*Baber,* 305 S.W.2d, at 914.
172)　「解釈」や「gap-fillers」（穴埋め／解釈上の欠缺補充）に就いては，see *infra* text at §10-9.
173)　*See* BLUM, *supra* note 1, §7.9.3, at 182; UCC §2-306 (1)(2003 年改訂で変化なし)．しかし逆に言えば，仮に約束者が他者との取引を制限していないと解される場合，即ち排他的取引の義務を欠いている場合には，擬似約束と成る。MURRAY ON CONTRACTS, *supra* note 1, §58, at 251.

§3-08-2.「*Wood 対 Lucy, Lady Duff-Gordon*」事件判決： 本項の論点に就いてしばしば紹介されるリーディング・ケース(代表判例)は[174]，高名な Cardozo 判事(カドーゾ)が扱った「*Wood 対 Lucy, Lady Duff-Gordon*」[175]という，服飾ブランドの「**排他独占的取引**」(**exclusive dealing**) 契約の有効性を巡る判例である。同事件では被告 (△，当審では被上告人) Lucy ブランドの服飾の全てを一手に販売する権利を原告 (π，当審では上告人) Wood が一年間 (自動更新条項あり) 入手する代わりに，全ての収益の半分を π が △ に与える契約の有効性が問題に成った。△ は約束に反して π とは無関係にブランドの許諾を他に[176]与えて利益も π と折半しなかった。契約違反を主張した π に対し △ は契約の無効を主張。その理由として △ は，π 側が △ のブランドを売るという約束をしておらず「何にも縛られていない」(the plaintiff does not bind himself to anything) と指摘[177]。これに対し Cardozo 判事曰く，契約書上は明言されていなくても，△ ブランドの<u>販売を促進する</u>「<u>リーズナブルな努力をする</u>」(理に適った)(<u>use reasonable efforts</u>)[178]<u>義務が公正に黙示される</u>(<u>is fairly to be implied</u>) と解釈して，契約の有効性を断定し，契約違反を認定したのである。その理由として Cardozo は，排他独占権を附与している間は許諾者 (△) も他にブランドを売ることが出来ないのだから，被許諾者 (π) が権利と共に義務も負うと指摘[179]。つまりそのように義務を課さなければ，許諾者の利益

---

174) *See, e.g.,* 1 FARNSWORTH ON CONTRACTS, *supra* note 2, §2.13, at 137; FULLER & EISENBERG, *supra* note 167, at 101; BURNHAM, *supra* note 25, §2.6, at 34; HILLMAN, PRINCIPLES OF CONTRACT LAW, *supra* note 3, at 28–29; BLUM, *supra* note 1, §7.9.2, at 180–81, §10.8.2, at 292; MURRAY ON CONTRACTS, *supra* note 1, §58[A], at 256.
175) Wood v. Lucy, Lady Duff-Gordon, 118 N.E. 214 (N.Y. 1917).
176) 同判例からは明らかでは無いけれども，以下の論文によれば Sears, Roebuck & Co. や自動車会社と勝手に契約をしていた。Victor Goldberg, *Reading Wood v. Lucy, Lady Duff-Gordon with Help from Kewpie Dolls, in* VICTOR GOLDBERG, FRAMING CONTRACT LAW: AN ECONOMIC PERSPECTIVE 43, 56–57 (Harvard Univ. Press 2006).
177) *Wood,* 118 N.E. at 214.
178) *Id.*
179) 尤も前掲 Goldberg 論文は，π の Wood 氏が本件契約締結よりも前に他の人物とキューピー人形の排他独占的代理契約を締結している中で「best efforts」の義務を明記していたから，「Lucy」事件に於ける Wood 氏は「意図的に」販売促進の努力義務を契約

は被許諾者の「気紛れ」に左右されてしまう（at the mercy [a whim] of ...）という訳である。ところで「reasonable　efforts」とは，一体どの程度の義務なのかに就いてもしばしば論点と成るので，その点に就いては後掲（§10–24）参照。

　一見，擬似約束のような契約でも，排他独占的取引の場合には被約束者（受約者）に黙示の義務が課されていると解釈するこの法理は，UCC に於いて以下のように引き継がれている。

A lawful agreement by either the seller or the buyer for exclusive dealing in the kind of goods concerned imposes unless otherwise agreed <u>an obligation by the seller to use best efforts to supply the goods</u> and by <u>the buyer to use best efforts to promote their sale.</u>

UCC §2–306 (2) (emphasis added)（2003 年改訂で変化なし）．

§3-08-3. イリューサリー契約を回避する為の「販売特約権（一手販売権）契約」（distributorship agreement）起案時の留意点： 　「販売特約権契約」（distributorship agreement）とは，通常，一定の製品を一定の地域で一定期間，販売する権利を附与する契約である。その英文契約書の起案に就いては，被許諾者（the Licensee / Distributor）が単に「... *may* distribute the Products」と記載するのでは無く，寧ろ「The Distributor *shall* distribute the Products」と記載すべきと実務的には奨励されている[180]。単なる権利だけでは無く義務を伴う趣旨を明確化する為である。

　なお，そのような販売特約権契約では「終了条項」（termination clause）を規定するのが通常であるけれども，許諾者側が何時にても終了できるような文言（"... may terminate <u>at any time</u>"）を起案すると，理論的には契約締結の<u>直後でも恣意的に許諾者が解除できることに成り擬似約束の虞が出て来る</u>。従って，以下の例の

　　書から削除していた疑いがあり，従って Cardozo, J. は事実認定を誤ったかもしれない云々と興味深い分析をしている。Goldberg, *supra* note 176, at 63.
180) *See* BURNHAM, *supra* note 25, §2.7, at 34–35.

ように約束者の管理に服さない何らかの事由発生を前提条件として終了することが出来る文言とするか，または，一定の告知期間を附与してから終了の効果が発生する旨の文言とするのが望ましいと奨励されている[181]。

ARTICLE○○. **TERMINATION**

The Manufacturer may terminate this Agreement at any time effective immediately upon written notice of termination to the Distributor <u>if one of the following events, with respect to the Distributor, occurs:</u>

<u>(1) the Distributor's failure to cure its material breach of this Agreement within fourteen (14) business days after its receipt of a written notice of said breach from the manufacturer; (2) the Distributor's insolvency; (3) ...; (4) ...; or (n) ... .</u>

（emphasis added）．

なお，販売特約店（distributor）を保護する為に，契約の終了または更新拒絶は「good cause」が無ければ行使できないと命じる州制定法が存在するので[182]，法務的には要注意である。

§3-09. 電子商取引に於けるサイバー契約の成立

所謂「電子商取引」（EC: electronic commerce）が発達するに従って，現実世界に於ける紙を用いた契約書を通じての契約締結だけでは無く，電子的に，主にウエブサイト上で申込と承諾が行われる契約の成立がアメリカの契約法学や「サイバー法学」（cyber-law）上のトピックと成って来ている。それ等は「代金が先，

---

181) *See id.* at 35（但し本文中の例文は筆者自身の起案文に換えてある）． *See also* 1 FARNSWORTH ON CONTRACTS, *supra* note 2, §2.14, at 140-41.
182) *See* MURRAY ON CONTRACTS, *supra* note 1, §57[D][2], at 251.

約定が後」（money now, terms later）や，「最終利用者使用許諾合意書」（end-user-license agreement: EULA）や「利用規約」（terms of use: TOU）等と言われる。特に「シュリンクラップ・ライセンス契約」（**shrink-wrap license**）や「クリックラップ契約」（**click-wrap agreement**）や「ブラウズラップ契約」（**browse-wrap agreement**）等と呼称される「ラップ型」の電子的契約書式が問題に成っているのである。（例えば Robert A. Hillman & Jeffrey J. Rachlinski 著「*Standard–Form Contracting in the Electronic Age*」『N.Y.U. LAW REVIEW』誌 77 巻 429 頁内の 464 頁（2002 年）を参照。）この論点は既存の契約法学上の「附合契約」（contract of adhesion）や「標準書式合意書」（standardized agreement）の有効性の論点と共通点が多いので，以下，本項ではこれ等の新しい契約類型の特徴を図示（#3.11）することに止め，その効力の原理的理解に就いては後掲（§8-05-3）を参照。

図表#3.11　サイバー契約の諸類型

分　類		概　　要	備　考
end-user-license agreement (EULA)	shrink-wrap license agreement / "money now, terms later"[183]	1980 年代から'90 年代に盛んであった契約慣行であり，パッケージソフトの箱（shrink-wrapped box）の中に約定書（terms）が入っている為に「支払が今，約定は後」（"pay now, terms later"）な契約形態であるけれども，箱を開けた後に出て来る約定書への承諾の*意思表示（＝糊付された紙製封筒の開封）*をしなければ，ディスクを取り出してインストールが出来ない仕組みに成っており，承諾せずに拒絶する場合には買い求めた小売店に返品して返金を得られることに成っている。	代表判例は ProCD v. Zeidenberg, 86 F.3d 1447 (7th Cir. 1996).

---

183) *See, e.g.,* ProCD v. Zeidenberg, 86 F.3d 1447, 1452 (7th Cir. 1996) (Easterbrook, J.); RICHARD WARNER, GRAEME DINWOODIE, HAROLD KRENT & MARGARET STEWART, E-COMMERCE, THE INTERNET, AND THE LAW: CASES AND MATERIALS 8 (2007); Mark A. Lemley, *Terms of Use,* 91 MINN. L. REV. 459, 467 (2006); 拙書『電子商取引とサイバー法』115 頁（NTT 出版 1999 年）; 小稿「サイバー法と契約行動」『中央評論』59 巻

		シュリンクラップ（前掲の糊付された紙製封筒）を開封するか，またはプログラムを走らせるという特定の行為が約定（申込）に対する承諾の意思表示（manifesting assent）を構成する旨が，規定（specify）されている。	
	clickwrap agreement [184] / click-on agreement / click-through contract	約定（terms）を読む機会を被申込者（offeree）に附与した後に，同約定への同意／承諾の意思表示を，「はい」（I agree.）等のアイコンへのボタン押しによって表明させる形式の契約形態。	代表事例はDe-John v. The TV Corp. Int'l, 245 F. Supp.2d 913 (C. D. Ill. 2003)[185]．
	terms of use (TOU) / browse-wrap agreement [186]	ウエブサイト上からリンクを張った先に約定（terms）が記載されていて，利用者がリンクをクリックすれば容易に約定を読めるように成っている形式の契約。「I agree.」等のアイコンのボタン押し無しでも，「利用」（use）することだけで「承諾」の意思表示であると看做すように意図されている点が，アイコン／ボタン押しを求める「クリックラップ（クリックオン）契約」と異なる。明確な承諾の意思表示をしなくても利用できてしまえる点が，そのような意思表示なしには先に進めずに利用できない「シュリンクラップ契約」と異なる。	代表事例はSpecht v. Netscape, 306 F.3d 17 (2d Cir. 2002); Register.Com, Inc. v. Verio, Inc., 356 F.3d 393 (2d Cir. 2004); Southwest Airlines Co. v. BoardFirst, LLC, 2007 WL 4823761 (N.D. Tex.)[187]．

2号59頁，60-61，65-66頁（中央大学出版部 2007年）； 小稿「インターネット法判例紹介第2回『*ProCD, Inc. v. Zeidenberg* 事件判決』」『国際商事法務』26巻7号756-57頁（1998年7月）．

184) *See, e.g.*, Specht v. Netscape, 306 F.3d 17, 21-22 & n.4 (2d Cir. 2002); WARNER ET AL, *supra* note 183, at 8.

これ等の契約書式の有効性に関しては，以下の二次的法源が参考に成る。一点目はＡＢＡ（American Bar Association）の専門部会が纏めたものであり，二点目はＡＬＩ（American Law Institute）が纏めつつあるものであり且つコーネル大学のR. Hillman教授が共同報告者に成っている。

- Christina L. Kunz et al., *Browse-Wrap Agreements; Validity of Implied Assent in Electronic Form Agreements,* 59 BUS. LAW. 279, 279 (2003).

- AMERICAN LAW INSTITUTE, PRINCIPLES OF THE LAW OF SOFTWARE CONTRACTS (Tentative Draft, No. 1, Mar. 24, 2008).

---

185) *See* Ronald J. Mann & Travis Siebeneicher, Essay, *Just One Click: The Reality of Internet Retail Contracting,* 108 COLUM. L. REV. 984, 990 & n.23 (2008); 小稿「インターネット法判例紹介第118回『*DeJohn v. The. TV Corp.*』」『国際商事法務』36巻3号418-19頁（2008年3月）．
186) Pollstar v. Gigmania Ltd., 170 F.Supp.2d 974, 981 (E.D.Cal. 2000); Christina L. Kunz et al., *Browse-Wrap Agreements; Validity of Implied Assent in Electronic Form Agreements,* 59 BUS. LAW. 279, 279 (2003); Robert A. Hillman & Jeffrey J. Rachlinski, *Standard-Form Contracting in the Electronic Age,* 77 N.Y.U. L. REV. 429, 431 & n.10 (2002); WARNER ET AL, *supra* note 183, at 8, 20; 小稿「インターネット法判例紹介第105回『*Pollstar v. Gigmania Ltd.*』」『国際商事法務』35巻2号276-77頁（2007年）; 小稿「インターネット法判例紹介第106回『*Register.Com, Inc. v. Verio, Inc.*』」『国際商事法務』35巻3号434-35頁（2007年）．
187) *See* 小稿「インターネット法判例紹介第119回『*Southwest Airlines Co. v. BoardFirst, L.L.C.*』」『国際商事法務』36巻4号550-51頁（2008年）．

§4. consideration（コンシデレイション）によらずに約束に法的拘束力を附与するか或いは救済を附与する主な法理

> The existence of **legal right and duty** is directly dependent upon the availability of **some legal remedy**, available in favor of the holder of the "right" and against the one who is said to have the "duty."
>
> 法的権利と義務の存在は、「権利」の保持者の為に利用可能で、且つ「義務」を負うと言われる人に対して行使し得る、何らかの法的救済の利用可能性にこそ直接依存する。

11 ARTHUR LINTON CORBIN, CORBIN ON CONTRACTS §55.1, at 2 (revised ed. 2007)（強調付加）（訳は本書筆者）.

　現代のアメリカ契約法に於いて約束に法的拘束力を附与する核心的法理は、既に紹介して来た consideration（コンシデレイション）（約因）の法理／取引交換理論（bargained-for exchange theory）等である。しかし、それ以外にも、例外的に consideration が欠けていても法が強制力を附与する法理が幾つか存在する。その一つは既に前掲（§2-02-4）した「要式契約」（formal contract）であり、その代表例は「捺印契約」（contract under seal）である[1]。更に、やはり既に前掲（§3-07-1[a]）した「道徳的債務」（moral obligation）も consideration 無しに拘束力を認める例外である[2]。以上に加えて最も重要な例外は、「約束的禁反言」（**promissory estoppel**）（プロミッサリー エストッペル）或いは「不利益的信頼」（**detrimental reliance**）（ディトリメンタル リライアンス）と言われる法理である[3]。加えて、これは約束が無くても

---

1) JOHN EDWARD MURRAY, JR., MURRAY ON CONTRACTS §52, at 223 (4th ed. 2001).
2) Id.
3) Id.

救済が附与される非契約的な責任諸法理の一つである為に，約束の拘束力を扱う契約法の外部に位置し[4]，日本法上の事務管理・不当利得に近い「利得返還」(**restitution**)，「不当利得」(**unjust enrichment**)，「準契約」(**quasi-contract**)，或いは「法定契約」(**implied-in-law contract**) と呼ばれる法理も，次セクション (§5) の「救済」(remedies) に関係する重要な理論であるので，以下 (§4-02) に於いて簡潔に紹介しておく。

§4-01.「約束的禁反言・不利益的信頼」(promissory estoppel・detrimental reliance)

「約束的禁反言」(**promissory estoppel**) とは，たとえ契約が成立していなかったり，強制不可能な場合であっても，被約束者(受約者) が約束を信頼して出捐したことから救済が認められる法理である。契約不成立あるいは強制不可能でも利用できるので，例えば「不確定」(indefiniteness) な約束の場合や，「詐欺防止法」に反する場合や，「口頭証拠排除の準則」ゆえに契約上の救済が妨げられる場合でも救済可能に成り得る[5]。

そもそも約束者の約束を被約束者が信頼すると期待される状況に於いて，且つ実際に被約束者がこれを信頼してそれが不適切では無い場合には，たとえ契約が不成立あるいは強制不可能であっても，約束を反故にすれば正義に反するであろう[6]。即ちたとえ契約が不成立・強制不可能であっても約束者の「信頼利益」(reliance interest) は，後掲 (§5-03-2)「履行利益」(performance interest) よりも，よ

---

[4] 例えば『FARNSWORTH ON CONTRACTS』では，Volume I, Part II, Chapter 2 (Consideration and Other Grounds for Recovery) 内の，「D. Transactions with Consideration under Bargain Test」と「E. Form and Reform」の次の項目として「F. Restitution as a Ground for Recovery」の項目を置いている。1 E. ALLAN FARNSWORTH, FARNSWORTH ON CONTRACTS xii to xiii (3d ed. 2004). 本書も restitution 法理の重要性を考慮して，次項 (§5) の「救済」に入る前の当項 (§4-02) に於いて同法理を紹介しておくこととした。

[5] JOSEPH PERILLO, CALAMARI & PERILLO ON CONTRACTS §6.2, at 257-58 (5th ed. 2003).

[6] MURRAY ON CONTRACTS, *supra* note 1, §66[A], at 309.

り強く保護されるべき利益かもしれず，実際に前者の保護が後者よりも歴史的には古くから認められて来たのである[7]。即ち仮に契約が<u>履行されたならば得られたであろう「履行利益」</u>よりも，信頼した為に約束者に<u>生じた損失は既に実際に生じた損失であるからより金銭的・損失的に明白</u>である[8]。従って，約束が破られる「以前の状態」(*status quo ante*：原状〈ステイタス クウォー アンティー〉)に戻すように損失を補填して欲しいと請求する被約束者（受約者）の「信頼利益」には説得力があり，法が介入して原状回復を命じるに値しよう[9]。

　歴史的に「約束的禁反言」の法理は，そもそも「estoppel *in pais*〈イン ペイズ〉」と呼ばれていた[10]後掲（§12-02-9）「<u>衡平的禁反言</u>」(**equitable estoppel**)の類推適用により発展して来た為に「promissory <u>estoppel</u>」（約束的<u>禁反言</u>）と呼ばれる[11]。歴史的な起源と成る「衡平的禁反言」の方は，そもそも*約束*を要件とはせずに，「*事実に反した誤表明*」(misrepresentation of a fact)を信頼したことから被害が生じた場合に限定され，誤表明をした者は最早〈もはや〉その表明に反することが許されないとされていた[12]。その後，衡平的禁反言の法理に「約束」の要素が含まれて「<u>約束的禁反言</u>」(<u>promissory</u> estoppel)に発展して来た[13]。即ち「約束的禁反言」は，約束者がconsiderationの欠如等を抗弁として約束の強制を否定することが文字通り「<u>止められ</u>」(estopped)る[14]法理であり，または，「正当化される<u>信頼</u>」(justifiable <u>reliance</u>)ゆえに約束が強制化される法理である[15]。故に別名「**detrimental re-**

---

7) *Id.* at 309-10.
8) *Id.* at 310.
9) *Id.*
10) CALAMARI & PERILLO, *supra* note 5, §6.2, at 257 & n.1 （なお「estoppel」の語源はフランス語の「*estoupe*」にあると指摘）.
11) MURRAY ON CONTRACTS, *supra* note 1, §66[A][1], at 311-12.
12) CALAMARI & PERILLO, *supra* note 5, §6.2, at 257.
13) *Id.*
14) MURRAY ON CONTRACTS, *supra* note 1, §66[A][1], at 311-12; ROBERT A. HILLMAN, PRINCIPLES OF CONTRACT LAW 79-80 (2004).
15) MURRAY ON CONTRACTS, *supra* note 1, §66[A][1], at 312.

§4-01.「約束的禁反言／不利益的信頼」(プロミッサリー エストッペル)(promissory estoppel / detrimental reliance)　133

liance」(**不利益的信頼**) とも呼ばれる[16]。

　約束的禁反言は，Samuel Williston[17]が主席報告者を務める第一次リステイトメントの§90にArthur Linton Corbinと協力して採用させたものの[18]，当時はconsideration法理に拠る約束の強制化が支配的であった為に約束的禁反言の採用は不承不承に受け入れられたのであった[19]。実際，O.W. Holmes, Jr. 判事やLearned Hand（ラーニッド ハンド）判事といった高名な法曹達も，約束的禁反言の安易な適用は「consideration／取引交換」の法理の土台を崩し贈与に拘束力を附与することに成る等と言って懸念を表明して来た所であった[20]。しかし，Corbinが複数の判例を示してリステイトメントの隙間（すきま）的な「Informal Contracts Without Assent or Consideration」の項の中にやっと同法理を挿入できたのである[21]。これはその後の若干の修正を施して，第二次リステイトメントにも引き継がれることと成り[22]，現在では様々な状況に同法理が適用されるように成っている[23]。

---

16) *See, e.g.,* BLACK'S LAW DICTIONARY 1316-17 (8th ed. 2004)（considerationに代わって約束を強制可能にする働きをすると定義）．
17)「promissory estoppel」の文言を用いたのもWillistonが最初である。1 FARNSWORTH ON CONTRACTS, *supra* note 4, §2.19, at 171 n.21; MURRAY ON CONTRACTS, *supra* note 1, §66[A][1], at 312 n.498. *See also* CALAMARI & PERILLO, *supra* note 5, §6.1, at 253（Willistonがその treatise の1920年版に於いて紹介したのが最初であると指摘）．
18) CALAMARI & PERILLO, *supra* note 5, §6.1, at 253.
19) MURRAY ON CONTRACTS, *supra* note 1, §66[B], at 316.
20) *Id.* §66[A][C], at 310 n.492, 323. *See also* CALAMARI & PERILLO, *supra* note 5, §6.1, at 254 & n.8（『THE COMMON LAW』を出典表示しながらHolmes判事が約束的禁反言に反対していた旨を紹介）．
21) MURRAY ON CONTRACTS, *supra* note 1, §66[B], at 316 n.520（JOHN GILMORE, THE DEATH OF CONTRACT 62-64 (1974)を出典引用）．
22) HILLMAN, PRINCIPLES OF CONTRACT LAW, *supra* note 14, at 79.
23) MURRAY ON CONTRACTS, *supra* note 1, §66[C], at 333（後掲本文§4-01-3が紹介するような，契約交渉が破談に成って a bargained-for exchange が欠ける事例にさえも適用されると指摘）．

134　第Ⅰ章　契約の成立

§4-01-1. 約束的禁反言の要件：　　Williston / Corbin が第一次リステイトメントの有名な§90 に挿入した約束的禁反言の法理は，第二次リステイトメントの§90 にも継承・充実化されて[24]その要件が示されているので，以下に紹介しておこう。

　§90. Promise Reasonably Inducing Action or Forbearance.
　A promise which the promisor should reasonably expect to induce action or forbearance on the part of the promisee or a third parson and which does induce such action or forbearance is binding if injustice can be avoided only by enforcement of the promise.　The remedy granted for breach may be limited as justice requires.
RESTATEMENT (SECOND) OF CONTRACTS §90 (emphasis added).

　即ち要件としては，①約束が為されて，②被約束者等の作為・不作為を導き出す（induce）と約束者がリーズナブリーに期待し，③実際に導き出し，且つ④約束を強制しなければ不正義が回避できないことである[25]。効果は，(1)約束の拘束力発生であるけれども，但し(2)救済は正義が要求する限りで附与され得る，と成る。要件④や効果(2)の要素から，裁判所の衡平法的な裁量権の大きさが感じられよう。

　要件の中でも特に着目すべきは「①約束が為されて」の要素である。ここに於ける約束は，契約成立の際に求められる程に明確（clear）かつ確定的（definite）である[26]必要は無いと解する傾向が見受けられる[27]。或る裁判例が述べた次の理由が，その背景を説明する上で説得力を有するであろう。

---

24) CALAMARI & PERILLO, supra note 5, §6.1, at 254.
25) HILLMAN, PRINCIPLES OF CONTRACT LAW, supra note 14, at 79.　See also 1 FARNSWORTH ON CONTRACTS, supra note 4, §2.19 at 174.
26) See supra text at §2-02-3（「不確定な約束」(indefinite promise) の項）.
27) See MURRAY ON CONTRACTS, supra note 1, §66[C][1], at 325.

§4-01.「約束的禁反言／不利益的信頼」(promissory estoppel / detrimental reliance)　135

> **[P]romissory estoppel can apply ... to promise that are indefinite or incomplete [because the] evil to be rectified ... is not the breach of the promise, but the harm that results from the promisor's inducement and the promisee's actions in reliance.**
>
> Neiss v. Ehlers, 899 P.2d 700, 707 (Or. App. 1995) (emphasis added).

　なお約束的禁反言の法理は契約法理にも影響を与え、契約違反時に「不利益的信頼利益」(〔detrimental〕reliance interest) の保護に基づく損害賠償額算定の起源と成っている。後掲§5-10参照。

§4-01-2. 契約実務上の留意点：

　法律実務的に約束的禁反言の法理に留意しなければならない文脈は、所謂「確定的合意書」(definitive agreement) が締結される前の、契約「交渉」段階に於いて約束者が表明した言質である。即ち被約束者（受約者）が将来、確定的合意書締結に至ると期待し約束者の約束を信頼して様々な出捐をした後に、約束者が約束を反故にした場合である[28]。ここに於いて仮に consideration の欠如ゆえに契約は成立していないとしても、約束的禁反言の法理が適用されれば、約束者は賠償の責に任じなければならなくなる。交渉過程に於ける約束者の責任に関する更なる詳細は、後掲§5-17参照。

　なお契約が成立した場合には原則として約束的禁反言の法理は適用されない。尤も契約法理に於いても、「信頼利益」という救済概念があることに就いては後掲（§5-10）参照。

　このように consideration が無くても約束に拘束力が生じることに成れば、consideration／取引交換が要件と成っている契約法理は最早「死んだ」のではないか。... そのような指摘が John Gilmore による有名なモノグラム『THE DEATH OF CONTRACT』（契約の死、1974年）の主張であるけれども、実際には約束に拘束力を

---

[28] 本文中の当段落内の記述に就いては、see HILLMAN, PRINCIPLES OF CONTRACT LAW, *supra* note 14, at 86-88.

136　第Ⅰ章　契約の成立

附与する法理の主流は未だに consideration にある[29]。

§4-01-3.　代表判例「*Hoffman 対 Red Owl*」事件判決：
「*Hoffman 対 Red Owl*」事件[30]は，多くの書籍[31]が引用紹介する約束的禁反言のリーディング・ケースであり，前段で紹介した法務上の留意点を実際に例証しているので，簡潔に紹介しておこう。一定金額（＄18,000）を元手に雑貨事業のフランチャイズ契約を事実審の被告（△）フランチャイザーであるスーパーマーケットから得られる旨の言質を△の代理人から得た事実審の原告（π）夫妻は，△代理人のアドヴァイスに従って雑貨事業の経験を積むべく，所有していたパン屋を売却して小さな雑貨屋を取得。更に△代理人の言質に従って雑貨屋を売却し住居も引越し，開業資金の多くを義父から借りた。しかし△の更に上位の代理人から，フランチャイジーに成る為には義父からの借金を「贈与」に転換（*i.e.,* 債権放棄）して貰わなければ信用状態が悪いので，フランチャイジーに成れないと言われて交渉が破談。πが約束的禁反言に基づく訴えを提起した。裁判所は「信頼利益」として実損額の賠償を認定し[32]，この判例は第二次リステイトメントの例示部（illustration）にも掲載されている[33]。これは契約の事前交渉が破談した事例であり，契約が成立していないばかりか有効な申込さえも提示されていないから，本来ならば契約不成立ゆえに強制力を欠く約束に分類されるべきだけれども，被約束者が信頼して損失が生じることを約束者（△）が予見可能だったばかりか促しさえした事実による明白な不正義を裁判所が回避したかったと捉えられている[34]。

---

29) *Id.* at 87.
30) Hoffman v. Red Owl Stores, Inc., 133 N.W.2d 267 (Wis. 1965).
31) *See, e.g.,* MURRAY ON CONTRACTS, *supra* note 1, §66[B][3], at 321-22;　CALAMARI & PERILLO, *supra* note 5, §6.3(d), at 268-69.
32) 本文内の判例の要旨に就いては，see, *e.g.,* MURRAY ON CONTRACTS, *supra* note 1, §66[B][3], [C][1], at 321, 324-25;　CALAMARI & PERILLO, *supra* note 5, §6.3(d), at 268.
33) RESTATEMENT (SECOND) OF CONTRACTS §90 illus. 10.
34) MURRAY ON CONTRACTS, *supra* note 1, §66[C][1], at 325.

§4-02.「利得返還」(restitution)

　「restitution」(利得返還) の法理は，法制史的にも複雑で，且つ，以下で分析するように意味に於いても多義的である為に，理解が難しい。そもそも「restitution」の文言は，衡平法に起源を置く救済の「a decree on canceling a deed」(捺印証書破棄(解除)の判決) や「the imposition of a constructive trust」(擬制信託の賦課) の法理を意味する場合もある[35]。しかし『CORBIN ON CONTRACTS』によれば，本来の「利得返還」(**restitution**) の法理とは，契約が成立していた場合[36]に於いて，契約相手方に「重大な」(material) 違反があった際に[37]，非違反者が契約を「rescind」(破棄／取消)[38]して自身が反対債務履行義務から免除された後に[39]，相手方に附与した利得の返還を求める法理である。「利得返還」(restitution) と同義的に用いられる後掲 (§4-02-3)「準契約」(quasi contract) の法理は，契約が成立していない場合に用いられる法理なので，正しくは quasi-contract と restitution は異なる。し

---

35) CALAMARI & PERILLO, *supra* note 5, §15.2, at 622.

36) *See* 12 ARTHUR LINTON CORBIN, CORBIN ON CONTRACTS §1106, at 23 (Joseph M. Perillo ed., rev. 2007)(契約が成立していない場合は quasi contract であって，それは restitution とは異なると明記).

37) *Id.* §1104, at 14-17 (minor breach だけでは restitution の権利が生ぜず damages の請求権に止まるけれども，⊿の不履行が契約の essence に達する程に material な為に非違反者の反対債務を免除する程であれば right of restitution が生じると明記). *See also* 26 SAMUEL WILLISTON, A TREATISE ON THE LAW OF CONTRACTS §68:2, at 37-41 (Richard A. Lord ed., 4th ed. 2007) [WILLISTON ON CONTRACTS].

38) 「rescind (動詞)」と「rescission (名詞)」は，本文中の意味のように一方的に非違反者が契約を破棄／取り消して最早自由である旨を宣言する意味と，更には「合意解除」の意味でも用いられ，多義的で望ましくないので，後者の意味でのみ用いることが現代的には奨励されているけれども，歴史的・慣習的に本文中のような使用例が多々見受けられるので，読者は両者の意味を文脈次第で把握できるように成らねばなるまい。*See* 12 CORBIN ON CONTRACTS, *supra* note 36, §1104, at 11, §1105, at 18-19, §1131, at 138-40. *See also* text *infra* at §15-01-1 (本書中でこの争点を再度扱っている); BLACK'S LAW DICTIONARY 1332 (8th ed. 2004)(定義).

39) 12 CORBIN ON CONTRACTS, *supra* note 36, §1104, at 11.

かし両者の「救済」の部分が似ている為に混同されている[40]。救済が似ているとCorbin が言っている意味は，共に利得の返還を救済としている点が似ていると推察される。そこで両者の関係を図示してみると，以下（図表#4.1）のように成ろう。

図表#4.1　「利得返還」と「準契約」の本来の異同

広義の restitution	狭義の［本来の］ **restituion**	契約が成立し，その重大な違反に対し，rescind（契約破棄／取消） リシンド してから，利得返還を求める。	共に救済は酷似 (*i.e.*, 利得返還)。
	quasi-contract	契約が成立していない場合に，法が擬制的に，利得返還義務を創造する。	

尤も利得返還がπに認容されるのは，契約違反が存在しない場合も含まれるように成って来ており，例えば契約が全く不成立な場合や，△が債務を免除されている場合，錯誤により利得が附与された場合，取り消し得る契約が合法的に取り消された場合，更には契約が成立していたけれども詐欺防止法や後発的履行不能ゆえに強制不可能な場合[41]に迄も，たとえ損害賠償は請求できなくても，「準契約的義務」（quasi-contractual obligations）が拡大されて利得返還が認容されている，と『CORBIN ON CONTRACTS』自体が記述している[42]。やはり利得返還と準契約の境界線は曖昧に成って来ていると言えるのかもしれない[43]。後掲（§4-02

---

40) *Id.* §1106, at 23.
41) *Id.* §1102, at 3 (違反者が statute of fraud で保護されている場合や，債務者が impossibility で履行を免れている場合でも，restitution が利用可能であると明記).
42) *Id.* §1104, at 11.
43) 26 WILLISTON ON CONTRACTS, *supra* note 37, §68:1, at 5. *See also id.* at 6-9 (契約が成立している場合でも，成立過程に於いて不正等の unjust enrichment の要件が満たされれば同訴訟原因による請求が認容されると指摘). なお「訴訟原因」（cause of action）とは，裁判所に於いて他者からの救済を得る権利の基礎と成る事実の状況の意である。BLACK'S LAW DICTIONARY 235 (8th ed. 2004).

-3）参照。

　法制史的に利得返還の請求は，嘗てのコモン・ロー裁判所でも衡平法裁判所に於いても（両者の関係に就いては後掲§5-02参照），形式は異なるとはいえ同様に請求が可能であった[44]。しかし現在では両制度が統合されたので，嘗ての形式に拘らずに柔軟に認容される傾向にある[45]。

　ところで前掲（§4-01）で紹介した「約束的禁反言」が，契約法理に於ける契約違反時の「信頼利益」の保護に基づく損害額の請求に援用できるのと同様に，「利得返還」も契約法理に於いて違反時の「利得返還利益」（restitutional interest）の保護に基づく損害額の請求に援用可能である。後掲§5-11参照。

§4-02-1. 目的・背景：

そもそも利得返還の原理は，『利得返還リステイトメント』（RESTATEMENT OF RESTITUTION）のブラック・レター部が以下のように規定している[46]。

A person is not permitted to profit by his own wrong at the expense of another.
RESTATEMENT OF RESTITUTION §3 (1937).

　即ち人が自身の悪と他人の出費によって利益を得てはならないとする[47]。利得返還の目的は，被害者の出捐（しゅつえん）の犠牲に因って不当に利益を得た当事者から該利

---

44) 12 CORBIN ON CONTRACTS, *supra* note 36, §1102 at 3-5（一方のコモン・ロー裁判所ではAssumpsitの形式を用いつつ，他方の衡平法裁判所ではbill for "Rescission and Restitution"の形式を用いて請求可能だったと指摘）.

45) *Id.*

46) RESTATEMENT OF RESTITUTION §3 (1937). *See also* 26 WILLISTON ON CONTRACTS, *supra* note 37, §68:5, at 62 & n.21（RESTATEMENT OF RESTITUTION §1を紹介）; 2 CORBIN ON CONTRACTS, *supra* note 36, §1103, at 4（同リステイトメントはコモン・ロー法理と衡平法上のconstructive trust（擬制信託）等の法理の双方を含んでいて，利得返還の法理が両者のハイブリッドな性格を有すると示唆）.

47) 3 FARNSWORTH ON CONTRACTS, *supra* note 4, §12.20, at 328.

益を「吐き出させ」(to disgorge)て被害者に返還することにより，被害者が仮に不当利得者に利益を附与していなかったならば居たであろう「以前の立場」——i.e.,「原状」(*status quo ante*)——に戻すことにある[48]。言い換えれば，結果的損害を補償する方法を用いずに，πが提供し⊿が受領した履行と同価値の金銭または財物自身の「返還」(return)を通じて，被害当事者を契約前の立場に「回復」(restoration)させることが利得返還の目的である[49]。現状に戻すことから「*quantum meruit*」（クォントゥァム メルーイト）(**as much as he deserves**)（提供役務相当額の請求）とも呼ばれる[50]。日本の「不当利得」［や「事務管理」］に似た法理であり，実際に「unjust enrichment」とも呼ばれる。尤もアメリカでも unjust enrichment と restitution が同義語のように用いられ，「law of unjust enrichment」という呼称が存在するとはいえ，本来その文言は以下のように用いるのが正しいとされる[51]。

> **[B]ecause *X* was unjustly enriched, *X* must make restitution.**
>
> 1 CORBIN ON CONTRACTS, *supra* note 36, §1.20, at 6.

即ち unjust enrichment は利得返還が認容される場合の一つであって，全てでは無い[52]。更に利得返還は，⊿が契約違反に於いて有責 (guilty) な場合にのみ認

---

48) MURRAY ON CONTRACTS, *supra* note 1, §125, at 825.
49) 12 CORBIN ON CONTRACTS, *supra* note 36, §1102, at 2.
50) 26 WILLISTON ON CONTRACTS, *supra* note 37, §68:1, at 5; 1 CORBIN ON CONTRACTS, *supra* note 36, §1.20, at 64. *See also* 12 *id.* §1103, at 4, §1109, at 33（提供した役務に対するコモン・ロー上の利得返還の形式は "work and labor" であり，そのリーズナブルな価値をラテン語で "*quantum meruit*" と呼んだと指摘）． *See also* BLACK'S LAW DICTIONARY 1276 (8th ed. 2004)（準契約に於いて提供役務の対価を請求する際の価値の意であり，契約違反の請求が強制不可能な場合の代替的請求としてπが求めることが多いと指摘）．
51) 1 CORBIN ON CONTRACTS, *supra* note 36, §1.20, at 63.
52) 12 *id.* §1107, at 27（利得返還は⊿が不当に利得した概念だけに全てを依存する訳では無いと明記）．

§4–02.「利得返還」(restitution)　141

容される訳でも無く，πの出捐(しゅつえん)に因って⊿が不当に利得を得ることを法は［広く］防止しようとする[53]。尤もπが未だ全く履行を提供していない場合には，たとえ履行の準備としてπが出捐をしていても，⊿に利得が全く附与されていないので利得返還の請求をπは利用できない[54]。このような場合に［こそ］前掲（§4–01）「約束的禁反言」の法理を援用すべきであろう。

　利得返還の法理は前掲の通りコモン・ロー上からも発展したとはいえ，その救済部分は主に衡平法的(equity)な原理に基づき[55]，他人の出捐に因って不当に利得することは許されないと捉えて[56]，具体的には一方当事者が他方当事者に利便を附与し，他方当事者が対価なしにその利便を保持することが不正義（unjust）である場合，法は他方当事者に対価を支払うか，または利得を返還する義務を課すのである[57]。つまりそれは<u>当事者の意図から生じる義務ではなく，自然法(natural law)的な正義の観念と衡平の法から生じる義務</u>である[58]。利便の維持が不正義な場合にそれを「吐き出すこと」（to disgorge）が求められる[59]。その関心事は，利得を附与した当事者の犠牲に因り他方当事者に附与された利得という「正の総量」（plus quantity）である[60]。このように<u>加害者を元に戻すことを通じて不当利得を防止する利得返還の目的が</u>[61]，被害者側の「負の総量」（minus quantity）に着目してこれを埋め合わせることにより原状に戻そうとする前項「約束的禁反言」との大きな相違である。以下図表（#4.2）参照。

---

53) *Id.* at 28.
54) *Id.* at 27.
55) 12 *id.* §1103, at 9（"rules for determining the facts on which it may be granted" と "terms of the decree or judgment by which it is enforced" は <u>common law と equity の双方に由来しているけれども，"the modern remedy of restitution is 'equitable'" であると分析</u>）.
56) 26 WILLISTON ON CONTRACTS, *supra* note 37, §68:1, at 23.
57) HILLMAN, PRINCIPLES OF CONTRACT LAW, *supra* note 14, at 88.
58) 26 WILLISTON ON CONTRACTS, *supra* note 37, §68:1, at 25.
59) HILLMAN, PRINCIPLES OF CONTRACT LAW, *supra* note 14, at 88.
60) MURRAY ON CONTRACTS, *supra* note 1, §79, at 417.
61) 3 FARNSWORTH ON CONTRACTS, *supra* note 4, §12.19, at 324.

図表#4.2 「約束的禁反言」と「利得返還」の異同

分　類	共通点	相違点
約束的禁反言・不利益的信頼 (promissory estoppel / detrimental reliance)	元に戻すこと。	<u>被害者の出捐を埋め合わせ</u>て元に戻すこと。
利得返還・不当利得 (restitution / unjust enrichment)		<u>加害者の利益を吐き出させ</u>て元に戻すこと。

§4-02-2. 手続と救済：　利得返還は，契約の「完全な」債務不履行の場合にのみ利用可能であり，「一部不履行」の場合には「損害賠償」(damages) を請求することに成る[62]。その背景として，伝統的に「suit for restitution」と呼ばれた訴訟の場合には契約を先ず「破棄／取消」（rescind [cancel]）してから，契約に基づかない後掲の「quasi-contract remedy」（準契約的救済）の請求を追行する手順に成っていたことが影響している[63]。その名残から利得返還を請求する場合に π は契約を破棄／取消する旨の，嘗ては「rescission」（リシジァン）と呼ばれた「cancel」（破棄／取消）の通知を発することが求められる[64]。尤も破棄の通知は文言によって為すだけではなく，行為によっても rescission が擬制される[65]。π が契約を破棄しない場合には，契約が継続され，一部不履行を理由とする損害賠償の請求が追行可能に成る[66]。契約を有効に破棄した場合に π は，利得返還を選択可能なばかりか，［債務不履行による］損害賠償請求の選択も出来る[67]。

---

62) CALAMARI & PERILLO, *supra* note 5, §15.3, at 623.
63) *Id.*
64) *Id.*
65) 12 CORBIN ON CONTRACTS, *supra* note 36, §1131, at 140（必ずしも言葉で宣言せずとも行為だけでも十分であると指摘）．
66) CALAMARI & PERILLO, *supra* note 5, §15.3, at 624.
67) *Id.*

§4-02.「利得返還」(restitution)　143

利得返還の目的はπを契約締結よりも前の経済状態に戻すことにあるので，πが回収できる価値は以下の通りである[68]。

　　　提供した役務，引き渡した物品，または譲渡した財産のリーズナブルな価値
−)　**受領した反対履行（反対給付）のリーズナブルな価値**
―――――――――――――――――――――――――――――――――――
=　　πの回収額

　尤もπは，上の金銭的なコモン・ロー上の救済が不適切である旨を示した場合，例えば特定の土地や物品等の財物の返還を要求する場合に，「**同一物による利得返還**」（**specific restitution** や **specific restoration**）と呼ばれる衡平法上の命令を得られる[69]。しかしそのような財物が△によって消費，滅失等されていた場合にπは救済を得られないことに成ってしまうので，その場合は等価の「**金銭の返還**」（**monetary restitution**）が命じられることに成ろう[70]。

§4-02-3.「準契約」（*quasi* contract）或いは「法定契約」(implied-in-law contract)：　「利得返還」(restitution) とほぼ同義語として用いられるけれども本来は同法理と異なって，契約が存在しない場合に[71]「法的擬制」(legal fiction) を用いて救済を認める[72]法理・法概念が，「**準契約**」（***quasi* contract**）や「**法定契約**」(**implied-in-law contract**) と呼ばれる。そもそも準契約は，契約が存在しない場合に，一方当事者が他方当事者の出捐に因り利得を得た時に利用できるコ

―――――――――――
68) *Id.* §15.4, at 624.
69) *See id.* §15.5, at 627; 12 CORBIN ON CONTRACTS, *supra* note 36, §1107, at 25.
70) *See* 12 CORBIN ON CONTRACTS, *supra* note 36, §1107, at 25.
71) 1 WILLISTON ON CONTRACTS, *supra* note 37, §1:6, at 41（「implied contracts」は現代では「quasi contracts」と一般に呼ばれると指摘）; 12 CORBIN ON CONTRACTS, *supra* note 36, §1106, at 23（契約が存在する場合の restitution と，擬制的な quasi contracts とが同義的に用いられるように成った理由は，remedies が両者で似ていることに因ると分析）.
72) MURRAY ON CONTRACTS, *supra* note 1, §79, at 418.

モン・ロー上の「訴訟方式」から発展した法理である[73]。これは「正義を理由に法上課される義務」(obligation created by law for reasons of justice)[74]であり、consideration(コンシダレイション)の欠如等ゆえに契約が不成立な場合や、契約が成立していても強制可能性が欠けている為に契約法理では救済が求め得ない場合でも利用できる[75]。例えば役務を約束と交換して提供したけれども、その取引が詐欺防止法の要求する書面化要件を欠く為に強制不可能な場合、役務提供者は利得返還(restitution)上の利益を準契約法理で回収できる[76]。更には「実行困難性」(impracticability)や「契約目的の挫折」(frustration of purpose)等に拠り債務履行が「免除」(excuse)された場合[77]、または、約因に基づく有効な契約の違反者側でさえも不完全履行の履行部分に就いての請求に於いて用いることが出来るばかりか、完全な債務不履行の場合でも利用できるのである[78]。

前掲(§4-02-1)で紹介した『利得返還リステイトメント』のブラック・レター部が示すように、「道義的原理」(moral principle)がこの法理の背景として存在する[79]。具体例としては、対価が支払われるべき故に只(ただ)で利便を得ることが正当化され得ない場合であり、例えば親戚同士のように役務等の利便を只で受領すべき関係とは異なり、対価が期待される間柄で利便を得た場合である[80]。見知らぬ他人π氏が△氏の配偶者の葬式代を支払っていた場合、△氏にはその費用を償還する義務があるとされる[81]。

なお、望みもしないのに便益の受領を強要(forced benefit)した場合には、準

---

73) Id. §126[B][1], at 826; CALAMARI & PERILLO, *supra* note 5, §1.8(b), at 22.
74) RESTATEMENT (SECOND) OF CONTRACTS §4 cmt. *b*.
75) 1 CORBIN ON CONTRACTS, *supra* note 36, §1.20, at 65.
76) MURRAY ON CONTRACTS, *supra* note 1, §80[A], at 419; HILLMAN, PRINCIPLES OF CONTRACT LAW, *supra* note 14, at 91, 94.
77) 1 CORBIN ON CONTRACTS, *supra* note 36, §1.20, at 65.
78) HILLMAN, PRINCIPLES OF CONTRACT LAW, *supra* note 14, at 91, 94.
79) Id. at 88.
80) Id. at 89-90, 96; 26 WILLISTON ON CONTRACTS, *supra* note 37, §68:1, at 24 (なおこの場合には提供した役務のリーズナブルな価値相当分が請求対象に成ると指摘)。
81) 1 CORBIN ON CONTRACTS, *supra* note 36, §1.20, at 65-66.

§4-02.「利得返還」(restitution)　145

契約が適用されない[82]。しかし例えば医師が意識不明な患者に緊急救命措置を施した場合，契約の存在が認定されなくても医師は附与した役務の合理的な対価を得る権利を得るとされて来た[83]。

このように契約が成立しないにも拘わらず，あたかも成立していたかのような法的擬制を用いて救済を肯定化して来た経緯から，「*quasi*（準）contract」とか，「*implied-in-law*（法上の黙示の）contract」等と呼称されるに至ったのである[84]。契約を擬制した経緯は，そもそも嘗ては不当利得・事務管理のような救済手段（writ）が存在しなかった為に，πが約束の存在を擬制する「契約上の訴訟方式」(forms of action)（contractual writ of assumpsit）の援用を裁判所が認定して来たことに由来する[85]。従って「quasi contract」法理が「implied-in-law contract」と呼ばれることがあっても，双方共に真の契約では無い[86]。それ等は両当事者の同意から生じる契約ではなく，法上，正義の為に課される義務だからである[87]。

両者の呼称の内，「quasi contract」の方が「あたかも契約が存在したかのような（仮定法過去）」（"as if they were" contracts）意味を明白に表しているから，つまりは実際は契約が存在しないことを示しているので望ましいと指摘されている[88]。事実，アメリカ契約法制史上も，嘗ては「implied-in-law contract」という呼称しか存在しなかったところ，それが「implied-in-fact contract」と紛らわしい為に，ローマ法上の「*quasi ex contracty*」や「*quasi ex delicto*（デリクトー）」[89]の概念を借りて

---

82) HILLMAN, PRINCIPLES OF CONTRACT LAW, *supra* note 14, at 96, 99.
83) MURRAY ON CONTRACTS, *supra* note 1, §126[B][1], at 826;　CALAMARI & PERILLO, *supra* note 5, §1.8(b), at 22.
84) HILLMAN, PRINCIPLES OF CONTRACT LAW, *supra* note 14, at 98.
85) CALAMARI & PERILLO, *supra* note 5, §1.8(b), at 22.
86) MURRAY ON CONTRACTS, *supra* note 1, §126[B][1], at 826-27;　1 CORBIN ON CONTRACTS, *supra* note 36, §1.20, at 64.
87) 1 CORBIN ON CONTRACTS, *supra* note 36, §1.20, at 64.
88) 1 WILLISTON ON CONTRACTS, *supra* note 37, §1:6, at 41-42.
89)「*quasi delicto*」とはローマ法上の private wrong の残余的分類とされる。BLACK'S LAW DICTIONARY 460 (8th ed. 2004).「*ex delicto*」とは「from a wrong」の意であり，殆どの場合に不法行為から生じたことを意味する。*Id.* at 608.　なおそもそも「*delicto*」とは「of-

「quasi contract」と呼ぶように成ったと指摘されている[90]。

a.「implied-*in-fact* contract」（黙示契約）と「implied-*in-law* contract」（法定契約）の違い： 「implied-in-law contract」に似た用語ではあるけれども意味が正反対なものとして，「**implied-*in-fact* contract**」（［事実上の］黙示契約）があるので注意を要する。「［事実上の］黙示契約」は，意思表示が明確に表示された「**express contract**」（明示契約）と対(つい)な関係にある用語であり，実際に契約が成立している場合を指すものの，意思表示が明示的では無く<u>行為・文脈等から意思表示が黙示されていて且つ契約成立要件が満たされる場合を言う</u>[91]。「express contract」も「implied-*in-fact* contract」も両者は同じく契約が成立した場合の効果を<u>生む</u>[92]。この点が，そもそも契約が成立していない「implied-*in-law* contract」（法定契約）と異なるのである。

図表#4.3 「明示契約」と「黙示契約」と「法定契約」の相違

分　類	名　称	概　要
当事者意思に基づいて契約が成立している場合	**express contract** （明示契約）	文言等による明示の意思表示から契約成立を認定
	implied-*in-fact* contract （［事実上の］黙示契約）	行為，文脈，または状況等から意思を推察して契約成立を認定

---

　　fence」であり，違法（violation of law）或いは civil wrong を意味する。*Id.* at 460.
90) 1 CORBIN ON CONTRACTS, *supra* note 36, §1.20, at 64（Blackstone でさえも混同していたところ，1893年までコモン・ロー上は存在しなかった quasi contract の概念をローマ法から借用して来たと指摘）．*See also* 12 *id.* §1106, at 23（quasi contract はローマ法学者が「発明」した新たな法理であって，契約が成立している場合に適用される restitution とは異なると明記）．
91) *See, e.g.*, 1 WILLISTON ON CONTRACTS, *supra* note 37, §1:5, at 31-33; CALAMARI & PERILLO, *supra* note 5, §1.8(b), at 21-22.
92) 1 WILLISTON ON CONTRACTS, *supra* note 37, §1:5, at 33.

当事者意思とは無関係に，法上，正義の為に契約が成立していたような擬制を用いて，義務を認定する場合	**implied-*in-law* contract** （法定契約）	契約が成立して居なくても，当事者意思とは無関係に，正義の為に裁判所が法上の義務を認定

第Ⅱ章　救　済

Remedies

§5. 契約に係わる様々な「救済」(remedies)

> Section 4. [LICENSOR]'S LIABILITY FOR DAMAGES TO LICENSEE FOR ANY CAUSE WHATSOEVER, REGARDLESS OF THE FORM OF ANY CLAIM OR ACTION, SHALL BE LIMITED TO THE LICENSEE FEES PAID FOR THE LICENSED PRODUCT.
>
> [LICENSOR] SHALL NOT BE LIABLE HEREUNDER FOR ANY DAMAGES RESULTING FROM LOSS OF DATA, PROFITS OR USE OF EQUIPMENT, OR FOR ANY *SPECIAL, INCIDENTAL, INDIRECT, EXEMPLARY OR CONSEQUENTIAL DAMAGES* ARISING OUT OF OR IN CONNECTION WITH THE USE OR PERFORMANCE OF THE LICENSED PRODUCT, *WHETHER OR NOT [LICENSOR] HAS BEEN MADE AWARE OF THE POSSIBILITY OF SUCH DAMAGES.*
> … .
>
> Section 6. Each party shall have the right to institute judicial proceedings against the other party … in order to enforce the instituting party's rights hereunder through *reformation* of contract, *specific performance,* injunction *or similar equitable relief*. … .

実際の契約書の約定 *in* i.LAN System, Inc. v. Netscout Service Lavel Corp., 183 F.Supp. 2d 328, 335 n.3 (Mass. D. 2002)(emphasis added). *See also* 小稿「インターネット法判例紹介第 117 回『*i.LAN Sys, Inc. v. Netscout Serv. Level Corp.*』」*in*『国際商事法務』36 巻 2 号 274–75 頁（2008 年 2 月）（同判例ケース・ブリーフィングを紹介）。

有効な契約から当事者は何を得られるであろうか？――契約の意義は結局の

所，違反された場合に得られる「救済」(remedies) は何か，に収斂するのではないか[1]。... 何故なら契約とは「法的拘束力の在る約束」(legally binding) であり，「法的拘束力の在る」とは即ち，裁判所が「被約束者(受約者)に与える救済」を意味するからである[2]。救済の重要性に就いては Corbin も以下の通り指摘しているので参考に成ろう。

> In the whole field of law there is no right without remedy. ... [T]he only useful test as to the existence of a right is that some legal remedy is provided. ... [W]here no remedy is provided, there is neither right nor duty. In the progress of any human society, the recognition of new rights and duties, ... is necessary. This recognition is made effective by providing and enforcing a remedy for breach. Until this has been done, ... there is no sufficient reason for saying that rights and duties exist as a part of any legal system.
>
> 11 ARTHUR LINTON CORBIN, CORBIN ON CONTRACTS §55.1, at 2 (Joseph M. Perillo ed., rev. 2007) (emphasis added).

§5-01. 契約が不成立・強制不可能な場合にも救済の法理が存在する

本書の目指す「実学」の視点から眺めれば，契約的文脈に於いて責任追及の原

---

1) ROBERT S. SUMMERS & ROBERT A. HILLMAN, CONTRACT AND RELATED OBLIGATION: THEORY, DOCTRINE, AND PRACTICE 44 (5th ed. 2006)(救済とその理論的根拠と成る義務の重要性を指摘). See also CENTO VELJANOVSKI, ECONOMICS PRINCIPLES OF LAW 109 (Cambridge Univ. Press 2007)(契約法の主目的は，拘束力の在る約束と，その違反時の救済の二つであると指摘).

2) See, e.g., E. ALLAN FARNSWORTH, WILLIAM F. YOUNG, & CAROL SANGER, CONTRACTS: CASES AND MATERIALS 1 (6th ed. 2001)("enforce" の意味の第一は "relief of promisee to redress breach" であると分析).

§5-01. 契約が不成立／強制不可能な場合にも救済の法理が存在する 153

因（causes of action：訴訟原因）[3]と成るのは契約法上の法理に限定されない事実を理解しておくことが重要であろう。たとえ契約が不成立，或(ある)いは強制不可能な場合であっても，GRANT GILMORE 著『THE DEATH OF CONTRACT』（契約の死）が強調するように契約法理に基づかない救済法理が発展して来て久しく，そのような非契約法理による救済は契約（contract）コントラクトと不法行為（tort）トーツとの「融合」的領域を形成し，両者の造語的な「**contorts**」コントーツ[4]と呼ばれるに至っている。以下，図表（#5.1）が示すように，consideration／取引交換コンシダレイションを中心とする契約以外にも，約束の非契約的救済法理が存在し，且(か)つ契約法の分野に於いて重視されて来て久しいのである。

図表#5.1　約束や契約に関連して救済を附与する諸法理の例

責任追及／義務発生の根拠の分類 契約 v.非契約		約束を強制したり義務を課す法理 basis for enforcing promises or for other obligations
契約法理	契約法理（契約が成立しなければ違反も救済も無い）	consideration（約因）と取引交換（§3-03）／要式契約
事務管理的 **不当利得的**	不法行為法理以外の非契約法理（契約不成立・強制不可能でも義務と救済を認定）	道徳的債務（moral obligation）（§3-07-1 [a]）
		約束的禁反言／不利益的信頼（detrimental reliance）（§4-01）
		利得返還／準契約／法定契約（implied-in-law contracts）／不当利得[5]（§4-02）
不法行為法理	不法行為法理（契約不成立・強制不可能でも義務と救済を認定）	不実表示（§8-02）／契約・事業関係への不法介入 interference（§5-16-2, §5-16-3）／不誠実な契約違反 bad faith breach（保険契約等）（§5-16-5）／専門家責任（malpractice），等

---

3) 「cause of action」とは，裁判所に於いて他者からの救済を得る権利の基礎と成る事実の状況の意である。BLACK'S LAW DICTIONARY 235 (8th ed. 2004).
4) GRANT GILMORE, THE DEATH OF CONTRACT 90 (1974)("a desirable reform in legal education would be to merge the first-year courses in Contracts and Torts into a single course which we could call Contorts"（強調付加）と指摘）.
5) See, e.g., 26 SAMUEL WILLISTON, A TREATISE ON THE LAW OF CONTRACTS §68:1, at 5

154　第Ⅱ章　救済

　即ち後掲（§5-17）するように，例えば所謂「確定的合意書」（definitive agreement）が締結される前のM＆Aの契約交渉過程で事業の売買の話が破談して第三者に事業を売却するに至れば，交渉過程で既に契約が成立していたから先の買主に対する売主の契約違反に成るという契約法理上の争点に止まらず，後の買主には契約違反を惹き起こさせた「不法行為」責任と「懲罰的損害賠償」（punitive damages）（後掲§5-03-1 [b]）が課される虞も出て来る。

　加えて前掲（§4-01-3）した「Hoffman 対 Red Owl」事件判例が示すように，明らかに契約締結「前」であっても非契約法理の「約束的禁反言」（promissory estoppel）を理由に責任を課される虞もある。これは「契約」的文脈に於いて，「不法行為」責任のように「法上課される義務」であるから，両者の融合的な法理と捉えることが可能である。（なお，以上の契約締結「前」の責任に就いては，後掲（§5-17）に於いて再度触れる。）

　更に，やはり後掲（§8-02）「不実表示」（misrepresentation）に於いては，それが契約法理上の契約「取消」（voidable）原因であると共に非契約法理上の前掲（§4-02）「利得返還」（restitution）請求の原因にも成るばかりか，場合によっては不法行為責任に迄も発展する虞が生じる。特に融合的・境界領域的な「利得返還」請求に就いては，契約が不成立，或いは強制不可能であっても利用可能な法上課される義務の法理であるから，契約取消後でも援用可能なのである。

§5-02.「金銭賠償（損害賠償）」の原則と，例外的な「衡平法」上の救済

　コモン・ロー上の救済原則である「損害賠償」（damages）とは，即ち「金銭賠

(Richard A. Lord ed., 4th ed. 2007) [WILLISTON ON CONTRACTS] ("The remedies of ... restitution or quasi-contractual or quantum meruit ('as much as he deserves') recovery based upon unjust enrichment are allowed by the court as alternative remedies to an action for damages for breach of contract." であると紹介（emphasis added））。

償」(judgment for monetary damages) を意味する[6]。救済の原則は，契約上の「約束に代替する」(substitutional)[7]金銭賠償 (pecuniary) であり，「約束それ自体を特定的」(specific) に履行するように命じる**「特定履行」(specific performance)**[8]等は例外的にしか認容されない[9]。即ち「代替的」(substitutional) とは，違反された「約束」に代替する価値を金銭で償う意味である[10]。そのような代替的，且つ原則的なコモン・ロー上の損害(金銭)賠償による救済では「不適切」(inadequate) な場合に限り，謂わゆる強制履行のような「衡平法」上の救済 (a decree for ...) である作為・不作為を命じる「特定履行」の請求が認められる[11]。尤も金銭支払の約束違反に関してのみは，相手方債権者に利用可能な救済は金銭支払を求める特定履行に成る[12]。更に後掲 (§5-15-5) するように，以前に比べて現代では特定履行をより柔軟に認容する傾向にある。

　以上のように金銭賠償が原則で特定履行が補助的というアメリカ契約法上の救済は，大陸法に比べた場合の英米法の大きな特徴の一つでもある[13]。

---

6) 11 ARTHUR LINTON CORBIN, CORBIN ON CONTRACTS §55.1 at 4 (Joseph M. Perillo ed., rev. 2007).

7) 契約違反の場合に，法が，契約上の債権・債務の「代替」として，「損害賠償請求権」を付与し「補償義務」を課す論理に就いては，see infra text at §5-03.

8) Evelyn C. Arkebauer, *Cumulative Remedies and Election of Remedies, in* TINA L. STARK, NEGOTIATING AND DRAFTING CONTRACT BOILERPLATE Ch.9, at 205, §9.01[2], at 207 (2003) ("Remedies have been described as 'specific' (intended to give the exact performance directed by the contract)" と表現).

9) FARNSWORTH, YOUNG, & SANGER, *supra* note 2, at 17 (原則は specific な救済では無く substitutional な救済であると指摘); 23 WILLISTON ON CONTRACTS, *supra* note 5, §63:2, at 437; 23 *id.* §64:1, at 4-5. 尤も近年では特定履行が寛容に認容されるように成って来ている。RESTATEMENT (SECOND) OF CONTRACTS Ch. 16, Topic 3. Enforcement by Specific Performance and Injunction, Introductory Note.

10) JOSEPH PERILLO, CALAMARI & PERILLO ON CONTRACTS §16.1, at 633 (5th ed. 2003).

11) RESTATEMENT (SECOND) OF CONTRACTS, Topic 3. Enforcement by Specific Performance and Injunction, Introductory Note & §359(1).

12) 23 WILLISTON ON CONTRACTS, *supra* note 5, §63:2, at 437.

13) CALAMARI & PERILLO, *supra* note 10, §16.1, at 633.

図表#5.2　金銭賠償の原則と特定履行等の例外

	救　済	法上の分類	概　要
原則	**損害賠償** （金銭賠償） **damages**	コモン・ロー （**common law**）	金銭支払を命じる。
例外	**特定履行等** **specific** **performance,** **etc.**	衡平法 （**equity**）	作為・不作為を命じる。extraordinary remedy であり，irreparable injury を被る場合にしか認容されない。

　以上のような英米法の特異性が生じた理由は，そもそも英国からアメリカにも引き継がれた二つの裁判制度に由来する。即ち嘗ては「コモン・ロー裁判所」と「衡平法裁判所」という二つの裁判制度が並立していて，裁判所の下す判決の呼び方から裁判官の名称までも以下（図表#5.3）のように異なっていた。

図表#5.3　判決と裁判官の呼称の相違

	「判決」の名称	「裁判官」の呼称
コモン・ロー裁判所	**judgment**（*）	**judge**
衡平法裁判所	**decree**	**chancellor**

（*）「judgement」というように「e」を入れるのはアメリカ英語では無いので要注意。

　コモン・ロー裁判所と衡平法裁判所は後に統合されるけれども，それ以前には，後者による前者の侵食が嫌われて，衡平法上の救済はあくまでも「extraordinary」（非常）であって，コモン・ロー上の救済が「適切」（adequate）である限りは認められない原則が確立したのである[14]。言い換えれば，衡平法上の救済を得られなければπが「回復不可能な損害」（irreparable injury）を被る場合にしか，衡平法上の救済「命令」（decree）を裁判所は附与しなかったのである[15]。

---

14) 3 E. ALLAN FARNSWORTH, FARNSWORTH ON CONTRACTS §12.4, at 164 (3d ed. 2004).
15) CALAMARI & PERILLO, *supra* note 10, §16.1, at 633.

§5-03. 「損害賠償（金銭賠償）」の権利と義務

　損害賠償／金銭賠償に関する債権・債務の意味は次のように捉え得る。即ち契約違反の際に法は，契約上の債権者の「主要な権利」（primary rights）を解除して，「代わり」（in substitution）に「損害賠償請求権」（rights to damages）という「二次的権利」（secondary rights）を附与する[16]。他方，債務者の契約上の主要な義務も解除されて，代わりに「補償債務」（a duty to make compensation）が課されることに成るのである[17]。

§5-03-1.「損害賠償」（damages）の種類：　「damages」[18]と言われる「損害賠償」の小分類としては，日本に見られない「非補償的損害賠償」（non-compensatory damages）という類型が以下のように存在する。

図表♯5.4　「損害賠償」（damages）の種類

損害賠償　damages	非補償的損害賠償 non-compensatory damages	名目的損害賠償 nominal damages
		懲罰的損害賠償 punitive damages
	補償的損害賠償 compensatory damages	

a. 名目的損害賠償（nominal damages）：　πが勝訴したけれども附与される損害賠償額が「＄1.⁰⁰」とか「¢6」等に過ぎず，後は「為された悪事への復讐」（vindication of the wrong done）　を象徴するのが名目的損害賠償と言われる[19]。一見すると意味の無いような名目的損害賠償が請求されたり，または附与される理

---

16) Id. §14.1, at 560-61.
17) Id. at 561 n.1
18) 「damage**s**」と複数形で表されるのが常なので要注意。
19) CALAMARI & PERILLO, supra note 10, §14.2, at 562; 11 CORBIN ON CONTRACTS, supra note 6, §55:10, at 36.

由は以下のような背景による[20]。即ち所謂テスト・ケースに於いてπが先例を作る目的だったり，関係当事者間で同じような行為が再発する虞のある場合や，更に一番多い理由としては多額の損害賠償を期待していたにも拘わらず損害額の立証に失敗して結果的に名目的損害賠償しか附与されなかった場合等である。

b. 懲罰的損害賠償（punitive damages）：

「懲罰的損害賠償」（punitive damages）とは，「exemplary damages」とも言われ，△が同じ行為を繰り返さないこと，および他の同様な行為者も同じ行為をしないようにさせる「抑止」（deterrence）を主な目的とし[21]，「害意」（malicious）や「故意」（willful）或いは「勝手放題な」（wanton）行為に対し認定され[22]，<u>実際の損害額を超えて附与される</u>[23]。主に不法行為法に於いて請求・認定される懲罰的損害賠償は[24]，<u>契約法理上ではたとえ酷い契約違反があっても原則として認容されない</u>[25]。そもそも契約法上の賠償の目的は，損害を被った当事者を「補償すること」（to compensate）にあり，「補償する」とは原則的には取引が履行されていれば到達したであろう立場に成る為の金銭賠償である「履行（期待）利益」を意味するから，そのような金額を超えた「棚ボタ」（windfall）的な賠償は認容されず[26]，更には「罰する」為

---

20) CALAMARI & PERILLO, *supra* note 10, §14.2, at 562; 11 CORBIN ON CONTRACTS, *supra* note 6, §55:10, at 36.
21) CALAMARI & PERILLO, *supra* note 10, §14.3, at 563. 尤も抑止力だけが目的とは限らず，応報機能も事実上は大きく影響していると思われる。
22) *Id.* 言い換えれば所謂「通常過失」だけでは懲罰賠償の認定には不十分である。
23) *See, e.g.,* 拙書『アメリカ不法行為法：主要概念と学際法理』136頁（中央大学出版部2006年）。
24) 不法行為法だけでは無く，「信認義務」（fiduciary duty）違反の場合にも利用可能である。CALAMARI & PERILLO, *supra* note 10, §14.3, at 563.
25) *Id.* §14.3, at 563. 尤もカリフォルニア州とモンタナ州では契約上の「誠実かつ公正な取扱」（good faith and fair dealing）の義務違反を「不法行為法」上の義務違反と看做す動きがあり，懲罰的賠償認定の虞もあると『CALAMARI & PERILLO』は指摘している。*Id.* §14.3, at 564. *See also infra* text at §5–16–5（bad faith breach に就いて），§10–23（good faith and fair dealing の義務に就いて）。
26) 24 WILLISTON ON CONTRACTS, *supra* note 5, §64:1, at 5, 11.

の懲罰賠償も認められないのである[27]。或いは「法と経済学」の立場から前掲(§1-01-7)の「効率的違反」(efficient breach)の理論を根拠に，奨励されるべき違反を思い止まらせてしまう(discourage)不法行為法（契約関係への不法介入）上の懲罰賠償を認めるべきでは無いとする主張も見受けられる[28]。尤も逆に，効率的違反の理論は違反時の賠償認定が不十分であるとか市場取引費用を考慮に入れない問題等を指摘しつつ，「日和見主義的な行動」(ひよりみ)(opportunistic behavior) が絡んだ故意の違反に対して懲罰賠償を肯定する向きもある[29]。

何れにせよ注意すべきは，<u>不法行為法理では懲罰的損害賠償も認められており</u>，法律実務に於いてπの「訴訟原因」(cause of action) が契約法理だけに限定されると捉えるのは現実的では無い点にある。訴答に於いてπ（の弁護士）は請求可能な原因を原則全て請求して来るばかりか法曹倫理上も請求すべきであるから，法務としては契約に関連性のある不法行為法理上の訴訟原因にも配慮が必要に成る。その良い例は，後掲（§5-17-3 [b]）「*Texaco 対 Pennzoil*」(テキサコ)(ペンゾイル)事件判例[30]である。更には，後掲（§5-16-5）するように「不誠実な契約違反」(バッド・フェイス・ブリーチ)(bad faith breach) のような例外的な場合には不法行為責任が認定されて懲罰賠償が課される危険もある。その為であろうか，契約実務に於いては以下のような条項が契約書面上に散見されるのである。

> **Both parties hereby agree that *neither* of them will be liable for *punitive or exemplary damages* by statute, *in tort*, contract, or otherwise.**

契約実務の諸文例を参考に本書筆者が起案（強調付加）。

---

27) RESTATEMENT (SECOND) OF CONTRACTS §355 & cmt. *a*.　See also FARNSWORTH, YOUNG, & SANGER, *supra* note 2, at 1（契約法上の enforce の主たる意味は，違反に対する被約束者（受約者）の権利を実現させて relief を付与することにあるのであって，履行を強制させる為に約束者を罰することではないと分析）。

28) JOHN EDWARD MURRAY, JR., MURRAY ON CONTRACTS §124[A], at 810 (4th ed. 2001).

29) *Id.*

30) Texaco v. Pennzoil, 729 S.W.2d 768 (Tex. App. 1987), *cert. dismissed,* 485 U.S. 994 (1985).

160　第Ⅱ章　救済

§5-03-2.「履行利益」（performance interest）の補償が原則：　「履行利益」（**performance interest**）とは，仮に契約が履行されていたならば到達していたであろうと期待していた将来の経済的立場と同じ立場に成るような救済を与えることであり，「to make someone whole」とも呼ばれる[31]。即ち「benefit of bargain」（取引の便益）を与えることであり[32]，それこそが契約法理上の損害賠償の原則である[33]。UCC も同様な原則を明記している[34]。但し，以下（図表#5.5, §§5-04 to 5-06）のような「certainty」（確定性），「mitigation」（軽減），および「foreseeability」（予見可能性）の諸制限に服する[35]。

図表＃5.5　「履行利益」補償の原則と限界

原則／制限の別	分　類	概　　要
原　　則	「履行利益」の補償	契約が履行されていたならば居たであろう経済的立場と同じ補償。

---

31) *See* SCOTT J. BURNHAM, DRAFTING AND ANALYZING CONTRACTS: A GUIDE TO THE PRACTICAL APPLICATION OF THE PRINCIPLES OF CONTRACT LAW §4.2.1.1, at 349 (3d ed. 2003); ROBERT A. HILLMAN, PRINCIPLES OF CONTRACT LAW 133 (2004); 24 WILLISTON ON CONTRACTS, *supra* note 5, §64:1, at 5-10; RESTATEMENT (SECOND) OF CONTRACTS §344 (a) & cmt. *a* ("being put in as good position as he would have been in had the contract been performed"と規定).

32) RESTATEMENT (SECOND) OF CONTRACTS §347 cmt. *a*; 24 WILLISTON ON CONTRACTS, *supra* note 5, §64:1, at 6.

33) *See, e.g.,* FARNSWORTH, YOUNG, & SANGER, *supra* note 2, at 1-2 (仮に履行されていたならば居たであろう立場に被約束者を置くことで被約束者の期待を保護する救済の付与が前提であると分析); 24 WILLISTON ON CONTRACTS, *supra* note 5, §64:1, at 7, 9-10 (同旨).

34) UCC §1-106(1) ("... that the aggrieved party may be put in as good as a position as if the other party had fully performed ... .")（改訂版では§1-305）; CALAMARI & PERILLO, *supra* note 10, §14.23, at 601 & n.8; 24 WILLISTON ON CONTRACTS, *supra* note 5, §64:1, at 13 & n.15.

35) *See* 24 WILLISTON ON CONTRACTS, *supra* note 5, §64:2, at 25.

§5-03.「損害賠償（金銭賠償）」の権利と義務　161

原則／制限の別	分　類	概　要
制　限	確定性 certainty 後掲§5-04	リーズナブルに確実な損害額でなければ補償されない。
	損失軽減の原則 mitigation 後掲§5-05	損失が軽減でき得た範囲は原則として補償対象外に成る。
	予見可能性 foreseeability 後掲§5-06	予見可能な範囲内にしか補償の射程は及ばない。

上記三要素以外にも，限界要素としては例えば訴訟に要した弁護士報酬は賠償の対象外（American rule）とか（後掲§5-06-2 [c]），精神的苦痛も原則として契約違反による賠償の対象外（後掲§5-06-2 [d]）等がある。

「*履行* 利益」（*performance* interest）と同じ概念を「*期待* 利益」，即ち「*expectancy* interest」とか「*expectation* interest」と言う場合もあるけれども，正確には「*履行* 利益」と言うべきであると『CALAMARI & PERILLO ON CONTRACTS』は主張している[36]。「*期待* 利益」の方は狭義には，後掲（§5-08）の，損害を三つの利益（(1) *期待* 利益，(2) 信頼利益，および (3) 利得返還利益）に分類する考え方の一つの利益を意味し[37]，多義的だからである。

「*履行* 利益」が違反時の賠償の原則である理由は，それが契約違反による価値を最も良く示しているからである。即ち履行利益は，両当事者が契約締結を通じて合意した約束の価値を表しており，つまりは両当事者が取引の結果得ようとした価値を正確に反映しているので，違反の際の損失を正しく示すとも言え，従って被約束者（受約者）も違反者も共に文句が言えないからである[38]。

履行利益は，簡潔に言えば「net loss」（純損失）を回復する権利を附与するもの

---

[36] CALAMARI & PERILLO, *supra* note 10, §14.4(a), at 566.
[37] *Id.*
[38] 24 WILLISTON ON CONTRACTS, *supra* note 5, §64:2, at 24.

であり，以下の公式で示される[39]。

図表＃5.6　「純損失」(net loss) を表す公式

$$damages = losses\ caused + gains\ prevented \overset{マイナス}{-} savings\ made$$
$$損害賠償額 = 生じた損失 + 妨げられた利得 - 実現できた節約$$

少し詳細に内訳を示せば履行利益は，原則として図表＃5.7のような構成部分から成っている[40]。

図表＃5.7　「履行利益」(損害賠償の原則) の内訳

分類	差引	対象項目	
直接損害 direct damages または 通常損害 general damages	＋ マイナス － －	同様な契約の違反に於いて常に生じる類（たぐい）の結果	違反当事者が約束していた価値
			実際に提供された履行の価値
			非違反者が反対履行（反対給付）をせずに済んだ為に節約できた費用や損失[41]
間接／派生的損害 consequential damages または 特別損害 special damages	＋	通常損害を超えた影響を与えた損害。多くの場合は「lost [operating] profits」（失われた利益）が該当。但し，契約締結時に両当事者が，違反の結果としてリーズナブリーに予見可能かまたは考えていた場合にのみ認容される（後掲§5-06「$\overset{ハドレイ}{Hadley}$対$\overset{バクステンデイル}{Baxendale}$」判例）。
	計	履行利益の損害賠償額	

---

39) *Id.* at 25 n.34. *See also* CALAMARI & PERILLO, *supra* note 10, §14.4(a), at 564（同旨）； 11 CORBIN ON CONTRACTS, *supra* note 6, §55:11, at 38（同旨）.

40) *See* 24 WILLISTON ON CONTRACTS, *supra* note 5, §64:1, at 11（同書の記述を基に本書筆者が図表化）.

41) *See id.* §64:3, at 46.

履行利益には「失われた利益」(**lost profit**) が含まれる場合が多い。何故ならば、「失われた利益」を附与して始めてπが「完全に補償された」(π be made fully whole)と言える場合が多いからである[42]。「失われた利益」とは, 違反が無かりせば得られたであろう利益の意である[43]。

なお確定性, 軽減の原則, または予見可能性という障害ゆえに, 履行利益の立証[44]が困難な場合には, 後掲 (§§ 5-10 to 5-11) のような「信頼損害」(reliance damages) や「利得返還」(restitution) といった所謂「以前の状態」(status quo ante : 原状) への回復が目指される非契約的な救済法理に起源を置く賠償額請求が可能である。一方の信頼利益と利得返還利益は, 契約締結時以前の「過去」の原状の立場へπを戻そうとするけれども, 他方の履行利益は契約が履行された場合の「将来」の期待を満たそうとする点に於いて, 両者は異なる。

§5-03-3.「直接損害」(direct damages):
約束された履行が為されなかった故の価値の損失分 (the ... loss in value of the promised performance) が「直接損害」(direct damages) であり[45], 履行(期待)利益回復の賠償額の基本と成る[46]。例えば約束した品質の製品よりも劣悪な製品を売主が引き渡した不完全履行の場合 (これを「**partial performance** または **partial breach**——部分的履行／部分的違反——」と言う), 以下の額と成る (これを「**loss in value**——価値の喪失——」と言う)[47]。

---

42) *Id.* §64:1, at 24.
43) BLACK'S LAW DICTIONARY 965 (8th ed. 2004).
44) 立証責任を負うπ側は, 原則として, 50%を越えて確からしい旨 ("more likely than not") を示す義務を負う。これを「preponderance of evidence」(証拠の優越) と言う。*See* 拙書『アメリカ不法行為法』, *supra* note 23, at 65, 87.
45) BRIAN A. BLUM, CONTRACTS, Glossary, at 761 (4th ed. 2007).
46) 3 FARNSWORTH ON CONTRACTS, *supra* note 14, §12.9, at 204; RESTATEMENT (SECOND) OF CONTRACTS §347 cmt. *a.*
47) 3 FARNSWORTH ON CONTRACTS, *supra* note 14, §12.9, at 204; RESTATEMENT (SECOND) OF CONTRACTS §347 cmt. *b.* なお物を全く引き渡さなかった債務不履行の場合の loss in value は, 履行していれば得られた額そのものと成る。3 FARNSWORTH ON CONTRACTS,

164　第Ⅱ章　救済

図表＃5.8　「価値の喪失」（loss in value）を表す公式

「契約上の製品の価値」 − 「引き渡された劣悪な製品の価値」 = loss in value
（マイナス）　　　　　　　　　　　　　　　　　　　　　　　　　　　　（価値の喪失）

§5-04. 「確定性の準則」（certainty rule）

損害賠償請求が裁判所に認められる為には，πが確定的な損害額を「合理的な確かさを伴って」（with reasonable certainty）立証しなければならないというルールが，「**確定性の準則**」（**certainty rule**）である[48]。損害の種類が確実であるだけでは無く，その因果関係に於いても確実でなければならない[49]。尤も確定性の程度は「リーズナブル」であれば良い[50]。しかし全くの「当て推量」（speculative や conjecture）な主張では損害賠償が認められない[51]。従って例えば「失われた利益」（lost profit）も合理的な確かさを伴った立証が無ければ救済されない[52]。例えば一般に，スポーツやその他のエンターテインメント等の興行（events）の契約が違反された場合や，新規事業の契約が違反された場合（**new business rule**：新規事業の準則）には，「失われた利益」損害の確定性が欠けていると言われている[53]。尤も特に

---

　　　supra note 14, §12.9, at 204-05. 出版社による出版契約違反であれば，原則的には「著者が得られたはずの royalty＋評判」が loss in value と成るし，購入した物を転売して利益を儲ける場合であれば，「転売に因って得られたはずの利益」が loss in value と成る。Restatement (Second) of Contracts §347 cmt. *a*, illus. 1 & 2.
48) Restatement (Second) of Contracts §352.
49) Calamari & Perillo, *supra* note 10, §14.8, at 574.
50) *Id.*; Murray on Contracts, *supra* note 28, §121[A], at 790 (preponderance of evidence〔証拠の優越〕な立証で充分と指摘)．なお「証拠の優越」に就いては，see, *e.g.*, 拙書『アメリカ不法行為法』，*supra* note 23, at 87.
51) *See, e.g.*, Murray on Contracts, *supra* note 28, §121[A], at 790.
52) Restatement (Second) of Contracts §352 cmt. *a*.
53) Calamari & Perillo, *supra* note 10, §14.8, at 575-76（尤も本文中で指摘するように new business rule は緩和されつつあると指摘）．

§5-04.「確定性の準則」(certainty rule)　165

　後者（新規事業の準則）に就いては，その準則の「決め付け」(per se)的で酷な性格ゆえに裁判所の支持を失いつつあるとも言われており，これは，πが確定性の立証を出来ないだけで違反当事者を免れさせることを良しとしない裁判所の態度の表れであるとも指摘されている[54]。

　なお失われた利益は，後掲（§5-06）や「*Hadley*」判例が示しているように，「予見可能性」(foreseeability)が欠けていても救済されない。ところで「*Hadley*」を用いて確定性の争点に就いて仮想してみれば，shaft の輸送が遅れて工場の操業が止まった為に生じた失われた利益を確実性を伴って立証できない場合，πが請求できる「代替的」(alternative)な損害賠償としては，仮に shaft を他から借り受けた場合のレンタル料金や，自身の shaft の価値に生まれる利子等が認定され得る[55]。

§5-04-1.「機会」(opportunity) と確定性：

　アメリカでは余り追行されることが無い損害賠償請求として，発生不確定な機会的利益の概念がある。後掲（§5-10）「信頼利益」に分類される「**失われた機会**」(**lost opportunity**) の損失は，そもそも立証が難しいので裁判所が容易には認容しないのである。しかし『CALAMARI & PERILLO ON CONTRACTS』や『MURRAY ON CONTRACTS』が紹介する英国の代表判例は，ビューティー・コンテストで上位五〇名に選ばれていたπに，競技会の次回の日時と場所をきちんと△が告知しなかった為に，上位一二名内に残れば得られたであろう賞金を得られなかった「*Chaplin 対 Hicks*」[56]である。陪審は最低賞金額の約四分の一を認定し，これを判決も控訴審も支持。損害額が不確実なばかりか損害発生（入賞）の事実さえも不確実であったにも拘わらず，控訴審が挙げた支持理由は，入賞する機会には価値が在ってこれを平均値で量ることが可能である，としている。アメリカでは余り請求が追行されない法理

---

54) MURRAY ON CONTRACTS, *supra* note 28, §121[A], at 791, §121[B], at 792.
55) CALAMARI & PERILLO, *supra* note 10, §14.11, at 581.
56) Chaplin v. Hicks, [1911] 2 K.B. 786 *in* CALAMARI & PERILLO, *supra* note 10, §14.10, at 579–80; MURRAY ON CONTRACTS, *supra* note 28, §121[C], at 793–94.

だとは言え,「機会に対しリーズナブル・パーソンが支払うであろう価格」(the price that a reasonable person would pay for the opportunity) は,確定性が立証されなければ得られない履行利益の all or nothing なアプローチの酷(ひど)さを緩和する代替的損害賠償である,と『CALAMARI & PERILLO ON CONTRACTS』は示唆している[57]。『MURRAY ON CONTRACTS』は同判例を,確定性の立証が出来ないだけで違反当事者を免れさせることを良しとしない裁判所の態度の表れと分析している[58]。更に MURRAY は,同事件のように偶発事象の発生を履行義務の前提条件としている契約を「**偶発事約(射倖契約)**」(**aleatory contract**) であると位置付けて,「機会の価値」(the value of a chance or opportunity) への救済を偶発事契約の場合に限定する第二次リステイトメントの立場を裁判所が無視するかもしれないと指摘している[59]。

§5-05.「損害軽減の原則」(mitigation principle)

契約違反によって生じる損害に対しては,非違反者もアンリーズナブリーに無為に鎮座して損害拡大を看過することが許されない[60]。この原則は違反者に対する公正の観点からも広く肯定されている[61]。そのような「拡大損害」(enhanced damages) は違反が近因 (proximate cause) とは言えないから,法は原則としてその損害賠償を認めない[62]。この法原則は伝統的に「**損害軽減義務**」(***duty to mitigate damages***) と言われ,非違反当事者(non-breaching party)である π にも損害拡大を最小限度に食い止める「義務」があると表され[63],その義務を履行してさえいれば防止していたであろう部分の賠償を非違反当事者は得られなく成ると言われて来た[64]。しかし

---

57) CALAMARI & PERILLO, *supra* note 10, §14.10, at 580-81.
58) MURRAY ON CONTRACTS, *supra* note 28, §121[C], at 793-94.
59) *Id.* at 794 & n.137 (RESTATEMENT (SECOND) OF TORTS §348(3)を出典表示しながら説明).
60) CALAMARI & PERILLO, *supra* note 10, §14.15, at 584.
61) MURRAY ON CONTRACTS, *supra* note 28, §122[B], at 798.
62) CALAMARI & PERILLO, *supra* note 10, §14.15, at 584.
63) RESTATEMENT (SECOND) OF CONTRACTS §350.

§5-05.「損害軽減の原則」(mitigation principle)　167

　この法理は「義務」と言うよりも正しくは「補償を得る権利が無い」("no right" to recover)と言うべきであり,「［損害］軽減の原則」(**mitigation principle**)と呼ばれたり,「**回避可能な結果の法理**」(**doctrine of avoidable consequences**)とも呼ばれる[65]。

　「損害軽減の原則」は損害賠償の諸ルールの中に既に織り込み済であり,例えば売買契約に於ける損害賠償額として,「契約上の金額」と「市場価格」との差額が用いられる[66]背景には,πが同様な製品を市場で入手して損害拡大を極小化することが織り込まれていると言えよう[67]。

　なお「回避可能な結果の法理」は賠償を否定する場合だけでは無く,逆に賠償を認定する場合にも用いられる。即ち拡大損害を極小化する為にリーズナブルな出費は賠償請求が認容されるからである[68]。例えば売買契約に於ける損害賠償額として,UCCは,前段で言及した「市場価格」と「契約上の価格」との差額だけでは無く,「実際にπが代替品を購入した金額」と「契約上の価格」との差額を「cover price」(代替品調達価格)として請求する選択肢も認めている[69]。即ち拡大損害を回避する為にリーズナブルに要した費用の賠償を認めているのである。

---

64)　*Id.*
65)　*See* CALAMARI & PERILLO, *supra* note 10, §14.15, at 584 & n.4.
66)　*Id.* §14.20, at 592.
67)　*Id.* §14.15, at 584.
68)　*Id.* §14.17, at 588; MURRAY ON CONTRACTS, *supra* note 28, §122[B], at 798.
69)　CALAMARI & PERILLO, *supra* note 10, §14.20, at 592-93（なお市場価格との差額と,実際に購入した代替品との差額とが一致する場合もあるけれども,違反を知ったπが通常の供給源以外から代替品を購入せざるを得なかった場合や,契約と同等な品質・価格の代替品が即座に入手できなかった場合等には,代替品との差額の方が高額に成り,それも cover price として賠償を認容した点に於いて,UCC はコモン・ローよりも更にリーズナブルであると分析）.

168　第Ⅱ章　救済

§5-06.「予見可能性」(foreseeability)

契約違反から自然に生じる「**通常損害**」(general damages)（後掲§5-06-1）に加えて，これを超えた損害が生じるであろう特殊な事情を△が知る理由がある場合に限ってはそのような結果的損害，即ち「**特別損害**」(special damages) も賠償の射程に入る。後者は特に予見可能でなければならないとされるのである[70]。

図表#5.9　「予見可能性」と「Hadley」事件判例

予見可能性	Hadley 対 Baxendale（ハドレイ対バクセンデイル）	通常損害 general damages	一般に予見可能な，自然に生じる範囲内の損害
		特別損害 special damages	特別な事情を知りまたは知る事情が在った場合にのみ補償される損害

このように契約違反者の賠償責任の範囲を，通常は予見可能性のある「通常損害」(general damages) と，特に知り得たという意味で予見可能性のある「特別損害」(special damages) に限定した法理は，1854年の有名な英国の「*Hadley 対 Baxendale*（ハドレイ対バクセンデイル）」事件判例に由来し[71]，日本国民法第四一六条の基にも成っている。言い換えれば，予見可能な損失とは，通常の出来事の経過で生じるものばかりでは無く，特別な事情により違反当事者が知る理由を有する場合も含まれる[72]。その為に例えば契約締結前に「特別な事情」を「通知」(notice) されてしまうと特別損害に対して迄も賠償責任が生じ得る[73]。更に分析すれば，このルールは役務や物品の買主側が彼／彼女のみが知る特別な事情を売主側に対して開示するように奨励し，所謂「情報の非対称性」(asymmetry of information) が解消されて経済

---

70) *Id.* §14.5(a), at 569.
71) Hadley v. Baxendale, 9 Exch. 341 (Ex. 1854).　*See also* RESTATEMENT (SECOND) OF CONTRACTS §351 & cmt. *a.* illus. 1; CALAMARI & PERILLO, *supra* note 10, §14.5(a), at 568-71.
72) RESTATEMENT (SECOND) OF CONTRACTS §351(2); 24 WILLISTON ON CONTRACTS, *supra* note 5, §64:13, at 133 & n.37.
73) 24 WILLISTON ON CONTRACTS, *supra* note 5, §64:14, at 142, §64:15, at 145.

効率性が向上するとも言える[74]。

§5-06-1.「通常損害 [賠償]」(general damages)： 「通常損害 [賠償]」(general damages) とは契約違反の「自然な結果」(natural result)，または「普通に」(in the ordinarily course of event) 生じる損害であり[75]，「違反の近因的結果」(proximate result of a breach) や「『取引の喪失』損害賠償」("loss of bargain" damages) とも言われ[76]，同じ状況下に居る被害当事者であれば誰でもが被るであろう損害であって，その被害当事者が特別な状況に居た為に生じた損害では無い[77]。即ち一般に予見可能な範囲の損害である。

§5-06-2.「特別損害 [賠償]」(special damages) または「結果的損害 [賠償]」(consequential damages)： 「結果的損害 [賠償]」(consequential damages) とは，「通常損害」のように同様な契約の違反に於いて常に生じる類の結果では無いけれども，違反の結果として契約締結時に両当事者がリーズナブリーに予見可能または考えていた範囲 (within the contemplation) の損害を言う[78]。即ち特別

---

74) CALAMARI & PERILLO, *supra* note 10, §14.5(a), at 569. 情報の非対称性に就いては，*see, e.g.*, 拙書『アメリカ不法行為法』, *supra* note 23, at 233–35. なお筆者の契約実務経験に拠れば，特別な事情をたとえ知っていても特別損害に就いては責任を負わない旨の「責任制限」条項を以下のように契約書内で規定する例が多く散見される。(契約実務の諸文例を参考に本書筆者が起案。) (例文に就いては後掲§9-04 も参照。)

> THE SELLER IS NOT LIABLE FOR SPECIAL, INDIRECT, CONSEQUENTIAL, OR INCIDENTAL DAMAGES OF ANY KIND, ... EVEN IF THE SELLER HAS BEEN ADVISED OF THE POSSIBILITY OF SUCH DAMAGES, ...

75) RESTATEMENT (SECOND) OF CONTRACTS §351(2)(a) & cmt. *b*; 24 WILLISTON ON CONTRACTS, *supra* note 5, §64:11, at 123.
76) 24 WILLISTON ON CONTRACTS, *supra* note 5, §64:11, at 123.
77) HILLMAN, PRINCIPLES OF CONTRACT LAW, *supra* note 31, at 142.
78) 24 WILLISTON ON CONTRACTS, *supra* note 5, §64:12, at 124–27.

な事情を知りまたは知る理由があった場合にその特別な事情ゆえの損害を言う[79]。損失軽減の原則等の制限を受けるのは無論だけれども[80]、契約違反から生じる<u>直接損害以外の全ての損害</u>が含まれ、以下がその例となる[81]。「失われた利益」(lost profit)、「失われた機会」(lost opportunity)、その他の直接損害以外の全ての「（現金）出費」(out-of-pocket expenses) である[82]。(尤も後掲§5-06-2[c]「弁護士報酬」の項で説明するように、弁護士費用は通常は賠償として認容されない。)「人身損害」(personal injury) や財物への所謂「拡大損害」(injury to person or property) も結果的損害に含まれる[83]。なお「特別損害」と「結果的損害」は同義である[84]。被害当事者が特別な状況に居た為に生じた損害の意であり[85]、<u>直接損害を超えた影響を与えた損害</u>が「結果的損害［賠償］」(consequential damages) と成る[86]。言い換えれば通常損害以外の損害が特別損害である[87]。

---

[79] Morton A. Pierce & Michael C. Hefter, *Indemnities, in* TINA L. STARK, NEGOTIATING AND DRAFTING CONTRACT BOILERPLATE Ch.10, at 243, §10.08[1][a][A], at 266–67 (2003).
[80] Arkebauer, *supra* note 8, §9.01[3][i], at 223.
[81] *Id.*
[82] *Id.*
[83] 3 FARNSWORTH ON CONTRACTS, *supra* note 14, §12.9, 208–09; RESTATEMENT (SECOND) OF CONTRACTS §347 cmt. *c.* & illus. 4; Arkebauer, *supra* note 8, §9.03[3][ii], at 224.
[84] MURRAY ON CONTRACTS, *supra* note 28, §120, at 787 n.94; HILLMAN, PRINCIPLES OF CONTRACT LAW, *supra* note 31, at 142; CLAUDE D. ROHWER & ANTONY M. SKROCKI, CONTRACTS IN A NUTSHELL §9.2.1, at 428 (6th ed. 2006). *See also* 3 FARNSWORTH ON CONTRACTS, *supra* note 14, §12.14, at 256–57.
[85] HILLMAN, PRINCIPLES OF CONTRACT LAW, *supra* note 31, at 142.
[86] BLUM, *supra* note 45, Glossary, at 761.
[87] 3 FARNSWORTH ON CONTRACTS, *supra* note 14, §12.14, at 256–57; MURRAY ON CONTRACTS, *supra* note 28, §120, at 787 n.94 ("'Special' and 'consequential' are terms applied to damages which result <u>other than in the ordinary course of events</u>."（強調付加）と指摘).

§5-06.「予見可能性」(foreseeability) 171

図表♯5.10 「特別損害」と「結果的損害」

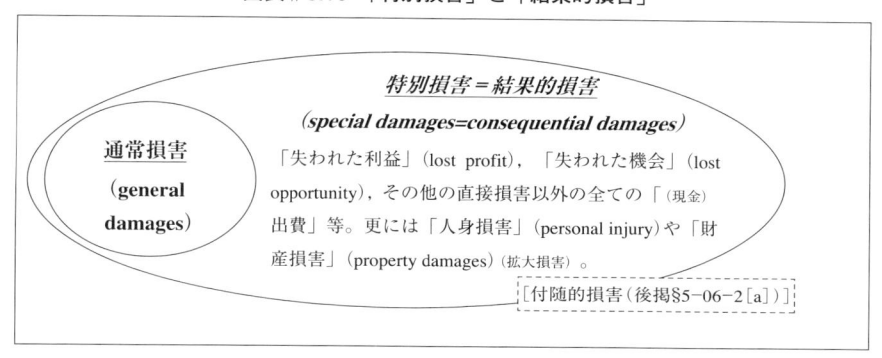

特別損害＝結果的損害
(special damages=consequential damages)
「失われた利益」(lost profit),「失われた機会」(lost opportunity), その他の直接損害以外の全ての「(現金) 出費」等。更には「人身損害」(personal injury) や「財産損害」(property damages)(拡大損害)。

通常損害
(general damages)

[付随的損害（後掲§5-06-2[a]）]

　多くの場合は「失われた利益」(lost [operating] profit) が特別損害／結果的損害に該当し, 約束された履行の市場価値を超えた価値である[88]。履行の価値だけでは計れない損失であり, 履行が生んだであろう利得, または履行が無い為に生じた損失により計られる損失である[89]。例えば前掲 (§5-06)「*Hadley*」判例が示す「失われた利益」は結果的損害の典型例とされる[90]。そのように結果的損害賠償を「失われた利益」であると表すことが一般的であるけれども, 両者が必ずしも一致するとは限らず, 一致するのは通常の理解を超えた特殊な事情ゆえに発生した損失の場合である。前掲図表 (♯5.10) 参照。例えば卸売業者が小売店への納品を懈怠した場合に, 小売店が最終消費者へ再販売して得る小売店の利益は通常の予測の範囲であるから「通常損害」であるけれども, 仮に小売店が通常では考えられない程の利益で再販売を最終的な買手との間でアレンジしていた場合には, 正にその「失われた利益」が「特別損害」と成り得る[91]。

　ところでUCCは, そもそも「結果的損害賠償」(consequential damages) を原則として買主の請求にのみ認定し[92], 売主には認めていない[93]。売買契約に於け

---

88) 24 WILLISTON ON CONTRACTS, *supra* note 5, §64:4, at 50.
89) MURRAY ON CONTRACTS, *supra* note 28, §120, at 787.
90) 3 FARNSWORTH ON CONTRACTS, *supra* note 14, §12.14, at 257 n.5.
91) MURRAY ON CONTRACTS, *supra* note 28, §120, at 787.
92) *See, e.g.,* UCC §2-715 (Buyer's Incidental <u>and Consequential</u> Damages) (emphasis added) (2003年改訂で変更なし); CALAMARI & PERILLO, *supra* note 10, §14.25, at 602.

る買主の主な債務はそもそも代金の支払に限定される為に，その買主が契約違反した際に発生する売主の請求は利子ぐらいに限定されるからであろう[94]。尤もUCCの2003年改訂版は§2-710にサブセクション(2)&(3)を新設して，消費者契約の買主による違反の場合を除き，売主にも結果的損害賠償の請求を認めたけれども，その後2003年改訂は撤回された[95]。

a.「付随的損害賠償」(incidental damages)：付随的損害賠償（incidental damages）とは，簡潔に言えば違反に拠り生じた追加的な出費（additional expenses incurred as a result of the breach）である[96]。この損害賠償も無論，予見可能な範囲という制限が課される[97]。つまり付随的損害賠償は「結果的損害賠償」と同様に「loss in value」（価値の喪失）以外の損失であり，予見可能性の範囲内であれば当然に賠償責任が生じる[98]。このように「結果的損害賠償」と類似した「付随的損

---

[93] *See, e.g.*, UCC §2-710（Seller's Incidental Damages）（但 2003年改訂前）; CALAMARI & PERILLO, *supra* note 10, §14.25, at 602; Arkebauer, *supra* note 8, §9.01[3][ii], at 224; 11 CORBIN ON CONTRACTS, *supra* note 6, §60:19, at 728; 24 WILLISTON ON CONTRACTS, *supra* note 5, §66:30, at 546. なお後掲（本文次項[a]）で指摘するように「付随的損害賠償」は嘗てから売主側にも利用可能であった。11 CORBIN ON CONTRACTS, *supra* note 6, §60:19, at 729; 24 WILLISTON ON CONTRACTS, *supra* note 5, §66:29, at 539.

[94] *See* CALAMARI & PERILLO, *supra* note 10, §14.25, at 602; 11 CORBIN ON CONTRACTS, *supra* note 6, §60:19, at 728.

[95] UCC §2-710 (2) & (3) (2003 amend.); Arkebauer, *supra* note 8, §9.01[3][ii], at 224 & n.57; CALAMARI & PERILLO, *supra* note 10, §14.25, at 603 & n.9; 11 CORBIN ON CONTRACTS, *supra* note 6, §60:19, at 729. 2003年改訂の撤回については，前掲§1-02-2 の脚注113 参照。

[96] MURRAY ON CONTRACTS, *supra* note 28, §120, at 787. *See also* BLACK'S LAW DICTIONARY 417 (8th ed. 2004)("[l]osses reasonably associated with or related to actual damages" と定義しつつ，UCC Art. 2 に於いては売主・買主の違反ゆえに商品の面倒を見なければならない為に生じた費用であると説明).

[97] MURRAY ON CONTRACTS, *supra* note 28, §120, at 787.

[98] 3 FARNSWORTH ON CONTRACTS, *supra* note 14, §12.9, at 207. なお「consequential damages」は伝統的な用語であり，「incidental damages」の方は UCC 上で用いられたものである。*Id.* §12.9, at 207 n.8. *See also* Mohler v. Jeke, 595 A.2d 1247, 1250 (Pa. Super. Ct. 1991)("to recover incidental damages under a breach of contract theory, the damages suffered

§5-06.「予見可能性」(foreseeability) 173

害賠償」概念を前者と区別するのは難しいけれども，第二次リステイトメントは，一方の付随的損害賠償を損失回避の為のあらゆるリーズナブルな努力であると表し，他方の結果的損害賠償を違反の結果として人身あるいは財産へ生じた損害であると表している[99]。

UCC は，付随的損害賠償を，契約違反時以降に発生した損害で，違反に対処する為に要した商業的に理に適ったリーズナブルな費用を言い[100]，例えば，買主側の付随的損害賠償の場合は正当に受領を拒絶した際の検収や在庫費用あるいは代替品を買わざるを得なく成った為の諸費用であり[101]，売主側の付随的損害の場合は買主の契約違反により引き渡しを停めたり，輸送したり，管理したり，返送する為に生じた費用と例示している[102]。つまりは損失を最小限化（mitigate）する為に

---

must be direct and foreseeable"（emphasis added）と指摘．
[99] MURRAY ON CONTRACTS, *supra* note 28, §118[A], at 775 & n.35（RESTATEMENT (SECOND) OF CONTRACTS §347(b) & cmt. *c.* を出典表示しつつ解説）. *See also* Eric C. Schneider, *Consequential Damages in the International Sale of Goods: Analysis of Two Decisions,* 16 U. PA. J. INT'L BUS. L. 615, 624 (1995)（両者の区別を "Under U.S. law, 'incidental damages' include additional costs incurred after a breach in a reasonable attempt to avoid loss, even if the attempt is unsuccessful, while 'consequential damages' include such items as injury to person and property, and lost profits caused by the breach." であると指摘）. *See also* Sprague v. Sumitomo Foresty Co., 709 P.2d 1200, 1206 (Wash. 1985)（NY 州の先例 *Petroleo Brasileiro, S.A. Petrobras v. Ameropan Oil Corp.,* 373 F.Supp. 503, 508 (E.D.N.Y. 1974)を出典表示しながら "While the distinction between the two is not an obvious one, the Code makes plain that incidental damages are normally incurred when a buyer (or seller) repudiates the contract or wrongfully rejects the goods, causing the other to incur such expenses as transporting, storing, or reselling the goods. On the other hand, *consequential damages* do not arise within the scope of the immediate buyer-seller transaction, but rather *stem from losses incurred by the non-breaching party in its dealings, often with third parties,* which were a proximate result of the breach, and which were reasonably foreseeable by the breaching party at the time of contracting. (italics original)" と指摘）.
[100] BLUM, *supra* note 45, §18.12.2, at 687; Arkebauer, *supra* note 8, §9.01[3][ii], at 224.
[101] BLUM, *supra* note 45, §18.12.2, at 687; 3 FARNSWORTH ON CONTRACTS, *supra* note 14, §12.9, at 208; RESTATEMENT (SECOND) OF CONTRACTS §347 cmt. *c.* & illus. 3; UCC §2-715（2003 年改訂で変更なし）.
[102] UCC §2-710(1)（2003 年改訂前と同じ）.

生じた費用等を言う[103]。

b.「利子」（interest）： 利子に就いては，金銭的価値が確定できる（ascertainable）履行を⊿が怠った場合に，通常，πに賠償が認定され得る[104]。

c.「弁護士報酬」（attorney's fee）： 幾つかの例外を除き，原則として勝訴したπであっても弁護士費用を賠償として認定されることが無い[105]。但し契約書内で別段の約定・方針が明記してあれば，過半数(majority)の法域では賠償として認められる[106]。従って以下のような文言が契約書内［の特に後掲（§5-12）する「損失補償条項／hold harmless clause(ホールド ハームレス)」］にしばしば見受けられるのである。

> The Seller shall indemnify and hold harmless the Buyer from and against any judgment or awards and reasonably related costs and expenses (including reasonable attorney's fees incurred by the Buyer) arising out of or in relation to ....

契約実務の諸文例を参考に本書筆者が起案（強調付加）。

なお契約法に限らず，そもそも裁判に於いて勝訴当事者であっても相手方から弁護士報酬支出の補償を得られないのがアメリカの原則であり[107]，「**American(アメリカン) rule(ルール)**」と呼ばれる[108]。その理由は，資力の無いπが価値のある請求の追行を思い

---

103) BLUM, *supra* note 45, §18.12.2, at 687.
104) *Id.* §18.12.1, at 687; RESTATEMENT (SECOND) OF CONTRACTS §354(1) & cmt. *c.*
105) BLUM, *supra* note 45, §18.12.3, at 688.
106) *Id.*; CALAMARI & PERILLO, *supra* note 10, §14.35, at 618（lease や credit sales 等の契約書では支払回収に要した弁護士報酬を請求する規定を挿入するのが慣行であり，過半数の法域で支持されていると指摘）．*See also* Pierce & Hefter, *supra* note 79, §10.08[1][b], at 267-68（損失補償条項内で弁護士費用を補償してもらえる権利を明記するように奨励）.
107) BLUM, *supra* note 45, §18.12.3, at 688.
108) Pierce & Hefter, *supra* note 79, §10.08[1][b], at 267-68.

止まらせない為である[109]。逆に勝訴者が敗訴者から弁護士報酬支出の償還を得られる「敗訴者負担主義」のルールは「**English rule**」と呼ばれる。

d.「精神的苦痛」(mental distress)： 原則として，契約違反に因って被った「精神的苦痛」(**mental distress**)には損害賠償が認められない[110]。政策(policy)として，事業の危険の射程を制限しているのである[111]。尤も例外として，契約違反によって「人格」(personality)が侵害された際に類型的に精神的苦痛への損害賠償が認容されている場合がある[112]。例えばホテルの客や，輸送機関の乗客や，葬儀の客等の場合である[113]。

§5-07.「救済方法の選択」(election of remedies)と「重複的救済条項」(cumulative remedy provision)

「救済方法の選択」(election of remedies)或いは「選択的救済方法」(**alternative remedies**)とは，不整合(inconsistent)な諸救済の中から何れ(いず)の救済を選択するかを被害当事者が決めなければならない法理を言う[114]。不整合な諸救済とは，つまり，契約が終了(termination)しなければ契約終了による損害賠償を請求できないはずなのに，契約違反者に対して契約の特定履行を請求しつつ同時に

---

109) CALAMARI & PERILLO, *supra* note 10, §14.35, at 618.
110) *Id.* §14.5(b), at 571.
111) *Id.*; MURRAY ON CONTRACTS, *supra* note 28, §123, at 807（裁判所が reluctant であると指摘）.
112) CALAMARI & PERILLO, *supra* note 10, §14.5(b), at 571; MURRAY ON CONTRACTS, *supra* note 28, §123, at 807（重篤な精神的侵害が予見可能なだけでは無く特に蓋然性の高い結果でもある場合と類型化して説明）.
113) CALAMARI & PERILLO, *supra* note 10, §14.5(b), at 571.
114) *See* Arkebauer, *supra* note 8, §9.02[1], at 209; BLACK'S LAW DICTIONARY 558 (8th ed. 2004)（同じ事実から利用可能な複数の不整合な救済請求の内から請求権者が一つを選ぶことと定義）.

契約終了による損害賠償を請求することは不整合に成る[115]。尤も現代的解釈の主流は，非違反当事者が［少なくとも請求当初に於いては］重複的・重畳的（cumulative）に何れの救済を請求しても良く，その中には不整合な救済が幾つか含まれても構わないとの前提に立つ[116]。例えば，売主から名馬であると表明されて購入したところ駄馬だった「不実表示」（後掲§8-02-4）の場合の買主の救済としては，馬を手放さずに価値の差額の損害賠償を請求するか，または契約を取り消して馬を還すと共に代金の「利得返還」（restitution）と餌代と獣医療治療費等の出費を請求するかに就いては，提訴してから決めても良い傾向にある[117]。但しπが過剰に補償されるのを避ける為に，訴訟手続の何処かの時点で（遅くとも評決後の判決の前までに）πが適切な救済を選択するように裁判所が要求することに成る[118]。即ちπが契約締結により得られたであろう利益や，契約締結前の状態に戻す利益を超えて，契約違反によって却ってπがより良い経済的立場に至るのを防止する為にも，「救済方法の選択」をπが迫られる。訴訟の何れの時点で何処まで救済の選択が迫られるかは，裁判所の裁量権によって定まる所が大きい[119]。

§5-07-1. 契約実務に於ける「重複的救済条項」：　裁判所が裁量で行使する「救済方法の選択」の法理によって，当事者の救済の範囲が狭められる虞を避

---

115) Arkebauer, *supra* note 8, §9.02[1], at 210.
116) *Id.* §9.02[2], at 211; BLACK'S LAW DICTIONARY 558 (8th ed. 2004)（救済方法の選択の法理は今では廃れて稀にしか適用されないと説明）; CALAMARI & PERILLO, *supra* note 10, §9.23, at 357.
117) *See* CALAMARI & PERILLO, *supra* note 10, §9.23, at 355-57. *See also* 27 WILLISTON ON CONTRACTS, *supra* note 5, §69:56, at 166（本文中のハイポのように「不実表示」の場合に doctrine of election of remedies が最も多く適用され且つ議論されているであろうと指摘）.
118) Arkebauer, *supra* note 8, §9.02[2], at 211; CALAMARI & PERILLO, *supra* note 10, §9.23, at 356（救済の対象項目が重複しない限りに於いては救済の選択が不必要であると解説）.
119) Arkebauer, *supra* note 8, §9.02[2], at 211.

ける為に，契約実務に於いては，下線_出来るだけ複数の救済を得ることが当事者の意図である旨を明記する条項を挿入する例も以下のように散見され[120]，「**重複的救済条項**」（**cumulative remedy provision**）と呼ばれる。これは，逆に当事者が責任範囲を制限・限定しようと試みる「責任制限」（limitation of liability）条項とは対極的な約定である。

ARTICLE○○. REMEDIES

  No right or remedy enumerated or conferred upon herein is intended to be _exclusive_ of any other right or remedy and each and every right and remedy is _cumulative_ and is _in addition to_ every other right or remedy given in any way hereunder, under any ancillary agreements, or _now or hereafter existing_ at law, equity, statute, or otherwise.

This provision is partially based upon suggested one *in* Arkebauer, §9.02[4][a], *supra* note 8, at 913（英文契約書の諸実例を参考に本書筆者が修正）（強調付加）．

§5–08. 三つの利益 ——「期待利益」「信頼利益」「利得返還利益」

　Fullerの有名な共著論文[121]が影響を与えて判例や第二次リステイトメント（§344(a)–(c)）も採用する，損害賠償の現代的分析に拠れば，損害の利益は以下（図表#5.11）の三種に分類される[122]。各利益の説明は後掲（§§5–09 to 5–11）参照。な

---

120) *Id.* §9.02[4][a], at 211–22（特に貸付や担保契約に於いて一般的と指摘）．
121) Lon L. Fuller & William R. Perdue, Jr., *The Reliance Interest in Contract Damages* (Prts. 1 & 2), 46 YALE L. J. 52 (1936)（54頁に於いて三分類の概念を指摘）．
122) 23 WILLISTON ON CONTRACTS, *supra* note 5, §64:2, at 21 & nn.25–26．尤も『CALAMARI & PERILLO』曰く，三つの利益に分類する学説は広く受容されてはいるけれども裁判所への影響は殆ど無い．CALAMARI & PERILLO, *supra* note 10, §14.4 (a), at 565．*See also*

お前掲（§§5-06-2, 5-05）「結果的損害」（consequential damages）や「損害軽減に要した費用」（expenses incurred in minimizing damages）の概念を「第四番目の利益」（a forth element）に分類する見解も見受けられる[123]。

図表＃5.11　契約違反に対する救済対象と成る主な三種の利益

番号	項　目	金額の多寡[124]	金額多寡の理由[125]
①	期待利益 expectation interest	通常は，最も高額。	通常は，契約が履行された場合にリターンが極大化するような契約を取り交わしているはずだから。
②	信頼利益 reliance interest	通常は，最も低額。	通常は，契約が履行された場合に得られるリターンよりもコストは小額にしか掛からない契約を取り交わしているはずだから。
③	利得返還利益 restitution interest	通常は，中間的な金額。	信頼利益よりも多額な理由は，通常πは自らのコストが△に附与する利得よりも多額に成る契約は取り交わさず，△もπのコストを下回る利得の契約は取り交わさないので，△に附与する利得の方がπのコストを上回るから。期待利益よりも小額な理由は，πは△に利得を附与する為に生じる損失を上回る極大化させた利得を目指した契約を取り交わしているはずだから。
通常は，*expectation interest* ＞ *restitution interest* ＞ *reliance interest* 　　　　期待利益　　＞　　利得返還利益　　＞　　信頼利益			

ところで例外的に期待利益では無く寧ろ利得返還利益をπが請求する主な場合としては以下が考えられる[126]。

---

　11 CORBIN ON CONTRACTS, *supra* note 6, §55:11, at 40（同旨）.
123）CALAMARI & PERILLO, *supra* note 10, §14.4(a), at 567.
124）23 WILLISTON ON CONTRACTS, *supra* note 5, §64:2, at 39.
125）*Id.* at 39-40.
126）*Id.* at 40-42.

図表#5.12　期待利益よりも利得返還利益を請求する主な例外的場合

分　類	概　要
期待利益の立証が難しい場合	例えば，前掲（§5-04）「確定性」を欠く為に期待利益をπが立証できない場合，代替的に利得返還利益［または信頼利益］をπは請求する。
losing contract rule 失敗した［損失を生むような］契約の準則	仮に違反されずに履行が完全に為された場合には却ってπが損失を被ってしまうようなマズい契約を締結していた場合に，πは期待利益よりも利得返還利益を求めたがる。
defaulting π rule 違反者がπの準則	違反者側がπの場合でも，πは△に附与した利得のリーズナブルな価値を利得返還賠償として請求できる。尤も△が附与された利得分は減額される。

§5-09.「期待利益」(expectancy interest)

「*期待*利益」(expect<u>ancy</u> interest または expect<u>ation</u> interest) は，前掲（§5-03-2）の「*履行*利益」(*performance* interest) とほぼ一致して「利得の期待」(prospect of gain) を保護するけれども，両者の大きな違いは前者 (*期待*利益) が「<u>機会費用</u>」(<u>opportunity</u> cost) <u>を含まない</u>点にある[127]。何故なら機会費用は「信頼費用」に分類されるからである[128]。

なお期待利益の証明が確定性を欠如する等の理由で困難な場合でも[129]，非契約法理的な救済方法に起源を有する以下の信頼利益や利得返還利益の理論を用いれば，夫々(それぞれ)の利益の回復が可能である。

---

127) *See* CALAMARI & PERILLO, *supra* note 10, §14.4(a), at 565–66; 11 CORBIN ON CONTRACTS, *supra* note 6, §55:11, at 40. なお機会費用（失われた機会）に就いては，see text at 次頁 §5-10.
128) *See* CALAMARI & PERILLO, *supra* note 10, §14.4(a), at 565–66; 11 CORBIN ON CONTRACTS, *supra* note 6, §55:11, at 40.
129) 24 WILLISTON ON CONTRACTS, *supra* note 5, §64:2, at 30.

§5-10.「信頼利益」(reliance interest)

「信頼利益」(**reliance interest**) とは，契約締結以前の状態に非違反当事者(non-breaching party)を戻そうとする利益であり[130]，契約を信頼して非違反当事者がリーズナブリーに支出した費用の償還であり[131]，非違反者が履行の準備の為に費やした出費も含む[132]。Lon L. Fuller がこの法理の発展に寄与したことで有名である[133]。例えば建築請負契約に於ける非違反当事者たる建築業者側が既に支出した資材購入費用や，既に建築をした部分の労賃等が信頼利益である。仮に契約を締結していなければ居たであろう「以前の状態」(*status quo ante*：原状) に戻すのが目的である[134]。

なお信頼利益は以下（図表#5.13）のように二種類に分類される[135]。即ち信頼した為に生じた不可欠な費用である「**不可欠的信頼利益**」(**essential reliance**) のみならず，予見可能な付帯的(foreseeable collateral)費用も「**付随的信頼利益**」(**incidental reliance**) として信頼利益救済の対象たり得る[136]。

---

130) *See, e.g., id.* at 30–32; RESTATEMENT (SECOND) OF CONTRACTS Ch.16, Topic 4. Restitution, Introductory Note.
131) *See* HILLMAN, PRINCIPLES OF CONTRACT LAW, *supra* note 31, at 133; RESTATEMENT (SECOND) OF CONTRACTS §§90, 344; BLUM, *supra* note 45, §8.7, at 217.
132) 24 WILLISTON ON CONTRACTS, *supra* note 5, §64:2, at 30.
133) *See, e.g.,* 3 FARNSWORTH ON CONTRACTS, *supra* note 14, Biographical Appendix, at 387; GILMORE, *supra* note 4, at 90.
134) BLUM, *supra* note 45, §18.7, at 667.
135) *See, e.g.,* CALAMARI & PERILLO, *supra* note 10, §14.4(a), at 566–67; 11 CORBIN ON CONTRACTS, *supra* note 6, §55:11, at 41. そもそもは Fuller 達による有名な論文が二つの分類を示していると指摘。*See, e.g.,* 3 FARNSWORTH ON CONTRACTS, *supra* note 14, §12.1, at 153 n.19（Fuller & Perdue, *supra* note 121, at 78 を出典表示）。
136) CALAMARI & PERILLO, *supra* note 10, §14.9, at 578; 3 FARNSWORTH ON CONTRACTS, *supra* note 14, §12.1, at 153.

§5-10.「信頼利益」(reliance interest)　181

図表#5.13　信頼利益の分類

	信頼利益 reliance interest	
	⇓	⇓
分類	不可欠的信頼利益 essential reliance （performance cost）	付随的信頼利益 incidental reliance （surplus enhancing cost）
概要	履行に要する（required）費用	履行に要する訳では無いけれども履行を助成する（furthering）費用
例	フランチャイズ契約上のフランチャイジーの義務である店舗の建設	フランチャイジーの義務では無いけれども，売上を上げる為に要した宣伝広告費用

　以上の他に概念上は信頼利益に分類される項目としては「**lost opportunity**」（**失われた機会**）が在り，それは例えば，違反された当該契約以外の他の契約を締結する機会を失ってしまった利益である[137]。しかし失われた機会は，前掲（§5-04)「確定性の準則」に関連して触れたように，そもそも立証が難しいので容易には裁判所に認容されない[138]。例外的に認容された事例等に就いては，同前掲（§5-04-1）参照。
　ところで，たとえconsideration（コンシダレイション）の要件を満たせずに契約が成立していない約束であっても，これを「信頼することが正当化された」(justifiable reliance）場合という第二次リステイトメント§90の要件を満たせば，前掲の非契約的救済法理である「**約束的禁反言**」（**promissory estoppel**）を根拠とする賠償請求に於いても信頼利益を用いることが可能である[139]。更には，期待利益だけでは被害者を完全に補償する（make the injured party whole）ことが出来ない場合でも，裁判所

---

137) 3 FARNSWORTH ON CONTRACTS, *supra* note 14, §12.1, at 154.
138) *Id.*
139) 24 WILLISTON ON CONTRACTS, *supra* note 5, §64:2, at 35.

は期待利益に加えて信頼利益を認めることが可能である[140]。

§5-11.「利得返還利益」(restitutional interest)

　前掲（§4-02）したように，「利得返還」（**restitution**）とは[141]，一方当事者が他方当事者に利得を附与し，他方当事者がその利得を対価なしに保持することが正義に反する場合，その返還を法が強要するものである[142]。「不当利得」（**unjust enrichment**）の防止も目的とする法理である[143]。

　「利得返還的*損害賠償*」（restitution *damages*）は，⊿に附与し且つ⊿が受領した利得を基に測定されるので，πの損失を基に測定されるのでは無い点が，前項の信頼的損害賠償の場合と異なり，両者共に契約締結前の状態に戻す賠償ではあるけれども，前者（利得返還的賠償）は⊿から利得を剥ぎ取ることによりそれを達成する点が，πの損失を埋め合わせることで補償を達成する後者（信頼損害賠償）と相違する[144]。前掲（§4-02-1）内の図表（#4.2)「『約束的禁反言』と『利得返還』の異同」参照。

　衡平法上の救済に起源を置く財物自体の利得返還は「**同一物による利得返還**」（**specific restitution** や **specific restoration**）と呼ばれ，コモン・ロー上の金銭の救済である価値の利得返還は「**monetary restitution**」（金銭の返還）と呼ばれる。後者では不適切（inadequate）な場合にのみ前者が認められるのは，前者が衡平法上の救済だからである。前掲§4-02-2参照。

---

140) *Id.*
141) *See* Hillman, Principles of Contract Law, *supra* note 31, at 88, 133; Restatement (Second) of Contracts §344; Blum, *supra* note 45, Glossary, at 774.
142) *See, e.g.*, Lon L. Fuller & Melvin Aron Eisenberg, Basic Contract Law 348 (8th ed. 2006); Restatement (Second) of Contracts §344 cmt. *d.*
143) *See* Restatement (Second) of Contracts Ch.16, Topic 4. Restitution, Introductory Note.
144) *See* 24 Williston on Contracts, *supra* note 5, §64:2, at 38.

§5-12.「損失補償」(indemnity) 条項または「hold harmless clause」(賠償責任免除特約)

　「損失補償」(**indemnity**) とは，損失に責任のある当事者 (indemnitee：被補償者) が，その損失を他者 (indemnitor：補償者) に転嫁する権利を言い，その権利は通常，契約上の明示の約束により生じるけれども，法上黙示 (擬制) される場合もある[145]。そして「損失補償条項」とは，相手方当事者 (被補償者) に発生した賠償責任や損害 (損失や不利益等) を一方当事者 (補償者) が負担する旨を約束した契約条項を言い[146]，別名「**hold harmless clause**」(賠償責任免除特約) とも言う[147]。即ち「ホールド・ハームレス」とは，損害や賠償責任から他人を免除することを言い[148]，「hold harmless agreement」とは他人を損失補償する (*i.e.,* 他人の責任や損害を負担する) 旨の契約を言う[149]。損失補償条項の利点は，契約法や他の法理上の救済や責任の範囲が曖昧なのに比べて，明文規定を用いてその範囲を明確化できることにある[150]。以下例文参照。

ARTICLE○○. INDEMNIFICATION

　(a) INDEMNITY. Subject to the limitation set forth in Article○○, either party (the "Indemnifying Party") shall *defend, indemnify, and hold harmless* the other party and the stockholders, officers, directors, partners, employees, and agents of the other party or its Affiliate (collectively the "Indemnified Party") *from and against any and all* third-party *claims, demands,* **causes of action,** *liabilities, whether joint or several, losses, damages, costs, or expenses (including but not limited to [rea-*

---

145) Pierce & Hefter, *supra* note 79, §10.02[1], at 248.
146) BLACK'S LAW DICTIONARY 784 (8th ed. 2004).
147) *Id.*; Pierce & Hefter, *supra* note 79, §10.07[1], at 262.
148) BLACK'S LAW DICTIONARY 749 (8th ed. 2004).
149) *Id.*
150) Pierce & Hefter, *supra* note 79, §10.03, at 252.

sonable] attorneys' fees, other professional fees, and their disbursements ⁽*⁾ (collectively the "Liability"), arising out of or in relation any way to (i) inaccuracy or breach of representation or warranty made by the Indemnifying Party, (ii) breach of this Agreement by the Indemnifying Party, or (iii) any negligence or omission by the Indemnifying Party or its employees or agents in connection with the performance by the Indemnifying Party.　Notwithstanding the foregoing, the Indemnifying Party is not required to defend, indemnify, or hold harmless the Indemnified Party if the Liability results from the gross negligence or knowing and willful misconduct of the Indemnified Party.

(b) DEFENSE OF THIRD-PARTY CLAIMS.　The Indemnified Party shall promptly notify the Indemnifying Party of any indemnifiable claim as set forth in the above paragraph and shall give the Indemnifying Party the opportunity to defend or negotiate settlement at the Indemnifying Party's expense.　The Indemnified Party shall cooperate with the Indemnifying Party at the Indemnifying Party's expense, in defending or settling such claim.

The Indemnified Party reserves its right to employ separate counsel of reputable standing at its own expenses and to participate in such claim or action, including settlement or trial, so long as such participation does not substantially interfere with the Indemnifying Party's defense thereof.

Before entering into any settlement, adjustment, or compromise of such claim or action, the Indemnifying Party shall obtain the prior written consent of the Indemnified Party which shall not be unreasonably withheld by the Indemnified Party.

This provision is partially based upon suggested ones *in* Morton Thiokol, Inc. v. Metal Bldg. Alteration Co., 193 Cal.App. 3d 1025 (1987) (emphasis added) *cited in* MURRAY ON CONTRACTS, *supra* note 28, §98[B], at 581 n. 389; Pierce & Hefter, *supra* note 79, §10.13[1][b][ii], at 297, §10.08[1][b], at 268（強調付加）（英文契約書の諸実例を参考に本書筆者が修正）.
（＊）「disbursement」とは、支出・出費の意であり、法律事務所の実務に於いては依頼人に対する役務提供に伴って立替払いした通信費や交通費等の費用を意味する。

損失補償／ホールド・ハームレス条項に対する司法の嘗ての態度は，被補償者に厳しく解釈する傾向にあったけれども，近時は条項を認容する方向にある[151]。尤も被補償者自身の過失による損失までを補償する条項は無効であるとする州も幾つか在り，逆に単純過失までは補償を許容するけれども故意または違法な行為の場合は認めないという州もある[152]。また懲罰賠償の損失補償を禁じる州も在り，その理由は，同賠償の抑止力や応報機能に反するからとされる[153]。制定法が損失補償／ホールド・ハームレス条項を制限している場合も在り，例えばジェネラル・コントラクター（一式請負業者）の過失に因る損失をサブ・コントラクター（下請業者）が補償することを禁じたり，環境汚染の洗浄費用を第三者に転嫁したり，証券詐欺の責任を補償すること等が禁じられている[154]。

　なお損失補償／ホールド・ハームレス条項の有効性の概説に就いては，後掲（§§5-13, 9-04）参照。

§5-13. 「責任制限」（limitation of liability）・「責任排除」（disclaimer）条項

　「責任制限」（limitation of liability）または「責任排除条項」（disclaimer）とは，一方または双方当事者の責任を契約上の合意によって軽減または免除する規定を言う。例文に就いては，後掲§9-04参照。責任が減免されるとは，即ち，被害当事者側の救済が制限されることに成る。後掲（§8-05-3）の「『標準書式合意書』・附合契約の非良心性的検討」の項で説明するように，所謂「B 2 C」（ビー・トゥー・シー）（business-to-consumer：企業対消費者）型の消費者契約等では，企業側の責任制限／排除条項等の有効性を制限する傾向が見られる[155]。例えば製造物責任の排除／制

---

151) Id. §10.04[1], at 252.
152) Id. §10.04[2][a][i], at 253.
153) Id. §10.04[2][a][ii], at 253-54, §10.08[1][a][B], at 267.
154) Id. §10.04[2][b], at 254-55.
155) 24 WILLISTON ON CONTRACTS, supra note 5, §64:17, at 154.

限条項は殆ど強制力が無い[156]。加えて消費者保護の特別法が存在する場合もある[157]。

しかし「Ｂ２Ｂ」(ビー・トゥー・ビー)(business-to-business：企業対企業) 型の契約に於いては，有効性が認められる傾向にあり，例えば UCC §2-719 (1)(a) や (3) もそのような立場を採っている[158]。即ち非良心性に該当したり[159]，またはパブリック・ポリシーに反する特殊な場合を除いては，Ｂ２Ｂ型の契約に於ける責任制限・責任排除条項が原則として有効とされ，その理由は「契約自由」(freedom of contract) の原則を強く重んじるパブリック・ポリシーにある[160]。有効性が問題に成る特殊な場合とは，例えば契約交渉過程で「不公正な不意打ち」(unfair surprise) があったような場合である[161]。逆に責任制限・排除条項の有効性を防禦する為には，そのような条項がリーズナブルな「取引の経過」(course of dealing) や「取引慣行」(usage of trade) に於いて行われている旨を示すのが有効である[162]。以上に加えて，Ｂ２Ｂ型の契約に於いても特別法が責任制限・責任排除条項を制限する場合がある。例えば「販売特約店（一手販売店）」(distributor) を保護する為に，責任を負うこと無しに契約を終了し終えるのは理由がある場合に限定し，事前通知を要件とし，且つそれでも販売特約店側在庫のメーカー側による買取義務が強制される[163]。

---

[156] *See, e.g.,* Arkebauer, *supra* note 8, §9.03[2][b], at 222-23, §9.03[3][ii], at 225（消費者物品の場合に人身損害の consequential damages を制限する条項は prima facie に unconscionable であるという UCC の規定を紹介しながら解説）.

[157] *Id.*

[158] 2003 年改訂で変更なし。なお対消費者契約に於ける consequential damages の制限は unconscionable であるけれども，商業的な損失に就いてはその限りでは無いと規定している。

[159] UCC §2-719(3)(2003 年改訂で変更なし); Arkebauer, *supra* note 8, §9.03[3][ii], at 225.

[160] 24 WILLISTON ON CONTRACTS, *supra* note 5, §64:17, at 154.

[161] *Id.* at 160.

[162] *Id.*

[163] Arkebauer, *supra* note 8, §9.03[2], at 222.

§5-14.「予定損害賠償」(liquidated damages)

　「**liquidated damages**」(予定損害賠償)とは，契約違反の際の損害額を事前に取り極めておくことである[164]。日本に於ける国際法務の実務に於いては略称して「リキ・ダメ」と呼ばれている。前掲(§5-13)の通り，特にＢ２Ｂ型取引に於ける責任制限・責任排除条項は一般的にパブリック・ポリシー等に反しない限りは有効と解されており，リキ・ダメ条項も同様である。リキ・ダメ条項を合意しておく利点は，契約違反の際に損害賠償を立証する手間を省けることである[165]。一方ではその救済を得られる非違反者(買主)側に有利な規定のように見えるけれども，他方ではリキ・ダメ上の救済を排他的な救済として合意できれば違反者(売主)側にとっても損害賠償の範囲を限定できる利点を享受する可能性もある[166]。例えば製造業者／売主が，買主からの依頼に基づいて新規な製品を設計・製造する場合，契約違反に成った際の損失を唯一排他的なリキ・ダメに限定できれば，それ以上のリスクを回避可能と理解できよう[167]。

　しかしリキ・ダメ条項を起案する際の注意点は，それが「制裁条項」(penalty clause)または「違約罰条項」(penal provision)であると裁判所に解釈された場合には，パブリック・ポリシーに反し「非良心的」(unconscionable)に成ることである[168]。その為にたとえ両当事者が誠実に交渉し且つ対等(arms' length)に合意した場合であっても，制裁条項は強制可能に成らない[169]。何故ならば前掲

---

164) RESTATEMENT (SECOND) OF CONTRACTS §356 cmt. *a*.
165) Arkebauer, *supra* note 8, §9.03[3][i], at 225-26.
166) *Id.* at 226.
167) *Id.*
168) *See, e.g.*, 24 WILLISTON ON CONTRACTS, *supra* note 5, §65:1, at 217-23, 231 (制裁を意図していたり，制裁の効果を有していたり，実損害額から懸け離れている為に履行を強要する効果があったりすればパブリック・ポリシーに反して enforce され無いと指摘).
169) *Id.* §65:1, at 225.

（§5-03-1 [b]）の通り，契約法理上は懲罰賠償が認容されていないので[170]，制裁的な条項は無効に成ってしまうのである[171]。法制史的には元来，衡平法で禁じられていた契約違反に対する懲罰が，後にコモン・ローにも採用されるに至り，「契約上の制裁強制禁止則」(**the rule against the enforcement of contractual penalties**) が確立している[172]。契約法上の救済の目的が補償にあり，リキ・ダメ条項は実損害立証の必要性を省いてその代替を目指すから，後者は当然に懲罰的であってはならず「補償」が目指されなければならないのである[173]。

以上のアメリカの制裁強制禁止則は，英米法に特徴的であって，大陸法に於いては許容されている[174]。従って両法域に跨る当事者間の国際契約実務に於いては，注意を要すべき点と成る。

なお，制裁的であるか否かの裁判所による認定に際しては，交渉過程の証拠のような，契約書面以外の外部証拠も採用され得る（*i.e.,* 口頭証拠排除の準則の適用外）という指摘もあるので[175]，要注意である。

以下，第二次リステイトメントのブラック・レター部の規定が理解に資するので，引用しておく[176]。

---

170) RESTATEMENT (SECOND) OF CONTRACTS §356 cmt. *a*（賠償の目的は補償であって制裁では無い原則に従う必要性を指摘）; 24 WILLISTON ON CONTRACTS, *supra* note 5, §65:1, at 226.
171) 尤もリキ・ダメ条項が unenforceable であってもそれ以外の契約部分は enforceable であり，損害賠償は通常の原則によって認定されることに成る。RESTATEMENT (SECOND) OF CONTRACTS §356 cmt. *a*.
172) CALAMARI & PERILLO, *supra* note 10, §14.31, at 611–12.
173) 24 WILLISTON ON CONTRACTS, *supra* note 5, §65:1, at 226–30, §65:3, at 250.
174) MURRAY ON CONTRACTS, *supra* note 28, §125[C][3], at 819.
175) 6 CORBIN ON CONTRACTS, *supra* note 6, §580, at 142.
176) なお UCC §2-718(1)にもほぼ同様な規定があり，第二センテンスに就いて 2003 年改訂「前」の規定では効果を unenforceable とはせずに void と記載していた。*See* Arkebauer, *supra* note 8, §9.03[3][ii], at 228. 即ち改訂「前」には「A term fixing unreasonably large liquidated damages is void as a penalty.」（強調付与）という第二センテンスが在った。しかし 2003 年改訂版ではその第二センテンス自体が削除されている。*See infra* text accompanying notes 188–90. 尤も 2003 年改訂の撤回について，前掲§1-02-2 の脚注 113 参照。

§356. Liquidated Damages and Penalties

(1) Damages for breach by either party may be liquidated in the agreement but only at <u>an amount that is reasonable</u> in the light of the anticipated or actual loss caused by the breach <u>and the difficulties of proof of loss</u>. A term fixing unreasonably large liquidated damages is <u>unenforceable</u> on grounds of public policy as a penalty.

RESTATEMENT (SECOND) OF CONTRACTS §356(1) (emphasis added).

　制裁条項とされる典型的な場合は，条項の目的が，制裁によって契約違反を「抑止」(deter) しようとし，且つ違反した場合には「罰する」(punish) 場合である[177]。逆にリキ・ダメ条項が有効と解釈される為には，①制裁では無く損害賠償を附与する意図を当事者が有していて，②契約違反の場合に生じるであろう損害が不確定 (uncertainty) か或いはその証明が困難 (difficulties of proof of loss) な場合であって[178]，且つ③その損害額を事前的に見積もる試みとして金額がリーズナブル［且つ真摯 (in good faith)］でなければならない[179]。後掲図表#5.14 参

---

177) See, e.g., CALAMARI & PERILLO, supra note 10, §14.31, at 612.
178) Id. §14.31(b) at 613（UCC［2003年改訂版では消費者契約の場合のみ］と第二次リステイトメントは difficulties of proof of loss のみを要件にして uncertainty を要件としていないと指摘。なお uncertainty とは証拠提出が困難な場合や，損害の原因が違反であることの確定が困難な場合や，契約締結時に当事者が何れの損害を考えていたかを確定することが困難な場合や，違反により生じた損害を計る標準化された基準が欠けている場合や，全ての可能な損害を予測することが困難な場合等が挙げられると指摘）．なお UCC の 2003 年改訂版に於いては②の difficulties of proof of loss 要件自体が商業的契約（非消費者契約）に於いて不要とされた。See infra text accompanying notes 180-81. 尤も 2003 年改訂の撤回について，前掲§1-02-2 の脚注 113 参照。
179) See, e.g., CALAMARI & PERILLO, supra note 10, §14.31, at 612, 613（なお UCC と第二次リステイトメントは①を［明示の］要件にしていないと指摘）; 24 WILLISTON ON CONTRACTS, supra note 5, §65:3, at 651（本文中の要素②と③以外にも「当事者が該条項を制裁的では無く補償的であると意図したこと」を求める州もあると指摘）．See also id. §65:1, at 216（予測が困難で，且つ予定損害賠償額が非違反者の補償を単に目指し

照。なお，UCC に就いては，非消費者契約に於いて②の要素が 2003 年改訂で削除された為に[180]，同モデル法改訂版の州による採用が今後進めば，B 2 B 型の対象物品売買に就いてはリキ・ダメ条項が認容され易く成る。そもそも物品売買契約違反時の損害は，代替取引と契約代金との差額によって損害立証が容易な場合も多いから，立証が困難云々の要素は満足し難かったところ，その障害を 2003 年改訂が排除したのである[181]。しかし 2003 年改訂は，前掲§1-02-2 の脚注 113 の通り，撤回されてしまった。

そもそも②損害立証困難性と③リーズナブルな事前予測額の両要素は，相反するように見える[182]。損害立証が困難ならば，事前予測もリーズナブルたり得ないと思われるからである[183]。しかし後段[184]で説明するように，両者は相関関係

図表＃5.14　予定損害賠償条項の有効性要件

要　　件	UCC 2003 年改訂	備　　考
①　制裁では無く損害賠償を附与する意図を当事者が有し，	＿＿＿＿＿．	そもそもの法目的は①であり，②と③は相関関係にあるから，②③双方が完全に満足される必要は無い[185]。
②　契約違反の場合に生じるであろう損害が不確定，或いはその証明が困難な場合であって，且つ	UCC の 2003 年改訂は非消費者契約に於いてこの要件を不要とした。	
③　合意した金額が，損害額を事前的に見積もる試みとしてリーズナブル［且つ真摯 (in good faith)］であること。	＿＿＿＿＿．	

た場合にはパブリック・ポリシー違反に成らないと指摘）．
180) UCC §2-718(1) & cmt. 2 (2003 amend.) (withdrawn 2011).
181) BLUM, *supra* note 45, §18.11.1, at 683 n.33.
182) *Id.* at 683.
183) *Id.*
184) *See infra* text accompanying notes 195-98.
185) *See infra* text accompanying note 195.

§5-14.「予定損害賠償」(liquidated damages)　191

にあると捉えれば理解が可能な要素である。

　ところで予定損害賠償がリーズナブルか否かの判断時点は，支配的見解に拠れば，契約締結時である[186]。

　なおリーズナブルな見積や実損害額から余りにも懸け離れた高額な予定損害額は，違反の費用をアンリーズナブリーに高額化させて履行を強制させるから，制裁と捉えられて無効と成る[187]。尤も物品売買に就いては，撤回されたUCCの2003年改訂が理不尽な迄に高額なリキ・ダメは無効というオリジナル版の文言を削除していた[188]。条文上既にリキ・ダメ条項はリーズナブルでなければならないとの要件を課しているので[189]，屋上屋を重ねる「理不尽な迄に高額」云々という文言は重複的（redundant）で且つ誤導的（misleading）だからであった[190]。

　UCCの2003年改訂以外の原則としては，②損失自体の発生や損害金額の立証

---

[186] 尤もUCCと第二次リステイトメントは，リーズナブルネスの判断は「予定した損失または実際の損失に照らして」と規定して，締結時と損害発生時との何れでも可能としている。即ち［締結時の予見した損害との関係ではアンリーズナブルであっても］実際の損害とリーズナブルな関係を有しているとされれば予定損害賠償条項は有効とされる。CALAMARI & PERILLO, supra note 10, §14.31(c), at 614, §14.32. なお損害発生時にも照らすことは，逆に予定損害額をアンリーズナブルであると判断させるように働く虞も在り得よう。即ち実際に生じた損害に照らして，「あと知恵」（hindsight）の偏見に左右される事態は避け得ないという指摘がある。Arkebauer, supra note 8, §9.03[3][ii], at 228 n.69.　「あと知恵」の偏見に就いては，see 拙書『アメリカ不法行為法』，supra note 23, at 370-74.

[187] 24 WILLISTON ON CONTRACTS, supra note 5,. §65:1, at 233, §65:3, at 249; CALAMARI & PERILLO, supra note 10, §14.31, at 613, §14.31(c), at 613-14; Arkebauer, supra note 8, §9.03[3][ii], at 228 n.68（UCC §2-718(1)を出典表示しながら高額過ぎる予定損害額が無効に成ると解説）．尤もUCCの2003年改訂版は本文中の指摘の通りこの部分の文言を規定から削除した。See infra notes 188-90 and accompanying text.

[188] UCC §2-718(1) (2003 amend.) (withdrawn 2011)("A term fixing unreasonably large liquidated damages is void as a penalty."（強調付加）の文言を削除）．

[189] Id.（"Damages ... may be liquidated in the agreement but only at an amount which is reasonable in light of ... ."（強調付加）とされている）．

[190] Id. cmt. 3（理不尽に小額なリキ・ダメも強制不可能であるから，多額な場合のみを明記するのは misleading 等と指摘）．See also BLUM, supra note 45, §18.11.1, at 683 n.33（同旨）．

が難しい場合に於いて[191]，③「リーズナブルな予測」（a reasonable forecast）が求められるから[192]，②特に事前には正確に確定が困難（difficult to ascertain）な損害ほど認められ易く[193]，例えば②事業譲渡に伴う競業避止義務違反のように損害額の立証が困難な場合や[194]，更に例えば③月割りの「計算式」（formula）を用いたり，個々の違反事項に応じて変動（in proportion to）するリキ・ダメ条項の方が，状況と全く無関係に多額の固定額を規定するよりも，リーズナブルであると解釈され易い。つまり一見すると相反している，②立証困難性と③リーズナブルな事前予測額との間には相関関係が在り，前者（事前の予測困難性）が高い場合には，後者（リーズナブルな予測額）が多少とも憶測的で不確か（speculative）であっても認容され易くなる[195]。例えば契約対象が新規事業であってその違反時の損害額の予測が困難な場合には，当事者同士で合意・妥協した損害予測額を裁判所も認容し易く成るけれども，契約対象が逆に既存の代替市場も豊富な売買の場合には，損害予測額の妥当性を裁判所が精査する傾向にある[196]。従って常に

---

191) RESTATEMENT (SECOND) OF CONTRACTS §356 cmt. b. なお低額過ぎる予定損害額も，リーズナブルな予測では無く，寧ろその真意は免責であると解されて，その免責が非良心的であれば強制不可能と成る場合も在り得る。See, e.g., MURRAY ON CONTRACTS, supra note 28, §125[E][1], at 822 to §125[F], at 823; Arkebauer, supra note 8, §9.03[3][ii], at 228 n.66.

192) See BURNHAM, supra note 31, §13.4, at 195. なお本文（text accompanying supra note 176）中で引用した第二次リステイトメント§356のブラック・レター部が語っているように，リキ・ダメ条項内の額がリーズナブルか否かの評価は，契約締結時（違反発生よりも事前的）の予想としての金額との近似性を裁判時に検討しても良いだけでは無く，選択的に，実際に生じた（契約時よりも事後的な）実損害額との比較による近似性で検討しても良いのが第二次リステイトメントの立場である。RESTATEMENT (SECOND) OF CONTRACTS §356 cmt. b. & illus. 2 & 3.

193) RESTATEMENT (SECOND) OF CONTRACTS §356 cmt. b ("The greater the difficulty either of proving that loss has occurred or of establishing its amont with the requisite certainty (...), the easier it is to show that the amount fixed is reasonable."（強調付加）と cmt. b が指摘）.

194) CALAMARI & PERILLO, supra note 10, §14.31(b), at 613.

195) BLUM, supra note 45, §18.11.1, at 684.

196) Id.

§5-14.「予定損害賠償」(liquidated damages)　193

両要素を完全に満足することが必ずしも求められている訳では無い[197]。即ちリキ・ダメ規制の法目的は，制裁を禁じることにあるから，真の当事者意思が損害の不確実性にある為に事前に損害額を決めておこうとするならばその意思は尊重に値しよう[198]。

　違反時の損害額を確定するように試みるリキ・ダメ条項に加えて，判決で実際に認められた損害賠償をも重複して得られるような「**have cake and eat it clause**」(両得取り条項) を規定してしまうと，リキ・ダメ条項が無効と解され易い[199]。リーズナブルに損害額を見積もる真摯な試みとは思われないからである[200]。

　些細な違反でも重大な違反でも構わずに如何なる違反も予定損害賠償の対象になるような「**shotgun clause**」(散弾銃条項) や「**blunderbuss**(ブランダバス)[201] **clause**」(ラッパ銃条項) と呼ばれる約定は，制裁的と解されて強制不可能になるか，または強制可能な範囲が重大な実際の違反のみに限定される[202]。

　ところでリキ・ダメ条項が他の諸要素上は有効であっても，実際には全く損害が生じていない「no harm」な場合には，同条項は強制されない[203]。違反の結果，非違反者が却って得をする決定を裁判所は回避したいと望む政策の影響である[204]。

　リキ・ダメ条項の存在は，別段の意思が明らかでは無い限りは特定履行の請求

---

197) *Id.*
198) *Id.*
199) Calamari & Perillo, *supra* note 10, §14.32, at 616.
200) *Id.*
201) ［Blunderbuss］とは，中世の，銃の筒先がラッパのように末広がりに成って複数の弾を有し正確な狙いを定めずに使用する短銃の意。*See, e.g.,* Webster's Third New International Dictionary on the English Language Unabridged 243 (Philip Babcock Gove ed., 2002).
202) Murray on Contracts, *supra* note 28, §125[D], at 820.
203) *Id.* §125[C][2], at 818–19.
204) *Id.*

を妨げない[205]。(後掲(§5-15-5)「特定履行」の項も参照。)そもそもリキ・ダメが唯一排他的救済である旨を表す条項が無い場合には、他の救済も非違反者に利用可能と解釈される[206]。従って例えば衡平法上の救済排除を明示していない限りは、コモン・ロー上の救済では不適切な場合に正当化される衡平法上の救済が禁じられてはいないと解釈されるのである[207]。第二次リステイトメントも、リキ・ダメが「債務不履行の対価であると看做されてはならない」(should not be viewed as the price for failure to perform) と述べている[208]。

§5-15. 衡平法上の救済

　これ迄の損害（金銭）賠償が原則である救済に比べて、例外的な位置にある衡平法上の救済の特徴は以下の通りである。

　§5-15-1.「クリーン・ハンドの法理」（clean hand doctrine）と「"良心"の衡平法裁判所」（courts of equity as *courts of conscience*）：　「クリーン・ハンドの法理」(**clean hand doctrine**) とは、<u>衡平的な諸法理（例えば誠実な行動を求める法理）に反する当事者が衡平法上の救済や抗弁を援用し得ない原則</u>である[209]。「one who comes into equity must come with clean hands」とも言われる[210]。同原則ゆえに、契約法の文脈の取引に於いてπが反衡平的（inequitable）な行為に関与していた場合には、たとえそれが「違法」(illegality) なレベルに達していなくても、衡平法上の救済である特定履行の請求が認められなく成り得る。作為・不

---

205) 24 WILLISTON ON CONTRACTS, *supra* note 5, §§67:66, at 440; CALAMARI & PERILLO, *supra* note 10, §14.33, at 616-17, §16.18, at 654.
206) Arkebauer, *supra* note 8, §9.03[3][ii], at 226.
207) MURRAY ON CONTRACTS, *supra* note 28, §125, at 822.
208) RESTATEMENT (SECOND) OF CONTRACTS §361 cmt. *a*; MURRAY ON CONTRACTS, *supra* note 28, §125, at 822 & n.307.
209) BLACK'S LAW DICTIONARY 268 (8th ed. 2004).
210) 3 FARNSWORTH ON CONTRACTS, *supra* note 14, §12.4, at 165.

作為を救済として命じ得る嘗ての「衡平法裁判所」は、「良心の裁判所」と呼ばれて来たことからも判明するように、広い裁量権の下で不公正な当事者には救済を認めない態度を採って来た[211]。従って、たとえ違法では無くても不公正であると捉えられれば、衡平法上の救済が附与されないのである[212]。

従って特定履行を請求するπも、単に損害賠償を請求する場合よりも高度な基準を満たさなければならないと言われている[213]。例えば相手方当事者が契約を締結する誘引として「不実表示」を行ったπに対しては特定履行命令が認容されない[214]。

§5-15-2. 「laches」(ラチェズ)(衡平法上の時効)や請求遅延：

「laches」(ラチェズ)(衡平法上の時効)とは、衡平法上の権利や請求を追行するのがアンリーズナブリーに遅く成った為に被請求者側に不利益を与える程の事態を言い、「**権利の上に眠る〔者を許さず〕**」(**sleeping on rights**) とも言われ、そのような場合には衡平法上の救済が否認される法理も「laches」と言う[215]。裁判所はその判定の際に原則として制定法上の「出訴期限法」(statute of limitation) を尊重するけれども、特に救済を認めれば「酷」(hardship) に成ったり「出費」を生じるといった衡平法上の要素も考慮に入れて決する[216]。

§5-15-3. 衡平法に於ける非陪審裁判の原則と例外：

アメリカに於いては「民事陪審裁判」(civil jury trial) の権利がコモン・ロー上の請求に於いて保障されているけれども[217]、衡平法上の請求の場合は「裁判官裁判」(bench trial)(ベンチ トライアル)に成

---

211) 次の名言がその性格を現していよう。"one who seeks equity must do equity" Id.
212) Id. §12.7, at 187.
213) 25 WILLISTON ON CONTRACTS, *supra* note 5, §67:18, at 247-48.
214) Id. at 248.
215) BLACK'S LAW DICTIONARY 891 (8th ed. 2004); 25 WILLISTON ON CONTRACTS, *supra* note 5, §67:21, at 255.
216) 25 WILLISTON ON CONTRACTS, *supra* note 5, §67:21, at 256.
217) See, e.g., U.S. CONST. amend. VII.

196　第Ⅱ章　救済

る[218]。陪審裁判を受ける権利を保障する合衆国憲法も，以下のように規定している。

> **In Suits at common law**, where the value in controversy shall exceed twenty dollars, **the right of trial by jury shall be preserved**, and no fact tried by jury, shall be otherwise re-examined in any Court of the United States, than according to the rules of the common law.
>
> U.S. CONST. amend. VII (emphasis added).

　『連邦民事訴訟規則』（FEDERAL RULES OF CIVIL PROCEDURE）も憲法の保障する民事陪審の権利を尊重する規定を置き[219]，殆どの州憲法もコモン・ロー上の請求に於いて連邦同様な陪審裁判の権利保障を規定し，州民事訴訟規則も同保障を繰り返し規定している[220]。従って，契約違反等のコモン・ロー上の請求に於いては陪審裁判の権利が及ぶけれども，例えば特定履行あるいはインジャンクション等の純粋に衡平法上の救済の場合は，非陪審（裁判官）裁判（bench trial）と成る[221]。問題は，コモン・ローと衡平法との双方の法理に基づく請求が含まれている訴訟に於いて陪審裁判が認められるか否かであるが，連邦最高裁の判例は，両法理上の救済に共通する事実的争点が背景として存在する場合には陪審裁判を認容すると述べている[222]。

§5-15-4.「宣言的判決」（declaratory judgment）：　衡平法で用いられて来

---

218) Lauren Reiter Brody & Frances Kulka Browne, *Waiver of Jury Trial, in* TINA L. STARK, NEGOTIATING AND DRAFTING CONTRACT BOILERPLATE Ch.7, at 461, §7.02, at 148 (2003).
219) FED. R. CIV. P. 38(a).
220) Brody & Browne, *supra* note 218, §7.02, at 149.
221) *Id.* at 148.
222) Beacon Theatre, Inc. v. Westover, 359 U.S. 500 (1959) *cited in* 25 WILLISTON ON CONTRACTS, *supra* note 5, §67:34, at 308-09 n.94. *See also* Brody & Browne, *supra* note 218, §7.02, at 148 & n.21（同旨）.

た救済の一つが「宣言的判決」(declaratory judgment) であり，一定の法律関係の存在を裁判所が認定するけれども，それに基づく命令や指図を行政府に下すものでは無い[223]。主に「a wrong」(悪事・非行・不法) を防止するのがその目的とされる[224]。

§5-15-5.「特定履行」(specific performance)：

「特定履行」(specific performance) とは，通常，約束した履行を，裁判所からの「命令」(decree of specific performance) によって提供させることである[225]。尤も裁判所が下す命令内容は契約上の履行そのものと全く同一でなくても良く，例えば約束に反する行為を禁じる命令を下すことで間接的に約束の履行に導く「間接強制」(indirect enforcement) も可能である[226]。正義を完遂する為に必要な命令を下す裁量権が裁判所に与えられているからである[227]。即ちこの強制力は，衡平法裁判所 (a court of equity) の命令違反に対し，「法廷侮辱罪」(contempt of court) を理由に罰金や投獄によって罰する裁判所の権限に由来する[228]。

なお以前に比べて現代では，特定履行の柔軟な認容が好まれる傾向にあると言われている[229]。例えばUCC (§2-716)[230] はその柔軟姿勢を象徴して[231] 以下のよ

---

223) 11 CORBIN ON CONTRACTS, *supra* note 6, §55:2, at 6.
224) *Id.*
225) *See* BLACK'S LAW DICTIONARY 1435 (8th ed. 2004); RESTATEMENT (SECOND) OF CONTRACTS §357 cmt. *a*; Arkebauer, *supra* note 8, §9.01[2], at 207.
226) *See* RESTATEMENT (SECOND) OF CONTRACTS §358(1) & cmt. *a*.
227) *Id.* §358 cmt. *a*.
228) CALAMARI & PERILLO, *supra* note 10, §16.1, at 634.
229) 25 WILLISTON ON CONTRACTS, *supra* note 5, §67:1, at 186. なお特定履行が頻繁に命じられるように成ると，「property interest」(物権的利益) に近似して来るという興味深い指摘もある。CALAMARI & PERILLO, *supra* note 10, §16.1, at 634.
230) 2003年改訂前の条文は以下のように規定している。(2003年改訂による変更に就いては後掲脚注233参照。)

§ 2-716. Buyer's Right to Specific Performance or; Replevin.
(1) Specific performance may be declared when the goods are unique or in other

うに成っている。即ち特定履行の要件として条文上も「コモン・ロー上の救済が不適切な場合」という文言を削除した代わりに「... unique or other proper circumstances」（強調付加）に特定履行を命じ得るとしたばかりか、公式解釈部（cmt. 1）（2003年改訂前）も次のように述べている。「... seeks to further a more liberal attitude than some courts have shown」である、と[232]。更に、撤回されたUCCの2003年改訂版は特定履行に肝要な立場を明確化させ、消費者契約以外に於いては、たとえコモン・ロー上の救済が適切な為に特定履行が認容されない場合であっても当事者の合意が在れば特定履行を認容し得ると明記していた[233]。従って、目的物が「唯一・独特」（unique）では無くても、例えば市場に代替品が不足している為に調達（cover）が不可能な場合に特定履行が命じられたり、損害賠償の確定が非常に困難である為に「リクアイアメント契約」（生産量一括売買契約）や「アウトプット契約」（必要量購入契約）に於いては履行の強制が或る程度頻繁に認定されている[234]。リクアイアメント契約／アウトプット契約に於いては、他に代替可能な供給者／受給者を見い出し難いから特定履行を肯定し得るのである[235]。

---

    proper circumstances.　［.... 2003年改訂ではココにセンテンスが追記：後掲脚注233参照］
    (2) ... .
    (3) ... .
    (4) ... .
  UCC §2–716 (emphasis added).

231) 25 WILLISTON ON CONTRACTS, *supra* note 5, §67:1, at 211–12 & n.84.
232) JAMES J. WHITE & ROBERT S. SUMMERS, UNIFORM COMMERCIAL CODE §6–6, at 228 (5th ed. 2000); CALAMARI & PERILLO, *supra* note 10, §16.3, at 637.
233) UCC §2–716(1) & cmts. 1 b) & 3 (2003 amend.) (withdrawn 2011)（前掲脚注230で紹介した改訂前§2–716条文本文に続けて次のセンテンスが追記された。"In a contract other than a consumer contract, specific performance may be decreed if the parties have agreed to that remedy. ... ."（強調付加）尤も裁判所の裁量権を制限する意図では無いと改訂版公式解説部3は指摘）。
234) CALAMARI & PERILLO, *supra* note 10, §16.3, at 637. *See also* UCC §2–716 cmt. 2 (2003 amend.)（現代に於いて特定履行が認容される典型例は美術品云々な場合よりも寧ろアウトプット／リクアイアメント契約であると指摘）。
235) MURRAY ON CONTRACTS, *supra* note 28, §127[B][2][a], at 840.

以上のように現代では，コモン・ロー上の救済が利用可能という理由だけでは特定履行の救済が妨げられるとは限らず，予定損害賠償条項があっても特定履行が妨げられるとは限らない[236]。逆に特定履行が認容された場合に損害賠償が伴に認められることがあり，例えば不動産取引に於いて特定履行が命じられると共に履行遅延分の損害賠償が附与されるのは通常であるし[237]，他の売買取引に於ける特定履行に関しても契約違反と因果関係の認められる課税，保険，利子，等の損害賠償が認められる[238]。「to make π whole」の為に必要ならば，特定履行に併せて金銭賠償も認められるのである[239]。

　「法と経済学」の立場からも，違反に対しては代替的な金銭賠償よりも，特定履行の救済を認容すべきという意見が聞かれる。何故ならば，特定履行は，履行利益そのものを正しく保護している為に，過剰補償も補償不足も発生しないからである[240]。尤も特定履行にはこれを強制する為に要する費用も考慮しなければならず反対論も見られるが[241]，何れにせよ興味深い分析であろう。

　なお，特定履行が認められる為の主な要件は，以下（図表♯5.15）の通り概ね三つの要素から構成される[242]。

図表♯5.15 「特定履行」の要件

番号	要件
a.	損害賠償が救済として「不適切」（inadequate）であり，
b.	特定履行が不可能または特定履行の裁判所による「管理」（supervision）が実際的に困難過ぎず，且つ
c.	⊿の作為・不作為を命じるのに十分な程度に約定が「確定性」（certainty）を有していること。

---

236) 25 WILLISTON ON CONTRACTS, *supra* note 5, §67:8, at 212.
237) *Id.* §67:32, at 298; CALAMARI & PERILLO, *supra* note 10, §16.18, at 654.
238) 25 WILLISTON ON CONTRACTS, *supra* note 5, §67:8, at 298-99.
239) Arkebauer, *supra* note 8, §9.01[2][b], at 208.
240) CALAMARI & PERILLO, *supra* note 10, §16.1, at 634.
241) *Id.*
242) *See id.* §67:1, at 184, §67:4, at 193, §67:37, at 315.

a. 金銭賠償では「不適切」(inadequate) な場合： 　先ず原則として必要な要件は前述の通り，金銭賠償では「不適切」な場合であり，その内訳は以下（図表#5.16）の二種類に分類される[243]。

図表#5.16　金銭賠償では「不適切」な場合

分　　類	例　　示
契約の対象事項が「唯一・独特」(unique) である為に定量化・金銭化できない。または，	不動産[244]。
損害賠償額で計ることが全く不可能か或いは十分な確実性をもってしては不可能か，または，賠償金の回収が困難か或いは不確定。	債務者が支払不能な場合（insolvency）。

例えば[245]売買契約の目的物が「unique」（唯一・独特）な場合がこれに該当する。金銭賠償を附与しても，適切な代替物（a substitute）を入手できない場合[246]には，unique と認められよう。中世の英国以来，全ての不動産に係わる利益は unique とされて来て，今日に引き継がれている[247]。更に契約の目的物・対象が例えば，芸術作品等の所謂「一品もの」（one-of-a-kind objects / unique in kind or quality），または，特許や著作権や閉鎖会社の株式や公開会社の支配権を得られる大量の株式のように個性的か，或いは市場では入手困難なものの場合[248]であ

---

243) *See id.* §67:8, at 212-13.

244) 不動産は，ほぼ定型的・類型的に金銭賠償では不適切と解されがちである。*Id.* §67:53, at 374.

245) 本文中の例以外にも，例えば立証が困難な場合（*e.g.*, lost profits）等も金銭賠償では不適切ゆえに特定履行の対象たり得る。回収が困難な場合も同様である。RESTATEMENT (SECOND) OF CONTRACTS §360(a), (c). *See also infra* note 265（金銭的に定量化し難いウエブサイトへのアクセス数減少という損害への救済として差止命令を認容）。

246) *See, e.g., id.* §360(b) & cmt. *c*.

247) CALAMARI & PERILLO, *supra* note 10, §16.2, at 636. *See also* RESTATEMENT (SECOND) OF CONTRACTS §360 cmt. *e*; 25 WILLISTON ON CONTRACTS, *supra* note 5, §67:8, at 213（不動産は uniqueness 故に特定履行が認容されると指摘）。

248) RESTATEMENT (SECOND) OF CONTRACTS §360 cmt. *c*; CALAMARI & PERILLO, *supra* note

る。同じ理由に拠り，営業譲渡やＭ＆Ａ(エマンデイ)の契約も特定履行が可能である[249]。

　例えば「競合避止義務(きょうごうひしぎむ)」(duty of non-competition)のように不作為(forbearance)を約する契約も，金銭賠償では不適切な場合と指摘されている[250]。守秘契約も開示されると回復不能な影響がある場合，例えば「営業秘密」(trade secret)のような場合には，衡平法的な救済が適切と成ろう[251]。しかし雇用契約のような「特定個人による役務」(personal service)の提供を約した契約に就いては，履行の強制が合衆国憲法第十三修正の基本的人権保障に反する「苦役」(involuntary servitude)に当たり得るので違憲[252]なばかりか，その命令への遵守を裁判所も管理し切れないから[253]，認容されない[254]。尤も転職の禁止条項等は，「間接強制」(indirect enforcement)に過ぎないので，一定の場合に認容され得る[255]。「injunction / restraining order」(インジャンクション)(差止命令)に関する後掲(§5-15-6)で説明するように，不作為を契約が明確に義務化していなくても，不作為を「黙示的に約束している」(implied negative covenant)と解して裁判所が間接強制を命じる場合も在り得る[256]。具体的には，前述のように個人による役務提供の作為は命じられなくても，特にその個人がuniqueかつextraordinary(並外れた)であると解される場合，例えばスポーツやエンターテインメントの興行に於いては，他の興行主の為

10, §16.3, at 638.
249) CALAMARI & PERILLO, *supra* note 10, §16.3, at 638.
250) RESTATEMENT (SECOND) OF CONTRACTS §360 cmt. *c*.
251) Arkebauer, *supra* note 8, §9.01[2][b], at 209.
252) U.S. CONST. amend. XIII（意に反する苦役を禁止）.
253) つまり，嫌な個人的関係（a distasteful personal relationship）の継続を強制することは，裁判所にも管理でき得ないのである。CALAMARI & PERILLO, *supra* note 10, §16.5, at 641.
254) *See, e.g.,* BLUM, *supra* note 45, §18.10.1, at 678; 3 FARNSWORTH ON CONTRACTS, *supra* note 14, §12.7, at 185（その理由として，人的な役務提供の債務では裁判所がその質に就いて履行したか否かを判断し得ないからであると指摘）; CALAMARI & PERILLO, *supra* note 10, §16.5, at 640.
255) *See* 3 FARNSWORTH ON CONTRACTS, *supra* note 14, §12.5, at 168-70（労働契約に於いて直接強制が無理な場合でも間接強制ならばより良い場合がある旨を指摘）. *See also* RESTATEMENT (SECOND) OF CONTRACTS §188(2)(b).
256) CALAMARI & PERILLO, *supra* note 10, §16.5, at 640.

に働くことを禁じるように命じられ得る[257]。

コモン・ロー上の救済では不適切な為に特定履行が認容され得るもう一つの類型は，債務者が支払不能（insolvency）に陥った場合である[258]。損害（金銭）賠償の判決が下っても実行され得ないから，賠償判決では不適切との要件を満たすのである[259]。

b. 「管理」（supervision）が困難過ぎないこと： 契約の性質ゆえに，特定履行を命じても実際的に裁判所が管理するのは困難過ぎる場合とは即ち，履行の管理が期間的に長期に亘る場合，対象の範囲が広範囲に亘るような場合，裁判所による絶え間の無い管理が必要に成る場合，等である[260]。例えば鉄道事業を不確定な相当の長期間に亘って特定の方法で運用するように要求する契約は，一般に特定履行による強制を命じられない[261]。尤も最近では以前よりも特定履行をより柔軟に認定する傾向にあると言われている[262]。

c. 約定が「確定性」（certainty）を有していること： △が正に何をやれば良いのかを命じるのに十分な程度に約定内容が確定性を有していなければ，裁判所は特定履行を命じない[263]。特定履行の命令違反は法廷侮辱罪の対象に成るから，当事者としても何を為すべきかを正確に知る必要があるからである[264]。

---

257) Id. at 640–41（スポーツ選手は皆，unique and extraordinary な skills を保持していると解される傾向を指摘）.
258) MURRAY ON CONTRACTS, supra note 28, §127[B][2][a], at 840–41.
259) CALAMARI & PERILLO, supra note 10, §16.4, at 639; MURRAY ON CONTRACTS, supra note 28, §127[B][2][a], at 841. 更に，特定履行を命じても，その対価／反対給付がπから無資力な△／債務者宛に支払われるので，他の債権者を害する虞が無いと指摘されている。Id. §127[B][2][a], at 841.
260) 25 WILLISTON ON CONTRACTS, supra note 5, §67:1, at 184; §67:22, at 259.
261) Id. §67:22, at 260.
262) Id. See also text accompanying note 271.
263) 25 WILLISTON ON CONTRACTS, supra note 5, §67:4, at 193.
264) CALAMARI & PERILLO, supra note 10, §16.8, at 644.

尤も確定性の要件は軟化して来ており[265]，嘗ての「正確性の基準」（standard of precision）が「リーズナブルに確定の基準」（standard of reasonably certainty）に取って代わって来ている[266]。求められる確定性は△に命じる作為・不作為が明らかであることなので，約定がリーズナブルに確定性を有していれば充分であり，契約の主要な項目以外の付帯的事項は不明確であっても構わない[267]。それでも一般には，損害（金銭）賠償を請求する場合よりも特定履行を請求する場合の方が，約定の内容はより多く確定性を求められると言われている[268]。更に約定の確定性に関する立証責任は，民事法であるにも拘らず「beyond a reasonable doubt」程度と指摘されている[269]。

ところで後掲（§5-17-3[c]）する「agreement to agree」に就いては，コモン・ロー上の法理でも救済される場合が限定されて来たのと同様に，特定履行に就いても，通常は確定性が欠ける理由から認定され難い[270]。しかし昨今の，確定性要件の軟化傾向からか，「agreement to agree」な契約に於いても，裁判所により指名された「調停人」（mediator）を用いて交渉を行うように命じた例もある[271]。

§5-15-6.「差止命令」（injunction ／ restraining order）：「to enjoin」や「negative duty」といった「不作為命令」の救済が「差止命令」（**restraining order**）

---

265) 例えば損害に就いても，πによる確定的・定量的（金銭的）な立証が困難な場合に特定履行が命じられ得る。即ちサイバー契約法分野に於いて，πのウエブサイトへの利用者のアクセス数減少の損害額を定量的・確定的に示せなくても，正にそれ故にアクセス禁止を命じる恒久的インジャンクションが肯定されるとした事例に就いては，see 小稿「インターネット法判例紹介第119回『*Southwest Airlines Co. 対 BoardFirst, L.L.C.*』」『国際商事法務』36巻4号550-51頁（2008年）.
266) CALAMARI & PERILLO, *supra* note 10, §16.8, at 644-45.
267) 25 WILLISTON ON CONTRACTS, *supra* note 5, §67:4, at 195, 196.
268) *Id.* at 196; CALAMARI & PERILLO, *supra* note 10, §16.8, at 644.
269) 25 WILLISTON ON CONTRACTS, *supra* note 5, §67:4, at 198.
270) *Id.* at 199.
271) CALAMARI & PERILLO, *supra* note 10, §16.8, at 648（Oglebay Norton v. Armco, 556 N.E.2d 515 (Ohio 1990)を出典表示しつつ指摘）.

である。なお「injunction」の文言を用いる場合は，正確には作為を命じる場合の「**作為命令的インジャンクション**」（a mandatory injunction）と，不作為を命じる場合の「**禁止的インジャンクション**」（a prohibitory injunction または preventive injunction）に分かれる[272]。後掲（図表＃5.17）参照。「特定履行」（前掲§5-15-5）は通常，作為命令的インジャンクションの一種に成る[273]。尤も不作為を約した契約に於いては特定履行が禁止的インジャンクションの一種に成る[274]。

図表＃5.17　衡平法上の救済の区別

equity 上の救済の分類	injunction 内の区別	他の個別的名称
作為の命令	作為命令的インジャンクション **mandatory injunction**	通常は「特定履行」（specific performance）
不作為の命令	禁止的インジャンクション **prohibitory injunction** （**preventive injunction**）	「差止命令」（restraining order）／稀に（不作為を約するKの場合に）「特定履行」

　不作為を命じる際の基準は原則として作為を命じる場合と同じなので，先ずは金銭賠償が不作為の約束の補償として不適切（inadequate）なことが求められる[275]。その為であろうか，次段の「守秘義務」（情報を開示しない不作為の約束）を課す約定例に於いて例示されているように，両当事者が守秘義務違反に於いてはコモン・ロー上の救済，即ち金銭賠償では不適切であることを認識し合っている旨を表す文言が，契約実務ではしばしば見受けられる。

---

272) BLUM, *supra* note 45, §18.10.2, at 679; 11 CORBIN ON CONTRACTS, *supra* note 6, §55.1, at 4–5.
273) BLUM, *supra* note 45, §18.10.2, at 679; 11 CORBIN ON CONTRACTS, *supra* note 6, §55.1, at 5.
274) 3 FARNSWORTH ON CONTRACTS, *supra* note 14, §12.5, at 168.
275) 25 WILLISTON ON CONTRACTS, *supra* note 5, §67:53, at 372.

> Both parties hereby acknowledge and agree that: the damage to be caused by the breach of the provision in Article ○○ would be <u>irreparable</u> and <u>may not readily be capable of calculation</u>; and that the Disclosing Party's <u>*remedy at law*</u> for the breach thereof <u>would be inadequate</u>; and that for any breach of any provision therein the Disclosing Party is entitled, in addition to other remedies that are available to the Disclosing Party <u>*at law or in equity*</u>, to an injunction or any other <u>equitable relief</u>, without the necessity of posting a bond.

契約実務の諸文例を参考に本書筆者が起案（強調付加）．
　なお「remedy at law」とは「remedy at <u>common law</u>」の略であり，契約実務に於いてはこのように略して記述されることが多い．「inadequate」の文言は正に要件に沿った magic words であろう．

　一般に，<u>不作為の約束に関する履行を命じる方が，作為の約束の履行を命じるよりも，障害は少ないと言われている</u>[276]。裁判所にとっては不作為命令の方が管理容易なばかりか，不作為命令は間接強制を通じて△が契約上の作為義務を履行する誘引にも成るので有用である[277]。更に，原則として如何なる約束も作為または不作為の何(いず)れの方法でも表し得るので，例えば，特定の事項を行うような約束はそれ以外の事項あるいはそれとは相反する事項を行わないような約束に変換可能であり，逆に，一定の行為をしないような約束はその行為以外の諸行為を常にするような約束に変換可能である[278]。

---

[276] *Id.* §67:53, at 372, 377.
[277] *See* CALAMARI & PERILLO, *supra* note 10, §16.1, at 634.
[278] 25 WILLISTON ON CONTRACTS, *supra* note 5, §67:55, at 382–83.

206　第Ⅱ章　救済

図表#5.18　「作為」と「不作為」の相関関係

	変換「前」	変換	変換「後」	
作為	特定の事項を行うような約束	⇒	それ以外の事項，或いはそれとは相反する事項を行わないような約束	不作為
不作為	一定の行為をしないような約束	⇒	その行為以外の諸行為を常にするような約束	作為

　以上の背景と仕組みから，裁判所は「不作為の命令」を通じて「作為の約束」を実行しようとし，具体的には「販売特約権（一手販売権）契約」に於いて製造業者が全製品を販売特約店に売る作為の約束を，他の競合者には売らない不作為の約束である云々と解釈するのである。

図表#5.19　「作為の約束」を「不作為の命令」で間接強制する例

	約定の内容	裁判所の命令内容	
作為の約束	売主・メーカーが，その全製品を，買主・販売特約店に売る。	競合他者には売ってはならない。	不作為の命令
↑	買主・販売特約店が，売主・被約束者（受約者）の製品のみを再販売する。	競合他者の製品を再販売してはならない。	↑

　特に特定履行の命令が躊躇される場合や，履行状況の管理や執行が困難な場合等に於いて裁判所は，履行を間接的に強制する手段として「相反する行為を抑制する命令」（to order forbearance from inconsistent action）を用いる場合がある[279]。例えば苦役（servitude）の虞ゆえに特定の雇用主の下で労働を命じるような直接的な作為の命令が不可能な場合であっても，他の雇用主の下での雇用を禁じる不作為の命令を通じて，間接的に契約上の履行を為させしめることが可能であ

---

279) 3 FARNSWORTH ON CONTRACTS, *supra* note 14, §12.5, at 168. *See also* 25 WILLISTON ON CONTRACTS, *supra* note 5, §67:53, at 371（同旨）.

る[280]。

a.「先買権[による拒絶権]」（first refusal right）と特定履行：　「先買権[による拒絶権]」（first refusal right）とは，約束者が財産を売る際に，第三者が買おうとする価格や条件と同じ条件を先買権者が提示する場合には先買権者が優先（preempt）して買える権利を言う[281]。約束者・売主はその場合，先買権者に先に財産を譲渡する申込をしなければならなくなり，同時に第三者からの買いたいという申込への承諾も出来なくなるので，譲渡の自由に制約を受ける[282]。

図表♯5.20　先買権の構造

```
    第三者                    先買権者（被約束者）
       ╲                     ╱
        ╲  ×              ╱  ◎  RIGHT OF FIRST REFUSAL
         ╲              ╱
      （ 財産を売る意思表示 ）
                │
            売主（約束者）
```

---

280) 25 WILLISTON ON CONTRACTS, *supra* note 5, §67:53, at 377（"While it is practically impossible to compel specific performance of a contract of this nature, ... the court may, by enjoining the contractor from [doing something], place him in a position where his own interests may be powerful enough to induce him to perform his contract."と指摘）．

281) *See, e.g.,* Bernard Daskal, Note: *Rights of First Refusal and the Package Deal*, 22 FORDHAM URB. L. J. 461, 464-65, 467-68 (1995); 25 WILLISTON ON CONTRACTS, *supra* note 5, §67: 85, at 502.

282) 25 WILLISTON ON CONTRACTS, *supra* note 5, §67:85, at 502. なお，似た権利として対比されることが多い「option」（選択権）とは，約束者が示していた一定の条件を満たす買い手ならば誰でも買うことが出来る権利を言う。Daskal, *supra* note 281, at 464. first refusal right に於いては売主・約束者が財産を売る意思を有する場合にのみ先買権者に権利が発生する可能性が生じるのに比べて，option に於いてはそのような前提条件が無く条件を満たす option 権利者が売主に譲渡を強要できるので，両者は相違している。*Id.*; 25 WILLISTON ON CONTRACTS, *supra* note 5, §67:85, at 502. 尤も first re-

この先買権［による拒絶権］に反する財産譲渡の「禁止的インジャンクション」を命じることは可能であるけれども，先買権［による拒絶権］の中身が不確定な場合，例えば価格あるいは価格の算定式が合意に達していない場合には，先買権者への譲渡を命じる特定履行は附与されない[283]。

§5-15-7.「文書訂正命令」(reformation decree):

「文書訂正命令」(reformation decree) とは，通常は「不実表示」(misrepresentation) や「錯誤」(mistake) を矯正する為に，裁判所が当事者の真の意図を反映するように契約書を変更する衡平法上の救済を言う[284]。

「不実表示」の場合（後掲§8-02），裁判所は，不実表示によって同意の意思を表明した被害者からの請求に基づいて，その同意を表した書面の訂正を命じ得るけれども，一定の制限と衡平法上の裁量権の下で命令の妥当性が検討される[285]。

「錯誤」(§8-01) に於いては，所謂「表示上の錯誤」(mistake in expression) な場合に，当事者の合意に於いては錯誤が存在しなくてもその表記が当事者合意を正しく表していない書面を，当事者からの請求に基づいて当事者合意に合うように訂正を命じることに成る[286]。合意形成「前」の錯誤によりそもそも契約成立が妨げられる「共通的錯誤」（後掲§8-01-1）とは異なり，「表示上の錯誤」の方は真の合意形成「後」の表記に於いて錯誤が生じるものである[287]。

文書訂正命令の救済請求を審査する裁判所としては，契約締結よりも前の真の合意の有無を確認しなければ命令を下せないから，後掲（§11）「口頭証拠排除の

---

  fusal right に於いて売主が承諾可能な第三者からの申込の存在を先買権者に通知した時点に於いて，first refusal right が「option contract」の地位に ripen（成熟）すると多くの判例が指摘している。Daskal, *supra* note 281, at 466–67; 25 WILLISTON ON CONTRACTS, *supra* note 5, §67:85, at 502.

283) *See* 25 WILLISTON ON CONTRACTS, *supra* note 5, §67:57, at 391, §67:85, at 504.
284) *See* BLACK'S LAW DICTIONARY 1307 (8th ed. 2004).
285) RESTATEMENT (SECOND) OF CONTRACTS §166.
286) *Id.* §155. MURRAY ON CONTRACTS, *supra* note 28, §85[B], at 456–57.
287) MURRAY ON CONTRACTS, *supra* note 28, §85[B], at 457.

準則」(parol evidence rule) が適用されず，合意書面締結よりも「前」の証拠を検討できる[288]。更に「詐欺防止法」に拠り救済が妨げられる訳でも無い[289]。

§5-15-8.「契約破棄／取消」(rescission リシジアン)：

嘗ての衡平法上の救済の一種に「bill of Rescission and Restitution」があったことから推察される通り，通常は重大な契約違反が生じた場合に[290]，非違反者が，契約を破棄／取消して最早契約から自由である旨を文言または行為で宣言することを「**rescission**」(リシジアン)(契約破棄／取消)と言い，これにより非違反者はその債務履行の義務から免除され，利得返還 (restitution) の請求権も附与される[291]。前掲 (§4-02)「利得返還」の項目参照。

§5-16. 不法行為法上の救済

πとして不法行為法に基づく請求を行う利点の一つは，「懲罰的損害賠償」(前掲§5-03-1 [b]) を求め得ることにある。履行 (期待) 利益を超えて，⊿を懲らしめる為に必要と認定された多額の損害賠償をπが得られるのである。

そもそも「不法行為」(torts) とは，拙書『アメリカ不法行為法』が詳述したように[292]，一定の wrongs (悪事・非行・不法) に対し法上課される義務の違反／責任である。契約が約束と合意を義務／責任発生の根拠としているのとは大きく異なり，不法行為法では契約や約束が不存在でも義務や責任が一定の場合に課される。そのように，たとえ契約が成立せずとも義務／責任が課される wrongs の中でも，契約的な文脈で特に問題に成る例には以下がある。

---

288) See id.
289) CALAMARI & PERILLO, *supra* note 10, §19.28, at 778.
290) 重要では無い些細な違反の場合には rescission が通常は認容されない。26 WILLISTON ON CONTRACTS, *supra* note 5, §68:2, at 40-41.
291) 12 CORBIN ON CONTRACTS, *supra* note 6, §1105, at 18-19, §1131, at 138-41 (必ずしも言葉で宣言せずとも行為だけでも十分であると指摘); BLACK'S LAW DICTIONARY 1332 (8th ed. 2004).
292) See 拙書『アメリカ不法行為法』, *supra* note 23, at 17-43.

§5-16-1. 不法行為法上の「不実表示」(misrepresentation)： 後掲するように「不実表示（misrepresentation）」(*i.e.*, 事実に反する表示) は，契約が強制不可能と成る契約法理の一つであるだけでは無い。要件さえ満たせば不法行為法上の「訴訟原因」にも成り得る[293]。なお不法行為法上の不実表示に関しては，『リステイトメント（第二次）不法行為法』の §§ 525–557 A に規定されている。

§5-16-2.「契約関係への不法介入（不法行為的債権侵害）」(tortious interference with contractual relations)： 他人の契約関係を引き裂く行為は，法上の義務違反，即ち不法行為に該当する。しかも不法行為責任は懲罰賠償の認定も許すので，要注意である。要件を以下で整理しておく。

即ち「契約関係への不法介入（不法行為的債権侵害）」の要件は[294]，

① 有効な契約が存在し，
② その契約を△が知っており，
③ その契約違反を△が意図的に周旋 (intentionally procure 或いは intentional inducement) し，且つ
④ それにより損害が発生したこと，

である。

a.「*Texaco* 対 *Pennzoil*」事件： 契約関係への不法介入（不法行為的債権侵害）に於いて最も有名な事例は，おそらく「*Texaco* 対 *Pennzoil*」事件[295]であろう[296]。

---

293) *See* RESTATEMENT (SECOND) OF CONTRACTS Ch. 7, Topic 1, Introductory Note.
294) 2 LOU R. KLING & EILEEN T. NUGENT, NEGOTIATED ACQUISITIONS OF COMPANIES, SUBSIDIARIES AND DIVISIONS §16.04, at 6–33 (2007); William F. Plunkett, Jr. & Timothy J. Plunkett, *Tortious Interference with Contract, in* 1 COMMERCIAL CONTRACTS: STRATEGIES FOR DRAFTING AND NEGOTIATING Ch. 13, §13.03[A], at 13–5 to 13–6 (Morton Moskin ed., Supp. 2007).
295) Texaco v. Pennzoil, 729 S.W.2 d 768 (Tex. App. 1987).
296) Travis Newport, *Tortious Interference with International Contracts,* 9 CURRENTS INT'L TRADE

§5-16. 不法行為法上の救済　211

　同事件では，Getty 社株式を Gordon Getty 氏が Pennzoil 社に売却する合意に達しつつあった。両者は Memorandum of Agreement を交わし[297]，合意は Getty 社取締役会の承認を条件とする旨，規定していた。同社取締役会は株式の売却価格の値上を条件として提案を承認。Pennzoil 社は値上価格に口頭にて同意。翌日，両者は Getty Oil 社株の 11.8% を一株$110 で Pennzoil 社に売却する等の合意をプレス・リリース[298]した。そこに後から Texaco 社が割り込んで Gordon Getty 氏に接触。氏から一株 $ 125 で 11.8% の Getty Oil 社株を Texaco 社が購入する合意を取り付けてしまった。Getty Oil 社の取締役会も Pennzoil 社との合意を取り下げて，Texaco 社からの買収提案を承諾。Getty Oil 社と Texaco 社の合併がプレス・リリースされ，それを知った Pennzoil 社は激怒し，Getty Oil 社に対して先の合意（Memorandum of Agreement）を尊重するように要求。しかし Getty 社がこれを無視して Texaco との取引をクロージング（最終手続）させようとしたので，Pennzoil 社は Texaco 社に対して訴えを提起。第一審（事実審）の陪審員は π の Pennzoil 社に $7.53 billion の実損害賠償を附与しただけでは無く，契約関係への<u>不法介入を理由に懲罰賠償として $3 billion も附与</u>した。この高額な賠償額はそれ迄の民事賠償額としての最高額であるばかりか，△Texaco の資産額を上回る程であった。陪審員は，所謂「メッセージを送る」[299]為にそれ程の高額賠償を評決したと言われている[300]。

　なお同事件の控訴審では，そもそも Getty 社と Pennzoil 社との先の合意

　　L. J. 80, 81 (2000). 同事件は，安易な予備的合意書が法的拘束力を生じる虞に就いての良い教材でもある。Lloyd, *infra* note 336, at 285.
297) 後掲§5-17-3[b] 内の脚注 360 に於いて紹介するプレス・リリースの内容を概ね含む Memorandum of Agreement であった。更に同 Memo. は，「subject to the approval of the board of Getty Oil」とされ，且つ，近々開催される同取締役会に於いて承認されなければ効力を失うと規定されていた。*Pennzoil,* 729 S.W.2d at 785.
298) プレス・リリースの内容は，see *infra* note 360.
299) 「メッセージを送る」の意味に就いては，see 拙書『アメリカ不法行為法』, *supra* note 23, at 138.
300) Newport, *supra* note 296, at 81.

（Memorandum of Agreement）が所謂「予備的合意」（preliminary agreement）に過ぎず，正式な契約としては未だ成立していなかったという△Texacoの抗弁に対する裁判所の解釈が注目された。前掲（§5-16-2）した通りに，有効な契約の存在が不法行為責任の要件であった為に，そもそも契約が存在しなければ△も責任を問われないはずだったからである[301]。これに就いては，後掲（§5-17-3 [a]）「予備的合意書の法的効果と分類」参照。

§5-16-3. 「事業関係への不法介入」（tortious interference with *business* relations）： 「*契約*関係への不法介入（不法行為的債権侵害）」に似ている不法行為法上の訴訟原因として「*事業*関係への不法介入」（tortious interference with *business* relations）がある。同様な訴訟原因は「*見込みのある*契約への不法介入」（tortious interference with *prospective* contract）や「*見込みのある利益*への不法介入」（tortious interference with *prospective advantage*）とも呼ばれる[302]。その要件は以下の通りであり，有効な契約が存在していない場合でも不法行為責任を追及される虞がある。（尤も以下の③や④の要素が無闇矢鱈（むやみやたら）な責任拡大を防いでいるようではある。）

即ち「事業関係への不法介入」の要件は[303]，

①　契約の提案あるいは関係（proposed contract or relation）を△が知っており，
②　その契約提案に△が意図的に介入し，
③　△の介入が無ければ契約は締結されていたはずであり，且つ
④　介入は不正な手段（wrongful means）で為され，且つ
⑤　それによりπが損害を被ったこと，

---

301) *See* KLING & NUGENT, *supra* note 294, §16.04, at 6–33.
302) *See* Plunkett & Plunkett, *supra* note 294, §13.05[a], at 13–11（NY州法上の訴訟原因として説明）。
303) *Id.*

である。

§5-16-4.「専門家責任」(malpractice):

医療過誤（med-mal.）訴訟は，契約上の医療役務提供債務の不履行として契約違反の法理で追行されるだけでは無く，医師に課される不法行為法上の注意義務違反として不法行為責任も追行され得る。医師同様に，所謂「専門職」(professional)の分類に入る約束者は，契約違反を理由に訴訟追行されるばかりでは無く，不法行為に基づく「訴訟原因」(cause of action)に曝される虞がある[304]。なお不法行為責任を問われる債務者の範囲は，伝統的な専門職よりも拡大傾向にあるので[305]，法実務上も注意を要する。

§5-16-5.「不誠実な契約違反」(バッド・フェイス・ブリーチ)(bad faith breach of contract):

保険契約に於いては，被保険者の利益に反する保険者の行為が，不法行為法理の「不誠実な契約違反」として，懲罰賠償も認定されるに至っている[306]。そのような司法の態度の例は，「法と大衆文化」(law and popular culture)の領域に於いて，例えば『THE RAINMAKER（レインメーカー）』の中にも見受けられる程である[307]。

なお契約法上も（§10-23）「誠実かつ公正な取扱」(good faith and fair dealing)の義務が当事者には課されているから，契約違反行為はその契約法理上の違反に該当すると同時に場合によっては不法行為責任法理上の「不誠実な違反」にも該当

---

304) See HILLMAN, PRINCIPLES OF CONTRACT LAW, supra note 31, at 204.
305) Id. at 205.
306) Id. at 206-08; MURRAY ON CONTRACTS, supra note 28, §124[A], at 810-11.
307) JOHN GRISHAM, THE RAINMAKER (1995)（邦題『原告側弁護士』白石朗訳，新潮社 1996年）（保険会社が保険金支払を害意を以って拒絶した白血病の依頼人被保険者一家を代理して提訴した結果，高額な懲罰賠償評決が齎される作品）．同作品は有名監督とオール・スター・キャストで映画化もされていることからも，アメリカに於ける大衆法文化的な支持がうかがえよう。「The Rainmaker」(Paramount Pictures 1997)（フランシス・フォード・コッポラ監督，マット・デイモン主演，ダニー・デビート，ジョン・ボイト，およびミッキー・ローク共演).

214　第Ⅱ章　救済

する虞が理論的にはある。しかし後者が課されるのは保険契約や信認関係が在る等の例外的な場合に限定され，通常の契約に於ける違反は原則として契約法理上の誠実かつ公正な取扱義務違反に該当するに過ぎない[308]。

§5-17. 契約締結「前」の責任

　本項では，契約の締結されていないことが明らかであるけれども，締結前の交渉過程に於いても責任が課される場合を扱うだけではなく，そもそも締結されたか否かが不明な場合の問題にも触れておこう。尤も後者に於いては，締結の判断が案件毎(ごと)・事実次第で異なるので，確定的に規範を示すことが難しい[309]。この争点の理解の仕方としては，そもそも有効な「申込」が為されていなかったと捉えることも可能である。有効な申込が無ければ「承諾」も為され得ず，従って契約が成立し得ないからである。代表例としては，例えば数量を明記しない宣伝広告が原則としては申込では無く「申込の勧誘」(invitation of an offer) に過ぎないと解されたり，逆に価格の「見積もり」(estimate) と称した提示をした場合に文脈次第では申込に該当するとされ得るので，要注意である[310]。更に契約成立の有無が怪しい場合に就いては，後掲(§5-17-3以下)を参照。

　ところで前者(i.e., 契約成立「前」の責任)に就いて，Farnsworth の treatise(トリーティス) によれば，契約締結「前」には一般的には，交渉が契約に至らずとも責任が生じない原則がアメリカでは採られている[311]。契約締結「後」に成れば，後掲(§10-23)の所謂「誠実かつ公正な取扱」(good faith and fair dealing) の義務が生じるけれども，その義務は締結「前」には及ばないのである[312]。第二次リステイトメント

---

308) MURRAY ON CONTRACTS, supra note 28, §124[A], at 810-11.
309) CALAMARI & PERILLO, supra note 10, §2.6(i), at 47.
310) Id. §2.6(c), at 36, §2.6(e), at 37-38. なお宣伝広告でも数量を明記して確定性が高まると申込と解され得る点に就いては，see supra text at §3-03-7（毛皮を先着三名に限り格安で販売する宣伝広告は申込と解された例を紹介）．
311) 1 FARNSWORTH ON CONTRACTS, supra note 14, §3.26, at 368-69.
312) MURRAY ON CONTRACTS, supra note 28, §90[A], at 501.

§157 の解説部 *a.* も，以下のように指摘している。

> ... . The general duty of good faith and fair dealing, imposed under the rule stated in §205, extends only to the performance and enforcement of a contract and <u>does not apply to the negotiation stage prior to the formation of the contract</u>. See Comment c to §205. Therefore, a failure to act in good faith and in accordance with reasonable standards of fair dealing during pre-contractual negotiations does not amount to a breach. ... .
>
> RESTATEMENT (SECOND) OF CONTRACTS §157 cmt. *a*. (emphasis added).

　その理由は，「契約の偶発事象的［射倖的］見解」（"aleatory view" of contracts）と呼ばれる[313]。交渉当事者は互いに，自らの出費負担のリスクで謂わば利得の為のギャンブルの交渉に臨むから，たとえ契約が成立しなかった為に至る事と成った立場に就いても法は救済を附与しない。所謂「契約自由の原則」（autonomy of contracts）は，契約を「締結しない自由」（freedom of negotiations）をも包含するのである。確かに無闇矢鱈と責任を課せば，責任を怖れて交渉に入ることさえも躊躇される萎縮効果が生じるから[314]，取引が原則としては望ましいという「法と経済学」的な契約法の目的達成も阻害されてしまうであろう。

　§5-17-1．諸法理：　「契約の偶発事象的見解」や「契約しない自由」にも拘わらず近年，一定の例外的場合に於いては裁判所が，締結「前」の責任を認定する例が見受けられる。『FARNSWORTH ON CONTRACTS』の示唆する四種の分類を後掲の図表（#5.21）以下で説明しておこう[315]。尤もその多く（a.～c.）はこれ迄に紹介して来た諸法理の援用乃至類推／拡大適用例であり，d.は未だ学説段階の理論に過ぎず実定法としては確立していない。

---

313) *Id.*; 1 FARNSWORTH ON CONTRACTS, *supra* note 14, §3.26, at 369–70.
314) 1 FARNSWORTH ON CONTRACTS, *supra* note 14, §3.26, at 384.
315) See *id.* at 372.

図表#5.21　契約締結「前」に責任が認定される類型

	状　　況	適用法理
a.	交渉から「不当利得」が生じた場合	締結前にアイデアや役務を提供した後に契約締結に至らなかった場合に，対価を認める為に「利得返還」(restitution) の法理を援用。
b.	交渉中に「不実表示」が為された場合	契約を締結する意図が無いにも拘わらず事実に反する表明をして被表明者に出費をさせた場合に，「不実表示」(misrepresentation) の法理を援用。
c.	交渉中に「具体的な約束」が為された場合	将来契約締結に至る旨の相手方の言質を信頼して出捐をした場合に，賠償を認める為に「約束的禁反言」(promissory estoppel) の法理を援用。
d.	誠実に交渉する合意が在った場合	「締結前の交渉中の公正な取引義務」(fair dealing in precontractual negotiation) を認定。

a.「利得返還」(restitution) の援用[316]：　交渉中にアイデアを開示したところ，契約が成立せずに先方が該アイデアを勝手に「盗用」(misappropriation) した場合に，「利得返還」(restitution) の法理で救済が認められる。尤もそのような場合には，仮に該アイデアが「営業秘密」(trade secret) にも該当すれば「財産権」(property) 侵害の法理の適用も可能であろう。更に，交渉中に役務を提供したところ，やはり契約が成立せずに先方が不当に利得を享受した場合にも，不当利得が利用され得る。開発事業の計画段階に於いて，開発業者に対して設計業者や建築業者が役務を提供したにも拘わらず，該設計・建築業者が契約を受注できずに開発業者が他社に発注してしまった場合がその典型である。

---

316) *See id.* at 373–77.
317) *See id.* at 377–79.
318) *See id.* at 379–82.

b. 「不実表示」（misrepresentation）の援用[317]： 後掲（§8-02）するように「不実表示」とは「事実に反する表明」である。契約を締結する気が無いにも拘わらず，その意思（state of mind）に反して将来契約をしてあげるような表示を提示することは，事実に反するので「悪意の不実表示」（fraudulent misrepresentation）に該当し，これにより出捐（しゅつえん）が生じれば信頼利益や「失われた利益」も含む損害賠償の責任を課され得る。この理論は契約実務に於いても注意が必要かもしれない。何故ならこの理論を類推されて，例えば既に契約を締結する意図が失われているのにそれを即座に先方に告知し損なったり，交渉を継続したりすれば，開示義務違反等の不実表示責任も問われかねないからである。尤もπは，△が真意に反する表明をした旨を立証しなければ救済を得られず，その立証は困難な場合も多いであろうから，実際には裁判例が多くは無いと指摘されてもいる。

c. 「約束的禁反言」（promissory estoppel）の援用[318]： 前掲（§4-01-3）した「*Hoffman 対 Red Owl*」事件判例のように，将来フランチャイズ契約を得られるとの言質を信頼して，準備的なコストを費やしながらも，結局は契約をしてもらえなかった場合に，約束的禁反言（promissory estoppel）に基づく信頼利益の救済が認容される。実務的には，前掲（§4-01-1）「約束的禁反言の要件」に於いて紹介したように，その要件たる四要素の一つである「①約束が為され」た要素に就いて特に留意すべきであろう。即ちここで求められる「約束」とは，契約成立の際に求められる[319]程に明確（clear）且つ確定的（definite）である必要は無く[320]，不正義を回避する為には約束的禁反言認定の虞がある。

d. 「契約締結上の過失」（*カルパ・イン・コントラヘンド*）（*culpa-in-contrahendo*）と「契約締結前交渉中の公正な取引の義務」（fair dealing in precontractual negotiation）： ドイツの高名な法学者イェーリングが1861年に唱えた学説，「*culpa-in-contrahendo*」（**fault in contractual negotiation**）に起源を置く「**契約締結上の過失**」法理は，例え契約締

---

319) *See supra* text at §2-02-3 （「不確定な約束」の項）．
320) 1 Farnsworth on Contracts, *supra* note 14, §3.26, at 380–82.

結「前」の交渉段階に於いてさえも，適切な理由なしに交渉を打ち切るような，所謂「公正な取引」(fair dealing) の義務に違反した場合には，信頼的損害賠償 (reliance damages) の責に任ずるとする[321]。しかし前掲 (§5-17) の通り一般にアメリカ法では，大陸法よりも，そのような「交渉中の公正な取引義務」(duty of fair dealing in negotiation) が認容され難いと指摘されている[322]。(尤も欧州に於いても裁判例は稀と言う。) しかし契約実務的には，UNIDROIT が「Negotiations in bad faith」として以下のように規定しているので要注意である[323]。(尤もウイーン売買条約の方には同様な規定が無い[324]。)

> **[P]arty who negotiates or breaks off negotiations in [bad] faith is liable for the loss caused to the other party.**
> UNIDROIT Principles 2.15.

§5-17-2. 契約実務に於いて「確定的合意書」前に作成される文書：

契約締結「前」の責任を論じる際には，所謂「**確定的合意書**」(**definitive agreement**) が起案・締結される前に，契約実務では一体どのような諸文書が通常作成されるのかを知っておくことが望ましいであろう。以下，図表 (♯5.22) で簡略に紹介しておこう。(なお同図表中に出て来る「契約変更」に就いては後掲 (§14) 参照。)

---

321) E. Allan Farnsworth, *Precontractual Liability and Preliminary Agreements: Fair Dealing and Failed Negotiations,* 87 COLUM. L. REV. 217, 240–42 (1987). *See also* 1 FARNSWORTH ON CONTRACTS, *supra* note 14, §3.26, at 370 n.7; BLACK'S LAW DICTIONARY 407 (8th ed. 2004)("fault in contracting" の意のラテン語であり，事前的な契約交渉に於いて当事者が真摯に行為しなければならない法理であると説明).

322) 1 FARNSWORTH ON CONTRACTS, *supra* note 14, §3.26, at 382. 尤も大陸法の影響を受けているプエルトリコでは欧州的な締結前の誠実義務が肯定され，同じくルイジアナ州では同法理が promissory estoppel の援用により肯定されているという。*See, e.g., id.* at 382–83 n. 44.

323) MURRAY ON CONTRACTS, *supra* note 28, §90[A][1], at 502; 1 FARNSWORTH ON CONTRACTS, *supra* note 14, §3.26, at 382–83 & n.45.

324) 1 FARNSWORTH ON CONTRACTS, *supra* note 14, §3.26, at 383 & n.45.

figure#5.22　契約書作成前後の諸段階[325]

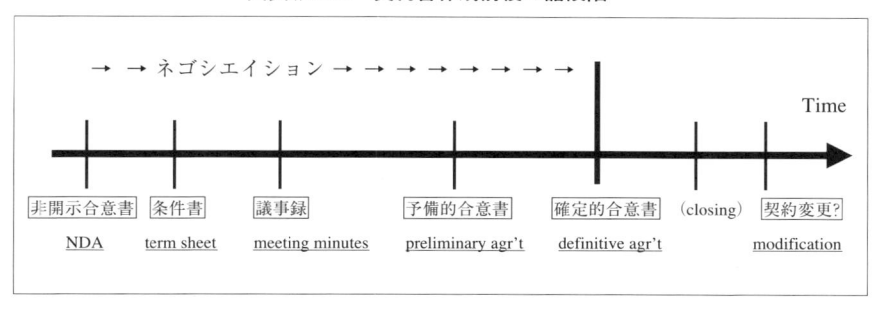

→ → ネゴシエイション → → → → → → →

非開示合意書	条件書	議事録	予備的合意書	確定的合意書	(closing)	契約変更?
NDA	term sheet	meeting minutes	preliminary agr't	definitive agr't		modification

Time

a.「ＮＤＡ」(non-disclosure agreement　非開示合意書)：　戦略的提携（strategic alliance）やＭ＆Ａ，或いは共同開発事業等に限らずに，他社と様々な取り極めを締結して共同プロジェクトを推進する前の交渉段階に於いては，互いの秘密情報も含む意見交換を行うのがビジネスの常である。従って，たとえプロジェクトが最終合意に至って確定的合意書が締結されることに成らずとも，兎に角その交渉を始める最初の段階に於いて必要に成るのが，所謂「ＮＤＡ」（非開示合意書）の締結である。交渉が成功して，見事，確定的合意書が締結された暁には，その中の守秘条項がそれ迄のNDAを飲み込む場合もある。

b.「条件書」(term sheet)：　「条件書」(term sheet) は広義では「Memorandum of Understanding（ＭＯＵ）」や「Letter of Intent（ＬＯＩ）」と同義で用いられるけれども[326]，狭義には取引の主要な約定項目を列挙した紙面を意味し，いきなり契約書の文言を交渉する以前に，将来の交渉の為の主要な骨子を詰める為に用いられるものであり[327]，通常は署名されない[328]。署名されないから拘束力も

---

325) See GEORGE W. KUNEY, THE ELEMENTS OF CONTRACT DRAFTING WITH QUESTIONS AND CLAUSES FOR CONSIDERATION 4 (2006).
326) TINA L. STARK, DRAFTING CONTRACTS: HOW AND WHY LAWYERS DO WHAT THEY DO §27.2, at 329 (2007). なお他の同義語的な文書例に就いては，see infra text at §5-17-3（図表#5.23）.
327) See, e.g., Richard A. Mann et al., Starting from Scratch: A Lawyer's Guide to Representing A Start-Up Company, 56 ARL. L. REV. 773, 828 (2004).

220　第Ⅱ章　救済

通常は無い[329]。言い換えれば「indicative」（示唆的・指標的）だけれども「non-binding」（非拘束的）な書面である[330]。尤も契約実務の世界では，確定的合意書の意味で「term sheet」を用いる場合もある。

c.「議事録」(meeting minutes)：　次段の「L O I」が契約交渉過程の所謂「一里塚」に成ったり，或いは交渉が大詰めに至って確定的合意書締結寸前の記録であるとするならば，「議事録」(meeting minutes)の方はもっと短期的な，例えば途切れ途切れに開催される交渉の中の一回分を，その一回分の数日あるいは一週間単位ぐらいの交渉の成果を記録に止めるものであり，交渉代表者双方のイニシャル・サインを記す場合も見受けられる。

d.「L O I」(letter of intent)：　契約実務に於いて「LOI」と略称される「letter of intent」は，通常は後掲（§5-17-3）「予備的合意書」(preliminary agreement) の典型として用いられ，手紙形式を採りつつも，普通は起案当事者が署名するだけではなく相手方当事者の反対署名も求める点で「合意」的である[331]。そこに契約としての法的拘束力が生じるか否か（生じる場合でも何れの部分に就いて生じるのか）に就いては事実次第で異なり，紛争の元凶にも成っている。その為に契約実務上も非常に重要な法理なので，詳細は後掲（§5-17-3）に別項目を設けて

---

328) See Clare O'Brien & Scott Anthony, *Letters of Intent, in* 1 COMMERCIAL CONTRACTS: STRATEGIES FOR DRAFTING AND NEGOTIATING Ch. 15, §15.02[A][1], at 15-7 (Morton Moskin ed., Supp. 2007).

329) *Id.*

330) *See, e.g.,* Gavin R. Skene, *Arranger Fees in Syndicated Loans – A Duty to Account to Participant Banks?,* 24 PENN ST. INT'L L. REV. 59, 63 (2005)（シンジケート・ローンの取引成立に向けた交渉の進め方の中で term sheet を indicative terms であると紹介）.

331) *See, e.g.,* Keith E. Witek, *Drafting a More Predictable Letter of Intent – Reducing Risk and Uncertainty in a Risky and Uncertain Transaction,* 9 TEX. INTELL. PROP. L. J. 185, 188 (2001)（IT 関連の M&A 等の取引法務で有名な法律事務所 Wilson Sonsini の弁護士による当論文は，LOI が多くの場合，最終的合意到達に向けて交渉を継続する意図を明示あるいは黙示的に示す両当事者の署名のある文書であると分析）.

概説する。

e. 「ＭＯＵ」(memorandum of understanding)： 「MOU」と略称される「Memorandum of Understanding」は非常に多義的に用いられる文書であり，法的には契約書そのものの性格を有しているにも拘わらずそれを「MOU」と名付ける場合もあれば，上記「term sheet」的に基本事項をナラテヴィヴに列挙したものや，「LOI」的に暫定的な合意事項を記載したものもある。従ってMOUを定義することは困難であるが，契約実務上留意すべきは，「MOU」（備忘録？）という名称に惑わされてはならないことである。たとえMOUと言えどもその実体が拘束力を生じる虞もあるので，当事者の意図に沿うように起案する必要がある。

§5-17-3. 「予備的合意書」(preliminary agreement)： 「予備的合意書」(**preliminary agreement**) とは，両当事者が予備的合意内容を記録して署名した書類で，<u>一般的には法的拘束力が無く，契約締結に向けて協働する意図を表明しただけのものと捉えられているけれども，状況によっては誠実に交渉する等の契約を構成し得る</u>[332]。或いは，法的拘束力の有無を問わず契約締結に向けた交渉の過程に於いて，後に契約が締結されることを予期して作成される書面であり，特に少なくとも一方当事者の投資額が大きく成ると作成される傾向にあるので[333]，Ｍ＆Ａはその良い例である。

既に前掲（§5-17-2 [d]）した，契約実務に於いて「ＬＯＩ」と略称される「**letter of intent**」は，予備的合意書の代表的名称であるが，法的紛争の元凶である所為からか[334]「**悪魔の発明**」(**an invention of the devil**) とさえ呼ばれ[335]，通

---

332) *See* BLUM, *supra* note 45, §10.10.5, at 300 n.26.
333) 1 FARNSWORTH ON CONTRACTS, *supra* note 14, §3.8a, at 231.
334) *See* Marvin Leon, *Lessening the Risk of Letters of Intent,* 24 LOS ANGELES LAWYER 20, 24 (2001)（LOIを巡る紛争は多いと指摘）.
335) Quake Construction, Inc. v. American Airlines, Inc., 565 N.E.2d 990, 1009 (Ill. 1990) *cited in* 1 CORBIN ON CONTRACTS, *supra* note 6, §1.16, at 46 & n.2. *See also* CALAMARI & PERILLO, *supra* note 10, §2.6, at 35 & n. 24（同旨）.

常は「契約」では無く，法的拘束力が認定された場合でもそれは「誠実に交渉を継続する契約」に過ぎないと言われている。なお予備的合意書の名称例を以下で挙げておく[336]。尤も名称は法的拘束力の有無とは無関係であると解される虞がある[337]。

図表♯5.23　予備的合意書の名称例

Letter of Intent (L O I)　エル・オウ・アイ
Commitment Letter
Binder
Agreement in Principle
Memorandum of Understanding (M O U)　エム・オウ・ユウ
Memorandum of Agreement
Heads of Agreement[338]
Tentative Proposal
Status Letter

---

[336] *See, e.g.,* 1 FARNSWORTH ON CONTRACTS, *supra* note 14, §3.8a, at 231; O'Brien & Anthony, *supra* note 328, §15.05[B], at 15-30. なお "gentleman's agreement" や "non-binding agreement" や "agreement to agree" 等と呼ばれることもある。Robert M. Lloyd, *Making Contracts Relevant: Thirteen Lessons for the First-Year Contracts Course,* 36 ARIZ. ST. L. J. 257, 282 (2004).

[337] 1 FARNSWORTH ON CONTRACTS, *supra* note 14, §3.8a, at 231; O'Brien & Anthony, *supra* note 328, §15.06[A] cmt. at 15-35, §15.05[B], at 15-31 & n.89（後掲する「*Texaco 対 Pennzoil*」事件に於いては予備的合意書が拘束力の無いことを示す為に「agreement in principle」という標題を選んだにも拘わらず裁判所が拘束力の存在を認定したと指摘）。

[338] 「Heads of Agreement」の字句的な意味は「契約条項小見出しの集合 *[=目次]*」であり，そもそもは英国で用いられていた予備的合意書がアメリカの主に石油産業界に継承されたものである。1 FARNSWORTH ON CONTRACTS, *supra* note 14, §3.8a, at 231 n.4.

§5-17. 契約締結「前」の責任　223

　予備的合意書あるいは LOI の使用は，次段や後掲（§5-17-3 [b]）で示すように紛争の元凶なので弁護士には評判が良くないけれども，契約実務上の需要が存在する理由は以下の通りである。

　一つには，たとえ法的拘束力が無い書面であっても既に議論した事項を繰り返さないように記録しておく意図がある。つまり，予備的合意書に記録化しておけば，その後の確定的合意書締結に向けた交渉過程に於いて交渉担当者が，「その点は予備的合意書で合意済みである」云々と主張して，「倫理的な約束」（moral commitment）を遵守するよう訴え掛けることが出来るからである[339]。

　二つ目には，特に交渉が長期に亘って断続的に継続する場合や[340]，他の当事者から資金的な協力を取り付ける為の証拠が必要な場合等[341]，所謂「一里塚」（road map）[342]的な記録書面が欲せられる場合もある。四半期毎の取締役会への報告事項としても，進捗を示す証拠として必要とされる[343]。

　三つ目の理由としては，弁護士に分厚い契約書を作成させる為に生じる時間と費用を節約する為に，ビジネス・ピープル同士が簡易な契約書との意味で LOI を起案する場合もある。しかし，そのような LOI は素人が起案していることもあって法的な問題も多く，奨められるものでは無い[344]。

　四つ目に LOI が使われる場合は，法的なアドヴァイスを得る余力の無い中小企業に対して大企業が，拘束力の無い外見を装って実は契約としての効力のある LOI に署名させたり，逆に拘束力があるように見せ掛けて効力の無い LOI に署名させるような悪用もあるという[345]。

---

339) O'Brien & Anthony, *supra* note 328, §15.02[A][8], at 15-11 to 12 & n.11.
340) *Id.* §15.02[A][1], at 15-6 to 15-7.
341) *Id.* §15.02[A][4], at 15-9 to 15-10（金融機関は通常，融資等をする前に LOI のような書き物を要求すると指摘）.
342) Witek, *supra* note 331, at 223.
343) *Id.* at 191.
344) *Id.* at 192.
345) *Id.* at 193-94.　なお本文センテンス中の前者は，法理的に「文書作成／署名の詐欺」（fraud in execution）であるから無効と思われるけれども，その立証等に手間が掛かりそうである。*See infra* text at §8-02-2.

五つ目の LOI 使用理由としては，例えば企業の業績が悪い点をカバーしようとして，提携や M&A の早目のプレス・リリースを望む企業の重役の要請によって作成される場合もある[346]。

　なお興味深いことに，予備的合意書の使用はアメリカ国内企業よりも，外国（非アメリカ）企業の方が強く要求すると指摘されている[347]。

a. 予備的合意書の法的効果と分類：
予備的合意書に法的拘束力が附与されるか否かに就いては，残念ながら事例毎に裁判所の判断が異なるとしか言いようが無い。判例に一貫性が見られないとも言われているからである[348]。何れにせよ，起案に際しては予備的合意書の中で，拘束力の有無を明記すべきである[349]。しかしたとえ拘束力が無い旨を記載してあっただけでは拘束力が否定されるとは

---

346) Witek, *supra* note 331, at 194–95.
347) O'Brien & Anthony, *supra* note 328, §15.02[A][1], at 15–6 n.3.
348) Leon, *supra* note 334, at 24. *But see* 1 CORBIN ON CONTRACTS, *supra* note 6, §2.8, at 144–45（一貫性が無いように見える理由は，認定が「法律問題」では無く「事実問題」である故に陪審員に委ねられているだけと示唆。なお口頭証拠排除の準則は確定的合意書が締結された場合にのみ適用されるし，そもそも当事者の意図を探る為には外部証拠が排除されない［から事実問題として陪審員に判断が委ねられ得る］とも指摘）。なお LOI の拘束力の有無の判断に際して殆どの裁判所が考慮する諸要素を，Witek は以下のように九つ挙げている。(1)LOI を［拘束力の在る］契約にする当事者意思の有無，(2)重要な未決条項の存在，(3)確定性の有無，(4)有効期限の有無，(5)更なる交渉あるいは最終合意の必要性への言及，(6)前提／停止条件の有無，成就あるいは欠如，(7)当事者間の履行の経緯あるいは業界慣行の証拠，(8)consideration（コンシグレイション）の有無，および，(9)履行あるいは損失の信頼／約束的禁反言の有無。Witek, *supra* note 331, at 197.
349) *See* 1 FARNSWORTH ON CONTRACTS, *supra* note 14, §3.8a, at 237. *See also* KLING & NUGENT, *supra* note 294, §6.03[4], at 6–28（good faith に交渉すべき義務は，LOI の中で明確に放棄されていれば，黙示的に解釈されないと指摘）; THOMAS R. HAGGARD & GEORGE W. KUNEY, LEGAL DRAFTING IN A NUTSHELL 35–36 (3d ed. 2007)（同旨）。尤もビジネスというものは相互の信頼の上に形成されるものであるし，そもそもビジネス・ピープルは法曹と違って物事を楽観視する傾向が強いので，chemistry of the deal を台無しにするような法律文言の挿入は嫌がられると指摘されている。Lloyd, *supra* note 336, at 283.

§5-17. 契約締結「前」の責任　225

限らないとも言われており[350]，特に多くの約定に就いて合意に達して居れば居る分だけ，近年の裁判所は拘束力を認める傾向にある[351]。何故ならLOIの法的拘束力は，<u>当事者が法的拘束力を附与する意図があったか否か次第</u>で決せられ，<u>その意思の存在はLOI内で「重要な約定」(material terms)が多く記載されて居れば居る程に肯定化され易い</u>からである[352]。このように，約定の詳細化・確定性と拘束される意図の肯定化との間の相関関係は，『CORBIN ON CONTRACTS』も以下のように指摘している。

Indefiniteness may show a lack of finality, a lack of intention to be found. Definiteness may show finality and the presence of an intention to be bound.
1 CORBIN ON CONTRACTS, *supra* note 6, §2.8, at 131.

即ち<u>約束が十分に「definite」(確定的)で在れば在る程に法的拘束力も認定される虞が高くなるのである</u>[353]。以下（図表♯5.24）参照。

図表♯5.24　約定の確定性と拘束される意図との相関関係

約定の確定性 definiteness	完了化 finality	拘束される意図 intention to be bound
高い⇒	⇒高い⇒	⇒高い
低い⇒	⇒低い⇒	⇒低い

　取引の重要な約定の多くが記載されていて未決事項は不可欠では無い場合，裁判所は拘束力を認定した上に，些細な未決事項の欠缺（けんけつ）も裁判所が解釈で埋めるこ

---
350) Leon, *supra* note 334, at 20.
351) *Id. See also* 1 FARNSWORTH ON CONTRACTS, *supra* note 14, §3.26, at 386（ほぼ同旨）.
352) Leon, *supra* note 334, at 20.
353) *See supra* text at §2-02-3（「不確定な約束」の項）.

とに成る[354]。後掲図表#5.25の上段コラム参照。

ところで予備的合意書を分類しようと思えば止め処ないけれども，大別するに止めておくと，同図表の二種類に成ろう[355]。

図表#5.25 予備的合意書の分類別効果

分　　類	概　　要	効　　果
未決条項を残した合意書（agreement with open terms）	殆どの約定（terms）に就いては合意済みであるけれども，幾つかの未決約定が残っている場合。	一般に，最終合意に達しなかった場合，既決約定に就いてのみ拘束力が生じ，未決部分は裁判所に委ねるのが当事者の意思である，と裁判所は解釈する。
交渉の合意書（agreement to negotiate）	約定が記載されているけれどもそれ等に拘束される合意は無く，最終合意に向けて交渉を継続する旨を約している場合。	一般に，交渉義務に反して契約が成立しなかったならば有責に成るけれども，交渉を継続したにも拘わらず成立に至らなくてもやむを得ないというのが当事者の意思であるから責任は生じない，と裁判所は解釈する。

b.「*Texaco対Pennzoil*」事件の教訓： 前掲（§5-16-2 [a]）「*Texaco対Pennzoil*」事件の高額賠償評決に不服な△のTexaco社（当審では控訴人）は控訴審に於いて，そもそもGetty社とPennzoil社との間では未だ合弁契約が成立していない等と主張し，従って不法な介入も在り得ないと述べた。前掲（§5-16-2）の通り「①有効な契約が成立」していることこそが「契約関係への不法介入」の要件だからである。そこで△は，Getty社とPennzoil社との間で結ばれた前掲「Memorandum of Agreement」が「不確定過ぎる」（too indefinitive）等の為に，当事者達が法的に「拘束される旨を意図していた」（"intended to be bound"）訳では無いと主張し，

---

354) *See infra* text at §10-09（契約の解釈に於ける欠缺補充の項）。
355) *See* 1 FARNSWORTH ON CONTRACTS, *supra* note 14, §3.8a, at 232-33, §3.26b, at 391-92.

§5-17. 契約締結「前」の責任　227

従って法的拘束力を欠き契約は成立していないと主張したのである[356]。

　これに対しテキサス州控訴（中間上訴）裁判所は，当事者達が拘束される意図だったか否かは次の四要素で決すると指摘[357]。即ち(1)書面による契約書に署名した時にのみ拘束される権利を明示的に留保していたか否か，(2)一部履行があったか否か，(3)契約の全ての不可欠な約定が合意されていたか否か，および(4)取引の複雑さと甚大さから正式な署名された書面が通常期待されるか否か，である。これら四要素中，(4)以外の全てに就いて契約成立を認定した陪審員の判断を，裁判所は支持すると判示[358]。(4)に就いては流石にこれだけの多額な取引では通常は書面による確定的合意書への署名が期待されると認めつつも，しかし要素(4)のみでは拘束を意図していなかったと断定するには不十分であるとして，△の主張を退けている[359]。なお，当事者の発表したプレス・リリースからも[360]，確定的合意書に署名する迄は法的拘束力を持たせない当事者の意図を認

---

356) *See, e.g.,* Leon, *supra* note 334, at 23.
357) Texaco v. Pennzoil, 729 S.W.2d 768, 788-89 (Tex. App. 1987).
358) *Id.* at 795（"There was sufficient evidence for the jury to conclude that the parties had reached agreement on <u>all essential terms of the transaction</u> with only the mechanics and details left to be supplied by the parties' attorneys.（強調付加）"と指摘）．
359) *Id.*（"However, we cannot say, as a matter of law, that this factor alone is determinative of the question of the parties' intent."と指摘）．なお本件に限らず一般に，当事者が後に正式な書面化と署名を予定していたことが直ちに法的拘束力を持たせる意図を否定する訳では無い旨の解釈に就いては，『CORBIN ON CONTRACTS』も以下のように解説しているので参考に成ろう。"The fact that the parties contemplate the execution of a document is <u>some evidence, not in itself conclusive</u>, that they intend not to be bound until it is executed." 1 CORBIN ON CONTRACTS, *supra* note 6, §2.9, at 152 (emphasis added).
360) 予備的合意書を締結した事後の当事者の行為（履行の着手や言動）も，法的拘束力の有無を判断する際の有力な証拠に成る。1 CORBIN ON CONTRACTS, *supra* note 6, §2.9, at 154-55. ところで本件に於けるプレス・リリースの文面は，以下の通りであった。

　　Getty Oil Company, The J. Paul Getty Museum and Gordon Getty, as Trustee of the Sarah C. Getty Trust, announced today that they have agreed in principle with Pennzoil Company to a merger of Getty Oil and a newly formed entity owned by Pennzoil and the Trustee.

定できないと解釈$^{361)}$。即ち裁判所は以下のように述べている。

> **The press release does refer to an agreement "in principle" and states that the "transaction" is <u>subject to execution of a definitive merger agreement.</u> But <u>the release as a whole is</u> worded in indicative terms, <u>not</u> in subjunctive or <u>hypothetical ones.</u> The press release describes what shareholders <u>will</u> receive, what Pennzoil <u>will</u> contribute, that Pennzoil <u>will</u> be granted an option, etc.**

Pennzoil, 729 S.W.2d at 790 (italicization is original) (underlines added).

> In connection with the transaction, the shareholders of Getty Oil ... *will* receive $110 per share cash plus the right to receive a deferred cash consideration in a formula amount. The deferred consideration *will* be equal to a pro rata share of the ... proceeds, in excess of $1 billion,…of ERC Corporation, ... and *will* be paid upon the disposition. In any event, ... each shareholder *will* receive at least ＄5 per share within five years.
>
> Prior to the merger, Pennzoil *will* contribute approximately ＄2.6 billion in cash and the Trustee and Pennzoil *will* contribute the Getty Oil shares owned by them to the new entity. Upon execution of a definitive merger agreement, the ... tender offer by a Pennzoil subsidiary for shares of Getty Oil stock *will* be withdrawn.
>
> The agreement in principle also provides that Getty Oil *will* grant to Pennzoil an option to purchase eight million treasury shares for ＄110 per share.
>
> <u>The transaction is *subject to* execution of a definitive merger agreement, approval by the stockholders of Getty Oil and completion of various governmental filing and waiting period requirements.</u>
>
> Following consummation of the merger, the Trust *will* own 4/7th of the ... stock of Getty Oil and Pennzoil *will* own 3/7ths. The Trust and Pennzoil have also agreed in principle that following consummation of the merger they *will* endeavor in good faith to agree upon a plan for restructuring Getty Oil [within one year] and that if they are unable to reach such an agreement then they *will* cause a division of assets of the company.

Pennzoil, 729 S.W.2d at 789 (italicization is original) (underlines added).

361) *Id.* at 790（"Any intent of the parties not to be bound before signing a formal document <u>is not so clearly expressed in the press release to establish</u>, as a matter of law, <u>that there was no contract at that time.</u>（強調付加）"と指摘）。

そして裁判所は，このようなプレス・リリースを知った上で介入した Texaco 社には π（当審では被控訴人）Pennzoil 社の損失に対し責任がある，と判示した[362]。π が既に「You've got a deal」（?!）な状態に在ったとされたのである[363]。

　尤も本判例には批判も多く，先例としての価値には疑義も示されているようではあるけれども[364]，LOI が締結されている際に後から第三者が売主を横取りしようとした場合，不法行為法上の「契約関係への不法介入」の法理に拠って責任を問われ得る虞があることは要注意である。逆に買主の利益から言えば，たとえ法的拘束力を有しないと記述された LOI でも締結しておけば，それ迄の交渉を一定限度守ることが可能ということに成ろう。

　しかし実務弁護士としては，紛争の元凶で「悪魔の発明」でもある LOI の使用は避けるようにアドヴァイスすべきとも言われている[365]。特に LOI 内に重要な約定を記載するのであれば，寧ろ LOI を締結せずにそのまま確定的合意書の締結に進んだ方が望ましい[366]。しかし依頼人企業が LOI を欲するならば，文面上で法的拘束力が無い旨を明記することに加えて，発効の為には一定の前提（停止）条件が成就されるべき旨を具体的に列挙し，交渉が当事者にとって満足のゆくように終結する必要性も記載しておくべきであるばかりか，依頼人企業が取引の締結を肯定化するような言動（*e.g.,* プレス・リリース等）を控えるようにアドヴァイスしておくべきとされる[367]。

　更に，正式な契約の成立（*i.e., 契約*関係への不法介入（不法行為的債権侵害））が認定されずとも，「*事業*関係への不法介入」（tortious interference with *business* relations）

---

362) *See, e.g.,* Leon, *supra* note 334, at 23–24.

363) *Id.* at 21.

364) KLING & NUGENT, *supra* note 294, §6.03[4], at 6–25.

365) Leon, *supra* note 334, at 24. *See also* O'Brien & Anthony, *supra* note 328, §15.02[A][1], at 15–6（LOI を巡る訴訟の多さとその結果の不確実性から弁護士はその利用を出来るだけ避けようとすると指摘）; HAGGARD & KUNEY, LEGAL DRAFTING, *supra* note 349, at 36（同旨）; Witek, *supra* note 331, at 190（同旨）.

366) O'Brien & Anthony, *supra* note 328, §15.02[A][1], at 15–6.

367) Leon, *supra* note 334, at 24. *See also* Lloyd, *supra* note 336, at 285（ほぼ同旨）.

が不法行為責任の根拠と成る州もあるので，その際にも LOI の存在が「事業関係」の存在を肯定する有力な証拠と成り得る[368]。「事業関係への不法介入」に就いては，前掲（§5-16-3）参照。

c.「agreement to agree」の法的拘束力： 「締結に向けた交渉義務」が予備的合意書内に記載されていた場合，①そこには法的拘束力が生じるであろうか？そして仮に拘束力が認定された場合，②その約束違反には如何なる救済が認められるであろうか？

　先ず前者①に関し，仮に<u>多くの約定に就いて合意に至っていないにも拘わらず</u>，契約締結に向けて誠実に交渉する旨の合意があった場合に，その合意に法的拘束力を認めることに対しては，<u>違反の際の適切な救済を裁判所が附与し得ない</u>理由に拠り，抵抗が見受けられる[369]。即ち，締結に至った場合には如何なる約定になるのかが不明であるし，そもそもそのような約定に合意したであろうか否かも不明だからである[370]。『CALAMARI & PERILLO ON CONTRACTS』は，このように拘束力の認定に消極的な立場を「伝統的準則」（traditional rule）と称して，以下の二つをその根拠に挙げている。一つは，<u>重要な約定が曖昧かつ不確定（vague and indefinite）</u>だからであり，二つ目の理由は，<u>現在時点での合意（present agreement）が欠けているから</u>である，と[371]。なお，以上のような合意に強制力が欠けることを「**agreement to agree**」と名付けて揶揄する例も散見される[372]。同様な概念は「**contract to make a contract**」とも言われ，やはりそれは「契約」（contract）では無いと言われる[373]。

　しかし，たとえ重要な約定の合意が欠けている為に強制可能な契約が未成立な

---

368) Leon, *supra* note 334, at 24（カリフォルニア州では有効な契約が存在しなくても business relation への不法介入という訴訟原因が認定され得るので要注意と指摘）.
369) *See* 1 FARNSWORTH ON CONTRACTS, *supra* note 14, §3.26b, at 395.
370) *Id.* at 396.
371) CALAMARI & PERILLO, *supra* note 10, §2.9(a)(4), at 61.
372) 1 FARNSWORTH ON CONTRACTS, *supra* note 14, §3.26b, at 396.
373) 1 CORBIN ON CONTRACTS, *supra* note 6, §2.8, at 131.

§ 5–17. 契約締結「前」の責任　231

　場合でも，両当事者が交渉を誠実に行う約束の存在を裁判所が認定すれば「誠実に交渉する暫定的契約」（preliminary contract to negotiate in good faith）が生じ得る場合はある[374]。そのような「現代的」（modern）な見解は，『Calamari & Perillo on Contracts』も指摘するように[375]，第二次リステイトメント[376]とUCC[377]も採用しており，特に UCC に於いてはたとえ「重要な約定」（material terms）が未定であるにも拘わらず拘束力を認定して，約定の欠缺(けんけつ)を補充する（gap-fillers(穴埋め)）方針を採っている[378]。更には consideration(コンシダレイション) がたとえ欠けていても，「約束的禁反言」に基づいて義務が認定され得るのである[379]。特に一方当事者が他方当事者に対して契約成立の信頼を附与していた場合である[380]。

　尤も契約実務では，「誠実に交渉する義務」が生じる事例は稀であるとも指摘

---

374) Blum, *supra* note 45, §§ 10.10.3–10.11, at 298–302.
375) Calamari & Perillo, *supra* note 10, § 2.9(a)(4), at 63.
376) Restatement (Second) of Contracts § 33 illus. 8（価格を後で決める旨を両当事者が合意していた場合，リーズナブルな価格を適用し得ると示唆）.
377) UCC § 2–305 cmt. 1（2003 年改訂で変更なし）. 同公式解説部から『Calamari & Perillo』も引用している以下のような文言には，出来るだけ契約を有効に成立させようとする UCC の方針が良く表れていよう。

　　This Article rejects ... the formula that "an agreement to agree is unenforceable" ... and rejects also defeating such agreements on the ground of "indefiniteness." Instead this Article recognizes the dominant intention of the parties to have the deal continue to be binding on both.
　　UCC § 2–305 cmt. 1 (emphasis added).

378) *See, e.g.*, UCC § 2–204(3)（2003 年改訂で変更なし）.

　　Even though one or more terms are left open a contract for sale does not fail for indefiniteness if the parties have intended to make a contract and there is a reasonable certain basis for giving an appropriate remedy.
　　UCC § 2–204(3) (emphasis added)

379) Blum, *supra* note 45, § 10.10.3, at 298, § 10.11, at 302.
380) *Id.*

されている。何故なら契約締結に向けて誠実に交渉する旨の合意書は，通常は交渉の初期では作成されず，約定が相当程度合意に至ってから作成されるからである[381]。そこにまで至れば，裁判所にとっても具体的な救済が最早可能と成ろう。

次に②に関し，予備的合意に契約としての拘束力と違反が認定された場合，その救済としては[382]，原則として履行（期待）利益は救済されない。最終合意に達していない段階の予備的合意違反に於いては，最終合意に至るか否かが不明であるから[383]，理論的にその最終合意の履行（期待）利益を附与し得ないからである。更に衡平法上の救済である「特定履行」（specific performance）も附与され難い[384]。前掲（§5-15-5 [c]）したように，作為・不作為を命じる為に不可欠とされる約定内容の「確定性」（certainty）が不十分な場合が多いからである[385]。そこで通常，認容される救済は，「信頼損害」（reliance damages）に成る。稀に「失われた機会」（lost opportunity）の費用も認容され得る[386]。前掲の通り失われた機会は認容され難いとは言え信頼利益の一種ではあるし（前掲§5-10），他の契約の機会を奪われたことに於いて正当な理由が立証できれば救済されるべきだからである[387]。

なお「誠実に交渉する義務」が裁判所に認定された場合には，契約締結に向けた誠意ある努力，即ち既に合意済みの諸事項の上に積み上げる真に純粋な努力と，相違点を解決する試みが要求される[388]。そうは言っても最終合意／契約締結の義務が課されている訳では無いから，如何なる場合に agreement to agree の「違反」に成るのかの判別が難しい。明白な場合のみが違反と言えそうであり，

---

381) 1 FARNSWORTH ON CONTRACTS, *supra* note 14, §3.26b, at 397.

382) *Id.* at 396-97.

383) *See, e.g.,* KLING & NUGENT, *supra* note 294, §6.03[4], at 6-27 (good faith に nego. する義務が，最終的取引を承認する義務を自動的に課す訳では無いと指摘).

384) 25 WILLISTON ON CONTRACTS, *supra* note 5, §67:4, at 193. 尤も Williston は特定履行が認容される場合も指摘している。*See infra* text accompanying note 391.

385) *Id.*

386) *See, e.g.,* 1 FARNSWORTH ON CONTRACTS, *supra* note 14, §3.26a, at 390-91.

387) *See id.*

388) BLUM, *supra* note 45, §10.10.3, at 298, §10.11, at 302.

例えば，相手方と合意に至る期待・信頼を附与する程にまで交渉が進んだ段階に於いて突如，第三者と契約を締結してしまうとか，既に合意済の事項に異議を出したり，説明が付かない程に頑固な態度を採ったりする場合が違反に該当し得る[389]。なお交渉義務違反が立証されても，交渉義務が履行されていたならば契約が成立していたとは限らず，更に前述の通り，契約締結の際に得られたであろう履行(期待)利益を立証するのも困難である。従って現実的な救済はやはり，πが△を信頼した為に生じた信頼利益に限定されよう[390]。

なお，近年では，特定履行の救済が認容される例が出ている[391]。特に，予備的合意の段階に於いても既に多くの約定が合意に達していて最終合意までの距離が近く成れば，理論的に特定履行を認容でき得る場合も出て来るからであろう[392]。

§5-18. 救済と契約の関係

当§5の冒頭（§5-01）に於いて説明したような，救済と契約の成立・不成立との関係，および，契約の強制可能・不可能と契約の関係，更には有効で強制可能な契約の違反と各種救済との関係等を簡略に図示すれば，以下（図表#5.26）のように成ろう[393]。これまでの議論の纏めと今後の契約法上の諸論題の説明の理解に役立てるべく，以下記載しておく。

---

389) *Id.*
390) *Id.*
391) 25 WILLISTON ON CONTRACTS, *supra* note 5, §67:4, at 200.
392) *Id.*
393) 次の文献を参考にしつつ本書筆者が図表を起案。*See, e.g.,* MARTIN A. FREY & PHYLLIS HURLEY FREY, ESSENTIALS OF CONTRACT LAW 2, fig.1-1 (2001).

図表＃5.26　契約の成立〜違反の流れと救済との関係

① 契約の成立（formation）の検討
　↓→　契約不成立ならば原則として契約違反も無い。但し，約束者（promisor）は，契約に基づかない義務・責任の諸法理に基づき，締結前の義務・責任を被約束者（promisee：受約者）に対し負う虞が残る。利得返還や不法行為法上の責任の虞もある。

成立の場合→　↓

② 契約履行の強制可能性（enforceability）の検討
　↓→　強制不可能（unenforceable）ならば契約違反による救済も制限される。但し，約束者は，やはり契約に基づかない義務・責任を被約束者（受約者）に対し負う虞が残る。利得返還や不法行為法上の責任の虞も依然残る。

強制可能な場合→↓

③ 契約の違反（breach）の検討
　↓→　次の場合は違反に成らない。
　　　　条件不成就，履行免除，不履行の正当事由，正当な契約終了
　　　　（condition）（excuse）（justification）（duly terminated）

契約違反な場合→↓

④ 違反に対する救済（remedy）の検討
　　　⇙　　　　⇓　　　　⇘　　　　⇘
期待（履行）利益　　信頼利益　　利得返還　　不法行為法上の救済
（expectation）　（reliance）　（restitution）　（punitive damages）
衡平法上の救済
（specific performance, etc.）

　図表＃5.26に於いては，先ず，「①契約が成立」するか否かが検討される。主に前掲§3に於いてその解説をして来た。尤も契約成立に至らなくても責任発生の諸原因が存在することは，§4（consideration（コンシダレイション）に頼らない責任・義務の法理）や当§5にて説明した通りである。

　次に，成立した契約でも全てが強制可能であるとは限らない。所謂（いわゆる）「無効」（void）や「取り消し得る」（voidable）（たがい）な契約も存在するので，その類の問題は次の§6に於いて「②強制可能性」（enforceability）という論題の下で検討され

る。

　次に強制可能な契約が「③違反」されたと言える場合が検討される。所謂「前提（停止）条件」(condition precedent) が満たされなかったり，「[債務] 免除」(excuse) 等を理由に契約違反に該当しない場合もあるからである。その説明は主に§13に於いて行う。

　そして最後に，契約違反に対する「④救済」が検討される。当§5はこれを説明して来た。救済は大別して金銭賠償とインジャンクション (*i.e.*, 作為・不作為命令) が存在した。更に前者に就いては，「期待利益」が立証・回収できない場合の次善の策として「信頼利益」の請求や「利得返還利益」の法理が利用可能であった。

第Ⅲ章　法的拘束力

Legally Binding Promises

§6.「強制可能性」(enforceability)に係わる諸法理

> **Under no system of law that has ever existed are all promises enforceable.**
> 嘗(かつ)て存在した如何(いか)なる法制度に於いても,約束の全てを強制可能にはしていない。

1 ARTHUR LINTON CORBIN, CORBIN ON CONTRACTS §1.1, at 4 (revised ed. 2007) (訳は本書筆者).

　契約法理に基づく法的救済を得る為には,契約が「成立」している (formation of K) だけでは足りず,その契約が「強制可能」(enforceable) でなければならない。尤(もっと)も「強制可能」という文言を用いていても,その意味は『*履行の強制(強制履行)*』(≒『*特定履行*』: *specific performance*) が可能な訳では無い。前述 (§5-02) の通り「特定履行」は例外的な救済であり,救済の原則は金銭賠償だからである。「強制可能」とは即ち,代替的な救済も含めて法的救済が可能という意味に成る。

　当§6に於いて紹介する諸法理は,所謂(いわゆる)「policing the agreement」(合意の規律) や「defenses」(抗弁) 事由という表題の下で紹介される部分も多い[1]。

§6-01.「強制可能性」の分類

　契約が「[広義の] 強制不可能」(unenforceable) な場合には,①契約がそもそも

---

[1] 1 E. ALLAN FARNSWORTH, FARNSWORTH ON CONTRACTS §4.1[B], at 442 (3d ed. 2004); CLAUDE D. ROHWER & ANTONY M. SKROCKI, CONTRACTS IN A NUTSHELL §5.1, at 258, §5.11.5, at 315 (6th ed. 2006).

「成立」しておらずに「無効」(**void**) だったり，②「**取り消し得**」たり (**voidable**)，更には③そもそも成立し且つ無効でも取り消し得る訳でも無い契約であっても「**強制不可能**(狭義の強制不可能)」(**unenforceable**) とされる場合が含まれる[2]。以下図表（#6.1）参照。逆に言えば契約が「強制可能」(enforceable) と成る為には，契約が成立し，有効で，且つ(か)(狭義の)強制可能でなければならない[3]。

図表#6.1 「強制可能性(enforceability)」と「無効(void)」と「取り消し得る(voidable)」

	分類	概要	例
広義の強制不可能性 unenforce-ability	①無効な合意 (**void agreement**)	理論的にそもそも契約が<u>不成立</u>[4]。∴そもそも強制不可能。	物理的強迫（physically compelling manifestation of assent）[5]，一定の不実表示（i.e., 文書作成／署名の詐欺）。
	②取り消し得る契約 (**voidable K**)	取り消される迄は一応有効であり，且つ追認等により有効に強制可能に成る[6]。	無能力（未成年，精神的無能力，酩酊状態），主な不実表示（i.e., 誘引の不実表示），主な［物理的以外の］強迫[7]，等。

---

[2] See, e.g., 1 ARTHUR LINTON CORBIN, CORBIN ON CONTRACTS §1.8, at 22 (revised ed. 2007) （void でも無く voidable にも該当しない分野として「unenforceable contract」が存在すると分類）.

[3] See, e.g., MARTIN A. FREY & PHYLLIS HURLEY FREY, ESSENTIALS OF CONTRACT LAW 6 (2001).

[4] RESTATEMENT (SECOND) OF CONTRACTS §7 cmt. a ("A promise for breach of which the law neither gives a remedy nor otherwise recognizes a duty of performance by the promisor is often called <u>a void contract</u>. Under §1, however, <u>such a promise is not a contract at all</u>; it is a 'promise' or 'agreement' that is void of legal effect." (emphasis added) と説明).

[5] BRIAN A. BLUM, CONTRACTS §13.8.1, at 404 (4th ed. 2007); RESTATEMENT (SECOND) OF CONTRACTS §174.

[6] JOHN EDWARD MURRAY, JR., MURRAY ON CONTRACTS §18, at 39 (4th ed. 2001).

[7] BLUM, supra note 5, §13.8.1, at 404; RESTATEMENT (SECOND) OF CONTRACTS §§175, 176.

	③狭義の **強制不可能な 契約** (**unenforce- able K**)	無効では無い[8]ので,有効に成り得る余地あり。	「詐欺防止法」違反の場合や「出訴期限法」による消滅時効[9]。「非良心的条項」違反[10]。更には無効や取り消し得る程では無いけれども,パブリック・ポリシー上の理由ゆえに強制が認容されない場合[11]。

　なお「強制不可能」と言う場合,「広義の強制不可能」な場合と「狭義の強制不可能」な場合との双方が在り得る旨は,Corbin も以下のように指摘している。

> <u>**The term unenforceable contract includes both void contracts and voidable contracts. It is customarily used so as to describe certain other legal relations also.**</u> **When a contract has become unenforceable by virtue of the statute of limitations, the obligor or debtor has a power to create a new right in the other party as against himself (and to destroy his own existing privilege) by a mere expression of his will, without any act of assent by the other and without a new consideration. He cannot, however, as in a voidable contract, destroy the existing rights of the other party or create new rights in himself as against that other. When a contract is unenforceable by reason of the statute of frauds,**

---

8) 例えば一方当事者のみが履行を強制可能な場合等は,無効では無く,他方当事者にとっての「狭義の強制不可能」ということに成ろう。*See, e.g.,* 2 FARNSWORTH ON CONTRACTS, *supra* note 1, §6.10, at 190–91.
9) RESTATEMENT (SECOND) OF CONTRACTS §8 cmt. *b*.
10) *Id.* § 208.
11) *Id.* "Some contracts are unenforceable because they arise out of illegal bargains <u>which are neither wholly void or voidable</u>." (emphasis added)と指摘しつつ,第二次リステイトメント §178 (When a Term Is Unenforceable on Grounds of <u>Public Policy</u>) (emphasis added)等を例示している。

either party has the legal power to create rights as against himself (or to terminate his existing power of destroying the other's rights) by signing a written memorandum, but he has no such power to create rights in his own favor. In these cases a legal relation exists that is different from that existing in the case of a void contract or of a voidable one.

Authur L. Corbin, *Offer and Acceptance, and Some of the Resulting Legal Relations,* 26 YALE L. J. 169, 179−81 (1917) (emphasis added).

§6-01-1.「無効」（void）と「取り消し得る」（voidable）と「強制不可能」（unenforceable）の違い： アメリカの契約法の代表的 treatise〔トリーティス〕は，「無効」（void）と「取り消し得る」（voidable）と「強制不可能」（unenforceable）の三つの概念の相違に関する項目を置くことが多い[12]。本書に於いても概説しておこう。

a.「無効」（void）： 前掲（図表#6.1）内の「①無効な合意」は，当初から「契約」（contract）では無い[13]。法的効果を全く欠くのである[14]。従ってしばしば散見される「無効な*契約*」（void *contract*）の語句は，一方では法的効果を有さない契約を意味し，他方で「契約」とは「法的拘束力を有する約束」を意味するから，「無効な契約」は理論的には「契約では無い」ことに成り[15]，その語句自体が矛盾する[16]。より正しい表現は，「無効な合意」（void *agreement*）または「無効な約束」（void *promise*）とすべきである。何故ならば「合意」や「約束」はそ

---

12) See, e.g., 1 CORBIN ON CONTRACTS, *supra* note 2, §1.6, at 17, §18, at 24; MURRAY ON CONTRACTS, *supra* note 6, §18, at 39, §19, at 41; JOSEPH PERILLO, CALAMARI & PERILLO ON CONTRACTS §1.8, at 21 (5th ed. 2003).
13) MURRAY ON CONTRACTS, *supra* note 6, §18, at 39.
14) 1 CORBIN ON CONTRACTS, *supra* note 2, §1.6, at 20.
15) *See supra* text at §§2−01, 2−03 の項。
16) MURRAY ON CONTRACTS, *supra* note 6, §79[A], at 415; 1 CORBIN ON CONTRACTS, *supra* note 2, §1.6, at 20; RESTATEMENT (SECOND) OF CONTRACTS §7 cmt. *a.*

の定義上，法的拘束力とは区別し得る概念だからである[17]。

b.「取り消し得る」（voidable）: 前掲（図表#6.1）内の「②取り消し得る」（voidable）場合には，取り消される迄は契約が一応有効である[18]。従って取り消し得る契約の特徴は，少なくとも一方当事者（取消権者）が契約を「**取り消す**」（**to avoid**）か，または「**追認する**」（to **validate**）かの権限を有していることにある[19]。なお用語の用い方として，「無効を主張すること」または「取り消すこと」を「disaffirmance」と言う場合もある[20]。

図表#6.2 「取り消し得る契約」（voidable K）に於ける特徴

一方当事者	power of / power to	avoidance (disaffirmance) / [to] avoid
		ratification (validation) / [to] ratify (to validate)

c.「強制不可能」（unenforceable）: 日本の民法で言うならば有名な「カフェー丸玉事件」[21]に代表される所謂「自然債務」に近い概念かもしれない狭義の「③強制不可能な契約」（unenforceable K）の場合は，契約の存在は認定されるけれども，その違反に対する損害賠償または特定履行の救済を法が強制せず，法上の救済が直接的には附与されない[22]。それは「不完全な義務の合意」（agreements of imperfect obligation）とか[23]，「不完全な義務の責務」（duties of imperfect

---

17) 1 CORBIN ON CONTRACTS, *supra* note 2, §1.6, at 20; RESTATEMENT (SECOND) OF CONTRACTS §7 cmt. *a*.
18) MURRAY ON CONTRACTS, *supra* note 6, §18, at 39.
19) 1 CORBIN ON CONTRACTS, *supra* note 2, §1.6, at 20; CALAMARI & PERILLO, *supra* note 12, §1.8 (b), at 21.
20) RESTATEMENT (SECOND) OF CONTRACTS §7 cmt. *b*.
21) 大審院昭和一〇年四月二五日判決。
22) MURRAY ON CONTRACTS, *supra* note 6, §19, at 40; CALAMARI & PERILLO, *supra* note 12, §1.8 (b), at 21（"various methods of indirect enforcement" が保持されている点が取り消し得る契約とは異なると指摘）.
23) MURRAY ON CONTRACTS, *supra* note 6, §19, at 40 n.186.

obligation）を生じさせる[24]，と表されることもある。この狭義の強制不可能性の概念を第二次リステイトメントは以下のように表している。

§8. Unenforceable Contracts

An <u>unenforceable contract</u> is one for the breach of which neither the remedy of damages nor the remedy of specific performance is available, but which is recognized in some other way as creating a duty of performance, though there has been no ratification.

Restatement (Second) of Contracts §8 (emphasis added).

　強制不可能な契約の例としては[25]，一定期間内に請求されない限りは司法上の救済が利用不可能に成る「出訴期限法」（statute of limitation）の場合であり，単に債務を履行する意思を示せば他方当事者の同意無しでも有効に機能する（operative）契約であり，約束者に取消権が附与されている訳では無いから「取り消し得る契約」でも無いのである[26]。その他の強制不可能な契約の例は「詐欺防止法」（statute of fraud）の場合や，違法性ゆえに強制不可能だけれども無効でも取り消し得るのでも無い場合が挙げられる[27]。

　なお本書では前図表（#6.1）が示す通り，便宜上，「①無効な合意」と「②取り消し得る契約」とを「広義の強制不可能性」に含めて説明している。<u>アメリカの裁判所も法曹も，「void」（無効）と「unenforceability」（強制不可能性）とを互換性のあるように取り扱って厳密な区別をしない場合が多い</u>と指摘されているからである[28]。尤も第二次リステイトメントに於いて「強制不可能な契約」と言う場

---

24) 1 Corbin on Contracts, *supra* note 2, §1.8, at 22.
25) *See, e.g.,* Calamari & Perillo, *supra* note 12, §1.8 (b), at 21.
26) 1 Corbin on Contract, *supra* note 2, §1.8, at 23–24.
27) *Id.* at 24.
28) Murray on Contracts, *supra* note 6, §79[A], at 416. 正に「[T]he life of the law has not been logic, it has been experience.」なのかもしれない。Oliver Wendell Holmes, Jr., The Common Law 1 (1881).

合，それは前掲同リステイトメント§8のブラック・レターの部の引用条文が示す通り本書の言う「③狭義の強制不可能性」のみを示すと定義付けられている[29]。

「広義」に強制不可能とされる場合，即ち「*無効や取消し得る場合*」＋「*狭義の強制不可能な場合*」には，例えば（1）当事者の「地位」（status）や「性格」（characteristics）に着目し[30]，未成年者や行為無能力者等の弱者を保護する場合や，（2）契約の「成立・交渉過程」（formation / bargaining process）に着目し[31]，詐欺・強迫等により締結された契約から約束者を保護するような場合，または，（3）虚偽的，或いは不当と言える程に一方的な特定の約定や違法な契約の場合のように，契約の「内容」がパブリック・ポリシーに反する場合であり，その目的は「不公正」（unfairness）を防止する為の契約自由への裁判所による介入にある[32]。アメリカ契約法学に於ける「強制可能性」の論点は即ち，強行法規的な介入を扱う場であり，それはしばしば「**policing contracts**」（契約を取り締まる［規制する］）という標題の下で扱われている[33]。なお，これら（1）〜（3）は，凡そ以下（図表#6.3）が示すように分類が可能であろう[34]。

図表#6.3 広義の強制不可能性に該当する諸類型

分 類	項目・例示	概要・例示
（1）当事者の「地位」（status）に着目し，一定の弱者（protected class）を保護する為の法理	lack of capacity (*i.e.*, legal incapacity to K): minority/ infants; mental incapacity; incapacity induced by alcohol or drugs	一八歳未満の未成年者[35]，精神的な能力欠如，酩酊による無能力な場合等には取り消し得る（voidable）。但し完全に意思能力が無いままに契約が締結された場合には無効（void）と成り得る[36]。

---

29) RESTATEMENT (SECOND) OF CONTRACTS §8 cmt. *a*.
30) 1 FARNSWORTH ON CONTRACTS, *supra* note 1, §4.1, at 442.
31) *Id.*
32) *See id.* at 440.
33) *Id.* §4.1[B], at 442; ROBERT A. HILLMAN, PRINCIPLES OF CONTRACT LAW 191 (2004).
34) FREY & FREY, *supra* note 3, at vii, 149.

分　類	項目・例示	概要・例示
(2) 契約の「成立・交渉」過程に着目し，被約束者 (受約者) による不正 (詐欺・強迫等) や「行き過ぎ」(overreaching：非良心的条項) 等から約束者を保護する為の法理	錯誤 （mistake）	錯誤は取り消し得る。
	不実表示 （misrepresentation）	「誘因の不実表示」は取り消し得る[37]。但し「文書作成／署名の詐欺」は無効。
	強迫／不当威圧 （duress / undue influence）	強迫等は，取り消し得るのが原則。但し場合により無効。
	非良心的条項 （unconscionability）	附合契約等の「take-it-or-leave it」型契約に於いて oppression and unfair surprise を避ける為 (手続上の非良心性)，または，内容が harsh, unfair, or unduly favorable to one of the parties な場合 (実体上の非良心性) には，強制不可能。
	詐欺防止法 （statute of fraud）	一定の重要な契約は詐欺防止法に拠り書面化が要求されており，書面化されていない口頭契約は強制不可能とされ得る。
(3) たとえ契約の「成立」に於いては有効であっても，契約の「内容」がパブリック・ポリシー	競合避止条項 （non-competition clause）[38]	競合避止条項は public policy に反する故に強制不可能とされ得る[39]。
	出訴期限制限条項 （contractual statute of limitation）	場合により強制不可能。

---

35) 成年に達するのは一八歳の誕生日である。*See, e.g.*, CALAMARI & PERILLO, *supra* note 12, §8.2, at 286（一八年目の誕生日の前日の最後の瞬間に未成年を終えると解説）．
36) FREY & FREY, *supra* note 3, at 150–58.
37) *Id.* at 167.

§6-01.「強制可能性」の分類　247

に反する故に裁判所が被約束者（受約者）の援助を躊躇う場合[40]。即ち違法・不正な契約を法が支持しない原則の為の法理	陪審裁判権放棄条項 （contractual waiver of right to jury trial）	場合により強制不可能。
	法廷地選択条項 （forum selection）	場合により強制不可能。
	免責条項，責任制限・責任排除条項 （exculpatory clause, limitation of liability, disclaimer）[41]	場合により強制不可能。
	違法性 （illegality）	裁判所は違法行為に手を貸さないので，違法な契約は一般に強制不可能[42]。πの救済も制限されて一般に△が有利と成る。

---

38) HILLMAN, PRINCIPLES OF CONTRACT LAW, *supra* note 33, at 210-11.

39) *Id.* at 187-88; RESTATEMENT (SECOND) OF CONTRACTS §187. *See infra* text at §9-01.

40) *See* 2 FARNSWORTH ON CONTRACTS, *supra* note 1, §5.1, at 3（所謂 public policy に反する為に裁判所が unenforceable とする場合は，reluctant to aid the promisee なのであって，misrepresentation や duress や undue influence のように promisor への心配─solicitude─故では無いと指摘）.

41) HILLMAN, PRINCIPLES OF CONTRACT LAW, *supra* note 33, at 208-10.

42) BLUM, *supra* note 5, §13.13.4, at 428. 違法に手を貸さない原則のことを，*in pari delicto potior est condition defenfentis* (Where the parties are in equal guilt, the defendant's position is stronger) という法格言から「*in pari delicto* rule」と言う。*Id. See also infra* text at §9-03.

§7. 契約能力に関する規制

POWER OF ATTORNEY

KNOW ALL MEN BY THESE PRESENTS: That____［本人の名前を書く］_____, hereinafter referred to as the "Principal," in____［ココに住所や所属を書く］_____, does hereby appoint_____［代理人の名前を書く］_____, hereinafter referred to as the "Agent," in_____［ココに住所や所属を書く］_____, as the true and lawful attorney-in-fact for the Principal and for the transaction and business as set forth below:

1. <u>Transaction and Business.</u>　_____［ココに代理権限内容を書く］_____
_____
［例えば，The Agent is hereby authorized to bargain and agree for _____.
The Agent may also sign, seal, execute, deliver, and acknowledge deeds, covenants, and agreements as may be necessary for the transaction set forth above.］

2. <u>Duration.</u> This power-of-attorney is effective on and after April 2, 2011 and on and before June 30, 2011 unless it is revoked by a duly executed instrument signed by the Principal.

IN WITNESS WHEREOF, the undersigned has executed these presents March 15, 2011.

By　　　　：　_____/s/_____.
Print name：　_____.
Title　　　：　Principal

This instrument was acknowledged before me on March 15, 2011
By　　　　：　_____/s/_____.
Print name：　_____.
Title　　　：　Notary Public

委任状（POA: power of attorney）の文言例。契約実務の諸文例を参考に本書筆者が起案。なお「attorney-in-fact」とは「代理人」の意である。因（ちなみ）に弁護士のことは「attorney at law」とか「counselor at law」と言う。例文が示すように，委任状を起案する際には，代理権限の範囲と，期間を定めることが重要である。

　一定の「地位」（status）や「要保護階層」（protected class）に属する者達（無能力者等）を保護する為の法理は，原則として契約を取り消し得る（voidable）として利得返還（restitution）請求を認める[1]。その要保護事象の代表例は，「未成年」（minor / infancy），「精神的無能力」（mental incapacity），「酩酊者の無能力」（incapacity due to alcohol or drugs）である[2]。未成年者に就いては能力を得られるのが嘗ては二一歳であったところ，選挙権の年齢を連邦憲法第二六修正が一八歳に下げた影響も受けて現在ではほぼ全ての州に於いて制定法により一八歳で成人扱いするように改められている[3]。なお酩酊のような自発的能力喪失の場合の取消権は，他方当事者がそれを知る理由がある場合にのみ行使し得るとされる[4]。
　嘗てのコモン・ローは，配偶者生存中の「既婚女性」（married woman）には契約行為の能力を認めず，彼女の為（な）した約束は完全に無効とされていて，衡平法が僅かな例外を設けていたのみであったけれども，現在では勿論そのような制限が無く成っている[5]。
　「法人」（**artificial person**）の能力に就（つ）いては，原則としてその定款等の権限内に限定され，これを超える契約行為等は「権限踰越」（*ultra vires*：アルトラ ヴァイリーズ beyond their

---

1) BRIAN A. BLUM, CONTRACTS §14.1, at 454 (4th ed. 2007).
2) *See, e.g.,* MARTIN A. FREY & PHYLLIS HURLEY FREY, ESSENTIALS OF CONTRACT LAW 150–58 (2001).
3) JOHN EDWARD MURRAY, JR., MURRAY ON CONTRACTS §24, at 45 & n.208 (4th ed. 2001); RESTATEMENT (SECOND) OF CONTRACTS §14 & cmt. *a*.
4) RESTATEMENT (SECOND) OF CONTRACTS §16 & cmt. *a*; JEFFREY L. HARRISON, LAW AND ECONOMICS IN A NUTSHELL 112 (4th ed. 2007).
5) MURRAY ON CONTRACTS, *supra* note 3, §23, at 44; JOSEPH PERILLO, CALAMARI & PERILLO ON CONTRACTS §8.1, at 285 n.1 (5th ed. 2003).

conferred power）に成り違法とされて来たけれども[6]，最近は制定法で同法理の適用が制限され，且つ裁判所も権限踰越ゆえの無効の抗弁を嫌う傾向にある[7]。尤も以下の文例のように，取引相手企業が当該取引を行う権限を有する旨を「表明」させる慣行もしばしば見受けられる。もし事実が表明と違えた場合には，契約の「取消」や「利得返還」等の救済を得られるようにする為の手段である[8]。なお「表明」に就いては，後掲（§8-02-4）参照。

ARTICLE○○. REPRESENTATIONS AND WARRANTIES

n. 1 Each of the Parties <u>hereby represents and warrants</u> to the other Party as follows:

(1) <u>each Party</u> is duly organized and validly existing under the applicable laws, <u>has all requisite power and authority</u> to execute, deliver, and perform its obligations under this Agreement;

(2) each Party has duly authorized, executed, and delivered this Agreement which is valid and obligation of which is binding and enforceable against such Party in accordance with its terms; and

(3) execution, delivery, and performance of this Agreement by each Party <u>does not violate or conflict with its articles of incorporation or by-laws</u>, any agreement or instrument to which such Party is a party or by which such Party is bound, or any order, decree, or other directive of any court, governmental body, or administrative or other agency having jurisdiction over such Party.

契約実務の諸文例を参考に本書筆者が起案（強調付加）。

---

[6]　MURRAY ON CONTRACTS, *supra* note 3, §24, at 45.

[7]　*Id.* at 45 & n.205.

[8]　本文中の文例はM&A契約に於ける表明であり，その目的は，表明が事実に反していた場合にclosingを買主が拒否したり，損害賠償を請求する等にあると言われている。See 2 LOU R. KLING & EILEEN T. NUGENT, NEGOTIATED ACQUISITIONS OF COMPANIES, SUBSIDIARIES AND DIVISIONS §11.01[1], at 11-6 to 11-7 (2007).

§8. 契約の「成立・交渉」過程に於ける不正からの約束者の保護

§8-01.「錯誤」(mistake)

そもそも「錯誤」(mistake) とは，あらゆる種類の「精神的誤謬」(mental error)[1]または「誤った認識」(erroneous perception)[2]を言うけれども，<u>契約法上の「錯誤」(mistake) とは「事実に反する信念」(**a belief not in accord with the facts**) を言い</u>[3]，衡平法に起源[4]を有する。(尤も同じ文言に両当事者が異なる意味を附与していた場合は後掲 (§8-01-3) のように区別して「**misunderstanding**」(誤解) と言う[5]。) 錯誤による契約強制への抗弁は「事実」に反する「誤った信念」(erroneous belief)[6]が対象なので，「判断」(judgment) や「予測」(prediction) の誤りは錯誤たり得ない[7]。しかもそのような信念の誤りは，契約「締結時」に存在した事実に関するものでなければならない[8]。そもそも錯誤は締結「時」以前にのみ発生するとは

---

1) 27 SAMUEL WILLISTON, A TREATISE ON THE LAW OF CONTRACTS §70:1, at 208 (Richard A. Lord ed., 4th ed. 2007) [WILLISTON ON CONTRACTS].
2) 2 E. ALLAN FARNSWORTH, FARNSWORTH ON CONTRACTS §9.2, at 589 (3d ed. 2004).
3) *See, e.g.,* 27 WILLISTON ON CONTRACTS, *supra* note 1, §70:1, at 208; RESTATEMENT (SECOND) OF CONTRACTS §151; CLAUDE D. ROHWER & ANTONY M. SKROCKI, CONTRACTS IN A NUTSHELL §5.5, at 273 (6th ed. 2006); JOHN EDWARD MURRAY, JR., MURRAY ON CONTRACTS §91, at 502 (4th ed. 2001).
4) *See, e.g.,* ROHWER & SKROCKI, *supra* note 3, §5.5, at 273.
5) 2 FARNSWORTH ON CONTRACTS, *supra* note 2, §9.2, at 589-90.
6) MURRAY ON CONTRACTS, *supra* note 3, §91, at 502; 27 WILLISTON ON CONTRACTS, *supra* note 1, §70:1, at 208.
7) RESTATEMENT (SECOND) OF CONTRACTS §151 cmt. *a*; MURRAY ON CONTRACTS, *supra* note 3, §91, at 502; 27 WILLISTON ON CONTRACTS, *supra* note 1, §70:1, at 208.
8) RESTATEMENT (SECOND) OF CONTRACTS §151 cmt. *a*; MURRAY ON CONTRACTS, *supra* note 3, §91, at 502; 27 WILLISTON ON CONTRACTS, *supra* note 1, §70:1, at 208.

限らず，例えば債務の金額を誤認した過払いや支払不足のように「履行時」にも錯誤が生じ得るけれども，本項に於いて救済の対象に成るのは契約成立「時」に於ける「錯誤」に限定される[9]。

なお「法律」に関する誤認は，嘗ては「*ignorantia legis neminem excusat*」（イグノランシーア リージス ナーミネム イクスキューサット）（ignorance of the law excuses no one）の法諺に基づき救済が否定されて来たけれども，現代では錯誤の一種と解されている[10]。契約締結時に存在した法律も，事実状況（state of facts）の一つと捉えるからである[11]。従って例えば，買主がオフィス・ビルを許諾なしに建築できると思って土地を購入し，売主もそう思って土地を販売したけれども，契約締結の二日前に法令が変更されて両者共にこれを知らなかった場合には，錯誤による救済の対象たり得ることに成る[12]。

「錯誤」に該当する場合の救済の原則は，契約の「取消」（avoidance）または「文書訂正〔命令〕」（reformation）である[13]。尤も錯誤が余りにも酷い場合には契約がそもそも成立していない（*i.e.*, 無効）とされる場合も在り得よう[14]。衡平法に基づく法理であるから，裁判所の裁量権が大きい柔軟性と，規範としての予見可能性の低さという特徴を有する[15]。

なお，「*pacta sunt servanda*」（パクタ スンタ サーヴァンダ）（agreements must be kept）の法諺に象徴されるような，当事者合意を強制すべきとする契約法の「原則」からすれば，錯誤は「例外」

---

9) MURRAY ON CONTRACTS, *supra* note 3, §91[D], at 506.

10) *See, e.g.*, RESTATEMENT (SECOND) OF CONTRACTS §151 cmt. *b*; 2 FARNSWORTH ON CONTRACTS, *supra* note 2, §9.2, at 590; ROHWER & SKROCKI, *supra* note 3, §5.5, at 275, §5.5.1, at 276. なお「*ignorantia legis neminem excusat*」の法諺に就いては，see BLACK'S LAW DICTIONARY 762-63 (8th ed. 2004).

11) *See, e.g.*, 2 FARNSWORTH ON CONTRACTS, *supra* note 2, §9.2, at 590.

12) RESTATEMENT (SECOND) OF CONTRACTS §151 illus. 3; 27 WILLISTON ON CONTRACTS, *supra* note 1, §70:1, at 210.

13) RESTATEMENT (SECOND) OF CONTRACTS Ch.6, Introductory Note, §§155, 158.

14) 27 WILLISTON ON CONTRACTS, *supra* note 1, §70:14, at 236-41. *See also infra* text at §§8-01-1[b], 8-01-3（「*Rose 2d of Aberlone*」事件や「*Peerless* 号」事件等はその好例であろう）.

15) *See* 27 WILLISTON ON CONTRACTS, *supra* note 1, §70:14, at 236-41.

§ 8-01.「錯誤」(mistake)　253

的な法理なので，その適用には慎重さをもって臨むべきとされている[16]。従って例えば被申込者が申込者から提示された契約書を読まなかったり理解しなかったりしつつ署名（同意・承諾の意思表示）をすれば，原則として錯誤による救済は認められない[17]。これは後掲（§ 8-01-2）の「一方的錯誤」(unilateral mistake)に該当し，錯誤による救済が例外的に認容されるのは，申込者が被申込者の錯誤に気付いていたり気付く理由があった場合や，その契約が非良心的な場合に限られる。何故なら契約に於ける落ち度の無い innocent な申込者の期待は保護されるべきだからである[18]。しかし錯誤による救済の要件さえ満たされれば，錯誤当事者 (mistaken party) が単に契約書を読まなかったような，謂わゆる単純過失があっても救済が認容される[19]。後掲（§ 8-01-2 [c]）するように，謂わゆる重過失，正確には「誠実かつ公正な取扱」のリーズナブルな基準（good faith and accordance with reasonable standard of fair dealing）を錯誤当事者が遵守しなかった場合にのみ，救済が否定されるのである[20]。

　錯誤は以下のように「共通的錯誤」(**mutual mistake**) と「一方的錯誤」(**unilateral mistake**) に分類され，後者の方が錯誤していない当事者への期待をより大きく失望させるので救済される場合が制限されている[21]。後掲 § 8-01-2 参照。錯誤が救済の対象たり得るのは原則として共通的錯誤であって，一方的錯誤に於ける救済は前述の通り非錯誤者側に何らかの詐欺的な要素があったり，非良心的な契約といった特別な場合に限定されるのである[22]。

---

16) RESTATEMENT (SECOND) OF CONTRACTS §152 cmt. *a*; 2 FARNSWORTH ON CONTRACTS, *supra* note 2, §9.1, at 584 & n.1（UNIDROIT Principles 6.2.1 に於ける「Contract to be observed.」のルールも例示しながら，「a deal's a deal」の原則を指摘）.
17) MURRAY ON CONTRACTS, *supra* note 3, §91[C], at 504.
18) *See, e.g., id.* §91[E], at 511.
19) *See id.* at 505.
20) *Id.*
21) RESTATEMENT (SECOND) OF CONTRACTS Ch.6, Introductory Note.
22) *See* 27 WILLISTON ON CONTRACTS, *supra* note 1, §70:8, at 224.

図表#8.1　「共通的錯誤」と「一方的錯誤」の救済の差異

| 共通的錯誤 | mutual mistake | 救済の前提と成る要件は比較的に緩やか。 |
| 一方的錯誤 | unilateral mistake | 救済の前提と成る要件が比較的に厳し目。 |

更に，錯誤の小分類として重要な概念の一つに「表示上の錯誤」（mistake in expression）がある。合意書面が真意を表していない場合であるが，その詳細は後掲（§8-01-4）参照。

§8-01-1.「共通的錯誤」（mutual mistake）：　契約の両当事者が双方共に錯誤していた為に契約が「取り消し得る」場合の要件に就いて，その基本ルールを規定する[23]第二次リステイトメント§152のブラック・レターは以下の通り記している。

§152. When Mistake [o]f Both Parties Makes [a] Contract Voidable

(1) Where a mistake of both parties <u>at the time a contract was made</u> as to <u>a</u>
　　　　　　　　　　　　　　　　　　　　a.
<u>basic assumption</u> on which the contract was made has <u>a material effect</u> on the
b.　　　　　　　　　　　　　　　　　　　　　　　　　　　　c.
agreed exchange of performances, the contract is voidable by the adversely affected party <u>unless he bears the risk of the mistake</u> ... .
　　　　　　　　　d.
RESTATEMENT (SECOND) OF CONTRACTS §152 (emphasis added).

上記引用文中の強調を付加した四要素に就いて，以下，概説する[24]。

---

23) RESTATEMENT (SECOND) OF CONTRACTS Ch.6, Introductory Note.
24) ROHWER & SKROCKI, *supra* note 3, §5.5.1, at 276-78, §5.5.3, at 282-85. なお第二次リステイトメント自身の解説部は本文中のb～dの三要素が重要であるとしている。RESTATEMENT (SECOND) OF CONTRACTS §152 cmt. *a*.『MURRAY ON CONTRACTS』も『FARNSWORTH ON CONTRACTS』も同様である。MURRAY ON CONTRACTS, *supra* note 3, §91[D], at 506; 2 FARNSWORTH ON CONTRACTS, *supra* note 2, §9.3, at 596. *But see* 27 WILLISTON ON CONTRACTS, *supra* note 1, §70:10, at 226-27（本文と同様に四つの要素を指摘）。

a. 要素①「契約締結時の...」(at the time of a contract was made)[25]： 錯誤に該当する為には、前段で指摘した通り、信念に反する事実が「契約締結時」以前に既に存在していなければならない。従って、例えば市場の「予測」を見誤って価格が高騰・暴落しても、それは「判断の誤り」(poor judgment)や「予測の誤り」(misprediction)、または締結「後」の事実の変化に分類されて錯誤の対象には成らない[26]。つまり厳密には例えば、売買契約締結「後」の、物の引渡し時点に於いて、その物がそのまま存在し続けると信じていたことが誤っていれば、それは錯誤では無く、単に将来の「予測の誤り」に成る[27]。

即ち「将来」に発生する出来事 (event to occur in the future) の「予想」や「判断」は、締結「後」の所謂「**後発事象**」(**supervening event**)[28] 或いは「**偶発事象**」(**contingency**) であり、「錯誤」では無く「excuse」(債務免除) の検討対象と成る[29]。後者 (債務免除) の具体例は後掲 (§13) の「後発的履行不能」(impossibility)、「実行困難性」(impracticability)、または「契約目的の達成不能／挫折」(frustration of purpose) 等に成る[30]。

図表#8.2 「錯誤」と,「後発的履行不能／実行困難性／契約目的の達成不能」の相違

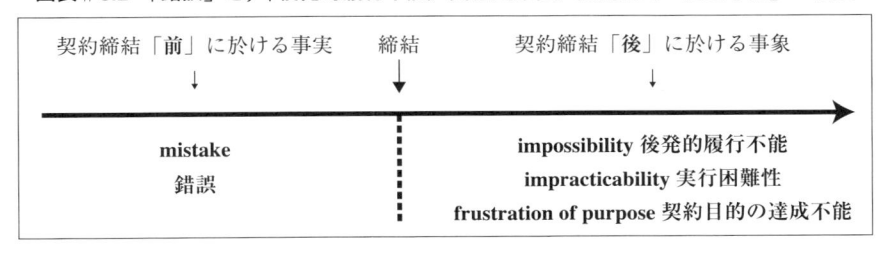

契約締結「前」に於ける事実	締結	契約締結「後」に於ける事象
↓	↓	↓
mistake 錯誤		**impossibility** 後発的履行不能 **impracticability** 実行困難性 **frustration of purpose** 契約目的の達成不能

---

25) *See, e.g.,* ROHWER & SKROCKI, *supra* note 3, §5.5.1, at 276.
26) *See, e.g.* 2 FARNSWORTH ON CONTRACTS, *supra* note 2, §9.2, at 591 (尤も misprediction は後発的履行不能や実行困難性に該当し得る); ROHWER & SKROCKI, *supra* note 3, §5.5, at 274.
27) 2 FARNSWORTH ON CONTRACTS, *supra* note 2, §9.2, at 591.
28) ROBERT A. HILLMAN, PRINCIPLES OF CONTRACT LAW 295 (2004).
29) *See* 27 WILLISTON ON CONTRACTS, *supra* note 1, §70:3, at 211, §70:4, at 12.
30) *See, e.g.,* RESTATEMENT (SECOND) OF CONTRACTS §154 cmt. *a*; 2 FARNSWORTH ON CON-

更に錯誤と債務免除とは，その根拠・効果も以下（図表#8.3）のように違いがある[31]。

図表#8.3 「錯誤」と「債務免除」

分　類	根　拠	効　果
錯誤 mistake	交換取引に於ける重大な不均衡	一方当事者が取り消し得る。
債務免除 excuse	予見しなかったhardship	履行を提供する義務の免除。

b. 要素②「基礎的前提に就いての...」（a basic assumption）[32]：　「基礎的前提に就いて」（basic assumption）の文言はUCCの「実行困難性」（impracticability）に関する規定に由来し[33]，同要素が求められるとは，即ち，両当事者達が締結した契約の基礎に対して致命的な影響を与える（vitally affect the basis）錯誤でなければならない[34]。所謂「*sine qua non*」（シニー クェイ ノン）（without which not：「あれ無ければ此れ無し」）と言えるような，因果関係が必要という意味であり，即ちそれが無ければ契約を締結しなかったであろうという程の，過去または契約時の事実に関する誤った信念がなければならない[35]。前掲の通り判断や予測の誤りは錯誤では無いから，契約が一方当事者の「貧弱な判断」（poor judgment）故に期待に反した利益や価値しか生み出さなかったとしても錯誤に当たらない。市場の状況や当事者の経済状況等が変化しないことは一般に「基礎的前提」とは捉えられていないので，錯誤による救済は認められない[36]。即ち市場や当事者の経済状況が変化しないという前提よりは，寧ろ逆に変化すると前提しておいた方がリーズナブルと

TRACTS, *supra* note 2, §9.1, at 585-86; ROHWER & SKROCKI, *supra* note 3, §5.5, at 273-74.
31) *See* RESTATEMENT (SECOND) OF CONTRACTS Ch.6, Introductory Note.
32) *See, e.g.,* ROHWER & SKROCKI, *supra* note 3, §5.5.1, at 276-77.
33) 2 FARNSWORTH ON CONTRACTS, *supra* note 2, §9.3, at 596.
34) 27 WILLISTON ON CONTRACTS, *supra* note 1, §70:12, at 228.
35) MURRAY ON CONTRACTS, *supra* note 3, §91[D][1], at 507.
36) *Id.*; RESTATEMENT (SECOND) OF CONTRACTS §152 cmt. *b.*

されているのである[37]。このルールを言い換えれば，市場や経済状況の変化といった副次的あるいは瑣末な事項に関する予測の誤りを救済対象から除外することが法目的と言える[38]。さもなくば「契約」の意味が無くなってしまうからであろう。

ところで取引の基礎を覆す程の錯誤の具体例としては，所謂「*Rose 2d of Aberlone*」事件として有名な「*Sherwood 対 Walker*」判例[39]が読者の理解に資するであろう。同事件では売買契約当事者双方が，不妊の牝牛の売買だと思って価格を安く＄80.$\underline{00}$に設定して契約が成立したにも拘わらず，後に子牛を妊娠していたことが判明し，その本来の［市場］価値は約十倍近い＄750.$\underline{00}$であった。そこで売主が引き渡しを拒んだところ，裁判所は両当事者達によるこの共通的錯誤が，正に取引の基礎を覆す程であるとして以下のように分析している。

> **If a cow was breeder, she was worth at least ＄750; if barren, she was worth not over ＄80. The parties would not have made the contract of sale except upon the understanding and belief that she was incapable of breeding, and no use as a cow. .... [T]he mistake was not of the mere quality of the animal, but went to the very nature of the thing. A barren cow is substantially a different creature than a breeding one. There is as much difference between them for all purposes of use as there is between an ox and a cow that is capable of breeding and giving milk. .... She was not in fact the animal, or the kind of animal, the [seller] intended to sell or the plaintiff to buy. She was not a barren cow, and, if this fact had been known, there would have been no contract. The mistake affected the substance of the whole consideration, and it must be considered there was no con-**

---

37) MURRAY ON CONTRACTS, *supra* note 3, §91[D], at 507.
38) 2 FARNSWORTH ON CONTRACTS, *supra* note 2, §9.3, at 596–97.
39) Sherwood v. Walker, 66 Mich. 568, 33 N.W. 919 (1887). *See, e.g.,* MURRAY ON CONTRACTS, *supra* note 3, §91[I], at 516 n.544（*Rose 2d of Aberlone* 事件を紹介）; HILLMAN, PRINCIPLES OF CONTRACT LAW, *supra* note 28, at 296–97（同旨）;　2 FARNSWORTH ON CONTRACTS, *supra* note 2, §9.3, at 596（同旨）.

258　第Ⅲ章　法的拘束力

tract to sell or sale of the cow as she actually was. The thing sold and bought had in fact no existence.

Sherwood, 33 N.W. at 923–24 (emphasis added).

　即ち妊娠可能な牝牛は，①単に食肉としての価値に加えて，②ミルクという果実を生むばかりか，③子牛も生むので，非常に価値が高いけれども，不妊な牝牛は牡牛(おうし)と同じ程にしか価値がなく［*i.e.,* ①食肉としての価値しかない］，その錯誤は取引の基礎を覆す程だと述べているのである。以下図表（＃8.4）参照。

図表＃8.4　「*Rose 2d of Aberlone*」事件と「a basic assumption」の錯誤

分　類	経済的価値
妊娠する牝牛 a cow capable of breading	①食肉＋②ミルク＋③子牛
不妊の牝牛 a barren cow	①食肉のみ
牡牛 an ox	①食肉のみ

c.　要素③「重大な効果が…」（a material effect）[40]：　錯誤による救済が認定される為には，単に双方当事者が契約の前提と成る事実を誤認していただけでは不充分であり，その誤認が契約の基礎を正に転覆させる程の「重大な効果」を有していなければならない[41]。「重大な効果」があると認定される為には，仮にその事実を知っていたならば契約を締結しなかったはずである旨を単に立証するだけでは足りない[42]。加えて，合意した交換に於ける不均衡が余りにも酷である故にその履行を強いることは不公正である点も裁判所を説得しなければならない[43]。尤も「重大な効果」迄は認容されずとも契約の「文書訂正命令」（reforma-

---

40) *See, e.g.,* ROHWER & SKROCKI, *supra* note 3, §5.5.1, at 277–78.
41) 27 WILLISTON ON CONTRACTS, *supra* note 1, §70:10, at 226.
42) RESTATEMENT (SECOND) OF CONTRACTS §152 cmt. *c*; 2 FARNSWORTH ON CONTRACTS, *supra* note 2, §9.3, at 598–99.
43) RESTATEMENT (SECOND) OF CONTRACTS §152 cmt. *c*; 2 FARNSWORTH ON CONTRACTS, *supra* note 2, §9.3, at 599.

tion）が認容されることは在り得る。なお不均衡を証明する為には，通常，該契約が錯誤を主張する当事者にとって望ましく無いばかりではなく，相手方をより利する点も示すことに成る[44]。その方法としては，本来の交換よりも多くを錯誤主張当事者が附与し相手方が受領したり，または逆に，本来の交換よりも少ないものを相手方が附与し錯誤主張当事者が受領する点を示したりする[45]。例外的に，錯誤主張当事者には望ましく無いけれども相手方には何の影響も無い場合でも錯誤が認定される。つまり重要性の要素は，全ての状況に照らして判断される柔軟なものである[46]。

錯誤による「重大な効果」に関するリーディング・ケースは，「ALCOA 対 Essex」事件判例である[47]。買主から供給されるアルミニウム原料を，売主は溶解精錬工程を経てアルミ溶湯（molten aluminum）に変換した後に買主に納入する旨の「長期契約」（a long term contract）を締結していた。しかし OPEC の原油生産量制限カルテル行為により売主のコストが予想外に高騰化した為に，売主は「共通的錯誤」を理由に契約書の「文書訂正命令」（reformation）を請求。対する買主は錯誤が「一方的」であった等と抗弁。本件を裁いたペンシルヴァニア西地区担当の連邦地裁は，共通的錯誤を認めて以下のように述べている。

即ち問題の契約書では既に，売主の製造価格が，卸売物価指数に基づく「価格上昇式」（price escalation formula）によるとされていて，同指数は過去二〇年に亘る実績から売主の実コストとの誤差が五％以内であることも示されている。そもそも契約書が卸売物価指数を価格決定に用いる目的は，予見可能な**経済変動（foreseeable economic fluctuation）**から売主を保護することにあり，この目的は

---

44) RESTATEMENT (SECOND) OF CONTRACTS §152 cmt. *c*.
45) *Id*.
46) *Id*.
47) Aluminum Co. of America v. Essex Group, Inc., 499 F.Supp. 53 (W.D. Pa. 1980). *See also* MURRAY ON CONTRACTS, *supra* note 3, §91[D][1], at 507 & n.498（同判例を紹介）; 27 WILLISTON ON CONTRACTS, *supra* note 1, §70:8, at 220-21（同旨）; HILLMAN, PRINCIPLES OF CONTRACT LAW, *supra* note 28, at 318-20（同旨）; 2 FARNSWORTH ON CONTRACTS, *supra* note 2, §9.2, at 593-94（同旨）.

買主も知っていた。従って本件は「共通的」錯誤に成る[48]，と。

　更に連邦地裁は，錯誤が「事実」に関する誤解でもある点と，危険が売主に「割り当てられ」ていた（*i.e.,* 売主が危険を引き受けていた　assume a risk）訳でも無い点とを分析して，「*Sherwood* 対 *Walker*」事件に於いて両当事者が共に牝牛を不妊であると誤解した事実と本件が同じと指摘。即ち「*Sherwood*」に於いても本件同様に，買主は知らなかった事実に就いて元々は無頓着であったし，契約締結後に予期せぬ利益を得られるに至ったことは買主にとっては嬉しいかもしれないけれども，そもそもの取引が前提された事実状況［*i.e.,* 不妊牝牛の売買］に基づいていたことを［買主は］理解していたはずである（But [the buyer] understood the bargain rested on a presumed state of fact (emphasis added).)[49]。従って「*Sherwood*」では「共通的な事実に関する錯誤」（mutual mistake of fact）を理由に契約が取り消されたのである。同事件では買主が「due diligence」（デュー・ディリ[50]）を仮にやっていたとしても子牛を孕（はら）んでいた事実を発見できなかったのと同様に，本件でも卸売物価指数が突然に売主の実コストを反映しなく成ることを知り得なかったであろうと本件裁判所は分析し[51]，本件契約が危険を売主に割り当てていないと示唆している。

　更に，本件コストの高騰化が契約の「基礎的前提」（basic assumption）を覆している点に就いて裁判所は，卸売物価指数と実コストとの誤差が500%にも達している点を指摘[52]。加えて，長期的役務契約に於ける価格計算式が，一方当事者への多大な「棚ボタ的利益」（vast windfall profits）と共に他方当事者への多大な「棚ボタ的損失」（vast windfall losses）から当事者を守る機能を有していることは明らかと分析し[53]，価格計算式の有効性を維持させしめんとする裁判所の政策的配慮が窺（うかが）われる。

48）*ALCOA,* 499 F.Supp. at 64.
49）*Id.* at 65.
50）「due diligence」の意味に就いては，see *infra* text at §8-01-1[d-1].
51）*ALCOA,* 499 F.Supp. at 65.
52）*Id.*
53）*Id.*

§ 8-01.「錯誤」(mistake)　261

　そして錯誤の要件に成っている「重大な影響」に就いて裁判所は，契約期間全体に亘る売主損失の持ち出し額（out of pocket）が六〇百万ドルを超えてしまうと指摘して[54]，合意した取引交換に対する重大な影響は明白であると認定。加えて傍論（dictum）として，仮に「一方的錯誤」の場合の要件である，同契約を強制した際の非良心性（unconscionability）に就いてさえも，裁判所はその認定を躊躇しないであろうと述べている[55]。更に裁判所は同判例の脚注に於いて，錯誤を認定した本件と他の事件との相違点が以下にあると指摘している点は特筆に価しよう。即ち売主の損失が買主の利益に成っている（[t]he equivalence of ALCOA's loss and Essex's gain）という影響の双方性に他の事件との相違がある[56]，と。

　ところで『MURRAY ON CONTRACTS』も，裁判所には契約書を「書き換え」（re-write）る権限も能力も無いはずであるとする批判がある本件の文書訂正命令に関し[57]，一方当事者が不利益を被るだけでは無く他方が利する状況であった為に救済の認容されがちな特徴を本件が有していると分析している[58]。同書は Fuller 達による前掲（§ 1-04-7）の有名な古典的論文[59]を引用しながら，アリストテレスの「分配的正義」（distributive justice）的な法の原理から見れば，「不当損失」（unjust impoverishment）と「不当利得」（unjust gain）とが組み合わさった場合にこそ，最も強く「利得返還」（restitution）の救済が要請されると紹介[60]。何故ならば，A が B から一個を失わせるだけでは無くその一個を A が我が物にした場合には，A と B との間の格差は一個分では無く二個分に成るからである，と指摘

---

[54]　*Id.* at 65–66.
[55]　*Id.* at 66（"the Court would not hesitate to hold it unconscionable." と指摘）.
[56]　*Id.* at 66 n.8.
[57]　HILLMAN, PRINCIPLES OF CONTRACT LAW, *supra* note 28, at 318.
[58]　MURRAY ON CONTRACTS, *supra* note 3, § 91[D][2], at 508.
[59]　Lon L. Fuller & William R. Perdue, Jr., *The Reliance Interest in Contract Damages* (Part 1), 46 YALE L. J. 52, 56 (1936).
[60]　*See* MURRAY ON CONTRACTS, *supra* note 3, § 91[D][2], at 508 n. 504. *See also* 2 FARNSWORTH ON CONTRACTS, *supra* note 2, § 9.3, at 599（一方当事者の unjust impoverishment のみならず他方の enrichment も証明するように示唆されがちであると指摘）.

する[61]。これは「法の倫理哲学的分析」[62]として，非常に興味深い指摘である。確かに「ALCOA」事件の連邦地裁は，前段以前の本書筆者による判例要旨が紹介しているように，売主の膨大な損失発生のみならず，それが買主にとっての棚ボタ的な膨大な利益に成っている構造を，錯誤による救済を認容する要素として強調しているように読める。

図表♯8.5　格差と「利益返還」(restitution) の正義

A の得損 (売主の予期できない損失)	B の得損 (買主の棚ボタ的利得)	A と B の格差
− 1	＋ 1	2

なお FARNSWORTH も，「Sherwood 対 Walker」の契約が売主に不利なばかりか，同時に買主に有利でもある関係にあったと指摘しつつ，そのように非錯誤当事者にも有利な影響が備わればそれだけ「重大な影響」を認定され易く成ると言え，逆に錯誤当事者にとって単に望ましくなく成るだけの場合では裁判所が救済を躊躇しがちと分析している[63]。この分析に就いても，前々段落以前の本書筆者に依る「ALCOA」判例要旨が示す通り，Rose 2d of Aberlone の買主も知らなかった事実（子牛を孕んでいる事実）により買主が棚ボタ的利益を得る関係が示唆されていたので，読み返して欲しい。

d. 要素④「錯誤した当事者が危険を負担した等の場合でない限り...」（unless he bears the risk of the mistake）[64]：　　当事者達が合意を通じて危険（risk）を

---

61) MURRAY ON CONTRACTS, *supra* note 3, §91[D][2], at 508 n. 504.
62) 「法と経済学」と並んで重視されているアメリカ民事法に於ける「法の倫理哲学」的な視座に就いては，see, *e.g.*, 拙書『アメリカ不法行為法：主要概念と学際法理』291–347 頁（中央大学出版部 2006 年）.
63) 2 FARNSWORTH ON CONTRACTS, *supra* note 2, §9.3, at 600–01.
64) *See, e.g.*, RESTATEMENT (SECOND) OF CONTRACTS §154; ROHWER & SKROCKI, *supra* note 3, §5.5.3, at 282–85.

§ 8-01.「錯誤」(mistake) 263

割り当て（allocation）ていた場合，その危険が割り当てられていた当事者は錯誤の救済が妨げられる[65]。たとえ契約当事者双方が明示的に危険を割り当てていなくても，一定の危険に関する知識を有していなかったり，または契約対象に就いての知識を限定的にしか有していないことを知りながらも，敢てそのまま契約締結に至った場合にもそれは「**意識的な無視**」（**conscious ignorance**）と呼ばれて，やはり事後に錯誤の抗弁が認められない[66]。知識の欠如を知りながら契約を締結することは，錯誤の危険を「引き受けている」と捉えられるからである[67]。

　例えば有名な「*Wood 対 Boynton*」判例[68]は，前掲「*Sherwood*」の二年前の判例であるが，或る「石」(stone) が何であるかを知らない売主と買主の間で＄1.00 を対価とする売買が成立。しかし後にそれがダイヤモンドの原石と判明し［市場］価値は＄700.00 に達していた。「共通的錯誤」を理由とする売主からの契約の取消請求を裁判所は棄却。「*Sherwood*」に似た事例であるにも拘わらず本件では共通的錯誤が認められなかった理由としては，FARNSWORTH に拠れば，石の売主が牝牛の売主と違って錯誤の「危険を引き受けていた」(bore the risk of the mistake) と解されたからである[69]。即ち石の売主は，長年に亘り石を占有し続けて来て，その質に関する問い合わせも試みて来ながらも，遂にはその質の更なる調査を断念して売却する選択肢を採った事実があるので，後に「不利な取引」(a bad bargain) だったことが確実に成ったからと言って売買を覆すことは出来ない[70]，と判示されている。これは錯誤では無く寧ろ「意識的な無視」であると

---

65) MURRAY ON CONTRACTS, *supra* note 3, §91[D][3], at 509.
66) RESTATEMENT (SECOND) OF CONTRACTS §154 cmt. *c*; MURRAY ON CONTRACTS, *supra* note 3, §91[D][3], at 509.
67) RESTATEMENT (SECOND) OF CONTRACTS §154 cmt. *c*; MURRAY ON CONTRACTS, *supra* note 3, §91[D][3], at 509; HILLMAN, PRINCIPLES OF CONTRACT LAW, *supra* note 28, at 301 n.28.
68) Wood v. Boynton, 25 N.W. 42 (Wis.1885). *See also* 2 FARNSWORTH ON CONTRACTS, *supra* note 2, §9.3, at 601-03, 605（同判例を紹介・分析）; MURRAY ON CONTRACTS, *supra* note 3, §91[D][3], at 509 n.511（同旨）.
69) *See* 2 FARNSWORTH ON CONTRACTS, *supra* note 2, §9.3, at 603, 605.
70) *Wood*, 25 N.W. at 44.

264　第Ⅲ章　法的拘束力

FARNSWORTH は分析している[71]。

　なお R. HILLMAN 教授も同様に，錯誤認定の有無の規準に関し「*Sherwood*」事件を hypo.（仮想事例）に用いながら以下のように紹介している。両当事者が［基礎的な］<u>事実を真実であると捉え</u>（took as true）て「Rose は不妊である」前提で契約していれば錯誤の対象に成るけれども，<u>事実に関する憶測に基づき</u>「Rose はおそらくは（probably）不妊である（強調付加）」と前提して契約していた（contracted on the basis of some conjecture as to the facts）ならば錯誤の救済が附与されない，と[72]。仮に，後者のようにギャンブル的に得をするかもしれないと思って締結した契約を取り消し得れば，誰も契約を締結する者は居なく成ってしまう[73]。<u>そもそも契約にはギャンブル的な要素が伴う</u>からである[74]。しかし「*Sherwood*」の場合はその要素が伴わない前提なので取り消し得ても問題が無い[75]。逆にもし契約を強制すべきと判決されたならば，そもそも両当事者が合意していない内容を強制することに成り，買主が不当な棚ボタを得てしまうのである，と[76]。

　ところで危険を引き受けたとされる他の例としては，前段の「*Wood*」とは逆に，売買契約に於いて買主側が売買の対象を調査した上でそれを現状のままで買う旨の約束をして価格も取り極められた場合，仮に契約締結時に信じていたことと事実との相違が後に判明しても，その場合は原則として適正に買主側が錯誤の危険を割り当てられる（allocation of the risk）旨の合意をしていたと捉えられよう。更に逆の例を挙げれば，農場の売主は，契約後に鉱物の埋蔵が判明しても，錯誤による取消を請求しても認容されない[77]。このように錯誤の危険の割当が取引合意に折り込み済みの場合には，原則として錯誤の抗弁が認容されないのであ

---

71) 2 FARNSWORTH ON CONTRACTS, *supra* note 2, §9.3, at 605.
72) HILLMAN, PRINCIPLES OF CONTRACT LAW, *supra* note 28, at 301.
73) *Id.* at 302.
74) *Id.*
75) *Id.*
76) *Id.*
77) RESTATEMENT (SECOND) OF CONTRACTS §154 cmt. *a.*

§ 8-01.「錯誤」(mistake)　265

る。
　以上のように危険の配分・割当と解される場合を類型化すれば三種に分かれるとFARNSWORTHは指摘しているので[78]，それを図示すれば以下（図表#8.6）のようになろう。

図表#8.6　危険が「割り当てられて」(allocate) いると解される場合の分類

分類	内容	例
(1) 契約上，危険を配分・割り当てている場合。	契約書に明記した場合。	「as is（アズイズ）」と記載された売買契約書等。
(2)「意識的な無視」の場合。	無知であることを認識しながらも敢えて契約を締結する場合。	前掲「Wood」（ダイアモンド石）判例等。
(3) 裁判所の政策判断による場合。	どちらかの当事者こそが危険を割り当てられるべきと裁判所が判断した場合。裁判所の裁量が大きく左右する。	施主よりも土木請負会社の方が土木建築上の障害を察知し得る場合とか，土地所有者（売主）の方が購入者よりも地下に鉱物が埋蔵されていた事実を知り得る場合等[79]。

　前掲図表（#8.6）内の(2)と(3)の場合に就いてはこれ迄の説明を読んで欲しい[80]。(1)に就いて[81]，例えばアメリカの日常生活に於いてはしばしば見掛ける，田舎道の路肩に置かれた中古車のウインドシールド（風防）にボール紙が貼って在って「$500, AS IS（アズイズ）」のように記載されている場合を想定すれば理解できよう。これは中古車の個人所有者からの売買の「申込」またはその「勧誘」(solicitation) 行為であるけれども，その条件として，値段が五〇〇ドルであることと，所謂（いわゆる）「現状渡し」であって瑕疵に対する責任を売主が一切負わないことを表明している。

---

78)　See 2 FARNSWORTH ON CONTRACTS, supra note 2, §9.3, at 603–09.
79)　See id. at 609.
80)　See also id. at 605–09.
81)　See, e.g., id. at 603.

このような一種の免責や責任排除／制限条項の効果に就いての詳細は，後掲（§17）の「保証(担保)責任」(と)(かく)(warranty)の項に委ねるが，兎に角「AS IS」等と売主が言っている場合，買主側としては売買後に判明した瑕疵に対して文句を言う権利を制限され得ることに成る。AS IS という明示の記述を承知しながら（且つ僅か＄500 の対価で自動車を入手することに付帯する）危険を買主が引き受けていると解されるからである。

d-1.「due diligence」（デュー・ディリ）と錯誤： M＆A・営業譲渡(エマンデイ)のような事業の売買契約に於いては，契約対象と成る事業資産を買主側が精査する慣行があり，これを企業法務業界では「デュー・ディリ」(due diligence：当然の努力・相当の注意) と呼んでいる。<u>即ちデュー・ディリとは，買収対象会社（the target company）の価値を確認する為に，その会社が締結している各種契約や，資産や，財務状況等を精査することを言う</u>[82]。理論的にはデュー・ディリを買主側が十分に行う機会が附与されればされる程に，錯誤の危険が買主側に割り当てられたことに成る[83]。尤も買主側としても危険の割当を売主側に出来るだけ多く課したいと望むので，実際には「表明と保証（レプ・ワラ）」（representations and warranties）と呼ばれる契約条項を用いて互いに相手方が事実の確約を行う形式を採り，その事実・約束に相違・違反があった場合には互いに救済が得られるように仕組むことに成る。後掲§8-02-5 も参照。

§8-01-2.「一方的錯誤」（unilateral mistake）[84]： 一方当事者だけが錯誤した「一方的錯誤」（unilateral mistake）の場合，仮に非錯誤当事者の言動がその錯誤の誘引であったならば，後掲（§8-02）「不実表示」（misrepresentation）適用

---

82) *See, e.g.,* TINA L. STARK, DRAFTING CONTRACTS: HOW AND WHY LAWYERS DO WHAT THEY DO §3.3.1, at 21-22 n.34 (2007). *See also* BLACK'S LAW DICTIONARY 488 (8th ed. 2004)（買収対象会社や資産を買主候補者や仲介者が調査し且つ分析することを言う）.

83) *See, e.g.,* ROHWER & SKROCKI, *supra* note 3, §5.5.3, at 284.

84) *See, e.g.* RESTATEMENT (SECOND) OF CONTRACTS §153; ROHWER & SKROCKI, *supra* note 3, §5.5.2, at 278-82.

§8-01.「錯誤」(mistake)　267

の可能性が出て来る。しかし非錯誤当事者側の誘引のような帰責的要素が無い一方的錯誤の場合，錯誤の抗弁が認容される為の要件は共通的錯誤の場合よりも厳しくなる。即ち前掲（§8-01-1）の四要素に加えて，以下の何れかを錯誤抗弁援用当事者は示さなければならない。伝統的に裁判所は一方当事者のみの錯誤の救済に躊躇して来たことに加えて[85]，両当事者の錯誤よりも一方のみの錯誤の方が他方当事者の期待をより多く失望させるからである[86]。言い換えれば，錯誤当事者では無い他方当事者には落ち度が無く（innocent），且つ契約上の期待に対して保護を求める正当な請求権を明らかに有しているから[87]，以下の追加的要件が満たされない限り救済が認められない原則を採るのである。さもなければ契約の安定性が欠如するという指摘も見受けられる[88]。なお一方的錯誤が救済されるのは，その錯誤が害を与えない場合（harmless）に限られ，例えば他方当事者が錯誤当事者の表示を信頼していた場合には取消が難しく成る[89]。

　　要素⑤[90]相手方（錯誤当事者）の錯誤を非錯誤当事者が知り，或いは知る理由があるか，
　　　　または
　　要素⑥[91]錯誤の内在する契約が非良心的（unconscionable）であること。

a. 要素⑤「相手方（錯誤当事者）の錯誤を...知る理由があり」(the other party had reason to know the mistake)：　　一方的錯誤に多い事例である，約束者側の計

---

85) RESTATEMENT (SECOND) OF CONTRACTS §153 cmt. *a*；2 FARNSWORTH ON CONTRACTS, *supra* note 2, §9.4, at 614.
86) RESTATEMENT (SECOND) OF CONTRACTS §153 cmt. *c*.
87) MURRAY ON CONTRACTS, *supra* note 3, §91[E], at 511, §91[F], at 512–23.
88) 2 FARNSWORTH ON CONTRACTS, *supra* note 2, §9.4, at 614.
89) HILLMAN, PRINCIPLES OF CONTRACT LAW, *supra* note 28, at 299–300.
90) RESTATEMENT (SECOND) OF CONTRACTS §153(b).
91) *Id.* §153(a).

算上の誤りに於いて[92]，例えば被約束者（受約者）側が契約対象物の通常の価格帯を知っていた場合には，約束者側の計算違いによる価格の誤りを知る理由が存在したと認定され易く成ろう。そもそも契約法の目的は，当事者達の理に適った期待を保護することにあり，被約束者が誤りを知る理由が存在していれば契約を取り消し得ても契約法の目的に反しないであろう。一方当事者の一方的錯誤を奇貨として他方当事者が利するべきでは無いからである[93]。

b. 要素⑥「非良心的であること」（enforcement of the contract would be unconscionable）： 契約を強制することが非良心的（unconscionable）と評せられる程に酷（hardship）であるという要件である[94]。尤も後掲（§8-05）で紹介する非良心性だけを理由に強制不可能とする場合に比べて，一方的錯誤を理由に契約回避を求められる非良心性のレベルは低いものでも良い。具体的には，契約が強制されれば錯誤当事者側の利益が減るのみならず，純損失（net loss）さえ生じる場合には，一般に一方的錯誤の非良心性が認定されよう。例えば売主が買主のID（人物特定）を一方的に錯誤（mistake of identity）して売買契約締結後，本来意図された人物では無い買主には支払能力が無いこと（insolvent）が判明した場合，そのような契約を強制すれば非良心的とされ得よう[95]。

なお，一方的錯誤を認定すべきか否かは，強制不可能と認定した場合の非錯誤当事者側の負担も考慮に入れる。衡平に適うことが重要だからである。従って，契約締結後，早期に一方的錯誤による救済を請求した方が認容され易いと言われる。一般に時宜を失すると，契約を信頼していた非錯誤当事者や第三者への悪影響が大きく成るからである。例えば入札に於いて，下請企業の誤った費用計算に

---

92) HILLMAN, PRINCIPLES OF CONTRACT LAW, *supra* note 28, at 299（unilateral clerical errors に就いては一般に契約の取消を認容すると指摘）.
93) *Id.* at 298.
94) 2 FARNSWORTH ON CONTRACTS, *supra* note 2, §9.4, at 617.
95) MURRAY ON CONTRACTS, *supra* note 3, §91[F], at 512-23. 相手方のID上の錯誤に就いては，see also 2 FARNSWORTH ON CONTRACTS, *supra* note 2, §9.4, at 622（IDの一方的錯誤に就いて他の場合同様に非良心的か否かが要件であると指摘）.

基づいて元請企業が入札，受注し，施主から契約を取り付けた後に下請企業から一方的錯誤の請求が出されても，これが認容されればその負担が落ち度の無い元請企業に転嫁されて衡平に反するであろう。

c. 錯誤に至った際の錯誤者側の過失： 錯誤当事者が計算を誤った場合のように，その誤りに於いて錯誤当事者自身に過失があった場合に迄も錯誤の抗弁を許容すべきか。一般には，「単純過失」(simple negligence) ならば錯誤の抗弁が認容されるけれども，「重過失」(gross negligence) の場合には救済が認容されないと言われている[96]。尤も第二次リステイトメントは「重過失」の文言・定義が曖昧であるとして，「誠実かつ公正な取扱」(good faith and fair dealing) の基準を採用している[97]。即ち錯誤当事者の落ち度が公正な取扱のリーズナブルな基準 (reasonable standards) に従った誠実な行為を懈怠していなければ，契約締結前に錯誤の事実を知らなかったり発見し損なった点に於いて落ち度があっても，取消や文書訂正命令の救済を妨げられないとしている[98]。なお後掲 (§10-23)「誠実かつ公正な取扱の義務」は，通常は契約締結「後」の履行や契約の強制の際にのみ課されるのが原則であるけれども，錯誤に関しては例外的に，錯誤当事者がその義務に反すると救済を妨げられることに成る[99]。

§8-01-3.「[重大な] 相互の誤解」([material] mutual misunderstanding)：

「[重大な] 相互の誤解」(**[material] mutual misunderstanding**) または単に「誤解」(misunderstanding) とは，両当事者達が文言に異なる意味を附与していた為に，「相互の同意の表明」(manifestation of mutual assent) が存在しない場合を言う[100]。

---

96) *See, e.g.,* ROHWER & SKROCKI, *supra* note 3, §5.5.4, at 285-86.
97) RESTATEMENT (SECOND) OF CONTRACTS §157 cmt. *a*; 2 FARNSWORTH ON CONTRACTS, *supra* note 2, §9.3, at 610 (「gross」negligence や「culpable」negligence の文言を使用).
98) RESTATEMENT (SECOND) OF CONTRACTS §157.
99) *Id.* §157 cmt. *a*.
100) *Id.* Ch.6, Introductory Note., §20 cmt. *c* ("Even though the parties manifest mutual assent to the same words of agreement, there may be no contract because of a material difference in un-

相互の同意が欠けている為に，契約が成立していないから，そのような契約は「無効」（void）である。そもそも「錯誤」の一種であるとも思われる「誤解」の場合[101]を第二次リステイトメント（§20 (1)）は，特に「相互の誤解」（mutual misunderstanding）と呼称して区別しているのである。

「相互の誤解」ゆえに強制不可能に成る要件として，R. HILLMAN 教授は以下の三つを挙げている[102]。

① 契約文言が「多義的」（**ambiguous**）であり，
② 文言に対して両当事者達が異なる解釈を抱いていて，且つ
③ 誤解が重大であったこと。

重大な誤解の法理を理解する上で有用な事例は，どのケースブックにも出てくる程に有名な英国のリーディング・ケースである「*Raffles 対 Wichelhaus*」事件判例[103]である。ボンベイを出航してリバプールを目指す「Peerless 号」（ピアレス）の積荷の綿（コットン）に関し売主 Raffles（π）と買主 Wichellhaus（⊿）が売買契約を締結したところ，実は同名の船が二隻（せき）あり，売主は 12 月出航の Peerless 号の綿花を購入するように要求し，買主は 10 月出航の Peerless 号と思っていたと主張して買い取

---

derstanding as to the terms of the exchange."（強調付加）と解説）； 2 FARNSWORTH ON CONTRACTS, *supra* note 2, §9.2, at 589-90.

101) この場合を第二次リステイトメントは「mistake in the expression of assent」（強調付加）であると自認している。RESTATEMENT (SECOND) OF CONTRACTS §20 cmt. *a. See also* 2 FARNSWORTH ON CONTRACTS, *supra* note 2, §7.9, at 278 n.13（同旨——misunderstanding の用語が第二次リステイトメントに於いて in reference to *mistake*（強調は原文）で用いられていると指摘）.

102) HILLMAN, PRINCIPLES OF CONTRACT LAW, *supra* note 28, at 252.

103) Raffles v. Wichelhaus, 2 Hurl. & C. 906, 159 Eng.Rep. 375 (Ex. 1864). *See also* RESTATEMENT (SECOND) OF CONTRACTS §20 illus. 2（「*Raffles*」事件を範にした例示を紹介）; 2 FARNSWORTH ON CONTRACTS, *supra* note 2, §9.2, at 590（同事件を解釈の項目の中の客観説（表示主義）と主観説の紹介の中で説明）; HILLMAN, PRINCIPLES OF CONTRACT LAW, *supra* note 28, at 251-53.

りを拒絶。裁判所は，重要な要素に関して両当事者の合意が欠けているから契約の不成立を宣言した。第二次リステイトメントも，両当事者が同様に落ち度無く誤解した場合と，逆に両者共に同様に落ち度が在って誤解した場合の双方に於いて，「相互の同意」(mutual assent) の欠如を規定している[104]。

ところで上のR. HILLMAN 教授が示した三要素の内の「①多義的」の文言が表すように，「*Peerless* 号」事件とその解釈に関するトピックは「解釈」の論題に於ける「曖昧性・多義性」(後掲§10-22) の争点として言及される場合が多いので，本書でも後掲「解釈」の項目にて再度触れることとする。

なお「*Peerless* 号」同様に「[重大な] 相互の誤解」の代表判例として，「解釈」に於ける「曖昧性」の論点と密接に関係する事件としては，「チキン」の意味を誤解し合った「*Frigaliment Importing Co. 対 B.N.S. International Sales Corp.*」判例[105]が有名なのでここで触れておく。売買に関し損害賠償を請求する訴訟に於いてπ買主は，「chicken」とは焼肉や唐揚げ用の「若鶏」(young chicken for broiling or frying) を意味すると主張し，△売主はシチュー用の「成鶏」(stewing fowl) も「chicken」であると反論。π買主は敗訴したが，その理由は「chicken」という文言の一般的な範囲内に成鶏も入るから，買主が対象を若鶏に限っていたことを売主が知るべき理由があった等の立証をπが欠いている限りは，売主の反論が支持されるべきと解されている[106]。

§8-01-4. 「表示上の錯誤」(mistake in expression) と，「文書訂正命令」(reformation decree)[107]：　「表示上の錯誤」(**mistake in expression**) とは，合意の書面が当事者の真意を示していない場合を言う[108]。前段の「誤解」(misunderstanding) の一種であり，例えば「a slip of the tongue」(口が滑る) 場合のように，

---

104) RESTATEMENT (SECOND) OF CONTRACTS §20(1)(a), (b) & cmt. *d.* & illus. 2.
105) 190 F. Supp. 116 (S.D.N.Y. 1960).
106) *See, e.g.,* MURRAY ON CONTRACTS, *supra* note 3, §87[B][1], at 470-71.
107) RESTATEMENT (SECOND) OF CONTRACTS §155.
108) MURRAY ON CONTRACTS, *supra* note 3, §85[B], at 456.

意思とは異なる表記をした場合を言う[109]。第二次リステイトメント（§20）の例示部（illus. 5）は表示上の錯誤に就いて，以下のような有名な例を挙げつつ説明している。即ち売主が「牛」を売るつもりなのに「馬を 100 ドルで売る」と買主に言ってしまい，売主の真意が「牛」の販売であって口が滑ったに過ぎないことを知りながらも買主が上の申込を「承諾する」と返事した場合には，仮にその価格が公正であれば「牛」の売買契約が成立する，と[110]。

　表示上の錯誤に於ける救済方法の一つに「文書訂正命令」（reformation degree）がある[111]。即ち両当事者の錯誤ゆえに合意書面が合意を表し損ねている場合には，裁判所は，当事者からの請求に基づき，合意を表すように書面を訂正することが出来る[112]。但し，財産の「善意［有償］取得者」（a good faith purchaser）のような第三者の権利を侵害しない限度という制限に服する[113]。文書訂正の眼目は，当事者が書面に現れているべきと意図していたように合意を表させしめることにある[114]。「当事者意思の尊重」（a respect for the parties' intent）に基づく救済手段なのである[115]。従って，合意に達した当事者が，合意内容を書面化した際に正しくそれを表せなかった場合に，文書訂正命令が利用可能に成る[116]。尤もこの救済手段は，両当事者の錯誤の場合にのみ適用され[117]，且つ書面化される前の合意成立が前提と成る[118]。従って，例えば申込の表示に錯誤があって申込者の意図を表していない場合には，一方当事者（申込者）のみが錯誤の場合と成るば

---

109) *See id.* §87[D], at 478, §91, at 503.
110) RESTATEMENT (SECOND) OF CONTRACTS §20(2) & illus. 5.
111) *See, e.g.,* MURRAY ON CONTRACTS, *supra* note 3, §85[B], at 457.
112) RESTATEMENT (SECOND) OF CONTRACTS §155; 27 WILLISTON ON CONTRACTS, *supra* note 1, §70:2, at 210; 28 *id.* §70:208, at 230.
113) RESTATEMENT (SECOND) OF CONTRACTS §155.
114) *Id.* §155 cmt. *a.*
115) 27 WILLISTON ON CONTRACTS, *supra* note 1, §70:2, at 210.
116) RESTATEMENT (SECOND) OF CONTRACTS §155 cmt. *a.*
116) *Id.*
117) MURRAY ON CONTRACTS, *supra* note 3, §91[E], at 512.
118) RESTATEMENT (SECOND) OF CONTRACTS §155 cmt. *b.*

かりか，そもそも契約が成立していないので，文書訂正命令が利用できず，「一方的錯誤」による取消の救済を探ることと成る[119]。なお書面上の誤謬が文書訂正によって治癒可能な場合には，選択的救済（alternative）としての「取消」（avoidance）は利用できないと指摘されている[120]。「救済方法の選択」に就いて前掲（§5-07）参照。

書面に錯誤があるから訂正を求める請求は，慎重に，「明白かつ確信を抱くに足る証拠」（clear and convincing evidence）[121]をもって対応すべきとされている。契約法は，詐欺防止法や口頭証拠排除の準則等を用いて合意「書面」に対し高い価値を置いているからである[122]。更に文書訂正命令は衡平法的な救済なので，裁判所の裁量により命令が決定される[123]。

a. その他の救済に関すること： 錯誤に於ける救済の原則は「取消」であり，それに伴う「利得返還」（restitution）の権利が両当事者に生じるけれども，利得返還では正義が達成されないと裁判所が捉えればその他の創造的な救済手段（imaginative solutions）を命じることも可能とされる[124]。

§8-02.「不実表示」（misrepresentation）

主に衡平法に起源[125]を有する「不実表示」（misrepresentation）とは，「**事実に反する表明**」（**assertion not in accord with the facts**）[126]を行うことである。詳細は

---

119) *Id.*
120) 2 FARNSWORTH ON CONTRACTS, *supra* note 2, §9.3, at 601.
121) 「clear and convincing evidence」に就いては，see, *e.g.,*『アメリカ不法行為法』, *supra* note 62, at 87.
122) RESTATEMENT (SECOND) OF CONTRACTS §155 cmt. *d.*
123) *Id.*
124) 2 FARNSWORTH ON CONTRACTS, *supra* note 2, §9.3, at 610-11; RESTATEMENT (SECOND) OF CONTRACTS §158(2).
125) 1 FARNSWORTH ON CONTRACTS, *supra* note 2, §4.19, at 514 n.1.
126) RESTATEMENT (SECOND) OF CONTRACTS §159; MURRAY ON CONTRACTS, *supra* note 3,

後掲（§8-02-1 [a.①]）参照。

不実表示に該当する多くの場合は「誘引の不実表示」(fraud in the inducement) と言って契約を「取り消し得る」(voidable) けれども[127]，稀に[128]「文書作成・署名の詐欺」(fraud in the execution 或いは fraud in the *factum*) と呼ばれる一定の場合には，そもそも契約が成立しておらず「無効」(void) と成る。下図（図表#8.7）参照。

図表#8.7 「誘因の不実表示」と「文書作成・署名の詐欺」の相違

分類	要件	効果
誘引の不実表示 **fraud in the inducement**[129]	詐欺的または重要な不実表示が同意の表明・誘引と成り，且つ不実表示への信頼が正当化される場合。	契約は 「取り消し得る」 voidable
文書作成・署名の詐欺 **fraud in the *factum*** 或いは **fraud in the execution**[130]	例えば契約書であることを知らされず単なる領収書だと思わせられて署名させられた場合のように[131]，契約の性格 (character) または不可欠な条項 (essential terms) に関する不実表示が同意の表明の誘引と成り，被表明者も書面の性格や不可欠条項をリーズナブリーに知らない場合。	契約は 「無効」 void

---

§95[A], at 536.

127) そもそも fraud の場合の効果の原則は void では無く voidable であるという指摘に就いては, see 26 WILLISTON ON CONTRACTS, *supra* note 1, §69:1, at 486.
128) RESTATEMENT (SECOND) OF CONTRACTS Ch. 7, Topic 1, Introductory Note. 通常の不実表示は「inducement」に向けられたもの故に「fraud in inducement」だけれども，稀に，例えば「これに署名しても法的効力は生じませんよ」と表明されて署名した場合等は，「execution」（署名）に向けらた不実表示ゆえに「fraud in execution」とか「fraud in factum」と呼ばれる。1 FARNSWORTH ON CONTRACTS, *supra* note 2, §4.10, at 468. *See also infra* text at §8-02-2.
129) RESTATEMENT (SECOND) OF CONTRACTS §164(1).
130) *Id.* §163.
131) *See, e.g.,* MURRAY ON CONTRACTS, *supra* note 3, §95[C], at 539.

§8-02-1.「誘引の不実表示」（misrepresentation in the inducement）──「取り消し得る」場合： 不実表示の原則である「誘引の不実表示」（misrepresentation in the inducement）として一般的に不実表示に該当する場合とは[132]，以下の要素を満たし，且つ契約への同意を表明（manifestation of assent）した場合である。「悪意不実表示」（fraudulent misrepresentation）か，または「重大な不実表示」（material misrepresentation）の何れかに該当すれば良い。

① 表示者が「不実表示」をし，
　　　　　　　　　　a.
② その不実表示が
　②-1.「詐欺的」（fraudulent：故意または無謀な無視）【悪意不実表示】
　　　　　　　　　　　　　　　　　　　　　　　　　　　　　b.
　　[133]か，或いは
　②-2.「重大」（material）【重大な不実表示】であり，
　　　　　　　　　　　　c.
③ 被表示者（defrauded party）がその不実表示を「信頼」（reliance）し，
　　　　　　　　　　　　　　　　　　　　　　　　　　　d.
　且つ
④ 信頼したことが「正当化された」（justified）こと。
　　　　　　　　　　　　　　　　e.

なお②-1【悪意不実表示】（fraudulent misrepresentation）と，②-2【重大な不実表示】（material misrepresentation）が示すように，その何れでも要件が満たされるから，前者の場合には重大な不実表示で無くても良く[134]，逆に論理的には

---

132) HILLMAN, PRINCIPLES OF CONTRACT LAW, supra note 28, at 198. See also 1 FARNSWORTH ON CONTRACTS, supra note 2, §4.10, at 469（要件として以下の四要素を挙げている。①事実に反する表明，②表明が詐欺あるいは重要なこと，③表明が信頼されたこと，および④信頼したことが正当化されること）. See also RESTATEMENT (SECOND) OF CONTRACTS Ch. 7, Topic 1, Introductory Note（同左）.
133) RESTATEMENT (SECOND) OF CONTRACTS Ch. 7, Topic 1, Introductory Note（不法行為責任上は，重要な事実で且つ詐欺的でなければ有責に成らないけれども，契約法上は，重要または詐欺的の何れかで要件が満たされると指摘）.
134) Id. Ch. 7, Topic 1, Introductory Note, §162 & cmt. a, §164(1). See also MURRAY ON CONTRACTS, supra note 3, §95[B], at 538（同旨）; 1 FARNSWORTH ON CONTRACTS, supra note 2, §4.12, at 479（同旨）.

後者の場合には悪意は不要と成る。尤も判例は「悪意かつ重大」な場合か，または「悪意では無く重大」な場合ならば多数存在するけれども，「悪意だけれども重大では無い」例は殆ど見付けられない[135]。なお「契約法上の」不実表示は後掲（§8-02-4）する通り契約の「取消」(avoidance) を中心とする救済を前提としているから，悪意または重大性の何れかを満たせば良いけれども，損害賠償までも請求することを原則とする「不法行為法上の」不実表示の要件は「悪意且つ重大」の双方を原則として求めると言われている[136]。尤も契約法上の不実表示でも悪意で無ければ，重大では無い不実表示は救済の対象「外」と成る[137]。

図表♯8.8　「悪意不実表示」と「重大な不実表示」の相違

【悪意不実表示】 fraudulent misrepresentation	「*悪意 (fraudulent) ＝故意または無謀な無視*」があれば，たとえ immaterial な不実表示でも該当。
【重大な不実表示】 material misrepresentation	たとえ悪意では無くても，material な不実表示ならば該当。
悪意でなければ，immaterial な不実表示は対象外。 但し，「保証(担保)責任」(warranty) 違反等には該当する虞あり（後掲§8-02-5 参照）。	

ところで不実表示は約束者に「錯誤」を生じさせるので，前項（§8-01）の錯誤との共通点も多い[138]。

a. ① *「不実表示」＝「事実に反する表明」*：　　前掲（§8-02）の通り，「不実

---

135) 1 FARNSWORTH ON CONTRACTS, *supra* note 2, §4.12, at 481.
136) RESTATEMENT (SECOND) OF CONTRACTS §164(1) & cmt. *b*; 1 FARNSWORTH ON CONTRACTS, *supra* note 2, §4.12, at 478–79. *See also* JOSEPH PERILLO, CALAMARI & PERILLO ON CONTRACTS §9.14, at 338 (5th ed. 2003)（取消と利得返還に就いてならば古くから過失的または無過失の不実表示が認容されて来たと指摘）．
137) MURRAY ON CONTRACTS, *supra* note 3, §95[B], at 538. 尤も nonfraudulent 且つ immaterial な不実表示でも，保証違反等には該当し得る。RESTATEMENT (SECOND) OF CONTRACTS §162 & cmt. *c*.
138) RESTATEMENT (SECOND) OF CONTRACTS §162 & cmt. *a*.

表示」は事実に反する表明の意であるが，重要な事実を積極的に「隠蔽」（fraudulent concealment）する場合でも不実表示に該当し得るばかりか，場合によっては積極的作為を欠く単なる「非開示」（non-disclosure）の場合でも不実表示に該当する場合がある。後掲（§8-02-3）参照。なお「半分だけ真実」（half-truth）な場合でも不実表示に該当する場合がある。例えば過去に或る事象が起こった旨の表示は，その状況が現在でも続いているという誤った認識を惹き起こしている場合もあり，不実表示を認定され得るのである[139]。

「事実に反する表明」であるから，「意見」を述べた場合には原則として対象「外」に成るのみならず，「**将来の予想**」（future prediction）や「**約束**」（promise）も不実表示では無い[140]。「意見」（opinion）が原則として不実表示の救済対象外であることは後掲（§8-02-1 [e]）参照。従って理論的に不実表示は表示者が契約に「違反」（breach）しているのでは無く，契約締結の前提と成った「事実」に反した表示をしている（to make false representations）に過ぎないことに成る[141]。保証責任（warranty）違反に関する後掲（§8-02-5）参照。

b. ②-1「悪意不実表示」（fraudulent misrepresentation）：　　「fraudulent」（詐欺的）な不実表示とは[142]即ち裁判所が「**scienter**」（サイエンタ：故意に）という文言[143]で表す場合も多い「故意」の場合，つまり虚偽であることを表示者が知っ

---

139) *Id.* §159 cmt. *b.*
140) 「約束」に就いては不実表示では無く契約「違反」が問われることに成る。BRIAN A. BLUM, CONTRACTS §13.5.1, at 393 (4th ed. 2007).
141) *See, e.g.,* STARK, DRAFTING CONTRACTS, *supra* note 82, §3.2.2, at 16.
142) RESTATEMENT (SECOND) OF CONTRACTS §162(1) & cmt. *b.*
143) *Id. See also* BLUM, *supra* note 140, §13.6.4, at 398; 1 FARNSWORTH ON CONTRACTS, *supra* note 2, §4.12, at 479; STARK, DRAFTING CONTRACTS, *supra* note 82, §3.2.2, at 15; MURRAY ON CONTRACTS, *supra* note 3, §95[B], at 538.　なおラテン語「scienter」とは「knowingly」の意であり，行為者の作為・不作為の結果に対して法的に責任を課す知識の程度（degree of knowledge）を言い，行為者が知りながら作為・不作為をした為に民事賠償責任や刑事責任を課す根拠に成る。もう一つの意味としては，特に証券詐欺や　Rule 10b-5　等に用いられるもので，騙し，操作し，または騙し取る意図か

ている場合だけに限らない。真実である確信を欠くにも拘わらずそれを事実として表明する場合のように，真偽の如何に拘わらず無謀（recklessly）な表示もfraudulentな不実表示に含まれる。更に，自身が知っていたり調査した訳でも無いことに基づいた表示も含まれる[144]。所謂「重過失」（gross negligence）に当たる場合も含まれるのである[145]。

尤もfraudulentの要件を満たす為には故意または重過失だけでは不十分である。加えて「誤導」（mislead）する「意図」（intent）も要する[146]。しかしその「意図」は願望がある場合に限られず，misleadされるであろう蓋然性を知っていただけの場合でも満たされる[147]。

なお興味深いことに，fraud的（*i.e.*, 故意的）な不実表示法理の倫理的な根拠は，キリスト教にも求め得ると言われている。即ち「Love your neighbor as yourself.」という「アガペー」（agape）の教義ゆえに，履行する気の無い約束をしてはならない規範が生まれると言われているのである[148]。

c. ②-2「重大な不実表示」（material misrepresentation）： 第二次リステイトメント（§162 (2)）も採用する「重大な不実表示」（material misrepresentation）法理の起源は，たとえfraudの要素が欠けていても，過失，或いは場合によっては無過失な場合でも不実表示を認めるという，殆どの州が採用する「**擬制詐欺**」（**constructive fraud**）或いは「衡平的詐欺」（equitable fraud）に在る[149]。そもそ

ら構成される精神状態（mental state）を言う。BLACK'S LAW DICTIONARY 1373 (8th ed. 2004).

144) *See, e.g.,* MURRAY ON CONTRACTS, *supra* note 3, §95[B], at 538.
145) *See* BLUM, *supra* note 140, §13.7, at 402.
146) 1 FARNSWORTH ON CONTRACTS, *supra* note 2, §4.12, at 479, 480.
147) *Id.* at 480.
148) E. Allan Farnsworth, *Religious Ethics and Contract Enforceability,* 71 FORDHAM L. REV. 695, 706 (2002).
149) 26 WILLISTON ON CONTRACTS, *supra* note 1, §69:2, at 492–94. なお「constructive fraud」とは別名「equitable fraud」「legal fraud」「fraud in equity」等と呼ばれるものであり，故意では無い不実表示で他人に害を及ぼすものを言う。BLACK'S LAW DICTIONARY 686

§8-02.「不実表示」(misrepresentation)　279

も「material（重大）な不実表示」とは[150]、一般に被表示者（defrauded party）の同意の誘引に成るような蓋然性がある不実表示か、または、特定の被表示者には同意の誘引に成る何らかの特別な事情を表示者が知っていた場合の不実表示である[151]。もう少し詳細に言えば、取引に関する行為の選択決定をする際にリーズナブルな人であれば重要性を置いた事項で、πの行為の誘引に成るか、または行為者が異なる行為をしたであろう知識を言い、それが行為の唯一の原因に成っていなくても「実質的な原因」（substantial factor）に成っていれば良い[152]。「効果」に焦点を当てた概念であると共に、抽象的に決する訳では無く事実に左右される概念でもある[153]。

d. ③「不実表示を信頼したこと」（reliance）：　これは因果関係が必要という意味の要素である。即ち、もし被害者が不実表示を信頼していなかったならば、その不実表示が実質的原因と成って同意を被害者が表明したとは言えなく成ってしまうのである[154]。

e. ④「不実表示を信じることが正当化されたこと」（justified in relying）：
不実表示を被表示者（defrauded party）が信じたことが正当化されなければ、即ち信じたことが妥当でなければ、「誘引の不実表示」の要件を満たさない。特に表示者が「事実」ではなく「意見」（opinion）を述べたときには、次段の例外を除き原則として不実表示の対象では無い。その理由は、被表示者側も通常、取引

(8th ed. 2004).
150) RESTATEMENT (SECOND) OF CONTRACTS §162 cmt. c; MURRAY ON CONTRACTS, supra note 3, §95[B], at 538.
151) RESTATEMENT (SECOND) OF CONTRACTS §162(2) & cmt. c.
152) 26 WILLISTON ON CONTRACTS, supra note 1, §69:12, at 549-51. See also RESTATEMENT (SECOND) OF CONTRACTS §167 ("substantially contribute to his decision to manifest his assent"（強調付加）と規定).
153) 26 WILLISTON ON CONTRACTS, supra note 1, §69:12, at 551, 553.
154) MURRAY ON CONTRACTS, supra note 3, §95[D], at 540.

に対して自らの意見を有しているはずであり，且つ，表示者側の意見は自己利益から発している[155]為にその分だけ被表示者が割り引いて意見を聞くはずなので，これに対して被表示者が信頼することは正当化され得ないからである[156]。

例外的に「意見」であっても不実表示に該当する場合の一つは[157]，「信託・信頼的な関係」（a relationship of trust and confidence）に在る場合である。例えば海上保険や合弁事業（joint adventure）は相互に信頼関係を構築していると解されて，たとえ意見に係る場合であってもこれを信頼することが正当化され不実表示が成立し得る[158]。更に[159]，表示者が特別な技能や判断能力を有する場合や，表示者が利害の無い者であると被表示者がリーズナブリーに信じた場合等[160]でも，意見に不実表示が成立し得る。

§8-02-2. 「文書作成・署名の詐欺」（fraud *in factum* / fraud in execution）──無効と成る場合：

「文書作成・署名の詐欺」（fraud *in factum*・fraud in execution）とは，契約書をレシートであると偽って署名させるように，例えば契約に同意していることを知らない場合や，全く異なる契約に同意させられていることを知らない場合である[161]。この場合の不実表示は[162]，不実表示により被表示者が契約の性格や不可欠な条項を知るリーズナブルな機会が無い場合であり，

---

155) 所謂「puff」或いは「puffing」である。See MURRAY ON CONTRACTS, *supra* note 3, §95[D], at 543.
156) RESTATEMENT (SECOND) OF CONTRACTS Ch. 7, Topic 1, Introductory Note and §169 cmt. *d*; MURRAY ON CONTRACTS, *supra* note 3, §95[D], at 543.
157) RESTATEMENT (SECOND) OF CONTRACTS §169(a).
158) *Id.* §169 cmt. *c*.
159) *Id.* §169(b) & cmt. *d*.
160) 被表示者が例えば無能力者のように意見の影響を受け易い特別な立場に居る場合にも，意見への信頼が正当化される。*Id.* §169(c) & cmt. *e*.
161) RESTATEMENT (SECOND) OF CONTRACTS §163 & cmt. *a*; MURRAY ON CONTRACTS, *supra* note 3, §95[C], at 539（同旨）. *See also* CALAMARI & PERILLO, *supra* note 136, §9.22, at 355（defrauded party に過失が無かったことも要件であると示唆）.
162) RESTATEMENT (SECOND) OF CONTRACTS §163 cmt. *a*. *See also* MURRAY ON CONTRACTS, *supra* note 3, §95[C], at 539（同旨）.

§8-02.「不実表示」(misrepresentation) 281

そのような状況下で被表示者が契約への同意を表明しても真の同意の表明には成らないから、契約が成立しない。これ迄に紹介して来た「取り消し得る」不実表示が「誘引の不実表示」(fraud in inducement) と呼ばれるのとは異なって当段落の不実表示は「文書作成・署名の不実表示」(fraud *in factum*・fraud in execution) と呼ばれる[163]。

なお「取消」と「無効」の効果の一番の違いは、所謂「善意・有償の第三者取得者」(a *bona fide* purchaser for value) に対して前者は対抗できないけれども後者は対抗可能な点にある[164]。

§8-02-3.「[詐欺的な] 隠蔽」([fraudulent] concealment) と「非開示」(non-disclosure)： 「隠蔽」(concealment) とは、被表示者が知り得た事実を妨害する「積極的な行為」(affirmative act) を言い、これも不実表示に該当する[165]。即ち事実を積極的に隠すことであり、例えば約定の一部を読み飛ばしたり、事実を知っているにも拘わらず不知を表明することである[166]。

なお、concealment 程の隠蔽の積極的作為に迄は至らない、単なる不作為な「非開示」(non-disclosure) の場合に不実表示が適用されるのは、開示が要求される特別な文脈の場合に限定される。即ち原則的には開示義務は存在せず、特殊な場合にのみ義務が生じる[167]。何故ならば、契約の際に相手方が取引の何処かに関する知識を欠いていても、それをわざわざ教えてあげること迄は通常期待されていないからである[168]。『Calamari & Perillo on Contracts』は[169] この原則を、

---

163) Restatement (Second) of Contracts §163 cmt. *a*;　Murray on Contracts, *supra* note 3, §95[C], at 539（同旨）.　*See also* Calamari & Perillo, *supra* note 136, §9.22, at 355（同様な概念を英国判例は「*non est factum*」(it is not my deed) と言うと指摘）.
164) Calamari & Perillo, *supra* note 136, §9.22, at 354.
165) Restatement (Second) of Contracts §160 & cmt. *b*.
166) *Id. See also* Murray on Contracts, *supra* note 3, §95[A], at 536（同旨）.
167) Calamari & Perillo, *supra* note 136, §9.20, at 348.
168) Restatement (Second) of Contracts §161 cmt. *a*;　Murray on Contracts, *supra* note 3, §95[A], at 536（同旨）.
169) Calamari & Perillo, *supra* note 136, §9.20, at 348.

「取引過程は恰もポーカー・ゲームのように取り扱われる」と指摘する。ポーカーで持ち札の「価値」(value) を相手方に開示する必要は無く，商売に於いても合法的に先に入手した情報に基づいて売買して儲けることは一般に許容されているからである[170]。

非開示な場合に迄も責任が生じるか否かに就いては，従来から問題と成って来た[171]。嘗ては買主側がリーズナブリーな「**当然の注意による質問**」(**diligent inquiry**) を手抜かりしなければ判明するような事実に就いては，売主側に開示義務が課されないと判示されて来たのである。即ち開示義務が生じるのは買主側の注意の範疇「外」の事実に限られるべきであり，例えばリーズナブルには気付かない「隠れた瑕疵」(latent defect) 等であるとされて来た。しかし近年ではその要件が緩和されて，所謂「買主が注意せよ」(*caveat emptor*: let the buyer beware) の原則が後退する傾向にある[172]。

そこで，非開示が不実表示に当たる特殊な場合としては，以下を挙げることが出来る[173]。例えば，制定法に拠って開示義務が定められていた場合や，一部のみを開示している (half-truth) 場合には全てを開示する義務が生じたり，既に述べた内容を相手方が信じていることを知っているけれども最早それが真実では無くなった場合や，保険契約の場合のように長期的な関係にある場合，信認的・信頼関係にある場合，相手方が取引の基礎に関して錯誤していることを知っている

---

170) *Id.* at 347–48（英国の煙草禁輸措置によって価格が下落していたところ，休戦協定が成立した情報を未だ一般には知られていない内に入手した買主△が大量の煙草買い付けを行ってから，数時間後に休戦の事実と価格急騰を知った売主πが契約取消を求めた訴訟に於いて，Marshall 連邦裁判所主席判事が下した判決意見は，買主には開示義務が無いと述べている *Laidlaw v. Organ,* 15 U.S. (Wheat.) 178 (1817) の例を示しつつ，開示義務不存在の原則を説明）．

171) *See, e.g.,* MURRAY ON CONTRACTS, *supra* note 3, §95[A], at 536.

172) HILLMAN, PRINCIPLES OF CONTRACT LAW, *supra* note 28, at 202–03. *See also* BLUM, *supra* note 140, §13.6.3, c, at 397–98.

173) CALAMARI & PERILLO, *supra* note 136, §9.20, at 348–53; RESTATEMENT (SECOND) OF CONTRACTS §161(a)–(d) & cmts. *c, d, e, f*. *See also* MURRAY ON CONTRACTS, *supra* note 3, §95[A], at 537（同旨）．

§8-02.「不実表示」(misrepresentation) 283

場合，または相手方が契約書に誤記していることを知っている場合等である。

§8-02-4. 救済: 不実表示の場合の救済の原則は，契約の「取消」，または「無効」（文書作成・署名の詐欺の場合）であり[174]，経済的には(1)契約を解除（disaffirm）して「利得返還」（restitution）を中心とした，被約束者（受約者）を<u>契約締結前の地位に戻すこと</u>（*i.e.*, 契約解除，返品・返金，等）が認められ[175]，または前掲（§5-07）「救済方法の選択」法理（doctrine of election of remedies）に於いて例示した通り，(2)契約を維持（affirm）しながら不実表示が無かった場合と実際の価値との差額等の「損害賠償」を得る「保証違反」（breach of warranty）的な選択も可能であり，更には第三の救済方法の選択肢として(3)「不法行為法」に基づく訴訟原因も利用可能であろう[176]。なお，契約法上の不実表示に於いては，衡平法上の救済方法である「文書訂正命令」（reformation decree）も利用可能である[177]。前掲（§5-15-7）と次項（§8-02-4 [a]）参照。

ところで前段で指摘した通り契約の「取消」とこれに基づく(1)「利得返還請

---

174) 「fraud in *factum*」な場合には前掲の通り「void」（無効）に成る。1 FARNSWORTH ON CONTRACTS, *supra* note 2, §4.10, at 468.

175) HILLMAN, PRINCIPLES OF CONTRACT LAW, *supra* note 28, at 199, 200. *See also* STARK, DRAFTING CONTRACTS, *supra* note 82, §3.2.2, at 14, 16（innocent / negligent misrepresentations の場合の通常の救済は avoidance と restitutionary recovery であると指摘）; RESTATEMENT (SECOND) OF CONTRACTS Ch.7, Topic 1, Introductory Note ("... tort law imposes liability in <u>damages</u> for misrepresentation, while contract law <u>does not</u>, . . . "（強調付加）と指摘）.

176) *See, e.g.*, 27 WILLISTON ON CONTRACTS, *supra* note 5, §69:47, at 102, §69:56, at 166-68（原則として，取引を肯定して差額の損害賠償請求をするか，または取引を否定して利得返還を請求するかという，相反する権利・請求から被不実表示者は選択することになると指摘）; STARK, DRAFTING CONTRACTS, *supra* note 82, §3.2.2, at 15（契約を avoid せずに損害賠償を請求すれば州によっては期待／履行利益または out-of-pocket damages を請求することも可能と指摘）; HILLMAN, PRINCIPLES OF CONTRACT LAW, *supra* note 28, at 199 n.52, 200 n.63, 201 n.67（脚注に於いて不法行為法の第二次リスティトメントを出典表示）.

177) RESTATEMENT (SECOND) OF CONTRACTS §166.

求」[178]が救済の原則であり、これを選択した場合には「救済方法の選択法理」ゆえに(2)や(3)の inconsistent な「損害賠償」請求は断念しなければならないとするのが伝統的なコモン・ローの立場であるけれども、近年の傾向は(1)の場合でも付随的損害賠償や結果的損害賠償を請求可能とする指摘が見受けられ[179]、特にUCCはたとえ契約を解除しても損害賠償請求を妨げない旨を明記している[180]。因(ちな)みに不法行為法上の要件を満たせば[181]、懲罰賠償が認定される可能性さえも出て来る[182]。なお取消は「善意で有償の第三者取得」（a *bona fide* purchaser for value）には対抗できないことは前掲（§8-02-2）で指摘した通りである。

　ところで、後掲（§11）の「口頭証拠排除の準則」（parol evidence rule）の項に於いて触れるように、両当事者の最終的な契約内容を示す確定的合意書が存在する場合には、その締結以前の外部証拠は原則として認容されない。しかし不実表示等を理由に取消や無効を通じて契約の成立自体を争う場合には、外部証拠が原則として許容される（後掲§11-04）。尤も契約書内の後掲（§11-05）「完全合意（完結）条項」（merger clause）が特に「表示」を否定していた（a specific merger clause disclaiming specific representations）場合には、法域によっては不実表示の証拠の認容が否定される場合もある[183]。そのような場合に、他の法域ではたとえ取消と利得返還が認められても、少なくとも損害賠償までは認めないという救済の制限によって裁判所がバランスを図ることも期待できよう[184]。なお「表示」を特

---

178) 1 Farnsworth on Contracts, *supra* note 2, §4.15, at 495-96, 499; Stark, Drafting Contracts, *supra* note 82, §3.2.2, at 15.
179) 1 Farnsworth on Contracts, *supra* note 2, §4.15, at 499; 27 Williston on Contracts, *supra* note 5, §69:61, at 195-97.
180) UCC§2-721（2003年改訂で変更なし）（"Neither rescission or a claim for rescission of the contract for sale nor rejection or return of the goods shall bar or be deemed inconsistent with a claim for damages or other remedy."と規定）.
181) fraudulent 且つ material の双方を満たすような場合が想定されよう。
182) Hillman, Principles of Contract Law, *supra* note 28, at 201, 202; Stark, Drafting Contracts, *supra* note 82, §3.2.2, at 15-16.
183) Calamari & Perillo, *supra* note 136, §9.21, at 353.
184) *Id.* at 354.

§ 8-02.「不実表示」(misrepresentation) 285

に否定する契約実務上の文例としては,「ANY AND ALL REPRESENTATIONS [OTHER THAN THE ONE SET FORTH HEREIN, IF ANY,] ... SHALL BE GIVEN NO FORCE OR EFFECT」等が見受けられる。更に以下の例文も参考に成ろう。

> **THIS AGREEMENT SIGINED BY BOTH PARTIES AND SO INITIALED BY BOTH PARTIES IN THE MARGIN OPPOSITE THIS PARAGRAPH CONSTI-TUTES *A FINAL* WRITTEN EXPRESSION OF ALL THE TERMS OF THIS AGREEMENT AND IS A *COMPLETE AND EXCLUSIVE* STATEMENT OF THOSE TERMS. ANY AND ALL REPRESENTATIONS, PROMISES, WAR-RANTIES OR STATEMENTS BY SELLER'S AGENT THAT DIFFER IN ANY WAY FROM THE TERMS OF THIS WRITTEN AGREEMENT SHALL BE GIVEN NO FORCE OR EFFECT.**

Seibel v. Layne & Bowler, Inc., 641 P.2 d 668, 671 n.1 (Or. App. 1982) *citing* JAMES J. WHITE & ROBERT S. SUMMERS, UNIFORM COMMERCIAL CODE 90–91 (2d ed. 1980) (emphasis added). なお『WHITE & SUMMERS』の 2000 年版に於いてもその § 2-12, at 104-05 に上の例文とほぼ同一の奨励文言が紹介されている。以下に於いても同様な提案が見受けられる。Evelyn C. Arkebauer, *Cumulative Remedies and Election of Remedies, in* TINA L. STARK, NEGOTIATING AND DRAFTING CONTRACT BOILERPLATE Ch.9, at 205, § 9.04 [2][c], at 236 (2003) ("no employees or other representative of Seller has any authority to make any other promise... (強調付加)" という文言を提案).

a. **文書訂正命令 (reformation decree)**: 不実表示を受けた者が同意の意思表明をした場合、その者の請求により裁判所は、その同意が表された書面の訂正を命じることが出来る[185]。但し、不実表示を信頼したことが正当化され、且つ、「善意で有償の第三取得者」(a good faith [*bona fide*] purchaser [for value]) 等の権

---

185) RESTATEMENT (SECOND) OF CONTRACTS § 166.

利を侵害しないことが前提と成っている[186]。この救済は衡平法に基づくから，裁判所の裁量により妥当性が決せられる[187]。

　なお，被害者は，不実表示に於いて原則的な，契約を取り消す救済も利用可能であるから，文書訂正命令を請求するか，または取消を請求するかに就いて「救済方法の選択」（前掲§5-07）をすることに成る[188]。

§8-02-5.「保証(担保)責任」(warranty)との近似性：　　『BLACK'S LAW DICTIONARY』によれば，「不実表示」と「保証(担保)責任」との違いには，以下の諸点が含まれる[189]。先ず，一方の「不実表示」は契約の「付随的誘引」（collateral inducement）に過ぎないけれども，他方の「保証責任」は契約の「不可欠な一部」（essential part）を形成している。加えて，一方の「不実表示」の場合はそれが「重大」（material）［または悪意（fraudulent）］である旨を非表示者（defrauded party）側が立証しなければならないけれども，他方の「保証責任」ではそれが重大である旨が「反証を許さず推定」（conclusively presumed）されている。更には，一方の「不実表示」の場合は「実質的に真実」（substantial truth）であれば良いけれども，他方の「保証責任」では「厳格に遵守」（strictly complied with）されることを要するのである，と[190]。

図表#8.9　「不実表示」と「保証責任」の相違[191]

representations	「事実」に関する声明で，信頼誘引の意図を有するもの。
warranties	声明が真実である旨の「約束」。

---

186) Id. §166(a), (b) & cmt. d.
187) Id. §166 cmt. a.
188) Id. §166 cmt. b.
189) BLACK'S LAW DICTIONARY 1618 (8th ed. 2004).
190) Id.
191) See STARK, DRAFTING CONTRACTS, supra note 82, §3.2.1, at 12-13.

§8-02.「不実表示」(misrepresentation) 287

　確かに前掲（§8-02）の通り不実表示は「事実」に反する表明であるから，「約束」は不実表示では無い。約束は「**保証（担保）**」（**warranty**）に分類される[192]。従って保証（担保）違反は約束違反であるから，「契約違反」（breach of a contract）に該当し，契約違反の場合に適用される救済が利用可能に成る[193]。従って仮に或る事実の声明が誤りであっても，「不実表示を信じることが正当化されたこと」（justifiable reliance）の要件を満たさない為に「不実表示」の請求が棄却される虞は残るけれども，そのような声明が誤っていることは「約束」違反には該当しているので，「保証違反」（breach of warranty）の請求は認容され得る[194]。或いは，「悪意」（fraudulent）では無く且つ「重大」（material）でも無い不実表示は同法理では救済の対象たり得ないけれども（前掲§8-02），保証違反には該当し得る[195]。

　更に，救済に於いても不実表示と保証違反との間では違いが生じ，前者（不実表示）の場合は契約取消による利得返還が原則であるけれども[196]，後者（保証違反）に於ける救済範囲は更に広く，契約法理上の救済の原則である「履行（期待）利益」さえも理論的には請求可能と成る[197]。具体的には一般に，保証された財産の価値と実際の価値との差額が救済の対象に成る[198]。従って例えば錯誤に関しても，

---

192) See BLUM, *supra* note 140, §13.7, at 403; STARK, DRAFTING CONTRACTS, *supra* note 82, §3.2.1, at 12–13. 即ち「representation」は「warranty」の対極にあり，前者（representation）は「a statement inducing the formulation of the contract」であるのに対し，後者（warranty）は「an affirmation of fact or a promise incorporated in and material to the contract」であると指摘されている。13 WILLISTON ON CONTRACTS, *supra* note 1, §38:19, at 454. なお上で指摘された warranty の定義である「an affirmation of fact or a promise ...」の理解の為に参考になる記述としては，see *infra* text at §17-03-1（UCC Article 2 上の express warranty の定義を紹介している部分）。
193) BLUM, *supra* note 140, §13.7, at 403.
194) See STARK, DRAFTING CONTRACTS, *supra* note 82, §3.2.1, at 13.
195) RESTATEMENT (SECOND) OF CONTRACTS §162 cmt. *c*.
196) 尤も本文中にて説明したように，他の利益を請求することも可能なようである。See *supra* text at §8-02-4.
197) See STARK, DRAFTING CONTRACTS, *supra* note 82, §3.2.2, at 15–16.
198) RESTATEMENT (SECOND) OF CONTRACTS §152 cmt. *g*； UCC §2-714(2)（2003 年改訂版もほぼ変更なし）。

売買の対象物の価値が契約価格よりも劣っていた場合の買主側の訴訟原因としては，前掲「Sherwood 対 Walker」（ダイアモンド石）判例の事実とは逆に「[共通的]錯誤」よりも「保証違反」が好まれると言われる[199]。何故ならば後者（保証違反）では「履行（期待）利益」が請求可能であるけれども，前者（錯誤）では「利得（代金）返還」が原則と成るからである。

ところで不実表示よりも保証違反が好まれる理由の話に戻ると，不実表示の中でも特に「悪意不実表示」の請求に於いては π による「scienter」等（故意・無謀な無視）の立証が難しいけれども，保証違反ではその要素が要求されないから立証が比較的容易という利点もある[200]。その為であろうか，契約実務では通常，「The Seller represents and warrants to the Purchaser as follows : ...」のように双方の義務を相手方が負うよう求めることが慣行に成っている[201]。そのような契約条項（Representations and Warranties）は日本の契約実務に於いて「レプ・ワラ条項」と言われている。その例文に就いては前掲§7参照。

以上のように「表示」と「保証」は異なる請求原因であるけれども，両者の違いは曖昧と言われており，その為に混同されがちでもある[202]。

§8-03.「強迫」（duress）

「強迫」（duress）は，以下の二種類に分類される[203]。上段が古典的なもので下段は現代的な意味の強迫であり，嘗てよりも救済の範囲が広がっている。

---

199) 2 FARNSWORTH ON CONTRACTS, *supra* note 2, §9.3, at 600 n.16.
200) *See* STARK, DRAFTING CONTRACTS, *supra* note 82, §3.2.3, at 16.
201) *See id.* §3.2.1, at 13.
202) 特に所謂 innocent misrepresentation は express warranty との近似性が指摘されている。HILLMAN, PRINCIPLES OF CONTRACT LAW, *supra* note 28, at 199. なお express warranty の請求が認容されれば，履行／期待利益を得られる実務上の利点があると指摘されている。*Id.*
203) *See* RESTATEMENT (SECOND) OF CONTRACTS Ch.7, Topic 2, Introductory Note; MURRAY ON CONTRACTS, *supra* note 3, §93[A], at 524.

§8-03.「強迫」(duress)　289

図表♯8.10　二種類の強迫

分　類	概　要	効　果
物理的強迫 physical compulsion[204]	物理的強迫によって表明させられた同意	無効[205] void
不適当な脅しによる同意の表明 improper threat induces manifestation of assent w/o reasonable alternative[206]	不適切な threat（脅し）が誘引と成って、リーズナブルな代替案の無い被害者に同意の表示をさせる	取り消し得る[207] voidable

§8-03-1.「物理的強迫」(physically compelled manifestation of assent)：
　物理的に強迫して契約への同意を表明させても、そのような同意は、ロボットが物理的な手段で動かされるように「単なる機械的道具」(mere mechanical instrument) として為されたもの故に、効果的な同意の表明では無く、契約が成立しない[208]。従って「物理的強迫」による契約は無効（void）である[209]。

§8-03-2.「不適当な脅しによる同意の表明」(improper threat inducing manifestation of assent)：　物理的強迫のように明白な強迫は例外的であり[210]、契

---

204) RESTATEMENT (SECOND) OF CONTRACTS §174.
205) Id. §175(1) cmt. d.
206) Id. §175(1).
207) Id. §175(1) cmt. d.
208) 1 FARNSWORTH ON CONTRACTS, supra note 2, §4.16, at 501; MURRAY ON CONTRACTS, supra note 3, §93[A], at 524.
209) 1 FARNSWORTH ON CONTRACTS, supra note 2, §4.16, at 501.
210) 物理的強迫の「法と大衆文化」的な例としては、see, e.g.,「The Godfather」(Paramount Pictures 1972)（冒頭の妹役タリア・シャイアの結婚式の場面に於いて、兄役のアル・パチーノが恋人ダイアン・キートンに家族を紹介・説明する際に、銃を用いて契約に同意させるような一族である云々と述べている。更には組織の企業内弁護士役ロバート・デュバルがファミリーの庇護する歌手を映画に出演させるようにハリウッドのプロデューサーに対し契約交渉する際には、プロデューサーの愛馬の生首を就寝中のベッドに入れさせて契約成立に持ち込ませている）.

約法上の検討の重点は物理的強迫「以外」の場合に在る。尤も，同等な「交渉力・力関係」（bargaining power）を有する経験豊富な当事者同士の間で「hard bargaining」を繰り広げることは何ら強制不可能な事由には成らない[211]。寧ろ望ましいとさえ言われ[212]，従って裁判所がこれを思い止まらせるべきではない[213]。そこで救済が認容される「強迫」とは，正当な申込では無く下段で説明する「不適当な脅し」（improper threat）に該当しなければならないとされ[214]，両者の差異が問題に成って来る[215]。なお「不適当な脅し」型の強迫が認容された場合の救済は，前掲図表（#8.10）の示す通り「取消」（voidable）である[216]。

なお第二次リステイトメントが規定する「不適当な脅し」の要件・効果は以下の通りである[217]。

§ 175. When Duress by Threat Makes a Contract Voidable

(1) If a party's <u>manifestation of assent is induced</u> <u>by an improper threat</u> by
a.
the other party <u>that leaves the victim no reasonable alternative</u>, the contract
b.
is voidable by the victim.

RESTATEMENT (SECOND) OF CONTRACTS §175 (1) (emphasis added).

---

211) 1 FARNSWORTH ON CONTRACTS, *supra* note 2, §4.17, at 508; MURRAY ON CONTRACTS, *supra* note 3, §93[B], at 525.
212) *E.g.,* RESTATEMENT (SECOND) OF CONTRACTS §176 cmt. *f.*
213) 26 WILLISTON ON CONTRACTS, *supra* note 1, §71:7, at 450.
214) MURRAY ON CONTRACTS, *supra* note 3, §93[B], at 526.
215) 1 FARNSWORTH ON CONTRACTS, *supra* note 2, §4.16, at 502; MURRAY ON CONTRACTS, *supra* note 3, §93[B], at 525.
216) 1 FARNSWORTH ON CONTRACTS, *supra* note 2, §4.19, at 514.
217) RESTATEMENT (SECOND) OF CONTRACTS §175(1). なお『WILLISTON ON CONTRACTS』は第二次リステイトメントを以下の三つに分けて説明している。①脅しを行い，②その脅しが同意を導き出し（induce），且つ，③被害者には他のリーズナブルな代替案が無いこと。26 WILLISTON ON CONTRACTS, *supra* note 1, §71:4, at 439, §71:14, at 483. ところで参考までに『FARNSWORTH ON CONTRACTS』は以下の四要素を要件として示

ところで「脅し」（threat）に迄は至らない強圧的な行動も，後掲（§8-04）の「不当威圧」（undue influence）や後掲（§8-05）の「非良心性」（unconscionability）に該当する虞がある[218]。

a.「不適当な脅し」（improper threat）： 「脅し」（threat）とは，他人を危害する意図の表明を言う[219]。第二次リステイトメントは「不適当な脅し」を以下の二種に分類している[220]。

図表＃8.11　「不適当な脅し」の分類

第二次リステイトメント上の規定条項	分　　類	
§176 (1)	脅しそのものが不適当[221]	(a) 犯罪や不法行為に該当する脅し
		(b) 刑事訴訟の脅し
		(c) 不誠実（bad faith）な民事訴訟の脅し
		(d) 誠実かつ公正な取扱義務違反な契約違反の脅し
§176 (2)	脅しの結果としての約定が不公正[222]	(a) 強迫者に実質的利益を与えず被強迫者に危害を加える（復讐）
		(b) 以前の不公正な取引（unfair dealing）により同意の蓋然性が高まる（交渉過程に於ける manipulation（操作））
		(c) 違法な目的の為に権能（power）を行使

している。①脅しが存在し，②その脅しが十分に不適切で，③その脅しが同意の表明を導き出し，且つ，④被害者の同意を正当化する程に脅しが酷いこと。
　1 FARNSWORTH ON CONTRACTS, *supra* note 2, §4.16, at 502.
218) 1 FARNSWORTH ON CONTRACTS, *supra* note 2, §4.19, at 515.
219) MURRAY ON CONTRACTS, *supra* note 3, §93[B], at 525.
220) *Id.* §93[H], at 530.
221) RESTATEMENT (SECOND) OF CONTRACTS §176 cmt. *a*.
222) *Id.*

以下，主に第二次リステイトメント上の解説を用いて紹介するけれども，やはり何処からが強迫に該当し何処までが「hard bargain」として許容されるのかの境界は残念ながら曖昧な場合も残ってしまう[223]。事案毎に異なる文脈次第で決せられるからである。

先ず「脅しそのものが不適当」な分類とは，謂わゆる違法行為や不法行為が強迫に該当するのみならず[224]，たとえ合法な行為でも以下は強迫に該当するという意味である[225]。刑事告訴・告発をする旨の脅しや[226]，民事訴訟提起の脅し（但し訴える権利とのバランスから根拠なき提訴であることを知っていた場合等に限定される）[227]，または「誠実かつ公正な取扱の義務」（duty of good faith and fair dealing）に違反して契約を破る脅し（単に契約を破ると言うだけでは不適当では無い）等である[228]。この最後の，契約を破る云々のリーディング・ケースとしては，「契約変更」（modification）と「既存義務の準則」（pre-existing duty rule）（前掲§3-07-2）に繋がる古典的判例「Alaska Packers' Ass'n 対 Domenico」[229]が有名である。漁船の船員が遠い漁場に到着してから契約義務履行を拒絶して労賃の値上を要求。△は已むを得ずこれに応じて契約を変更したけれども帰還してから変更契約の履行を拒絶。裁判所は既存義務の準則を理由に変更契約の強制を認めなかったけれども，その真の理由は，そもそもの「脅し」によって原契約を変更させた行為を懸念したからだと言われている[230]。UCCも変更契約は［「誠実」(good faith)に為されるならば］consideration（コンシグレイション）が不要としながらも[231]，「恐喝」（extortion）によって原契

---

223) MURRAY ON CONTRACTS, supra note 3, §93[H], at 531.
224) RESTATEMENT (SECOND) OF CONTRACTS §176(1)(a) cmt. b.
225) 1 FARNSWORTH ON CONTRACTS, supra note 2, §4.17, at 504.
226) RESTATEMENT (SECOND) OF CONTRACTS §176(1)(b) cmt. c.
227) Id. §176(1)(c) cmt. d.
228) Id. § 176 (1)(d) cmt. e; MURRAY ON CONTRACTS, supra note 3, § 93 [G], at 529; 1 FARNSWORTH ON CONTRACTS, supra note 2, §4.17, at 505-07.
229) Alaska Packers' Ass'n v. Domenico, 117 F. 99 (9th Cir. 1902). See also MURRAY ON CONTRACTS, supra note 3, §93[G], at 529（同判例を紹介）.
230) MURRAY ON CONTRACTS, supra note 3, §93[G], at 529.
231) See UCC §2-209 & cmt.2（2003年改訂版でほぼ変更なし）.

約上の義務から免れるような行為は不可避的に「不誠実な変更」(bad faith modification) に成るから禁じられると指摘している[232]。

「脅しの結果としての約定が不公正」な場合としては，強迫者にとっては実質的な利益が無いにも拘わらず被害者に危害を与える為に，例えば「復讐」(vindictiveness) を目的として，強迫者が取引を拒絶したり，契約を締結しなければ被害者にとって明かされたく無いような情報を公開するよう迫る場合等が強迫と成る[233]。更には交渉過程で相手方当事者を操作して意のままにしてしまう場合も強迫に成り[234]，例えば水道供給会社が開発業者から有利な契約を取る為に供給を拒否するような場合も「正当では無い」(illegitimate) 権能 (power) の行使として強迫に成る[235]。

b.「誘引に成ったこと (induced)」(因果関係の主観的基準) と，「如何なるリーズナブルな代替案も無い (no reasonable alternative)」(客観基準) こと： 「不適当な脅し」により強迫に該当する為には，脅しと同意との間に「因果関係」の存在が求められる[236]。即ち，脅しが同意の「誘引」(inducement) に成ったことであり，その判断基準は「主観的」であって，<u>実際に誘引に成ったか否かが問われる</u>。その判断の際には状況を考慮に入れるので，例えば被害者の年齢，背景，当事者同士の関係，経験不足等が考慮される。

脅しが同意の誘引に成っただけでは強迫の認定に足りず，被害者には「如何なるリーズナブルな代替案も残されていない」(no reasonable alternative) 程度に至っていたことも必要とされる[237]。嘗ては強迫が「自由な意思と判断の行使を

---

232) Id. §2-209 cmt. 2; MURRAY ON CONTRACTS, supra note 3, §93[G], at 529; HILLMAN, PRINCIPLES OF CONTRACT LAW, supra note 28, at 197.
233) RESTATEMENT (SECOND) OF CONTRACTS §176(2)(a) cmt. f; 1 FARNSWORTH ON CONTRACTS, supra note 2, §4.17, at 509.
234) RESTATEMENT (SECOND) OF CONTRACTS §176(2)(b) cmt. f.
235) Id. §176(2)(c) illus. 16.
236) Id. §175 cmt. c; MURRAY ON CONTRACTS, supra note 3, §93[I], at 532.
237) 1 FARNSWORTH ON CONTRACTS, supra note 2, §4.18, at 511.

妨げる程の恐怖に達していなければならない」(the threat must arouse such fear as precludes a party from exercising free will and judgment) 等と言われることもあったけれども，その要件は曖昧かつ非現実的だとの理由ゆえに，第二次リステイトメントは，誘引と，他にリーズナブルな代替案が無ければ足りるとする要件に差し替えたのである[238]。他にリーズナブルな代替案が無い要素の判断基準は，reasonable の定義文言自身が語っているように「客観的」である[239]。従って例えば，契約に違反して原材料を供給しない云々と被害者が迫られた場合であっても，他の代替的な供給元を市場で入手可能ならば「不適当な脅し」の強迫を立証できない[240]。

c. 「経済的強迫」(economic duress)：　本書の主な関心事であるＢ　２　Ｂ（ビー・トゥー・ビー）(business-to-business：企業間) 型の取引契約にも関連性が在り得る強迫に関するトピックは，「経済的強迫」(economic duress) である。「経済的強迫」(**economic duress**) とは，「**事業強制**」(**business compulsion**) とも呼ばれ[241]，『BLACK'S LAW DICTIONARY』によれば，財政的な被害の脅しを用いて自由な意思 (free will) を行使し得ないときに違法に無理強いすることを言う[242]。前段以前に紹介した第二次リステイトメントも，その「不適当な脅し」の類型が経済的強迫を包含すると自称しているけれども[243]，その要件が別途明確化されている訳では無く曖昧なままに放置されている。経済的強迫は，アメリカの様々な treatise（トリーティス）（基本書）の解説を読んでも規範化するのが困難と思われるけれども[244]，これを R. HILLMAN

---

238) RESTATEMENT (SECOND) OF CONTRACTS §175 cmt. *b*.
239) MURRAY ON CONTRACTS, *supra* note 3, §93[I], at 533.
240) *Id.*; 1 FARNSWORTH ON CONTRACTS, *supra* note 2, §4.18, at 511–12.
241) MURRAY ON CONTRACTS, *supra* note 3, §93[G], at 529; 26 WILLISTON ON CONTRACTS, *supra* note 1, §71:7, at 447; BLACK'S LAW DICTIONARY 543 (8th ed. 2004); RESTATEMENT (SECOND) OF CONTRACTS §176 cmt. *a*.
242) BLACK'S LAW DICTIONARY 543 (8th ed. 2004).
243) RESTATEMENT (SECOND) OF CONTRACTS §176 cmt. *a*.
244) *See, e.g.,* 26 WILLISTON ON CONTRACTS, *supra* note 1, §71:19, at 501–09（様々に異なる要件の解釈例を紹介）.

教授は比較的判り易く要件化しており[245]，有用と思われる。同教授の解説を筆者が更に図表化すれば，以下（図表#8.12）のように成ろう。

図表#8.12 「経済的強迫」の三要素

経済的強迫の要件	①	強迫者が被強迫者の弱みを奇貨として付け込み（to take advantage of / to exploit），
	②	被強迫者には強迫者の申込に同意する以外の他のリーズナブルな代替案が存在せず，且つ
	③	競争環境に於いては得難い（市場価格を大幅に上回る）利益を得ること。

　上の要件を R. HILLMAN 教授は理解し易いハイポを用いて次のように説明している[246]。即ち例えば，製菓会社 B が菓子を製造・販売する為には菓子を入れる箱が不可欠なところ，仮に箱が市場に於いて欠乏し，箱製造業者 S から箱を購入するしか他に入手が困難な場合，たとえ高騰化した箱の価格で B が S から購入せざるを得なかったとしても，経済的強迫には当たらない。高騰化した S の売値が市場価格から著しく逸脱していなければ，③の要素を満たさないからである。しかし仮に S の売値が高騰化した市場価格の五倍の高値であったとすれば，経済的強迫に該当する。

　このように見てくると，「経済的強迫」は日本法に於ける競争法の分野で散見されるトピックに近似しているとも言えよう。

§8-04. 「不当威圧」（undue influence）

　強迫がコモン・ロー上の救済であれば，「不当威圧」（undue influence）は衡平法に起源を有する救済である[247]。例えば医師と患者や，親と子，宗教家と信者

---

245) HILLMAN, PRINCIPLES OF CONTRACT LAW, *supra* note 28, at 193-95.
246) *Id.* at 193.
247) 1 FARNSWORTH ON CONTRACTS, *supra* note 2, §4.20, at 516.

のように，特別な信託・信頼（trust or confidence）関係にある者の間で，強者が弱者の福祉（welfare）に反するような「不公正な説得」（unfair persuasion）をした場合に，契約は「取り消し得る」（voidable）と成る[248]。被害者の福祉に反する行為をする等という疑問を抱かない被害者に対して，利益を得る為にその信頼関係を「誤用」（misuse）する場合が不当威圧に成り得る[249]。その不当威圧さえなければ被害者がそのような自らの利に反する行為はしないであろうという威圧が問題に成るのである[250]。

　無能力者（incapacity）程では無い弱者を，特別な関係にある者による「不実表示」や「強迫」に至る程では無い不適切な説得から保護することが目的である[251]。

§8-05.「非良心性」（unconscionability）

　契約の「成立・交渉」過程に於ける不正や，被約束者による「行き過ぎ」（overreaching）から約束者を保護する為の法理の一つが，「非良心性」（unconscionability）である。非良心的な契約は強制不可能とする同法理は，そもそも英国の衡平法に起源を有し[252]，古くから強制を裁判所が拒む根拠と成って来たものである[253]。UCC の中で最も重要な条項である（as perhaps the most valuable section in the entire Code）と起草者 Karl N. Llewellyn（ルエリン）が指摘する[254]非良心性の §2-302 規定

---

248) *Id.* §4.20, at 516-17; Murray on Contracts, *supra* note 3, §94, at 534-35; Restatement (Second) of Contracts §177.
249) 28 Williston on Contracts, *supra* note 1, §71:50, at 607-08.
250) *Id.* at 608.
251) 1 Farnsworth on Contracts, *supra* note 2, §4.20, at 516.
252) Hillman, Principles of Contract Law, *supra* note 28, at 212. *See also* Calamari & Perillo, *supra* note 136, §9.38, at 382（衡平法とコモン・ローの双方に起源を有しているけれども主には衡平法上で発展して来たと指摘）．
253) 8 Williston on Contracts, *supra* note 1, §18:1, at 2-3.
254) Murray on Contracts, *supra* note 3, §96[B][1], at 552.

は，後に第二次リステイトメント§208にも採用され，物品の売買以外の契約一般に適用される法理に成っている[255]。「unconscionable」の語源は倫理哲学にあり，「the sense of decency」（礼儀正しさ・上品さ）を傷付け害する概念を表す[256]。

　非良心性法理の理解し難さは，その定義の難しさにあり，結局は事例毎（case-by-case basis）の裁判所の判断に委ねられているとしか言いようが無い[257]。嘗てより，「契約締結時に存在した状況下に於いて非良心的である程に一方的（so one-sided as to be unconscionable）である」[258]か否かが基準であるとか，「一方当事者側には意味のある選択肢［選択の自由］が欠損している（an absence of meaningful choice）と共に，契約約定が他方当事者にとって理不尽な迄に有利である（unreasonably favorable to the other party）」[259]と表現されて来た。UCCはその公式解釈部に於いて，「威圧」（oppression）と「不公正な不意打ち」（unfair surprise）を防止することがその原理である[260]と指摘している。近年では特に，「理不尽な迄に有利」や「威圧」の要素と，「意味のある選択肢［選択の自由］が欠損」や「不公正な不意打ち」の要素とを分けて，各々を「実体上の非良心性」（substantive unconscionability）と「手続上の非良心性」（procedural unconscionability）に分類して検

---

255) *Id.* §96[B][2][a], at 554（第二次リステイトメントと，州制定法と，UCCの類推適用とに拠って全ての契約に適用されていると指摘）; 1 Farnsworth on Contracts, *supra* note 2, §4.28, at 578; Calamari & Perillo, *supra* note 136, §9.39, at 385 & n.1.
256) Calamari & Perillo, *supra* note 136, §9.40, at 388.
257) Murray on Contracts, *supra* note 3, §96[B][1], at 554.
258) 1 Farnsworth on Contracts, *supra* note 2, §4.28, at 581 *citing* UCC §2-302 cmt. 1. なお2003年改訂でも公式解釈部はほぼ同じに「... the term or contract involved is so one-sided as to be unconscionable under circumstances existing at the time of the making of the contract.」(強調付加)と記述していた。UCC §2-302 cmt. 1 (2003 amend.)(withdrawn 2011).
259) 1 Farnsworth on Contracts, *supra* note 2, §4.28, at 582 *citing* Williams v. Walker-Thomas Furniture Co., 350 F.2d 445, 449 (D.C.Cir. 1965). *See also* Hillman, Principles of Contract Law, *supra* note 28, at 214-15 (citing the same case).
260) UCC §2-302 cmt. 1（2003年改訂版でも大きな変更無く次のような文言と成っていた「The principle is one of prevention of oppression and unfair surprise and not of disturbance of allocation of risks because of superior bargaining power.」(強調付加)）(withdrawn 2011).

討されている[261]。後掲図表（#8.13）参照。尤も裁判所は広い裁量権の下で全体を勘案して非良心性を判断するので、認定される多くの場合は実体上と手続上との双方に於いて非良心的な場合が多いようである[262]。即ち典型的には、「全体として酷く一方的」（overall one-sidedness）な約定が、「小さな文字で印刷」（small print）された契約書の中に埋め込まれつつその難解な文言も「理解し難い」（unintelligible）場合が対象に成る[263]。

図表#8.13 「非良心的条項」の二分類

分類	概要	備考
実体上の非良心性 substantive unconscionability	約定の*内容*（substantive terms）が強圧的である場合[264]。	約定が一方当事者にとって「威圧的」（oppression）／他方当事者にとって「アンリーズナブリーに有利」（unreasonably favorable）
手続上の非良心性 procedural unconscionability	*交渉過程*（bargaining process）に瑕疵（deficiency）があった場合[265]。	一方当事者側に「不公正な不意打ち」（unfair surprise）／「意味のある選択肢が欠損」（absence of meaningful choice）

---

261) 1 FARNSWORTH ON CONTRACTS, *supra* note 2, §4.28, at 583; CALAMARI & PERILLO, *supra* note 136, §9.37, at 381（Arthur Allen Leff, *Unconscionability and the Code: The Emperor's New Clause,* 115 U. PA. L. REV. 485, 487 (1967)が「substantive oppression」と「procedural surprise」とに分類した見解を多くのauthoritiesが採用していると指摘）. *See also* MURRAY ON CONTRACTS, *supra* note 3, §96[B][2][b], at 556-57（尤も裁判所がキーワードを「実体的」と「手続的」とに明確に切り分けて使用するとは限らないと指摘）.

262) *See, e.g.,* RESTATEMENT (SECOND) OF CONTRACTS §208 & cmt. *d*（手続上と実体上の双方を勘案したような記述に成っている）; PRINCIPLES OF THE LAW OF SOFTWARE CONTRACTS §1.11, Reporters' Notes, cmt. *b.* (Tentative Draft No. 1, Mar. 28, 2008)（実体上の非良心性と手続上の非良心性とは相関関係であって、前者の証拠が十分ならば後者は少なくても非良心性が認容され得ると示唆）. MURRAY ON CONTRACTS, *supra* note 3,

§8–05.「非良心性」(unconscionability)　299

　更に非良心性の法理が難しいのは，当事者の「交渉力・力関係」(bargaining power) が異なったり[266]，「附合契約」(contract of adhesion) であっても[267]，即座に非良心性が認定される訳では無い点にある。尤も一般に非良心性が認定され易い契約類型は，消費者契約や，大企業対中小企業の契約や，使用者対従業員の契約等に於いてであり，裁判所は概して洗練(sophisticated)された大企業側が非良心性を援用することに対して冷淡である[268]。

　企業間（B 2 B）(ビー・トゥー・ビー) 取引に於いて非良心性が認定された数少ない判例の中で特徴的なものは，フランチャイズ契約であり，小売店にとって不利な条項が更新契約書の中に存在していても同意する以外の選択権が無い場合である[269]。そのような条項はそもそも不公正な内容であり，且つ小売店側に交渉力が明らかに欠けているからである[270]。他の例としては，広告宣伝依頼主の広告宣伝の電話帳掲載を懈怠した際の責任を代金の返金に制限していた約定を非良心的とした判例が

---

　　§96[B][2][b], at 557（最近の判例傾向では実体的非良心性だけでも非良心性を認定すると示唆）; CALAMARI & PERILLO, supra note 136, §9.37, at 381（実体上の非良心性と手続上の非良心性の双方を満たさねばならないとする authorities も幾つかあるけれども，制定法上 ［UCC］にはそのような根拠が見い出せないと指摘）．
263) CALAMARI & PERILLO, supra note 136, §9.40, at 388.
264) HILLMAN, PRINCIPLES OF CONTRACT LAW, supra note 28, at 213, 216.
265) Id.
266) UCC §2–302 cmt. 1（2003 年改訂版）(withdrawn 2011) は前掲脚注 260 のように述べていた。更に第二次リステイトメントの解説部も次のように述べていた。「A bargain is not unconscionable merely because the parties to it are unequal in bargaining position, nor even because the inequality results in an allocation of risks to the weaker party.」RESTATEMENT (SECOND) OF CONTRACTS §208 & cmt. d (emphasis added).
267) See, e.g., MARTIN A. FREY & PHYLLIS HURLEY FREY, ESSENTIALS OF CONTRACT LAW 164 (2001); 8 WILLISTON ON CONTRACTS, supra note 1, §18:10, at 64.
268) 1 FARNSWORTH ON CONTRACTS, supra note 2, §4.28, at 588–590; MURRAY ON CONTRACTS, supra note 3, §96[B][2][d], at 564–65.
269) MURRAY ON CONTRACTS, supra note 3, §96[B][2][d], at 565.
270) Id.

300　第Ⅲ章　法的拘束力

『CALAMARI & PERILLO ON CONTRACTS』に取り挙げられている[271]。しかし非良心性を巨大企業が主張しても，やはり認定は一般に難しい[272]。敢えて可能と思われる場合を挙げるならば，仮に問題の条項なしには或る商品を他の供給者から入手できない場合や，或る供給者がその商品に関する唯一の供給者だった場合であろう[273]。尤もその場合でも，買手側が該条項を削除するように実質的な努力を尽くした証拠が必要に成るかもしれないと指摘されている。このような要素は，競争法上の要件に近似した性格を感じさせるものである[274]。

§8-05-1.「実体上の非良心性」(substantive unconscionability)：

「実体上の非良心性」は，或る約定が，一方当事者にとって<u>契約を締結する目的を覆すようなものであり，且つ他方当事者にとっての利益を守る為にその約定の使用が正当化されないような場合</u>に，認定される[275]。例えば高額過ぎる価格が実体上の非良心性に該当し得るけれども[276]，売主側の純利益が合理的であれば非良心的とは言えなくなり，更に買主側の信用リスクが高い場合にも非良心性には該当しなく成る[277]。判例上は「outrageous」（法外）な場合に実体上の非良心性が認定されてい

---

271) CALAMARI & PERILLO, *supra* note 136, §9.39, at 386 (*PK's Landscaping v. New England Tel. & Tel.*, 519 A.2 d 285 (N. H. 1986)を挙げつつ，そのような契約上の危険の配分・割当が通常は有効であるけれども，*PK's Landscaping* のような裁判例が増えれば費用増加が広告宣伝依頼主側に転嫁されると示唆).

272) MURRAY ON CONTRACTS, *supra* note 3, §96[B][2][d], at 565.

273) *Id. See also* CALAMARI & PERILLO, *supra* note 136, §9.40, at 390（巨大企業云々の文脈では無いけれども，単に交渉力・力関係の不均衡だけでは非良心性が認容されず，それに加えて，例えば業界全体に蔓延した標準書式合意書ゆえに他の意味ある選択肢・契約の自由が奪われていること等の証明も必要と指摘).

274) MURRAY ON CONTRACTS, *supra* note 3, §96[B][2][d], at 565.

275) HILLMAN, PRINCIPLES OF CONTRACT LAW, *supra* note 28, at 216.

276) MURRAY ON CONTRACTS, *supra* note 3, §96[B][2][d], at 563-64（裁判所は伝統的に adequacy of consideration を問わないとされて来ているけれども，価格と価値の間が gross disproportion であれば，特に買主の交渉力が弱い場合，非良心性を認定し得る最近の判例傾向を指摘).

277) HILLMAN, PRINCIPLES OF CONTRACT LAW, *supra* note 28, at 216.

る[278]。

§8-05-2.「手続上の非良心性」(procedural unconscionability)：

契約への同意の質に疑問を抱かせる（cast a shadow on the quality of a party's assent）場合に，裁判所は手続上の非良心性の認定に傾き易い。例えばリーズナブルな人には「理解できない」(unintelligible) 約定文言を用いる場合等である。言い換えれば前掲引用句にあるように「意味のある選択肢［選択の自由］が欠損している」ことが重要であり，それは①「交渉力・力関係」(bargaining power) の不均衡性と，②該約定を不知であること，の双方から構成される[279]。後者の例としては約定が小さな「文字で印刷」(small print) されていたり，欺瞞的なやり方で見せないように操作されている場合がある[280]。即ち約定を読むリーズナブルな機会を与えていないことが重要な要素と成る[281]。

§8-05-3.「標準書式合意書」(standardized agreement)・附合契約（contract of adhesion）の非良心性的検討：

多くの場合は同一内容の商品を同一内容の約定・条件の下で大量に取引する為に用いられる，企業等が起案した同一書式の印刷された契約書は，やや公式には「standardized agreements」（標準化された合意書）等と呼称されるけれども，そもそもは「産業経済」(industrial economy) が繁栄した古くから「boilerplate」（ボイラープレート）と呼ばれ，その後「printed forms」或いは「"pad" forms」とも呼ばれるように成り[282]，その後，役務業，特に保険契約約款の問題を中心に「**contract of adhesion**」（附合契約）と揶揄されて[283]，その一方的な性格

---

278) Id. at 217.
279) FREY & FREY, supra note 267, at 164.
280) Id.
281) Id.
282) See, e.g., MURRAY ON CONTRACTS, supra note 3, §97[A], at 572.
283) 附合契約を批判した有名な論文は以下である。Friedrich Kessler, *Contracts of Adhesion——Some Thoughts about Freedom of Contracts,* 43 COLUM. L. REV. 629 (1943).

等ゆえに「**take-it-or-leave it**」とか「accept this or get nothing」[284]な契約形態である等として非難の対象に成って来た。

そもそも「contract of adhesion」の語はフランスの学者が用いて，そのフランスの学者も国際法から借用して来たと言われている[285]。即ち特定の有力国が起草した条約案は，無力な国々にとっては「adhesion」する余地しか残されておらず，後者は条文起草上で口を差し挟めないという文脈で用いられて来た言葉である。

そのような含意のある「附合契約」も原則としては有効と扱われ，産業経済後に「情報経済」(information economy) が勃興して来た今日に於いてさえも，主にサイバースペース上の電子商取引に於ける標準書式合意書の有効性が問題に成って来ている[286]。この新しい書式は前掲（§3-9）で紹介した通り「ラップ型契約」と呼ばれ，具体的には「**shrink-wrap license**」「money now, terms later」「**click-wrap agreement**」「**browse-wrap agreement**」「terms of use」等と呼称されている[287]。

『CORBIN ON CONTRACTS』は，標準書式合意書の有効性がリーズナブルな期待に懸かっていると指摘している[288]。同書は更に，大量の物品や役務の商取引に於いて交渉の為の高い費用を抑え，且つ売主の危険を管理して「合理的な値付け」(rational pricing) を維持する為に附合契約が重要な役割を果たしていると言っている[289]。

標準書式合意書内の「機能する［有効な／効力発生的］約定」（**operative terms**）と

---

284) 1 ARTHUR LINTON CORBIN, CORBIN ON CONTRACTS §4.13, at 637 (Joseph M. Perillo ed., rev. ed. 2007).
285) 1 *id.* §1.4, at 13.
286) *See, e.g.,* 拙書『電子商取引とサイバー法』113-38 頁（NTT 出版 1999 年）．
287) *See, e.g.,* PRINCIPLES OF THE LAW OF SOFTWARE CONTRACTS, *supra* note 262, Ch. 2, Topic 1, A., Summary Overview; Christina L. Kunz et al., *Browse-Wrap Agreements; Validity of Implied Assent in Electronic Form Agreements,* 59 BUS. LAW. 279 (2003). *See also* 小稿「サイバー法と契約行動」『中央評論』59 巻 2 号 59 頁，60-61，65-66 頁（2007 年）．
288) 1 CORBIN ON CONTRACTS, *supra* note 284, §1.1, at 5.
289) 1 *id.* §1.5, at 15.

例外的に「機能しない［効力不発生的］約定」(unoperative terms) との区別に関する法の原理として重視されているのが，UCC とその主な起案者であった K. Llewellyn の思想である[290]。その思想を，誤解を怖れず非常に簡潔に紹介すれば，<u>たとえ当事者達が読まない標準書式合意書であっても，「リーズナブルな期待」(reasonable expectations) に反しない約定は合意内容を形成し，逆に言えばリーズナブルな期待に反する「不意打ち」(surprise) や「酷」(hardship) な約定は排除されるべき</u>，と成る[291]。即ち附合契約に於いては「標準契約書」が<u>読まれていないけれども法的には同意が成立する取引実態</u>（これを「**duty to read**」と言う）を，Llewellyn が次のように解釈していたと『MURRAY ON CONTRACTS』は指摘している[292]。つまり「**理不尽では無いか，或いは無作法では無い如何なる約定に対しても，個別的同意では無く，包括的な［白地］同意**」を被申込者が附与している[293]。言い換えれば，一方の「リーズナブルか，公正か，予期されるか，または不作法では無い」(**reasonable, fair, expected, or not indecent**) 約定は

---

290) Llewellyn に拠る blanket assent の概念を支持する最近の authorities としては，see, *e.g.*, PRINCIPLES OF THE LAW OF SOFTWARE CONTRACTS, *supra* note 262, Ch. 2, Topic 1, A., Summary Overview; Robert A. Hillman & Jeffrey J. Rachlinski, *Standard-Form Contracting in the Electronic Age,* 77 N.Y.U. L. REV. 429, 455 (2002).

291) *See* MURRAY ON CONTRACTS, *supra* note 3, §97[B], at 577–78; Hillman & Rachlinski, *supra* note 290, at 455（KARL N. LLEWELLYN, THE COMMON LAW TRADITION: DECIDING APPEALS 370–71 (1960)を出典表示しつつ blanket assent を解説）．

292) MURRAY ON CONTRACTS, *supra* note 3, §96[B][2][c], at 558, §97[B], at 577. なお「duty to read」に就いては，see, *e.g.*, Alan M. White & Cathy Lesser Mansfield, *Literacy and Contract,* 13 STAN. L. & POL'Y REV. 233, 249 (2002)（附合契約には問題があるにも拘わらず判例が duty to read を認定していると指摘．　前掲（§3–09）「ラップ型契約」の判例傾向に於いても，たとえ非申込者が約定を読まずとも読む機会さえ附与していれば同意の表明が契約成立を有効させしめるとして，duty to read の立場が堅持されているように本書筆者には思われる．*See id.* at 249.

293) LLEWELLYN, THE COMMON LAW TRADITION, *supra* note 291, at 370 *cited in* MURRAY ON CONTRACTS, *supra* note 3, §96[B][2][c], at 558 n. 242（以下のように指摘している．"a ***blanket assent*** (not a specific assent) to any not unreasonable or indecent terms（強調付加）."）．

被申込者が読まなくても包括的な［白地］同意をしていると解して，他方の「不意打ち」（surprise）や「威圧的」（oppressive）或いは Llewellyn の言葉を借りれば「無作法」（indecent）な約定は例外的に合意内容には成らないのである[294]，と。

以上の UCC のポリシーは第二次リステイトメントにも引き継がれ，その §211 は，リーズナブルな期待に反する標準合意書書式上の約定を排除できると示唆している[295]。

ところで，責任制限・責任排除条項が非良心性ゆえに強制不可能になるか否か等の論点に就いては，後掲（§9-04）参照。

§8-05-4. 効果： 非良心性を認定した裁判所は，該当する契約の全部または部分的な強制拒絶が可能である[296]。例えば第二次リステイトメントは，UCC §2-302 をほぼコピーして[297]，裁判所が裁量によって全部または部分的に unenforceable にし得ると規定している。

なお実務に於いては「分離条項（severability / divisibility）」（後掲§9-02）を「一般条項」（general terms）の中に規定する慣行に成っているのも，念の為に残存条項を有効化することを確かなものにしておきたいとの意図からだと推察される。

§8-05-5.「plain language movement」と非良心性： 所謂「手続上の非

294）See MURRAY ON CONTRACTS, supra note 3, §96[B][2][c], at 560.
295）Id. §97[A], at 573, to §97[B], at 576.
296）See 8 WILLISTON ON CONTRACTS, supra note 1, §18:17, at 108-09.
297）UCC は以下のように規定している。

　§2-302. Unconscionable Contract or Clause.
　(1) If the court as a matter of law finds the contract or any clause of the contract to have been unconscionable at the time it was made, the court may refuse to enforce the contract, or it may enforce the remainder of the contract without the unconscionable clause, or it may so limit the application of any unconscionable clause as to avoid any unconscionable result.
　UCC §2-302(1).

§ 8–05.「非良心性」(unconscionability) 305

良心性」の典型的な例としてしばしば取り上げられるのは，附合契約である標準書式合意書の文言が読み難い「小さな印字」(**fine print**) で書かれていたり，更には一般人には「理解し難い（not intelligible）」「**legalese**」(リーガリーズ)[298] と呼ばれる難解な法律家の専門用語（law jargon）[299]で書かれていたりという例である[300]。そのような慣行への批判からか，特に各州は，「plain-language law」と通称される消費者契約に関する成文法を制定し，保険証券や賃貸（住宅）等の消費者契約書に於いては法技術的では無く容易に理解できる文言使用を要求するように成って来ている[301]。その契機の出来事と言われているのは，1975年にCITIBANK 社が消費者用の約束手形（promissory note）に平易な文章を用い始めたことにあり[302]，これに触発されて1977年にニューヨーク州が広範囲な plain English 法を成立させ，多くの州が同様の例に倣った[303]。その影響からか，対消費者（B 2 C：business-to-consumer）型の標準約款等に限らず，本書が関心を寄せる B2B 型の契約書ドラフティング一般に於いてさえも，「**plain language movement**」(平易な文言運動) が叫ばれるように成って来ている。即ち契約書の起案に於いては「legalese」を廃し，正確さと精密さとを維持しながらも明確かつ完結

---

[298] Thomas Jefferson も法律家のくどい言い回し（legalese）を嫌ったと言われている。See BRYAN A. GARNER, A DICTIONARY OF MODERN LEGAL USAGE 516 (2d ed., Oxford Univ. Press 1995).

[299] 尤も「law jargon」とは，法律家が相互のコミュニケーションに於いて時間とスペースを節約する為に，法律家によって考案された特別な語彙を言い，通常は説明を要する表現の有用な省略形であるから，同業者同士の間では受容可能とされる。GARNER, *supra* note 298, at 476.

[300] *See, e.g.,* 8 WILLISTON ON CONTRACTS, *supra* note 1, §18:10, at 65.

[301] BLACK'S LAW DICTIONARY 1188 (8th ed. 2004). SCOTT J. BURNHAM, DRAFTING AND ANALYZING CONTRACTS: A GUIDE TO THE PRACTICAL APPLICATION OF THE PRINCIPLES OF CONTRACT LAW §18.2, at 271 (3d ed. 2003). なお英連邦＋アメリカに於ける plain English 運動に就いて詳しくは，see PETER BUTT & RICHARD CASTLE, MODERN LEGAL DRAFTING: A GUIDE TO USING CLEARER LANGUAGE 76-111 (2d ed., Cambridge Univ. Press 2006).

[302] STARK, DRAFTING CONTRACTS, *supra* note 82, §18.1, at 201.

[303] BURNHAM, *supra* note 301, §18.1, at 271.

に，更に言えば「平易に」起案すべきという運動である[304]。

§8-06.「詐欺防止法」(statute of fraud)

　原則として契約は，書面化しなくても有効に成立し得る。前掲（§3-1）参照。尤も一定の重要な契約類型に該当する場合には，1677年の英国法に起源を有する制定法[305]上の制限として，書面化しなければ強制可能では無いとされて来た。それが「詐欺防止法」(**statute of fraud**)であり，契約が存在している旨の虚偽の請求に対抗することがその目的であった[306]。同法を継承したアメリカ実定法の圧倒的過半数（vast majority）の立場は，詐欺防止法違反な契約でも「無効」では無く「強制不可能」(unenforceable)に過ぎず，口頭契約としては多くの面で有効に成立すると解釈している[307]。即ち書面化要件が満たされなくても，口頭契約を両当事者が完全に履行し終えた後には詐欺防止法が効力を及ぼさない点に就いてアメリカ実定法の立場は一致しているし[308]，口頭契約を一部履行（part performance）していた場合等の特定の例外的場合にも強制可能とされる[309]。加

---

304) STARK, DRAFTING CONTRACTS, *supra* note 82, §18.1, at 201.

305) AN ACT FOR THE PREVENTION OF FRAUDS AND PERJURIES であり，概ね以下の契約類型に就いては書面化を要求していた。①遺産管理人による故人の債務引受契約，②債務引受／保証人，③婚姻関連契約，④土地取引，⑤契約締結から一年以内に完了しない契約，⑥土地関連の代理人契約，および⑥約束者が生存中には履行されない遺産に対する契約。See, e. g., HILLMAN, PRINCIPLES OF CONTRACT LAW, *supra* note 28, at 114. 尤も，英国では1954年に一部（土地取引と保証人）を残して廃止されている。See, e.g., CALAMARI & PERILLO, *supra* note 136, §19.1, at 740.

306) HILLMAN, PRINCIPLES OF CONTRACT LAW, *supra* note 28, at 115; RESTATEMENT (SECOND) OF CONTRACTS §131 cmt. c.

307) *See, e.g.,* CALAMARI & PERILLO, *supra* note 136, §19.35, at 787. *See also* ROHWER & SKROCKI, *supra* note 3, §3.1.1, at 181-82（無効では無く口頭契約としては有効と指摘）.

308) CALAMARI & PERILLO, *supra* note 136, §19.35, at 788.

309) *See, e.g.,* ROHWER & SKROCKI, *supra* note 3, §3.6, at 202 to §3.7, at 212.

えて第三者は詐欺防止法を主張し得ないことも一般的に認められている[310]。更に電子商取引が活発に成って来た近年では各種関係法制が改正されて、「書面化」（writing）の要件が「記録化」（record）と読み替えられる傾向にある。即ち一定の電子的な記録さえ存在すれば、嘗ての書面化の要件が満たされると解釈されて来ているのである。後掲（§8-06-1 [a]）参照。

アメリカに移植された嘗ての英国制定法上で書面化が要求される契約の諸類型と、その後アメリカの制定法として UCC §2-201(1)[の前身の the UNIFORM SALES ACT]が書面化を要する類型（以下の③）も加えて、本書の関心（i.e., 現代の B2B 型商取引契約）上、着目すべき書面化要件の該当する契約は、以下の三種類である[311]。

① 土地または土地に付随する諸権利の売買に関する契約
② 契約の成立時期から一年以内に履行が完了しない契約[*1]
③ ＄500[*2]以上の物品の売買契約

(*1) なお 2003 年改訂の UCC §2-201(4) は、一年以内に履行が完了しない場合を statute of fraud の範囲から外していた[312]。
(*2) なお 2003 年改訂の UCC §2-201(1) は下限金額を ＄5,000 に引き上げていた。
尤も 2003 年改訂模範法は 2011 年に撤回された[313]。

§8-06-1. 書面化要件が満たされる場合： 詐欺防止法は以下の三つの充足を要求している[314]。

---

310) CALAMARI & PERILLO, supra note 136, §19.35, at 788.
311) See HILLMAN, PRINCIPLES OF CONTRACT LAW, supra note 28, at 117（契約法の科目に於いても本文で紹介する三類型に焦点を当てていると指摘）.
312) UCC §2-201(4) & cmt. 8 (2003 amend.)("A contract that is enforceable under this section is not unenforceable merely because it is not capable of being performed within one year or any other period after its making."（強調付加）と規定).
313) 前掲 §1-02-2 の脚注 113 参照。
314) See, e.g., CALAMARI & PERILLO, supra note 136, §19.26, at 777, §19.29, at 779.

a.「書面または記録」（writings or records）であること，

b. 重要事項等が記載されていること，および

c. 当事者による同意・採用の意思が表示（署名）されていること。

a. 書面（writings）または記録（records）： 嘗ては紙による記録化，即ち「書面」（writing）が要件であったけれども，電子商取引の発展・普及により「記録」（record）さえあれば良いことに成って来ている[315]。脚注315内で引用したUCCの定義にあるように，電子的媒体やその他の媒体に蓄積され，且つ視認可能な形式で引き出すことが可能なものは，記録化の要件を満たす。

契約の実在およびその約定を示すものであれば足りるので[316]，特段の形式は不要であり[317]，一つの書面に綴じられていなくても可である[318]。即ち複数の書面に成っていても，且つ署名無しの書面が含まれていてもそれが署名入りの書面を明確に参照（refer to）していれば良い[319]。従ってnoteや社内memoや社内議事録でも良いし[320]，剝ぎ取り式のメモ用紙に鉛筆書したものでも，一連のコレポンでもe-mailでも良い[321]。書面が他の目的ゆえに作成されたものでも[322]，契約とは無関係な事項が含まれていても良く[323]，相手方に交付されていなくても，

---

315)「record」とは，UCC §1-201(b) (31) (revised 2001) が以下のように規定している。「information that is inscribed［彫られる・銘記される］on a tangible medium or that is stored in an electronic or other medium and retrievable in perceivable form」である，と。

316) RESTATEMENT (SECOND) OF CONTRACTS §132 cmt. a.

317) See, e.g., MURRAY ON CONTRACTS, supra note 3, §74[A], at 379; RESTATEMENT (SECOND) OF CONTRACTS §131 cmt. d.

318) RESTATEMENT (SECOND) OF CONTRACTS §132 & cmt. a; BLUM, supra note 140, §11.3.1, at 326; MURRAY ON CONTRACTS, supra note 3, §74[A][1], at 380.

319) ROHWER & SKROCKI, supra note 3, §3.3, at 197.

320) CALAMARI & PERILLO, supra note 136, §19.30, at 780.

321) See, e.g., id.; MURRAY ON CONTRACTS, supra note 3, §74[A], at 379（更にはvoice mailでも可であると指摘）．

322) CALAMARI & PERILLO, supra note 136, §19.30, at 780.

323) MURRAY ON CONTRACTS, supra note 3, §74[A], at 379. See also RESTATEMENT (SECOND)

§8-06.「詐欺防止法」(statute of fraud)　309

交付を意図されていないものでも，或いは第三者宛の手紙でも良く[324]，更にはたとえ書面が紛失しても，その存在を示す証言も裁判所は詐欺防止法上の要件を満たす為には許容している[325]。

b. **重要事項等が記載されていること**[326]：　第二次リステイトメント§131は，以下の三点の記載を要求している。

① 契約の対象（subject matter），
② 契約の当事者（parties）等を示す証拠と成る記述，および
③ 不可欠な約定（essential terms）。

ところでUCCの方は，物品売買である旨の記述以外には，明確には②の当事者特定の要件のみを求め，解釈上はこれに加えて契約対象の「数量」（quantity）も文脈上判明しなければならないとしている[327]。UCCの任意規定がfilling-the gap（穴埋／解釈上の欠缺補充）する点に就いては，後掲§10-09参照。

c. **署名**（signature）：　普通に理解されているような，名前を自署する所謂サイン（署名）ではなくても，当事者が書面を「authenticate」（後述）する表示であ

OF CONTRACTS §133 cmt. b（日記への記載や，meeting minutesへの記載でも構わないと指摘）.

324) MURRAY ON CONTRACTS, *supra* note 3, §74[A], at 380; CALAMARI & PERILLO, *supra* note 136, §19.30, at 780; RESTATEMENT (SECOND) OF CONTRACTS §131 cmt. d, §133 cmt. b.
325) RESTATEMENT (SECOND) OF CONTRACTS §137 & cmt. a.
326) *See, e.g.,* BLUM, *supra* note 140, §11.3.2, at 327; CALAMARI & PERILLO, *supra* note 136, §19.29, at 779.
327) CALAMARI & PERILLO, *supra* note 136, §19.34, at 785 & n.2（『WHITE & SUMMERS』を出典表示しながら解釈上は数量も特定すべきと指摘）；UCC§2-201(1)(2003年改訂も同旨). なお同公式解釈部1は次のように述べている。「However, the price, time and place of payment or delivery, the general quality of the goods, or any particular warranties need not be included.」*Id.* §2-201 cmt. 1 (2003 amend.) (withdrawn 2011).

れば，どのような mark または symbol の記載であっても「signature」と看做されるので，イニシャルでも「x」印であっても構わない[328]。「authentication」とは，その記録に同意し且つ採用するという意である[329]。状況によっては「印刷されたレターヘッド」（a printed letterhead）でも構わない場合もある[330]。

なお「商人」（merchant）同士の間の物の売買の場合には，UCC §2-201 (2)（2003年改訂版も同じ）に拠って，以然の口頭契約を確認する書面を送付された相手方当事者が受領後一〇日以内に異議を示さない限りは，たとえ後者が書面に同意の署名をしなくても契約が強制可能に成ると規定している[331]。

---

328) BLUM, *supra* note 140, §11.3.3, at 328; UCC §1-201(b)(37)(revised 2001)（改訂前にはほぼ同じ内容が§1-201(39)に規定）（"'Signed' includes using any symbol executed or adopted with present intent to adopt or accept a writing." と定義）; RESTATEMENT (SECOND) OF CONTRACTS §134 cmt. *a* （イニシャルの表示でも，拇印でも，恣意的な符牒でも良く，鉛筆で書いても，タイプ打ちでも，ゴム印でも，或いは書面に陰影を付けても良いと指摘）; MURRAY ON CONTRACTS, *supra* note 3, §74[C][1], at 388（同旨）．

329) CALAMARI & PERILLO, *supra* note 136, §19.31, at 782（"the signer assents to and adopts the record" と定義）．

330) RESTATEMENT (SECOND) OF CONTRACTS §134 cmt. *b*. *But see* CALAMARI & PERILLO, *supra* note 136, §19.31, at 782（仮に署名が為される迄は拘束力が無いと記録が示していれば，書式上の社名の印刷だけでは署名としては不十分であり契約不成立と解すべきと指摘）．

331) HENRY D. GABRIEL & LINDA J. RUSCH, THE ABCS OF THE UCC— (REVISED) ARTICLE 2: SALES 23-24 (Amelia H. Boss ed., American Bar Assin 2004).

§9. 契約の「成立」に於いてはたとえ有効であっても，契約の「内容」がパブリック・ポリシーに反する故に裁判所が被約束者への援助を躊躇(ためら)う場合

> **It** is expressly agreed that there are no warranties, express or implied, Made [sic] by either the dealer or the manufacturer on the motor vehicle, chassis, of parts furnished hereunder except as follows.
>
> The manufacturer warrants each new motor vehicle (including original equipment placed thereon by the manufacturer except tires), chassis or parts manufactured by it to be free from defects in material or workmanship under normal use and service. <u>Its obligation under this warranty being limited to making good at its factory any part or parts thereof which shall, within ninety (90) days after delivery of such vehicle *To [sic] the original purchaser or before such vehicle has been driven 4,000 miles, whichever event shall first occur,* be returned to it with transportation charges prepaid and which its examination shall disclose to its satisfaction to have been thus defective; *This warranty being expressly in lieu of all other warranties expressed or implied, and all other obligation or liabilities on its part,* and it neither assumes nor authorizes any other person to assume for it any other liability in connection with the sale of its vehicles.</u> … .

Henningsen v. Bloomfield Motors, Inc., 32 N.J. 358, 367, 161 A.2d 69, 74 (1960) (emphasis added). 商品が通常の目的を満たすという「商品性の黙示の保証違反」に関して，この disclaimer（責任排除）が人身損害に対し強制不可能として，所謂「*契約上(いわゆる)の厳格責任*」（strict liability *in contracts*）法理を確立したリーディング・ケー

スに見られる当該文言。製造物責任法制史上の有名事件であるばかりでは無く[1]，『MURRAY ON CONTRACTS』は不当な「附合契約」の例として紹介している[2]。

「パブリック・ポリシー」は捉えどころが無く「暴れ馬」であるとさえ指摘されている[3]。その理由は，パブリック・ポリシーが「社会共同体の常識と共通の良心」（community common sense and common conscience）に基づいていて，人が他人に負っている義務に関連し，且つ個別具体的事象を取り巻く「全ての状況へ払うべき考慮を払う」（having due regard to all the circumstances）からであり，そのような性格の概念は特定が難しいばかりか，時代に応じて変化するからである[4]。

そのパブリック・ポリシーに反する故に裁判所が契約の強制を躊躇う場合は，以下の二つに分類される。①望ましく無い行為を思い止まらせる場合か，または，②司法手続の利用が不適切な場合，である[5]。

§9-01.「競合避止義務」（duty not to compete）

競合避止義務は，それが他の合法な取引に付随するものでは無い「非付随的［競争］制限」（**non-ancillary restraint**）の場合には原則として，パブリック・ポリシーに反する不当な競争制限である為に強制不可能と成る[6]。そのような単独の

---

1) *See, e.g.,* 拙書『アメリカ不法行為法：主要概念と学際法理』150-52 頁（中央大学出版部 2006 年)；拙書『アメリカ製造物責任法の新展開：無過失責任の死』10-19 頁（成文堂 1995 年).
2) JOHN EDWARD MURRAY, JR., MURRAY ON CONTRACTS §96[A][1], at 548-49 (4th ed. 2001).
3) 即ち「unruly（手に負えない・荒れ狂う）horse」と言われている。*Id.* §98, at 578; JOSEPH PERILLO, CALAMARI & PERILLO ON CONTRACTS §22.1, at 842 (5th ed. 2003).
4) MURRAY ON CONTRACTS, *supra* note 2, §96[A][1], at 579.
5) 2 E. ALLAN FARNSWORTH, FARNSWORTH ON CONTRACTS §5.1, at 2-3 (3d ed. 2004).
6) RESTATEMENT (SECOND) OF CONTRACTS §187 & cmt. *a.*「nonancillary restraint」は，「即強制不可能」（unenforceable *per se*）である。2 FARNSWORTH ON CONTRACTS, *supra* note 5,

競争制限は，被約束者（受約者）の正当な（legitimate）利益を何ら守る為のものでは無いからである[7]。

逆に，被約束者（受約者）の正当な利益を守る為の「**付随的約束**」(**ancillary covenant**)の場合には，リーズナブルな範囲内の競争制限に限って有効と成る[8]。例えば営業譲渡取引に於ける譲受人の利益や[9]，雇用契約に於ける雇用主の利益や[10]，パートナーシップ契約に於ける他の共同経営者（パートナー）の利益[11]に係る取引に付随する取引制限の約束を守る為に，譲渡人や，従業員・代理人や，一方の共同経営者が前者等に対する競争の制限を約する場合である。

図表＃9.1　競合避止義務条項の分類別有効性

競合避止条項の強制可能性	競合避止条項の分類
強制可能	**ancillary covenant**（付随的［競争］制限）
強制不可能	**non-ancillary restraint**（非付随的［競争］制限）

---

　§5.3, at 21. *See also* MURRAY ON CONTRACTS, *supra* note 2, §98[C][1], at 583（同旨）。なお nonancillary restraint は現在では実質的に反トラスト法（Sherman Act, Clayton Act, および FTC Act とその修正法等）によって統治されている。*Id.* §98[F], at 589.

7) RESTATEMENT (SECOND) OF CONTRACTS §187 cmt. *a*; MURRAY ON CONTRACTS, *supra* note 2, §98[C][1], at 583（nonancillary restraint は独占的管理を目的とするものであり「illegal *per se*」（即違法）と解するのが判例傾向であると指摘）。

8) RESTATEMENT (SECOND) OF CONTRACTS §188.

9) *Id.* §188(2)(a). 譲受人が対価を支払って得た事業の価値を減じさせない為に正当化されるのである。*Id.* §188 cmt. *f*.

10) *Id.* §188(2)(b). 従業員が雇用主の営業秘密を知っていたり，または顧客獲得手段を雇用主から習得していたりする為に，退職後の一定限度の競合避止義務が認容される場合がある。尤も労使間の unequal bargaining power ゆえに有効性に就いては厳格に解され得る。*Id.* §188 cmt. *g*.

11) *Id.* §188(2)(c). *See also* 2 FARNSWORTH ON CONTRACTS, *supra* note 5, §5.3, at 26（joint venture の参加者や franchisee にも，partnership の partner と同様な競合避止義務が認められると指摘）。

営業譲渡に於いて有効な競業避止条項の代表例は，美容院が譲渡人（売主）である場合のように売主にとっての唯一の価値ある資産が「暖簾(のれん)」(good will) である場合，その good will の譲渡後に売主が当該地域内の同種事業に少なくとも一定期間参入しない旨を約して譲受人（買主）を保護することが，延いては売主による唯一の価値ある資産の譲渡可能性を保証することに成るから，裁判所としてもそのような避止義務条項を尊重すべきとされる[12]。雇用の終了後に従業員が競合することを禁じる約定の有効性は，それが雇用原契約の一部に成っていればconsideration (コンシダレイション) が認定されるけれども，原契約の締結される前には競合避止の約定が存在しなかった場合，consideration の存在に疑義が生じ得る[13]。ところで「営業秘密」(**trade secret**) 等の秘密の保護が競合避止の目的である場合には，正当性が認容され易い[14]。これに比べると営業秘密には該当しない顧客リスト等の情報を守ることが避止の目的である場合には正当性の認容度が落ちる[15]。即(すなわ)ち秘密情報の性格や営業秘密の有効性が，避止義務の有効性の判断にも影響を与え得るのである[16]。有効な営業秘密が特に雇用主自身の努力の成果である場合には，離職後の従業員の避止義務が肯定される。

なお制限の範囲は，リーズナブルでなければならず，広範囲な競争制限であってはならない[17]。以下図表（#9.2）参照。

図表#9.2　強制可能な競合避止義務の諸要素[18]

強制可能な競合避止義務の要件	正当な利益（legitimate interest）を守る為であり，且つ
	範囲（活動の種類と地域と期間）がリーズナブルであり，且つ
	約束者にとって不当に酷または抑圧的（unduly harsh or oppressive）では無いこと。
	公衆に対して害を与え（injurious）無いこと。

§9-01-1. 契約実務に於いて有効な付随的競合避止義務条項の起案の仕方：

前段で指摘したように、競争制限の範囲は、被約束者（受約者）の正当な利益を保護する必要性を超えてはならない。具体的には、競合避止条項に於いて制限内容を以下の三種類で限定することにより、合理性を担保する必要が生じると指摘されている。即ち、①活動の種類と、②地域と、③期間の限定である[19]。例えば営業譲渡に於ける譲渡人の競争制限は、①同業を、②一定地域、③一定期間に限って競合しないような合理的制限であるべきとされる[20]。

図表＃9.3　強制可能な避止義務に成る為の避止範囲の限定

	限定すべき競合避止の範囲	具体例
①	避止される活動の種類	避止の対象事業を「同業」に限り、且つ
②	避止対象の地域	避止地域を「近接地域」に限って、且つ
③	避止の期間	避止期間を○○年以内に限る。

§9-01-2.「青鉛筆の準則」(blue-pencil rule) と「合理性の準則」(rule of reasonableness)：

不合理な競合避止義務が全て強制不可能に成るとは限ら

---

12) MURRAY ON CONTRACTS, *supra* note 2, §98[C][1], at 583.

13) *Id.* §98[D], at 585.

14) 2 FARNSWORTH ON CONTRACTS, *supra* note 5, §5.3a, at 39.

15) *Id.*

16) *See* MURRAY ON CONTRACTS, *supra* note 2, §98[D], at 587（離職後の営業秘密の守秘義務の有効性に関しては、秘密性を保持する雇用主側の努力等も考慮されると指摘）.

17) *Id.* §98[C][1], at 584.

18) *See* 2 FARNSWORTH ON CONTRACTS, *supra* note 5, §5.8, at 28; MURRAY ON CONTRACTS, *supra* note 2, §98[C][1], at 584, §98[D], at 585（同旨）.

19) RESTATEMENT (SECOND) OF CONTRACTS §188 cmt. *d.*　なお、一方では多くの裁判所が期間と地域の限定を不可欠としつつも、他方では期間の限定が欠けていてもリーズナブルな期間が黙示され、地域の限定が欠けていても営業秘密や顧客との接触避止に於いては問題無しと判断される場合もある。MURRAY ON CONTRACTS, *supra* note 2, §98[D] at 586.

20) RESTATEMENT (SECOND) OF CONTRACTS §188 cmt. *d.*

ない。広過ぎる避止義務部分の文言を「青鉛筆」で削除して残余部分の避止義務を強制させる，所謂「青鉛筆の準則」(**blue-pencil rule**) を採用する判例もある[21]。例えば避止義務の対象地域が「in Los Angeles or elsewhere in California」と規定されているけれども，パブリック・ポリシー的にはその範囲をＬＡに限定する方がリーズナブルであれば裁判所は「or elsewhere in California」の語句を「削除する」(to "blue pencil") だけで済み，わざわざ約定内容をそれ以上修正しなくても良いのである[22]。

そもそも裁判所は，一部の例外を除いて，後掲（§10-01-1）するように契約に手を入れてrewrite・修正する権能を謙抑的にしか行使したがらない[23]。しかし近年では，強制不可能な部分を単に「削除」(to blue pencil) する技法だけに止まらず，更に柔軟に文言を追記・修正するような，合理的な範囲は有効とするように「書き換え」(rewrite) る判例傾向に成っており[24]，これを「**合理性の準則**」(**the "rule of reasonableness"**) と言う[25]。

§9-02.「分離性」(severability・divisibility)

たとえパブリック・ポリシー違反ゆえに強制不可能に成った場合でも，契約の全てが強制不可能と判断されるとは限らない。前掲「青鉛筆の準則」や更に柔軟

---

21) 2 FARNSWORTH ON CONTRACTS, *supra* note 5, §5.8, at 91（例えば，ロンドンとスコットランドに於ける競合避止義務が広範囲過ぎる為に「スコットランド」の文言を削除して，ロンドンに於いてのみ避止義務を有効とする）; MURRAY ON CONTRACTS, *supra* note 2, §98[E], at 587.
22) MURRAY ON CONTRACTS, *supra* note 2, §98[E] at 588.
23) C. James Levin & Avery R. Brown, *Severability, in* TINA L. STARK, NEGOTIATING AND DRAFTING CONTRACT BOILERPLATE Ch.17, at 539, §17.02[5], at 545 (2003).
24) 2 FARNSWORTH ON CONTRACTS, *supra* note 5, §5.8, at 92–93. *See also* MURRAY ON CONTRACTS, *supra* note 2, §98[E], at 588（同旨）; RESTATEMENT (SECOND) OF CONTRACTS §184.
25) Levin & Brown, *supra* note 23, §17.02[5], at 545（第二次リステイトメントも合理の準則を採用していると指摘）.　TINA L. STARK, DRAFTING CONTRACTS: HOW AND WHY LAWYERS DO WHAT THEY DO §16.7, at 177 (2007)（同旨）.

§9-02.「分離性」(severability・divisibility) 317

な「合理性の準則」の傾向は，強制不可能部分以外は有効と解釈する余地を残している。即ち契約が部分的にしかパブリック・ポリシーに反していないときに，その違反部分が契約の不可欠な部分では無く，且つ残余部分に関して強制を請求する当事者が深刻な misconduct（不正）に関与せずに誠実かつ公正に行動していた場合には，裁判所は残余部分を強制できる[26]。「分離性」(divisibility や severance) と言われる概念である[27]。パブリック・ポリシー違反が深刻でなければ，後掲（§12-03）「反対給付の剥奪」(forfeiture) を回避しようとする裁判所の試みの表れである[28]。

裁判所は以下（図表#9.4）の何（いず）れかの場合に，分離性を認容する[29]。尤も裁判所は，悪い行為者を利するような判断を嫌うので，serious misconduct（重大な不正）に関与した場合は分離性の利益を享受できなく成る[30]。

図表#9.4 分離性が認容される場合

分類	概要
independent mutual agreement	強制不可能な条項が他の条項から明確に分かれ且つ分離可能である場合。
not essential part of the agreed exchange	たとえ分割不可能であっても，パブリック・ポリシー違反な条項が「合意された取引の不可欠な部分(*)」では無い場合。
但し serious misconduct に関与した場合には分離性が認容されない。	

(*)「essential part of the agreed exchange」であるか否かは，それ無しには当事者が契約を締結しなかったか否かにより判断される[31]。

§9-02-1. 契約実務に於ける「分離条項」(severability provision)：

契約書の文言上に於いても「一般条項」(general terms) 中に，「**severability provision**」

---

26) MURRAY ON CONTRACTS, *supra* note 2, §98[N], at 608.
27) *Id.* §98 [E], at 587.
28) *Id.* §98 [N], at 609.
29) Levin & Brown, *supra* note 23, §17.02[2], at 542-43, §17.02[3], at 543-44.
30) *Id.* §17.02[4], at 544-45.
31) *Id.* §17.02[3], at 544.

や「**divisibility clause**」や「**partial invalidity provision**」等と呼ばれる[32]「**分離条項**」を挿入しておくことが望ましいとされる[33]。分離条項とは，仮に契約書内の何処(どこ)かの条文が無効と判断されたとしても，残余部分は有効と解釈すべき当事者の意思を明記した一般条項の一つである[34]。例えば以下の例文のような文言が用いられる。当事者意思を明記することにより，裁判所が分離性を発揮してもらうよう encourage するのが通常の分離条項の趣旨である[35]。

ARTICLE○○. SEVERABILITY

Both parties hereto understand and agree hereby that the provisions in this Agreement are <u>severable</u> and that this Agreement <u>is enforced to the fullest extent permitted by applicable law</u>. Should, for any reason, any provision herein be held invalid or unenforceable in whole or in part in any jurisdiction, then such invalidity or unenforceability affects only such provision, or part thereof, in such jurisdiction. In any other jurisdiction such invalidity or unenforceability does not in any manner affect such provision. Further, in any jurisdiction any other provision herein remains in effect. Such invalid or unenforceable provision is to be substituted for an arrangement reflecting the original intent of the parties hereto underlying such provision to the extent reasonably required to render the same valid, enforceable, and consistent with the parties' original intent.

契約実務の諸文例を参考に本書筆者が起案。

---

32) *See, e.g., id.* §17.01, at 541 n.4.
33) 2 FARNSWORTH ON CONTRACTS, *supra* note 5, §5.3a, at 49; THOMAS R. HAGGARD & GEORGE W. KUNEY, LEGAL DRAFTING: PROCESS, TECHNIQUES, AND EXERCISE 39 (2d ed. 2007).
34) HAGGARD & KUNEY, LEGAL DRAFTING, *supra* note 33, at 39; Levin & Brown, *supra* note 23, §17.01, at 541.
35) *See, e.g.,* STARK, DRAFTING CONTRACTS, *supra* note 25, §16.7, at 176.

そのような条項の挿入が契約実務の慣例であることは，契約を出来るだけ有効に成るように解釈すべきという後掲の契約法学［と実務］の志向を反映していると捉えることも出来よう。

§9-03.「違法性」(illegality)[36]

例えば複数の追剝犯(おいはぎ)の一人が事前に取り極めた取り分を要求するような，刑事法違反に成る契約を裁判所は強制しない。たとえそれに因り履行を免れて不正な「棚ぼた」(windfall)(ウインドフォール)を得る当事者が出ても，裁判所は違法には手を貸さない（**No court will lend its aid to a man who founds his cause of action upon an immoral or an illegal act.**）のである[37]。何故ならばその際の指導原理は，当事者間の公正や△の保護にあるのでは無く，反社会的契約の強制に裁判所を利用させないことにあるからである[38]。即ち裁判所は違法者の請求に手を貸さず「そのままにしておく」(leave the parties where it finds them) のである[39]。この法理を「*in pari delicto rule*」(インパリデリクトー)（同罪の準則）と言う。以下のような法諺(ほうげん)に由来する[40]。

---

in pari delicto protior est conditio defendentis ＝

"in case of equal fault, the condition of the party defending is stronger"

---

36) *See, e.g.*, ROBERT A. HILLMAN, PRINCIPLES OF CONTRACT LAW 211-12 (2004); CLAUDE D. ROHWER & ANTONY M. SKROCKI, CONTRACTS IN A NUTSHELL §4.2, at 305-10 (6th ed. 2006).
37) MURRAY ON CONTRACTS, *supra* note 2, §98[M], at 606.
38) ROHWER & SKROCKI, *supra* note 36, §4.2, at 306; MURRAY ON CONTRACTS, *supra* note 2, §98[M], at 606.
39) CALAMARI & PERILLO, *supra* note 3, §22.1, at 844.
40) MURRAY ON CONTRACTS, *supra* note 2, §98[O], at 609; BRIAN A. BLUM, CONTRACTS

この法理の背景にあるポリシーとしては次の二つを挙げることが可能である[41]。一つには違法な契約締結の将来的な抑止を図ることであり，二つ目には裁判所の威厳と尊敬を保持する為である。このポリシーは以下のような言葉で表される。「**No polluted hand shall touch the pure fountains of justice.**」とか，「**[Courts refuse to act] as paymasters of the wages of crime.**」等である[42]。

違法な契約の効果は原則として「強制不可能」(unenforceable)であり，しばしば「無効」(void)にも成る。実際，第一次リステイトメントはconsideration 欠如を理由に無効に成る理論構成を示していた。即ち双務契約に於いて，合法な約束と違法な反対約束が取引交換された場合，後者は違法性ゆえにconsideration たり得ないから，双方性を欠くので契約が不成立であると解釈した[43]。尤も第二次リステイトメントに拠る上のハイポの解釈に於いては，consideration が欠けている訳では無く違法ゆえに「強制不可能」であるとして，consideration 偏重を避けている[44]。

§9-04.「責任排除・免責・責任制限条項」(disclaimer・exculpatory clause・limitation of liability) の有効性

責任排除／制限等の条項は裁判所による精査に曝される虞があり，特に消費者保護や他の強行法規等を通じたパブリック・ポリシーが契約自由の原則を制限す

---

　§13.13.4, at 428 (4th ed. 2007). 即ち悪行に参加したπは，その悪行から生じる請求が出来ないという原則である。BLACK'S LAW DICTIONARY 806 (8th ed. 2004).
41) CALAMARI & PERILLO, *supra* note 3, §22.1, at 844.
42) *Id.*
43) RESTATEMENT OF CONTRACTS §607 cmt. *a*; CALAMARI & PERILLO, *supra* note 3, §22.1, at 844 & n.27.
44) RESTATEMENT (SECOND) OF CONTRACTS §72 cmt. *d* (consideration や promise は合法で無くても構わないと記述); CALAMARI & PERILLO, *supra* note 3, §22.1, at 845 & n.30.

§9-04.「責任排除・免責・責任制限条項」(disclaimer・exculpatory clause・limitation of liability) の有効性　321

る一定の場合には「強制不可能」(unenforceable) と成り得る[45]。

　責任排除／制限等の条項の強制可能性判断の背景には,「契約自由 (autonomy) の原則」と,不法行為者に責任を取らせる「矯正的正義 (accountability) の原則」との相克が存在する。契約自由の原則からは,当事者が同意した以上は責任排除／制限等の条項が強制可能に見えるけれども,その前提としては,自発的に同意したか否かの要素と,責任排除／制限等の意図が明確に伝えられていたかが精査される[46]。更に,後掲 (§10-13) する所謂「*contra proferentum*」(起案者に不利に解釈される) の原則に従って,責任排除／制限等の条項を裁判所が狭く解釈する傾向にある[47]。一般に「重過失」(gross negligence) や「故意」による行為の責任免除は強制不可能と解される[48]。[単純／軽] 過失行為の免責に就いても,被害者側が一般公衆なのか否か等の諸要素を勘案して強制可能性が決せられる。損失補償条項の例に就いては前掲 (§5-12) 参照。

　契約書ドラフティング時の留意点としては,売主の過失,「結果的損害賠償」(consequential damages) 責任免除,および「損失補償条項」(indemnification provisions / hold harmless clauses) を起案する際には,それ等の免責対象を明記しない限り,曖昧で広範囲な免責文言は強制不可能とされる虞があると指摘されている[49]。責任制限条項の例は以下参照。

---

45) ROBERT A. FELDMAN & RAYNIBD T. NIMMER, DRAFTING EFFECTIVE CONTRACTS: A PRACTITIONER'S GUIDE §2.02[F][4], at 2–34 (2d ed. Supp. 2007).
46) *See* BLUM, *supra* note 40, §13.13.3, at 426–27. *See also* 1 FARNSWORTH ON CONTRACTS, *supra* note 5, §4.29a, at 615 (informed consent を裁判所が要求すると指摘).
47) 1 FARNSWORTH ON CONTRACTS, *supra* note 5, §4.29a, at 617.
48) *See* BLUM, *supra* note 40, §13.13.3, at 426–27. *See also* MURRAY ON CONTRACTS, *supra* note 2, §98[B], at 581 (indemnity clause に於いても故意の不法行為者を indemnify する旨の条項はパブリック・ポリシーに反すると指摘). *But see* FELDMAN & NIMMER, *supra* note 45, §5.06[A][1], at 5–78.17, 19 (NY 州では重過失の責任制限も有効とした例を挙げて,起案時に必ずしも重過失責任制限を躊躇する必要は無いと指摘).
49) 1 FARNSWORTH ON CONTRACTS, *supra* note 5, §4.29a, at 618–20; MURRAY ON CONTRACTS, *supra* note 2, §98[B], at 581.

> ARTICLE○○. LIMITATION OF LIABILITY
>
> Both the Buyer and Seller hereby agree and acknowledge that the Price of the Products reflects limitation of the liability set forth herein including but not limited to the one as set forth below; THE SELLER IS NOT LIABLE FOR <u>SPECIAL, INDIRECT, CONSEQUENTIAL, OR INCIDENTAL DAMAGES, OF ANY KIND</u>, INCLUDING BUT NOT LIMITED TO LOST REVENUES, LOST PROFITS, OR LOST PROSPECTIVE ECONOMIC ADVANTAGE, <u>EVEN IF THE SELLER HAS BEEN ADVISED OF THE POSSIBILITY OF SUCH DAMAGES</u>, ARISING OUT OF OR IN RELATION ANY WAY TO THIS AGREEMENT, BREACH HEREOF, WARRANTY, SUBJECT MATTER HEREOF, OR ANY OF THE TRANSACTIONS CONTEMPLATED HEREBY, REGARDLESS OF WHETHER THE CLAIM FOR SUCH DAMAGES IS BASED UPON CONTRACT, TORT, EQUITY, OR OTHERWISE, HOWEVER, CAUSED.
>
> WITHOUT LIMITING THE GENERALITY OF THE FOREGOING, <u>IN NO EVENT THE DAMAGES WHICH THE SELLER MIGHT BE RESPONSIBLE FOR EXCEED THE AMOUNT HAVING BEEN RECEIVED BY THE SELLER</u>.

This provision is partially based upon suggested one *in* Evelyn C. Arkebauer, *Cumulative Remedies and Election of Remedies, in* STARK, DRAFTING CONTRACTS, *supra* note 25, §9.03[3][a][iii], at 225（強調付加）（英文契約書の実例を参考に本書筆者が修正）.

　責任排除／制限等の条項は前掲（§8-05）「非良心性」（unconscionability）の審査の対象にも成り得る。更に物品売買に於いては UCC Article 2 が適用されて，「保証(担保)責任」（warranty）や「結果的損害賠償」等を制限する条項等が規律されている。保証責任排除／制限に就いては後掲（§17）を参照。

　なお結果的損害賠償の制限に関しては，非良心的でなければ制限条項が許容されるけれども，<u>人身損害賠償を制限する条項は一般に非良心的</u>と解されて来てお

§9-04.「責任排除・免責・責任制限条項」(disclaimer・exculpatory clause・limitation of liability) の有効性　323

り[50]，UCC の規定上に於いても人身損害賠償制限条項は「非良心性の一応の証明」(*prima facie* unconscionable) に該当すると明示さえする規定 (§2-719 (3)；2003年改訂で変更なし) が置かれている程である。これは，製造物責任の法制史上，欠陥に因り生じた人身損害に対しては特に後掲 (§17-03-2)「商品性の黙示の保証責任」(implied warranty of merchantability) を拡大適用して行った判例発展に応じた規定であろう。リーディング・ケースは当§9の冒頭に掲載した「*Henningsen 対 Bloomfield Motors, Inc.*」[51]事件判例である。人身損害以外の結果的損害賠償の制限条項に関しては，制限文言が「目立つように」(**conspicuous**) 記載されていたことが非良心的か否かの審査に実際上の影響を与えると指摘されている[52]。後掲§17-03-4 参照。その所為であろうか，本書筆者の契約実務経験に於いても，結果的損害賠償を制限する文言は全文が大文字で記載されることが慣行と思われる程に一般化している感がある。

　ところで結果的損害賠償以外にも Article 2 は更に，非良心的でなければ売主が買主に附与する救済一般を一定範囲に制限することを許容しており[53]，例えば商品の修理，交換，代金の返金等に制限する例が契約実務では散見される。尤も UCC Article 2 は更に，責任排除／制限が**「契約の本旨に反する」**(**failure of essential purpose**) 場合は非良心的なので強制不可能に成ると包括的に規定している[54]。その為に救済を修理と交換に限定したい場合には，それが契約の本旨に反しない旨を条項内に明記しておくことが勧められている[55]。保証責任制限条項の

---

50) 8 SAMUEL WILLISTON, A TREATISE ON THE LAW OF CONTRACTS §18:13, at 85-86 & n.6 (Richard A. Lord ed., 4th ed. 2007) [WILLISTON ON CONTRACTS]; MURRAY ON CONTRACTS, *supra* note 2, §96[B][2][e], at 567.
51) Henningsen v. Bloomfield Motors, Inc., 161 A.2d 69 (N.J. 1960).
52) MURRAY ON CONTRACTS, *supra* note 2, §96[B][2][e], at 567.
53) *Id.*; UCC §2-719(1)(a)(2003 年改訂で変更なし).
54) UCC §2-719(2)(2003 年改訂で変更なし)(保証制限の約定が essential purpose を懈怠する場合には，UCC [の補充] 規定に拠ると規定); MURRAY ON CONTRACTS, *supra* note 2, §96[B][2][e], at 568.
55) 1 FARNSWORTH ON CONTRACTS, *supra* note 5, §4.29a, at 620 & n.27 (以下の文言が有効とされた判例 McDermott, Inc. v. Iron, 979 F.2d 1068 (5th Cir. 1992) を挙げている。「This ex-

例文に就いては，後掲§17-03-4 [b] 参照。

§9-05. 「出訴期限制限条項」（contractual statute of limitation）

契約に於いて，提訴できる期間を規定した場合に，これを有効とする判例も存在している[56]。そのルールを簡明に記(しる)すことは難しいけれども，以下の二点が要求されると指摘されている。即ち，①契約上の出訴期限の期間がリーズナブルであり，且つ②これに反する制定法が存在していないこと，である[57]。なお物品売買に関してUCCは，契約違反に基づく同法上の出訴期限を最短一年に迄ならば事前に合意して短縮が可能と規定している[58]。尤も撤回された2003年改訂

---

clusive remedy shall not have failed of its essential purpose ... provided the Seller remains willing to repair or replace defective part to components within a commercially reasonable time after it obtains actual knowledge of the existing of a particular defect.」 (emphasis added)).

56) See, e.g., Annotation, *Validity of Contractual Time Period, Shorter than Statute of Limitations, for Bringing Action,* 6 A.L.R.3d 1197 (originally published in 1966); Robert S. Glenn et al., *2006 Eleventh Circuit Survey: January 1, 2006-December 31, 2006: Admiralty,* 58 MERCER L. REV. 1113, 1116 (2007)（三年の出訴期限法を契約上で短くしても一年以上で在ればenforceableとした *Jane Doe A.H. v. Carnival Corp.,* 167 Fed.Appx. 126, 2006 U.S.App. LEXIS 3627 (11th Cir. 2006)を紹介）. *But see* Angus Medical Co. v. Digital Equipment Corp., 840 P.2d 1024 (Ariz. Ct. App. 1992)（法上は二年の出訴期限であるところ十八ヶ月に短縮した約定の強制を裁判所が拒否）; Graham Oil Co. v. Arco Products Co., 43 F.3d 1244 (9th Cir. 1993)（石油会社からガソリンの供給を止められたガス・スタンドによる訴訟に於いて，一年の出訴期限を以下の通り短縮する約定や，懲罰賠償／弁護士報酬の賠償／補償等も除外する約定が，石油に関する連邦制定法上の救済を制限する為に問題とされた。"The party waives the right to seek any relief or pursue any claim not included in an arbitration demand filed ... *within 90 days* following the date the party knew or should have known of the facts giving rise to the claim [and in no event more than six months after the occurrence of the facts giving rise to the claim]...." (emphasis original)).
57) FELDMAN & NIMMER, *supra* note 45, §5.09[A][7], at 5-175.
58) UCC §2-725(1).

は，消費者契約に就いては短縮不可としていた[59]。逆に出訴期限を延長する取り極めは，裁判所によってしばしば嫌われると言われている[60]。

以下，ドラフティングに関するアメリカの指導書[61]が出訴期限短縮条項の案を示しているので紹介しておこう。

Any action for breach of this Agreement <u>must be commenced within</u> one (1) <u>year</u> after the cause of action has accrued.

---

§9-06.「陪審裁判の権利放棄」(waiver of jury trial)

陪審員が抱く巨大企業への偏見ゆえに[62]，通常の企業依頼人は陪審裁判権を放棄する条項の契約書への挿入・起案を望むものである[63]。そのような放棄条項は

---

59) UCC §2-725(1) &.cmt. 2 (2003 amend.).
60) FELDMAN & NIMMER, *supra* note 45, §5.09[A][7], at 5-176 & n.389（Annotation, *Validity of Contractual Provision Establishing Period of Limitations Longer Than That Provided by Statute of Limitations,* 84 A.L.R. 3d 1172 (1978)を出典表示); UCC §2-725(1)("By the original agreement the parties may reduce the period of limitation to not less than one year <u>but may not extend it.</u>"（強調付加）と規定）.
61) 5B FREDERICK M. HART & WILLIAM F. WILLIER, FORMS AND PROCEDURES UNDER THE UNIFORM COMMERCIAL CODE ¶21.10[1], Form 2-1, at 2-90.46 (2007)（強調付加）（本書筆者が修正）.
62) 企業を悪者扱いするアメリカ大衆法文化の偏見に就いては，see, *e.g.,*『アメリカ不法行為法』, *supra* note 1, at 138-89, 317-20; STARK, DRAFTING CONTRACTS, *supra* note 25, §16.5, at 175（陪審員は巨大企業を嫌い且つ deep pocket であると看做すと指摘）.
63) Lauren Reiter Brody & Frances Kulka Browne, *Waiver of Jury Trial, in* TINA L. STARK, NEGOTIATING AND DRAFTING CONTRACT BOILERPLATE Ch.7, at 461, §7.03, at 149, 150 (2003); John C. Kuzenski, *Making Room at the Table: The Public Policy Dangers of Over-Reliance on Black-Letter Contract Terms in State Common Interest Community Law,* 7 APPALACHIAN J. L. 35, 51 (2007)（貸付取引関係に於いて特に陪審裁判の権利放棄条項が普及していると指

特に銀行取引関係の契約に於いて一般的であり，しばしば法廷地選択条項に付帯して起案される[64]。ところがアメリカでは前掲（§5-15-3）の通り，民事陪審の権利がコモン・ロー上の請求に於いて保障されていて[65]，それは基本的人権であるから権利放棄に反する推定が働くので，同条項が有効と成る為には当事者が陪審裁判の権利を「知りながら，故意に，且つ自主的」（knowingly, voluntarily, and intentionally）に放棄した場合でなければならない[66]。尤も「権利放棄」（waiver）とは，後掲（§12-02-8[a]）するように「知り，或いは知る理由のある権利を自主的に放棄すること」（voluntary relinquishment of a known rights [or the rights with which the promisor has reason to know the essential facts]）と定義されて来ており[67]，実際に権利の存在を知らなかったとしても，知る理由があれば権利放棄が成立し得るとされて来た[68]。そこで，陪審裁判の権利を放棄する条項は，全ての法域と迄は

摘）; Todd Green, *Contractual Waivers of the Right to Trial,* 46 ORANGE COUNTY LAWYER 8, 8 (2004)（不動産，貸付，および雇用契約等に於いて標準化していると指摘）; GEORGE W. KUNEY, THE ELEMENTS OF CONTRACT DRAFTING WITH QUESTIONS AND CLAUSES FOR CONSIDERATION 121-22 (2006)（素人の陪審は感情やレトリックや偏見に左右されて銀行や保険会社や巨大企業の資源と財産を再分配しがちであると思われているので，陪審裁判権の放棄を望むと指摘）. *See also* Debra T. Landis, *Contractual Jury Trial Waiver in Federal Civil Cases,* 92 A.L.R.FED. 688 (1989)（実務的な分析も紹介）.

64) GARY B. BORN, INTERNATIONAL ARBITRATION AND FORUM SELECTION AGREEMENTS: DRAFTING AND ENFORCING 33 (2d ed. 2006).

65) 例えば合衆国憲法第七修正が保障している。U.S. CONST. amend. VII. *See also*『アメリカ不法行為法』, *supra* note 1, at 141 & n.151（第七修正の該当条文を引用しながら陪審裁判権を紹介）.

66) Brody & Browne, *supra* note 63, §7.04, at 151. *See also* Green, *supra* note 63, at 10（同旨）; STARK, DRAFTING CONTRACTS, *supra* note 25, §16.5, at 175（同旨）.

67) RESTATEMENT (SECOND) OF CONTRACTS §84 cmt. b; BLUM, *supra* note 40, §16.11.2, a, at 552; 13 WILLISTON ON CONTRACTS, *supra* note 50, §39:22, at 591（knowledge は不可欠な要素であると指摘）.

68) RESTATEMENT (SECOND) OF CONTRACTS §84 cmt. b, §93; 13 WILLISTON ON CONTRACTS, *supra* note 50, §39:22, at 591（"actual or constructive knowledge" (emphasis added)が不可欠な要素であると指摘）.

ゆかないけれども殆どの州に於いて強制可能とされている[69]。何故ならば，そもそも民事訴訟の手続法上は例えば異議を申し立てないまま応訴すれば陪審裁判の権利が放棄されたと看做されたり，「訴答」(pleadings) を最後に送達してから一定期間内に陪審裁判を請求しなければ放棄したと看做されるので[70]，契約上の放棄のみを差別的に認容しなければ整合性に欠けるからである[71]。

§9-06-1. 契約実務に於ける起案上の留意点：

権利放棄が交渉過程に於いて具体的な論点に成っていた場合には，放棄条項の存在を両当事者が留意していた証であるから，結果としての放棄条項が一般に有効であるとされる[72]。尤も<u>交渉力・力関係（bargaining power）の格差は権利放棄の有効性の審査上不利に働く</u>ので，実務ではその虞がある場合には権利放棄の意味を相手方弁護士が相手方本人（依頼人）に対して説明をした旨の「念書」(acknowledgment form) を為念で入手することさえ奨励されている[73]。更に訴訟に曝(expose)されがちで，交渉力・

---

[69] Brody & Browne, *supra* note 63, §7.05, at 154; STARK, DRAFTING CONTRACTS, *supra* note 25, §16.5, at 175 & n.20. なお Georgia 州は例外と言われている。*Id.* §7.04, at 153; E. Michelle Robinson, Case Note, *Pre-Litigation Contractual Waivers of a Right to a Jury Trial Are Unenforceable under Georgia Law,* 46 MERCER L. REV. 1565 (1995). カリフォルニア州の裁判所も放棄を認容し難い旨の判断を近年下したという指摘もある。*See* Green, *supra* note 63. *See also* SCOTT J. BURNHAM, DRAFTING AND ANALYZING CONTRACTS: A GUIDE TO THE PRACTICAL APPLICATION OF THE PRINCIPLES OF CONTRACT LAW §16.5.4, at 245 (3d ed. 2003) (幾つかの裁判所は陪審裁判権放棄条項に敵対的な態度を示し始めたと分析し，条項起案時は出来るだけ目立つようにして当事者が承知して放棄した旨を主張できるようにすべきと指摘); KUNEY, ELEMENTS OF CONTRACTS DRAFTING, *supra* note 63, at 122 (陪審裁判権放棄条項は全ての法域で有効な訳では無いことに注意すべきと指摘。尤も連邦裁判所は放棄を認容しているとも言われている。Green, *supra* note 63, at 10.

[70] FED. R. CIV. P. 38(b), (d).

[71] Brody & Browne, *supra* note 63, §7.05, at 153.

[72] *See id.* §7.05[2][b], at 157.

[73] *Id.* §7.05[2][b][A], at 158; STARK, DRAFTING CONTRACTS, *supra* note 25, §16.5, at 175. なお交渉力・力関係の格差が放棄の強制可能性上不利に働くという指摘に就いては，*see also,* Green, *supra* note 63, at 10.

力関係の格差が問題と成り得る担保や貸付の契約に於いては，権利放棄が契約として無効という反論に備えて，それが契約上の他の諸約束と交換されconsideration（コンシダレイション）に拠って支えられた拘束力の在る約束の一部を構成している旨をわざわざ明記する文言を挿入する例さえ見受けられる[74]。

尤も消費者契約の文脈では上のような補強が必要かもしれないけれども，それ以外の本書が関心を抱くＢ２Ｂ型な契約の場合には，権利放棄が有効に成る為の要件を象徴するbuzz-word（専門用語的キャッチ・フレーズ）の「knowingly, voluntarily, and intentionally waives its right to jury trial」云々と起案しておけば一般的には充分である[75]。なお，権利放棄の有効性を高める技法としては更に，陪審裁判の権利放棄を他の条項の中に付随的に記述することを避けて独立して「見出し・表題」（caption）も有した条項として起案したり，該当段落の余白に当事者のイニシャル・サインを書かせて具体的に同条項を承諾した旨を明確化したり，契約書の署名欄の近くに同条項を置いて，重要性を目立たせる方法さえも提案されている[76]。以下例文参照。

ARTICLE○○. WAIVER OF JURY TRIAL

　　EACH OF THE PARTIES, TO THE FULLEST EXTENT PERMITTED BY APPLICABLE LAW, *KNOWINGLY, VOLUNTARILY, AND INTENTIONALLY* WAIVES HEREBY EXPRESSLY AND IRREVOCABLY ITS ANY AND ALL RIGHT TO A TRIAL BY JURY, AND HEREBY AGREES NOT TO SEEK OR CLAIM ANY SUCH RIGHT, IN ANY ACTION OR OTHER LEGAL PROCEEDING OF WHATEVER NATURE INCLUDING BUT NOT LIMITED TO ANY

---

74) Brody & Browne, *supra* note 63, §7.05[2][b][B], at 159–60.
75) *Id.* §7.05[3], at 160.
76) *Id.* §7.05[5], at 163; STARK, DRAFTING CONTRACTS, *supra* note 25, §16.5, at 175（尤もStarkによれば，イニシャル・サインや，「knowingly, voluntary, and intentionally」の文言や，弁護士が説明をした云々の文言は，相手方当事者が個人である場合にそこまで行うことを推奨しているので，B2B型契約の場合はそこまでしなくても良いという反対解釈も出来る）．

§9-07.「法廷地選択条項」(forum selection clause または choice-of-forum provision)

> CLAIM SOUNDING IN CONTRACT, TORT, OR OTHERWISE ARISING OUT OF OR IN CONNECTION WITH THIS AGREEMENT, THE SUBJECT MATTER HEREOF, OR ANY OF THE TRANSACTIONS CONTEMPLATED HEREBY, AND ANY OTHER AGREEMENTS OR TRANSACTIONS BETWEEN THE PARTIES, WHETHER OCCURRING BEFORE OR AFTER THE DATE HEREOF.
>
> EACH OF THE PARTIES FURTHER HEREBY EXPRESSLY ACKNOWLEDGES THAT IT HAS RECEIVED ADVICE OF ITS COMPETENT COUNSEL BEFORE IT KNOWINGLY, VOLUNTARILY, AND INTENTIONALLY WAIVES ITS RIGHT AS SET FORTH ABOVE.

This clause is partially based upon suggested ones in BORN, supra note 64, at 33; Brody & Browne, supra note 63, §7.05[1], at 155, §7.05[2] [b], at 157, §7.05[6], at 165（強調付加）（英文契約書の諸実例を参考に本書筆者が修正）。

§9-07.「法廷地選択条項」(forum selection clause または choice-of-forum provision)

契約書内の「一般条項」(general terms) 内に通常は規定される，「choice-of-forum clause」や「forum selection clause」等と呼ばれる「法廷地選択条項」は，嘗てはパブリック・ポリシーに反する故に無効とされて来たけれども，近年では有効と解釈されて来ている[77]。尤もやはり消費者保護法上，遠隔地に成る法廷地

---

77) FELDMAN & NIMMER, supra note 45, §5.10[A][5], at 5-194.2（当該状況下に於いてアンリーズナブルでない限り法廷地選択条項を認容すると判示した The Bremen v. Zapata Off-Shore Co., 407 U.S. 1 (1972)に下級審も従っていると指摘); Brad S. Karp & Shelly L. Friedland, Governing Law and Forum Selection, in TINA L. STARK, NEGOTIATING AND DRAFTING CONTRACT BOILERPLATE Ch.6, at 109, §6.03[1][b], at 129 (2003)（同旨); Joseph D. Becker, Contracts and Choice of Law in New York, in 1 COMMERCIAL CONTRACTS: STRATEGIES FOR DRAFTING AND NEGOTIATING Ch. 4, §4.04[B], 4-10 (Morton Moskin ed., Supp.

選択を禁じる場合はある[78]。更に，例えば「自動車ディーラー保護法」や「フランチャイズ契約」に於けるフランチャイジーを保護する為といった特別な制定法に拠って法廷地選択条項の強制力が否認される場合もある[79]。なお，本書が関心を寄せる商業的な B2B 型取引の契約に関しては，特に<u>ニューヨーク州</u>[80]<u>とデラウエア州が商取引法と州司法制度を完備させているばかりか，興味深いことに同州を法廷地に選択することに対し積極的な制定法までも置いているので，契約実務的にはこれ等の州の法廷地選択が奨励されている</u>[81]。更に，法定地選択した法域の法を後掲（§9-08）「準拠法」（governing law）としても指定した方が，法定地以外の法を準拠法とするよりも実効性が高まって望ましいと言われている[82]。

§9-07-1．契約実務に於ける起案上の留意点： 法廷地選択条項の起案の仕方には，「排他的」（exclusive）な法廷地を選択する方法と，逆に「非排他的」

2005）（同旨）．

78) *See* FELDMAN & NIMMER, *supra* note 45, §5.10[A][5], at 5-194.5 n.466.
79) Karp & Friedland, *supra* note 77, §6.03[1][c], at 134.
80) 以下のような法規が存在する。そこで示されているように百万ドルの最低係争金額の要件が課されている。*See also* Karp & Friedland, *supra* note 77, §6.02[2][b], at 117 & n.36（同旨）．

 ... [A]ny person may maintain an action or proceeding against a foreign corporation, non-resident, or foreign state where the action or proceeding arises out of or relates to <u>any contract</u>, agreement or undertaking <u>for which a choice of New York law has been made</u> in whole or in part pursuant to section 5-1401 and which (a) is a contract, agreement or undertaking, contingent or otherwise, in consideration of, or relating to any obligation arising out of a transaction <u>covering in the aggregate, not less than one million dollars</u>, and (b) which <u>contains a provision or provisions whereby such foreign corporation or non-resident agrees to submit to the jurisdiction of the courts of this state</u>.

 NEW YORK GENERAL OBLIGATION LAW §5-1402(1) (emphasis added).

81) *See, e.g.,* FELDMAN & NIMMER, *supra* note 45, §5.10[A][5], at 5-194.5; Karp & Friedland, *supra* note 77, §6.03[3][d], at 135.
82) *See, e.g.,* STARK, DRAFTING CONTRACTS, *supra* note 25, §16.4, at 174.

§9-07.「法廷地選択条項」(forum selection clause または choice-of-forum provision) 331

(nonexclusive) な法廷地を選択する方法がある。前者(排他的)は「"derogation" clause」(潜脱禁止［専属管轄合意］条項) や「**"mandatory" provision**」(強制条項) とも呼ばれ，後者(非排他的)は「**"prorogation" clause**」「submission to jurisdiction」や「**permissive**」「consensual」等(［管轄合意］条項) とも呼ばれる[83]。非排他的な法廷地選択条項に於いては，そこで法廷地を指定しているにも拘わらず他の法廷で提訴することが可能に成る。排他的な法廷地選択条項の方が一般には望ましいので[84]，起案上は非排他的と解釈されない為の以下の注意が必要に成る。

　一般に指定法廷地を唯一の法廷地である旨を明記しない場合には，非排他的 (nonexclusive) な指定に過ぎないと解釈される虞がある[85]。司法へのアクセスを当事者が契約上放棄したと軽々に解釈すべきでは無いから，文言が曖昧な場合には非排他的と解釈する傾向に繋がっているのである[86]。例えば「Place of jurisdiction is ○○○.」と記載しただけでは，過半数の法域に於いて非排他的な指定と解されてしまう[87]。排他的な意図を明確にする為には，文言として「only」や「exclusively」等を挿入すべきである[88]。

---

83) BORN, *supra* note 64, at 18; Karp & Friedland, *supra* note 77, §6.03[1][a], at 129.
84) BORN, *supra* note 64, at 19. 例えば巨大企業が約款を起案する場合には，様々な法廷地で提訴される煩わしさを避ける為に，何処か一つの地を常に法廷地として規定したいと願うはずである。Karp & Friedland, *supra* note 77, §6.03[4][b], at 139. 尤も後掲脚注89で紹介する金融業の貸主のように，非対称的に起案して完全な排他条項としない方法を好む起案者もいる。
85) BORN, *supra* note 64, 20; FELDMAN & NIMMER, *supra* note 45, §5.10[A][5], at 5-194.1. なお大陸法(civil law)国に於いては，コモン・ロー国とは逆に，法廷地選択条項を排他的な指定であると解釈する傾向があるので，もし起案者が「非排他的」な条項を採用したい場合はその旨を明記する必要性がある。BORN, *supra* note 64, at 21, 22. *See also id.* at 23-24 (a proposed Convention on Choice of Court Agreement in June 2005 は原則として排他的であると解する立場にあるので the Hague Conference on Private International Law の加盟国は要注意と指摘).
86) BORN, *supra* note 64, at 20.
87) FELDMAN & NIMMER, *supra* note 45, §5.10[A][5], at 5-194.1.
88) BORN, *supra* note 64, at 20. *See also* Hugger-Mugger, LLC v. NetSuite, Inc., 2005 U. S. Dist. LEXIS 33003 (D. Utah. Sept. 12, 2005).

なお一方当事者に対して何処の法域でも好きな法廷地を選べるような選択を附与する規定は，何処が法廷地に成るのかに就いての示唆さえ与えておらず，法廷地を当事者達が合意したとも言えないとして，強制不可能とされた判例があるので[89]，要注意である。

更に契約実務では，所謂「被告地主義」の法廷地選択条項が起案される場合もある。（本書筆者も経験したことがある。）これは何れの当事者も被提訴者側の主たる事業所地の法廷に提訴しなければならないという条項であるから，提訴者側にとっては一般に不利であり，従って安易な提訴を抑止する趣旨である[90]。しかし

---

[89] 以下のような条項が問題とされた。

> Alco Capital has the option of pursuing any action under this agreement in any court of competent jurisdiction and the customer [Central] consents to jurisdiction in the state of our choice.

Central Ohio Graphics, Inc. v. Alco Capital Resource, Inc., 472 S.E.2d 2, 3 (Ga. App. 1996)（余りにも vague and broad な規定ゆえに certainty が無く unenforceable で meeting of minds を欠くと解された）cited in FELDMAN & NIMMER, supra note 45, §5.10[A][5], at 5-194.4 (emphasis added).

尤も金融系の契約に於いては，排他的な法廷地を指定しておきながら貸主だけは何処でも好きな地で提訴可能な権利を留保する「非対称的法廷地選択条項」（asymmetrical ["one-sided"] forum selection clauses）が用いられるという指摘もある。即ち原則として排他的法廷地を指定する文言を記載し，それに続けて但書として以下のような文言を挿入するのである。「... , provided, however, that the Lender shall be also free to pursue claims in any court of competent jurisdiction, including without limitation the court of ___ and ___.」（強調付加）と。BORN, supra note 64, at 28. つまり貸主としても通常は自身の業務地の法廷で提訴することが好ましく，借主には一箇所でしか提訴出来ないようにしておきたいけれども，同時に貸主は資産が所在する借主側の地に於ける提訴の権利も留保しておきたいのである。Karp & Friedland, supra note 77, §6.03[4][a], at 137, §6.03[4][b][B], at 140.

[90] BORN, supra note 64, at 29. 例えば以下のような文言が用いられると指摘されている。

> Any suit relating to this Agreement brought by Buyer shall be brought in the place where Seller's principal place of business is located; any suit relating to this Agreement brought by Seller shall be brought in the place where Buyer's principal place of business is located.

Id. (emphasis added).

§9-07.「法廷地選択条項」(forum selection clause または choice-of-forum provision) 333

その有効性に関する先例が稀であると言われ，更に提訴される迄は何処が法廷地に成るのかが不明である点に於いても予測可能性に欠ける欠点も見受けられる[91]。尤も本書筆者の経験から推察すると，企業法務の契約実務現場に於いては，相手方との交渉力・力関係が拮抗している場合には，互いに自身の主たる事業所地を法廷地として主張して交渉が進まない障害を打破する為に，そもそも法廷地を規定しないという最悪の選択肢だけは避けようとして，已むを得ず被告地主義が採用されるのも現実である。

ところで「連邦」裁判所（the U.S. District Court）を選択する場合の注意点は，そもそも同裁判所は「州籍相違管轄権」（diversity of citizenship）や「連邦事項管轄権」（federal matter jurisdiction）のような，所謂「連邦裁判管轄権」（federal subject matter jurisdiction）が憲法等によって附与されている範囲にしか裁判管轄権が及ばず，その範囲を超えて私的に当事者が連邦裁判所を指定しても扱ってもらえない点である[92]。従って起案の際には，連邦裁判所のみを排他的法廷地とすることは避けるべきであり，連邦裁判所または州裁判所を指定すべきとされる[93]。例文は以下参照。

Article○○. JURISDICTION

Each of the Buyer and Seller hereby <u>irrevocably submits itself</u> to the *exclusive* jurisdiction of and venue (*) in:

(a) the United States District Court for the Southern District of New York and its appellate courts; and

(b) any court of the State of New York sitting in the New York County and its appellate courts,

for the purpose of any suit, action, proceeding, dispute, claim, or controversy of

---

91) *Id.*
92) *See* Karp & Friedland, *supra* note 77, §6.03[1][b][i], at 132.
93) *Id.* §6.03[4][a][C], at 139.

whatever nature, including but not limited to any claim sounding in tort, equity, or otherwise brought by any party or parties hereto <u>arising out of, in connection with, or incidental in any way to</u> this Agreement, existence, formation, validity, enforceability, performance, termination, or breach hereof, the subject matter hereof, or any of the transactions contemplated hereby (hereinafter collectively referred to as the "Suit").

Each of the Buyer and Seller expressly hereby *<u>waives</u>*, and agrees not to assert, by way of motion, as a defense, or otherwise, in any Suit, to the fullest extent permitted by applicable law, any defense or objection which it may now or later have based upon (i) <u>sovereign or other immunity</u>, (ii) that the Suit is brought in an <u>inconvenient forum</u>, (iii) that the <u>venue of such Suit is improper</u>, or (iv) that this Agreement or the subject matter hereof or any of the transactions contemplated hereby <u>may not be enforced</u> in or by these courts. In furtherance of understanding between the parties hereunder each of the Buyer and Seller acknowledges hereby that matters subject to this Article are commercial transactions in nature; therefore, the immunity or sovereign defense does not apply to them.

The Seller hereby irrevocably designates and appoints CT corporation (the "Process Agent"), New York City offices, to receive for and on its behalf service of process in any Suit with respect to any matter as to which it submits to jurisdiction as set forth above, it being agreed that service on the Process Agent will constitute valid service on the Seller. Nothing set forth in this Article affects the right to serve process in any other manner permitted by applicable law. The Buyer hereby irrevocably and generally consents to service of process by registered mail, return receipt requested, at its address for notice under this Agreement.

This provision is partially based upon suggested ones *in* BORN, *supra* note 64, at 20, 25–26, 41; Karp & Friedland, supra note 77, §6.04, at 143–44; BURNHAM, *supra* note 69, §16.5.3, at 245（強調付加）（英文契約書の諸実例を参考に本書筆者が修正）。

（＊）「**venue**」(裁判地)とはフランス法律用語の「coming」で、訴訟を追行する場所の意であり、「jurisdiction: jdx」(裁判管轄権)とは異なる概念である。後者（jdx）は、合衆国憲法の規定・同判例等に基づいて裁判所がその事件を審理する権限があるか否かの概念であるが、前者（venue）は単に制定法等に基づいて当事者や証人の便宜からバランスして裁量的にその地が適切か否かを扱う概念に過ぎない。後者（jdx）の方が前者（venue）よりも重要度の高い概念なのである。従って後者（jdx）が欠けていればそもそもその裁判所がその事件を扱う「権限」が無いことに成り、裁量や不適切云々を論じる迄もなく請求を棄却するしか無い。逆に権限がある（jdxがある）場合でも、その裁判所が不適切であると勘案されればやはり前者（venue）の観点から請求が棄却されることも在り得る。BLACK'S LAW DICTIONARY 1591 (8th ed. 2004).

§9-08.「準拠法条項」(choice of law clause・governing law)

所謂「当事者自治の準則」(the party autonomy rule) に基づき[94]、UCCや、州際私法の二次的法源である『リステイトメント（第二次）抵触法』(RESTATEMENT (SECOND) OF CONFLICT OF LAWS §187) 等に拠れば、準拠法条項は取引との「リーズナブルな関連性」(reasonable relation) を有せば原則として尊重され[95]、一般的に言えばパブリック・ポリシーに反しないことも必要である[96]。第二次抵触法リステイトメント上で、関連性、特に「実質的な関連性」(substantial relationship) を有するか否かの判断に於いて考慮される事項としては、事業の執行地、主たる事業地、契約締結地あるいは交渉地、履行予定地、取引対象と成る財の所在地、お

---

94) MARTIN A. FREY & PHYLLIS HURLEY FREY, ESSENTIALS OF CONTRACT LAW 20 (2001).
95) FELDMAN & NIMMER, *supra* note 45, §5.10[A][5], at 5-192-1（UCC§1-105およびRESTATEMENT (SECOND) OF CONFLICT OF LAWS §187 (1971) を出典表示しながら指摘); BURNHAM, *supra* note 69, §16.5.2, at 244-45（尤もUNIFORM COMPUTER INFORMATION TRANSACTIONS ACT：UCITAとUCC Article 1の改訂版はリーズナブルな関連性の要件を不要にしたと指摘).
96) FELDMAN & NIMMER, *supra* note 45, §5.10[A][5], at 5-192-2; Karp & Friedland, *supra* note 77, §6.02[1][a], at 112 & n.5.

よび支払予定地が挙げられている[97]。UCC では他の特別規定が無い限りは，取引と準拠法域との間のリーズナブルな関連性の存在が一般に要求されていて，具体的には契約締結あるいは履行の実質部分がそこで生じていることが挙げられている[98]。更に UCC の分野によっては準拠法指定が制限されており，例えば Article 9 に於ける「約定担保権の完成」(perfection of security interests) は，契約関係に無い貸付契約の第三者の利益を保護する為に，債務者の所在地州法が適用に成る[99]。

　ニューヨーク州とデラウエア州は関連性が欠けていても争われている金額が一定額を超えれば適用可能な旨の制定法を置いている[100]。尤も法律分野次第では準拠法条項が適用されず，例えば労働・人的役務や家族関係の役務の取引や UCC の実体法規に反する契約には適用されない[101]。

　なお「販売特約権（一手販売権）契約」(distributorship agreement) や「フランチャイズ契約」に於いては，被許諾者側を保護すべく契約中の準拠法条項を認めない州がある[102]。更に会社法関連の契約に於いては，第二次抵触法リステイトメントによれば，内部統治機構に関わる関係者の権利を定める契約には，稀な例外を除いて，設立地の法を適用することに成っている[103]。

---

97) Karp & Friedland, *supra* note 77, §6.02[2][a], at 115 & n.24（RESTATEMENT (SECOND) OF CONFLICT OF LAWS §187 cmt. *f.* を出典表示しながら指摘）.

98) Karp & Friedland, *supra* note 77, §6.02[2][a], at 115–16 & n.25（UCC §1-105(1)を出典表示しながら指摘）.

99) *Id.* §6.02[2][c][i], at 117（UCC §§ 9-301 to 9-307 を出典表示しながら指摘）.

100) STARK, DRAFTING CONTRACTS, *supra* note 25, §16.4, at 174. なおニューヨーク州では二五万ドルを超えることが要件と成っている。Karp & Friedland, *supra* note 77, §6.02[2][b], at 116 n. 32（NEW YORK GENERAL OBLIGATION LAW §5-1401(1)を出典表示しながら指摘）.

101) Karp & Friedland, *supra* note 77, §6.02[2][b], at 116 n. 32. *See also infra* note at 105（NY 州の該当制定法条文を掲示）.

102) Karp & Friedland, *supra* note 77, §6.02[2][c][ii], at 117 & n.46（ミネソタ州やワシントン州の制定法を例に挙げている）.

103) *Id.* §6.02[2][c][iii], at 118 & n.49（RESTATEMENT (SECOND) OF CONFLICT OF LAWS §302(2)を出典表示しながら指摘）.

§9-08.「準拠法条項」(choice of law clause・governing law)　337

　なお契約書の起案に際し、何処の法域の法律を準拠法にすべきかを選択する際の判断基準としては、一般に、①当該取引と関連する法が充分に発展していて、②規範が予見可能性を与えているか否かが重要である[104]。従ってやはり準拠法としてもニューヨーク州[105]とデラウエア州を選択することが奨励されている[106]。

§9-08-1.「反致・転致・再致」(*renvoi*（レンヴォイ）)：

準拠法条項起案の今日的な流行は、指定州の抵触法規定は適用しない旨を明記する方法である。例えば「The internal substantive laws of the State of New York *exclusive of their choice of law provisions* govern ... this Agreement」といった具合の文言が散見される。その理由は、「反致・転致・再致」(*renvoi*（レンヴォイ）)を避ける為である[107]。「*renvoi*」とは、フランス

---

104) Id. §6.02[1][c], at 113; STARK, DRAFTING CONTRACTS, *supra* note 25, §16.4, at 173. なお準拠法の法域が起案者にとって敵対的な法を有しているか否かも重要な決定要素であり、例えばカリフォルニア州は保険契約等の前掲（§5-16-5）「不誠実な契約違反」(bad faith breach)に対する高額な懲罰賠償を認容するけれども、ニューヨーク州は異なるといった事情も重要である。Id.

105) 以下のような法規が存在する。

The parties to any contract, agreement or undertaking, contingent or otherwise, in consideration of, or relating to any obligation arising out of a transaction covering in the aggregate not less than two hundred fifty thousand dollars, including a transaction otherwise covered by ... , may agree that the law of this state shall govern their rights and duties in whole or in part, whether or not such contract, agreement or undertaking bears a reasonable relation to this state. This section shall not apply to any contract, agreement or undertaking (a) for labor or personal services, (b) relating to any transaction for personal, family or household services, or (c) to the extent provided to the contrary in subsection two of section 1-105 of the uniform commercial code.

NEW YORK GENERAL OBLIGATION LAW §5-1401(1) (emphasis added).

106) *See* FELDMAN & NIMMER, *supra* note 45, §5.10[A][5], at 5-194-3; STARK, DRAFTING CONTRACTS, *supra* note 25, §16.4, at 173; Karp & Friedland, *supra* note 77, §6.02[1][c], at 113.

107) Karp & Friedland, *supra* note 77, §6.02[3][a][A], at 121.

語の「return」或いは「sending back」を意味し、法廷地(forum)の裁判所が外国法を適用する際にその外国法の抵触法 (*i.e.,* 国際私法／州際私法) の規定をも適用することを言い、問題が生じるのはその外国抵触法適用の結果、事件に適用される法が法廷地の法に戻って来てしまったり (狭義の反致)、または第三国／第三州の法に成ってしまったり (転致・再致) する虞である[108]。例えばカリフォルニア州の裁判所が提訴地 (法廷地) と成ってニューヨーク州を準拠法として指定する契約書を審査して NY 州の抵触法を適用した結果、テキサス州法を適用する決定 (転致・再致) が下されるような虞が懸念されるのである[109]。そこで、NY 州の実体法のみを準拠法として同州の抵触法は適用しない旨を明確化しておこうとする例が見受けられるのである。

尤も裁判所は自州 (法廷地州) の抵触法規定を適用して準拠法条項の適否を判断するのが当たり前であるから、指定地州法の抵触法規定を云々する文言は不要という説もある[110]。確かに第二次抵触法リステイトメント的には、或る州の「law」を単に適用する場合はその州の「抵触法を除く実体法」("local law" 即ち "state's

---

108) BLACK'S LAW DICTIONARY 332 1324 (8th ed. 2004). *See also* Becker, *supra* note 77, §4.05, 4-18 (同旨); STARK, DRAFTING CONTRACTS, *supra* note 25, §16.4, at 174 (同旨); Daniel J. Leffell, *Enforcement Issues Presented by a Few Common Contract Provisions, in* 1 COMMERCIAL CONTRACTS: STRATEGIES FOR DRAFTING AND NEGOTIATING Ch. 3, §4.05, at 4-18 (Morton Moskin ed., Supp. 2005) (同旨).

109) Karp & Friedland, *supra* note 77, §6.02[3][a][A], at 121. 更に悩ましいのは、抵触法を含むテキサス州法が NY 州法を適用すべしと解され、その NY 州法がテキサス州法を適用すべきと解されて...というように堂々巡りに成ること (一種の「二重反致」) である。*Id.* §6.02[3][a][A], at 121 n.67; STARK, DRAFTING CONTRACTS, *supra* note 25, §16.4, at 174 ("endless cycle of return" と称している).

110) Karp & Friedland, *supra* note 77, §6.02[3][a][A], at 121. *See also* Leffell, *supra* note 108, §4.05, at 4-18 to 4-19 (New York の裁判所は *renvoi* を嫌っているので、準拠法を指定する際にわざわざ抵触法を除く旨を明記しなくても良いかもしれないと示唆); STARK, DRAFTING CONTRACTS, *supra* note 25, §16.4, at 174 (法廷地州は自州の抵触法を参照するから指定法域の抵触法を除外する文言は不要であると指摘); Leffell, *supra* note 108, §4.05, 4-18 to 4-19 (同旨).

§9-08.「準拠法条項」(choice of law clause・governing law)　339

law exclusive of its choice-of-law rules")[111] を意味する，という解釈も存在する[112]。その為であろうか，契約実務ではわざわざ抵触法規定除外の文言を挿入しない例も未だに見受けられる。しかし最近は抵触法を除外する文言が流行って来ているので，それを不要とする旨を起案者が依頼人企業に説得する際には抵抗も在り得ると指摘されている[113]。例文は以下参照。

ARTICLE○○. GOVERNING LAW

The internal substantive laws and public policy of the State of New York *exclusive of their choice of law provisions* govern for all purposes the rights and obligations of the parties hereto, interpretation, construction, performance, enforcement, and all matters, disputes, claims, controversies, and disagreements of whatever nature, including but not limited to any claim sounding in tort, equity, or otherwise, arising out of, in connection with, or incidental in any way to this Agreement, existence, formation, validity, enforceability, performance, termination, or breach hereof, subject matter hereto, or any of the transactions contemplated hereby.

THE PARTIES HEREBY EXPRESSLY EXCLUDE APPLICABILITY OF THE 1980 UNITED NATIONS CONVENTION FOR THE INTERNATIONAL SALE OF GOODS (THE "CISG") ACCORDING TO THE ARTICLE 6 OF THE CISG. The parties hereby acknowledge and agree that the laws of the State of New York

---

111) RESTATEMENT (SECOND) OF CONFLICT OF LAWS §8 cmt. *a* (emphasis added).
112) 5B HART & WILLIER, *supra* note 61, ¶12.07[1], at Art. 2-88 n.1（「○○州の law を適用する」と起案されていた場合に，その law は「"whole" body of law, including the chosen state's choice of law rules」なのか，または「internal or "local" law of the chosen state」なのかが不明に成るけれども，第二次抵触法リステイトメントでは単に law を適用すると起案した場合にはその州の local law が適用に成ると看做す旨が規定されていると指摘）.
113) STARK, DRAFTING CONTRACTS, *supra* note 25, §16.4, at 174.

> bear a reasonable relationship with this Agreement.

This provision is partially based upon suggested ones *in* Karp & Friedland, *supra* note 77, §6.02[3][a], at 120; Hart & Willier, *supra* note, at 65, Vol. 5 B, ¶21.00 at 2-13; Jeffrey Schweon, *Agreements for the Sale of Good, in* 2 Commercial Contracts: Strategies for Drafting and Negotiating Ch. 26, §26.08, at 26-82 to 26-83 (Morton Moskin ed., 2005 Supp.); BORN, *supra* note, at 64, 41（英文契約書の諸実例を参考に本書筆者が修正）（強調付加）．

（※）「CISG」に就いては前掲§1-02-3 本文と脚注 116 参照。

§9-09.「紛争解決（ADR）条項」

アメリカでは，原則として憲法にて保障されている「陪審裁判を受ける権利」を奪って紛争解決を仲裁等に委ねる旨の合意は，嘗ては一般に強制不可能であったけれども[114]，「訴訟好き」（litigious）な現代アメリカ社会に於いてはA D R（エイ・ディー・アール）（alternative dispute resolution：代替的紛争解決手段）の重要性が明白に成って来て，今日に於いては殆どの法域に於いて制定法を通じて ADR 条項を有効と解している[115]。州際間商業に影響する仲裁条項に適用される連邦法の『Federal Arbitra-

---

114) Elliot E. Polebaum, *Arbitration, in* Tina L. Stark, Negotiating and Drafting Contract Boilerplate Ch.8, at 169, §8.02[1], at 172 (2003)（仲裁手続に対して司法府が否定的な傾向は，そもそもは英国の裁判官の報酬が扱う案件に依存していた為にその収入を脅かす仲裁に対して否定的であったことに起因し，アメリカでも裁判所の領域を侵す同手続に対して嫉妬を抱いて否定的であったと指摘）．

115) 2 Farnsworth on Contracts, *supra* note 5, §5.2, at 12 n.10; Murray on Contracts, *supra* note 2, §98[H], at 597（裁判所はその紛争解決機能という管轄を侵されることに嫉妬を感じたからこそ嘗ては仲裁条項を強制不可能と解していたと指摘）；Polebaum, *supra* note 114, §8.07[2][a], at 182（連邦裁判所は仲裁を支持する方針ゆえに仲裁の範囲に関する合意を尊重する傾向にあり，州裁判所も仲裁に服する範囲を広範囲に認容する傾向にあると指摘）；Kuney, Elements of Contracts Drafting, *supra* note 63, at 121（裁判所は仲裁条項を認めるのが通常で，仲裁では無く訴訟を提起して来た当事者に不利な請求棄却の申立を認容すると指摘）．

TION ACT (FAA)』[116]等が ADR を促進させ，且つ望ましいと解させているのである[117]。なお FAA は仲裁手続の具体的な方法迄は規定しておらず当事者自治に委ねているけれども，仲裁契約の強制と仲裁決定の執行を司法権が後押しする規定に成っている[118]。

なお紛争を仲裁に附すことが許されること，即ち仲裁可能性のことを「**仲裁適格**」（**arbitrability**）と言い，殆どの連邦法上の請求は仲裁可能とされ，州法上の請求に就いても多くは仲裁可能であるけれども，幾つかの州では労働紛争，保険紛争，および不法行為に就いては仲裁の対象から除外している[119]。

§9-09-1. 契約実務に於ける起案上の留意点：

そもそも仲裁の特質や，裁判と比較した際の利点としては，例えば，高度な専門性，控訴が無い故の時間・費用の節約，それ以外にも手続簡素化等に因る一般的な迅速性，現実的な妥協の蓋然性，裁判の公開原則に縛られない為の保秘等，を挙げることが出来る[120]。

ところで仲裁手続は大別して，仲裁組織（arbitral institution）の支援を受けた「**常設仲裁手続**」（**administered arbitration**）と，そのような支援を受けない「**臨時仲裁手続**」（***ad hoc* arbitration** 或いは non-administered arbitration）とに分かれ

---

116) 9 U.S.C. §1 (2000). 元々は 1925 年に成立した法であり，仲裁決定の執行を促進する契機に成った。Polebaum, *supra* note 114, §8.02[2], at 172. なお州に於いても仲裁手続を肯定する制定法が存在し，例えば NY 州はビジネス・ピープル等からの要請を背景に連邦よりも先駆けて全米でいち早く，1920 年に仲裁手続を規定する制定法を成立させている。その後『UNIFORM ARBITRATION ACT OF 1955』と『REVISED UNIFORM ARBITRATION ACT OF 2000』を三分の二の州が採用している。尤も州制定法の適用は州際通商に影響を与えない範囲に止まっている。Polebaum, *supra* note 114, §8.02[3], at 173.
117) MURRAY ON CONTRACTS, *supra* note 2, §98[H], at 597.
118) Polebaum, *supra* note 114, §8.02[2], at 172.
119) *Id.* §8.03[2], at 176.
120) Paul D. Friedland, *The Arbitration Clause, in* 1 COMMERCIAL CONTRACTS: STRATEGIES FOR DRAFTING AND NEGOTIATING Ch. 5, §5.02, at 5-8 to 5-20 (Morton Moskin ed., Supp. 2005).

る[121]。一般的には前者（常設仲裁手続）の方が望ましい[122]。何故ならば，常設仲裁手続は，規則も手続も確立した仲裁組織によって管理され，聴聞の期日から意思疎通のやり方に至る迄も，原則として裁判所の介入無しに効率的に進行するので，管理上の当事者負担を軽減できるからである[123]。それに加えて，仲裁事例に慣れて経験が多い分だけ予見可能性も安定性も高く，当事者が仲裁人を誰にするかに就いて合意できなくても仲裁機関が代わりに決めてくれ，更に，指導的な仲裁機関の仲裁決定は，裁判所も執行の際により尊重してくれる[124]。しかるに他方の臨時仲裁手続は，管理体制が全く無い中で仲裁人を選任し，その仲裁人に管理・運営も含めて全てを委ねて後は当事者自身が事ある毎に諸事を合意しなければ進まない[125]。常設仲裁組織の代表例としては，多くの案件を扱い経験も多い「American Arbitration Association (AAA)」（トリプル・エイ），「International Chamber of Commerce (ICC) Court of Arbitration」「London Court of International Arbitration (LCIA)」等があり，多くの場合はこれ等の機関に仲裁を依頼することが望ましい[126]。臨時仲裁手続を用いる場合には仲裁人・当事者が全てを運営しなければならないので，何処かの公開規則を援用することが一般的であり且つ奨励されており，そのような規則の代表例としては「United Nations Commission on International Trade

---

121) Polebaum, *supra* note 114, §8.05, at 177; BORN, *supra* note 64, at 44.
122) BORN, *supra* note 64, at 44, 59 (*ad hoc* を奨められるのは既に紛争が勃発後に当事者達も準備が済んでいるような特殊な場合に限られると指摘).
123) Polebaum, *supra* note 114, §8.0, at 177, §8.07[3], at 188 (例えばAAAは当事者の申立を同機関が受理してからそれを仲裁人に伝達する手続が確立しているので，一方当事者が他方当事者の立会い無しに仲裁人と直接接触する「*ex parte* communications」（エクス パーティ）（一方当事者［だけ］の接触）の虞も回避できると指摘); BORN, *supra* note 64, at 44.
  なお「*ex parte*」とはラテン語で「from the part」の意で，反対当事者への通知や反論の機会を附与せずに一方当事者［の弁護士］のみが判事等に接触する行為を特に「*ex parte* communication」と言い，多くの場合，手続上の問題が生じると解されている。*See* BLACK'S LAW DICTIONARY 296, 616 (8th ed. 2004).
124) BORN, *supra* note 64, at 44, 59.
125) *See* Polebaum, *supra* note 114, §8.05, at 177; BORN, *supra* note 64, at 58, 59.
126) Polebaum, *supra* note 114, §8.05, at 177; BORN, *supra* note 64, at 45, 57 (なお報酬額は時間単価制の場合や，訴訟金額の一定割合の場合があると指摘).

(UNCITRAL) Arbitration Rules」がある[127]。なお常設仲裁機関に委ねる旨の明記が欠ける場合には，原則として臨時仲裁手続と成ってしまう[128]ので要注意である。常設仲裁機関は，仲裁条項の起案に関する推奨文言を公開している場合もあり起案上の参考になる。例えば「AAA」は，「*Drafting Dispute Resolution Clauses: A Practical Guide*」をウェブ・サイト上でも公表している[129]。

　仲裁条項を起案する際に決定しなければならない事項の一つに，仲裁に附すべき事項の範囲がある。紛争の全てを仲裁に附すのか部分的にしか附さないのかを決めるのである。これを条項内で明確化しておかないと，その争点に関する紛争を裁判所が決することに成って費用も時間も嵩む虞が生じる[130]。一般的には前者（全体を仲裁に附す）方が望ましい[131]。何故ならば，後者では仲裁手続進行と同時にその範囲外とされた事項の裁判手続も進行する虞があって出費も嵩み且つ不一致な結果が出る虞も高まるからである[132]。

---

127) Polebaum, *supra* note 114, §8.05, at 177; BORN, *supra* note 64, at 59, 60.

128) Polebaum, *supra* note 114, §8.07[3] at 188.

129) American Arbitration Ass'n, *Drafting Dispute Resolution Clauses: A Practical Guide* (amended and effective, Sept. 1, 2007), *available at* <http://www.adr.org/> (last visited Mar. 17, 2008). なおICC仲裁を援用する際にICCは，次のような文言の契約書内への挿入を推奨している。

All disputes arising out of or in connection with the present contract shall be finally settled under the Rules of Arbitration of the International Chamber of Commerce by one or more arbitrators appointed in accordance with the said Rules.

Arbitration Clause, ICC, https://iccwbo.org/dispute-resolution-services/arbitration/arbitration-clause (last visited Feb.11, 2019).

130) Polebaum, *supra* note 114, §8.07[2], at 181. *See also* Leffell, *supra* note 108, §3.05[C], at 3-22（当該紛争事項が仲裁に附すと約した範囲内か否かに関する訴訟の件数が，そもそも仲裁条項が有効か否かの件数に匹敵するほど多いと指摘）．

131) Polebaum, *supra* note 114, §8.07[2], at 181. 尤も例えばライセンサーとしては侵害行為に対して，執行力を有した裁判所から即座に暫定的差止命令を得られる範囲を残しておきたい等の事情がある場合も在り得る。BORN, *supra* note 64, at 42.

132) Polebaum, *supra* note 114, §8.07[2], at 181.

もう一つ重要な事項は，仲裁が「排他的」な解決手段である旨を明記することである。起案時にうっかり誤る文言例としては「Parties ... *may* be submitted to arbitration...」がある[133]。「*may*」は「許可」を表すので排他的では無くなってしまう。寧ろ「*shall*」を用いるべきである。なお一方当事者のみが仲裁に附さずに裁判を用いることも可能にする権限が金融系契約の「貸主側」に附与されることが多いと指摘されている[134]。そのように非対称的な規定は，それだけでは強制不可能とは成らずとも，例えば起案者側が後日恣意的に約定内容を他方当事者の同意なく変更可能な旨の起案と組み合わされていた場合には，「擬似約束」(illusory promise) と成って「債権債務関係の双方性」(mutuality of obligation) が無い故に consideration を欠如して拘束力を失う虞があるので要注意である[135]。

更に仲裁条項を起案する際に決定しなければならない事項としては，仲裁人の選択の仕方がある。仲裁人の人数は，通常は一名か，または三名の合議かであり，後者の方が採用例が多いと言われているけれども取引が小額であれば後者が正当化されない場合もあり[136]，何れにせよ deadlock を避ける為に奇数に成

---

133) Friedland, *The Arbitration Clause, supra* note 120, §5.04[D][3], at 5-31.
134) *Id.* §5.04[F][19], at 5-66. 例えば以下のような文言が用いられる。

> Notwithstanding the foregoing, nothing in this contract shall preclude [party *A*], at its sole option, from bringing proceedings before the courts of any competent jurisdiction, and each party hereby irrevocably submits to the non-exclusive jurisdiction of the courts of [designated forum].

Id. (emphasis added).

135) *See, e.g.,* Robert Farr, Note, *The Intersection of the Statutory Arbitration and At-Will Doctrines in Michigan: Reconciling a Perceived Incompatibility in Heurtebise*, 49 WAYNE L. REV. 117, 127-28 (2003). なお最近のサイバー契約上の仲裁条項が附合契約の起案者側の一方的な恣意的変更に服する約定ゆえに無効とされた事例としては，*see, e.g., DeFontes v. Dell Computers Corp.,* 133 S.W.3d 642, 2004 WL 253560 (R.I. Super.); 小稿「インターネット法判例紹介第120回『*DeFontes v. Dell Computers Corp.*』」『国際商事法務』36巻5号688-89頁（2008年5月）（事件要旨を紹介）．
136) 例えば1999年時点に於けるAAAの推奨は，紛争額が五〇万ドル以下であれば一人

§9-09.「紛争解決（ADR）条項」　345

る[137]。三名の場合の不利な点としては，費用が一名の場合の約三倍掛かり，時間も三名のスケジュールを調整する必要から長引くことにあり，逆に利点は多様な仲裁人を揃えることも可能なので，より慎重な審議を通じて極端な決定の危険性も下げられること等である[138]。最も一般的なアレンジは仲裁人を三名とし，且つ両当事者が各一名（party-nominated arbitrator / party-appointed arbitrator / party-arbitrator / co-arbitrator）を指名した後に二名の仲裁人が三人目（presiding arbitrator / chairman）を指名するけれども，仮に三人目が合意できなかった場合には仲裁機関の指名に委ねるという方法である[139]。

　「拘束力の無い仲裁」（non-binding arbitration）を採用しない限りは，<u>仲裁手続が「最終的な拘束力の在る」（final and binding）紛争解決手段である旨も，明記しておくことが通常は強く奨励されている</u>[140]。尤も，大型プロジェクトのような取引額・影響力等の甚大な契約実務の紛争解決条項内に於いてしばしば見受ける手続は，仲裁等の最終的な解決手段に至る前に当事者同士の相対交渉を前置する文言である。それは「**複数段階交渉**」（**"multi-step" negotiation**）とも呼ばれ，各当事者の企業内の実務レベル同士の紛争解決の前置を義務付け，一定期間内での解決が不可能だった場合に上位者同士の交渉に続けて，最終的にはトップ・レベルでの交渉に移行してからでないと，仲裁等には入れない仕組みである[141]。これは安易な最終的紛争化を避けようとする趣旨であろう。更に，仲裁の前に中立的な第三者が拘束力無しに合意に到るように仲介する「**調停**」手続（**mediation** または **conciliation** と言う）を前置する起案の仕方もある[142]。

　例文に就いては以下参照。

の仲裁人で十分としている。Friedland, *The Arbitration Clause, supra* note 120, §5.04 [E][2], at 5–37.
137) BORN, *supra* note 64, at 68.
138) *Id.* at 68.
139) Polebaum, *supra* note 114, §8.07[4][B], at 191； BORN, *supra* note 64, at 69.
140) *See* Polebaum, *supra* note 114, §8.07[7][a], at 197； BORN, *supra* note 64, at 39.
141) *See* Polebaum, *supra* note 114, §8.08, at 199.
142) *Id.* §8.08, at 200 & n.108.

ARTICLE○○. DISPUTE RESOLUTION

Before resorting to the arbitration set forth below the parties hereto shall first make commercially reasonable efforts in good faith to settle any of the Dispute as defined below through mediation administered by the American Arbitration Association (the "AAA") under its Commercial Mediation Procedures.

After the mediation set forth above fails the parties hereto *shall* submit themselves to arbitration administered by the AAA under its Commercial Arbitration Rules for the purpose of the *final and binding* resolution of any dispute, claim, controversy, and disagreement of whatever nature, including but not limited to any claim sounding in tort, equity, or otherwise arising out of, in connection with, or incidental in any way to this Agreement, existence, formation, validity, enforceability, performance, termination, or breach hereof, the subject matter hereof, or any of the transactions contemplated hereby (collectively the "Dispute").

A single arbitrator whom the AAA will select will conduct the arbitration, provided however that the arbitrator must be a retired judge who has both (i) knowledge of international sales transactions and (ii) experience with cases or disputes where a Japanese party/parties was/were involved. The arbitrator selected must provide an oath or undertaking of impartiality before the commencement of hearing of the arbitration proceedings.

The arbitrator has authority to issue orders granting interim or provisional relief. The arbitrator has no authority to award punitive damages, exemplary damages, or other damages in similar nature that are not measured by or exceed the actual damages.

The arbitrator is to conduct arbitration in accordance with the governing laws set forth in Article○○. The place of the arbitration is somewhere in the city of New York, the State of New York, the United States, provided however that the arbitrator may hold hearings or meetings in any other locations for convenience. The arbitrator is to conduct the proceedings in English. The parties hereto shall submit English translations or simultaneous English translations through a translator(s) when they submit any written evidence or oral testimony in languages other than English. Each of the parties hereto shall bear its own costs of translations.

　Any award or order rendered by the arbitration is final and binding which may be entered and enforced by either of the parties hereto in any court of competent jurisdiction to which both of the parties hereto expressly and irrevocably agree hereby to submit themselves.

This provision is partially based upon suggested ones *in* Polebaum, *supra* note 114, §8.07 [2][b][B], at 190, §8.07 [4][4], at 191, §8.07 [5][a][b], at 192-93, §8.07 [7][a], at 197; BORN, *supra* note 64, at 41, 66; AAA, *Drafting Dispute Resolution Clauses, supra* note 129, at 11（英文契約書の諸実例を参考に本書筆者が修正）（強調付加）.

§10. 契約は如何に解釈 (interpretation・construction) されるのか？

> A word is not a crystal, transparent and unchanged; it is the skin of a living thought and may vary greatly in color and content according to the circumstances and the time in which it is used.
>
> 言葉はクリスタルに透明で変化しないのでは無い。言葉は生きた思想の肌であり，その使われる環境と時間に従って色と内容を非常に大きく変化させる。

Towne v. Wisner, 245 U.S. 418, 425 (1918) (O.W. Holmes, J.)(訳は本書筆者)．

契約解釈の大原則は，契約締結時に於ける<u>当事者の意図（intent）</u>を確認することである[1]。

§10-01. 「解釈」とは何か？

「**解釈**」(**interpretation**) とは，契約の法的効果を裁判所が決定する際に，当事者が用いた<u>「約定（文言）の意味」</u>(meaning of the terms) を確定する過程を言う[2]。意味を確定するとは，法的効果 (legal effect) を確定することでは無い[3]。即ち「interpretation」は法的効果があるか否かを決するよりも前段階の作業に成る。法的効果迄も考慮した「**construction**」(法的意味を持ち込んだ解釈) とその前段階の

---

[1] 11 Samuel Williston, A Treatise on the Law of Contracts §30:1, at 16–20 (Richard A. Lord ed., 4th ed. 2007) [Williston on Contracts].

[2] 2 E. Allan Farnsworth, Farnsworth on Contracts §7.7, at 267 (3d ed. 2004). *See also* Restatement (Second) of Contracts §200 (同旨); John Edward Murray, Jr., Murray on Contracts §86[A], at 461 (4th ed. 2001)(同旨).

[3] Restatement (Second) of Contracts §200 cmt. *c*.

「<ruby>interpretation<rt>インタープリテイション</rt></ruby>」（事実に基づく文理解釈）との相違[4]に就いては，以下の図表（#10.1）を参照して欲しい。つまり契約法に於ける「解釈」という概念には，厳密には以下の二種類が存在すると指摘されているけれども[5]，実際には両者を一括して「interpretation」の用語の下で解説される場合も多いように見受けられる[6]。

図表#10.1　「<ruby>interpretation<rt>事実に基づく文理解釈</rt></ruby>」と「<ruby>construction<rt>法的意味を持ち込んだ解釈</rt></ruby>」の相違[7]

名　　称	性　　格	概　　要
interpretation（事実的解釈／文理解釈）	「事実」(facts)に基づく解釈	当事者自身が文言に附与した意味を決定する際に裁判所が依拠する過程（process）の意。文言や状況から推察される当事者が交わした実際の取引を確定する。当事者相互の意図を決定する為に事実 (*i.e.,* 証拠) を評価（an evaluation of facts）する。裁判所が勝手に在るべき解釈を擬制するのでは無い。
construction / implication in law（法的意味を持ち込んだ解釈／擬制的解釈）	「法的」(as a matter of law) 解釈	［特に事実・証拠が不明な場合に］当事者意思を超え，当事者意思とは無関係な要素も考慮に入れて，文言に与えられた意味を決定して法的効果を附与する際に裁判所が依拠する過程の意。裁判所が斯く在るべしと擬制により作出した法的効果（it goes beyond available facts, **not necessarily what the parties did mean**, but what probably would (should) have meant ...）が含意される。契約書に<ruby>欠缺<rt>けんけつ</rt></ruby>がある場合に，当事者意思と必ずしも一致しない<ruby>gap filling<rt>穴埋め・補充</rt></ruby>的な機能を裁判所が果たすこと（後掲§10-09）も，擬制的解釈の一種である。

---

4) *See* MURRAY ON CONTRACTS, *supra* note 2, §86[A], at 462.
5) 2 FARNSWORTH ON CONTRACTS, *supra* note 2, §7.7, at 267-77; BRIAN A. BLUM, CONTRACTS §10.4.1, at 274-75 (4th ed. 2007).　*See also* RESTATEMENT (SECOND) OF CONTRACTS §200 & cmt. *c*.
6) *See* ROBERT A. FELDMAN & RAYNIBD T. NIMMER, DRAFTING EFFECTIVE CONTRACTS: A PRACTITIONER'S GUIDE §1.03 A[A], at 1-22 n.14-1 (2d ed. w. 2007 Supp.) ("While some courts and commentators observe this distinction [between interpretation and construction], most do not" と指摘); BLACK'S LAW DICTIONARY 332 (8th ed. 2004) (実務に於いては区別を無視し得ると指摘); MURRAY ON CONTRACTS, *supra* note 2, §86[A], at 462.

解釈の原則は事実・証拠に基づく「interpretation」が本旨であって，擬制的な「construction」では無いと言われている。何故ならば，当事者が実際に合意した内容を強制することこそが，裁判所の原則的な役割だからである[8]。次項参照。

§10-01-1. 裁判所は原則として契約を書き換え（rewrite）ない：

契約とは，危険と機会を「市場の参加者」が「配分」（allocate）しようとする試みであり，裁判所の役割は原則として当事者が合意した危険と機会の配分を強制することに在るのであって，その配分を「再配分」（re-allocate）することでは無い[9]。たとえ契約条項を削除したり，或いは契約の効果を制限した方が経済的により効率的だったり，当事者を利したり，またはより公正あるいは衡平だったとしても，裁判所がそうすることは出来ない[10]。「裁判所は契約を書き換えない」（**A court will not rewrite the contract of the parties.**）[11]とか，「裁判所は当事者達の為に契約を作らない」（**The courts will not make a contract for the parties.**）[12]と言われる[13]所以は，両当事者が適切と捉えた契約上の権利・義務の変更が司法の役割では無く，錯誤や詐欺や非良心性等ゆえに無効・取消・強制不可能に成らない限りは当事者が起案した契約を司法は強制しなければならないからである。従って契約の「interpretation」や「construction」という作業は，契約を変更したり，或いは新たな合意の作出を意味する訳では無い[14]。

当事者の明示的意思を裁判所が尊重する"原理"は，法と経済学的にも説明できる。即ち，若干の例外を除いて原則としては<u>当事者こそが自らの welfare を最</u>

---

7) See BLUM, *supra* note 5, §10.4.1, at 274-75.
8) *Id.* at 275, 277.
9) 11 WILLISTON ON CONTRACTS, *supra* note 1, §31:5, at 298.
10) *Id.* at 303-04.
11) *Id.* at 298-99.
12) 13 *Id.* §28:22, at 478.
13) 「[Courts] can not make contracts for the parties.」とも言われる。1 ARTHUR LINTON CORBIN, CORBIN ON CONTRACTS §1.9, at 26 (Joseph M. Perillo ed., rev. 2007).
14) 11 WILLISTON ON CONTRACTS, *supra* note 1, §31:5, at 299-302.

§10–01.「解釈」とは何か？　351

も良く知り得るのであり，何が最善なのかを裁判所の方がより良く判断できる保証は全く無い[15]。だからこそ裁判所は，*明示された契約書＝当事者意思* を覆すことに躊躇するのである[16]。

「裁判所は契約を書き換えない」法理に関するリーディング・ケースは，「*Warner-Lambert Pharmaceutical Co. 対 John J. Reynolds, Inc.*」[17]である。同事件では⊿が生前に開発した「リステリン」の製造方法をπ企業が用いて同製品を製造する間はπが⊿に定期的に対価を支払う契約が問題に成った。両者とその後継者も含めて七五年間に亘（わた）り累計二〇百万ドル超もの金額が支払われて来たけれども，リステリンの営業秘密が公有情報に成るに至り，支払い債務が最早（もはや）πには無いという宣言的判決を求める訴えが提起された。裁判所はπの請求を退け，営業秘密の公有化とは無関係に債務の期限が製造方法の使用期間に設定されている当事者意図が契約上明らかであるとして，以下のように指摘している。

> **The plain meaning of the language used in these agreements is simply that Lambert's obligation to pay is co-extensive with manufacture or sale of Listerine by him and his successors. / … / … . An attempt to write new terms into this plain and simple agreement would be unwarranted and gratuitous. "We may not now imply a condition which the parties chose not to insert in their contract … ." … / … . To do so here would be to rewrite the contract for the parties without any indication that they intended such a result.**
>
> Warner-Lambert Pharmaceutical Co. v. John J. Reynolds, Inc., 178 F.Supp. 655, 660–65 (S.D.N.Y. 1959), *aff'd,* 280 F.2d 197 (2d Cir. 1960) (emphasis added).

---

15) Cento Veljanovski, Economics Principles of Law 111 (Cambridge Univ. Press 2007); Donald Wittman, Economic Foundations of Law and Organization 95 (Cambridge Univ. Press 2006).
16) Veljanovski, *supra* note 15, at 111.
17) Warner-Lambert Pharmaceutical Co. v. John J. Reynolds, Inc., 178 F.Supp. 655 (S.D.N.Y. 1959), *aff'd,* 280 F.2d 197 (2d Cir. 1960).

上記引用は，裁判所が契約を書き換えない準則を良く表していよう。

§10-01-2. 解釈は一義的に「法律問題」(a matter of law)であって「事実問題」(a matter of fact)では無い：

口頭契約の紛争に於いては主に当事者が何を言ったのかが問題に成り，それは通常であれば「事実問題」（a matter / question of fact）として「事実認定者（主に陪審員）」に委ねるべき範疇に成るけれども，古典的見解によれば契約書に於ける書面上の文言の「解釈」に就いては特別に「法律問題」（a matter / question of law）であると分類されて，一義的には裁判官の扱う範疇に入る[18]。法律問題であるから上訴審の審査の対象に成り，解釈の一貫性と予見可能性を高めることに成っている[19]。後掲（§11-03）「口頭証拠排除の準則」の項も参照（何が parol evidence に該当するか否かを裁判官が判断する）。

§10-02. 出来るだけ「当事者の意図・目的」を実現するように解釈する

解釈の主要かつ基本的な準則は当事者の「意図」（intent）を探ることにあり，当事者意図（意思）こそが契約を支配する[20]。尤も如何にして当事者意思を探り出すかの方法論に就いては意見が分かれていて，その極の一端には次段の「明白な意味の準則」や後掲（§11-03-1）「四隅(文書自体)の準則」（four corners rule）が在り，他方の極には次段や後掲（§10-03）のように「文脈」や「状況」を尊重す

---

18) See, e.g., RESTATEMENT (SECOND) OF CONTRACTS §212 cmt. d; CLAUDE D. ROHWER & ANTONY M. SKROCKI, CONTRACTS IN A NUTSHELL §4.1, at 214, §4.2, at 222 (6th ed. 2006). See also MURRAY ON CONTRACTS, supra note 2, §86[A], at 462 & n.200（初期の裁判所は陪審員への不信からそのように扱い，第二次リステイトメント§212 cmt. d もその方が控訴審の審査を許容して一貫性のある規範構築に資する旨を示唆していると記述）．

19) See, e.g., RESTATEMENT (SECOND) OF CONTRACTS §212 cmt. d; MURRAY ON CONTRACTS, supra note 2, §86[A], at 462 n.200; ROHWER & SKROCKI, supra note 18, §4.2, at 222.

20) THOMAS R. HAGGARD & GEORGE W. KUNEY, LEGAL DRAFTING: PROCESS, TECHNIQUES, AND EXERCISE 69 (2d ed. 2007).

る立場が在る[21]。

図表#10.2　当事者意思を探る多様な方法論

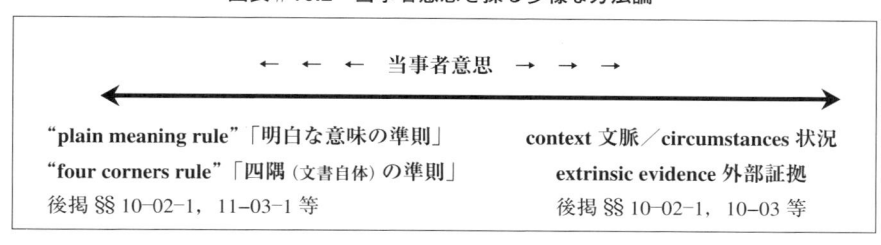

```
      ← ← ←   当事者意思   → → →
━━━━━━━━━━━━━━━━━━━━━━━━━━━━━━━━━━━━━━━━━━━━

"plain meaning rule"「明白な意味の準則」      context 文脈／circumstances 状況
"four corners rule"「四隅（文書自体）の準則」   extrinsic evidence 外部証拠
後掲 §§ 10-02-1, 11-03-1 等                後掲 §§ 10-02-1, 10-03 等
```

§10-02-1.「明白な意味の準則」（plain meaning rule）**の衰退と「文脈」**（context）**の尊重**：　「明白な意味の準則」（plain meaning rule）とは，言葉が一つだけの普遍的な意味を有すると解する立場であるが，現代のアメリカ契約法に於いては支持を失って来ており，言葉の意味は「文脈」（context）内に於いてのみ確定し得るとする解釈が趨勢に成っている[22]。後掲（§10-03）参照。即ち契約締結以前の「周囲の全ての状況」（surrounding all of the circumstances）を考慮に入れなければ解釈できないとされて来ている[23]。例えば第二次リステイトメントは，言葉の意味がしばしば「文脈に左右される」とし，契約締結時に「当事者が占めていた立場に裁判所は自らを置き」，最終的な合意を当事者が書面化した場

---

21) *Id.* at 69-71.
22) *See, e.g.,* MURRAY ON CONTRACTS, *supra* note 2, §86[B], at 462-65（O.W. Holmes, Jr. の法廷意見や Corbin の論文を引用しながら plain meaning rule への批判を紹介）。尤も plain meaning rule が実定法上完全に否定されていると短絡すべきでは無い。*See, e.g.,* Beekman Invest. Partners. L.P. v. Alene Candles, Inc., 2006 WL 330323, *5 (S.D.N.Y)（LOI の法的拘束力を巡って plain meaning rule を適用した事例：＂Because the disputed sentence is unambiguous, under New York law, its meaning must be gleaned［集める］solely from 'within the four corners of the instrument, and not from extrinsic evidence.'＂（強調付加）と指摘）。
But see HAGGARD & KUNEY, LEGAL DRAFTING, *supra* note 20, at 69（裁判所はしばしば plain meaning rule を recognize すると言いつつも，それを厳格に適用することは稀であると指摘）。
23) MURRAY ON CONTRACTS, *supra* note 2, §88[A], at 479-80.

合の「解釈は当該状況下の意味に向けられる」と指摘している[24]。なお，明白な意味の準則は，文字通り意味が明白な場合の準則であるから，意味が曖昧な場合には適用されず，裁判所としても外部証拠を参照せざるを得なく成る[25]。後掲（§11-04）参照。更にもし契約書上の意味が明白であった場合でもそれが absurd（不条理／不合理）な意味に成る場合には，そのような解釈よりもリーズナブルに成る解釈が採られる[26]。後掲（§10-08）参照。尤も契約文言の意味が明白で且つリーズナブルでもあれば，当然それは尊重されることに成ろう。「通常の意味として解釈する」という解釈則の後掲（§10-04）参照。

§10-02-2.「主要目的の準則」（primary purpose rule）と，「説明部」（recital[リサイタル]）に於ける目的明記の重要性：

取引の目的が解釈上重視されることは，「主要目的の準則」（primary purpose rule）や「目的的解釈」（purpositive interpretation）[27]として第二次リステイトメントも以下のように規定している。

> §202. Rules in Aid of Interpretation
> (1) ... , if the particular **purpose** of the parties is ascertainable it **is given great weight.**
> (2) ... .
> ... .
>
> RESTATEMENT (SECOND) OF CONTRACTS §202(1) (emphasis added).

この「主要目的の準則」が示すように，契約書起案[ドラフティング]実務に於いては当事者の意図が明確に第三者・裁判所にも理解されるように，例えば「preamble[プリアムブル]」や「recital[リサイタル]」

---

24) RESTATEMENT (SECOND) OF CONTRACTS §202 cmt. b.
25) HAGGARD & KUNEY, LEGAL DRAFTING, supra note 20, at 69-70.
26) Id. at 70.
27) ROBERT A. HILLMAN, PRINCIPLES OF CONTRACT LAW 244 (2004)（reasonable person's understanding of language としても purpositive interpretation が重要であると指摘）.

や「whereas clauses」と呼ばれる「説明部」に於いて目的等を明記しておくことが肝要に成る[28]。説明部内に「目的」を明記しておくことは，主観的に当事者意思が何であったのかを示す上で重要なばかりか，客観基準的にリーズナブルな当事者意思が何であったのかを探る際の手助けにも成るからである。

　FARNSWORTH も，目的を説明部に記載しておくことが解釈に資する点を強調しており，例えば後掲（§13）する「後発(偶発)諸事象」（changed circumstances）による履行義務からの「免除」（excuse）の解釈，特に「契約目的の達成不能／挫折」（frustration of purpose）の際に有用としている[29]。更に他の契約書ドラフティングの指導書も以下のように指摘している[30]。即ち，契約締結の前提事実に関する「相互の理解」（mutual understanding）を記載しておけば，後に「共通的錯誤」（mutual mistake）等による救済を求める根拠に成る。更に例えば後掲（§12-02-4 [b]）「time is of the essence」的な条項を本文中に挿入させる場合に説明部に於いて何故に時宜に適った履行が不可欠なのかといった重要な事実・理由を記載しておけば，後に履行遅延が生じた際に「重大な違反」（material breach）に該当する救済を求める根拠に成る。更に例えば契約により得られる利益等を記載しておけば，違反時の賠償額の算定に役立つ可能性もある。更に例えば一見すると前掲（§8-05）「不公正な不意打ち」（unfair surprise）や「酷・威圧的」（harshness / oppressiveness）に見える本文中の条項が「非良心性」（unconscionability）の訴えを受けた場合でも，説明部に於いてそのような条項が存在する理由を説明してあれば強制不可能とされる危険を引き下げることが可能に成るという訳である。

　たとえ契約書の「本文」（body）部分に欠缺があっても，裁判所が解釈によってこれを「穴埋め[補充]する」（i.e., gap filling する）際に，説明部の記述等から

---

[28] See SCOTT J. BURNHAM, DRAFTING AND ANALYZING CONTRACTS: A GUIDE TO THE PRACTICAL APPLICATION OF THE PRINCIPLES OF CONTRACT LAW §7-2, at 91 to §7-3, at 93 (3d ed. 2003); HAGGARD & KUNEY, LEGAL DRAFTING, supra note 20, at 33-34 （目的や契約の基礎や解釈を後の読者に理解させる為に有用であると指摘）．

[29] 2 FARNSWORTH ON CONTRACTS, supra note 2, §7.10a, at 291; HAGGARD & KUNEY, LEGAL DRAFTING, supra note 20, at 34.

[30] HAGGARD & KUNEY, LEGAL DRAFTING, supra note 20, at 34-35.

356　第Ⅲ章　法的拘束力

推論してリーズナブルな取り極め内容（当事者意思）を導き出す好例を示すリーディング・ケースとしては，前掲（§3-08-2）「*Wood 対 Lucy, Lady Duff-Gordon*」事件[31]（Cardozo, J. の法廷意見）が参考に成る。同事件に於いて高名な Cardozo 判事は，π（当審では上告人）の Wood 側が販売促進手段を保有している旨の whereas clauses 内の記述等を根拠として挙げつつ，それ等により販売促進の為の「reasonable efforts」な義務がπに存在したと認定しているからである[32]。

§10-02-3.「説明部」(recital) と「本文」(body of K) が相違した場合の解釈の優劣：

説明部に契約の目的を記載しておくことは前段で説明した通り重要であるけれども，仮に説明部とその後に記載される契約本文との間で齟齬があった場合には，本文の方が優越すると解釈されている[33]。説明部は解釈上「persuasive」(説得的) であるけれども「conclusive」(確定的) では無いからである[34]。この解釈法理は，特別的・具体的あるいは詳細な表現（a particular expression ／ more detailed manifestation）の方が，一般的な表現（a general expression）よりも優越する後掲（§10-11）の諸法理と同様な常識による[35]。

契約書起案実務上の指摘に於いても，契約の「本文」(the body) は正に「拘束力の在る合意事項」(operative word：効力発生文言) を記載する部分であるけれども，説明部はそうでは無いと一般に解されている[36]。従って契約実務上の留意点としては，不可欠な合意内容，約束，義務，等は必ず本文に記載することである[37]。

---

31) Wood v. Lucy, Lady Duff-Gordon, 118 N.E. 214 (1917 N.Y.).
32) *See, e.g.,* TINA L. STARK, DRAFTING CONTRACTS: HOW AND WHY LAWYERS DO WHAT THEY DO §6.3, at 62 (2007).
33) MURRAY ON CONTRACTS, *supra* note 2, §88[B], at 481.
34) *Id.*
35) *Id.*
36) HAGGARD & KUNEY, LEGAL DRAFTING, *supra* note 20, at 34（recital は promissory in form では無く，statements of fact or belief であると分析）.
37) *Id.* at 35.

§10-03. 「客観的」に解釈する[38]

　そもそも契約とは二者以上の当事者間で交わされるから，契約上の意味の探索は当事者達が契約文言に附与した意味を探ることから始まる[39]。そして前提として，各当事者は他の当事者の同意を得ていなければならないはずである[40]。そこで重要に成って来るのが，所謂「意思主義」（will theory）的に当事者の主観を重視した解釈を採るのか，逆に「客観（表示）主義」（objectivity theory）的に主観とは無関係な表示を如何に受け止めるかを重視する解釈を採るべきかの問題である。前掲（§3-04-3）参照。裁判所は「**リーズナブルネスの基準**」（**standard of reasonableness**）の適用を原則とし[41]，それは即ち「**客観基準**」（**objective test**）である。つまり言葉や態度を表明された側の当事者（the manifested party）が，それを如何にリーズナブリーに認識したのかを解釈の基礎と為す[42]。この解釈準則が採られる背景・理由は，当事者の「リーズナブルな信頼」（reasonable reliance）或いは「リーズナブルな期待」（reasonable expectation）を守るパブリック・ポリシーに求められる[43]。更に客観的な解釈準則は，一貫性と予見可能性を高め，その効果は特に国際取引に於いて予期せぬ結果を回避する為に重要である[44]。加えて，主観的なアプローチはそもそも機能しないと分析されている[45]。前掲（§3-04-3）参照。以上の原則から，たとえ明文化された文言が欠けていても，裁判所は，当該状況下に於いて最もリーズナブルと思われる意味を「解釈」（i.e., 所謂 construe）する。たとえ欠缺があった場合でさえも，仮に当事者がその争点を意識し

---

38) See HILLMAN, PRINCIPLES OF CONTRACT LAW, supra note 27, at 242-49.
39) 2 FARNSWORTH ON CONTRACTS, supra note 2, §7.9, at 275.
40) Id.
41) Id. at 286.
42) BLUM, supra note 5, §10.6.1, at 279.
43) HILLMAN, PRINCIPLES OF CONTRACT LAW, supra note 27, at 242; BLUM, supra note 5, §13.1, at 385 to §13.2, at 386. See also 1 CORBIN ON CONTRACTS, supra note 13, §1.1, at 4（契約法の目的はリーズナブルな期待を実現化することにあると指摘）．
44) ROHWER & SKROCKI, supra note 18, §4.2, at 221.
45) MURRAY ON CONTRACTS, supra note 2, §30, at 63.

ていれば合意していたであろうリーズナブルな内容を合意していた（the *parties probably would have agreed, had they focused on the issue*），と擬制的に解釈する場合もある[46]。後掲（§10-09）参照。第二次リステイトメントも欠缺を埋める裁判所の役割を§204に於いて規定している。

§10-03-1．「主観（意思）主義」も活きている「重大な相互の誤解」（material mutual misunderstanding）の法理と「*Peerless 号*」事件：

客観主義と主観主義の対立問題に就いては，アカデミックな論争が活発である。反形式主義者のCorbinは柔軟に主観も重視すべきと主張し[47]，逆にLeared Handは客観主義を強調していることで有名だけれども[48]，このトピックはdichotomy（二分法）によっ

---

[46] BLUM, *supra* note 5, §10.4.1, at 275（本文中の引用英文の斜体は原文）．

[47] 1 CORBIN ON CONTRACTS, *supra* note 13, §4.12, at 633-34（"This treatise adopts neither an objective nor subjective theory of contracts. Rather it adopts the basic notion that the reasonable expectations of the parties are to be effectuated. Reasonable expectations involve a complex interplay of subjective and objective elements."（強調付加）と述べている）． *See also id.* at 630（"However, at times the courts can and do get closer to the actual understandings of the parties. Particularly this is appropriate where the parties had a common understanding that may differ from the understanding of hypothetical third persons ...."（強調付加）とも指摘）．

[48] 2 FARNSWORTH ON CONTRACTS, *supra* note 2, §7.9, at 276．以下の法廷意見は，L. Hand, J. の客観主義を示すものとして引用されることが多い。

A contract has, strictly speaking, nothing to do with the personal, or individual, intent of the parties. A contract is an obligation attached by the mere force of law to certain acts of the parties, usually words, which ordinarily accompany and represent a known intent. If, however, it were proved by twenty bishops that either party when he used the words intended something else than the usual meaning which the law imposes on them, he would still be held, unless there were mutual mistake or something else of the sort.

Hotchkiss v. National City Bank of New York, 200 F. 287, 293 (S.D.N.Y. 1911), *aff'd*, 201 F. 664 (2d Cir. 1912), *aff'd*, 231 U.S. 50 (1913) (emphasis added)．

See 1 FARNSWORTH ON CONTRACTS, *supra* note 2, §3.6, at 209（前掲法廷意見を引用掲載）; HILLMAN, PRINCIPLES OF CONTRACT LAW, *supra* note 27, at 39, 243（同じ法廷意見を同書内で二回も掲載）．

て単純に表せるものでは無い[49]。

　前掲（§10–03）したように，解釈の原則は「客観(表示主義)的解釈」（objective interpretation）と言われているけれども，それ以前に両当事者が共に特定の主観的意味を約定に附与していた場合にはその当事者の合意の方が客観的解釈よりも優先する[50]。逆に共に異なる主観的意味を附与していた場合には合意が不成立と成る場合もある。例えば「錯誤(誤解)」（前掲§8–01–3）に関して紹介した判例が示しているように，ボンベイを出航する「Peerless号」という名の船舶が二隻あることを知らない売主と買主の間の船の積荷の売買契約は，重要な要素に関して両当事者の合意が欠けているから不成立であると宣言された「Raffles 対 Wichelhaus」事件判例[51]と，このような「重大な〔相互の〕誤解」（material misunderstanding）に関する第二次リステイトメント（§20）のルールは，客観的解釈が不可能な「Raffles」事件のように稀な場合や落ち度の無い錯誤者の主観の方が勝る第二次リステイトメント§20(2)の場合のように，契約法の解釈に於いて客観のみならず主観も重視されることを表している[52]。即ち「Peerless号」の積荷の売買に両当事者は「表見的には同意」（apparent assent）している場合であっても，意思の合致が欠けているので主観主義的には契約が成立しない場合と解釈し得る[53]。なお「Raffles」事件の法定意見は，以下のように述べていると伝えられている。

---

49) See, e.g., 1 CORBIN ON CONTRACTS, supra note 13, §4.12, at 627 （"The law of contract cannot be explained by either of these [objective or subjective] theories"と分析）. See also id. at 629（判例は純粋な客観主義を支持していないと指摘）.

50) HILLMAN, PRINCIPLES OF CONTRACT LAW, supra note 27, at 250–51（客観主義に対する例外として，「誤解(misunderstanding)」に関する「Peerless号」判例を挙げつつ解説・分析）. See also MURRAY ON CONTRACTS, supra note 2, §87[B][3], at 475–76（有名な錯誤に関する「Peerless号」判例と第二次リステイトメント§20の準則を示しながら，当事者の主観が客観的な文言の意味を退け得る事実を指摘）.

51) Raffles v. Wichelhaus, 2 Hurl. & C. 906, 159 Eng. Rep. 375 (Ex. 1864).

52) See MURRAY ON CONTRACTS, supra note 2, §87[B][3], at 471–76; 2 FARNSWORTH ON CONTRACTS, supra note 2, §7.9, at 278（同旨）.

53) 2 FARNSWORTH ON CONTRACTS, supra note 2, §7.9, at 279.

360　第Ⅲ章　法的拘束力

[T]here was no consensus ad idem[54], and therefore no binding contract.

Raffles, 159 Eng. Rep. 375, *cited in* 2 FARNSWORTH ON CONTRACTS, *supra* note 2, §7.9, at 282 & n.22.

　『CORBIN ON CONTRACTS』も,「*Raffles*」事件では両当事者共に同じ文言を用いつつそれが違う船を意味するとは共に知る由(よし)も無く,従って何れ(いず)をも他方の損失に因って利する訳にはゆかないから,契約不成立の判決が妥当であったと一方で評価しつつ[55],他方では主観主義が退けられていても意思の合致が欠けていることが明らかな場合に裁判所は原則として両当事者を契約に拘束しないと分析している[56]。

　主観的合意が尊重されることを言い換えれば,即ち当事者の「目的」が重視される[57]。何故ならば当事者が実際に合意した「相互の理解(内心)」(mutual understanding) を強制することこそが,裁判所の原則的な役割だからである。第二次リステイトメントも以下のように規定している。特にその解説部は説得的であろう。

§ 201. Whose Meaning Prevails

(1) Where the parties have attached the same meaning to promise or agreement or a term thereof, it is interpreted in accordance with that meaning.

(2) ... .

Comment:

... .

---

54)　「*ad idem*(アド アイデム)」とは,「to the same point」であり,「consensus *ad idem*」は「同じ点に就いての一致」即ち「内心の意思の合致」(meeting of minds; An agreement of parties to the same thing) の意である。BLACK'S LAW DICTIONARY 323 (8th ed. 2004).

55)　1 CORBIN ON CONTRACTS, *supra* note 13, §4.10, at 620–21.

56)　1 *id.* §4.13, at 636.

57)　*See* 1 FELDMAN & NIMMER, *supra* note 6, §1.03A[A], at 1–24 to 27.

c. *Mutual understanding.* … . The objective of interpretation … is to carry out the understanding of the parties rather than to impose obligations on them contrary to their understanding: "the courts do not make a contract for the parties." … .
　　RESTATEMENT (SECOND) OF CONTRACTS §201(1) & cmt. *c* (emphasis added).

§10-04. 語句・文言の「通常の意味」として解釈する[58]

　通常の意味として解釈するとは，即ち，原則として約定文言の通常の意味（common meaning of language / ordinary general meaning / ordinary sense of words）を取り入れるのが当事者の意図だったのであり，特殊あるいは技術的な意味（specialized or technical meaning）では無かったと捉える準則のことである。即ち判事は物事を常識（common sense）で解釈することを好む等と言われ，「"plain and ordinary meaning" doctrine」こそが契約解釈の核心であると捉える傾向にある[59]。リーズナブルな人は当該状況とその人の知識を考慮に入れた上で，通常の意味を附与すると考えられるからであろう[60]。第二次リステイトメントも以下のように規定している。

　　§ 202. Rules in Aid of Interpretation
　　… .
　　(3) Unless a different intention is manifested,
　　　(a) where language has a generally prevailing meaning, it is interpreted in accordance with that meaning;

---

58) RESTATEMENT (SECOND) OF CONTRACTS §202(3)(a) & cmt. *e*;　BLUM, *supra* note 5, §10.7, at 288;　PETER BUTT & RICHARD CASTLE, MODERN LEGAL DRAFTING: A GUIDE TO USING CLEARER LANGUAGE 61 (2d ed. Cambridge Univ. Press 2006). *See also* FELDMAN & NIMMER, *supra* note 6, §1.03A[A], at 1-24, §1.03A[A][2], at 1-27 to 1-28, §1.03A[A][9], at 1-32.4 to 1-32.9（同旨）;　MURRAY ON CONTRACTS, *supra* note 2, §88[J][1], at 485.
59) 2 FARNSWORTH ON CONTRACTS, *supra* note 2, §7.10, at 286-87.
60) ROHWER & SKROCKI, *supra* note 18, §4.2. at 223.

…．

RESTATEMENT (SECOND) OF CONTRACTS §202(3)(a).

§10–05.「全体として」解釈する

　裁判所は，契約を「全体として」(**as a whole**) 解釈する[61]。何故ならば，例え法的拘束力を附与しない部分（*e.g.,* recital）であってさえも当事者は契約書の各部分に対して何らかの意味を持たせる意図があったはずであると推定されるからである[62]。例えば大きな取引（*e.g.,* M＆A（エマンデイ）のような取引）に於いては，同一取引に関する取り極め事が複数種類の契約書によって規定されているのが普通である。そのように一連の書類群から一つの取引が成り立っている場合，裁判所は一連の書類群を恰（あたか）も一つの書類のように解釈する[63]。即ち「全体を読んでからでないと，どの一部も理解したと言うべきではなく，どの一部が明確か否かという権利は無い」と言われている[64]。更には裁判所が契約目的を探る上でも，全体を解釈することで目的を発見し得る[65]。文脈から当事者の意図を発見する為にも全体を検討する必要が出て来る[66]。第二次リステイトメントの解説部も「A word changes meaning when it becomes part of a sentence, the sentence when it becomes part of a paragraph.」と言っている[67]。そして第二次リステイトメントのブラック・レター部も，この準則を以下のように表している。

---

61) *See, e.g.*, RESTATEMENT (SECOND) OF CONTRACTS §202(2) & cmt. *d*; FELDMAN & NIMMER, *supra* note 6, §1.03A[A], at 1–24; MURRAY ON CONTRACTS, *supra* note 2, §35, at 84, §88[C], at 481; HAGGARD & KUNEY, LEGAL DRAFTING, *supra* note 20, at 80.
62) BLUM, *supra* note 5, §7.11, at 295 & n.11.
63) BUTT & CASTLE, *supra* note 58, at 51 n.49.
64) *Id.* at 51 （次のように記している。"no one should profess to understand any part of a statute or any other document before he has read the whole of it. Until he has done so, he is not entitled to say that it or any part of it is clear and unambiguous."）．
65) MURRAY ON CONTRACTS, *supra* note 2, §88[C], at 481.
66) *Id.* at 481–82.
67) RESTATEMENT (SECOND) OF CONTRACTS §202 cmt. *d*.

§ 202. **Rules in Aid of Interpretation**

(1) ... .

(2) **A writing is <u>interpreted as a whole</u>, and <u>all writings that are part of the same transaction are interpreted together</u>.**

RESTATEMENT (SECOND) OF CONTRACTS §202(2) (emphasis added).

§10–06. 「表題・小見出し」(caption・heading) は解釈に影響を与えない

　契約書の各条項の冒頭に短く記載される表題・小見出しのことを,「captions」または「headings」と言う[68]。このcaptions等も，契約書の文言の一部である。ところでコモン・ロー上は，契約上の各文言全てに意味を持たせることを好むという解釈準則が存在する[69]。更には前項（§10–05）の通り「全体として」解釈する準則も存在する。そこで理論的には，表題・小見出し等も裁判所による解釈上は意味を有するはずである。しかしその表題・小見出し等が規定内容と相反する場合，裁判所が解釈に悩むことに成る。そのように二つの約定が抵触する場合の解釈の一般準則としては，契約の一般目的を発効させるために為されなければならない事柄を不可欠的に要求する約定の方を高く評価する[70]。言い換えれば，契約に最も不可欠的に貢献する規定こそが重く考慮されるのであり，それは一般に，表題・小見出し等よりも本文の方が高く評価される解釈に繋がる[71]。即ち表題・小見出し等は契約書の法的意味の解釈に於いて決定的なものでは無いと言える[72]。その意図を明確化すべく，以下のような文言が一般条項の中に起案・挿入

---

68) C. James Levin & Avery R. Brown, *Captions, in* TINA L. STARK, NEGOTIATING AND DRAFTING CONTRACT BOILERPLATE Ch.21, at 597, §21.01, at 599 & n.3 (2003).
69) *Id.* §21.02, at 599 & n.4.
70) *Id.* §21.02[2], at 600. *See also* BURNHAM, *supra* note 28, §7.1, at 90（矛盾した複数条項に於いては抵触を払拭する解釈が採用されると指摘）.
71) Levin & Brown, *Captions, supra* note 68, §21.02[2], at 600, §21.03, at 601.
72) MURRAY ON CONTRACTS, *supra* note 2, §35, at 84.

される例も契約実務では散見される。

> ARTICLE ○○. CAPTIONS / HEADINGS
>
> Captions and headings used in this Agreement are inserted *for convenience only* and <u>do not constitute</u> a part of or <u>affect</u> the meaning, construction, or interpretation of this Agreement.

This provision is partially based upon suggested one *in* Levin & Brown, *supra* note 68, §21.04, at 601-02; BURNHAM, *supra* note 28, Pt.Ⅰ, §16.5.1, at 244, Pt.Ⅱ, §2.1.6, at 334 （強調付加）（英文契約書の諸実例を参考に本書筆者が修正）.

§10-07. 一貫性が維持されるように解釈する

前掲（§10-05）の通り契約は「全体として」解釈されるので，仮にその契約内に於いて文言の多義性や不確実性があった場合には一貫性が維持（internally consistent）されるように解釈されるという準則が導き出される[73]。

§10-08. 出来るだけリーズナブルで合法的で且つ効力を 有するように解釈する

そもそも契約法の目的は，自由に締結された私的合意の促進にあると捉えられるので[74]，出来るだけ有効にする解釈準則が生まれる。更にこの準則[75]は「法と

---

73) FELDMAN & NIMMER, *supra* note 6, §1.03A[A][7], at 1-32.2; RESTATEMENT (SECOND) OF CONTRACTS §202. *See also* BURNHAM, *supra* note 28, §7.1, at 90 （§10-06 n.70 に於いて前掲した通り，矛盾した複数条項に於いては抵触を払拭する解釈が採用されると指摘）.

74) *See, e.g.,* HILLMAN, PRINCIPLES OF CONTRACT LAW, *supra* note 27, at 243.

75) *See, e.g.,* FELDMAN & NIMMER, *supra* note 6, §1.03A[A], at 1-24.

経済学」(law and economics) からも説明できる[76]。即ち、そもそも契約の前提と成る取引 (bargain) は、成立・強制することが望ましいと「法と経済学」的には捉えられる[77]。前掲 (§1-01-6[a]) 参照。何故ならば、取引の当事者は、その取引が無い状態よりも取引が実行された状態の方が望ましいと思うから取引 (i.e., 契約) に入るからである[78]。取引が実行されれば互いに「win-win」な関係に成るからこそ取引する。この関係を「法と経済学」的に言い換えれば、取引は「余剰」(surplus) を生む。即ち取引前よりも両当事者共に「より良い」(better off) 状態に成るのである。そして余剰は世界の welfare (幸福) を増やし、世界全体としても better off (良化) して望ましい。だから「取引」を実行させる「契約」は、原則として有効に成るように解釈すべきと捉えることが出来る

第二次リステイトメントも、約定の一部がアンリーズナブル、違法、或いは効力を失う解釈よりも、本項の表題が示すように「**reasonable, lawful, and effective**」な解釈の方が望ましいと規定している[79]。前掲 (§10-05) の通り契約は「全体として」解釈される為に、どの約定も不必要では無いとの前提に立つのである[80]。つまり多義的な文言の解釈に於いては、出来るだけ有効に成る方の解釈が採用さ

---

76) 本文中の説明は、勿論、原則論を述べているのであって、法の常である「例外」は存在する。即ち、所謂「完全市場」に似た「完全契約」が本文中の議論の前提に成っているのであって、この前提を満たさないような場合には契約の成立・強制を裁判所が認容しない。例えば未成年者の契約や、錯誤、強迫、或いは買主側が拒めないような圧力を掛けた状況下での契約等は、無効に成ったり、取り消し得たり、cooling off が利用可能だったりする。何故ならばそれ等の契約は、合理的 (合「利」的) な意思の結果では無いからである。更に例えば売主が重要事項を隠したような契約や詐欺的な契約も、買主側が取り消し得たりする。所謂「情報の非対称性」ゆえに否定すべきと「法と経済学」的には説明可能である。

77) See, e.g., VELJANOVSKI, supra note 15, at 111.

78) Id.; WITTMAN, supra note 15, at 95.

79) RESTATEMENT (SECOND) OF CONTRACTS §203(a); MURRAY ON CONTRACTS, supra note 2, §88[D], at 482. See also BURNHAM, supra note 28, §7.1, at 90 (アンリーズナブルな解釈よりもリーズナブルな解釈を採用すると指摘)。

80) RESTATEMENT (SECOND) OF CONTRACTS §203 cmt. b.

れる[81]。

　ところで出来るだけ有効に成るような解釈の準則[82]は，以下のラテン語の法諺（axiom 公理）によって表される[83]。

---

ut res magis valeat quam pereat　=
（エト レズ メイジス ヴェイリーアト クワム ピーリーアト）

　　　　　"The thing should rather have effect than be destroyed."

　　　　　或いは

　　　　　"to give effect to the matter rather than having it fail"

---

§10-09. 条項の欠缺も「穴埋め［補充］」（gap filling）して出来るだけ有効に成るように解釈する

　契約は出来るだけ有効に成るよう解釈する傾向は，たとえ契約条項が欠けていても，リーズナブルな当事者が仮にその欠缺に留意していたならば規定していたであろう内容を裁判所が「穴埋め［補充］する」解釈へと繋がる。この立場で有名なのは UCC Article 2 であり[84]，たとえ「重要な約定」（material terms）が未定であっても拘束力を認定し欠缺を埋める。更に前掲（§10-03）でも触れた通り，第二次リステイトメントも欠缺を埋める裁判所の役割を§204 等に於いて規定している。この法理は「what the parties would have done」のように仮定法過去形で表され，所謂「gap filling」（ギャップ・フィリング）と呼ばれる ［擬制的］解釈（construction コンストラクション）である。即ち多くの裁判所は，仮に当事者がその事象を留意していたならば規定していたで

---

81) *See* BURNHAM, *supra* note 28, §7.1, at 90.
82) *See, e.g.,* FELDMAN & NIMMER, *supra* note 6, §1.03A[A][8], at 1-32-3.
83) *See* BLUM, *supra* note 5, §10.7, at 289;　HAGGARD & KUNEY, LEGAL DRAFTING, *supra* note 20, at 80;　BLACK'S LAW DICTIONARY 1582 (8th ed. 2004).
84) *See, e.g.,* UCC §2-305 cmt. 1, §2-204(3)（2003 年改訂で変更なし）.

あろう約定を探るのである[85]。その際，裁判所が原則として客観基準を用いることは前掲（§10-03）の通りである。gap filling な解釈として裁判所が依拠する指導原理は，R. HILLMAN に拠れば主に以下の三種に分類できる[86]。

§10-09-1.「優勢な危険負担者・優勢な危険回避者」(the "superior risk bearer"・"superior risk avoider")[87]： これは，リーズナブルな当事者であればより安い費用で危険を回避可能な契約当事者こそが危険や損失を負担するように取り極め内容をアレンジしたはずであると考えて，欠缺を埋める考え方である。「効率性」（efficiency）（*i.e.*, 無駄の極小化）を重視した「法と経済学」的原理と言えよう。

有名な前掲（§5-06）英国判例「**Hadley v. Baxendale**」(ハドリー 対 バクセンデール)[88]事件も，R. HILLMAN に拠れば，「優勢な危険負担者」（super risk bearer）の原理で説明できる。そもそも同事件では，修理に出した mill shafts（製粉用の軸）の輸送を引き受けた輸送業者の契約違反による遅延の損害賠償の範囲が，mill 操業停止による損失に迄は及ばないと判示されている。即ち契約違反者の賠償責任の範囲を，自然に生じる「通常損害」（general damages）と，特に知り得た予見可能性のある「特別損害」（special damages）に限定し，そのルールは日本国民法第四一六条の基に成った。これを「優勢な危険負担者」の原理で解説すれば，より安価な費用で操業停止の危険を付保でき得たのは，その危険を知っている製粉業者側(miller)の事実審のπである[89]。従って，仮に両者がその危険の配分を取り極めていたと仮定したならば，製粉業者側が危険を負担するような内容で取り極めをしたはずであると解釈され

---

85) JOSEPH PERILLO, CALAMARI & PERILLO ON CONTRACTS §3.14, at 163 (5th ed. 2003).
86) HILLMAN, PRINCIPLES OF CONTRACT LAW, *supra* note 27, at 255-62. *See also* MURRAY ON CONTRACTS, *supra* note 2, §88[D], at 254-58; VELJANOVSKI, *supra* note 15, at 122-25.
87) *See, e.g.,* HILLMAN, PRINCIPLES OF CONTRACT LAW, *supra* note 27, at 255; VELJANOVSKI, *supra* note 15, at 122.
88) 9 Exch. 341 (Ex. 1854).
89) HILLMAN, PRINCIPLES OF CONTRACT LAW, *supra* note 27, at 255.

得る。なお『CALAMARI & PERILLO ON CONTRACTS』も同様な指摘を示している[90]。

§10-09-2.「[特別事情非開示] 当事者の損失負担の原則」("penalty default")[91]：

「*Hadley*」事件は，特別損害に就いては情報開示しなかった当事者こそが損失負担の罰（penalty）を負う原則（default）のルールである。そのルールは，特別損害を得たければ取引の価値に影響を与える情報をより多く有している当事者（非違反者）が，特別損害の生じる事情を開示するように奨励する。すると，輸送業者側は，最適な危険防止策（付保）をするように導かれ，その費用を契約の対価に反映させることに繋がる。つまりは情報の非対称性が矯正されて合理的な取り極め内容へと至るので，妥当な欠缺の充当と解される訳である。この考え方は，当事者達と同様な立場の人々へ将来的に incentive（誘因）を与えるように欠缺を埋めるものであり，「*ex ante*」（イグザンテ）（事前的）に人々を合理的な行動に導くルールを目指す「法と経済学」的分析である。

§10-09-3.「公正」(fairness)[92]：

これは当事者や第三者にとって，更には社会にとって，「公正」（fair）に成るように欠缺を埋める考え方であり[93]，「法と経済学」よりも「倫理哲学」（moral foundations）に依拠した指導原理である。例えば一方当事者が破綻して他方当事者が「棚ボタ」（windfall）を得るような結論を避けたり，当事者がコミュニティの基準に照らしてリーズナブリーに行為したか否かを考慮する。更には，「不誠実」（bad faith）では無かったか否かも考慮す

---

90) CALAMARI & PERILLO, *supra* note 85, §14.5(a), at 569（従ってこのルールは，役務の買主側が関連する全ての情報を売主側に開示する誘因となり，［所謂「情報の非対称性」が解消されて］経済効率性が向上すると指摘）．

91) HILLMAN, PRINCIPLES OF CONTRACT LAW, *supra* note 27, at 255-56; VELJANOVSKI, *supra* note 15, at 122-25 & n.17（I. Ayres & R. Gertner, *Filling Gaps in Incomplete Contracts; An Economic Theory of Default Rules,* 99 YALE L. J. 87 (1989)が提案したと指摘）．

92) HILLMAN, PRINCIPLES OF CONTRACT LAW, *supra* note 27, at 256-62．

93) CALAMARI & PERILLO, *supra* note 85, §3.14, at 163（"community standard of fairness and policy" と表現している）．

る。つまり一方当事者の非協力的な態度が解釈上は嫌われ，相手方の弱みに付け込んだ「欺く」(overreaching) ような解釈も嫌われる，等ということに成る。

　例えば前掲（§8-01-1 [b]）の「錯誤」の項に於いて紹介した「*Sherwood 対 Walker*」(Rose 2d of Aberlone) 事件に於いて[94]，契約の取消理由に関し，仮に契約を強制する判断を裁判所が下せば，買主は価値ある子牛を孕んだ＄750.⁰⁰の牝牛を僅か＄80.⁰⁰で入手できるから，＄670.⁰⁰の「棚ボタ」な利益を得てしまう。買主も売主同様に契約時には牝牛が不妊と思った為に＄80.⁰⁰で合意したから想定外な利益を得るのである。＄670.⁰⁰もの利益を買主が得る理由は，買主が牝牛の質を見分ける技能を有していたからではなく，交渉能力が長けていたからでも無く，単に「棚ボタ」な利益である。しかし同判例のように売買契約を裁判所が取り消せば，売主はそもそも自身の所有であった＄750.⁰⁰の価値を失わずに保持し続けることが出来る。従って，たとえ「牝牛が不妊であったならば＄80.⁰⁰で売買が成立する」と売買契約内に明記されていなかったとしても，<u>公正の見地から契約の欠缺を穴埋めして，そのような前提条件が黙示的・擬制的に存在していたと解する</u>ことが正当化されよう。

§10-10. 単語や文法や句読点上のミスも矯正して解釈する[95]

　例えば契約実務に於いて「タイポ」(typo. = typographical error) と呼ばれる所謂タイプ・ミスや，明白な文言上の誤りや文法・句読点の誤り等は矯正して解釈してくれる[96]。この準則も出来るだけ有効に解釈する準則や，出来るだけ当事者の意図・目的を達成する原理や，全体として解釈する準則から当然に導き出され

---

94) HILLMAN, PRINCIPLES OF CONTRACT LAW, *supra* note 27, at 303.
95) *See* RESTATEMENT (SECOND) OF CONTRACTS §202 cmt. *d*; BURNHAM, *supra* note 28, §7.1, at 90. *See also* FELDMAN & NIMMER, *supra* note 6, §1.03A[A], at 1-24（同旨）; MURRAY ON CONTRACTS, *supra* note 2, §88[K][3], at 486（同旨）.
96) BURNHAM, *supra* note 28, §7.1, at 90.

よう。

　なお，英語に特有の単数形・複数形の違いや男性形・女性形の違い等も文脈に合わせて解釈すべき旨を，一般条項の中に起案・挿入して明確化する例も実務では以下のように散見される。

ARTICLE ○○. NUMBER AND GENDER

Any reference in this Agreement to the singular includes the plural as the context so requires, and any reference herein to the masculine gender includes the feminine and neuter genders where appropriate.

This provision is partially based upon suggested one *in* Evelyn C. Arkebauer, *Number and Gender, in* TINA L. STARK, NEGOTIATING AND DRAFTING CONTRACT BOILERPLATE Ch. 20, at 591, §20.01, at 593, §20.03, at 595（強調付加）（英文契約書の諸実例を参考に本書筆者が修正）。

§10-11.「特別条項」（special terms）や手書文言を「一般条項」（general terms）や印刷文書よりも相互矛盾時には優越させて解釈する

　第二次リステイトメント§203 (d) が規定するように，別途交渉した約定（separately negotiated terms）や追加した約定（added terms）の方が，標準化された約定（standardized terms）や別途交渉していない約定よりも，解釈上の比重は重い[97]。加えて，具体性・詳細さの高い文書の方が抽象的・一般的な内容の文書よりも，解釈上の比重が高い[98]。言い換えれば，一般的な文章の解釈は同じ主題に関する

---

97) *See* BLUM, *supra* note 5, §10.7, at 289. *See also* FELDMAN & NIMMER, *supra* note 6, §1.03 A[A], at 1-24, §1.03A[A][5], at 1-32 to 1-32.1（同旨）; MURRAY ON CONTRACTS, *supra* note 2, §88[K][1], at 486（同旨）。

98) HAGGARD & KUNEY, LEGAL DRAFTING, *supra* note 20, at 79.

具体的な文章の制約を受ける[99]。更には，標準書式合意書（約款）に印刷された文言よりも，同一契約書内の手書部分やタイプライターで打ち込んだ部分の方が，解釈上重要と捉えられる[100]。何故ならば標準から逸脱して新たに記載された部分は，両当事者が当該取引に於いて特に留意した産物であると解される為に，その分だけ当事者意思を特に表明していると捉えられるからである[101]。或いは印刷された部分は実際には読んでいない虞も高いけれども，手書されたりタイプされた部分は明らかに留意された上での当事者意思を表しているはずだからである[102]。

図表＃10.3　「特約」を「標準約款」よりも重視する解釈関連図

```
specific terms / language        >   general terms / language
specially negotiated terms           standardized terms
hand-written terms               >   printed terms
typed terms
```

§10-12. 慣行（custom）等の尊重

　この項で論じるのは，契約書「内」の約定文言間の解釈上の優劣では無く，その外部の情報，即ち所謂「外部証拠」（extrinsic evidence）の解釈上の利用に関するものであり，その意味に於いて後掲（§11）「口頭証拠排除の準則」（parol evidence rule）の論点にも通じる。つまり所謂「慣習」や「慣行」の概念を，確定

---

99) BURNHAM, *supra* note 28, §7.1, at 90.
100) MURRAY ON CONTRACTS, *supra* note 2, §88[K][4], at 486（印刷部分と手書部分との抵触は後者が優越し，交渉された部分と標準約款部分の間では前者が優越すると指摘）; BURNHAM, *supra* note 28, §7.1, at 91.
101) FELDMAN & NIMMER, *supra* note 6, §1.03A[A][11], at 1-32.9; MURRAY ON CONTRACTS, *supra* note 2, §88[K][1], at 486.
102) HAGGARD & KUNEY, LEGAL DRAFTING, *supra* note 20, at 78.

的合意書に於ける特に「曖昧／多義的」（vague/ambiguous）な約定文言の解釈に用いることが許されていて，アメリカ契約法では「取引慣行」（trade usage（custom）），「取引の経過」（course of dealing），および「履行の経過」（course of performance）の三種が議論されている。法源としてはUCCの規定が引用される頻度も多く，物品売買以外の一般の契約にも援用されている[103]。「取引慣行」と「取引の経過」の二つは確定的合意書締結よりも「前」の出来事であり，「履行の経過」は締結「後」の出来事であるという差異はあるものの，双方共に確定的合意書中の曖昧／多義的な約定文言解釈に役立つ訳である。

§10-12-1. 「取引慣行」(trade usage, custom)：

「取引慣行」(**trade usage, custom**) とは，大多数の業者によって通常遵守される為にその取引に於いても遵守されることが期待される取引実務慣行の意である[104]。当事者がたとえその取引業界の一員で無かったとしても，その者が事業を行っている場所に於いて通常遵守されている慣行ならば拘束力を有し得る[105]。取引慣行の例としては，映画配給の契約に於いて「United Kingdom」（連合王国・英国）と記載されていた場合には「アイルランド」も包含されると解されたりしている[106]。代表的な取引慣行である引渡条件の「F. O. B.」（エフ・オウ・ビー）や「C. I. F.」（シー・アイ・エフ）に就いては，国際／英文契約実務に於いても重要なので後掲（§10-12-5）にて別途説明を加える。

そもそも取引慣行は，商法の起源として尊重される傾向が強く，その典型がUCCである。即ち商法は，「*Lex Mercatoria*」（レックス マェアーカトリーア）（The Law Merchant）と言われ（前掲図表＃1.2 & §1-02-2参照），「商人の慣習」（the custom of merchants）に起源を置くと指摘され，その慣習は中世後期の国際通商から発展して行ったと言われるの

---

103) *See, e.g.,* HILLMAN, PRINCIPLES OF CONTRACT LAW, *supra* note 27, at 245. *See also* RESTATEMENT (SECOND) OF CONTRACTS §202(5).

104) UCC §1-205(4)（改訂版では§1-303(c)); BLUM, *supra* note 5, §10.6.2, at 280 n.7; RESTATEMENT (SECOND) OF CONTRACTS §222. *See also* HILLMAN, PRINCIPLES OF CONTRACT LAW, *supra* note 27, at 245; MURRAY ON CONTRACTS, *supra* note 2, §89[A], at 488.

105) HILLMAN, PRINCIPLES OF CONTRACT LAW, *supra* note 27, at 245.

106) *Id*（*Ermolief v. R.K.O. Radio Pictures,* 122 P.2d 3 (Cal. 1942)を引用しながら例示）．

である[107]。

§10-12-2. 「取引の経過」（course of dealing）： 「取引の経過」（**course of dealing**）とは，契約締結「前」の当事者間の他の取引に於ける連鎖的行為で，解釈の根拠を形成することに成ったものの意である[108]。意訳をすれば，「当事者間の他の取引の経緯」と成ろう。

§10-12-3. 「履行の経過」（course of performance）： 「履行の経過」（**course of performance**）とは，契約締結「後」の同契約の履行の状況で，解釈の根拠を形成することに成るものである[109]。もう少し詳しく定義すれば，一方当事者により反復された履行で，その性格を他方当事者が知り，且つそのような履行に対し異議を申し立てる機会も有していたにも拘わらず異議なくこれを受領あるいは黙認して（acquiesced in without objection）いた場合には，その反復された履行が解釈上の比重を置かれることと成るのである[110]。そこでは確定的合意書に関する履行の実績が問題に成っているので，特に前掲「取引の経過」（course of dealing）と区別する為に「course of performance」を意訳するならば「該取引の履行の経過」とするのが良いかもしれない。

　契約締結「後」の「履行の経過」は，契約に「変更」（modification）が生じたという解釈[111]や「権利／条件放棄」（waiver）の効果を生む虞もある[112]。そして変更された「変更契約」が，変更前の契約の解釈にも影響を与える虞があるので

---

107) 22 WILLISTON ON CONTRACTS, *supra* note 1 §60:1, at 484.
108) *See* HILLMAN, PRINCIPLES OF CONTRACT LAW, *supra* note 27, at 246. *See also* UCC §1-205(1)（改訂版では§1-303(b)); RESTATEMENT (SECOND) OF CONTRACTS §223; MURRAY ON CONTRACTS, *supra* note 2, §89[D], at 490.
109) FELDMAN & NIMMER, *supra* note 6, §1.03A[A], at 1-24.
110) RESTATEMENT (SECOND) OF CONTRACTS §202(4) & cmt. g. *See also* UCC §1-205(1)（改訂版では§1-303(a)); HILLMAN, PRINCIPLES OF CONTRACT LAW, *supra* note 27, at 246.
111) RESTATEMENT (SECOND) OF CONTRACTS §202 cmt. g.
112) *See, e.g.,* HILLMAN, PRINCIPLES OF CONTRACT LAW, *supra* note 27, at 246.

要注意である[113]。尤も上段で示した定義にあるように「異議なくこれを黙認する」ことが要件であるから，異議を留めておけば不利な解釈を免れることに繋がる[114]。その為に通常，契約書の起案実務に於いては，容易に契約が変更されることの無いように約定を通じて異議を留める趣旨も含めて，所謂「口頭契約変更禁止」(NOM: no oral modification) 条項や「権利／条件放棄禁止」(non waiver) 条項が「一般条項」の中に挿入されているのである。これ等の文言に就いては後掲 (§14-02) 参照。

§10-12-4.「取引慣行」「取引の経過」「履行の経過」の間の優劣順位：

以上の「取引慣行」「取引の経過」「履行の経過」は，当事者自身の主観的主張の「外部」の「当該状況」(surrounding circumstances) として客観的な解釈に資する[115]。これ等の解釈上の優劣に就いては，当該取引に最も近接している為に当事者意思を最も良く表しているものこそが，高く評価される[116]。即ち「履行の経過」は，最も具体的かつ最近の当事者達自身による該契約の意味の表示であるから慣行の中で最も優越し[117]，続いて「取引の経過」と「取引慣行」が順次続く[118]。尤も「明示の約定」(express terms) の方が解釈上優越するのは当然である[119]。後掲図表 (#10.4) 参照。尤も明示の約定が事後の「履行の経過」により「変更」されたり「放棄」されたと解される場合には，後者が前者に優越してしまうことに成る[120]ので要注意である。

---

113) FELDMAN & NIMMER, *supra* note 6, §1.03A[A][10], at 1-32.9.
114) *See, e.g.,* HILLMAN, PRINCIPLES OF CONTRACT LAW, *supra* note 27, at 247.
115) *See id.* at 244, 248. *See also* FELDMAN & NIMMER, *supra* note 6, §1.03A[A][3], at 1-28 to 1-31.
116) *See, e.g.,* ROHWER & SKROCKI, *supra* note 18, §4.6, at 233; HILLMAN, PRINCIPLES OF CONTRACT LAW, *supra* note 27, at 249.
117) MURRAY ON CONTRACTS, *supra* note 2, §88[F], at 483.
118) *See, e.g., id.* §89[B], at 489.
119) *See, e.g.,* FELDMAN & NIMMER, *supra* note 6, §1.03A[A], at 1-24.
120) MURRAY ON CONTRACTS, *supra* note 2, §88[F], at 483, §89[A], at 489.

以上の諸要素に対し，解釈に資する他の諸要素も少し加えて関係を図示すれば，以下図表（#10.5）のようにも表すことが出来よう[121]。

図表＃10.4　解釈上の比重の優劣順位

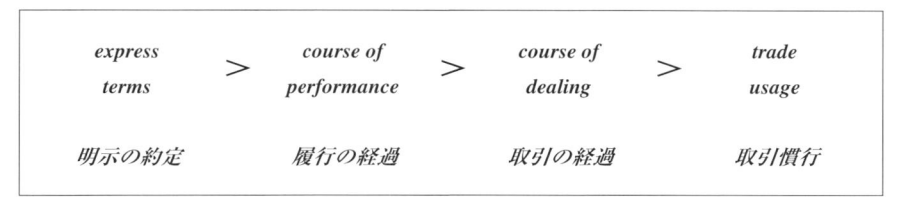

express terms	>	*course of performance*	>	*course of dealing*	>	*trade usage*
明示の約定		履行の経過		取引の経過		取引慣行

図表＃10.5　解釈上の遠近関係

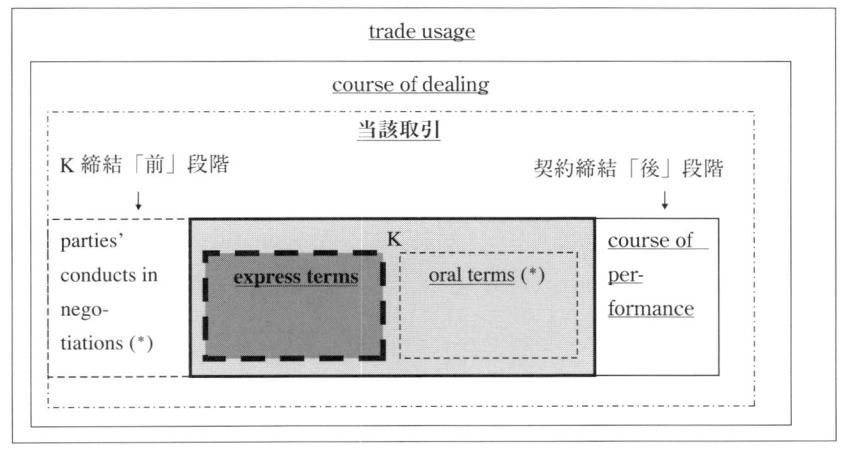

```
                        trade usage
        ┌─────────────────────────────────────────────┐
        │           course of dealing                 │
        │   ┌─────────────────────────────────┐       │
        │   │         当該取引                │       │
        │   │                                 │       │
        │ K締結「前」段階         契約締結「後」段階 │
        │      ↓                          ↓           │
        │ parties'      ┏━━━━K━━━━┓    course of      │
        │ conducts in   ┃         ┃    per-           │
        │ nego-         ┃express  ┃oral terms (*)  formance │
        │ tiations (*)  ┃terms    ┃                   │
        │               ┗━━━━━━━━━┛                   │
        │   └─────────────────────────────────┘       │
        └─────────────────────────────────────────────┘
```

（*）アスタリスクの事項は「parol evidence rule」（後掲§11）が許す場合にのみ参酌可能。trade usage と course of dealing も理論的には parol evidence rule の対象に成り得るけれども，これ等の外部証拠は口頭契約が成立したと主張する文脈に於ける [怪しい] 交渉経緯の証拠とは異なって，当事者が相互の行動や受容していた慣行に関する信頼できる客観証拠によって確立し得るもの故に，admit される蓋然性が高い。　See BLUM, *supra* note 5, §12.10, at 366.　*See also infra*「§11-04．口頭証拠排除の準則の「例外」― 排除対象に成らない主要な証拠」。　*See also* UCC §2-202（trade usage と course of dealing の証拠許容性を規定）.

---

121) 本文中の本書筆者による概念図の理解に資するものとして，see BLUM, *supra* note 5, §10.6.2, at 280.

§10-12-5. 取引慣行例としての引渡条件──「F. O. B.」「C. I. F.」等：
「F. O. B.」「C. I. F.」は，売買契約に於ける物品の「引渡条件」を表す「trade terms」である。その定義は，国際取引に於ける慣習規範として用いられることの多い「International Chamber of Commerce (ICC)」（国際商業会議所）が発行している冊子『INCOTERMS 2010』[122]によるものが有名である。しかしアメリカにはこのINCOTERMSとは異なる慣習が存在する為に，英文契約書に於いて同じ「F.O.B.」や「C.I.F.」という文言を用いても両者で意味が異なるので注意を要する。

UCCは§§2–319 to 2–324に於いて，「F.O.B.」「C.I.F.」の要件・効果を任意規定（filling-the gap）として規定する。しかしこれ等は2003年改訂版で削除され，「F.O.B.」等の意味を事例毎に当てはまる「取引慣行」「取引の経過」「履行の経過」に委ねることにしていた。*See, e.g.*, GABRIEL & RUSCH, *infra* note 132, at 99. 尤も2003年改訂版は2011年に撤回されたので──前掲§1-02-2の脚注113参照──，以下では伝統的な「F.O.B.」「C.I.F.」の意味を紹介しておく。

a. F. O. B.と trade terms： 「F. O. B.」とは「**Free on Board**」（本船渡）の略語であり，「引渡条件」(delivery terms) として[123]，<u>原則として輸送業者への引渡までの費用と危険を売主が負担する旨を表す</u>「trade symbol」である[124]。例えば「F.O.B. New York」のようにF.O.B.の文字の後に記載される場所（New York）迄は

---

122) 「INCOTERMS」とは「international commercial terms」の略語であり，国際取引に於いては事実上全ての通商団体がその構成員に採用を促していると言われている標準化された通商条件の定義集である。18 WILLISTON ON CONTRACTS, *supra* note 1, §52:23, at 95 & n.28.

123) 「F.O.B.」（本船渡し・積地引渡・船積渡）等は「価格条件」(price terms) では無く「引渡条件」であると解されている。MURRAY ON CONTRACTS, *supra* note 2, §116[B], at 762 n.220. *See also* UCC §2-319(1) & cmt 1.

124) *See* JAMES J. WHITE & ROBERT S. SUMMERS, UNIFORM COMMERCIAL CODE §3-5, at 117 (5 th ed. 2000). 当事者は単に「F.O.B.」や「C.I.F.」と契約書に記載するだけで，その詳細な意味はUCCの§§2-319, 2-320, 2-321, 2-322等に規定があり，gap fillingしてくれていたのである。*Id.* §3-5, at 117 n.1.

§10-12．慣行（custom）等の尊重　377

売主が輸送費を負担し，その後の輸送費は買主が負担する意味であり，危険負担に就いても危険が発生した地まで輸送費を負担する当事者が危険も負担するという意味でもある[125]。「Board」の語彙を用いていても<u>陸上輸送や航空売買の場合も含まれる</u>[126]。この点が後掲（§10-12-5 [a-1]）する INCOTERMS 上の「FOB」と異なる。更に INCOTERMS との重要な相違点は，同じ「F.O.B.」の場合であっても<u>「*shipment contract*」[127] = 「*積地引渡*」[128]</u>のみならず所謂<u>「*destination contract*」[129] = 「*到達地渡*」[130]</u>の場合も在り得る。即ち「F.O.B.」の後に付帯する文言が①売主の地を表す記述をしているか，または②買主の地を表す記述をするか次第に依って引渡条件が以下のように二つに大別される[131]。尤も原則は①であり，②は例外とされて来た[132]。即ち「F.O.B.」と記載した直後に引渡地を記載しなかったような場合の原則は<u>「shipment K」（積地引渡契約）</u>であると解釈されて来たのである[133]。

---

125) 18 WILLISTON ON CONTRACTS, *supra* note 1, §52:11, at 69; MURRAY ON CONTRACTS, *supra* note 2, §116[B], at 761-62（輸送業者に引き渡す時点で危険負担が買主に移転する shipment K と，買主に引渡を提示した際に移転する destination K の違いを説明）．

126) *See, e.g.,* UCC §2-319(1)(c)（但 2003 年改訂版で削除）; 18 WILLISTON ON CONTRACTS, *supra* note 1, §52:11, at 71.

127) 「shipment contract」（荷積み渡し・船積み渡し・積地引渡）とは，売主の責任が輸送業者への引渡で終了し，その地で危険負担も一般には買主に移転する契約を言う。18 WILLISTON ON CONTRACTS, *supra* note 1, §52:10, at 62-63.

128) UCC §2-319(1)(a).

129) 「destination contract」（揚地渡し・到達地渡し・到着地渡）とは，物品を輸送業者に引き渡すだけでは売主の責任が終了せずに，買主の指定地まで責任を負う契約の意である。18 WILLISTON ON CONTRACTS, *supra* note 1, §52:10, at 62-63.

130) UCC §2-319(1)(b).

131) *Id.* §2-319.

132) UCC §2-503 cmt. 5. *See also* HENRY D. GABRIEL & LINDA J. RUSCH, THE ABCS OF THE UCC—(REVISED) ARTICLE 2: SALES 98 (Amelia H. Boss ed., American Bar Association 2004)（同旨）．

133) WHITE & SUMMERS, *supra* note 124, §3-5, at 118, 119（UCC §2-308 が売主の事業地を引渡地として gap filling すると指摘）; 18 WILLISTON ON CONTRACTS, *supra* note 1, §52:

378　第Ⅲ章　法的拘束力

図表#10.6　F.O.B.のアメリカン・ルール

F.O.B.の文言に引き続いて記載される文言の相違	分類	売主の義務	買主の義務	権原（title）移転時期[134]	危険負担の移転時期[135]
① F.O.B. "seller's place of business" または F.O.B. "point of shipment" 等の類似文言の場合	shipment contract「積地引渡」契約	売主は，輸送業者に引き渡して適切な輸送契約を締結し，買主が引渡を［輸送業者から］受けられるような書類の入手・引渡を行い，且つ，買主へ輸送を告知しなければならない[136]。輸送業者への引渡までの費用と危険を負担する[137]。	売主が左記の義務を履行した時に受領すること。	⇒	輸送業者への引渡時
② F.O.B. "buyer's place of business" または F.O.B. "destination" 等の類似文言の場合	destination contract「到達地渡」契約	売主は，自らの費用と危険負担に於いて引渡地まで輸送した上で引渡の提供（tender of delivery）を行わねばならない[138]。	売主が左記の義務を履行した時（引渡地）にての受領。	⇒	引渡地に於ける引渡の提供時

　　　10, at 63; UCC §2-503 cmt. 5.　なお原則は積地引渡契約であると解釈する推定は強く働くと指摘されている。18 WILLISTON ON CONTRACTS, *supra* note 1, §52:10, at 64; MURRAY ON CONTRACTS, *supra* note 2, §116[B], at 762.

134)　権原（title）の移転は，「F.O.B.」の語の後ろに記載された地に於ける引渡や引渡の提供によって生じる。即ち積地引渡契約ならば船積地であり，到達地契約ならば到達地と成る。*See* 18 WILLISTON ON CONTRACTS, *supra* note 1, §52:23, at 94-95 & n.26; GABRIEL & RUSCH, *supra* note 132, at 125（UCC §2-401(2)(a) & (b) (2003 amend.) を出典表示）。なお対象物品が「特定」（identification）されることが権原移転の前提である。GABRIEL & RUSCH, *supra* note 132, at 122（UCC §2-401(1) (2003 amend.) を出典表示）。

135)　危険負担に就いては更に，*see infra* text at §13-02-6 [a] to [b]。

136)　WHITE & SUMMERS, *supra* note 124, §3-5, at 120; GABRIEL & RUSCH, *supra* note 132, at

一方の，①「shipment contract」(積地引渡契約) の場合は[139]，売主の義務は輸送業者の選定と当該状況下での適切な輸送契約の締結と輸送業者への引渡[140]，買主が物品を受領する為に必要となる「bill of lading」(ビル・オブ・レイディング)(「船荷証券」前掲§2-02-4 [b]) 等の適切な書類の入手と迅速な引渡や提示[141]，および迅速な告知[142]が主であり，船積地以降の輸送と危険負担は買主に移転するとされて来た[143]。物品の買主への「引渡」(delivery) は，輸送業者に渡された時に生じるが，その意味は，謂わば輸送業者が買主の代理人または受託者として行為していると解されて来たのである[144]。

他方の，②「destination contract」(到達地渡契約) の場合は[145]，売主の義務は出発地から指定地までの責任と輸送費用負担であり，適合物品の引渡を買主が受領

---

98 (同旨).
137) WHITE & SUMMERS, *supra* note 124, §5-2, at 183. *See also* BLACK'S LAW DICTIONARY 691 (8th ed. 2004).
138) WHITE & SUMMERS, *supra* note 124, §5-2, at 183-84. *See also* BLACK'S LAW DICTIONARY 691 (8th ed. 2004); GABRIEL & RUSCH, *supra* note 132, at 98 (同旨).
139) UCC §2-504 (2003年改訂後もほぼ同じ); MURRAY ON CONTRACTS, *supra* note 2, §116 [B], at 762.
140) UCC §2-504(a)(2003 amend.); 18 WILLISTON ON CONTRACTS, *supra* note 1, §52:10, at 65. なお貿易実務的にはこのように [買主の為に] 売主が輸送業者の手配権限を確保しておいた方が，買主が契約後の事情変化により商品不要と成り輸送業者手配を怠る為に売主が物品を引き渡せず船荷証券 (bills of lading) も入手できず LC と交換に代金を得られない事態を回避できる利点があると推察される。*See* 北川俊光&柏木昇『国際取引法』77頁 (第2版, 2005年).
141) UCC §2-504(b) & cmt. 4 (2003年改訂で変更なし); 18 WILLISTON ON CONTRACTS, *supra* note 1, §52:10, at 66.
142) UCC §504(c) & cmt. 5 (2003年改訂で変更なし); 18 WILLISTON ON CONTRACTS, *supra* note 1, §52:10, at 66-67.
143) 18 WILLISTON ON CONTRACTS, *supra* note 1, §52:11, at 69-70.
144) *Id.* at 70-71.
145) UCC §2-503(2), (3) & cmt. 5 (2003 amend.); MURRAY ON CONTRACTS, *supra* note 2, §116 [B], at 762.

できるようなリーズナブルな告知をしなければならないとされて来た[146]。物品の買主への引渡は，指定地で生じるので，その意味は，輸送業者が売主自身の代理人であると捉えられたのである[147]。

尤もUCC上の規定は謂わば任意規定であり，別段の契約上の約定によって変更可能である[148]。

a-1.「INCOTERMS」に於ける「FOB」： 伝統的なUCCの場合と異なり「INCOTERMS」に拠れば「FOB」とは「*船積渡*」[149]のみを意味するのでその表記も「FOB（named port of shipment）（強調付加）」と記載し，指定船積港に於いて本船の船上に物品が置かれた（when the goods are on boad the vessel）時点にて引渡完了時期と成り，価格に含まれる売主の費用負担は本船の船上に物品が置かれる迄の一切の費用と成っている[150]。従って船上に物品が置かれた「後」の輸送等の費用や輸送業者・保険会社との契約[151]等を売主は負担しない。更に伝統的なUCCと異なりINCOTERMS上のFOBという文言は本来，海上輸送または内陸水上輸送（ocean or inland waterway transport）の場合にのみ用いるのが正しく，陸上輸送を含む全ての輸送手段に当てはまる trade terms は「FCA（Free Carrier）」と成る[152]。

なお同じFOBの文言を用いても，アメリカ法上の意味がINCOTERMSと異なるのは前段の通りなので[153]，契約実務上は，アメリカ法上のF.O.B.なのかINCO-

---

146) 18 WILLISTON ON CONTRACTS, *supra* note 1, §52:11, at 70.
147) *Id.* at 71.
148) *Id.* at 71–72（"The statutory meaning of the term F.O.B. is subject to any contracturary agreement of the parties, including any agreement implied from the parties' course of performance or course of dealing, or from any usage of trade."（強調付加）と説明）．
149)「荷積み渡し」や「本船渡条件」等とも訳される。
150) *See* International Chamber of Commerce, INCOTERMS 2010 (1999) [hereinafter INCOTERMS 2010].
151) *Id.*
152) *Id.* なお「FCA」の内容に就いても，*id.*
153) *See generally* WHITE & SUMMERS, *supra* note 124, §3–5, at 118.

TERMS 上の FOB なのかを，明確化しておくことが望ましい。

b.「C. I. F.」：　ところで「F.O.B.」と同様に有名な引渡条件である「C.I.F.」に就いては，『BLACK'S LAW DICTIONARY』等[154]が以下のような説明をしているので，参考までに挙げておく。即ち「C. I. F.」とは，**「cost, insurance, and freight」**の略で，これ等「物品の費用（cost）」と「保険料（insurance）」と「輸送費（freight）」[155]を価格が含んでいる意味である[156]。全くの同義語としては「C.A.F.」があり，フランス語の「Assurance」を「Insurance」の意味で用いている[157]。「C.I.F.」は専ら海上輸送または内陸水上輸送の場合にのみ用いられる。売主が水上輸送を手配し，輸送途上の買主の危険負担をカバーする適切な保険を付保し，目的地までの輸送費用を負担しなければならない。尤も売主の引渡義務は発送地の港に来た船に乗せた時に完了し，同時に危険負担も買主に移転する[158]。その意味では「C.I.F.」は「destination contract」（到達地渡契約）では無く，「shipment contract」（積地引渡契約）に分類される[159]。即ち「F.O.B. *destination contract*（＝到達地渡）」と異なって，C.I.F.は危険負担が船積地で移転し，所有権も実際の引渡時では無く必要書類の引渡で発生する[160]。

　なお保険を付保する義務が売主に無い場合は「C. & F.」や「C. F.」と成る[161]。

154）BLACK'S LAW DICTIONARY 373 (8th ed. 2004); 18 WILLISTON ON CONTRACTS, *supra* note 1, §52:12, at 74–81.

155）「freight」とは「the payment due for the carriage and delivery of goods」の意である。22 WILLISTON ON CONTRACTS, *supra* note 1, §58:22, at 87.

156）18 *id.* §52:12, at 74–75; UCC §2–320(1).

157）18 WILLISTON ON CONTRACTS, *supra* note 1, §52:12, at 74–75; UCC §2–320 cmt. 17.

158）BLACK'S LAW DICTIONARY 373 (8th ed. 2004); MURRAY ON CONTRACTS, *supra* note 2, §116[B], at 762.

159）18 WILLISTON ON CONTRACTS, *supra* note 1, §52:12, at 79; UCC §2–320 cmt. 1.

160）18 WILLISTON ON CONTRACTS, *supra* note 1, §52:12, at 79.

161）*Id.* §52:12, at 75; UCC §2–320(1).

382　第Ⅲ章　法的拘束力

b-1.「INCOTERMS」に於ける「CIF」：　「INCOTERMS」に於ける「CIF（named port of destination）」は，INCOTERMS 上の FOB と同様に，引渡はやはり船積港に於いて本船上に物品が置かれた時点とされ，従って「危険負担」もそこで買主に移転するけれども，価格には輸送費と買主の危険負担をカバーする保険料も含まれ，且つ売主は輸送業者と契約すると共に保険契約も締結する[162]。更に古典的な UCC と同様に INCOTERMS 上の「CIF」という文言は本来，海上輸送または内陸水上輸送（ocean or inland waterway transport）の場合にのみ用いるのが正しく，陸上輸送を含む全ての輸送手段に当てはまる trade terms は「CIP」（carriage and insurance paid to）と成る[163]。

§10-12-6.「GAAP」（ギャァーブ）：　「GAAP」（ギャァーブ）とは，「generally accepted accounting principles」の略称として，国際企業法務や国際契約実務の世界で通用している用語である。全ての公開会社は GAAP に基づいて業績を会計報告するように要求されている[164]。従って英文契約書に於ける会計や監査に関する条項等に於いて，GAAP が出て来ることもある。

§10-13.「*提出者に不利な推定*」（起草者に不利に解釈される）（*contra proferentem*）コントラ プロフェレンタム

　契約実務に於いては，契約書を起案する側の方が他方当事者よりも有利と言われる。最初に如何なる約定を挿入するか／しないかを決定する権限を有しているのは起案者なので[165]，契約文言に関する交渉の主導権を起草者が握れるからである。このように起案者の方が有利な事実から生じる，約定文言の多義性・曖昧

---

162) INCOTERMS 2010, *supra* note 150.
163) *Id.* なお「CIP」の内容に就いても，see *id.*
164) STARK, DRAFTING CONTRACTS, *supra* note 32, §22.4, at 269.
165) HAGGARD & KUNEY, LEGAL DRAFTING, *supra* note 20, at 82–83.

§10-13.「提出者に不利な推定」（起草者に不利に解釈される）（contra proferentum） 383

さゆえの問題は起案者に不利に解釈されるという準則が[166]，「***contra proferentem***」
(**against the proponent**) と略称される。この準則は，以下のラテン語の法諺に由来する[167]。

---

omni praesumuntur contra proferentem =

"All things are presumed against the proponent"

　第二次リステイトメント§206に於いても「***contra proferentem***」の準則が規定されている。通常，起案者は自身が起案した文言の意味を相手方よりも知る立場にあり，場合によっては意図的に曖昧な起案をしたかもしれず，つまりは文言の使用を制御でき，曖昧な文言に対し責任ある立場に居たからこそ，相手方に有利に解釈すべきとされる訳である[168]。当準則は，特に一方当事者側の熟練した専門家が起案したり，契約に就いて特別な技能を有する一方当事者が起案した場合に当てはまる[169]。通常は保険契約や標準書式合意書や起案者側の交渉力・力関係（bargaining power）が凌駕している場合に問題と成るけれども，その場合だけに当準則の適用が限定されるとは限らない[170]。

　なお，実務では「***contra proferentem***」の準則を回避する為に，以下のような文言を契約書に起案・挿入する例も散見される。

---

166) *See, e.g.,* FELDMAN & NIMMER, *supra* note 6, §1.03A[A], at 1–24, §1.03A[A][4], at 1–31 to 1–32; BURNHAM, *supra* note 28, §7.1, at 91.
167) BLUM, *supra* note 5, §10.7, at 290.
168) RESTATEMENT (SECOND) OF CONTRACTS §206 cmt. *a*; MURRAY ON CONTRACTS, *supra* note 2, §88[G], at 484.
169) MURRAY ON CONTRACTS, *supra* note 2, §88[G], at 483.
170) *Id.*; RESTATEMENT (SECOND) OF CONTRACTS §206 cmt. *a*.

384　第Ⅲ章　法的拘束力

> **It is the intention of both of the parties to construe this Agreement <u>as if both of the parties hereto drafted it jointly</u> <u>because</u> <u>each party</u> has <u>taken part in</u> <u>negotiating as well as drafting it.</u>**

This provision is partially inspired by the suggestion *in* HAGGARD & KUNEY, LEGAL DRAFTING, *supra* note 20, at 83（英文契約書の実例を参考に本書筆者が起案）（強調付加）。

§10-14.「*同類解釈則*」（*ejusdem generis*）[171]（イジュースデム ジェネリス）

　例えば「..., and others」や「... of the same kind」等の所謂「catch-all phrase」（キャッチ・オール）（包括句）の意味は，その前に来る具体例に縛られる[172]。即ち一般用語の前または後に具体的例示がある場合，<u>一般用語の意味は例示された具体的事象と同種なものに限られる</u>と解される準則であり[173]，以下のラテン語の法諺により表される。

> *ejusdem generis*（イジュースデム ジェネリス）　＝　"**of the same kind**"

　例えば共同住宅に関する以下の例文に於いて，具体的例示「skateboards, roller-skates, rollerblades」が，一般用語「other means of locomotion」の意味を限定するという準則である[174]。

---

171) *See* BLUM, *supra* note 5, §10.7, at 289-90; STARK, DRAFTING CONTRACTS, *supra* note 32, §23.6, at 281.
172) HAGGARD & KUNEY, LEGAL DRAFTING, *supra* note 20, at 75.
173) MURRAY ON CONTRACTS, *supra* note 2, §88[I], at 484; STARK, DRAFTING CONTRACTS, *supra* note 32, §23.6, at 281.
174) BLUM, *supra* note 5, §10.7, at 289. 他にも例えば，契約終了（termination）が出来る場

§ 10-14.「同類解釈則」(*ejusdem generis*) 385

> skateboards, rollerskates, rollerblades, <u>and other means</u> of locomotion ［交通手段・推進力］ are prohibited in common areas or hallways

　もし具体的例示の共通点は全て「足の下に車輪が付いたもの」と捉えれば，一般用語「other means of locomotion」は車椅子やオートバイを含まないと解釈され得る[175]。しかし具体的例示の共通点を「車輪」と捉えれば，車椅子やオートバイも含まれるけれども，馬は含まれないことに成る[176]。

　なお「同類解釈則」を回避する為の起案上の表現技法としては，<u>catch-all phraseの前に「including but not limited to」の慣用句を挿入しておくと良い</u>[177]。具体例としては，「*force majeure* clause」(不可抗力条項) に於いて，自然災害 (*e.g.,* 地震等) のみを履行義務免除事項として列挙すると人災的不可抗力 (*e.g.,* 戦争等) を免除事由に含まない解釈の虞が生じるので，そのような同類解釈則を回避する為には「including but not limited to」が有用である。後掲 (§13-04-1 [c-2]) 参照。

合の事由として，「for good cause」の文言に続けて「賃料の未納」「敷地への重要かつ反復的破壊」「物理的危険源の構築」を挙げた場合には，例示とは種類の異なる契約違反事由である「犬を飼うこと」が good cause には当たらないと解釈される。MURRAY ON CONTRACTS, *supra* note 2, §88[I], at 485. 更に例えば「meat, fish, poultry［鳥肉／家禽］, vegetables, fruit, and other provisions［食料］」という例文に於いては，具体的に例示列挙されている事物が全て加工されていない故に，「other provisions」という a catch-all phrase も非加工物に限定されて，例えば菓子類は含まれなく成る。BUTT & CASTLE, *supra* note 58, at 52-53. 同様に具体例を示しつつ解釈するものとしては，see, *e.g.,* HAGGARD & KUNEY, LEGAL DRAFTING, *supra* note 20, at 76.

175) BLUM, *supra* note 5, §10.7, at 289.
176) *Id.*
177) MURRAY ON CONTRACTS, *supra* note 2, §88[I], at 485; STARK, DRAFTING CONTRACTS, *supra* note 32, §23.6, at 281.

§10–15. 「*列挙されたものと同種*」（*noscitur a sociis*）の解釈[178]

これは或る文言をそれに付随する「仲間」（associates）から理解するという以下のラテン語の法諺で表される準則である。即ち文言の意味をその使われる文脈に照らして解釈するのである[179]。

---

noscitur a sociis（ノシター ア ソシイス）　=　"[it is] known from its associates"

例えば以下の例文に於いて[180]，具体的例示として「dogs, cats」が挙げられているので，「or primates（霊長類）」の意味は<u>具体的例示と同種のもの</u>と解されるから，「primates」には「人間」が含まれず，従って猿は飼育を禁じられていても人間と同居すること迄は禁じられていないと解され得る。

---

no dogs, cats, <u>or primates</u> may be kept in this premises

---

「*noscitur a sociis*」の重要性を示す実例としては，果物と野菜の輸入業者が「<u>physical loss or damage or deterioration</u> arising out of strikes（強調付加）」と書かれた保険を掛けていて，港湾ドックのストライキ故に輸入が遅延し，たまたま市場価格が下落してからやっと売ることが出来た損害を保険がカバーするか否かが争わ

---

178) BLUM, *supra* note 5, §10.7, at 290.
179) HAGGARD & KUNEY, LEGAL DRAFTING, *supra* note 20, at 77.
180) BLUM, *supra* note 5, §10.7, at 290.

れ，三つの例示が全て物理的な事象を挙げていたので単なる市場価値の下落は含まれないと解されたので[181]，要注意である。

§10-16.「一つの表示は他を排除する」(*expressio unius*)[182]

「*expressio unius* rule」と呼ばれる準則は，以下のラテン語の法諺に由来し，「**The inclusion of one thing is the exclusion of another.**」とも表現される[183]。具体的例示の後に一般用語が続いていない場合に例示されていない同種の他のものが含まれない（規律の対象外）と推認される[184]。即ち一定の事象／事物を列挙すれば，その列挙が「排他的」(exclusive) な列挙であるという「否定的な推認」(negative inference) を生むのである[185]。

> *expressio unius est exclusio alterius* ＝
> "The expression of one thing excludes another."

例えば前項（§10-15）と同じ以下の例文に於いては，アヒルを飼うことが禁じ

---

181) BUTT & CASTLE, *supra* note 58, at 58.
182) BLUM, *supra* note 5, §10.7, at 290; STARK, DRAFTING CONTRACTS, *supra* note 32, §23.7, at 282.
183) Evelyn C. Arkebauer, *Cumulative Remedies and Election of Remedies, in* TINA L. STARK, NEGOTIATING AND DRAFTING CONTRACT BOILERPLATE Ch.9, at 205, §9.02[4][a][A], at 213 n.30 (2003).
184) *See* BLUM, *supra* note 5, §10.7, at 290, Glossary, at 764. *See also* FELDMAN & NIMMER, *supra* note 6, §1.03A[A][6], at 1-32.1 to 1-32.2（同旨）; MURRAY ON CONTRACTS, *supra* note 2, §88[H], at 484（同旨）.
185) HAGGARD & KUNEY, LEGAL DRAFTING, *supra* note 20, at 74.

られていないと推認される[186]。一定の事象／事物をリスト・アップしておきながら，他の事象／事物を除いているから，その除外は意図的であったと推認されるのである[187]。

---

no dogs, cats, or primates may be kept in this premises（再掲）

　この解釈を排除する為には，前掲（§10-14）の「同類解釈則」（*ejusdem generis*）を回避する方法と同様に，「including without limitation」や「including but not limited to」等を用いれば良い[188]。即ち上の例文に於いて動物の飼育を全て禁止したければ，約定を以下のように書き換えれば良い。

The Lessee shall not keep in this premises animals including *but not limited to* (*) dogs, cats, primates, or ducks.

BLUM, *supra* note 5, §10.7, at 290 で例示された語句を本書筆者が修正（強調付加）.
(*)「including *but not limited to*」の代わりに「including *without limitation*」も契約実務に於いて多用される。

　更に，契約上で例示された権利・救済のみを唯一排他的な救済として限定しない旨を示す前掲（§5-07）「重複的救済条項」（cumulative remedy provision）を挿入する理由の一つには，「*expressio unius*」の解釈則を回避することにある。

---

186) BUTT & CASTLE, *supra* note 58, at 56.
187) *Id.*
188) STARK, DRAFTING CONTRACTS, *supra* note 32, §23.7, at 282.

§10-17. 列挙されている直近の最後の文言を修飾する

　例えば以下の例文の場合，「that are red」が修飾するのは列挙事項の中の最後の「vans」のみという準則である[189]。

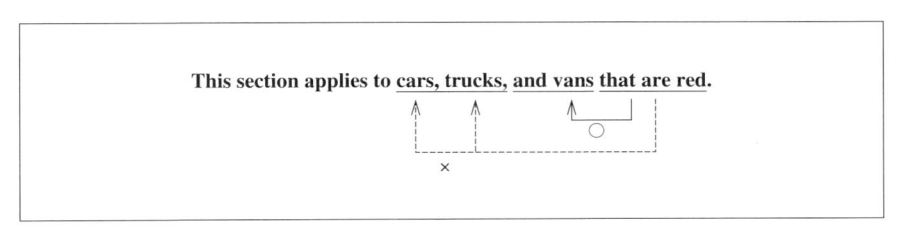

This section applies to cars, trucks, and vans that are red.

This is based upon HAGGARD AND KUNEY, LEGAL DRAFTING, *supra* note 20, at 78（強調・下線付加）.

　尤もこの例文は，後掲（§10-22）「構文上の多義性」の問題が残るので好ましくない。事物・事象が連なっている為に修飾語が何処を修飾しているのかが多義的に成るのである。実際，不可抗力条項に於いて，限定句が何処まで修飾しているのかが争点になった判例に就いては，後掲（§13-04-1 [c-4]）参照。

§10-18.「各々に夫々の意味を与え」(*reddendo singula singulis*)

　連続した列挙事項は，先の同様な列挙事項を照会しているとする解釈であり，以下のラテン語で表される[190]。

---

189) HAGGARD & KUNEY, LEGAL DRAFTING, *supra* note 20, at 78.
190) BLACK'S LAW DICTIONARY 1303 (8th ed. 2004).

> リデンドー シンギュラ シンギュリス
> *reddendo singula singulis* = "**by rendering each to each.**"

例えば以下の例文のような場合，6月，7月，および8月の月毎に製造，組立，および出荷の三種の全てを繰り返すとは解釈されず，製造が6月，組立が7月，出荷が8月であると読む準則である[191]。

> **Seller will begin the <u>manufacture, assembly, and shipment</u> of the goods on <u>June 1, July 1, and August 1</u>.**

This is based upon HAGGARD AND KUNEY, LEGAL DRAFTING, *supra* note 20, at 77（原典の月の表示に誤りがあったので本書では修正済）.

尤も以下のように[192]起案した方がそもそも不明確さを払拭できるので好ましい。

> **Seller shall begin the manufacture, assembly, and shipment as follows:**
>
> | manufacture | June 1 |
> |---|---|
> | assembly | July 1 |
> | shipment | August 1 |

本書筆者が修文。

---

191) HAGGARD & KUNEY, LEGAL DRAFTING, *supra* note 20, at 77-78; THOMAS R. HAGGARD & GEORGE W. KUNEY, LEGAL DRAFTING IN A NUTSHELL 109 (3d ed. 2007).
192) *See* HAGGARD & KUNEY, LEGAL DRAFTING, *supra* note 20, at 78.

§10–19. 数を文言（word）で表した場合と数値（numeral）で表した場合の相違時の優劣関係

　これは，以下の例文のように，数を文言（七千六百萬）と数値（77,000,000）の双方で表現した際に，両者に相違がある場合の解釈上の優劣は，前者（文言）の「七千六百萬ドル」の方が優越する準則である[193]。

SEVENTY-SIX MILLION DOLLARS ($ 77,000,000)

　尤も人は通常，文言の表記は読まずに数値の表記しか読まないであろうから，文言が優越する準則は理に適わないという意見もある[194]。しかし，そもそもこのように文言表記と数値表記を重複表示させる背景・理由は，後者（数値）の方が認知し易いけれども小数点や桁数の誤記の虞が高いので，その危険に対する安全策として前者（文言表記）を重複させ，もし両者に相違が生じた場合には前者を優越させる準則を用いて来たのである[195]。この準則が明らかに当事者意思に反する場合や酷く不公正な場合等には，現代的には準則を裁判所が無視することも在り得る[196]。

　このような問題をそもそも回避する為に契約実務上推奨される起案の方法は，文言表記のみを用いるか或いは数値表記のみにするかを選択することであ

193） See, e.g., KENNETH A. ADAMS, A MANUAL OF STYLE FOR CONTRACT DRAFTING ¶10.1, at 171 (American Bar Association 2004) [ADAMS, A MANUAL OF STYLE]; HAGGARD & KUNEY, LEGAL DRAFTING, supra note 20, at 78.
194） HAGGARD & KUNEY, LEGAL DRAFTING, supra note 20, at 79.
195） ADAMS, A MANUAL OF STYLE, supra note 193, ¶10.1, at 171.
196） HAGGARD & KUNEY, LEGAL DRAFTING, supra note 20, at 79.

る[197]。

§10-20. 相反する規定の解釈と先後関係

　同じ契約書内の或る条項と他の条項とが相反する意図を示す場合には，より主要な条項あるいは重要な条項の方がそうでは無い条項よりも優越する[198]。

　更に，同じ契約書内の先に記載された規定が，後に記載された規定と相反し，且つ裁判所がその抵触をどうしても解決できない場合の「最後の手段」としてコモン・ロー上存在する解釈準則としては，先の規定を強制して後の規定は排除するというルールが一応存在する[199]。尤もこの解釈準則はあくまでも最後の手段であり，且つ様々な例外が存在する為に，今日では殆ど捨て去られつつある[200]。

　§10-20-1. 契約条項の順番に関する契約実務上の留意点：　アメリカの契約書または国際的な英文契約書に於いては珍しくは無い特徴として，量が非常に分厚いという指摘をよく耳にする。(しかし筆者から言わせれば日本の契約書が薄過ぎる。) そのように分厚く，条項も多い契約書の中で，如何なる順番に条項を配列して行くのかという論点に就いても，実は慣行的・慣習的な暗黙のルールが存在するばかりか，奨励される配列も存在する。そのような配列のルールを簡潔に言えば，より重要な内容／条項はより先に配置することに成る[201]。以下 (図表＃10.7) が読者の理解の参考に成ろう。

---

197) *Id. See also* ADAMS, A MANUAL OF STYLE, *supra* note 193, ¶ 10.2, at 171 to ¶ 10.4, at 172（更に詳細な表記の技法を紹介）．
198) MURRAY ON CONTRACTS, *supra* note 2, §88[K][5], at 486.
199) Levin & Brown, *Captions, supra* note 68, §21.02[2], at 600.
200) *Id.* at 600 n.11.
201) *See, e.g.,* BUTT & CASTLE, *supra* note 58, at 170.

§10-22.「曖昧性・多義性」（vagueness・ambiguity）を出来る限り除去すること　393

図表#10.7　契約条項の配列順序

順番	事項
1	表題
2	序章（当事者，日付），説明部，合意の言葉
3	定義
4	取引の核心・最重要事項
5	取引の核心に準じる諸事項
6	契約の期間，終了，救済，等
7	一般条項
8	終章，署名欄＋付属書

ココが重要。bodyの冒頭に要規定。

§10-21. パブリック・ポリシーに適うように解釈する

　これは，当事者自治を尊重して国家・州の介入は謙抑的であるべきという嘗ての傾向に反し，社会的な規律を強化する近年の解釈傾向を表している[202]。特に電気や水道等の「公共事業」（public utility）に関連する契約や，一方当事者が政府関連の契約の際に，当事者意思が不明な場合に当事者意思を探る為よりは寧ろ「公共の利益」（public interest）を志向する解釈の採られる場合があり，それは所謂「interpretation」（事実に基づく解釈）では無く「construction」（法的意味を持ち込んだ解釈）である[203]。

§10-22.「曖昧性・多義性」（vagueness・ambiguity）を出来る限り除去すること

　日本語で「曖昧」等と訳している契約法上の解釈の論点に関する曖昧さには，以下（図表#10.8）の二語が該当する。

---

202) HAGGARD & KUNEY, LEGAL DRAFTING, supra note 20, at 83-84.
203) MURRAY ON CONTRACTS, supra note 2, §88[E], at 482-83.

図表#10.8 「vagueness(ヴェイグネス)」と「ambiguity(アムビギュイティ)」の相違

区　分	性　　格		評価	代表判例：前掲§8-01-3「重大な相互の誤解」
vagueness(ヴェイグネス)	imprecision[204]	a matter of degree, a shading（変化する）of meaning.[205] 漠然さ, ぼんやりさ, はっきりしないこと, または, 朦朧さの意。	△・×	「チキン」事件：*Frigaliment Importing Co. v. B.N.S. International Sales Corp.*, 190 F. Supp. 116 (S.D.N.Y. 1960).
ambiguity(アムビギュイティ)	alternative inconsistent meaning[206]	a matter of choice; the meaning must be one thing or another.[207] 両義, 多義性の意。"the language ... susceptible to more than one meaning"[208]	×	「*Peerless*号」事件：Raffles v. Wichelhaus, 2 Hurl. & C. 906, 159 Eng. Rep. 375 (Ex. 1864).

「vagueness(ヴェイグネス)」よりも「ambiguity(アムビギュイティ)」の方がより問題とされる。一方の「vagueness」は或る意味, 如何なる文言も避け得ないところであり, 例えば「reasonable」という文言は vague であるけれども, その使用は已むを得ないものでもあろう[209]。しかし他方の「ambiguity」の具体例としては, 米国とカナダで働く労働者を抱える企業が賃金を「dollar」や「＄」で支払うと契約していた場合に, それが果

---

204) *See* ADAMS, A MANUAL OF STYLE, *supra* note 193, ¶7.1, at 85.
205) *See* BURNHAM, *supra* note 28, §7.4, at 93.
206) ADAMS, A MANUAL OF STYLE, *supra* note 193, ¶7.1, at 85.
207) BURNHAM, *supra* note 28, §7.4, at 93.
208) HILLMAN, PRINCIPLES OF CONTRACT LAW, *supra* note 27, at 235. *See also* 11 WILLISTON ON CONTRACTS, *supra* note 1, §30:4, at 39-41 （リーズナブリーに知的な人が, 完全な合意の全体の文脈を調べ, 且つ特定の業界や事業に於いて理解されている慣行等を知った上で, 客観的に見直して, 最低二つのリーズナブルだが相反する意味の虞が残る場合に, ambiguous であると指摘）.
209) *See* STARK, DRAFTING CONTRACTS, *supra* note 32, §21.2.2, at 236.

§10-22.「曖昧性・多義性」(vagueness・ambiguity) を出来る限り除去すること　395

たして「米国ドル」なのか「カナダ・ドル」なのかが不明である例が有名で[210]，そのように「多義的」(ambiguous) な解釈の余地は大きな問題に成り易い。

更に「重大な相互の誤解」に関する前掲 (§8-01-3) の「*Raffles 対 Witchelhaus*」判例も，「Peerless」号という名称の船舶が二つ存在した為に「ambiguity」或いは「double meaning」が生じて，船荷の売主と買主が異なる船を意図する「重大な誤解」(material misunderstanding) に至った例として有名である[211]。「Peerless 号」のように，両当事者が採用した文言は明白で且つ一つの意味を示唆しているにも拘わらず，外部証拠ゆえに二つ以上の意味から一つを採用するように迫られる場合のことを「隠れた［潜在的］多義性」(**latent ambiguity**) と言う[212]。同じく「相互の誤解」として「チキン」の意味が争点になった「*Frigaliment Importing*」事件は「vagueness」の例と捉えることも可能であり[213]，「チキン」の外縁が焼肉／唐揚げ用「若鶏」(young chicken)[214] 迄なのか，またはシチュー用の「成鶏」(stewing fowl) に迄も及ぶのかの「変動する範囲・領域の適用」(spectrum of application) が争われている。

§10-22-1．契約実務に於いて問題になる「vagueness（ヴェイグネス）」の代表例[215]：
契約文言上しばしば取り上げられる vagueness の代表例としては，以下の二種類が

---

210) 11 WILLISTON ON CONTRACTS, *supra* note 1, §30:4, at 43-44. この「ドル」の例は本文次項で説明する「ambiguity *in semantics*」(語義上の多義性) である。See STARK, DRAFTING CONTRACTS, *supra* note 32, §21.2.1, at 235.
211) MURRAY ON CONTRACTS, *supra* note 2, §87[B][2], at 472.
212) *Id.* at 472 n.257. なお『MURRAY ON CONTRACTS』は「latent ambiguity」を，もう一つの多義性を示す単語「equivocation」(明白な多義性：patent ambiguity) と区別している。See *id.* at 472 & n.255.
213) *Id.* §87[B][2], at 471-72.
214)「young chicken」は「fryer」とも言う。BURNHAM, *supra* note 28, §7.5.1, at 100-01（両文言を同じ契約書内で使うべきではなく，文言を統一し且つ以下のような定義条項を奨励している。「As used in this Agreement, chickens mean fryers.」）．
215) 本文中のこの項目内の記述に就いては，see ADAMS, A MANUAL OF STYLE, *supra* note 193, ¶7.3, at 85 to ¶7.8, at 86.

挙げられている。一つは，時間に関する形容詞あるいは副詞の「immediately」「promptly」「as soon as practicable」等である。どの程度に素早く債務を履行すべきか等は，裁判所がリーズナブルな期間を決することに成る。裁判所に委ねたくなければ，明確・具体的に締切期日を起案しておくべきである。

　もう一種の代表例は，「best efforts」の文言とその姉妹形に加えて，以下の形容詞あるいは副詞である。「reasonable」「unreasonable」「fair」（*e.g.*, fair market value）「undue」「substantially」「material」（*e.g.*, material adverse change）「satisfactory」「acceptable」等。これ等の内，「best efforts」等の努力義務と「satisfactory」（満足感条項）に就いては，後掲（§§ 10-24, 10-25）参照。

§ 10-22-2.「語義上の多義性」（ambiguity *in semantics*）と「構文上の多義性」（ambiguity *in syntax*）：　ambiguity は，概ね以下の二種に大別される[216]。

図表 # 10.9　「語義上の多義性」と「構文上の多義性」

分　類	意　味	例
ambiguity *in semantics* または **semantic ambiguity** 語義上の多義性	意味／語義に関する多義性，単語自身の多義性	"ip" ∵ intellectual property 以外にも internet protocol の意味もある。
ambiguity *in syntax* または **syntactic ambiguity** 構文上の多義性	構文／体系に関する多義性，単語の組み合わせ順序と句読点による多義性[217]	"a red fountain pen" ∵ 赤いボディの万年筆か，または赤いインクを入れた万年筆なのかが多義的。

a.「語義上の多義性」と定義条項の重要性：　語義上の多義性を回避する為にドラフティング上重要な点は，先ず，「同義語」（synonyms）の使用は止めて，

---

216)　*See, e.g.*, BURNHAM, *supra* note 28, §7.4, at 94; STARK, DRAFTING CONTRACTS, *supra* note 32, §21.2.1, at 235. *See also* HAGGARD & KUNEY, LEGAL DRAFTING, *supra* note 20, at 198（ほぼ同旨）。

217)　HAGGARD & KUNEY, LEGAL DRAFTING, *supra* note 20, at 217.

同じ契約書上は同じ意味を有する文言を一つの語に統一することである。例えば契約書の或る場面では「lawyer」と記載しつつ，同じ契約書の他の場面では「attorney」と書けば混乱を招く。何故ならば，「lawyer」と「attorney」とは異なる意味を持たせていると解釈される虞があるからである。更に例えば競業避止義務が契約当事者以外の「affiliate」（関係会社）にまで及ぶという文言は，その affiliate が親会社まで含むのか否か等が問題に成るので，定義条項に於いて以下のように明確化しておくことが望ましく成る。

> **The ["Affiliate" means] any other Person that directly, or indirectly through one or more intermediaries, controls, is controlled by, or is under common control with, such specified Person.**

Credit Index, LLC v. Riskwise Int'l, LLC, 192 Misc.2d 755, 746 N.Y.S.2d 885 (N.Y.Sup. Ct. 2002)（競合避止義務の対象たる affiliate には親会社も含まれると判示された定義条項）in FELDMAN & NIMMER, *supra* note 6, §1.03A[A][9], at 1-32.6.

なお現代に於ける契約書の起案は PC(パソコン)のワープロ機能を使うのが通例であるから，異なる文言を用いる誤りを発見・修正する手法としては，所謂「検索」機能や「置換」機能の活用が奨励されているので[218]，日本の実務家にも参考に成ろう。

§10-23.「誠実かつ公正な取扱」（good faith and fair dealing）の義務

締結された契約の履行に於いては当事者が「**誠実かつ公正な取扱**」（**good faith**

---

218) BURNHAM, *supra* note 28, §7.5, at 100.

and fair dealing）という黙示の義務を負うと解されている[219]。即ち第二次リステイトメントは§205に於いて次のように規定している。「**Every contract imposes upon each party a duty of a good faith and fair dealing in its performance and enforcement.**」（下線付加）と。UCC にも，後段で紹介するように同様な義務規定が置かれている[220]。

尤も誠実かつ公正な取扱義務は「履行に於いて」課されるので，原則として契約締結「前」の交渉過程には適用されないのがアメリカ契約法である[221]。更に同義務は「黙示」の義務なので，前掲（§10-01 内の図表＃10.1）の所謂「gap filling」（ギャップ・フィリング）と呼ばれる擬制的解釈（construction）に分類されるから，原則として当事者間の「明示の合意」条項には劣後する[222]。

同法理の原理は，「honesty and fairness」の概念に起因すると言われている[223]。その解釈に於いて強調されるのは，両当事者が合意した契約「目的」（purpose）の達成であり，他方当事者の抱く「正当化された期待」（the justified expectation）の維持であり，且つ，「品位のある公正でリーズナブルな共同体の基準」（decency, fairness or reasonableness）を侵すような「不誠実」（bad faith）の排除である[224]。確かに何が「誠実」（good faith）の義務なのかを肯定的に定義するのは難しいので，寧ろ否定的に，禁じられた行為，即ち「不誠実」（bad faith）を例示した方が内容を把握し易いという指摘もある[225]。例えば，意図的に契約目的を阻害するサボタージュや回避行為（subterfuges and evasions）はたとえ行為者が正

---

219) *See, e.g.,* MURRAY ON CONTRACTS, *supra* note 2, §96[C], at 569.
220) *See infra* text in this §10-23 accompanying notes 229, 236-39.
221) *E.g.,* MURRAY ON CONTRACTS, *supra* note 2, §96[C], at 570.
222) *Id. But see* GABRIEL & RUSCH, *supra* note 132, at 9（改定版 UCC §1-302(a)は UCC が規定する"good faith, diligence, reasonableness, and care"の義務を強行規定としていると指摘）.
223) C. William Baxley, *Future Assurances, in* TINA L. STARK, NEGOTIATING AND DRAFTING CONTRACT BOILERPLATE Ch.22, at 605, §22.02, at 609 (2003).
224) RESTATEMENT (SECOND) OF CONTRACTS §205 cmt. *a*.
225) MURRAY ON CONTRACTS, *supra* note 2, §96[C], at 569-70.

§10-23.「誠実かつ公正な取扱」(good faith and fair dealing) の義務　399

しいと思っていても「誠実かつ公正な取扱」の違反と成り得るばかりか[226]，他方当事者の履行義務を免除する効果を生み「**妨害法理**」(**prevention doctrine**) と呼ばれている[227]。更に「努力の欠如」(lack of diligence)，「不完全履行の意図的提供」(willful rendering of imperfect performance)，または他方当事者の履行への「協力阻害・懈怠」(interfere with / failure to cooperate) 等のような行為も「不誠実」(bad faith) と解され得る[228]。

　なお，当事者に裁量権がある場合でさえもその行使に於いては誠実かつ公正な取扱の義務が黙示的に課されると解釈される場合がある。例えば前掲（§3-08-1）の「リクアイアメント契約」(生産量一括売買契約) や「アウトプット契約」(必要量購入契約) 等では，需要や生産量の増減が「誠実」に為される義務が課され，UCCも§2-306(1)に於いてこの義務を規定している[229]。裁量権の行使基準の客観性・主観性に就いては，「満足感条件」(satisfaction) に関する後掲（§10-25）も参照。更には「契約終了」(termination) 権を行使する際にも「誠実」の義務が課され，特にフランチャイズ契約に於いてはフライチャイジー保護の観点から厳しく制限される[230]。

　誠実かつ公正な取扱義務は，契約の前提（停止）条件の充足を促す為に債務者に「不作為義務」を課すに止まらず，「作為義務」も課している[231]。しかし後者として何処までが当事者に求められるかの基準を定量化することは困難であり，定性的には以下のように言われている。即ち契約目的を達成する為に該契約が該当事者により行われることを前提としていた事柄は全て行う義務があるとか，該

---

226) RESTATEMENT (SECOND) OF CONTRACTS §205 cmt. d.
227) See MURRAY ON CONTRACTS, supra note 2, §96[C], at 571;　13 WILLISTON ON CONTRACTS, supra note 1, §39:3, at 516.
228) See MURRAY ON CONTRACTS, supra note 2, §96[C], at 571;　13 WILLISTON ON CONTRACTS, supra note 1, §39:3, at 516.
229) UCC §2-306(1)(2003年改訂で変更なし);　Baxley, Future Assurances, supra note 223, §22.02, at 609;　GABRIEL & RUSCH, supra note 132, at 37-38.
230) See MURRAY ON CONTRACTS, supra note 2, §96[C], at 570.
231) Id. at 571.

状況下に於いてリーズナブルに期待される作為的な手段は採るように期待されている，等である[232]。例えば不動産売買に於いて，買主が抵当権設定・消費貸借を通じて代金を準備できることが履行の前提（停止）条件に成っていた場合，買主には積極的に消費貸借が成立するように努力する作為義務が課され，これに反すれば誠実かつ公正な取扱の義務違反に成る[233]。

契約締結時には想定していない機会を利用する「日和見主義的行動」（opportunistic behavior）を禁じる意味で誠実かつ公正な取扱の義務を用いる事例も，現代では現れて来ている。例えば前掲（§ 8-03-2 [c]）「経済的強迫」（economic duress）や（§§ 3-07-2, 8-03-2 [a]）「既存義務の準則」（pre-existing duty rule）の例でも取り上げた「*Alaska Packers' Ass'n 対 Domenico*」判例[234]のように，代替的労働力が存在しないことを「奇貨」としつつ賃上げに応じなければ義務履行に応じないと要求する行為や，相手方に有利な契約条項に気が付かずに権利行使しないことを奇貨として振舞うような行為は，黙示の誠実かつ公正な取扱義務違反の虞が出て来る[235]。

UCC も先ず通則の§ 1-203 に於いて，「誠実の義務」（obligation of good faith）を明記している[236]。尤もその意味は，2001／2003 年改訂の前後で異なっている。即ち改訂「前」の通則（UCC Art. 1）としては主観主義的に「honesty in fact in the conduct or transaction concerned」（強調付加）と規定していたけれども[237]，Article 2 が適用される「merchants」（商人）間の取引の特則に於いては更に厳しく客観性も加

---

232) Baxley, *Future Assurances, supra* note 223, § 22.02, at 610.
233) MURRAY ON CONTRACTS, *supra* note 2, § 96[C], at 571.
234) Alaska Packers' Ass'n v. Domenico, 117 F. 99 (9th Cir. 1902).
235) MURRAY ON CONTRACTS, *supra* note 2, § 96[C], at 570-71.
236) "Every contract or duty within this Act imposes an obligation of good faith in its performance or enforcement"と規定している。UCC § 1-203. なお同改訂版では UCC § 1-201(b)(20)に「"Good faith," except as otherwise provided in Article 5, means honesty in fact and the observance of reasonable commercial standards of fair dealing.」（強調付加）と規定されている。*See also id.* § 1-201 cmt. 20. BLUM, *supra* note 5, § 7.9.1 a, at 184.
237) UCC § 1-201(19)（但改訂前）。 BLUM, *supra* note 5, § 7.9.1 a, at 183.

味するように「the observance of reasonable commercial standards of fair dealing in the trade」（強調付加）と規定していた[238]。ところが改訂版では通則たる Art. 1 に於いても原則として客観主義も加味されるに至っている[239]。

　ところで「誠実」(good faith) の基準と「理に適うこと」(reasonableness) の基準との間の主観性・客観性の相違に関しては、これ迄の説明から推察されるように、一般には前者 (good faith) に於いて「個人的判断」(personal judgment) がより指向され、後者 (reasonableness) では市場 (market) の要素や機械的な諸要素 (mechanical factors) により重点が置かれる[240]。重要なのは、疑義が生じる場合に於いて第二次リステイトメント§228 が、客観基準の使用をより好ましいと表明していることである。その理由は、客観基準の方がより公正かつ予見可能だからである[241]。

　なお理論的には、前掲 (§5-16-5) の通り、契約違反行為はその契約法理上の債務不履行に該当すると同時に場合によっては不法行為責任法理上の「不誠実な違反」(bad faith breach) をも課される虞がある。しかし後者が課されるのは、保険契約や信認関係がある等の例外的な場合に限定され、通常の契約に於ける違反は原則として契約法理上の誠実かつ公正な取扱義務違反に該当するに過ぎないと言われている[242]。

---

238) *Id.* §2-103(1)(b)； BLUM, *supra* note 5, §7.9.1a, at 183.
239) UCC §1-201(b)(20)(但改訂後)（前掲脚注 236 で引用したように "'Good faith,' ..., means honesty in fact <u>and</u> the observance of <u>reasonable commercial standards</u> of fair dealing"（強調付加）と規定）； BLUM, *supra* note 5, §7.9.3a, at 184. *See also* Kara N. Achilihu, Comment, *"Dishonesty" in Fact: The Future Uncertainty of Moryland's Statutory Interpretation of Good Faith & Encouraging LAX Lender Liability,* 77 MD. L. REV. 1204 (2018).
240) BLUM, *supra* note 5, §16.8.2, at 537.
241) *Id.*
242) MURRAY ON CONTRACTS, *supra* note 2, §124[A], at 810-11.

§10–24. 「最善の努力」(best efforts) や「理に適った努力」(reasonable efforts) 等の努力義務

「vague」(曖昧) であるにも拘わらず契約実務で多用される文言として，「... efforts」と呼ばれる「努力義務」がある。殆どの法域に於いて努力義務条項は強制可能と判断されている[243]。努力義務の文言例としては，「best efforts」「reasonable efforts」「reasonable best efforts」「commercially reasonable efforts」「commercially reasonable best efforts」等がある。尤も判例は，これら微妙な文言の相違ゆえに努力義務の内容に明確な差異を設けていないようである[244]。契約から得られる利益に相応しい努力を求めることになると推察されるのである[245]。

図表♯10.10　明示の義務としての「best efforts」の内容

best efforts の内容	破産する程までに費用を掛ける必要は無い。
	①　約束者の立場に居ると仮定されたリーズナブルな第三者の義務である。
	②　約束者と被約束者(受約者)とが同じ法人に同居していたと仮定された場合にその法人が自身の為に払うよう要求されるであろう努力である。

なお次項で紹介する「黙示」の努力義務と異なり，「明示」の努力義務の典型例である「best efforts」が具体的に如何なる義務を課しているのかを定義するのは極めて難解である。しかし『FARNSWORTH ON CONTRACTS』に拠れば[246]，概ね以下のように纏めることが出来る。

§10–24–1. 黙示の努力義務：　契約書に明記されていなければ，「努力義務」の存在は如何なる契約にも黙示的に解釈される訳ではない。排他独占的契約

---

243)　ADAMS, A MANUAL OF STYLE, *supra* note 193, ¶ 7.28, at 90.
244)　*Id.* ¶ 7.23, at 89.
245)　*Id.* ¶ 7.27, at 90.
246)　*See* 2 FARNSWORTH ON CONTRACTS, *supra* note 2, §7.17c, at 406–09.

に於いて一方当事者の利益が専ら他方当事者の収益からの分配に依存しているような場合に限り、他方当事者は収益を伸ばす努力義務を負う[247]。例えば使用許諾契約（license）や再販売権契約（distributorship）や小売店契約（dealership）のような場合には、該製品を効果的に販売促進してくれる被許諾者側の良心に許諾者が依存しているので、最善の努力義務が適用され得る[248]。

前掲（§3-08-2）の「*Wood 対 Lucy, Lady Duff-Gordon*」事件は、黙示の努力義務を課したリーディング・ケースである。同判例をUCCも、排他独占型契約に付帯する黙示の義務を規定する§2-306 (2)に於いて承継し[249]、別段の定めが無い限りは、排他独占契約に於いて売主が物の供給に就いて最善の努力義務を負い、且つ買主はその販売を促進する最善の努力義務を負うと規定している。この法理の適用は一定の場合に限られるとは言え、商業的な取引の殆どに於いて表見的には<u>裁量的約束</u>（discretionary promises）であっても何らかの制限に服すると<u>解釈される虞が高いと理解すべきかもしれない</u>[250]。即ち前掲（§3-08）「擬似約束」（illusory promise）の項にて分析したように、約束者側の全くの裁量に懸かっているような約束も、一定の制限が解釈によって課されるから有効とされ得るのである[251]。即ち契約締結時に当事者達は意味の無い契約を取り極めるはずもなく、締結後に都合が悪く成ったからといってcommitment（束縛）不存在を主張することは単なる言い訳（pretext）と解され得る[252]。

§10-24-2.「best efforts」と「reasonable efforts」と「good faith efforts」と「diligent efforts」の相違——起案上の留意点：

FARNSWORTH等のアカデミックな著作者達は、「best efforts」の文言と「reasonable efforts」の文言との間には

---

247) Baxley, *Future Assurances, supra* note 223, §22.03, at 612.
248) BLUM, *supra* note 5, §10.8.2, at 292.
249) 2003年改訂で変更なし。BLUM, *supra* note 5, §7.9.2, at 181. *See also* 2 CORBIN ON CONTRACTS, *supra* note 13, §6.5, at 246.
250) BLUM, *supra* note 5, §7.9.2, at 181.
251) *Id.* at 180.
252) *See id.* at 181.

大した差異が存在しないと示唆している[253]。「ＡＢＡ：American Bar Association」が発行する契約書ドラフティングの実務的指導書も，殆どの裁判所が両者に差異を設けていないと指摘している[254]。つまり「reasonable efforts」よりも「best efforts」の方が厳しい義務を課しているように聞こえるけれども，契約目的達成の為に費用や損失を全く無視した努力義務までを裁判所が課す訳では無い[255]。しかし，実務家達の趨勢は，「best efforts」文言がより厳しい意味を有すると解され得る虞を考慮して，起案上も慎重に「best efforts」文言の使用を回避して「reasonable efforts」や以下のような文言を用いると指摘されている[256]。即ち「all reasonable efforts」や「all commercially reasonable efforts」等である。特に最後の「all commercially reasonable efforts」は，「reasonable」という客観基準を用いていて「best」という厳し過ぎる印象を払拭しつつ，更に「all」を附すことにより軽過ぎることも無く，しかも「commercially」を附すことによりreasonablenessが商業的基準によって判断されることを確かなものにしているので，その使用が契約書ドラフティングの指導書によっては奨励されている[257]。ABAの指導書も「best efforts」よりは「reasonable efforts」を推奨し，その理由として「best efforts」を用いても「best」の文字通りの「of the most excellent or desirable type or quality」な効果は生じないからと指摘している[258]。確かに「reasonable efforts」という英語には強い客観性が感じられ，「best efforts」という英語からは主観と客観基準の幾らかの混合的なニュアンスが感じられる[259]。しかし，何れの文言を使用しようとも，客

---

253) *See, e.g.,* 2 FARNSWORTH ON CONTRACTS, *supra* note 2, §7.17c, at 405 n.13 ("The term 'best efforts' and 'reasonable efforts' are generally used interchangeably, though it is sometimes suggested that 'best' is more demanding than 'reasonable.'"と指摘); BLUM, *supra* note 5, §10.8.2, at 292 n.19; Baxley, *Future Assurances, supra* note 223, §22.03, at 612 & n.25.

254) ADAMS, A MANUAL OF STYLE, *supra* note 193, ¶7.24, at 89.

255) *Id.*

256) Baxley, *Future Assurances, supra* note 223, §22.03, at 612 & n.26; ADAMS, A MANUAL OF STYLE, *supra* note 193, ¶7.21, at 88.

257) *See* Baxley, *Future Assurances, supra* note 223, §22.05[2], at 615.

258) ADAMS, A MANUAL OF STYLE, *supra* note 193, ¶7.31, at 91.

259) BLUM, *supra* note 5, §10.8.2, at 292 n.19.

§10–24.「最善の努力」(best efforts) や「理に適った努力」(reasonable efforts) 等の努力義務 405

観的な市場基準と，主観的な「誠実」(honesty) 基準の双方が検討される虞は払拭できないであろう[260]。これ等の努力義務の具体的な解釈に於いて裁判所は，やはり契約目的と当事者達のリーズナブルな期待を探ることに成る[261]。そこで努力義務の射程・内容をより明確化する契約文言を起案するならば，例えば以下が参考に成ろう。

> **The Seller shall use commercially reasonable efforts that a reasonable person in the Seller's position would use, to take, or cause to take, all actions <u>necessary or desirable</u> to achieve all of the transactions contemplated hereunder as expeditiously as possible <u>to the extent</u> that those actions are <u>within the scope of the Seller's influence</u>. Notwithstanding the forgoing, the Seller's duty of commercially reasonable efforts set forth above does not include taking any action that would cause the Seller to incur costs, or suffer any other detriment, out of reasonable proportion to the benefits to the Seller hereunder and in any case the out-of-pocket expenses of the Seller due to the commercially reasonable efforts shall not exceed US $ _____ in aggregate.**

This clause is based upon Baxley, *Future Assurances, supra* note 223, §22.05[2], [3], at 614, 618, 628–29; ADAMS, A MANUAL OF STYLE, *supra* note 193, ¶¶ 7.32, 7.33, 7.34, at 91（強調付加）（英文契約書の諸実例を参考に本書筆者が修正）．

ところで「reasonable efforts」や「best efforts」等の義務は，<u>「誠実義務」(good faith efforts) よりも大きい</u>というのが近年の傾向である[262]。幾つかの裁判所は

---

260) *See id.*
261) *Id.* at 293.
262) ADAMS, A MANUAL OF STYLE, *supra* note 193, ¶ 7.22, at 89. *See also* 2 CORBIN ON CONTRACTS, *supra* note 13, §6.5, at 246（UCC §2–306 に用いられている「an obligation by the seller to use <u>best efforts</u> to supply」（強調付加）に於ける「best efforts」は「good faith」よりも「a more rigorous standard」であると指摘）．

「best efforts」の基準は「diligence」（努力）にあると言い，diligence[263]とは当該状況下の人物が要求される留意と注意であると定義され，「good faith efforts」よりも厳しい印象を与えると言うのである[264]。『BLACK'S LAW DICTIONARY』も「best efforts」の義務が「good faith」の義務よりも「stronger」であると言っている[265]。『FARNSWORTH ON CONTRACTS』が両者の相違に就いて述べているところ[266]を表に纏めると以下のように成ろう。

図表#10.11 「good faith」義務と「best efforts」義務との相違

分類	基準	備考
good faith efforts	honesty and fairness	全ての契約当事者に課される義務。
best efforts	diligence	best efforts な義務を K に於いて引き受けた当事者にのみ課される義務。尤も「to act primarily for the benefit of another」な義務までも課される「fiduciary」（信認）の義務よりは劣る。

なお，裁判所でさえも「best efforts」を「good faith efforts」と混同して同じ程度の義務と解する場合さえあるから，両者の差異は不明であるという指摘もある[267]。

---

263) なお『BLACK'S LAW DICTIONARY』は「due diligence」を以下のように定義している。「The diligence reasonably expected from, and ordinarily exercised by, a person who seeks to satisfy a legal requirement or to discharge an obligation.」と。BLACK'S LAW DICTIONARY 488 (8th ed. 2004).
264) ADAMS, A MANUAL OF STYLE, *supra* note 193, ¶¶ 7.22, 7.26, at 89.
265) 「best efforts」とは「Diligent attempts to carry out an obligation.」であると定義した上で，「As a standard, a best-efforts obligation is stronger than a good-faith obligation.」と言っている。BLACK'S LAW DICTIONARY 169 (8th ed. 2004).
266) *See* 2 FARNSWORTH ON CONTRACTS, *supra* note 2, §7.17c, at 405.
267) ADAMS, A MANUAL OF STYLE, *supra* note 193, ¶¶ 7.40, 7.41, at 93; 2 FARNSWORTH ON CONTRACTS, *supra* note 2, §7.17c, at 405 & n.12.

§10-25.「満足感条件」(satisfaction) の解釈

約束者またはその代理人あるいは第三者が，一定の状態に「満足すること」を履行開始の (前提) 条件とする場合を，「**満足感条件**」(**condition of satisfaction**) と言う[268]。このような条件は表見的には，約束者の約束が「commitment」(束縛) を欠く為に真の約束とは言えず，「イリューサリー契約」(illusory K) と見えるものである。約束の履行を，自身の「勝手な裁量」(unrestrained discretion) に「留保」(reserve) しているように読めるからである[269]。しかし既に前掲 (§10-24-1) した通り，実際には「満足」を判断する際の裁量権の行使にも「誠実かつ公正な取扱の義務」が課されている為に，一般にはイリューサリーでは無く有効と解されている[270]。

なお満足感条件の判断基準は，「客観基準」(objective test) と「主観基準」(subjective test) の概ね二種類に分類され，双方に於いて「誠実かつ公正な取扱」義務が課される[271]。

図表♯10.12 「満足感」の裁量権行使に伴う義務

分　類	共通的な義務	個別的な義務
「客観的判断」(objective judgment) を求める満足感条件の場合	誠実かつ公正な取扱義務 good faith and fair dealing	「リーズナブル・パーソン基準」 reasonable person std.
「主観的判断」(subjective judgment) を求める満足感条件の場合		「誠実基準」 honesty test (honest and genuine)

---

268) BLUM, *supra* note 5, §16.8.2, at 536.
269) *Id.*
270) *See, e.g.,* RESTATEMENT (SECOND) OF CONTRACTS §228 cmt. *a*; 13 WILLISTON ON CONTRACTS, *supra* note 1, §38:21, at 459-61.
271) RESTATEMENT (SECOND) OF CONTRACTS §228 cmt. *a*（単なる［主観的な］「honesty satisfaction」か，または「reasonable satisfaction」かの如何に拘わらず，常に「good faith and fair dealing」の義務が課されると解説).

「客観基準」による制限が課されるのは，別段の定めが無い限り，契約の背景目的や性格から推して満足感の条件設定理由が商業的あるいは技術的な基準を満足させることにあると解される場合である[272]。この場合，裁量権の行使には，リーズナブルな行使義務・制限が課されることに成る[273]。これとは逆に，契約目的が「私的」（personal）なものであった場合，例えば嗜好や美観が関係する私的好みの満足感が条件であった場合には，「主観的基準」で裁量が判断されるけれども[274]，主観基準だからと言って制約が無い訳では無く，そこで行使される裁量権は「honest and genuine」でなければならないとされる[275]。従って約束者による履行提供の受領さえをも被約束者（受約者）が拒絶したり，本当は履行が不満足という理由では無く偽りの理由や全く理由無しで履行の受領を拒絶すれば，約束者はもはや履行義務から免除される[276]。

図表#10.13 「満足感条件」が現れる契約の主要分類別適用基準[277]

契約の分類	適用基準	概　　要
雇用契約	主観的基準[278]	honest and genuine
私的な嗜好，感覚，判断等が関係する契約（人物画等）	主観的基準[279]	↑
機械的適合性，効用性，市場性等を満足させる契約[280]	客観的基準	リーズナブルな裁量権の行使でなければならない。

---

272) BLUM, *supra* note 5, §16.8.2, at 536.

273) *Id.*

274) RESTATEMENT (SECOND) OF CONTRACTS §228 cmt. *a*（当事者の意図が主観的な honest satisfaction を基準としていることが明らかな場合には，そのように解釈され，その場合には例え unreasonable でも honestly に dissatisfied ならば条件が成就されないと解説）．

275) BLUM, *supra* note 5, §16.8.2, at 536. *See also* RESTATEMENT (SECOND) OF CONTRACTS §228 cmt. *a*（例え主観的な honest satisfaction の基準が採用された場合であっても，単に満足していないという statement だけでは決まらずに，状況も考慮に入れねばならないと解説）．

276) 13 WILLISTON ON CONTRACTS, *supra* note 1, §38:21, at 471-72.

ところで第二次リステイトメントは，主観基準よりも客観基準の方がより好ましいという立場を採ること[281]は前述した通りである。何故ならば，honestであるとは言えアンリーズナブルでも許される主観的な満足感を条件とする契約に他方当事者が同意するとは通常は思われないからである[282]。

---

277) *See, e.g.,* BLUM, *supra* note 5, §16.8.2, at 536; 13 WILLISTON ON CONTRACTS, *supra* note 1, §38:21, at 461-63, 465, §38:22, at 479-80.
278) 例えば，レストランのオーナーが満足するような演奏をするバンドとの雇用契約を『WILLISTON ON CONTRACTS』は例示している。13 WILLISTON ON CONTRACTS, *supra* note 1, §38:21, at 465-67.
279) 例えば人物画の例を挙げつつ，被約束者（受約者）の主観がhonestである限りは裁判所自身の美観を優越させたがらない，と『WILLISTON ON CONTRACTS』は指摘している。*Id.* at 467.
280) 例えばdistribution agreementsやto repair an automobileなKも，客観基準が実現可能な分野であるとして『WILLISTON ON CONTRACTS』は例示している。*Id.* §38:24, at 485.
281) RESTATEMENT (SECOND) OF CONTRACTS §228.
282) *Id.* §228 cmt. *b.*

& 11. 「口頭証拠排除の準則」(parol evidence rule)

　1898年の昔から,「口頭証拠排除の準則」(parol evidence rule) ほど「暗く, 些細な困難さに満ち溢れたものは無い」と言われる[1]程に難解で論争を惹き起こして来たトピックを, 以下, 扱う。

§11-01.「口頭証拠排除の準則」の概要

　「parol」[2]という語彙の由来はフランス語の「*parole*」であり, その意味は「word」, 特に「spoken or oral word」である[3]。そもそも **parol evidence rule**（口頭証拠排除の準則）とは, 一般に, 契約内容の解釈に, 確定的合意書（definitive agreements）[※]中に記載された以外／以前の口頭証拠または書証を持ち込むことの是非を扱う準則である[4]。（※）前掲§5-17-2の図表＃5.22参照。

---

1) JAMES BRADLEY THAYER, A PRELIMINARY TREATISE ON EVIDENCE AT COMMON LAW 390 (1898) *cited in* JOSEPH PERILLO, CALAMARI & PERILLO ON CONTRACTS §3.1, at 122 & n.1 (5th ed. 2003)（訳は本書筆者）（原文は以下のように言っている。"Few things are darker than this, or fuller of subtle difficulties."）. *See also* JOHN EDWARD MURRAY, JR., MURRAY ON CONTRACTS §82[A], at 427 (4th ed. 2001)（同引用）.

2) 「parole」（保釈）では無く「parol」なので, 間違いの無いように留意すべきである。*See, e.g.,* ROBERT S. SUMMERS & ROBERT A. HILLMAN, CONTRACT AND RELATED OBLIGATION: THEORY, DOCTRINE, AND PRACTICE 231 (5th ed. 2006).

3) BRIAN A. BLUM, CONTRACTS §12.3.1, at 349 (4th ed. 2007). *See also* 11 SAMUEL WILLISTON, A TREATISE ON THE LAW OF CONTRACTS §33:7, at 587 (Richard A. Lord ed., 4th ed. 2007)[WILLISTON ON CONTRACTS]（同旨）.

4) *See, e.g.,* MURRAY ON CONTRACTS, *supra* note 1, §81, at 425（parol evidence rule は, 当事者達が合意を書面に纏める為に時間と労苦を費やして来たにも拘わらず, 該書面の約定と相反するか或いは追加的な締結以前か或いは同時的な理解を含めるべきであると後になってから一方当事者から請求される場合に適用されると指摘）; 6 ARTHUR LINTON CORBIN, CORBIN ON CONTRACTS §573, at 72 (Joseph M. Perillo ed., rev. 2007).

§11-01.「口頭証拠排除の準則」の概要　411

　約定文言の意味を扱う「解釈」と，口頭証拠排除の準則との違いは，前者が既に確定的合意書内に記載されている文言を主に扱うのに対し，後者は新たに約定を持ち込む点にこそ存在する。「確定的合意書以外の口頭証拠または書証」のことを「**外部証拠**」(**extrinsic evidence**) と言うので[5]，口頭証拠排除の準則は外部証拠の証拠認容を排除する準則である[6]。

　更に定義を簡潔に行えば，以下のように成る。即ち口頭証拠排除の準則とは，最終的な合意が，それ以前の交渉過程で討議された暫定的な約定よりも凌駕するルールであり，その結果，以前の暫定的な合意や交渉は契約の内容として機能しない[7]。口頭証拠排除の準則が適用される為の前提条件は，合意が①「最終的」(final) であると意図されていて，②「書面」(writing) にされていて，且つ③「拘束力の在る」(binding) 契約であることとされる[8]。なお①「最終的」であると言える為には合意内容が「完結」(integration) していることが必要に成る。

図表#11.1　「口頭証拠排除の準則」の内容の簡潔な理解

準則（効果）	前提条件（要件）	
最終合意が，以前の交渉や暫定合意を凌駕する。	合意が	①　最終的で (i.e., 完結していて)，
		②　書面に成っていて，且つ
		③　拘束力の在る (i.e., 契約である) こと。

　以上の前提条件がある為であろうか，多くのコストを費やして契約「書」を作成する場合には前提条件が満たされている旨を明記して，その書面が以前の交渉経緯や暫定合意等（外部証拠）によって否定される虞を払拭し口頭証拠排除の準則

---

5)　*See, e.g.,* Claude D. Rohwer & Antony M. Skrocki, Contracts in a Nutshell §4.5, at 231 (6th ed. 2006); 11 Williston on Contracts, *supra* note 3, §33:1, at 550.

6)　*See, e.g.,* Calamari & Perillo, *supra* note 1, §3.2, at 125.

7)　*Id.* at 124; Ronald B. Risdon & William A. Escobar, *Merger, in* Tina L. Stark, Negotiating and Drafting Contract Boilerplate Ch.18, at 559, §18.02[1], at 563 n.3 (2003).

8)　*See* Calamari & Perillo, *supra* note 1, §3.2, at 124–25.

を享受できるように，所謂「完全合意条項・完結条項」（entire agreement / merger clause / integration clause）を確定的合意書内の特に「一般条項」（general terms）の中に記載しておくことが慣行に成っている。後掲§11-05 参照。

ところで先の図表（#11.1）内の右側コラムが示すように，口頭証拠排除の準則を適用する為の前提条件の中で，特に同準則に特有な論点は①の「最終的」であるか否かである[9]。それは「完結」（integration）しているか否かの論点として検討され[10]，更にはその完結が「完全な完結」（total integration）か，または「部分的完結」（partial integration）かというように細分化されて[11]口頭証拠排除の準則の効果も異なって来る。後掲§§11-02，11-03 参照。

図表＃11.2　口頭証拠排除準則適用前提の検討順序（概念骨子）

```
                    書面に拘束力が在る。
                          ⇓
              最終的＝完結（integration）か否か？
                ⇓                    ⇓
               Yes                   No          parol evidence rule 不
                ⇓                    ⇒               適用[12]
        parol evidence rule 適用       _____.
                ⇓
   total integration（完全な完結）か Partial integration（部分的完結）か？
                                ⇓
 four corners rule   collateral K rule    Willison's test      Corbin's test
                                      UCC / Restatement 2d.
                                ⇓
  total integration（完全な完結）である。   partial integration（部分的完結）である。
                ⇓                                    ⇓
 原則として「補足的」外部証拠も排除[13]    原則として「相反する」外部証拠を排除
```

---

9)　*See, e.g.*, MURRAY ON CONTRACTS, *supra* note 1, §82[A], at 427-28.

10)　CALAMARI & PERILLO, *supra* note 1, §3.2, at 131（"What constitutes a final (integrated) writ-

§11-01-1. 理由・目的・背景等： 口頭証拠排除の準則は，契約交渉過程や書面化される以前の言説や口頭合意が事後の書面に「吸収された」(merged into) と捉えることにより，法がその書面を優先 (preference) させ，これに因り訴訟の可能性を減少させて来た伝統に由来する[14]。つまり「偽証」(perjured testimony) や「怪しい記憶」(slippery memory) に基づく証言に対して，書面の契約書の方が望ましいから，後者に「免疫」(immunity) を附与する為に口頭証拠排除則が採用されて来たのである[15]。つまり合意内容を記録化する為に確定的合意書がわざわざ作成されたにも拘わらず，それに含まれていない口頭の約束が以前に存在していた旨の主張は，でっち上げの虞があり，または，確定的合意書の方が以前の口約束を凌駕する意図であった蓋然性が高いので，口頭証拠は疑いを持って慎重に扱うべきであり，事実認定者（主に陪審員）に示す前に裁判官による

---

ing?"（強調付加）と記述して，「final」と「integrated」が同義である旨を指摘）; UCC §2-202 cmt. 2 (2003 amend.) (Withdrawn 2011) ("Because a record is final for the included term (an integration), this does not mean that the parties intended that the record contain all the terms of their agreement (a total integration)."（強調付加）と記述して，「final」と「integration」が同義である旨を指摘）．なお最終的であるか否かを判断する際に，裁判官は全ての関連する証拠を検討する．CALAMARI & PERILLO, supra note 1, §3.3, at 131. 更に当事者が合意を書面化し，その完全さと具体性からリーズナブリーに完全な合意と見える場合には，他の証拠によってそれが最終的な合意では無いことが示され無い限りは，integrated agreement であると解される．Id. at 131 n.11 (RESTATEMENT (SECOND) OF CONTRACTS §210 cmt. a を引用）．

11) See MURRAY ON CONTRACTS, supra note 1, §82[A], at 427, §83[D], at 433-34; CALAMARI & PERILLO, supra note 1, §3.3, at 130 to §3.4, at 131 (final / integration か否かを検討した次の段階の検討事項が total か否かであると説明）．
12) See CALAMARI & PERILLO, supra note 1, §3.3, at 130 to §3.4, at 131.
13) See id. §3.4, at 131; MURRAY ON CONTRACTS, supra note 1, §83[C], at 432-33.
14) 11 WILLISTON ON CONTRACTS, supra note 3, §33:1, at 541-50.
15) CALAMARI & PERILLO, supra note 1, §3.2, at 126. See also HENRY D. GABRIEL & LINDA J. RUSCH, THE ABCs OF THE UCC— (REVISED) ARTICLE 2: SALES 42 (Amelia H. Boss ed., American Bar Association 2004)（同旨）．

スクリーニングに掛けるべきという考え方が背景にある[16]。即ち口頭証拠排除準則の由来・前提は、当事者が合意内容をわざわざ書面化する場合はその書面記録こそが確定的合意内容である意思を表していることが多い経験則にある[17]。更に『WHITE & SUMMERS』(ホワイト・アンド・サマーズ)によれば、書面の方が信頼性の高いことに口頭証拠排除準則の前提があり、だからこそ書面を口頭証拠より優越させている[18]、即ち同準則の存在理由は、当事者達が合意を記録化させるように仕向けさせ、且つ裁判所に持ち込まれる当事者達の紛争量を極小化することにあるという[19]。

契約法の実体法的観点からも、確定的合意書面を最終的な合意内容とする当事者意思を保護する為にそれ以前の外部証拠を排除する当準則を肯定する考え方も見受けられる。即ち同準則の目的は、当事者が最終的かつ完全な合意を表わすと意図した確定的合意書にはその意図通りの法的効果を附与しようとすることにある[20]。この目的達成の為にこそ、後掲(§11-02)に示すようなルールが適用に成る。

なお、当事者の意図を実現することが準則の目的であるから、確定的合意書がより包括的でその完全性の意思がより明確に成なれば成る程に[21]、外部証拠を排

---

16) BLUM, *supra* note 3, §12.3.2, at 350. *See also* MURRAY ON CONTRACTS, *supra* note 1, §81, at 425, §82, at 428 (該書面が当事者合意の最終的あるいは完全な表現であることを意図していたか否かが不可欠な争点であるけれども、その「事実」は、陪審では無く裁判所が扱うことに成っており、その理由は、当事者合意に関して、信頼性の低い当事者意思の記憶よりも普遍的書面記録に対して陪審員が大きな証拠価値を与えないかもしれないからである、と指摘). *But see* GABRIEL & RUSCH, *supra* note 15, at 42 (判事が事実認定者／陪審に示す約定をスクリーニングし且つ証拠の信憑性を評価する parol evidence rule には批判もあると指摘).

17) *See* BLUM, *supra* note 3, §12.2, at 349.

18) JAMES J. WHITE & ROBERT S. SUMMERS, UNIFORM COMMERCIAL CODE §2-9, at 89 (5th ed. 2000).

19) *Id.*

20) 2 E. ALLAN FARNSWORTH, AN INTRODUCTION TO THE LEGAL SYSTEM OF THE UNITED STATES §7.3, at 225 (3d ed. 1996).

21) CALAMARI & PERILLO, *supra* note 1, §3.3, at 131 (契約書がより完全かつ正式に成る程にそれが最終的であるという当事者の意思を表すと指摘).

除すべきと解釈され易く成る[22]。その為に実務では後掲（§11-05）に示すような所謂「完全合意条項・完結条項」と呼ばれる文言を挿入する場合が多いのであろう。尤も近時の解釈傾向では，所謂「boilerplate」的な完全合意条項の効果が疑わしいと言われて来ているので要注意である。後掲§11-05 参照。

口頭証拠排除の準則は，その効果の一つとして完全な合意内容を書面化するように当事者に奨励しているとも言え，従って結果的に事業活動の安定性に寄与しているとも言える[23]。

口頭証拠排除の準則は複雑で，学説上も<u>準則の適用範囲を広く解釈する Samuel Williston</u> と，<u>狭く解釈する Arthur L. Corbin</u> の対立が有名である[24]。後掲するように今では後者が優勢に成りつつある[25]。例えば第二次リステイトメントも，<u>口頭証拠排除の準則の例外を広範囲に認めている</u>。更に <u>UCC は準則の例外をより広く認める等の立場を明確化している</u>[26]。後掲§11-04 参照。

§11-01-2. 契約書締結「以前」の外部証拠のみが排除の対象：

ところで口頭証拠排除準則が適用されるのは，確定的合意書が締結される「前」の外部証拠だけである[27]。締結「後」の証拠はたとえ口頭であっても排除しない理由に就いては，以下の Corbin の指摘が参考に成ろう。

---

22) BLUM, *supra* note 3, §12.1.2, at 348; Risdon & Escobar, *supra* note 7, §18.02[2], at 564.
23) CALAMARI & PERILLO, *supra* note 1, §3.2, at 126.
24) *See, e.g.,* ROBERT A. HILLMAN, PRINCIPLES OF CONTRACT LAW 234-35 (2004); CALAMARI & PERILLO, *supra* note 1, §3.1, at 123（Williston と Corbin の対立の理解が口頭証拠排除準則の理解に資すると指摘）.
25) 2 E. ALLAN FARNSWORTH, FARNSWORTH ON CONTRACTS §7.3, at 226 (3d ed. 2004). *See infra* text at §§11-02 to 11-03.
26) *See, e.g.,* MURRAY ON CONTRACTS, *supra* note 1, §84[C][6], at 450-51. GABRIEL & RUSCH, *supra* note 15, at 41-42.
27) *See, e.g.,* WHITE & SUMMERS, *supra* note 18, §2-10, at 90-91; 11 WILLISTON ON CONTRACTS, *supra* note 3, §33:1, at 558, §33:14, at 615; 6 CORBIN ON CONTRACTS, *supra* note 4, §574, at 84; CALAMARI & PERILLO, *supra* note 1, §3.2, at 125; MURRAY ON CONTRACTS, *supra* note 1, §84[A], at 435.

昨日に起きたことの効果も今日ならば制御できる。しかし昨日起きたことが今日起きたことの効果を変えることは出来ない。これこそが,「口頭証拠排除の準則」と不幸にも呼称されて来たことの実質である,と信じられている。

6 CORBIN ON CONTRACTS, *supra* note 4, §574, at 85（訳は本書筆者）[28].

即ち如何なる契約も当事者達の「後」の合意によって解除することが可能であり,その事後的合意が口頭であっても同じである[29]。後掲（§14-02）するように<u>契約法は,当事者による「契約変更」（modification）を出来るだけ大きく認める態度を採る[30]</u>。契約自由の原則が妨げられるのを嫌うからであり[31],口頭証拠排除の準則も当事者が後に意思を変えて新たな合意形成に至る邪魔をしない[32]。この原理から逆に,「事後」の確定的合意書がそれと相反（contradict）する「事前」の合意を凌駕する口頭証拠排除準則を説明することも可能である[33]。つまり口頭証拠排除の準則とは,Corbin 風に言えば,単に「今日したことを昨日が無くすことは無い」("[Merely to say] that yesterday does no undo what we have done to-

---

28) 原文は以下の通りである。"Today may control the effect of what happened yesterday; but what happened yesterday cannot change the effect of what happened today. This, it is believed, is the substance of what has been unfortunately called the 'parol evidence rule.'" 6 CORBIN ON CONTRACTS, *supra* note 4, §574, at 85.
29) MURRAY ON CONTRACTS, *supra* note 1, §82[B], at 428; 6 CORBIN ON CONTRACTS, *supra* note 4, §574, at 85.
30) *See* MURRAY ON CONTRACTS, *supra* note 1, §83[B], at 432.
31) 例えば契約変更を制限する「NOM 条項」（no oral modification clause）を契約書上に挿入してあっても,その適用範囲を裁判所は狭く解釈する傾向にある。 *See infra* text at §14-02-2.
32) MURRAY ON CONTRACTS, *supra* note 1, §84[A], at 435. この点を Corbin は以下のように言っている。「[T]he terms of the antecedent contract ... [which] have been nullified by the new agreement ... are of yesterday; and their jural effect has been nullified by the events of today. This is the ordinary substantive law of contract; it is not a rule of ... parol or otherwise.」6 CORBIN ON CONTRACTS, *supra* note 4, §574, at 88.
33) MURRAY ON CONTRACTS, *supra* note 1, §84[A], at 435.

day.")と言っているに過ぎないのである[34]。

§11-01-3. 「書証」も排除の対象：

parol evidence rule は「"口頭"証拠排除」という名称が附されているにも拘わらず，確定的合意書が締結される以前の契約「書」の暫定案や，メモや手紙やテレグラム等の書証も同排除準則の対象に成る[35]。従って内容的には「parol (oral) evidence rule」と理解するよりも寧ろ「prior negotiation [rule]」と言った方が正しいかもしれない[36]。

§11-01-4. 手続法では無く実体法上の準則：

口頭証拠排除の準則は「evidence rule」と呼称され，且つ実際に確定的合意書締結前の外部証拠を「証拠採用しない」(inadmissible)[37]準則であるから，「手続法」(*i.e.*, 証拠法)上の法理であると誤解されがちである。しかし学術上は「実体法」上の論点と捉えられている[38]。何故ならば，証拠法は事実を証明するには相応しくない証拠を排除するのが目的であるのに対し，口頭証拠排除準則の方は確定的合意書締結前の事実そのもの迄も排除するよう求めているからであり，それは証拠法の範疇を超えた契約実体法上のルールである[39]。即ち両当事者の合意「内容」(substance)自体を「確

---

34) 6 CORBIN ON CONTRACTS, *supra* note 4, §576, at 94.
35) 2 FARNSWORTH ON CONTRACTS, *supra* note 25, §7.2, at 221-22. *See also* RESTATEMENT (SECOND) OF CONTRACTS §213 & cmt. *a*; BLUM, *supra* note 3, §12.3.1, at 350; HILLMAN, PRINCIPLES OF CONTRACT LAW, *supra* note 24, at 231; 11 WILLISTON ON CONTRACTS, *supra* note 3, §33:7, at 586, §33:14, at 616; 6 CORBIN ON CONTRACTS, *supra* note 4, §573, at 73.
36) 2 FARNSWORTH ON CONTRACTS, *supra* note 25, §7.2, at 221.
37) 即ち事実認定者 (fact finder) に示すことを禁じるのである。通常は事実認定者を陪審員が務めるので，スクリーニングを裁判官が法律問題として行うことに成る。
38) *See, e.g.*, RESTATEMENT (SECOND) OF CONTRACTS §213 & cmt. *a*; BLUM, *supra* note 3, §12.4, at 354; MURRAY ON CONTRACTS, *supra* note 1, §82[B], at 430; 11 WILLISTON ON CONTRACTS, *supra* note 3, §33:2, at 559-60. *See also* CALAMARI & PERILLO, *supra* note 1, §3.2(d), at 129 (前掲脚注1で引用した James Bradley Thayer 教授が判例を分析して実体法上の規範であると指摘した旨を紹介)．
39) 2 FARNSWORTH ON CONTRACTS, *supra* note 25, §7.2, at 222. 証拠法とは異なる他の法技術的理由に就いては，*see id.* §7.2, at 223-24.

定」(define) するのである[40]。手続法上のルールでは無いから、例えば準則に反する外部証拠の採用に対して当事者がたとえ事実審(trial)に於いて異議を唱え損ねていても、該証拠は裁判所によって認容されない扱いを控訴審で受けることに成る[41]。尤(もっと)も、口頭証拠排除準則の適用の前提である当事者意思の探求等を事実問題では無く法律問題と扱って陪審を遠ざける点は、手続法的であると指摘されている[42]。

§11-02. 口頭証拠排除の準則の「原則」

一言(ひとこと)で表せば、確定的合意書締結以前の口頭証拠または書証は、原則として、<u>「多義的では無い」(unambiguous)「完結した[合意]書面」(integrated writings) の内容を確定する際の証拠としては採用しない</u>というのが、口頭証拠排除の準則である[43]。なお同準則が適用される場合は、確定的合意書が①「final」なだけでは無く「complete and exclusive」でもある「*total* **integration**」<u>(完全な完結)</u>な場合と、②単に「final」であって「complete and exclusive」では無い「*partial* **integration**」<u>(部分的完結)</u>な場合に分けて論じるのが一般的である[44]。その詳細は本書筆者が以下の図表 (#11.3) に纏(まと)めた通りである。なお本項で紹介する口頭証拠排除の準則の「原則」は、後掲 (§11-04) で紹介する「例外」に服するので要注意である。

・

---

40) *See* 11 WILLISTON ON CONTRACTS, *supra* note 3, §33:3, at 561.
41) MURRAY ON CONTRACTS, *supra* note 1, §82[B], at 430; 11 WILLISTON ON CONTRACTS, *supra* note 3, §33:3, at 566; CALAMARI & PERILLO, *supra* note 1, §3.2(d), at 130.
42) CALAMARI & PERILLO, *supra* note 1, §3.2(d), at 130.
43) MURRAY ON CONTRACTS, *supra* note 1, §82[B], at 430; 11 WILLISTON ON CONTRACTS, *supra* note 3, §33:1, at 540.
44) *See, e.g.,* MURRAY ON CONTRACTS, *supra* note 1, §83[A], at 431; CALAMARI & PERILLO, *supra* note 1, §3.2, at 125; GABRIEL & RUSCH, *supra* note 15, at 42–44.

§11-02. 口頭証拠排除の準則の「原則」　419

図表#11.3　原則として口頭証拠排除の準則の対象と成る証拠

確定的合意書の分類	完全／部分的の別 total / partial	*完全な完結* *total* integration (*1)		*部分的完結* *partial* integration (*2)	
証拠利用の目的	to contradict / to supplement	(*3) to contradict	(*4) to supplement	to contradict	to supplement
証拠の種類	prior agreements / negotiations	× (*5)	× (*6)	× (*5)	○ (*7)
	contemporaneous agreements	× (*5)	△ (*6)	× (*5)	○ (*7)

(*1)　「***total* integration**」（完全な完結）とは，「complete and exclusive statement of the terms of the agreement」と意図された合意の意である[45]。「**final and complete**」（最終的かつ完璧）と言われる場合がある[46]。次段の「*partial* integration」（部分的完結）との区別の基準に就いては，後掲（§11-03）「裁判官が行う『完結』(integration) の判断と，その判断基準」の項を参照。

(*2)　「***partial* integration**」（部分的完結）とは，completely に integrated されたもの以外である[47]。「**final but not complete**」（最終的だが完璧では無い）と言われる場合や[48]，単に「final expression」と言われる場合がある[49]。上段の「*total* integration」（完全な完結）との区別の基準に就いては，後掲（§11-03）参照。

(*3)　確定的合意書と相反する合意内容を立証する目的で証拠採用が可能か否か。

(*4)　確定的合意書と相反するのでは無く，これを補完する目的で証拠採用が可能か否か。

(*5)　確定的合意書と相反する合意内容を立証する目的では，確定的合意書が total integration の場合のみならず partial integration の場合にさえも，確定的合意書締結「前」の合意・交渉証拠も，締結と「同時」の合意・交渉証拠も，全て証拠採用は不可[50]。尤も

---

45)　*See* RESTATEMENT (SECOND) OF CONTRACTS §§210 (1), 209 cmt. *c*;　UCC §2-202(b).
46)　*See, e.g.,* ROHWER & SKROCKI, *supra* note 5, at §4.6.1, at 233.
47)　*See* RESTATEMENT (SECOND) OF CONTRACTS §210(2).
48)　*See, e.g.,* ROHWER & SKROCKI, *supra* note 5, at §4.6.1. at 233.
49)　UCC §2-202.
50)　RESTATEMENT (SECOND) OF CONTRACTS §215 ("... , where there is a binding agreement, either

契約書の解釈や，契約の強制可能性や，救済等に関する文脈のように後掲§11-04「口頭証拠排除の準則の『例外』」に示した場合には，一定の外部証拠も認容可である[51]。

(*6) 確定的合意書を補完する目的でも，確定的合意書が total integration の場合には，確定的合意書締結「前」の合意・交渉証拠も締結と「同時」の合意・交渉証拠も全て原則として証拠採用が不可。但し，締結と「同時」の合意証拠の内，確定的合意書の「**補助的書面**」（**ancillary writings**）等であると解される場合には，その補助的書面も確定的合意書と共に「全体として」，契約内容の確定の証拠として認容可と成り得よう[52]。その場合は，言い換えれば，一つの書面だけで「total」integration なのでは無く「partial」integration に過ぎず，同時的な複数の書面の全体が一つの「total integration」を形成すると解すべきことに成るであろうし，それならば該当するコラムは（*7）の欄に成るであろう。そもそも契約実務では，或る程度の規模のある取引の場合（*e.g.,* M & A エマンデイ）に契約書が一つだけ締結されることは稀であり，寧ろ，複数の契約書を同時に締結するのが普通である。その為に，確定的合意書締結時点と同時の書面は前掲（§10-05）「全体として解釈する」の項にて紹介した通り，原則として排除されないと解すべきであろう。なお total integration に於いても，後掲§11-04「口頭証拠排除の準則の『例外』」に示した場合，特に UCC §2-202 とその類推適用される契約の場合には，trade usage や course of dealing 等の外部証拠も認容可である[53]。

(*7) 確定的合意書が partial integration の場合には，これを補完する目的ならば，確定的合意書締結「前」の合意の「書証」も締結と「同時」の合意の「書証」も，証拠採用可[54]。

---

completely or partially integrated, evidence of prior or contemporaneous agreements or negotiations is not admissible in evidence to contradict a term of the writing") (emphasis added).

See also UCC §2-202; CALAMARI & PERILLO, *supra* note 1, §3.2, at 125 ("The parol evidence rule applies to terms [] agreed upon *prior to,* or at the same time as, the integration regardless whether the term is written or oral [].")(italicization is original and underlines are added)).

51) RESTATEMENT (SECOND) OF CONTRACTS §215 cmt. *a.*
52) *See, e.g.,* BLUM, *supra* note 3, §12.3.5, fig. at 352.
53) UCC §2-202; GABRIEL & RUSCH, *supra* note 15, at 44.; RESTATEMENT (SECOND) OF CONTRACTS §215 cmt. *a.*
54) *See* RESTATEMENT (SECOND) OF CONTRACTS §216(1) ("Evidence of a consistent additional term is admissible to supplement an integrated agreement unless ... the agreement was completely integrated.") (emphasis added). *See also* UCC §2-202; GABRIEL & RUSCH, *supra* note 15, at 43.

§11-02-1.「相反する」(contradictory) 外部証拠： 前掲図表（#11.3）と注書（*5）が示すように，当事者が書面化する為に時間と労苦を費やして final な合意を書面化した場合は，それ以前の「相反する」(contradictory) 合意を変更する表見的意図（apparent intent）が読み取れるから，以前の相反する外部証拠は信憑性が低い（less credible）と捉えられている[55]。例え「部分的完結」(partial integration) であっても相反する先行した外部証拠は許容されないのである[56]。前掲（§11-01-2）の Corbin の指摘の通り，「昨日」の合意を「今日」に解消して変更する合意が当事者には常に可能だからである。そもそも口頭証拠排除の準則に否定的な Corbin も，相反する外部の合意内容は受容し難いと述べている[57]。何故ならば，当事者達の最終的な合意を正確に且つ確定的に表した書面であると裁判所が正しく認定した場合，当事者がそれに同意しておきながらそれと相反する外部の合意を同時に認めることは出来ないはずだからである[58]。なお前掲注書（*5）が示したように，相反する場合であっても契約書の解釈や，契約の強制可能性や，救済等に関する外部証拠は認容可である。後掲§11-04「口頭証拠排除の準則の『例外』」参照。

§11-02-2.「完全な完結」(*total* integration)： 前掲図表（#11.3）と注書（*6）が示すように，「total integration」（完全な完結）の場合は，当事者達が確定的合意書を両者の合意の「排他的な保管場所」(exclusive repository) と看做していたと捉えられるから，<u>相反する訳では無い補足的なものも含めて如何なる嘗て (prior) の外部証拠も原則として排除される</u>[59]。尤も同注書（*6）で示したよう

---

55) MURRAY ON CONTRACTS, *supra* note 1, §83[B], at 432.
56) RESTATEMENT (SECOND) OF CONTRACTS §213 cmt. *b*.; UCC §2-202（2003年改訂版では §2-202(1)）.
57) 6 CORBIN ON CONTRACTS, *supra* note 4, §583, at 169.
58) *Id.*
59) MURRAY ON CONTRACTS, *supra* note 1, §83[C], at 433. *See also* CALAMARI & PERILLO, *supra* note 1, §3.2, at 125（同旨）; RESTATEMENT (SECOND) OF CONTRACTS §210(1) & cmt. *a*.

に，完全な完結に於いてさえも UCC §2-202 とその類推適用的契約の場合等には，補足説明的な「取引慣行」(trade usage) や「取引の経過」(course of dealing) 等の外部証拠が採用可能と成る。後掲§11-04-1 参照。なお，実際問題として，正式な契約書が弁護士等のプロ (sophisticated parties) 同士で締結されている場合は total integration の存在が認定され易い傾向にある[60]。

§11-02-3.「部分的完結」(*partial* integration)：

前掲図表 (#11.3) と注書 (*7) が示すように，「partial integration」(部分的完結) の場合は，相反する訳では無い補足説明的な証拠ならば，以前の外部証拠も採用が許容される[61]。他方，「相反する」外部証拠が部分的完結の場合でさえも禁じられる理由は，前掲 (§11-02-1) で述べた通りである。なお，通常は「完全な完結」よりも「部分的完結」であると解される前提が採られる[62]。

a. Corbin の批判：

学説上 Corbin は，そもそも「完全な完結」と「部分的完結」との区別も廃止すべきと主張する[63]。何故ならば，両者を区別する為には関連する全ての証拠を参照しなければ判断できないはずであり，その際に口頭証拠排除準則は役に立たないからであるという[64]。後掲 (§11-03-3[b]) するように Corbin の学説は結局の所，一方では口頭証拠排除準則を無くすことに繋がると評価されていながらも，他方では近年支持を得つつもある。

§11-02-4.「同時的」(contemporaneous) な外部証拠：

前掲図表 (#11.3) が示すように，完全な完結に関する先行する証拠では無く「同時的」(contempo-

---

60) CALAMARI & PERILLO, *supra* note 1, §3.4, at 131 n.3.
61) MURRAY ON CONTRACTS, *supra* note 1, §83[C], at 433; RESTATEMENT (SECOND) OF CONTRACTS §216(1); CALAMARI & PERILLO, *supra* note 1, §3.2, at 125.
62) CALAMARI & PERILLO, *supra* note 1, §3.3, at 131 n.11.
63) 6 CORBIN ON CONTRACTS, *supra* note 4, §581, at 145.
64) *Id.* at 146.

raneous) な証拠に就いては,「書証」ならば確定的合意書の一部を構成すると解釈され得る余地が残されているけれども, 同時的な「口頭の」外部証拠は排除される[65]。確定的合意書が「total」integration ならば, 該書面が全てなはずであり, 同時的な口頭の合意に拘束される意図は無かったはずだからである[66]。これは伝統的な判例法の立場であり[67], Samuel Williston と第一次リステイトメントが提案・提示した立場であり[68], UCC も採用する立場であり[69], 且つ一般的に受け入れられている立場である[70]。『CALAMARI & PERILLO ON CONTRACTS』もこの立場が支持されるべきと指摘しつつ, 契約実務では一つの取引で複数種類の「書面」が作成されるのが普通なのでそれら書面が口頭証拠排除準則によって排除されるべきでは無いと分析している[71]。至極当然な分析であろう。

a. **Corbinの批判:** 学説上[72] Corbin は[73], 完全な完結に於ける「同時的な口頭の」(contemporanious) 外部証拠という概念自体を否定している。何故なら「完全な完結」と「同時的な口頭の」外部証拠とは二者択一的な関係にあるからである。即ち確定的合意「書」が「total」な integration であると認定される場合には, その排他効に由り, 「同時的な口頭の」外部証拠は存在し得ないはずであり, 逆に, 「同時的」な口頭の外部証拠が認定される場合には, 確定的合意「書」が排他効を有する「total」な integration たり得ないはずだからである[74]。従って Corbin の学説に拠れ

---

65) MURRAY ON CONTRACTS, *supra* note 1, §84[A], at 435.
66) *Id.* at 435-36.
67) *Id.* at 436.
68) CALAMARI & PERILLO, *supra* note 1, §3.2, at 125.
69) MURRAY ON CONTRACTS, *supra* note 1, §84[A], at 436; UCC §2-202; CALAMARI & PERILLO, *supra* note 1, §3.2, at 126 & n.14.
70) CALAMARI & PERILLO, *supra* note 1, §3.2, at 126.
71) *Id.* §3.2, at 126, §3.4(d), at 135.
72) 本文中の Corbin の学説は判例法には採用されていないと指摘されている。MURRAY ON CONTRACTS, *supra* note 1, §84[A], at 436.
73) *See, e.g.,* CALAMARI & PERILLO, *supra* note 1, §3.2, at 125-26 (Corbin の学説を紹介).
74) 以下のように述べている。

424　第Ⅲ章　法的拘束力

ば，同時的な口頭の外部証拠でさえも，補足説明的な場合には許容することに成る[75]。

§11-03. 裁判官が行う「完結」(integration) の判断と，その判断基準

　前掲（§11-01）と図表（#11.2）「口頭証拠排除準則適用前提の検討順序（概念骨子）」が示した通り，口頭証拠排除準則の効果は，確定的合意書が「integration」（完結）か，そうでは無いのか，または前者の場合であってもそれが「partial integration」（部分的完結）か，或いは「total integration」（完全な完結）であるのか次第で異なる。そこで重要に成るのは，「暫定的決定」(preliminary determination) とでもいうべき裁判官に委ねられているこれら契約書の分類が[76]，如何に為されるかである。

　§11-03-1.「四隅（文書自体）の準則」(four corners rule)：　「四隅（文書自体）の準則」(**four corners rule**) とは，事実審の裁判官が，確定的合意書の書面だけを

　A finding that the parties had assented to a writing as the complete integration of their then existing agreement is necessarily a finding that there is no simultaneous oral addition. On such a finding of fact, we are no longer required to decide whether proof of a simultaneous oral agreement is admissible, for we have just found that there was no such oral agreement. And a finding that there was such an oral agreement is a finding that the writing is not a complete integration.

　6 CORBIN ON CONTRACTS, *supra* note 4, §577, at 110 (emphasis added).

　See also MURRAY ON CONTRACTS, *supra* note 1, §84[A], at 436（Corbinの主張を紹介）.

75)　*See* CALAMARI & PERILLO, *supra* note 1, §3.4(d), at 135 ("Under Corbin's view, the parol evidence rule does not apply to either [written or oral] kind of contemporaneous agreements."（強調付加）と分析）.

76)　*See* MURRAY ON CONTRACTS, *supra* note 1, §84[B], at 437; RESTATEMENT (SECOND) OF CONTRACTS §§209(2) & cmt. *c.,* 210(3), 213 cmt. *b.*

見てそれが「完全な完結」である旨を反証を許さずに推定すること（conclusively presumed）である。この見方は未だ死滅したと迄は言えないけれども，急速に支持を失って来ている[77]。合意書自体しか見ずにそれが完全か否かを判断するのは非論理的であるばかりか結果も酷(こく)（harshness）に成るからである[78]。そこで Corbin が主張した[79]，より自由な証拠の参酌が大勢と成っているのである[80]。

特に UCC は，やはり後掲（§11-04-1）で示す通り，「四隅（文書自体）の準則」を拒絶して（looks beyond the four corners of the document），書面のみが契約の全体を現すとは捉えず，「取引の経過」や「取引慣行」や「履行の経過」をも含めた状況から発見される当事者間の取引合意を解釈する立場を採用している[81]。UCC Article 2 は物品の売買契約のみが適用対象とは言え[82]，これを他の一般契約に類推適用する裁判所の傾向も考え併せれば[83]，解釈の方向性はより柔軟かつ現実的なものに向かっていると言えよう。

a. 裁判官が検討を許される証拠の範囲：　支配的な見解に拠れば，<u>裁判官には，特に後掲（§11-05）する「完全合意条項・完結条項」（entire agreement / merger clause / integration clause）が書面契約に含まれておらず同書面だけでは合意内容</u>

---

77) CALAMARI & PERILLO, *supra* note 1, §3.4(a), at 132; 2 FARNSWORTH ON CONTRACTS, *supra* note 25, §7.3, at 230（四隅の準則は Williston が主導したと指摘）.
78) CALAMARI & PERILLO, *supra* note 1, §3.4(a), at 132.
79) 2 FARNSWORTH ON CONTRACTS, *supra* note 25, §7.3, at 231.
80) 尤も Corbin も，書面が「完全な完結」の認定に於いて「重い比重」（heavy weight）を置かれる可能性を否定はしていない。「一つの証拠要素」（one of the evidential factor）として認めてはいるものの，だからと言って他の証拠全てを排除すべきでは無いと述べている。6 CORBIN ON CONTRACTS, *supra* note 4, §585, at 184.
81) MURRAY ON CONTRACTS, *supra* note 1, §84[C][6], at 451.
82) *See* UCC §2-102（2003 年改訂で変更なし）. *See also* UCC §1-103（改訂版では §1-103(b)）(UCC が代替する旨を規定していない法原則は伝統的な法理に拠ると明記). BLUM, *supra* note 3, §2.7.2, at 29.
83) MURRAY ON CONTRACTS, *supra* note 1, §84[C][6], at 453.

を complete にする意図を当事者が有していたか否かが不明な場合には[84]，外部証拠も含めて全ての関連性のある証拠の検討が許されている[85]。そうでなければ適切な判断が出来ないはずであるし[86]，裁判官の方が陪審員よりも証拠を正しく評価し得るであろうから，当然のことであろう。

b. 表見的に完全に見える書面の場合：　確定的合意書が表見上完全である場合には，これが最終的では無い旨を示す反証が無い限りは完全なものと捉えられる[87]。尤も後掲（§11-05）する「完全合意条項・完結条項」が確定的合意書の中に記載されているからと言っても，それは「完全な完結」を判断する際の証拠とは成るけれども大勢は「反証を許さない証拠」（conclusive evidence）と迄は捉えていない[88]。概ね「反証可能な証拠・反証可能な効果」（rebuttable evidence / presumptive effect）が附与される[89]と捉えておいた方が安全であろう。

---

84) 11 WILLISTON ON CONTRACTS, *supra* note 3, §33:16, at 625-26.

85) MURRAY ON CONTRACTS, *supra* note 1, §84[B], at 437, §84 [C][a], at 444; RESTATEMENT (SECOND) OF CONTRACTS §213 cmt. b, §214. 本文で前述した通り，書面の四隅のみを見て判事が完全性を判断する「four corners [rule]」（四隅(文書自体)の準則）は，今では衰退しているのである。*See, e.g.,* WHITE & SUMMERS, *supra* note 18, §2-10, at 93 ("Usually a judge should be willing to go beyond the four corners and consider any proffered evidence on the issue of completeness and exclusivity" と指摘).

86) *See* WHITE & SUMMERS, *supra* note 18, §2-10, at 93 ("At minimum the judge must learn of the context and of the character of the terms not in the writing; otherwise he or she will be in the dark at least as to some of the respects in which the writing might not be complete and exclusive." と指摘).

87) RESTATEMENT (SECOND) OF CONTRACTS §209(3) & cmt. c; 11 WILLISTON ON CONTRACTS, *supra* note 3, §33:4, at 571-72 ("... the majority view that language which is apparently clear and unambiguous will be given its plain and ordinary meaning, and parol or extrinsic evidence to alter, contradict or supplement that meaning will not be admitted." (emphasis added) と指摘).

88) *See infra* text at §11-05-1.

89) 『WILLISTON ON CONTRACTS』は「... gives at least presumptive effect to a merger clause」(emphasis added) と指摘している。11 WILLISTON ON CONTRACTS, *supra* note 3, §33:16, at 622.

§11-03-2.「"付随的契約"理論」("collateral contract" theory)： たとえ確定的合意書が完全な完結であったとしても，その確定的合意書から独立した合意内容ならば，確定的合意書とは相反しない限り証拠として認容し得るとするのが，「付随的契約理論」(**collateral contract theory**) であり，上段の「四隅の準則」の酷さを和らげている[90]。しかしこの基準では，確定的合意書が言及していない外部証拠であれば相反しない限り何でも証拠採用され得てしまうので，実質的には「完全な完結」の場合が無きに等しく成って機能しないと批判されている[91]。

§11-03-3.「自然包含基準（Williston test)・自然排除基準」(natural inclusion test・natural omission test)： 「完全な完結」の意図が不明な場合，例えば合意書面の中に「完全合意条項・完結条項」が存在しないような場合には，該合意書内に外部事項（extrinsic matter）を<u>リーズナブルな当事者であれば自然かつ通常は含めた</u>（*naturally* and normally included）はずであると裁判所が判断すれば，「**natural inclusion test**」（自然包含基準）と呼ばれる，該合意書が「完全な完結」であったと解釈して外部事項を排除する基準が<u>判例法上支配的であり</u>[92]，第二次リステイトメント（§216(2)(b)）<u>も同基準を「**natural omission test**」（自然排除基準）という名称を用いて採用</u>している[93]。逆に言えば，その外部事項に就いては，該合

---

90) CALAMARI & PERILLO, *supra* note 1, §3.4(b), at 132.

91) *See id.* at 132–33 （"Under this approach, no writing could be considered more than a partial integration." とか "This distinction is unworkable." と評価）．*See also infra* note 93（自然包含基準／自然排除基準のことを付随的合意書基準と呼ぶ現代判例もあるけれども，後者は何の基準も示していない conclusory なラベルに過ぎないとして批判する『MURRAY ON CONTRACTS』の分析を紹介）．

92) これを Williston test という。*See* MURRAY ON CONTRACTS, *supra* note 1, §84[C][3], at 442; CALAMARI & PERILLO, *supra* note 1, §3.4(c), at 135 （majority rule と成っているだけではなく，第一次リステイトメントも採用していたと指摘）．

93) RESTATEMENT (SECOND) OF CONTRACTS, §216(2)(b)("a term ... naturally be omitted from the writing"（強調付加）という文言をブラック・レターに於いて用いて，そのような外部証拠を補足説明に用いることを許容); MURRAY ON CONTRACTS, *supra* note 1, §84[C][5], at 447; CALAMARI & PERILLO, *supra* note 1, §3.4(g), at 139. なお自然包含基準／自然排除基準のことを「付随的合意書［基準］」(collateral agreement) と呼ぶ近年の判例が存在す

意書とは「別途の契約」（separate agreement）を締結させるのが当事者にとって自然な場合には，その外部事項に関しては該合意書が「部分的完結」に過ぎないと解釈するのである[94]。なお「自然包含基準」に於いてはリーズナブル・パーソンの視点が採用されていて，同じ立場に居たリーズナブルな当事者達であったならば自然にどうしたであろうか，と分析する[95]。

「自然包含基準」のリーディング・ケースは，「*Gianni* 対 *R. Russei & Co.*」事件判例[96]である。オフィス・ビルの一画を賃借して煙草やソフト・ドリンク等を販売していた Gianni は，同ビルを購入した Russel と賃貸改訂交渉を行い，ソーダやソフト・ドリンク等は継続して売るけれども煙草は販売しない旨の賃貸契約を締結。直後に Russel は隣接する一画を薬局に賃貸し，同薬局はソーダやソフト・ドリンク等を売り始めた。Gianni は，自身が締結した賃貸契約書締結の二日前に，ソーダやソフト・ドリンクの販売に就いての排他的独占販売権を口頭により Russel から約束され，且つその該独占販売権と引き換えに煙草販売権を放棄したと主張。しかし裁判所は，その賃貸契約書が [total] integrated であったと判

るけれども，何が口頭証拠排除則を免れる付随的合意書に該当するかは結局のところ自然包含基準に拠らなければ判明しないので，付随的合意書基準というのは実は基準では無く単に conclusory なラベルに過ぎないと『MURRAY ON CONTRACTS』は分析している。MURRAY ON CONTRACTS, *supra* note 1, §84[C][4][b], at 446-47． なお collateral agreements に就いては排除則が適用されないという本書中の指摘に就いては，see *supra* text at §11-03-2．

94) MURRAY ON CONTRACTS, *supra* note 1, §84[C][5], at 447; CALAMARI & PERILLO, *supra* note 1, §3.4(c), at 134（言い換えれば，一当事者が提示した外部証拠の約定内容を，確定的合意内容に含めなかったことが不自然（unnatural）であれば，確定的合意書が「完全な完結」であったと解されると指摘）．

95) CALAMARI & PERILLO, *supra* note 1, §3.4(c), at 134-35．

96) Gianni v. R. Russei & Co., 281 Pa. 320, 126 A. 791 (1924). *See, e.g.,* CALAMARI & PERILLO, *supra* note 1, §3.2, at 126（同判例を「同時的な」口頭証拠排除の一般的な見解の代表例として紹介）．なお，もう一つの有名判例は，農場の売買契約書には記載されていない，見苦しい icehouse を除去する旨の事前合意の有無を巡って多数意見が Williston test を採用し，少数意見はその適用の誤りを非難した *Mitchill v. Lath,* 247 N.Y. 377, 160 N.E. 646, 68 A.L.R. 239 (1928)である．*See* MURRAY ON CONTRACTS, *supra* note 1, §84[C][3], at 443．

断して，Gianni の主張する独占販売権の口頭合意に関する外部事項の証拠採用の申立を却下した。ドリンク類の独占販売権という外部事項は，同製品等を販売する為に使われる敷地の賃貸契約の書面内にリーズナブルな当事者であれば自然かつ通常は含める類（たぐい）の事項であったことが明らかだからである。

a.「自然包含基準」から学ぶ契約実務上の留意点：　契約交渉の実務に於いては，契約書案の文言の是非を巡って，相手方と厳しい議論を交わすことも多い。たまに出くわす議論のパターンの一つとして，互いの信頼関係があるから一定の付帯的な合意内容をわざわざ文書内に記載しなくても良いと言われる場面がある。しかし，「自然包含基準」が示唆するように，文言化されていない交渉過程に於ける口頭合意内容は，最終的な当事者間の合意内容には含まれていないと後に解される虞がある。従って，交渉の実務上は，信頼関係を主張するならば文書記載を認めるべき云々と反論するのが正しく，記載されなかった事項は排除されたと後に解される虞（おそれ）を覚悟すべきである。

b. Corbin の批判：　なお Corbin は，当事者が昨日の合意を無効にする為に今日の合意を締結したか否かを決することが判事の役割であるから，先ず事前合意の存在を確認し，次にその事前合意が事後の書面に依り解除された旨を確認する目的で外部証拠を判事が検討すべきと主張しており，この Corbin の主張は当事者意思の証明に於いて口頭証拠排除則に頼る必要が無いとする彼の一貫した立場と一致している[97]。例えば「自然包含基準」に就いても Corbin は，もし自然には包含すべきと見える合意を，当事者達が実際には包含させずに外部で締結した場合に，そのような証拠が常に許容されないのはおかしい，約束内容の一つを書き落とすことも在り得るのだから，口頭証拠排除則が立証の門を閉ざすべきでは無い，と指摘[98]。自然か否かの判断も結局は裁判所の裁量権に服すると述べてい

---

97) MURRAY ON CONTRACTS, *supra* note 1, §84[C][3], at 442.
98) 6 CORBIN ON CONTRACTS, *supra* note 4, §584, at 179, §585, at 180.

る[99]。更にCorbinは，Williston testに於けるリーズナブル・パーソンの視点も否定して，当事者達の実際の意図を探るべきとしている[100]。

Corbinの見解は，全ての関連する証拠を検討すべきというもの故に結果的には完結性（integration）に関する判断を全て裁判官に委ねるだけなので[101]，一般には口頭証拠排除準則を実質的に骨抜きにすると受け止められている[102]。それにも拘わらずCorbinの見解は近年，支持を得て来ている[103]。即ち先行する外部証拠も裁判官は参酌すべきとするCorbinの見解にUCCも第二次リステイトメントも近付いて来ているのである[104]。

§11-03-4. UCCの採る「修正ウイリストン基準」（modified Williston test）：

UCC §2-202は[105]，合意書面が原則として「部分的完結」と解されるとし

---

99) Id. §584, at 179.
100) CALAMARI & PERILLO, supra note 1, §3.4(d), at 135.
101) Id. at 136.
102) MURRAY ON CONTRACTS, supra note 1, §84[C][3], at 442; CALAMARI & PERILLO, supra note 1, §3.4(d), at 136.
103) CALAMARI & PERILLO, supra note 1, §3.4(d), at 136.
104) Id. §3.4(h), at 140.
105) 以下のような条文に成っている。

§ 2–202. Final Written Expression: Parol or Extrinsic Evidence.
Terms with respect to which the confirmatory memoranda of the parties agree or which are otherwise set forth in a writing intended by the parties as a final expression of their agreement with respect to such terms as are included therein may not be contradicted by evidence of any prior agreement or of a contemporaneous oral agreement but may be explained or supplemented:
  (a) by course of performance, course of dealing, or usage of trade (Section 1–303); and
  (b) by evidence of consistent additional terms unless the court finds the writing to have been intended also as a complete and exclusive statement of the terms of the agreement.

UCC §2-202 (2001) (emphasis added).

§11–03．裁判官が行う「完結」(integration) の判断と，その判断基準　431

つつ[106]，以下の二つの何れかの場合には「完全な完結」としている[107]。① 当事者達が実際に完全な完結を意図していた場合[108]，または ② 当事者達が追加的な約定を「確かに」書面の中に含めていたであろうはず（would *certainly* have included）であると裁判所が判断する場合[109]である。前者①は Corbin の主張に沿っている[110]。前掲（§11–03-3[b]）の通り当事者達の実際の意図を探るのが Corbin の主張だったからであり，逆に Williston はリーズナブル・パースンの視点を採用していたからである。尤も②に就いては「自然包含基準」の派生形であり，謂わば「**modified Williston test**」（修正ウイリストン基準）を採用している[111]。しかしこの修正基準は元々の自然包含基準よりも外部証拠の採用に寛容的である[112]。言い換えれば「完全な完結」の射程を狭くしている[113]。何故ならば「自然包含基準」に於いては「自然かつ通常は含めていた」（naturally and normally included）はずである場合には外部証拠を排除してしまうけれども，「修正ウイリストン基準」の場合ならば「確かに」書面の中に含めていたであろうはず（would *certainly* have included）な場合にだけ外部証拠が排除されるからである[114]。なおこの微妙な差

---

106) CALAMARI & PERILLO, *supra* note 1, §3.4(e), at 137. なお§2–202 の規定を読んでみても，完全な完結の場合は本文では無く小項目(b)の場合に限定する規定に成っている。*See also* UCC §2–202 cmts. 2 & 3 (2001).
107) CALAMARI & PERILLO, *supra* note 1, §3.4(e), at 137.
108) *Id.*
109) UCC §2–202 cmt. 3 (2001)（"If the additional terms are such that, if agreed upon, they would certainly have been included in the document in the view of the court, then evidence of their alleged making must be kept from the trier of fact."（強調付加）と記載）; MURRAY ON CONTRACTS, *supra* note 1, §84[C][6], at 452–53; CALAMARI & PERILLO, *supra* note 1, §3.4(e), at 137.
110) CALAMARI & PERILLO, *supra* note 1, §3.4(e), at 137.
111) MURRAY ON CONTRACTS, *supra* note 1, §84[C][6], at 452–53; CALAMARI & PERILLO, *supra* note 1, §3.4(e), at 137.
112) MURRAY ON CONTRACTS, *supra* note 1, §84[C][6], at 452–53.
113) CALAMARI & PERILLO, *supra* note 1, §3.4(e), at 137.
114) MURRAY ON CONTRACTS, *supra* note 1, §84[C][6], at 453.

異は，UCC Article 2 の起草者 Karl Llewellyn の弟子であり且つ高名な判事でもある Roger Traynor によって指摘されているので興味深い[115]。

なお UCC §2-202 本文は，同時的な口頭証拠（contemporaneous oral agreement）も原則として排除の対象に含めているので，Corbin の立場では無く伝統的立場に従っている[116]。

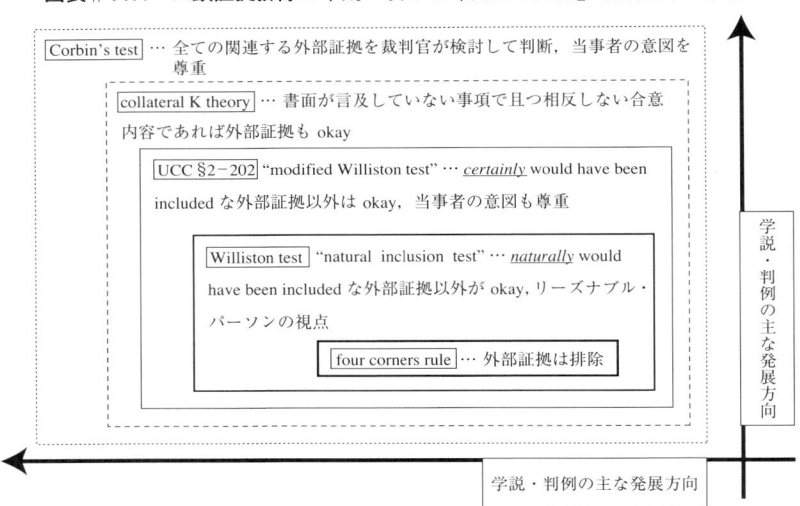

図表＃11.4　口頭証拠排除の準則に於ける「完全な完結」判断基準の推移

```
┌─────────────────────────────────────────────────────┐         ↑
│ Corbin's test  … 全ての関連する外部証拠を裁判官が検討して判断，当事者の意図を│         │
│                   尊重                                   │        学
│  ┌───────────────────────────────────────────────┐  │        説
│  │ collateral K theory  … 書面が言及していない事項で且つ相反しない合意│  │       ・
│  │  内容であれば外部証拠も okay                           │  │        判
│  │  ┌─────────────────────────────────────────┐  │  │        例
│  │  │ UCC §2-202  "modified Williston test" … *certainly* would have been │  │  │      の
│  │  │  included な外部証拠以外は okay，当事者の意図も尊重  │  │  │        主
│  │  │  ┌───────────────────────────────────┐  │  │  │        な
│  │  │  │ Williston test  "natural inclusion test" … *naturally* would │  │  │  │    発
│  │  │  │  have been included な外部証拠以外が okay，リーズナブル・│  │  │  │    展
│  │  │  │  パーソンの視点                        │  │  │  │        方
│  │  │  │  ┌─────────────────────────────┐  │  │  │  │    向
│  │  │  │  │ four corners rule … 外部証拠は排除 │  │  │  │  │
│  │  │  │  └─────────────────────────────┘  │  │  │  │
│  │  │  └───────────────────────────────────┘  │  │  │
│  │  └─────────────────────────────────────────┘  │  │
│  └───────────────────────────────────────────────┘  │
└─────────────────────────────────────────────────────┘
←─────────────────────────────────────  学説・判例の主な発展方向
```

嘗ての厳し過ぎる「四隅の準則」と，逆に緩過ぎる「付随的契約の理論」との両極端を挟んで，外部証拠をほぼ認容する方向で学説・判例が原則として発展しているように見受けられる。なお第二次リステイトメントに就いては，その立場を明確化せず混乱を増幅している（つまりは「部分的完結」な場合以外が存在し得ないようにも思われる）という評価もある。See CALAMARI & PERILLO ON CONTRACTS, *supra* note 1, §3.4(g), at 139.

---

115) *Id.* at 453 n.145. *See also* Masterson v. Sine, 436 P.2d 561, 564 (Cal. 1968) (Traynor, J.)（"The draftsmen of the Uniform Commercial Code would exclude evidence in still fewer instances" と指摘（emphasis added））．

116) CALAMARI & PERILLO, *supra* note 1, §3.4(e), at 137.

ところで§2-202 (b) 項に規定する,「完全な完結」の場合には補足の為でも外部証拠を容認しない旨の規律は, 同 (a) 項には適用されないので, 同 (a) 項で規定された「取引慣行」「取引の経過」または「履行の経過」に関する外部証拠は「完全な完結」の場合であっても補足の為に証拠認容され得ることに成っている[117]。前掲脚注 105 参照。言い換えればこれら取引慣行等の外部証拠に関しては部分的完結しか在り得ないことに成る[118]。この点は再度, 後掲 (§11-04-1) にて触れる。

§11-04. 口頭証拠排除の準則の「例外」——排除対象に成らない主要な証拠

　確定的合意書締結「以前」の外部証拠が排除の対象であるから, 締結「後」の証拠が排除されないのは当然である[119]。加えて前掲の<u>「取引慣行」(trade usage) や「取引の経過」(course of dealing) も, UCC Article 2 (§2-202) の対象契約とこれを類推適用した諸契約に於いては, 相反する解釈の為では無く説明や補足の為であれば, 排除準則の対象外</u>とされている[120]。

---

117) *Id. See also* GABRIEL & RUSCH, *supra* note 15, at 43-44（同旨）.
118) CALAMARI & PERILLO, *supra* note 1, §3.4(e), at 137.
119) *See* authorities cited in *supra* note 27 at §11-01-2. *See also* 2 FARNSWORTH ON CONTRACTS, *supra* note 25, §7.3, at 238-39（同旨）; BLUM, *supra* note 3, §12.3.4, at 351（同旨）.
120) *See, e.g.,* HILLMAN, PRINCIPLES OF CONTRACT LAW, *supra* note 24, 249 & n.97（UCC §2-202 を出典表示しながら指摘。なお相反する目的なのか補足説明が目的なのかの境界が裁判所に依って曖昧に解釈されているとも指摘）. *See also* BLUM, *supra* note 3, §12.10, at 366（course of dealing や trade usage を裁判所は parol evidence であると取り扱うことが理論的には可能であるけれども, これらは口頭契約成立に至ったと主張する文脈中に於いての交渉経緯を示す外部証拠とは異なっていて, 当事者が相互に受容していた慣行に関する信頼性のある客観的な証拠に拠り確立し得るものであり, それ故に裁判所はこれ等 course of dealing と trade usage の証拠をより認容する蓋然性が高いと指摘）; MURRAY ON CONTRACTS, *supra* note 1, §84[C][6], at 450-51.

図表♯11.5 主に UCC（§2-202）が規定する口頭証拠排除の
準則の対象「外」と成る証拠の種類

証拠の種類		備　考
締結「後」の証拠 post-execution evidence		書証のみならず，口頭証拠でさえも排除されない。なお確定的合意書締結後の新たな合意は「契約変更」（modification）や，「権利／条件放棄」（waiver）の認定に関係して来る。
K締結「前」の外部証拠	履行の経過 course of performance	そもそも確定的合意書締結「後」の出来事なので，口頭証拠排除準則の対象外である[121]。
	取引慣行 trade usages 取引の経緯 course of dealing	これ等は確定的合意書締結「前」の外部証拠に属するけれども，UCC §2-202 の対象契約とその類推適用された諸契約に於いては，確定的合意書の説明または補足の為に，total integration の場合でさえも証拠採用可能[122]。

§11-04-1.「取引慣行」「取引の経過」等に対する UCC の立場：

完全な完結の場合でさえも補足説明の為であるならば（相反する場合は不可），「取引慣行」「取引の経過」，および「履行の経過」に関する外部証拠は排除されないと明記する UCC（§2-202）の立場は，契約書面が「多義的では無い」（unambiguous）ならば書面自身のみから解釈を行うべきとする「四隅（文書自体）の準則」（four corners rule）を拒絶している[123]。書面だけが当事者の取引合意を表す前提を否定し，当然に取引慣行と取引の経過が前提と成って書面は作成されたはずであると捉えて[124]，たとえ total integration であってもその内容は取引慣行と取引の経過に拠っ

---

121) *See, e.g.,* 2 FARNSWORTH ON CONTRACTS, *supra* note 25, §7.3, at 226 n.3.
122) *See* BLUM, *supra* note 3, §12.10, at 366; 2 FARNSWORTH ON CONTRACTS, *supra* note 25, §7.3, at 226; ROHWER & SKROCKI, *supra* note 5, at §4.6, at 233, §4.7, at 238, 239.
123) MURRAY ON CONTRACTS, *supra* note 1, §84[C][6], at 451. *See also* WHITE & SUMMERS, *supra* note 18, §2-10, at 93（改訂前 §2-202 cmt. 3 を解説しつつ UCC が four corners test を採用していないと解説）.
124) UCC §2-202 cmt. 2 (2001).

て説明あるいは解釈される立場を採るのである[125]。更には通常の「完全合意条項・完結条項」(entire agreement / merger clause / integration clause) が存在している場合であっても，取引慣行，取引の経過，および履行の経過の証拠は採用され得る[126]。そこで取引慣行や取引の経過を解釈に持ち込まない意思を明確に示したければ，以下のような文言を挿入しておく工夫が契約書ドラフティングの指導書では提案されているので紹介しておこう。

Evidence of trade usage or a prior course of dealings does not explain, supplement, or qualify provisions of this Agreement.

Risdon & Escobar, *supra* note 7, §18.04[3], at 571（英文契約書の実例を参考に本書筆者が修正）（強調付加）。なおこの案に「履行の経過」が含まれていない理由は，それを完全合意条項で扱うよりも寧ろ「waiver / amendment 条項」に於いて扱うべきとしているからである。*Id.* §18.04[4], at 572.

§11-04-2. 第二次リステイトメントが指摘する口頭証拠排除準則の対象外な諸事項：

第二次リステイトメントに於ける口頭証拠排除則の例外に関する規定を以下，図表（#11.6）に纏めてみたので参照して欲しい。

図表#11.6 主に第二次リステイトメント（§214）が指摘する口頭証拠排除準則の例外

例外と成る類型	備　考
契約成立の有効性（強制可能性）等（invalidating causes）を争う場合には，total integration な確定的合意書に於いても外部証拠の採用可[127]。	違法性，不実表示，強迫，錯誤，約因の欠如，等。

---

125) MURRAY ON CONTRACTS, *supra* note 1, §84[C][6], at 452; WHITE & SUMMERS, *supra* note 18, §2-10, at 98-99.
126) MURRAY ON CONTRACTS, *supra* note 1, §84[C][6], at 452; WHITE & SUMMERS, *supra* note 18, §2-10, at 98-99; Risdon & Escobar, *supra* note 7, §18.04[3], at 571.

例外と成る類型	備　考
確定的合意書自体がintegratedか否かを確認する場合や，partial / total integrityを確認する場合[128]。	n.a.
契約の発効または履行義務の「前提（停止）条件」に関する外部証拠の採用可。	契約や履行義務が一定の事象の発生を前提条件としている旨の口頭の約束をされていたという主張に関する外部証拠[129]。
「自然排除基準」（natural omission test）に拠って完結した書面の範囲外とされる合意や[130]，別途consideration（コンシダレイション）に拠り支持されている合意は，証拠採用可[131]。	例えば自動車売買を書面で契約したS氏とB氏の間で，取引の一部として，S氏の車庫にB氏が月々$15.00で自動車を一年間駐車する口頭の合意が為された場合，その口頭合意は別途のconsiderationに支えられていて「自然に排除」される別途契約の一種とも捉えられるので，売買契約の補足説明的な証拠として採用可能[132]。
文言の意味（meaning of the writing）を確認する場合や，確定的合意書が多義的（ambiguous）な場合[133]。	n.a.
救済の根拠を確認する場合[134]。	衡平法上の救済である契約破棄／取消（rescission（リシジアン）），「文書訂正命令」（reformation）[135]や特定履行。

---

127) RESTATEMENT (SECOND) OF CONTRACTS §214(d) & cmt. c（なおたとえmerger clauseが確定的合意書に記載されていても証拠採用可能と明記）. See also 6 CORBIN ON CONTRACTS, supra note 4, §576, at 93（契約の成立の有無を検討する為には口頭証拠も重要な場合があると指摘）.

128) RESTATEMENT (SECOND) OF CONTRACTS §§209(3), 214(a)(b) & cmt. a. See also 2 FARNSWORTH, supra note 25, §7.3, at 227 & n.12, 231（final agreementを当事者が意図していたか否かを判断する為に確定的合意書締結前の交渉上の証拠も採用可とするCorbinの立場を第二次リステイトメントも採用していると指摘）.

129) RESTATEMENT (SECOND) OF CONTRACTS §217.

130) 合意書面の「範囲外」な場合には口頭証拠排除の準則が適用され無いという第二次リステイトメントの立場は，嘗ての前掲（§11-03-2）「付随的契約の理論」（collateral

§11-04. 口頭証拠排除の準則の「例外」──排除対象に成らない主要な証拠　437

　前掲（§11-01）の通り，口頭証拠排除の準則が適用される前提条件は，「拘束力」の在る *「最終的」＝「完結」* 合意の「書面」である。即ち書面が拘束力の在る「契約」に成っていることが前提である。従って，そもそもの契約の有効性や強制可能性自体を争う場合には排除準則が適用されない[136]。契約書自体を見ただけではその強制可能性が判らない場合もあるからである[137]。特に不実表示に於いて外部証拠が認容されてしまう準則は，「*fraus omnia corrumpit*」（フラウス オムニア コラムピット）（fraud vi-

---

contract theory）の自由な解釈に戻ってしまったとも捉えられている。See CALAMARI & PERILLO, *supra* note 1, §3.4(g), at 139.
131) RESTATEMENT (SECOND) OF CONTRACTS §216(2). *See also* 11 WILLISTON ON CONTRACTS, *supra* note 3, §33:1, at 559, §33-8, at 589（書面が complete integration では無く，且つ口頭合意が independent collateral existence を維持する意図であった場合には口頭証拠排除の準則が適用されないと指摘）.
132) *See* RESTATEMENT (SECOND) OF CONTRACTS §216 illus. 3.
133) RESTATEMENT (SECOND) OF CONTRACTS §214(c) & cmt. *b*. 即ち文言の「解釈」を争う場合には外部証拠が認容可と成る。何故ならば，契約書文言だけでは意味が不明な場合だから extrinsic evidence が必要に成るのである。なお「解釈」の争いに於いては，"All extrinsic evidence are admissible."と言われている。See 6 CORBIN ON CONTRACTS, *supra* note 4, §579, at 120. *See also* 11 WILLISTON ON CONTRACTS, *supra* note 3, §33:1, at 559, §33:8, at 589（"If the words are ambiguous"ならば口頭証拠排除の準則が適用されないと指摘）; Risdon & Escobar, *supra* note 7, §18.02[1], at 562（ambiguous terms を説明する為ならば外部証拠も常に証拠認容されると指摘）.
134) RESTATEMENT (SECOND) OF CONTRACTS §214(e) & cmt. *d*（衡平法上の救済の妥当性判断の重要な要素である fairness や unconscionability を判断する為に外部証拠が認容されると指摘）. *See also* 11 WILLISTON ON CONTRACTS, *supra* note 3, §33:1, at 559（同旨）.
135) *See, e.g.,* 6 CORBIN ON CONTRACTS, *supra* note 4, §573, at 79（口頭証拠排除の準則が rescission や reformation には適用されないと指摘）.
136) *See, e.g.,* RESTATEMENT (SECOND) OF CONTRACTS §214(d); 2 FARNSWORTH ON CONTRACTS, *supra* note 25, §7.3, at 239; 11 WILLISTON ON CONTRACTS, *supra* note 3, §33:16, at 632-39; CALAMARI & PERILLO, *supra* note 1, §3.7, at 143（強迫によって署名させられた場合が典型例であり，強迫の事実は外部証拠だけれども証拠として認容されると指摘）; 6 CORBIN ON CONTRACTS, *supra* note 4, §580, at 136.
137) *See* 6 CORBIN ON CONTRACTS, *supra* note 4, §577, at 97-98.

tiates everything it touches.) とも言われている[138]。尤も不実表示に関連して，例えば前掲（§8-02-4）例示の「ANY AND ALL REPRESENTATIONS [OTHER THAN THE ONE SET FORTH HEREIN, IF ANY,] ... SHALL BE GIVEN NO FORCE OR EFFECT」のように，一定の「表示」（representation）を否定する文言が記入されていた場合，特にそれが所謂 boilerplate 的な標準約款では無く寧ろその契約の為に特別に交渉されて挿入された文言であると解された場合には，裁判所がその当事者意思を尊重して不実表示の外部証拠を否認する法域も在り得る[139]。

同様に，有効・強制可能性が口頭証拠排除則適用の前提であるから，契約発効や履行義務発生が一定の事象発生を「前提（停止）条件」（condition precedent）とする旨の外部証拠は，契約の成立・履行義務の存在そのものを争う証拠なので許容される[140]。たとえ或る事象の発生・不発生が無ければ契約が成立しない旨の約束が口頭だったとしても，その口約束の存在に関する証拠は認容され得る[141]。何故ならば前提条件の充足が成立条件だった場合，果たしてその条件が充足されたか否かの「事実」は契約書面の外部証拠であるけれども精査する必要性が生じるからである[142]。そもそも書面契約の完全性を否定し且つ書面契約と相反するのでは無く，補足説明的な証拠と捉えられるから採用可能とされる[143]。

なお，このように契約成立自体の前提条件に関する外部証拠は排除則の例外であるにも拘わらず，そのような前提条件が存在しない旨を契約書上で明確化しておきたければ，以下のような文言を挿入しておく工夫が契約書ドラフティングの指導書では提案されているので紹介しておこう。

---

138) CALAMARI & PERILLO, *supra* note 1, §9.21, at 353.
139) *Id.*（その例として NY 州を挙げている）.
140) 11 WILLISTON ON CONTRACTS, *supra* note 3, §33:14, at 615, §38:17, at 447.
141) Risdon & Escobar, *supra* note 7, §18.04[1], at 567-68.
142) *See* 6 CORBIN ON CONTRACTS, *supra* note 4, §577, at 98.
143) *See* RESTATEMENT (SECOND) OF CONTRACTS §217.

§ 11-04. 口頭証拠排除の準則の「例外」――排除対象に成らない主要な証拠　439

> There are no conditions precedent to the effectiveness of this Agreement other than those expressly set forth herein if any.

Risdon & Escobar, *supra* note 7, § 18.04[1], at 569（英文契約書の実例を参考に本書筆者が修正）（強調付加）．

　ところで口頭証拠排除準則の例外と成るのは契約成立の「前提（停止）条件」（condition precedent）だけであって，「事後的／解除条件」（condition subsequent）が合意内容に含まれるべきとの外部証拠は排除され得る[144]。即ち前者はそもそも契約の存在を巡る要素であるけれども（条件が満たされなければ発効しない），後者は発効後の解除条件が合意内容に含まれていたか否かの要素だからである[145]。

　前掲（§ 11-03-3）「自然包含基準」の項に於いて紹介した，第二次リステイトメントの採用する「自然排除基準」（natural omission test）に拠って書面の範囲外とされた合意には口頭証拠排除の準則が及ばないと解され[146]，更に，外部証拠の合意が別途 consideration（コンシダレイション）に拠り支持されている場合も書面から「自然に削除される」（might naturally be omitted）ような別途契約の一種であると捉えられるから[147]，その合意の証拠は採用可能と成る[148]。

　更に，確定的合意書に相反する外部証拠や補足説明的外部証拠を（total integration の場合に）排除するのが準則の効果であるから，確定的合意書面上の<u>文言の理解・解釈に資する外部証拠は排除されない</u>[149]。

---

144) 11 WILLISTON ON CONTRACTS, *supra* note 3, § 33:18, at 645; MURRAY ON CONTRACTS, *supra* note 1, § 85[C], at 460 & n.191.
145) 11 WILLISTON ON CONTRACTS, *supra* note 3, § 33:18, at 647.
146) RESTATEMENT (SECOND) OF CONTRACTS § 216(2)(b).
147) *Id.* § 216(2)(a) cmt. c（"This rule [of (2)(a)] may be regarded as a particular application of the rule of Subsection (2)(b)."と述べている）．
148) *Id.* § 216(2)(a).
149) *Id.* § 214(c); 2 FARNSWORTH ON CONTRACTS, *supra* note 25, § 7.3, at 239; 6 CORBIN ON

前掲図表（#11.6）内の最後のコラム内に表れる「**文書訂正命令**」（**reformation**）とは，前掲（§8-01-4）の通り，当事者の合意に於いては錯誤が存在しなくてもその表記が当事者合意を正しく表していない，所謂「**表示上の錯誤**」（**mistake in expression** 或いは **scriber's error**）な場合に，当事者からの請求に基づいて，書面を当事者合意に合うように訂正を命じることを言う[150]。裁判所としては契約締結よりも前の真の合意の有無を確認しなければ命令を下せないから，当然に契約書面締結前の証拠を検討できることに成る[151]。

§11-05.「完全合意条項・完結条項」（entire agreement・merger clause・integration clause）

「完全合意条項・完結条項」とは，合意した約定，条件，約束，および表明の全てが最終的に，完全に，且つ排他的に書面に含まれている声明を述べた条項を言う[152]。

　口頭証拠排除準則が適用される前提条件は，前掲（§11-01）の通り「拘束力」の在る /最終的/ =/完結/ 合意の「書面」である。更には所謂「total」integration（完全な完結）である方が「partial」integration（部分的完結）よりも，外部証拠を排除する上では望ましい。当事者達がその効果を享受する為には，契約書が「完全な完結」合意である旨を示しておいた方が好ましいのである。その為であろうか，契約実務に於いては，一般条項の中に「merger clause」や，「entire agree-

---

　　CONTRACTS, *supra* note 4, §579, at 120. *See also* ROHWER & SKROCKI, *supra* note 5, at §4.7, at 237（約定が ambiguous な場合は外部証拠を認容可と指摘）.

150) RESTATEMENT (SECOND) OF CONTRACTS §155. MURRAY ON CONTRACTS, *supra* note 1, §85[B], at 456-57. これは，合意形成「前」の錯誤によりそもそも契約成立が妨げられる所謂「mutual mistake」（共通的錯誤）とは異なり，mistake in expression の方は真の合意形成「後」の表記する際に錯誤が生じるものである。*Id.* at 457.

151) *See* MURRAY ON CONTRACTS, *supra* note 1, §85[B], at 457.

152) 11 WILLISTON ON CONTRACTS, *supra* note 3, §33:21, at 661; Risdon & Escobar, *supra* note 7, §18.01, at 561.

§11-05.「完全合意条項・完結条項」(entire agreement・merger clause・integration clause)　441

ment」「integration clause」「full integration clause」或いは「zipper clause」[153]と言われる「完全合意条項・完結条項」を挿入することが通常であり，例えば以下のような内容に成っている。

ARTICLE ○○.　ENTIRE AGREEMENT
　This Agreement is <u>intended</u> as the <u>complete and exclusive statement</u> of the agreement between the Seller and Buyer with respect to the subject matter hereof and <u>supersedes all of the prior agreements and negotiations</u> with respect to the subject matter hereof.

契約実務の諸文例を参考に本書筆者が起案（強調付加）。

　「完全合意条項」の起案に於いては，「完全な完結」である意図を明確化することが最も重要であるから，「final and exclusive」的な文言を挿入しておくことや，その結論を補強する為に「以前の全ての交渉や諸合意事項よりも当該確定的合意書が凌駕する」旨を記載しておくことが肝要と成る[154]。更に，上の例文には入っていないけれども，同じ大きな取引を形成する契約書が他にも同時に締結された場合にはそれ等と共に当確定的合意書が最終的かつ排他的な当事者間の合意を形成する旨を記載したり，仮に「非開示合意書」（NDA: Non-Disclosure Agreement）のように以前に締結された契約が当確定的合意書によって凌駕されずに有効で在り続ける場合にはその旨を明記することも必要に成って来る[155]。

---

153)「zipper clause」の語を紹介するのは，MURRAY ON CONTRACTS, supra note 1, §83[A], at 432; Risdon & Escobar, supra note 7, §18.01, at 561 n. 4; TINA L. STARK, DRAFTING CONTRACTS: HOW AND WHY LAWYERS DO WHAT THEY DO §16.9, at 178 (2007).
154) STARK, DRAFTING CONTRACTS supra note 153, §16.9, at 179.
155) Id.

§11-05-1. 完全合意（完結）条項の効果： 　　確定的合意書であるか否かの判断は，当事者意思に懸かっているので，裁判所は原則として完全合意条項・完結条項の文言を尊重する[156]。尤も如何なる程度までの効果を認定するかに就いては判例・学説共に意見が分かれていて安定しない[157]。そもそもWillistonが提言した準則に拠れば，完全合意条項・完結条項は原則として「完全な完結」を認定させる「反証不可能な証拠」（conclusive evidence）に成るけれども，以下の二つの場合は例外的に認定を妨げるとされる[158]。即ち①書面が明らかに不完全な場合か，または②詐欺や錯誤等の強制可能性を妨げる理由があるにも拘わらず完全合意条項・完結条項が挿入されている場合である。『CALAMARI & PERILLO ON CONTRACTS』に拠れば，Willistonの見解は嘗ての「四隅（文書自体）の準則」や「付随的契約の理論」を引き摺るにも拘わらず，殆どの（i.e., 圧倒的過半数の）裁判所が採用していると言われている[159]。更に完全合意条項を反証不可能な証拠と迄はいかなくとも，「strong evidence」であると殆どの裁判所は認定するという指摘も見受けられる[160]。

　尤も興味深いことに『WILLISTON ON CONTRACTS』の改訂版自身は，反証不可能な証拠と捉えるのは「幾つかの法域」（some jurisdiction）に於いてに過ぎず，「もっと多くの法域」（many more jurisdiction）に於いては完全合意条項・完結条項が「単なる推定的証拠」（merely presumptive evidence）であると記述している[161]。他の資料も，近時に於いては完全合意条項・完結条項が掲載されていて

---

156) 2 FARNSWORTH ON CONTRACTS, *supra* note 25, §7.3, at 233.　*See also* ROHWER & SKROCKI, *supra* note 5, at §4.8, at 240（「多くの事件」に於いて完全合意条項・完結条項の存在がconclusiveな証拠であると解釈していると指摘）;　HILLMAN, PRINCIPLES OF CONTRACT LAW, *supra* note 24, at 235;　Risdon & Escobar, *supra* note 7, §18.02[2], at 564 & 26 (RESTATEMENT (SECOND) OF CONTRACTS §209(3)を引用).

157) Risdon & Escobar, *supra* note 7, §18.02[3], at 565.

158) CALAMARI & PERILLO, *supra* note 1, §3.4(c), at 133–34, §3.6, at 142.

159) *Id.*

160) Risdon & Escobar, *supra* note 7, §18.03, at 566.

161) 11 WILLISTON ON CONTRACTS, *supra* note 3, §33:21, at 664–65.　*See also* Risdon & Escobar, *supra* note 7, §18.03, at 566（some courtはmerger clauseを文書がtotal integrationか否

§11-05.「完全合意条項・完結条項」(entire agreement・merger clause・integration clause)　443

もそれは反証不可能な証拠では無く，一つの証拠に過ぎないと指摘しているので[162]，特に該条項が実際に[*i.e.*, 具体的に]合意されたもので無ければ効果を認めない傾向が強まりつつあるという見方[163]がやはり安全であろう。その理由は，おそらく前項で紹介した「四隅（文書自体）の準則」に縛られない，より自由な証拠採用が重視される今日的傾向ゆえである。たとえ完全合意条項・完結条項が確定的合意書に記載されていても，真の当事者意思はこれと異なっていた旨を示す外部証拠が認容され得るのである[164]。従って実務的には完全合意条項・完結条項の文言だけでは安心できない。特に「boilerplate」という"リーガリーズ"(legal-ese）的イメージを払拭できない「標準書式合意書」(standardized agreement) 約款の場合にはその虞が高まろう[165]。何故ならば解釈上，完全合意条項・完結条項が通常挿入されている「一般条項」(general terms) は，他の特別・具体的な約定（特別条項：special terms) よりも解釈上の比重が劣る虞があるからである。前掲§10-11 参照。尤も同条項が無い場合よりは当事者意思を補強することは出来よう[166]。実際，詐欺，錯誤，またはその他の契約の成立・強制を妨げる事由が無い限り，完全合意条項・完結条項がある場合にはこれに「反証不可能」(con-

---

　　　かを判断する際の only one factor としか考えないと指摘); GABRIEL & RUSCH, *supra* note 15, at 44 (merger clause を conclusive evidence と捉えるか否かは，裁判所により異なると指摘).

162) RESTATEMENT (SECOND) OF CONTRACTS §209 cmt. *b*; 2 FARNSWORTH ON CONTRACTS, *supra* note 25, §7.3, at 233–34; ROHWER & SKROCKI, *supra* note 7, at §4.8, at 240 (「幾つかの事件」に於いては当事者が交渉により作り上げた契約書と，標準約款とを区別して，後者では完全合意条項・完結条項にその文言通りの解釈を与える蓋然性が低く成ると指摘); HILLMAN, PRINCIPLES OF CONTRACT LAW, *supra* note 24, at 235; MURRAY ON CONTRACTS, *supra* note 1, §83[A], at 432 n.34, §84[C][2], at 440; CALAMARI & PERILLO, *supra* note 1, §3.6, at 142–43.

163) CALAMARI & PERILLO, *supra* note 1, §3.6, at 143.

164) *See* BLUM, *supra* note 3, §12.7, at 359.

165) *Id.* §12.7, at 362. *See also* MURRAY ON CONTRACTS, *supra* note 1, §84[C][2], at 440 (standardized agreement に於ける printed ("boilerplate") clause としての merger clause の場合には特に conclusive effect を附与すべきでは無いと指摘).

166) *See* BLUM, *supra* note 3, §12.7, at 361.

clusive) な効果を附与する Williston の立場に従う裁判所も多いと指摘されている[167]。

---

167) MURRAY ON CONTRACTS, *supra* note 1, §84[C][2], at 440.

§12. 契約の「条件」（condition）と「実質的な履行」（substantial performance）と「重大な違反」（material breach）

> What's the first excellence in a lawyer? Tautology. What the second? Tautology. What the third? Tautology.

RICHARD STEELE, THE FUNERAL (1701), *in* BRYAN A. GARNER, A DICTIONARY OF MODERN LEGAL USAGE 868 (2d ed. Oxford Univ. Press 1995).

§12-01. 「条件」と，「債務履行期到来」（to become due）と，「実質的履行・重大な違反」と，反対債務「免除」の関係

　当§12 は以下のような関係を扱う。先ず契約上の義務（債務）は，確定的合意書締結後に即時に「履行期に到達する」（to become due）とは限らない。履行期到達前に一定の条件を満たすことが要求されている場合もあり，これを「**前提条件**」（**condition precedent**）や「**停止条件**」と言う。そのような前提（停止）条件は，明示的に課されている場合ばかりでは無く，法的に擬制・解釈（construe）される場合もあり，前者を「**明示の条件**」（**express condition**）と言い，後者を「**擬制的条件**」（**implied-in-law condition** や **constructive condition**）と言う。──両者の中間的な［事実上の黙示の条件］（implied-in-fact condition）の概念も存在する。

　これ等の条件は，一定の事実が発生すること或いは発生しないことだったり，または他方当事者による一定の約束の履行が条件だったりして，前者は「**純粋条件**」（**pure condition**）と呼ばれ，後者は「**約束的条件**」（**promissory condition**）と呼ばれる。

そのような条件が満たされなければ，義務の履行期が到来せず，結局は「**義務者**」（obligor：債務者）が債務から「**免除**」（discharge）される。尤も特に「約束的条件」の場合，それが「擬制的条件」であれば更に，約束を「**実質的に履行**」（**substantial performance**）していれば「**重大な違反**」（**material breach**）に成らず，反対給付の債務から債務者は免除されない。しかし重大な違反で且つその治癒が不可能な「**完全な違反**」（**total breach**）であれば，非違反者は契約を破棄・解除することが出来る。なお約束的条件が「明示の条件」の場合，特に当事者の意思が文言等から明確に条件充足を前提にしていた場合には，完全に条件を満たさなければ反対債務が免除される。ところで履行期に達していなくても債務者が契約違反の意思を表明した場合には，「**履行拒絶**」（**repudiation**）と言って履行期前に契約違反が成立して被害者側が各種救済の権利を行使し得る場合がある。

なお条件は履行期到達の「前提（停止）条件」として設定されるだけでは無く，稀に，後発的一定事象等が債務を解除させる条件として設定される場合もあり，これを「**事後的（解除）条件**」（**condition subsequent**）と言う。

以下，これ等の関係や用語を順次説明して行こう。

§12-02.「条件」（condition）

そもそも「条件」（condition）とは，法理的に，発生が不確実だけれども，義務が生じる為には免除されない限り発生しなければならない出来事や事象であって，時間の経過を除くものを言う[1]。その発生・不発生が問題に成るのは，通常，契約成立後の，履行段階に於いてである[2]。

なお契約実務に於いては，「契約」や「契約書」がしばしば「terms and ***conditions***」（強調付加）と呼ばれる。しかしアカデミックにはその言い方は避けるべきと言われる[3]。何故ならばそのような呼称に於いては何処が「terms」で何処が

---

1) JOHN EDWARD MURRAY, JR., MURRAY ON CONTRACTS §99[B], at 617 (4th ed. 2001).
2) Id.
3) See, e.g., id.

「conditions」かが不明であり、且つ法理的には両者がきちんと区別されるべきだからである[4]。

§12-02-1.「前提(停止)条件」(condition precedent)：

「前提(停止)条件」(condition precedent) とは[5]、即時履行義務が生じた (immediately performable)、履行期に到達 (becomes due) する「前」に満たされなければならない「事象・出来事」(event) を言い、単に、「条件」(condition) と言う場合でも通常はこの「前提(停止)条件」を意味する。前提条件が満たされない限りは、履行期が到来せずに債務が「絶対的」(absolute) に成らない[6]。そのような義務履行期到達の為の前提(停止)条件が契約に於いて設定されていた場合には、この条件成就の立証責任は「*被義務者(債権者)/側(=債権の請求権者側)* が負う[7]。従って後掲（§12-02-1[a]）するように債務者としては、契約に於ける条件設定によって危険を債権者側へ「割り当てること」(allocation of risk) が可能に成る。

以下、参考に資する為に例文を示しておこう。

---

4) *See id.*

5) *See generally* Scott J. Burnham, Drafting and Analyzing Contracts: A Guide to the Practical Application of the Principles of Contract Law §10.3, at 136, §10.4, at 139 (3d ed. 2003); 13 Samuel Williston, A Treatise on the Law of Contracts §38:7, at 394 (Richard A. Lord ed., 4th ed. 2007) [Williston on Contracts]. *See also* Restatement (Second) of Contracts §224 cmt. *e*; Tina L. Stark, Drafting Contracts: How and Why Lawyers Do What They Do §4.2.1, at 25 & n.1 (2007); Murray on Contracts, *supra* note 1, §99[B], at 618. なお義務「履行」の前提では無く、そもそもの契約「成立」の前提として「条件」が用いられる場合もある。*See* 13 Williston on Contracts, *supra*、§38:4, at 375–82, §38:7, at 396–98.

6) 13 Williston on Contracts, *supra* note 5, §38:7, at 405.

7) Claude D. Rohwer & Antony M. Skrocki, Contracts in a Nutshell §8.1.1, at 351 (6th ed. 2006).

> ARTICLE ○○. CONFIDENTIALITY
>
> The Recipient *shall* treat as confidential any information furnished by the Disclosing Party *if* the Disclosing Party conspicuously designates the information as "Confidential."

契約実務の諸文例を参考に本書筆者が起案（強調付加）。

　そもそも「条件」とは法律上一般に，効果が生じる前提として満足されることが必要な事象・出来事[8]である。更に詳しくは，第二次リステイトメントがブラック・レター部に於いて「［前提（停止）］条件」の要件を以下のように定義している。

> **A condition is <u>an event</u>, not certain to occur, which <u>must occur</u> unless its non-occurrence is excused, <u>before performance</u> under a contract <u>becomes due</u>.**
> Restatement (Second) of Contracts § 224 (emphasis added).

　以上の要件が示すように「条件」はその発生が「不確定」（not certain to occur）な事象であるから，単に一定の「時間の経過」（passage of time）が履行期到達前に要求される場合は契約法上の「条件」では無いと解されている[9]。

---

8) 通常は「将来の」事象・出来事が条件に成るけれども，稀に過去の事象・出来事でも発生が確認できていないものは条件に成り得る。Brian A. Blum, Contracts §16.1, at 518 (4th ed. 2007).

9) Restatement (Second) of Contracts §224 cmt. *b*; Stark, Drafting Contracts, *supra* note 5, §4.2.1, at 25 & n.2, §11.2, at 134; Rohwer & Skrocki, *supra* note 7, at §8.1, at 350.

§12-02.「条件」(condition)　449

a. 約束・義務の範囲を「制限」(qualify) でき，「危険を配分」(risk allocation) する契約実務上重要な「条件」の役割：　契約実務的には，起案に於いて債務履行の前提として一定の事実の発生や不発生を条件として明記しておけば，その分だけ束縛の範囲を縮小できるという大きな働きがある[10]。即ち「条件」には，債務の範囲を「qualify」(制限する) 役割がある。言い換えれば，条件無しの「絶対的な約束」(absolute promise) に比べて，「条件付約束」(conditional promise) は約束者の保護の為にあり，同時に被約束者 (受約者) には不利と成る[11]。つまり条件には「危険の配分」や「割当」(risk allocation) の役割を担わせ得る[12]。何故ならば，例えば一定事象が生じなければ債務者が義務履行を免れるとは，即ち債権者が権利を満たされないことを意味し，その事象不発生の危険を債権者が負うことに成るからである。

b.「約束」と「条件」の相違：　条件に於いては，後掲 (§12-02-5) する「約束的条件」(promissory condition) の場合を除き当事者が条件成就を約束していない。従って約束的条件では無い純粋な条件が満たされない事態が生じても，それは「契約違反」(breach of a K) では無い[13]。純粋な条件 (pure condition「純粋条件」) は「事象・出来事」(event) であって「約束」(promise) では無いので「事象・出来事の違反」が在り得ないからである[14]。即ち約束と条件は以下 (図表#12.1) のように異なり，特に効果がこれ程異なるから，契約実務上の起案に際しては両者を明確に区別する注意が必要に成る[15]。

---

10) See 13 WILLISTON ON CONTRACTS, supra note 5, §38:1, at 367.
11) Id. §38:3, at 373.
12) STARK, DRAFTING CONTRACTS, supra note 5, §4.2.4, at 28.
13) See, e.g., MURRAY ON CONTRACTS, supra note 1, §99[D], at 620.
14) See BURNHAM, supra note 5, §10.5, at 140.
15) See 13 WILLISTON ON CONTRACTS, supra note 5, §38:5, at 382–84.

図表#12.1 「約束」と「条件」の相違

分 類	定 義（要件）	違反・非成就の効果
約束 promise	作為・不作為の意図の表明により「束縛」（commitment）が成されたと理解されること。	責任（liability）の発生。但し、相手方の反対履行義務を免除するとは限らない。
条件 [pure] condition	発生・不発生が不確定な出来事（event）であること。	責任無し。約束者は履行義務から免除される。

なお「純粋条件」と「約束的条件」の定義・相違に就いては後掲（§12-02-5）参照。

c.「条件」を理解する為に有用な「if / then」な関係と、契約実務典型例──M＆Aに於ける「クロージング」：　契約実務に於いて条件関係の発見・確認の為に有用な方法の一つは、構文が「if..., then〜」な関係に成っているか否かを検討してみることである[16]。後掲§§12-02-2 [b], 12-02-7 [a]参照。更に、グローバリゼイション（アメリカ化）の影響を受けた日本でも日常用語に成り始めた「M＆A」取引も、条件が成就しなければ履行の義務が発生しない場合の仕組みを理解する為の好例である。

M＆Aに於いては、通常は契約締結後の一定期間経過後に到来する主たる債務の履行時期、或いは履行自体を「クロージング」（**closing：最終手続**）と呼ぶのが慣例であり、クロージング時に通常は売主が資産を買主に譲渡するのと交換に買主が対価を売主に支払う[17]。そして契約締結後から履行までの一定期間を「gap period」と言う。通常は契約書内に、クロージングの義務が発生する前提条件（「closing condition」と言う）[18]として、例えば契約締結時に正しかった「レプ・ワ

---

16) STARK, DRAFTING CONTRACTS, *supra* note 5, §4.2.1, at 26.
17) *See id.* §3.3, at 20.
18) 2 LOU R. KLING & EILEEN T. NUGENT, NEGOTIATED ACQUISITIONS OF COMPANIES, SUBSIDIARIES AND DIVISIONS §14.01, at 14-3 (2007).

§ 12-02.「条件」（condition） 451

ラ」がクロージング時にも正しい旨や[19]，gap period 内に株主の同意を得ること[20]等が要求されていて，もしそれ等の前提条件が満たされていなければクロージングの義務から免除されるように規定してある[21]。以下（図表♯12.2）[22]参照。

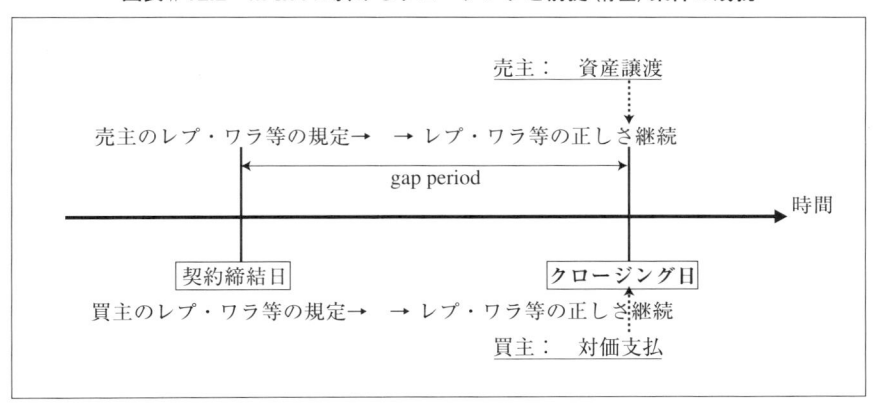

図表♯12.2　M＆A に於けるクロージングと前提 (停止) 条件の成就
（エマンディ）

```
                                              売主：　資産譲渡
    売主のレプ・ワラ等の規定→　→レプ・ワラ等の正しさ継続
                          ←────gap period────→
    ─────┼─────────────────┼─────── 時間
        契約締結日                    クロージング日
    買主のレプ・ワラ等の規定→　→レプ・ワラ等の正しさ継続
                                              買主：　対価支払
```

なお通常は売主側の方のレプ・ワラが多く規定されていて，買主側は少ない。前者は取引の対象たる「target company」の内容・価値に瑕疵の無いことを微に入り細に入り表明・保証させられるけれども，後者の核心的義務は対価の支払に限られるからである。尤も対価が株式等である場合（株式交換方式による M&A）に於いては，その対価たる株式等の価値に関する買主側のレプ・ワラも詳細に規定され得ることに成る。*See* 1 KLING & NUGENT, *supra* note 18, §1.05[2], at 1-38.

なお M&A の契約実務に於いて契約締結後の一定期間経過後まではクロージングが生じない構造を用いる大きな理由の一つは，そもそも強行法規上，そのよう

---

19) 1 *id.* §1.05[4], at 1-39. 特に「the absence [lack] of material adverse change」を表明・保証させられるのである。1 *id.* §1.05[2], at 1-38; GEORGE W. KUNEY, THE ELEMENTS OF CONTRACT DRAFTING WITH QUESTIONS AND CLAUSES FOR CONSIDERATION 74 (2006).
20) *See* 1 KLING & NUGENT, *supra* note 18, §1.05[4], at 1-39; STARK, DRAFTING CONTRACTS, *supra* note 5, §3.3, at 20-21 n.34.
21) 1 KLING & NUGENT, *supra* note 18, §1.05[4], at 1-39.
22) *See id.* Example 1, at 20 (modification added).

に求められているからである。例えば「**1976年 HART-SCOTT-RODINO 反トラスト向上法**」[23]（契約書上では略して「the **HSR ACT**」と表示されるのが一般的）に拠れば、一定規模の要件を満たす M&A の計画書等を、独禁法を管轄する「**F T C**」（連邦取引委員会：Federal Trade Commission）と「**D O J**」（司法省：Department of Justice）の「Antitrust Division」に対し事前申請し開示しなければならないとされている[24]。申請日から最低三〇日程（mandatory waiting period）の間は、取引の完成（consummation）を許さない法規制であり、独禁法の抑止力を高めるのがその目的である[25]。そこで M&A の契約書上では、以下のような条項がしばしば見受けられる。

The respective obligations of each party to perform this Agreement and effect the Merger and the other transactions contemplated hereby are subject to the satisfaction of the following conditions:

(a) STOCKHOLDER APPROVAL.　The stockholders of the Company approve and adopt this Agreement according to the laws of the state of New York;

(b) REGULATORY APPROVALS.　Any applicable waiting period under the Hart–Scott–Rodino Antitrust Improvements Act of 1976 expires or terminated and all applicable Authorities required to effect the Merger approve and consent to the Merger;

… .

英文契約書の諸実例を参考に本書筆者が簡略化して起案。

---

23) HART-SCOTT-RODINO ANTITRUST IMPROVEMENT ACT OF 1976, 15 U.S.C. §18 a, as amended (2012).

24) HSR Act に関しては、see, *e.g.*, 1 KLING & NUGENT, *supra* note 18, §5.03, at 5-124. 32 to 5-124. 43.

25) *See, e.g.*, David J. Gerber, *American Law in a Time of Global Interdependence: U.S. National*

§12-02.「条件」(condition)　453

d. 一方当事者だけの条件と双方に関わる条件：　条件は，主に一方当事者に関わる場合（例えば銀行融資を買主の不動産購入義務の前提条件にする場合）だけでは無く，客観的事象が双方当事者に関わる場合もあり，その代表例は「政府の許認可」(governmental approval) 等の入手を履行の前提条件にする場合である[26]。

e. 条件は「権利（債権）」の前提にも成り得る：　前掲 (§1-01-6[d]) の通り，義務（債務）と権利（債権）は同じコインの両面を構成する裏腹な相関関係にある。従って「条件」を履行期到達の前提として設定できるということは，同時に「権利」行使の前提にも成り得ることに成る[27]。具体的には，以下の例文のような関係に成ろう。（製品の引渡が，債権＆債務双方の前提条件に成っている。）

【債務】	The Buyer shall pay the Seller $500.<u>00</u> for the Products delivered by the latter.
【債権】	The Seller is entitled to receive $500.<u>00</u> from the Buyer for the Products delivered by the former.

§12-02-2.「事後的（解除）条件」(condition subsequent)：　「前提（停止）条件」とは逆に，既に発生している権利義務を事後的に発生した事象・出来事によって無くしてしまう条件は「事後的（解除）条件」(condition subsequent) と言う[28]。以下，前掲 (§12-02-1) の例文を少し変更して「事後的（解除）条件」を附した例を紹介しておこう。

Reports to the XVIth International Congress of Comparative Law: Section III. Competition Law, 50 AM. J. COMP. L. 263, 292–93 (2002); 1 KLING & NUGENT, *supra* note 18, §1.04[1][c][i], at 1–31.
26) STARK, DRAFTING CONTRACTS, *supra* note 5, §4.2.4, at 29.
27) *Id.* §4.2.1, at 26.
28) *See* BURNHAM, *supra* note 5, §10.4, at 139; BLUM, *supra* note 8, §16.7, at 531; 13 WILLISTON ON CONTRACTS, *supra* note 5, §38:9, at 408. *See also* RESTATEMENT (SECOND) OF CONTRACTS §224 cmt. *e.*

454　第Ⅲ章　法的拘束力

> ARTICLE ○○. CONFIDENTIALITY
>
> _If_ the Disclosing Party fails to furnish, within five (5) business days since the disclosure, the Recipient with a written summary of the contents of the information that was previously and orally disclosed with oral indication that it shall be treated as confidential, <u>then</u>, after the five (5) business days, the Recipient _<u>will be released from the obligation</u>_ to treat it as confidential.

契約実務の諸文例を参考に本書筆者が起案（強調付加）。

図表♯12.3　「条件」の分類

分　類	内　　容[29]	例
条　件（condition） 前提（停止）条件 (condition precedent)	未だ履行期に達していない義務を履行期に到達せさせる為の前提条件。	「㊙印を附して情報が開示者から提供された場合には，受領者は受領情報を守秘する義務がある。」
事後的（解除）条件 (condition subsequent)	既に履行期に達している既存の義務を消滅させる事後的条件。	「守秘扱いを指示しつつ口頭で開示された以前の情報の要旨を書面で該開示から五事業日以内に開示者が提供しなかった場合には，受領者は守秘義務から免除される。」

29）　_See_ BLUM, _supra_ note 8, Glossary, at 760, 761.

§12–02.「条件」(condition)　455

| 同時〔履行の抗弁権的〕条件 (concurrent condition)＝同時発生の condition precedent | 一方当事者の履行が他方の履行と相互に依存し合っており，同時に履行されなければならない場合には，各履行義務が他方の履行を条件としていると法的に擬制される。後掲（§12-02-3）参照。 | 代金支払と同時に権利証を引き渡す。所謂「C.O.D.」[30]（代金引換）。 |

a.　**前提（停止）条件と事後的（解除）条件の近似性：**　前段の例文は，口頭開示情報の開示後五事業日以内に開示情報の要旨を書面にて提供しなかった場合には，受領者の守秘義務が喪失するので，一見すると事後的（解除）条件と読める。しかしこれを，書面にて要旨を提出すれば守秘「義務が継続する」と解すれば，同じ内容を継続的守秘義務発生の「前提（停止）条件」と捉えることも可能である。即ち殆どの場合[31]に両者に相違は無く[32]，第二次リステイトメントも「*条件＝前提（停止）条件*」と捉えて事後的（解除）条件に関するブラック・レター上の規定は置いていない[33]。

b.　**契約実務に於ける起案上の留意点と立証責任の違い：**　契約文言の起案の仕方として「事後的（解除）条件」(condition subsequent) を用いて「**If** *X* happens, then *Y* **will** cease...」と記載するよりは，寧ろ前提条件を用いるように推奨する資

---

30)　「C.O.D.」とは「cash on delivery」または「collection on delivery」の略称であり，「現金引換渡し」或いは「代金引換」の意。cause of death の意では無い。

31)　事後的（解除）条件として唯一意義があるのは請求期間に制限を設けている場合で，該期間を経過すれば請求権が喪失するような規定であるとも言われている。Rohwer & Skrocki, *supra* note 7, at §8.5, at 378.

32)　*Id.* §8.5, at 378-79;　Blum, *supra* note 8, §16.7, at 532;　13 Williston on Contracts, *supra* note 5, §38:10, at 413.

33)　Restatement (Second) of Contracts §224 cmt. *e*（事後的（解除）条件を discharge の一種と捉えて§230 & cmt. *a.* で記述しつつ，前提（停止）条件との近似性も示唆); *Id.* §227 (3)（事象の発生を或る義務の前提条件と捉える方が，その義務発生後の事象の不発生を同義務の免除の根拠に成ると捉えるよりも好ましいと規定). *See also* Rohwer &

料も見受けられる[34]。実務の契約書文言に於いても「condition subsequent」の文言を用いた例は稀で，むしろ「If..., then Y shall do...」が多いようである。

　なお前項a.に於いては前提(停止)条件と事後的(解除)条件が殆どの場合で同じに成ると指摘したけれども，立証上の相違は原則として次のように存在する。即ち前提(停止)条件は，義務発生の条件であるから，義務の存在を主張する被義務者(債権者)側に原則として主張・立証責任がある。しかし事後的(解除)条件の方は，義務が無くなる条件であるから，義務不存在を主張する義務者(債務者)側が原則として立証責任を負うのである[35]。

§12-02-3.「同時条件」(concurrent condition)：

互いに「反対履行」(counter performance)を規定する双務契約に於いて，履行期を明記していない場合，もし同時の履行提供が可能(capable of being rendered simultaneously)ならば，原則として履行期が同時であると法上推定され，これを「**同時条件**」(**concurrent condition**)と言う[36]。「法上推定される」とは，即ち後掲(§12-02-4)する「擬制的条件」(constructive condition)であり，「法的意味を持ち込んだ解釈」(construction)として同時条件の存在を擬制しているのである[37]。「同時条件」は「前提(停止)条件」の一種である。即ち条件・事象の発生によって履行期が到来する関係に於いて前提条件と同じである。しかし，約束と反対約束が相互に条件と成っている為に双方の履行が同時点と成っている点が，同時条件の特殊性である[38]。

　　SKROCKI, *supra* note 7, at §8.1, at 350.
34) KENNETH A. ADAMS, A MANUAL OF STYLE FOR CONTRACT DRAFTING (American Bar Association 2004) ¶ 3.85, at 40 [ADAMS, A MANUAL OF STYLE].
35) *See* BURNHAM, *supra* note 5, §10.4, at 139; BLUM, *supra* note 8, §16.7, at 532; ROHWER & SKROCKI, *supra* note 7, at §8.5, at 379.
36) BLUM, *supra* note 8, §16.6, at 529.
37) JOSEPH PERILLO, CALAMARI & PERILLO ON CONTRACTS §11.12, at 424 (5th ed. 2003); MURRAY ON CONTRACTS, *supra* note 1, §106[B], at 671（同時条件は「constructive concurrent condition」であると定義・解説）。
38) 13 WILLISTON ON CONTRACTS, *supra* note 5, §38:8, at 406–07.

仮に双方が履行しない場合，そのままリーズナブルな時間が経過（lapse）すれば，最早，前提条件が成就しないことに成り，双方の債務が消滅（discharge）する[39]。つまり同時条件の場合には，一方当事者が履行をしなくても即座に契約違反には成らない。一方当事者が違反に成る前に履行期が到来しなければならないから，先ずは他方当事者側が先に履行あるいは「履行の提供」（tender to perform）をしなければ一方当事者側の義務違反を問えないのである[40]。即ち「同時条件」は日本法に於ける「同時履行の抗弁権」に似ていて，実際に第二次リステイトメント§238も同時条件の場合の同時履行の抗弁を規定している。

　ところで一方当事者の履行が他方よりも時間が掛かる為に同時の履行提供が不可能な場合，別段の定めが解釈されない限りは，時間の掛かる履行期が先に到来すると一般には解釈され，即ち時間の掛かる「履行が前提（停止）条件」であると通常は解釈される[41]。

§12-02-4.「明示の条件」（express condition）と，「事実上の黙示の条件」（implied-*in-fact* condition）と，「擬制的条件」（constructive condition）：

当事者の意思として条件を明確に示すことを「明示の条件：**express condition**」と言い[42]，その文言は必ずしも「condition precedent」だけに限られず，「subject to」や「provided, however, that」等の多岐に亘る[43]。

　更には必ずしも文言で示されずとも，行為や事実から文脈上示された場合のように当事者の意思として条件を表していると「[事実に基づいて文理] 解釈」（inter-

---

39) MURRAY ON CONTRACTS, *supra* note 1, §106[B], at 671-72.
40) *Id*.; CALAMARI & PERILLO, *supra* note 37, §11.6, at 415-16.
41) BLUM, *supra* note 8, §16.6, at 529-30. *See also* 13 WILLISTON ON CONTRACTS, *supra* note 5, §38:16, at 446（同旨）.
42) *See, e.g.,* BLUM, *supra* note 8, §16.3.1, at 521-22（狭義の「express condition」とは，extrinsic evidence 無しでも該契約書の文言だけで該事象・出来事を履行の条件にしている意思を明示していることと定義）.
43) *See, e.g.,* RESTATEMENT (SECOND) OF CONTRACTS §225 cmt. *a*; BLUM, *supra* note 8, §16.3.1, at 522.

pretation）される場合にも「条件」の存在が認定され，そのような場合の「明示の条件」は「**implied-*in-fact* condition**」（事実上の黙示の条件）や「**inferred-*from-fact* condition**」（事実上の推認条件）と呼ばれる[44]。前段で紹介した狭義の「明示の条件」（express condition）とは異なって，「事実上の黙示の条件」に於いては明示の文言以外にも契約成立時の状況や意味を解釈する為の文脈に関する証拠が考慮される[45]。「事実上の黙示の条件」の例としては，物の引渡の約束が明示されていた場合にはこれを被約束者（債権者）が「受領」する事実上の黙示の条件が「必要条件」（necessary condition）として読み取れるとか，家屋を修理する約束に於いては約束者（債務者）を家屋に入れる事実上の黙示の条件が必要条件として読み取れる，等を挙げることが出来る[46]。

図表#12.4　「明示の（事実上の）条件」の分類

分　類	小分類	概　要
［広義の］ 明示の条件 （事実上の条件）	［狭義の］ 明示の条件 （express condition）	条件を示す文言が存在する。(*e.g.*, ... subject to ... ／ provided that ... ／ etc.)
	事実上の黙示の条件 （implied–in–fact condition）／ 事実上の推認条件 （inferred–from–fact condition）	明示的な文言は無いけれども，状況・文脈から当事者意思としての条件の存在が推認できる場合。

なお，「狭義の明示の条件」の明白な文言に比べれば，「事実上の黙示の条件」に於ける文脈に関する証拠は確定性が弱く柔軟性が高いので，解釈の際には条件充足の認定に求められる厳格さに就いて特に酷な結果を回避する為の幅がより広

---

44)　*See, e.g.,* BLUM, *supra* note 8, §16.3.2, at 523; 13 WILLISTON ON CONTRACTS, *supra* note 5, §38:11, at 420; MURRAY ON CONTRACTS, *supra* note 1, §101[C], at 640.
45)　BLUM, *supra* note 8, §16.3.2, at 523.
46)　13 WILLISTON ON CONTRACTS, *supra* note 5, §38:11, at 421.

§ 12-02.「条件」(condition)　459

く生じる[47]。例えば，前掲（§ 12-02-2）内の本文中の守秘義務の事後的（解除）条件の例文中の「within five (5) business days since the disclosure」（強調付加）の語句は「狭義の明示の条件」であるから，裁判所としてもこの期日の遵守・不遵守を原則として厳格に解釈しがちである。しかし仮にこの語句が「within a reasonable time」と成っていれば，その期間が何日以内であれば合理的な期間内であったかに就いては解釈の余地が大きく残されている。その期間は「事実上の黙示の条件」として例えば八事業日であっても構わないのが当事者の意図であったと裁判所が解釈すれば，仮に八日目に開示当事者から必要書類が提出された事案に於いて被開示当事者（受領者）の履行義務を肯定し得るのである[48]。

　条件は，契約書の文言上明記され或いは存在が事実上推定される「明示の条件」だけに認定される訳では無い。たとえ条件が約定として欠けている場合でさえも，その状況下に於いて条件の存在を認めることこそがリーズナブルであると捉えられる場合，または契約法のポリシーとして条件が存在すべき場合には，「[法的意味を持ち込んだ]解釈」（construction）に依って「裁判所が条件を提供する」（**terms supplied by the court**）場合もあり，これを「**擬制的条件**」または「**法律上の黙示の条件**」（**constructive condition / implied-in-law condition**）と言う[49]。即ち条件が，「implied as a matter of law / legal implication」（法上推定）される場合である[50]。第二次リステイトメント上では，§ 226 のブラック・レター部でその旨が規定され，同解説部 c. に於いて解説されている。曰く，明示の条件は「interpretation」により解釈され，擬制的条件は「construction」により解釈される，と。（両者の相違に就いては前掲§ 10-01 と後掲図表 # 12.7 を参照。）　更に曰く，UCC §§ 2-313 to 2-315 上の「明示の保証」（express warranty）と「黙示の保証」（implied warranty）の相違にも似た概念である，と。加えて曰く，両当事者が合意を示す約定に於い

---

47) BLUM, *supra* note 8, § 16.3.2, at 523.
48) *See id.* § 16.9, at 546.
49) *See, e.g.,* 13 WILLISTON ON CONTRACTS, *supra* note 5, § 38:11, at 420; BLUM, *supra* note 8, § 16.3.3, at 524; MURRAY ON CONTRACTS, *supra* note 1, § 101[C], at 640.
50) BLUM, *supra* note 8, § 16.3.3, at 524.

て一定の事象を明確に条件としていれば，裁判所は通常その約定を厳格に適用すると両当事者は確信できるけれども，裁判所が自身で約定を提供する場合には，条件を如何に形成するかに就いて裁判所が解釈の幅を有していると捉えるかもしれない，と。最後の指摘に就いては，次項「a.『明示の条件』と『擬制的条件』に於ける解釈の相違」参照。

　なお実際には裁判所が当事者の意図から「事実的解釈」(interpretation) を行ったのか，または当事者意思とは無関係に「正義」や「衡平」等の政策から擬制的に「法的意味を持ち込んだ解釈」(construction) を行ったかの区別は付き難いと言われている[51]。

図表#12.5　「明示の（事実上の）条件」と「擬制的条件」の違い

分　類	小分類	概　要	
［広義の］明示の条件（事実上の条件）	［狭義の］明示の条件（express condition）	条件を示す文言が存在する。(e.g., ... subject to ... / provided that ... / etc.)	再掲（前掲図表#12.4）
	事実上の黙示の条件（implied-*in-fact* condition）／事実上の推認条件（inferred-from-fact condition）	明示的な文言は無いけれども，状況・文脈から当事者意思としての条件の存在が推認できる場合。	
擬制的条件／法律上の黙示の条件（constructive condition）（implied-*in-law* condition）		明示的な文言は無いけれども，該状況下に於いてリーズナブル等であると捉えられる場合に，裁判所が条件を提供。	

　擬制的条件の例としては，売買契約に於いて，別段の取り極めが無い限りは，代金支払の「擬制的前提条件が物品の引渡である」関係を想起すれば理解できよ

---

51) MURRAY ON CONTRACTS, *supra* note 1, §101[C], at 641.

う[52]。これを逆に見れば物品引渡の擬制的前提条件が代金支払と成る。所謂「C.O.D.」(cash on delivery：代金引換) である。この例のように交換取引的な場合には，別段の取り極めが無い限りはほぼ常に互いが依存関係に成っていて，これを言い換えれば互いが「**交換の擬制的 [前提] 条件**」(**constructive condition of exchange**) に成っているのである[53]。

図表#12.6 「交換の擬制的 [前提] 条件」

売主の引渡債務　　　　　C.O.D.　　　　　(売主の引渡が*擬制的前提条件*)
(買主の支払が*擬制的前提条件*)　　　　　　　　　　　　　　買主の支払債務

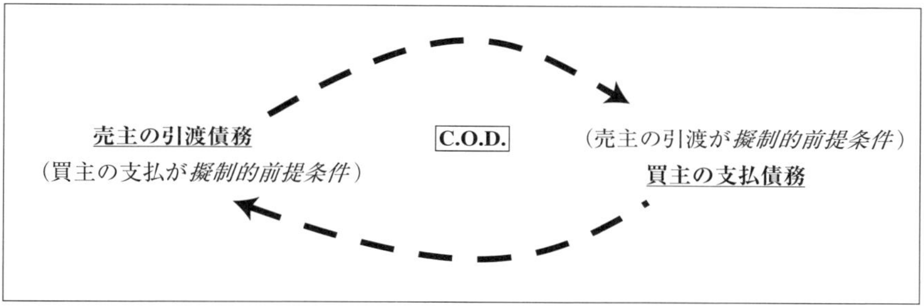

更に R. HILLMAN 教授は，前掲 (§8-01-1 [b])「錯誤」の項に於いて紹介した牝牛 Rose 2d of Aberlone の売買契約を取り消した「*Sherwood 対 Walker*」事件判例[54]を分析しながら，取消判決の原理として擬制的前提条件の法理を当てはめているので興味深い。即ちこの事件に於ける「Rose は不妊の牝牛である」という契約の基礎的事実が，明示的には前提条件には成っていなくても，黙示的には擬制的前提条件と成っていたという解釈を示している[55]。前提条件だったからその非成就は履行義務 (売主が Rose を引き渡す債務) を免除するのである，と。

---

52) *See* BURNHAM, *supra* note 5, §4.2.2.1, at 351.
53) BLUM, *supra* note 8, §16.3.3, at 524. *See also* 13 WILLISTON ON CONTRACTS, *supra* note 5, §38:11, at 422 (同旨).
54) Sherwood v. Walker, 66 Mich. 568, 33 N.W. 919 (1887).
55) ROBERT A. HILLMAN, PRINCIPLES OF CONTRACT LAW 302-03 (2004).

a. 「明示の条件」と「擬制的条件」に於ける解釈の相違：　アメリカ契約法上の解釈の原則論として，「明示の条件」は完全に履行されねばならない（must be fully performed）けれども，「擬制的条件」は実質的に履行されるだけで十分である（need only be substantially performed）と言われる[56]。何故ならば当事者の明白な意図を実現することこそが裁判所の役割だから，例えば履行の前提条件が明確に記述されていた「明示の条件」の場合にはその「**厳格な遵守**」（**strict compliance**）を履行条件として裁判所が要求する[57]。そもそも明示的な条件の場合，約束者はそのような条件成就を前提として約束を表明したのだから，その条件は約束と不可分一体な存在であり，且つ人はそもそも自ら発した約束の約定にのみ縛られるべきだから，その明示された条件の文字通りの発生あるいは完全な充足が義務・責任発生の前提として求められるのは当然と言えよう[58]。

　しかし擬制的条件は，当事者の明白な記述が無くても「擬制的解釈」（construction）によって裁判所が［勝手に］条件を設定したもの故に，果たして条件成就が当事者の意思であったか否かが明示の条件ほどには明確では無い。その為に，条件がたとえ完全に充足されずとも「**実質的な遵守**」（**substantial compliance**）さえ為されれば，後掲の「**重要な違反**」（**material breach**）には成らず，被約束者側（債権者）による「契約破棄・解除」（cancel）が不可能に成って対価支払等の反対履行（反対給付）の債務が残存する虞が残る[59]。

---

56)　*See* BLUM, *supra* note 8, §16.3.1, at 522, §16.9, at 545；13 WILLISTON ON CONTRACTS, *supra* note 5, §38:6, at 393, §38:12, at 423–24.
57)　*See* BLUM, *supra* note 8, §16.3.1, at 522, §16.9, at 545.
58)　13 WILLISTON ON CONTRACTS, *supra* note 5, §38:6, at 384–88.
59)　*See* BLUM, *supra* note 8, §16.9, at 546.

§12-02.「条件」(condition)　463

図表#12.7　「明示の条件」と「事実上の黙示の条件」と「擬制的条件」の解釈の違い

分類		概要	解釈
広義の明示の条件（事実上の条件）	狭義の明示の条件（express condition）	特に条件が文言上明記されている場合。	厳格に条件が満たされなければ，反対債務が履行期に達しないと解釈される。
	事実上の黙示の条件（implied-in-fact condition）	文脈上・事実上，条件の存在が当事者の意思であるとされるべき場合。	上と下の中間的な解釈[60]。
擬制的条件（constructive condition / implied-in-law condition）		擬制的解釈により裁判所が法律上推定して条件を提供した場合。	実質的に満たしていれば，反対債務が履行期に達すると解釈される。

b. 契約実務に於ける起案上の留意点：　前掲（§12-02-4 [a]）法解釈に拠り，義務者（obligor：債務者）側の義務が履行期に到達するのは条件があくまでも完全に満たされた場合に限る旨を確かなものとする為には，黙示の条件に頼る訳にはゆかない。広義の明示（事実上）の条件の場合でも，文言上明記せずに，当事者意思を事実上の推定から解釈（interpret）してもらう「事実上の黙示の条件」の場合には，やはり条件として厳格な遵守を裁判所が認定してくれるとは限らなく成る。何故ならば後掲（§12-03）するように，厳格な条件充足の解釈は被義務者（obligee：債権者）側が反対給付を全く得られない「**forfeiture**」（剥奪）という酷な懲罰的結果を招く。それはリーズナブルな期待を保護する契約法の目的に反するから，こ

---

60) *See supra* text at §12-02-4（事実上の黙示の条件の場合は解釈上の幅が広いと分析），*infra* text at §12-02-6（『条件』か否かが不明な場合）；　BLUM, *supra* note 8, §16.3.2, at 523.　*See also* MURRAY ON CONTRACTS, *supra* note 1, §102[A], at 642（条件が誤解を生じ無いように明確に記載されていれば裁判所はそれを尊重するけれども，曖昧な場合には本書本文中の後述「forfeiture」を回避する政策を重視した解釈に成ると指摘）.

れを裁判所は回避したがるのである[61]。そこで，債務者が履行を怠った場合には債権者側に反対約束の義務履行責任が生じない旨を，文言を通じて明記する必要が出て来る。例えば時宜(じぎ)に適(かな)っていない履行に対しては債権者側が反対履行を停止し（suspend），または契約を破棄・解除（cancel）出来るようにしておく場合である。以下，しばしば見掛ける[62]文言を例示しておこう。

ARTICLE ○○. TIME IS OF THE ESSENCE

Time is of the essence for the performance of all obligations in this Agreement. In case the Seller does not timely deliver the Products, the Buyer may refuse the acceptance thereof and payment therefore … .

本書筆者が起案（強調付加）。

上の例文中，第一文目の「Time is of the essence」という五文字は，「時宜に適った」（timely な）履行が契約の不可欠な核心であることを表す慣用句である。言い換えれば違反者側の履行遅延の場合は被違反者側の債務履行の前提条件が満たされないことをも意味するので，被違反者側は反対履行の義務(*e.g.,* 代金支払債務)を免れる（停止または解除）と共に[63]，併せて後掲（§12-03-2）「重大な違反」の場合の広範な救済を認容させる為の基礎と成る。

---

61) ROHWER & SKROCKI, *supra* note 7, at §8.1.2, at 352; 13 WILLISTON ON CONTRACTS, *supra* note 5, §38:13, at 425–26; RESTATEMENT (SECOND) OF CONTRACTS §227; MURRAY ON CONTRACTS, *supra* note 1, §99[C], at 619.
62) 「法と大衆文化研究」的視座から例を示せば，映画「Thirteen Days」（New Line Cinema 2000）（邦題「サーティーン・デイズ」ケビン・コスナー主演）に於いて，キューバ危機を回避する合意の裏交渉でアメリカ側がソ連側に対し，キューバ内の核兵器撤去と引き換えにキューバ侵攻をしない約束を申し出つつ，その合意の「前提条件」（condition）は四八時間以内の実施であると述べるシーンが出て来る。その台詞にも「time is of the essence」のセンテンスが使われている。
63) *See* BURNHAM, *supra* note 5, §4.2.2.3, at 352.

なお，上の「time is of the essence clause」は時宜に適った履行が明確な前提条件である旨を明示する効果を有していて殆どの裁判所はそれを尊重すると言われているけれども[64]，契約実務上これを挿入してさえおけば常に安全であると安心してはならない。後掲（§12-02-9）する「waiver」（権利／条件放棄）の法理に拠って，契約締結後の履行の経過の中で，仮にこの条項に反して時宜に適っていない履行を被約束者（債権者）がしばしば許容すれば最早その寛容さ・慈悲が「条件放棄」を構成すると解釈されて，以降，この条項の効果の減じる虞が出て来るからである[65]。

或いは「time is of the essence」の慣用句が標準書式合意書に印刷されているような場合は特に，boilerplate的で「stock phrases」であるから必ずしも当事者意思を明示しているとは限らない，と裁判所に解される虞がある[66]。真に重大な違反か否かは，状況を考慮に入れて解釈されるからである[67]。そこで例文中の第二文は，念の為に違反者側による「履行の提供」（tender of performance）を拒絶できる旨を明記している[68]。更に，例えばrecital（説明部）に於いて何故に時宜に適った履行が契約の核心的な条件なのかを説明しておく対策も採り得よう。前掲§10-02-2参照。

§12-02-5.「約束的条件」（promissory condition）と「純粋条件」（pure condition）と「契約違反」（breach of K）：

前掲（§12-02-1[b]）の通り「条件の非成就」と，「契約（約束）の違反（breach）」とは異なる[69]。前者（e.g., ㊙印を附さずに情報を開示）の場合でも，それが約束に成っておらず単なる条件であった場合（に

---

[64] CALAMARI & PERILLO, *supra* note 37, §11.18, at 432.
[65] 13 WILLISTON ON CONTRACTS, *supra* note 5, §39:30, at 634-35.
[66] MURRAY ON CONTRACTS, *supra* note 1, §107[C][3], at 686; CALAMARI & PERILLO, *supra* note 37, §11.18, at 433（本文が掲載したような主張をする学派も存在すると指摘）. *See also* KUNEY, ELEMENTS OF CONTRACT DRAFTING, *supra* note 19, at 74（同旨）.
[67] MURRAY ON CONTRACTS, *supra* note 1, §107[C][3], at 686.
[68] *See* BURNHAM, *supra* note 5, §4.2.2.3, at 352.
[69] *See, e.g., id.* §4.1.3, at 348.

れを「純粋条件」：pure condition と言う）には，その非成就から約束違反ゆえの賠償責任は発生しない（*e.g.*, ㊛印を附さずとも無責）。しかし条件成就を約する（約束・契約の）場合には，非成就は*約束違反＝契約違反*と成って，［賠償］責任が伴い得る。このように履行が「約束」にも成っていて且つ相手側の反対履行／反対給付（counter performance）の「前提（停止）条件」にも成っている場合，それは「約束的条件」（promissory condition）と呼ばれ，約束の性格と条件の性格との双方を有する[70]。その際に条件非成就は約束の違反にも該当し，且つ相手側は反対給付を履行する義務から免れ得る[71]。尤も前掲の通り，もし反対履行／反対給付の義務を免除すれば，部分的に債務を既に履行して来て「重大な契約違反」では無いとされるべき当事者が「反対給付」を得る権利を「剝奪」（後掲§12-03）され酷な結果と成る場合には，条件が非成就では無かったと解され得る[72]。後掲§12-02-6参照。

図表♯12.8 「約束的条件」のhybrid な性格[73]

分　類	概　　要
純粋条件 pure condition	履行の前提として発生すべき出来事・事象を単に記述しているだけであり，その発生を約束しているのでは無い。
約束 pure promise	条件では無く，引き受ける（undertaking）こと。
約束的条件 promissory condition	条件であると共に，その条件発生を約束していること。

a.「純粋条件」のように見えて実は「擬制的約束的条件」・「黙示の義務」の場合：　　ここで前掲（§§3-08-2, 10-02-2）の「*Wood 対 Lucy, Lady Duff-Gordon*」[74]

---

70) *See, e.g.*, MURRAY ON CONTRACTS, *supra* note 1, §99[C], at 619.
71) *See* 13 WILLISTON ON CONTRACTS, *supra* note 5, §16.5, at 528.
72) *See, e.g.*, MURRAY ON CONTRACTS, *supra* note 1, §99[A], at 619.
73) *See* BLUM, *supra* note 8, §16.5, at 527.
74) 118 N.E. 214 (1917 N.Y.).

§ 12-02.「条件」(condition)　467

判例を思い出して欲しい[75]。「売り上げが出たならばそれを折半する」という契約は，一見すると前半の「売り上げが出たならば」が「[純粋]条件」のように読める。しかしその実，Cardozo 判事が解釈したように，そこ（行間）には Wood による「売り上げが出るようなリーズナブルな努力を払う黙示の義務」が存在している。この Wood の義務（債務）を言い換えれば，リーズナブルな努力を払う「約束」である。つまり「売り上げが出たならば」という「[純粋]条件」のように読める文言が実は「売り上げが出るようなリーズナブルな努力を払う約束」なのである。更に言えば「売り上げ」は，「折半する」という別の約束の前提条件にも成っているから，これを「約束的条件」と捉えるのが妥当であろう。

　それでは「純粋条件」のように見える「約束的条件」を見分ける方法は何処にあるのか。それは，問題と成っている「条件」に於ける事象の発生が専ら一方当事者の管理下に在る場合，特に他方当事者がその一方当事者の行為に依存している際には，それが純粋条件では無く実は黙示的な約束的条件であると解され得る，ということである[76]。

b.「約束」と「条件」の違いを契約実務では文言（"*shall*" 対 "*must*"）で明確化する重要性：　英文契約書の起案実務に於いては，条件成就と義務発生とを明確に区別する為に，前者（条件成就）では「must」を，後者（義務発生）では「shall」を用いるように奨励されている[77]。以下，文例である。

---

75) 本文中の本書筆者の解釈の根拠に就いては，see 13 WILLISTON ON CONTRACTS, *supra* note 5, §38:15, at 435-41.
76) *Id.* at 435-36.
77) *See, e.g.,* BURNHAM, *supra* note 5, §17.6, at 257; ADAMS, A MANUAL OF STYLE, *supra* note 34, ¶3.92 & Table [9-1], at 42.

> **The Buyer <u>must</u> issue a claim notice with proof of a problem in the Product before requesting that the Seller exchange it with a new one.**

契約実務の諸文例を参考に本書筆者が起案（強調付加）。

更に条件を示す文言には「will」もある[78]。

> **If the Buyer finds a problem in the Product, <u>then</u> the Buyer <u>*will*</u> issue a claim notice to the Seller.**

契約実務の諸文例を参考に本書筆者が起案（強調付加）。

§12-02-6.「条件」か否かが不明な場合：

或る事象の発生が義務履行期到来の前提（停止）条件であるか否かが契約上不明な場合は，出来るだけ後掲（§12-03）「反対給付の剝奪」(forfeiture) を回避する為に，それを<u>条件では無いとする解釈が望ましい</u>とされている[79]。

§12-02-7. 条件を免除すべき場合：

更に条件の存在が契約上明らかな「明示の条件」であっても，以下の場合には裁判所が条件を無視できる[80]と第二次リテイトメント§229が規定している。つまり約定通りに契約を強制すれば不公正 (unfair) な結果と成る場合，即ちその結果が不均衡 (disproportionate) で，履行を期待する当事者の権利を奪って「酷」(harsh deprivation) であり，条件非充足

---

78) ADAMS, A MANUAL OF STYLE, *supra* note 34, ¶3.100 & Table [11-1], at 45.
79) RESTATEMENT (SECOND) OF CONTRACTS §227 & cmt. *b*; STARK, DRAFTING CONTRACTS, *supra* note 5, §11.3.1, at 134.
80) BLUM, *supra* note 8, §16.11.3, at 554.

ゆえに債務を免れる当事者には「棚ボタ」（windfall）或いは不公正な便益（unfair benefit）に成る場合である。尤もその条件が取引交換上重要な部分であれば無視出来ない。

a. 契約実務に於いて条件を明確化する必要性とその文言例： 上段で紹介したように裁判所は「条件」の認定を嫌う傾向にあるので，条件を契約書上で起案する際には，それが取引上重要な条件である旨を<u>出来るだけ明確化</u>することが以下のように奨励されている[81]。

- 例えば次のように起案する。

> **It is a condition to the Recipient's obligation hereunder that the Disclosing Party designates conspicuously as "Confidential" any information that it furnishes.**[82]

- 「must」を利用する。前掲§12-02-5 [b]参照。
- 解釈条項の中で「must」が条件を表す旨を以下のように規定しておく。

> **The use of 'must' in this Agreement signals a condition.**[83]

---

81) STARK, DRAFTING CONTRACTS, *supra* note 5, §11.3.1, at 134-35.
82) *See* BLUM, *supra* note 8, Example 3, at 135（着想は同じであるけれども表現は本書筆者のオリジナル）.
83) *Id.* Example 1, at 135.

- 「if ... then ...」の構文を用いる。前掲§12–02–1 [c] 参照。
- 条件が成就しない場合の結果を明記する。前掲§12–02–2 内の「confidentiality」例文参照。

§12-02-8．条件の免除と「権利・条件放棄」（waiver）： 条件が免除される場合の一つとして，「権利／条件放棄」（waiver）の概念がある。やはり契約法が権利の「剥奪」（forfeiture）を嫌うポリシー（後掲§12–03）によって，剥奪の虞が高まる程に権利／条件放棄が認定され易く成る相関関係にある[84]。

権利／条件放棄の概念は多義的で，「契約変更」（modification）の概念に類似し，且つ他の衡平法上の法理（*i.e.*, 禁反言法理）と重なる為に複雑である。以下，項目を分けて概説する。

a．多義的な「waiver」（権利・条件放棄）の定義： 「**waiver**」とは，「知り，或いは知る理由のある権利を自主的に放棄すること」（voluntary relinquishment of a known rights [or the rights with which the promisor has reason to know the essential facts]）と定義されて来た[85]。嘗ての発効要件は，放棄者が権利の存在と共にこれを控える意図も知っていることであったけれども[86]，現代では実際に権利の存在を知らなくても，「不可欠な事実を知る理由」（reason to know the essential facts）さえあれば放棄が成立し得るとされている[87]。以上で概説した「waiver」の訳語としては，従来から慣行的に記される「**権利放棄**」が当てはまるであろう。

しかし waiver の定義としては，以下の方が**より**正確であると指摘されている。

---

84) *See* 13 WILLISTON ON CONTRACTS, *supra* note 5, §39:15, at 566.

85) RESTATEMENT (SECOND) OF CONTRACTS §84 cmt. *b*; BLUM, *supra* note 8, §16.11.2 a, at 552; 13 WILLISTON ON CONTRACTS, *supra* note 5, §39:22, at 591（knowledge は不可欠な要素であると指摘している）.

86) BLACK'S LAW DICTIONARY 1611 (8th ed. 2004).

87) RESTATEMENT (SECOND) OF CONTRACTS §84 cmt. *b*, §93; 13 WILLISTON ON CONTRACTS, *supra* note 5, §39:22, at 591（"actual or constructive knowledge" (emphasis added)が不可欠な要素であると指摘している）.

§ 12–02. 「条件」(condition)　471

即ち waiver とは，「義務の条件の不発生あるいは遅延の免除」(the excuse of the nonoccurrence of or a delay in the occurrence of a condition of a duty) である，と[88]。この意味の waiver の訳語としては，「**条件放棄**」とした方がより適切かもしれない。FARNSWORTH の定義によれば，waiver とは，義務者（obligor：債務者）が，条件の不発生または発生遅延にも拘わらず履行を約束することであり[89]，債務者が不可欠な事実に関して知り或いは知る理由が無ければ有効には成らず[90]，且つ条件から便益を得ている債務者のみが放棄できる[91]，というものである。

なお『BLACK'S LAW DICTIONARY』も「waiver」を単なる「権利放棄」と定義するのでは無く，「法的な権利または利益の…自主的な放棄または喪失」(voluntary relinquishment or abandonment ... of a legal right or advantage)（強調付加）と定義して

---

88) 2 E. ALLAN FARNSWORTH, FARNSWORTH ON CONTRACTS §8.5, at 447 (3d ed. 2004). *See also* MURRAY ON CONTRACTS, *supra* note 1, §64[E][5], at 302 & n.450; BLACK'S LAW DICTIONARY 1611 (8th ed. 2004); Brian A. Haskel, *Amendment and Waiver, in* TINA L. STARK, NEGOTIATING AND DRAFTING CONTRACT BOILERPLATE Ch.16, at 505, §16.06, at 517 n.54 (2003)（同様の指摘をする出典として，FARNSWORTH ON CONTRACTS 以外にも，WILLISTON ON CONTRACTS, CORBIN ON CONTRACTS, CALAMARI & PERILLO ON CONTRACTS を列挙）.

89) *See also* Haskel, *Amendment and Waiver, supra* note 88, §16.06, at 518.

90) *See also id.*（尤も condition precedent が充足される法的な意味までは知らなくても良く，obligee による condition precedent の非成就に対し異議を唱える義務が obligor 側にある場合は沈黙でさえも waiver に成り得ると指摘）; MURRAY ON CONTRACTS, *supra* note 1, §64[E][5], at 302 n.450（waiver が嘗て「権利放棄」であると誤解されていた頃には「法的効果」を放棄者が知る理由があったことが前提とされていたけれども，正しく「条件放棄」と理解される場合の前提は不可欠な「事実」を知る理由があった事とされると示唆）.

91) 2 FARNSWORTH ON CONTRACTS, *supra* note 88, §8.5, at 446-47（従って条件が両当事者にとっての便益である場合は，一方当事者のみでは放棄が出来ない）. *See also* Haskel, *Amendment and Waiver, supra* note 88, §16.06, at 519 (same). *See also* 13 WILLISTON ON CONTRACTS, *supra* note 5, §39:24, at 599–600, 602（権利放棄であれ条件放棄であれ，受益者のみが相手方との合意無しに一方的に waiver 可能と指摘。その為に例えば条件放棄の場合には通常，その条件が一方当事者の利益の為だけに挿入されていたか否かの決定が必要に成ると指摘）.

いる[92]。

b.「変更契約」(modification) と「権利・条件放棄」(waiver) の違い：

「変更契約」(modification) と「権利／条件放棄」(waiver) は概念として近似しているので混同され易いけれども，厳密には以下の相違が存在する[93]。即ち<u>変更契約はそれ自体が「契約」なので，合意に基づき，且つ原則として consideration［またはその代替要素］が必要と成る</u>[94]。<u>しかし権利／条件放棄は consideration が無くとも，つまり他方当事者からの取引交換としての対価やその代替要素が無くとも</u>[95]<u>，合意無しに一方的に権利／条件を放棄するだけで有効に成る</u>[96]。

尤も取引に於いて放棄しようとする権利／条件が「重要」(material) なものであれば，単なる権利／条件放棄では無くて consideration を要する変更契約に分類されて，約因あるいはその代替要素が無ければ原則として有効に成らない。逆に放棄しようとする権利／条件が重要では無ければ，即ち取引に於ける取引交換の中心部分では無い「付随的」(ancillary) な権利／条件に過ぎなければ，consideration 無しでも権利／条件放棄が有効と成る[97]。

---

92) BLACK'S LAW DICTIONARY 1611 (8th ed. 2004).
93) BLUM, supra note 8, §16.11.2 a, at 552.
94) 更に consideration に加えて，enforceable な契約成立の要件である assent や，statute of frauds の対象に於いては書面化さえも要する。2 FARNSWORTH ON CONTRACTS, supra note 88, §8.5, at 448. 尤も UCC Article 2 上の modification に於いては consideration の要件を不要とし，代わりに書面化を要件としている。UCC §2-209(1), (3) (2003年改訂で変更なし). See also ROBERT A. FELDMAN & RAYNIBD T. NIMMER, DRAFTING EFFECTIVE CONTRACTS: A PRACTITIONER'S GUIDE §6.10[A][3], at 5-188 (2d ed. Supp. 2007).
95) consideration が不要なばかりか，更に，書面化さえも不要とされ，加えて，所謂「no-oral modification clause」に於いて両当事者が将来の modification は書面化を有効要件として明記していても waiver には適用されず口頭でも有効と指摘されている。2 FARNSWORTH ON CONTRACTS, supra note 88, §8.5, at 450. また，waiver は，言語により発しなくても，継続的な履行状況から推認され (inferred) 得る。Id. §8.5, at 448.
96) See 13 WILLISTON ON CONTRACTS, supra note 5, §39:16, at 567. See also STARK, DRAFTING CONTRACTS, supra note 5, §29.5.1, at 369（waiver は self-executory であると指摘）.
97) See 2 FARNSWORTH ON CONTRACTS, supra note 88, §8.5, at 453 & n.29 (RESTATEMENT (SEC-

§12-02.「条件」(condition)　473

図表#12.9　「変更契約」と「権利／条件放棄」の違い

分　類	適　用	要　件
契約変更 modification	取引に於ける取引交換の中心部分を占めるような「重要な権利」を失う場合。	有効な modification に成る為には「[変更]契約」の成立が原則として必要であり，従って<u>合意</u>や consideration 或いはその代替要素が必要。
権利／条件放棄 waiver	付随的な権利／条件の放棄に過ぎない場合。	<u>一方的に且つ</u> consideration 或いはその代替要素<u>無し</u>に放棄しても有効（self-executory）。

c. 契約実務に於ける「反放棄・強制懈怠条項」(anti-waiver・failure to enforce clause)：　「waiver」の法理に関連して，契約書起案実務に於いては，一般条項の中に「anti-waiver」或いは「failure to enforce」[98]（或いは「non-waiver clause」）[99] と呼ばれる条項を挿入するのが慣例と成っている。反放棄条項の目的は，契約締結後の将来の履行の状況に於いて，或る一定の作為・不作為がたとえ権利／条件放棄と解されても，その権利／条件放棄の影響が他の事象へは及ばないように制限することにある[100]。例えば前掲（§12-02-4 [b]）で例示した「a time is of the essence clause」は，時宜に適っていない履行を被約束者（債権者）が許容したことによる権利／条件放棄がしばしば主張される条項であると指摘されている[101]。尤もたった一回だけの条件の免除行為や，或いは数回のみの同様な寛大さから即，明示の

　　OND) OF CONTRACTS §84(1)(a)を引用しながら waiver 可能な条件は比較的 minor なものでなければならないと指摘)；　Haskel, *Amendment and Waiver, supra* note 88, §16.06, at 518 (same)；　13 WILLISTON ON CONTRACTS, *supra* note 5, §39:25, at 612 (same).
98) 13 WILLISTON ON CONTRACTS, *supra* note 5, §39:36, at 657.
99) BURNHAM, *supra* note 5, §11.9, at 165.
100) *See* 13 WILLISTON ON CONTRACTS, *supra* note 5, §39:36, at 657；FELDMAN & NIMMER, *supra* note 94, §6.10[A][3], at 5-188.
101) *See* 13 WILLISTON ON CONTRACTS, *supra* note 5, §39:30, at 634.

前提条件を表す条項が全て放棄されたと迄は解釈されないのが原則である[102]。しかし，何れにせよ「恩が却って仇と為る」事態を避ける為に，上記「反放棄条項」が規定されるのは本書筆者の経験からいっても極めて一般的である。

ARTICLE ○○. WAIVER

<u>No</u> <u>right</u>, <u>claim</u>, <u>condition</u>, or <u>provision</u> herein or arising out of or in relation anyway hereto may be discharged or <u>waived</u> in whole or in part except pursuant to a writing duly executed by the party against whom the waiver is sought to be enforced. The waiver duly made in writing as set forth above of any right, claim, condition, or provision hereunder is <u>effective only upon the instance</u> to which such waiver is directed, <u>only for the purpose</u> given therein, and is <u>not deemed to be a continuing waiver</u>, a <u>waiver of any other</u> right, claim, condition, or provision, <u>on any future occasion</u>, <u>for any other purpose</u>, or against any other Person.

This provision is partially based upon suggested ones *in* Haskel, *Amendment and Waiver, supra* note 88, §16.11[2], at 533, §16.11[2][A], at 534; STARK, DRAFTING CONTRACTS, *supra* note 5, §29.5.1, at 369; BURNHAM, *supra* note 5, §11.9, at 166（英文契約書の諸実例を参考に本書筆者が修正）（強調付加）。

しかし契約実務上，重要なのはたとえこのような「呪文」が書かれてあっても行いが伴わなければ呪文が効力を失ってしまう点である。即ちたとえ「反放棄条項」が挿入されていても，非違反当事者が契約書通りの履行を留保・主張し損なえば権利／条件放棄が生じ得るとされている[103]。何故ならば「反放棄条項」自

---

102) *Id.* at 635-36.
103) BURNHAM, *supra* note 5, §11.9, at 166; 13 WILLISTON ON CONTRACTS, *supra* note 5, §39:36, at 657.

身も，他の条項同様に，「履行の経過」に於ける行為や合意を通じて放棄され得ると解釈されているからである[104]。その為に「反放棄条項」を起案しておいてもそれが強制し得るとは限らない旨を起案者は理解しておく必要がある[105]。

§12-02-9. 条件の免除と「衡平的禁反言」(equitable estoppel)：

「equitable estoppel」(衡平的禁反言) とは，「*estoppel in pais*」([公示]行為による禁反言) とも呼ばれる法理である[106]。前掲（§4-01）に於いて紹介した「*promissory* estoppel」(約束的禁反言) に似ているけれども，歴史的には *equitable* estoppel の方が promissory ...よりも古く，且つ equitable estoppel の方は「<u>不正確な**事実の主張**</u>」(*incorrect **factual** assertion*) <u>に基づく</u>のに対し，promissory estoppel の方は<u>「約束」に基づく</u>という違いが存在する[107]。即ち歴史的には，「衡平的禁反言」は約束によって認定されたのでは無く，<u>後に約束の要素も包含するに至った</u>のである[108]。尤も次段に於いて衡平的禁反言の現代的な定義を示すように，それは「約束的禁反言」と似通って来ており，実際に判例も両者を交換可能な概念として捉えるものも少なく無い[109]。

---

104) See 13 WILLISTON ON CONTRACTS, *supra* note 5, §39:36, at 658.
105) BURNHAM, *supra* note 5, §11.9, at 166.
106) BLUM, *supra* note 8, §8.4, at 208；CALAMARI & PERILLO, *supra* note 37, §6.2, at 257 & n.1（そもそも「*estoppel*」の語源はフランス語の「estoupe」に由来すると指摘）．「*in pais*」とはフランス法の「in the country」を意味し，法廷「外」または法手続「外」の意味である。BLACK'S LAW DICTIONARY 806 (8th ed. 2004).
107) BLUM, *supra* note 8, §8.4, at 208（嘗ての equitable estoppel は約束には適用されないと解されて来たけれども，誤った事実主張への信頼と同様に約束への信頼も救済の対象たるべきという判例発展と，第一次リステイトメント（§90）の編纂によって，promissory estoppel の法理が確立されて来たと指摘。promissory estoppel 法理の初期に於いては，consideration の欠如を主張できないと理論構成されていて，即ち consideration substitute と捉えられていたと指摘）．
108) CALAMARI & PERILLO, *supra* note 37, §6.2, at 257.
109) MURRAY ON CONTRACTS, *supra* note 1, §78[A], at 410.

現在に於ける「衡平的禁反言」は，一方当事者の行為や行動が他方当事者によって信頼されることを知り或いは知る理由がある中で，一方当事者が権利［や条件等］の不存在あるいは権利［や条件等］を主張しない言動をした為に他方当事者がこれを信じるように誤導（mislead）され，他方当事者がそれを信じたことが正当化され，信じた為に法的損失を他方当事者が被った場合に，一方当事者が最早その権利［や条件等］を主張することが禁じ（preclude＝estop）られる法理とされている[110]。即ち「衡平的禁反言」法理の目的は，発言者がその有する権利［や条件等］と相反する言動を執った場合には，最早その権利［や条件等］の主張を許さないことにある[111]。禁反言者はその事実を主張することが許されず，法的には該事実が存在せず虚偽（falsehood）の方が真実であるかの如く看做されるのである[112]。尤も「衡平的禁反言」は詐欺（fraud）に基づく法理では無く，相手側の信頼（reliance）とその結果としての損害の誘引と成った「言動に対する責任」（accountability for deliberate words or conduct）に基づく[113]。

第二次リステイトメント§84はその解説部に於いて，権利／条件放棄に「信頼」の要素が加わった場合には「禁反言」に基づく強制がしばしば肯定されると指摘している[114]。更に同第二次リステイトメント§84のブラック・レター部

---

110) See id. at 409; BLUM, supra note 8, §16.11.2 a, at 551. See also id. §8.4, Glossary, at 208, 764. なお，「条件」の免除の文脈では無く，「promissory estoppel」との比較に於ける一般的な「equitable estoppel」の法理の説明に就いては，see, e.g., MURRAY ON CONTRACTS, supra note 1, §66[A][1], at 311-12（重要な事実に関する虚偽表示あるいは隠蔽に基づいて無責な当事者が行為することを意図しながら該虚偽表示あるいは知りながらの隠蔽を為し，且つ該無責な当事者がそのような行為をする事で損失が生じた場合に，equitable estoppel が生じると指摘）．

111) See BLUM, supra note 8, §16.11.2 a, at 551.

112) Id. §8.4, at 209.

113) Id. §8.4, at 208. But see BLACK'S LAW DICTIONARY 590 (8th ed. 2004) ("The doctrine is founded on principles of fraud."（強調付加）と指摘しつつ，誤った言動が他人を一定の行動に導いた上に害を被らせしめた場合には反言を禁じられる法理であると説明）．

114) RESTATEMENT (SECOND) OF CONTRACTS §84 cmt. b（以下のように指摘。「When the waiver is reinforced by reliance, enforcement is often said to rest on "estoppel."」）．

は，条件をひとたび放棄した後にその撤回を有効とさせる（即ち再び条件を有効化させる）為には，撤回が不正義と成る程には他方当事者が権利／条件放棄を信頼してはいないこと等の要件充足を求めている[115]。

§12-02-10.「権利・条件放棄」と「衡平的禁反言」の違いの契約実務上の効果：

前掲の通り権利／条件放棄に於いては放棄される権利が取引の中心部分では無く付随的な権利であることが要件として重要だったのに対し，衡平的禁反言に於いては相手方が信頼して法的損失（legal detriment）の生じたことが重要である。そこで条件の免除を主張する際には，一方ではその条件が債務者にとって付随的な権利の場合には権利／条件放棄を用い易く，他方では債務者が信頼して法的損失が生じた場合には衡平的禁反言が有効に成ると指摘されている[116]。

図表♯12.10 「権利／条件放棄」と「衡平的禁反言」の契約実務上の効果の違い

分　類	要　件
権利／条件放棄 waiver	放棄が有効と成る対象権利・条件が取引の中心部分では無く，付随的な権利・条件に過ぎないこと。
衡平的禁反言 estoppel	相手方が信頼した為に法的損失が生じたこと。

---

115) *See* 2 FARNSWORTH ON CONTRACTS, *supra* note 88, §8.5, at 450. 必要ならば条件を満たす為に期日の延長を与えること等も規定。*See id.* §8.5, at 450-51.
116) BLUM, *supra* note 8, §16.11.2 c, at 553.

§12-03.「実質的な履行」(substantial performance) と「重大な違反」(material breach) と「履行拒絶」(repudiation)

　先ず「契約違反」の定義を述べておこう。即ち「契約違反」(breach of contract) とは，法的な免除無しに，契約の全体または一部を構成する約束の履行を懈怠することを言う[117]。「責に帰すべき事由」が債務者に無くても履行を懈怠すれば契約違反に成る[118]。即ち契約違反の責任は「厳格責任」(strict liability) であり[119]，日本的には「無過失責任」的概念なので，言い換えれば違反時の損害賠償支払義務は法上黙示 (implied by law) されている[120]。

　ところで契約に於いて交換される約束の殆どは，双務契約であり，互いに一方当事者による履行が他方当事者による履行の条件と成っている[121]。従って一方当事者の履行の違反は単なる契約違反 (breach) を形成するに止まらず，同時に他方当事者の負う反対債務の［前提］条件の非充足 (non-fulfillment) にも該当する[122]。［前提］条件の非充足だからこそ，他方当事者が履行をしないことが許容されるのである[123]。第二次リステイトメント§237の解説部 b も，この原理を以下のように表している。

> **The rule is based upon the principle that where performance are to be exchanged under an exchange of promises, each party is entitled to the assurance that <u>he will not be called upon to perform his remaining duties</u> of performance with respect to the expected exchange <u>if there has already been an uncured ma-</u>**

---

117) 23 WILLISTON ON CONTRACTS, *supra* note 5, §63:1, at 434.
118) *Id.* at 436; CALAMARI & PERILLO, *supra* note 37, §14.15, at 584.
119) *See, e.g.,* CENTO VELJANOVSKI, ECONOMICS PRINCIPLES OF LAW 110 (Cambridge Univ. Press 2007).
120) 23 WILLISTON ON CONTRACTS, *supra* note 5, §63:8, at 455.
121) *See* BLUM, *supra* note 8, §17.3.1, at 576.
122) *Id.*
123) *Id.*

terial failure of performance by the other party.
RESTATEMENT (SECOND) OF CONTRACTS §237 cmt. *b* (emphasis added).

　尤も例えば役務提供に対して代金を支払う債務者（obligor）が，役務履行という約束的条件非充足ゆえに<u>反対給付である代金支払債務を免れてしまうのは，前提と成る約束的条件の非充足が「治癒不能」（incurable）で所謂「重大な違反」（**material breach**）に該当する場合に限定される</u>[124]。役務提供者が「重大な違反」を侵していない場合，即ち「**実質的な履行**」（**substantial performance**）を為していた場合には[125]，代金支払者の履行義務が免除されないのである[126]。

　その理由は，所謂「［反対給付の］<u>剝奪</u>」（forfeiture）を避ける為である。代金債務者の履行義務発生の前提条件（役務提供）が充足されない為に債務者が支払債務履行から免除されれば，債権者（役務提供者）側が取引交換を信頼して既に履行を為したり準備をして来たにも拘わらず，<u>合意したはずの反対履行／反対給付を得る権利を喪失してしまう。そのような「報酬の否定」（denial of compensation）を</u>「<u>剝奪</u>」（**forfeiture**）と言い[127]，これを回避するのが契約法の法目的と成っているのである。そこで有名な法諺も，「**The law abhors**［忌み嫌う］**forfeiture.**」と言うのである[128]。

---

124) RESTATEMENT (SECOND) OF CONTRACTS Ch. 10, Introductory Note.　ちなみに国際取引に於いては「material breach」の代わりに「fundamental non-performance」の文言が用いられ，国際取引の影響の大きさ故に契約を終了させる程の救済を附与する前には非常に甚大な違反を必要としている。CALAMARI & PERILLO, *supra* note 37, §11.18, 430 n.1.

125)「実質的な履行」と「重大な違反」の無いこととは，同義である。*See* ROHWER & SKROCKI, *supra* note 7, §8.2, at 364.　*See also* RESTATEMENT (SECOND) OF CONTRACTS §237 & cmt. *d*（material breach では無いことを substantial performance の概念で把握すれば理解し易いとして，二者択一的な両者の関係を示唆）.

126) *See, e.g.,* 23 WILLISTON ON CONTRACTS, *supra* note 5, §63:3, at 438（違反が minor and not essence ならば π は未だ契約に縛られると指摘）.

127) RESTATEMENT (SECOND) OF CONTRACTS §227 cmt. *b*.

128) MURRAY ON CONTRACTS, *supra* note 1, §102[A], at 641.

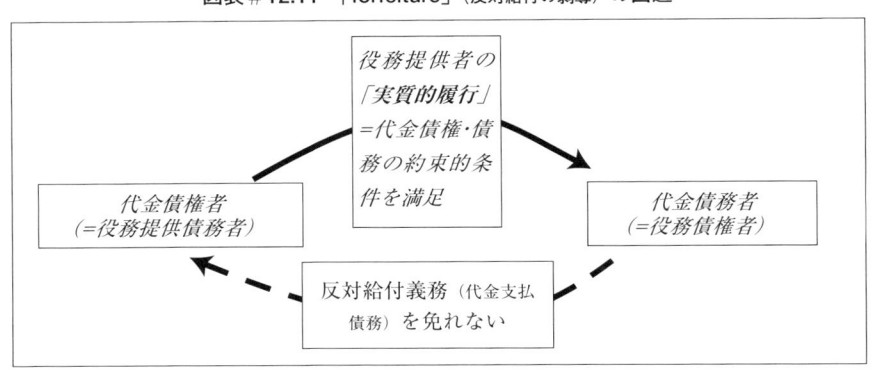

図表＃12.11　「forfeiture」（反対給付の剥奪）の回避

```
                役務提供者の
                「実質的履行」
                ＝代金債権・債
                務の約束的条
                件を満足
  代金債権者  ←──────→  代金債務者
 （＝役務提供債務者）          （＝役務債権者）
       ←─── 反対給付義務（代金支払
              債務）を免れない
```

§12-03-1.「重大な違反」の定義：　　「違反者」（breaching party）側が「完全な債務不履行」（not perform entirely）の場合ならば，違反が重大であることに争いは少ないであろう。しかし所謂「一部履行」（partial performance）や「不完全履行」（defective performance），または「履行遅延」（performance was not timely given）の場合には，重大な違反とは言い切れない。<u>「重大な違反」と解される為には，履行の懈怠あるいは不完全性が契約の中心的なものである為に契約の価値を実質的に阻害する程であり，被約束者（債権者）のリーズナブルな期待を深く失望させなければならない</u>[129]。即ち瑕疵ある履行あるいは履行懈怠が，債権者の取引交換した約因の重要部分を構成しているか否かが要件と成る[130]。

なお何が「重大な違反」に該当するのかに関する第二次リステイトメント上の規定は更に複雑である。その§241が多くの諸要素を勘案した上で決めると規定

---

[129] See, e.g., BLUM, supra note 8, §17.3.2, at 578; 23 WILLISTON ON CONTRACTS, supra note 5, §63:3, at 438-39（判例上の「重大な違反」の定義例として，"a failure is so fundamental ... that defeats the essential purpose of the contract"とか，"it must 'go root' or 'essence' of the agreement"とか，"'one which must touch the fundamental purpose of the contract and defeat the object of the parties in entering into the contract'"とか，"the breach as vital to the existence of the contract"とか，"the promisee receives something substantially less or different from that for which he or she bargained."等を紹介）．

[130] RESTATEMENT (SECOND) OF CONTRACTS §227 cmt. b.

しているからである[131]。尤も、契約書自体が一定の出来事を重大な違反であると条項に於いて明確に表している場合には、原則として裁判所はその契約書上の条項を尊重しなければならないことに成る[132]。なお重大な違反か否かを判断する際には、客観的なリーズナブルネスの基準が採用される[133]。

§12-03-2. 重大な違反と救済の程度の関係： 前述した通り違反の程度が「重大」（material）でなければ「非違反当事者」（non-breaching party）側の救済も狭くしか認容されない。そのような場合の救済は、部分的な（e.g., 履行が欠けている部分のみの）損害賠償が認容されるに過ぎない虞がある。

更に厄介なのは、たとえ「重大な違反」に分類されても必ずしも反対履行の債務が完全に「免除」（discharge）されるとは限らず、違反の「治癒」（cure）が可能な場合には反対履行の債務が一時的に「停止」（suspend）されるに過ぎない場合もある[134]。この概念を説明する為に、「完全な違反」（total breach）或いは「部

---

131) Id. §241. See also 23 WILLISTON ON CONTRACTS, supra note 5, §63:3, at 441-42（§241のブラック・レターを掲載しつつ、多くの法域で採用されている基準であると指摘）; HILLMAN, PRINCIPLES OF CONTRACT LAW, supra note 55, at 283-85（第二次リステイトメントが挙げる(a)～(e)の五要素の内、最初の二つの(a)と(b)は被害当事者が契約で取引交換したものを実質的に得たか否かを問い、残る三つの(c)～(e)では重要な違反と解釈された場合の違反当事者への影響を問うていると分析）.

132) 23 WILLISTON ON CONTRACTS, supra note 5, §63:3, at 441.

133) Id. at 442.

134) See RESTATEMENT (SECOND) OF CONTRACTS §237. See also HILLMAN, PRINCIPLES OF CONTRACT LAW, supra note 55, at 285-86（第二次リステイトメント§242の規定の下では、material breach に分類されても、それが反対履行の suspend のみを許すものか、または to cancel the contract 迄も許容するのかを、弁護士は見極めねばならないと指摘）。なお第二次リステイトメント自体は§242のブラック・レター部に於いて「uncured material breach」の文言を用いてその三つの決定諸要素を(a)～(c)として規定している。RESTATEMENT (SECOND) OF CONTRACTS §242(a)-(c). 例え material breach であっても違反が長期に亘らなければ反対履行の discharge 迄も許されず suspension が許されるに過ぎない場合も在り得るのである。See id. §236 cmt. b, illus. 1. See also MURRAY ON CONTRACTS, supra note 1, §107[B][2], at 680-82（同旨）.

分的違反」(partial breach) の概念を用いる例もあり、その一つが第二次リステイトメントである[135]。それに拠れば「重大な違反」(material breach) は履行の「停止」(suspension) を正当化し、「完全な違反」(total breach) は契約の「破棄・解除」(cancellation) を正当化するという[136]。被害当事者が履行を停止した後に、もし違反が治癒可能であれば、「完全な違反」に成る迄ならば違反当事者が違反を治癒できる[137]。以上の関係を以下（図表#12.12）のように図解すれば少しは判かり易く成るかもしれない[138]。

図表#12.12　「重大な違反」(material breach) と「完全な違反」(total breach) の相関関係

categories of breach of K	完全な違反 total (*i.e.* in-curable)	部分的違反 partial (*i.e.* curable)
重大な違反 material	(a) ① to withhold performance ② to terminate K ③ full damages for breach	(d) ① to suspend performance ② to await cure ③ compensation for loss
重大では無い違反 not material	(b) n.a.	(c) "substantial performance" ③ compensation for loss

---

135) なお第二次リステイトメントに於いては「partial breach」とは、違反者が未履行部分を履行するのを非違反者側が待っている場合の違反を言い、「total breach」とは非違反者側の全ての権利を賠償請求する場合の違反を言うと定義されている。RESTATEMENT (SECOND) OF CONTRACTS §236 & cmt. *b*.
136) CALAMARI & PERILLO, *supra* note 37, §11.18, 431.
137) *Id.*
138) *See* BLUM, *supra* note 8, §17.3.1, at 576 to §17.4, at 586（同書576頁の図表とこれに続く説明を参考に本書筆者が図表・解説を再構成）。　*But see* 23 WILLISTON ON CONTRACTS, *supra* note 5, §63:3, at 443（total breach を「重大な違反」とほぼ同じ意味であるかのように扱っている）。

§12-03.「実質的な履行」(substantial performance)と「重大な違反」(material breach)と「履行拒絶」(repudiation)　483

(**a**) 違反が「total breach」であれば違反の内容も普通は material であると理解され，非違反者に利用可能な救済は，①反対履行を控え，②契約を終了させ，且つ③賠償請求も可能。所謂「uncured material failure of performance」[139]な場合である。
(**b**) 違反が total であるにも拘わらずその違反内容が material では無い事象は考え難い。故にそのような場合の救済を想定すること自体在り得ないので[140]，「n.a.」＝「not applicable」(非該当)と成る。
(**c**) 違反が partial breach に過ぎず，且つその違反内容が material では無い場合は，所謂「substantial performance」(実質的な履行)と呼ばれる場合であり，非違反者に利用可能な救済が最も制限され，③被った損失の補償を求め得るに過ぎない。
(**d**) 違反は partial である為に，違反内容が material であっても治癒可能ならば[141]治癒の機会を与えるべきと成り，(a)の場合よりも非違反者の救済が制限され，①履行を停止し，②治癒を待ち，且つ③被った損失の補償を求めることが可能と成る。なお material breach が果たして curable か否かを決定する際に検討される諸要素は，第二次リステイトメント§242 に規定されている[142]。

　以上のように重大な違反でなければ非違反者側の救済が著しく限定される虞がある。尤も前述の通り重大な違反に該当する事象を契約書自身が明記している場合には，裁判所が原則としてその条項を尊重してくれる[143]。そこで契約実務としては，重要な違反者側の債務であると思われる部分に就いては契約書上でもそれが重大である旨を明記しておくことが肝要に成る[144]。前掲（§12-02-4[b]）「time is of the essence」の例文参照。

---

139) RESTATEMENT (SECOND) OF CONTRACTS §237 & cmt. b.
140) See BLUM, supra note 8, §17.3.3, at 580.
141) 例えば第二次リステイトメントも，material breach であっても治癒可能な場合の在り得ることを以下のように指摘している。「Even if the failure is material, it may still be possible to cure it by subsequent performance without a material failure.」 RESTATEMENT (SECOND) OF CONTRACTS §237 & cmts. b.
142) Id.
143) 23 WILLISTON ON CONTRACTS, supra note 5, §63:3, at 441.
144) See BURNHAM, supra note 5, §4.2.2.3, at 351.

§12-03-3. 「完全履行提供の準則」（perfect tender rule）と UCC Article 2：

これまで紹介して来た非違反者側に利用可能な救済の原則に対し，物品売買の場合の例外的な法理として，如何なる点に於いてであっても契約違反物品の受領を買主は完全に拒絶し得るという「**完全履行提供の準則**」（**perfect tender rule**）が存在し，UCC §2-601 にも規定されている[145]。尤も「完全履行提供の準則」自体にも様々な例外が存在する。例えば同準則の適用は別段の定めが無い場合に限るとか，取引慣行・取引の経過・履行の経過に因って完全履行の提供義務を免れる場合がある等の例外である[146]。更にはそもそも拒絶の権利はリーズナブルな期間内に行使しなければ喪失するのである[147]。

§12-03-4. 「履行拒絶」（repudiation）：

例えば債務者が履行期の到来前に，履行しない旨を態度や行動で表明した場合にも，債権者は履行期まで何もせずに居なければならないとすれば不合理である。寧ろ損害拡大を極小化する「損害軽減の原則」に従って，債権者側が様々な施策を採れるようにした方が望ましい。そこで登場するのが「**履行拒絶**」（**repudiation**）と呼ばれる法理である。即ち履行拒絶とは，<u>将来違反する旨の債務者による声明（statement）か，または違反なしには履行が不可能に成り或いは不可能に見えるように成る「自主的な作為」（a voluntary affirmative act）を言う</u>[148]。「自主的な作為」でなければならない理由は，仮に自主的な作為に基づかない履行の障害が存在する場合であっても，

---

145) UCC §2-601（2003年改訂もほぼ同じ）.

146) *See, e.g.,* HILLMAN, PRINCIPLES OF CONTRACT LAW, *supra* note 55, at 288. *See also* HENRY D. GABRIEL & LINDA J. RUSCH, THE ABCs OF THE UCC― (REVISED) ARTICLE 2: SALES 102 (Amelia H. Boss ed., American Bar Association 2004)（更に拒絶は in good faith に行使しなければならない等と指摘）.

147) UCC §2-602(1)（2003年改訂で変更なし）("Rejection of goods must be within a reasonable time after their delivery or tender." と規定).

148) RESTATEMENT (SECOND) OF CONTRACTS §250. なお repudiation は同第二次リステイトメント §§250-257 に規定されており，UCC 上も §§2-609 to 2-612 に規定されている。*See also* 23 WILLISTON ON CONTRACTS, *supra* note 5, §63:28, at 538（同旨）.

§12-03.「実質的な履行」（substantial performance）と「重大な違反」（material breach）と「履行拒絶」（repudiation）　485

未だ履行期に達していないこの段階に於いては，履行をしない旨の自主的表明を欠く限りは障害を克服する機会を債務者に附与すべきだからである[149]。履行拒絶の要件が満たされ無いにも拘わらず債権者側が過剰に反応して反対履行を懈怠した場合は，その債権者側の過剰反応自体が履行拒絶に成る虞が出て来る[150]。尤も自主的な作為が欠けていても，義務が履行されない虞がある場合には債権者が手を拱いて居なければならない訳では無く，履行の「確認」を債務者に求めることができ[151]，その旨は第二次リステイトメント§251やUCC§2-609に規定されている[152]。

　履行拒絶要件を満たした場合の効果は，他方当事者の履行免除や[153]，完全な履行違反に対する損害賠償請求権の発生[154]である。尤も前掲の「重大な違反」に関する法理の項（§12-03-2）で説明した通り，履行拒絶が重大な違反で且つ完全な違反（total breach）に至るものでない限りは，反対履行の完全な免除等の救済は認められない[155]。なお履行期が徐々に分割して到来する「**分割給付契約**」（**installment contract**）の場合に[156]，先行する一つ或いは幾つかのinstallment(s)の違反が残余する全ての未履行installmentsの「履行拒絶」を構成するか否かに就い

---

149) BLUM, supra note 8, §17.7.4 c. at 601（例えば義務者が第三者から請け負っている先行する他のプロジェクトの進捗が遅延している為に，該契約への着工も遅れて履行期迄に完了が困難に見える場合には，自主的な作為の要件が欠くので，非義務者側の反対履行を免除する等のrepudiation上の救済は認められないと例示）.

150) Id. §17.7.5, at 601.

151) Id. §17.7.7, at 603.

152) See, e.g., UCC §2-609（2003年改訂もほぼ同じ）; GABRIEL & RUSCH, supra note 146, at 112（UCCに於いて，確認を求めている間は反対履行をsuspendできると指摘）.

153) RESTATEMENT (SECOND) OF CONTRACTS §253(2); 13 WILLISTON ON CONTRACTS, supra note 5, §39:37, at 663-66 & n.95.

154) RESTATEMENT (SECOND) OF CONTRACTS §253(3).

155) BLUM, supra note 8, §17.7.4 a. at 599.

156) 「installment contract」とは，物品の引渡と受領を別々のロット毎に行うことを要求または許された契約を言う。UCC §2-612(1)（2003年改訂で変更なし）. これに対し引渡が一度で終了する契約は「one-shot contract」と言う。GABRIEL & RUSCH, supra note 146, at 94, 116.

ては，前者が契約全体 (contract as a whole) の「治癒不能な重大な違反」(an incurable material breach) に成っているか否か次第で決まる[157]。

以上のように履行拒絶には，実際に履行期に達してから生ずべき違反を，事前に違反が発生したと看做す効果があるので，**「履行期前の履行拒絶」**(**anticipatory repudiation**) と呼ばれる場合もある[158]。「条件」の文脈で履行拒絶を捉えれば，履行拒絶は反対履行の「前提(停止)条件の非充足が事前に成立すること」(an advance failure of the condition [precedent]) を意味するのである[159]。

---

[157] BLUM, *supra* note 8, §17.7.8, at 607 (UCC §2–612 および RESTATEMENT (SECOND) OF CONTRACTS §243(4)を出典表示しながら指摘). *See also* 23 WILLISTON ON CONTRACTS, *supra* note 5, §63:4, at 445 & n.62 （第二次リステイトメント §243(3)を出典表示しながら，通常は重大な違反に当たらないと指摘); GABRIEL & RUSCH, *supra* note 146, at 116 （UCC のルールを説明).

[158] *See* RESTATEMENT (SECOND) OF CONTRACTS §253 cmt. *a*.

[159] BLUM, *supra* note 8, §17.7.2, at 597.

§13. 履行義務の「免除（債務免除）」（excuses）

> The parties' performance under this Agreement is subject to acts of Gods, war, government regulation, <u>terrorism</u>, disaster, strikes (except those involving the Hotel's employees or agents), civil disorder, curtailment of transportation facilities, <u>or any other emergency beyond the parties' control</u>, <u>making it inadvisable</u>, illegal, or impossible to perform their obligations under this Agreement. Either party may cancel this Agreement for any one or more of such reasons upon written notice to the other.

OWBR LLC v. Clear Channel Communications, Inc., 266 F. Supp. 2d 1214, 1216, 1220 (D. Haw. 2003) (emphasis added)[1]。2002年2月に、π（OWBR）が主催し⊿（Clear Channel）がプロデュースする音楽業界のコンヴェンションをハワイで開催する契約書内に記載されていた「不可抗力条項」（*force majeure* clause〔フォース マジャール〕）である。開催三〇日前を経過してから⊿がコンヴェンションをキャンセルする旨を通知。Id. at 1215-16。πは契約違反を理由に損害賠償を請求。Id. at 1216。⊿はキャンセルが、前年の「9・11同時多発テロ」発生ゆえに恐怖が蔓延して旅行全体が萎縮・不安定化し宿泊施設予約状況も芳しくない為に、コンヴェンション開催という「履行」が *force majeure* 条項に書かれた「inadvisable」に該当すると抗弁。Id. at 1221。裁判所は⊿の抗弁を退けつつ、仮に「9・11」直後に当コンヴェンションが予定されていれば格別、本件では五ヶ月も経過していてハワイ旅行への具体的なテロの怖れも無く、大衆の恐怖・不安定性云々は履行免除の理由として不十分であり、履行が inadvisable に成っていないと判示。Id. at 1224。仮に恐怖と不安定性が履行免除を許してしまえば、商取引の契約から安定性と予見可能性を奪ってしまうという傍論も付け加えている。Id. 更に⊿の立証も、履行が「so extreme and unreasonable」であることを示していないと認定。Id. at 1225。

---

1) *See also* 30 SAMUEL WILLISTON, A TREATISE ON THE LAW OF CONTRACTS §77:44, at 406–07 (Richard A. Lord ed., 4th ed. 2007) [WILLISTON ON CONTRACTS]（同事件の概要を紹介）．

契約の履行義務を免除する法理は、その原因事由の発生時期を契約締結時の前後の二つに大別して論じられる。

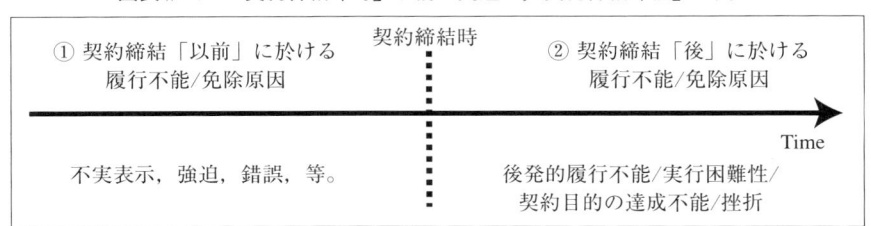

図表#13.1　契約締結「時」以前の問題と、契約締結「後」の問題

```
① 契約締結「以前」に於ける        契約締結時    ② 契約締結「後」に於ける
    履行不能/免除原因                              履行不能/免除原因
─────────────────────────┼─────────────────────────→
                                                                        Time
  不実表示、強迫、錯誤、等。              後発的履行不能/実行困難性/
                                                  契約目的の達成不能/挫折
```

即ち、①原則として契約が無効／取り消し得ることに成る契約成立時「以前」から存在していた履行不能原因と、②契約成立の「後」に履行を妨げる「介在的事象」(supervening event) の発生により約束者（債務者）の債務を免除 (excuse) する場合とに二分される。これ迄に紹介して来た前者の中でも、特に契約締結「時」に於いて既に存在していた前提事実の「錯誤」(mistake) の場合に契約が取り消し得る (voidable) ことは[2]、前掲 (§8-01) に於いて説明した通りである。

理論的にはその「錯誤」に近似するけれども、契約締結時以降の後発事象として発生する出来事により、そもそも契約は有効で本来ならば履行義務があるにも拘わらず債務免除と成るトピックを、当§13項は扱う。即ち「**後発的履行不能**」(**impossibility**)、「**実行困難性**」(**impracticability**)、および「**契約目的の達成不能／挫折**」(**frustration of purpose**) 等の後発事象による履行免除事由である。これら三つの法理の共通点は以下の通りである。即ち、契約締結後に生じた状況の変化（後発事象）が余りにも大き過ぎる為に、当事者達のリーズナブルな期待に重篤な影響を与えたから、履行免除が許容されるべき点である[3]。

なお本項のトピックは契約実務に於いて、後掲 (§13-04)「不可抗力条項」

---

2) MARTIN A. FREY & PHYLLIS HURLEY FREY, ESSENTIALS OF CONTRACT LAW 171 (2001).
3) See BRIAN A. BLUM, CONTRACTS §15.7, at 489 (4th ed. 2007).

(*force majeure* clause)や「辛苦・事情変更条項」(hardship / change-of-circumstances clause)の理解と密接に関連する。

§13-01.「後発的履行不能」(impossibility of performance)

衡平法(equity)に於いて認容されて来た[4]「後発的履行不能」(impossibility)とは，文字通り約束者による義務履行が「不可能」に成った場合であり，これが認められる為には，約束者の管理外(beyond the promisor's control)な偶発事象の発生が必要であり，これを「客観的」不能(objective impossibility)と言う[5]。後発的履行不能に至る事由発生につき約束者自身に責がある場合は，「主観的」不能(subjective impossibility)と呼ばれる[6]。自身で引き起こしたような，自身の落ち度に帰する後発的履行不能では履行義務から免除されない[7]。後発的履行不能による免除が認容される場合に裁判所は，「契約の『根拠』」(the "foundation" of the K)や「目的」(the purpose)が滅失毀損した等という文言を用いる場合がある[8]。

後発的履行不能の例として最も判かり易いのは，例えば特定の人物による履行が不可欠な契約に於いてその者が死亡した場合である[9]。第二次リステイトメントは，履行に必要な事物が履行困難と成る程迄に存在しなく成ったり，滅失毀損

---

4) 30 WILLISTON ON CONTRACTS, *supra* note 1, §77:6, at 296.
5) ROBERT A. HILLMAN, PRINCIPLES OF CONTRACT LAW 305 (2004). *See also* BLUM, *supra* note 3, §15.7.2, at 491.
6) なお第一次リステイトメントで用いられて来た「subjective impossibility」と「objective impossibility」の用語は，第二次リステイトメントには引き継がれていないと指摘されている。30 WILLISTON ON CONTRACTS, *supra* note 1, §77:25, at 345, 347.
7) *Id.* at 347.
8) HILLMAN, PRINCIPLES OF CONTRACT LAW, *supra* note 5, at 307.
9) *See* RESTATEMENT (SECOND) OF CONTRACTS §262.

された場合に約束者の債務を免除すると規定している[10]。英国の古典的代表判例(リーディング・ケース)の「*Taylor 対 Cadwell*」[11]に於いては，Taylor が音楽ホールを借り受ける契約を締結したところ，その履行期到来前にホールが焼け落ちた。裁判所は，ホールの存続が契約の基本的前提であったと捉えて履行義務を免除している。

なお UCC に於いては，契約締結時に特定されていた物品の危険が買主に移転する前に落ち度なく滅失毀損した場合に売主の債務を免除する旨が規定されている[12]。尤も物品が特定（identify）されていなければ免除しない[13]。この例が示すように，後発的履行不能のトピックは日本国民法上の「危険負担」（risk of loss）の論点を包含する。後掲§13-02-6 参照。

以上，後発的履行不能の要件・効果を纏めると以下のように成る。即ち契約締結時に於いて，或る人物または事物の継続的な存在に履行が依存していると当事者達がリーズナブリーに考えていて，契約締結後に該人物が死亡または該事物が滅失毀損し，その原因が履行免除を求める当事者に帰せなければ，その当事者の履行と反対履行を免除し，契約違反の責任無しに契約が終了するのである[14]。

なお後発的履行不能の要件は厳し過ぎて[15]救済されない場合が多かったので，下段で紹介するように現代では要件を緩和した「実行困難性」（impracticability）の法理が後発的履行不能法理を飲み込んでいる状況にある[16]。

---

10) *Id.* §263.
11) 122 Eng. Rep. 309 (Queens Bench, 1863) *cited in* BLUM, *supra* note 3, §15.7.2, at 490-91.
12) UCC §2-613（2003 年改訂版もほぼ同じ）．
13) HILLMAN, PRINCIPLES OF CONTRACT LAW, *supra* note 5, at 309.
14) BLUM, *supra* note 3, §15.7.2, at 490.
15) *See, e.g.,* 30 WILLISTON ON CONTRACTS, *supra* note 1, §77:1, at 278.
16) *See, e.g., id.* at 277 & n.1 ("The law of impracticability was historically known as the law of impossibility."（強調付加）であるとか，"The term 'impossibility,' as used in previous edition of Williston on Contracts and as used in the original Restatement of Contracts has been replaced with the term 'impracticability' as used in RESTATEMENT (SECOND) OF CONTRACTS ..."（強調付加）等と紹介)．

§13-02.「実行困難性」(impracticability of performance)

　「実行困難性」(**impracticability of performance**) とは，後発事象が履行を完全に「impossible」にする程では無いけれども，履行する為の約束者の費用負担が予期せず劇的に上昇するような場合である[17]。後発的履行不能の法理の要件が厳格過ぎたので[18]，より衡平法的(equitable)に履行免除の範囲を広げて，法理の名称も「impracticability」に変更されたのである[19]。実行困難性の核心を端的に表しているリーディング・ケースは，「*Aluminum Co. of America* 対 *Essex Group, Inc.*」[20]（所謂「アルコア (ALCOA) 事件」）である。

　なお同法理の起源はUCC§2-613であり，第二次リステイトメントの§§261-272にも採用されている[21]。凡(およ)そその要件は以下の通りである[22]。

① 契約締結後の後発事象の不発生がその契約の「基本的な前提」(**basic assumption**) であって，

② その後発事象ゆえに履行が「不当な迄の負担」(**unduly burden**) を約束者（履行免除を求める当事者）に課し，

③ その後発事象が履行免除を求める当事者の過誤に因り生じたものでは無く，且(か)つ

---

17) *Id.* §77:1, at 278; BLUM, *supra* note 3, §15.7.2, at 491; HILLMAN, PRINCIPLES OF CONTRACT LAW, *supra* note 5, at 310.

18) *See, e.g.*, 30 WILLISTON ON CONTRACTS, *supra* note 1, §77:1, at 277.

19) *See id*; BLUM, *supra* note 3, §15.7.2, at 491.

20) 499 F.Supp. 53 (W.D. Pa. 1980) *cited in* BLUM, *supra* note 3, §15.7.2 a, at 494（OPECの原油輸出禁止と環境規制の強化に因り電力コストが予期に反して高騰した為にALCOAが契約期間に亘って約六〇百万ドルの損失を被ることに成り，裁判所は錯誤を理由にALCOAに有利な判決を下し，代替的な救済の根拠としてimpracticabilityを挙げていたと指摘）。

21) BLUM, *supra* note 3, §15.7.2, at 491; UCC §2-613（2003年改訂版もほぼ同じ）。

22) BLUM, *supra* note 3, §§15.7.2, a-d, at 492-97. なお第二次リステイトメント§261の以下のブラック・レターも要件を判り易く示していよう。

④　履行免除を求める当事者がその後発事象発生の<u>危険</u>をその契約に於いて<u>引き受けて</u>（**borne the risk**）いなかったこと。

　即ち後発事象（supervening circumstance）に因って前提条件が妨げられて履行を impracticable にしている場合が救済の対象であるけれども，そのような<u>前提条件発生の危険を当事者が契約上引き受けていた場合には，救済されない</u>[23]。
　なお実行困難性のトピックは「錯誤」のトピックと近似している為に，本来は後者（即ち契約締結「時」に既に存在していた履行困難を生じさせる事象・出来事）に分類されるべきイシューが前者（契約締結「後」の事象・事実の問題）に於いて論じられることもある[24]。

§13-02-1. 後発事象の不発生が該契約の「基本的前提」であること：　当該取引交換の正に基本と成る前提に反する後発事象が要件である[25]。判断の為に裁判所は，契約を締結した当事者の「意図」を，口頭証拠排除の準則に反しない限りは外部証拠も含めて，探ることに成る[26]。なお<u>予見された後発事象は，当事者が危険を引き受けたと捉えられるので，履行免除の抗弁が許されなく成る</u>[27]。尤も後発事象は必ずしも「予見不可能」（unforese<u>eable</u>）な事象で無くても良く，

---

§ 261. Discharge by Supervening Impracticability
Where, <u>after a contract is made</u>, a party's performance is made impracticable <u>without his fault</u> by the occurrence of an event <u>the non occurrence of which was a basic assumption on which the contract was made</u>, his duty to render that performance is discharged, <u>unless the language or the circumstances indicate the contrary</u>.

RESTATEMENT (SECOND) OF CONTRACTS §261(emphasis added).

23）30 WILLISTON ON CONTRACTS, *supra* note 1, §77:1, at 278.
24）*See* HILLMAN, PRINCIPLES OF CONTRACT LAW, *supra* note 5, at 314.
25）BLUM, *supra* note 3, §15.7.2, a, at 492.
26）30 WILLISTON ON CONTRACTS, *supra* note 1, §77:1, at 279-80.
27）*See id.* §7:11, at 307-08, §777:53, at 442.

§13-02.「実行困難性」(impracticability of performance)　493

「予見しなかった」(unforeseen) 事象であれば良いとされ，従って，リーズナブルな人にとって後発事象発生の「可能性」(possibility) は認知されていても，それが現実的に「蓋然性」を有する (real likelihood) と迄は考えられていなければ要件を充足する[28]。その為に，履行免除の判断上，該危険の発生が「予見可能」だった場合には一般には不利に作用しても，<u>例え予見可能な危険であってもそれを約束者に負担させる意図では無かったと裁判所が解釈して債務を免除した例もある</u>[29]。

　認容される場合の偶発事象の表現は，判例により使われる文言が様々に分かれるけれども，例えば unreasonable, extreme, sever 等の場合に限定される[30]。即ち特定の危険は余りにも異常 (unusual) 且つ結果が厳しい (sever consequences) 為に，約束者に負担させられる契約本来の範囲を逸脱する (beyond the scope of the assignment of risks inherent in the Ks) 訳である[31]。例えば，戦争，自然災害[32]，ストライキ等の契約外の後発事象の殆どが適用対象と成り得，更には法律や政府規制の変更さえも対象と成る[33]。

　なお，「市場の変動」は原則として予見を超えた後発事象とは解されない[34]。実行困難性は容易に認められるものでは無く，単なる予見可能な原材料の市場価格の上昇等だけでは安易に認容されないのである。その理由は，そもそも契約の存在意義が一般に，例えば一定の「固定価格」(fixed price) により将来の交換の約束を通じてリスク・ヘッジすることにこそ在ると理解されているからであ

---

28) BLUM, *supra* note 3, §15.7.2 a, at 492.
29) HILLMAN, PRINCIPLES OF CONTRACT LAW, *supra* note 5, at 313.
30) 判例上の表現例に就いては，see, *e.g., id.* at 311 n.68. *See also* 30 WILLISTON ON CONTRACTS, *supra* note 1, §77:1, at 279 ("... suffer extreme, unreasonable, ... hardship due to unavoidable event or occurrence." という表現を使用).
31) *See* HILLMAN, PRINCIPLES OF CONTRACT LAW, *supra* note 5, at 312.
32) *See also* 30 WILLISTON ON CONTRACTS, *supra* note 1, §77:1, at 280 ("Impracticability is often invoked due to acts of God or act of third parties." と紹介).
33) BLUM, *supra* note 3, §15.7.2 a, at 493 (RESTATEMENT (SECOND) OF CONTRACTS §264 が政府規制の変更を明示的に免除対象にしている旨も指摘).
34) BLUM, *supra* note 3, §15.7.2 a, at 493.

る[35]。つまり固定価格の取引に於いては両当事者共に［市場変動の］危険を引き受けているのだから，一方だけに免除を認めれば他方の犠牲の下に一方を利することに成り衡平に反することが明らかである[36]。尤も市場の変動が，例えば予期せぬ自然災害や，突然の戦争勃発や輸出禁止措置に因る場合のように，リーズナブルな期待を超える場合には，履行免除が認容され得る場合もあろう[37]。過去にもスエズ動乱や，ベトナム戦争や，OPECによる原油輸出禁止のような事象では，履行免除が認められたり認められなかったりしている[38]。

§13-02-2. 後発事象ゆえに「不当な迄の負担」を課すこと： 重大な損失を被ることが示されれば，この要件は満たされよう。尤も他の諸要件の充足も必要ではある[39]。

---

35) *Id. See also* HILLMAN, PRINCIPLES OF CONTRACT LAW, *supra* note 5, at 310–11; 2 E. ALLAN FARNSWORTH, FARNSWORTH ON CONTRACTS §9.6, at 637 (3d ed. 2004); 30 WILLISTON ON CONTRACTS, *supra* note 1, §77:1, at 280–81. なおUCC §2–615 cmt. 4（2003年改訂で変更なし）はこの点を以下のように示している。

　費用の上昇が，履行の不可欠な性質を変えるような何らかの予見不能な偶発事象によるのでなければ，費用の上昇だけでは履行を免除するものではない。市場の［価格］上昇または崩壊だけでは正当化されない。何故ならそれは正に固定価格で締結された事業上の契約がカバーしようと意図した種類の事業上の危険だからである。しかしながら，戦争，出入港禁止，地域作物の不作，主要な供給源の予測不能な閉鎖，または［これ等と］同様な事象のような偶発事象ゆえに，費用の著しい上昇を引き起こすか，または売主の自身の履行に必要な供給物の確保を完全に阻止してしまう原材料または供給の厳しい不足は，当［§2–615の］規定の考慮の範囲内である。

　Id.（訳は本書筆者）.

36) 30 WILLISTON ON CONTRACTS, *supra* note 1, §77:37, at 378–79.
37) BLUM, *supra* note 3, §15.7.2, a, at 494.
38) *Id.*
39) *Id.* §15.7.2 b, at 496.

§13-02-3. 履行免除を求める当事者の過誤が後発事象を生じさせていないこと： 自身の作為・不作為ゆえに履行が難しい立場に陥りながらも，免除を主張することは許されない[40]。即ち自らの wrongful act が原因な場合には履行免除を求め得ないのである[41]。免除を請求する者は，履行に向けて，管理下内のあらゆるリーズナブルな行為を尽くしたことを示さなければならない[42]。同じ企業内の他部門の落ち度に就いては，知らなかったと言っても履行義務が免除されない[43]。

§13-02-4. 履行免除を求める当事者が危険を引き受けていないこと： 契約上，明示的に危険を引き受けていた場合のみならず，黙示的にそのように解される場合でも，免除され無くなる[44]。前掲脚注(22)にて引用した第二次リステイトメント§261のブラック・レターの最後の文言「**unless the language or the circumstances indicate the contrary**」が示しているように，約定や状況に於いて当事者が危険を引き受ける別段の取り決めであったと解される場合には，債務が免除されないことに成る[45]。危険を引き受けて居たか，居なかったかの解釈に資する契約書上の規定例としては，後掲（§13-04）の所謂「不可抗力条項」（force majeure clause）等を挙げることが出来る[46]。

即ち履行免除を安易に許さない為に，または逆に安易に危険を課されない為には，契約書の起案時に想像力を働かせて偶発事象を出来るだけ検討してその危険

---

40) 30 WILLISTON ON CONTRACTS, *supra* note 1, §77:9, at 303.
41) BLUM, *supra* note 3, §15.7.2 c, at 496; 30 WILLISTON ON CONTRACTS, *supra* note 1, §77:1, at 280.
42) 30 WILLISTON ON CONTRACTS, *supra* note 1, §77:9, at 303.
43) *Id.* §77:1, at 280 ("in a large organization where the 'right hand' does not know what the 'left hand' is doing." な場合は免除されないと指摘).
44) BLUM, *supra* note 3, §15.7.2 d, at 496.
45) *See* JOHN EDWARD MURRAY, JR., MURRAY ON CONTRACTS §112(A)(4), at 736 & n.55 (4th ed. 2001).
46) BLUM, *supra* note 3, §15.7.2 d, at 496.

の配分を確定的合意書上に記(しる)しておくことが望ましい[47]。

§13-02-5. 実行困難性による免除の効果：
実行困難性は債務者を履行義務から完全に免除し，賠償責任も負わせない[48]。尤も実行困難性が契約の全てに及ぶ程では無い場合に裁判所は，履行免除よりも軽い救済を命じる裁量権を有する[49]。例えば契約の約定を変更したり，履行の一部のみを免除したり，または履行の期日を延期する等である[50]。第二次リステイトメントも，実行困難性あるいは契約目的の達成不能／挫折が一時的な場合には履行の「免除」(discharge) では無く「停止」(suspend) のみを与える旨（§269）や，履行の一部のみが実行困難な場合には残余部分の履行義務は有効である旨（§270）や，裁判所が救済として約定を提供すること（supplying a term to avoid injustice）が出来る旨（§272 cmt. c）を規定している。

§13-02-6. 危険負担（risk of loss）：
契約締結「後」に履行を妨げる論点としては，契約の対象物が当事者の責に帰すこと無しに滅失毀損する場合も在る。「risk of loss」（危険負担）とは，『BLACK'S LAW DICTIONARY』に拠(よ)れば，製品あるいはその他の財産の損害や毀損等に因る費用あるいは出費を当事者が負担しなければならない危険または可能性を言う[51]。特にそのような損失負担を売主か買主の何(いず)れが負担すべきかが「危険負担」では問題に成る。以下，主に伝統的ルールの支配する不動産が目的物の場合と，現代的なルールを適用する物品売買・UCC の場合を簡単に紹介しておく。

---

47) *Id.* §15.7.2 d, at 497.
48) *Id.* §15.7.4, at 497.
49) *Id.* §15.7.4, at 498.
50) *Id.*
51) BLACK'S LAW DICTIONARY 1353 (8th ed. 2004).

§13–02.「実行困難性」（impracticability of performance） 497

a. 契約目的物たる不動産の減失毀損： 契約締結「後」でクロージング「前」に売買目的物の不動産が減失毀損した場合に，その危険を売主と買主の何れ（いず）が負担すべきかに関するルールは，以下のように州毎に異なっている[52]。

図表＃13.2 契約目的の不動産が減失毀損した場合の危険負担

適用州	危険負担者	概　　説
過半数の州 majority	買主	「衡平法上の転換」（equitable conversion）によって契約締結後は買主が所有者と看做されるので，減失毀損時にたとえ法的権原が買主に移転していなくても，買主は支払債務を免れない。（尤も売主が付保していれば保険金は買主の支払［債務］に充当される。）
少数州 minority	売主	売主は支払を得られない。尤も引渡債務からは「実行困難性」の法理によって免れる。
「Uniform Vender and Purchaser Risk Act」採用の約一〇州	⇒	買主が占有していたか，または法的権原を得ていた場合にのみ買主が危険負担。

b. 契約目的物たる物品の減失毀損： UCCの前身である『Uniform Sales Act』上は，そもそも危険負担が別段の約定の無い限り物品の所有権や権原と伴に移転していた[53]。即ち物品が特定された後も権原移転が生じる迄の危険は売主が負うとされ，その場合には買主が支払債務から免れた[54]。

しかしUCCは，その起草者Karl Llewellynの主導の下[55]，伝統的な「権

---

52) *See, e.g.,* Joseph Perillo, Calamari & Perillo on Contracts §13.24, at 557–58 (5th ed. 2003). *See also* 樋口範雄『アメリカ契約法』226–27頁（弘文堂 1994年）。
53) 18 Williston on Contracts, *supra* note 1, §52:29, at 148–49. *See also* Gabriel & Rusch, *infra* note 59, at 121（同旨）。
54) 18 Williston on Contracts, *supra* note 45, §52:29, at 149.
55) Murray on Contracts, *supra* note 45, §116[A], at 760 n.208（伝統的な権原アプローチからの決別を批判されたLlewellynは，権原が何時移転するのかに関するルールが物

原アプローチ」を変更して権原帰属／権原移転時期と危険負担時期を切り離した。誰が財産権を有するのかとは無関係に，契約に基づく当事者の行為に危険負担の移転を懸からせしめる所謂「契約的アプローチ」を採用し[56]，原則として (e. g., 別段の約定が無い場合) は以下 (図表#13.3) のルールに成っている[57]。即ち「占有者」の方が物品の管理・保護をより良く出来る立場に居るので，<u>占有者が危険を負担</u>する原則である[58]。

図表#13.3　UCC 上の物品の危険負担移転の原則

後述する「shipment K」UCC §2-509(1)(a)でも「destination K」UCC §2-509(1)(b)でも無い場合，売主が商人ならば「物品の受領」(receipt of the goods) 時に，商人でなければ「引渡の提供」(tender of delivery) 時に[59]，危険が買主に移転する。	UCC §2-509(3).
但し，別段の約定がある場合はそれが優先し，売主の契約違反時も別 (売主負担が原則) のルールに服する。UCC §2-509(4)．	

UCC の規定内容は 2003 年改訂後も一部修正を除きほぼ同じ。

　このルールの背景・理由は，そもそも<u>物品が売主の管理下に在る間は付保もしているであろうと期待され，逆に買主は占有もしておらず管理下に無い物品の付保はしないからであろう</u>[60]。原則として，<u>所有権が移転する前でも買主が占有している間の危険は買主が負う</u>[61]。

　上の危険負担ルールの，物品の「引渡条件」(trade terms) に於ける適用に就い

　　品売買法を二八年間も教えて来た彼の兄のような人物にしか判らない [程に複雑な] 点を指摘して応じた有名な逸話を伝えている)．

56) Id. at 760-61. See also GABRIEL & RUSCH, infra note 59, at 121 (同旨)．
57) 18 WILLISTON ON CONTRACTS, supra note 1, §52:29, at 150-51, 153, 154; MURRAY ON CONTRACTS, supra note 45, §116[B], at 763.
58) MURRAY ON CONTRACTS, supra note 45, §116[A], at 761 n.208.
59) 物品の受領は物理的な占有を得て生じる。UCC §2-509(3) & cmt. 3
60) 18 WILLISTON ON CONTRACTS, supra note 1, §52:29, at 151.
61) Id. at 153.

§ 13-02.「実行困難性」(impracticability of performance) 499

ては，以下（図表＃13.4）のように成る[62]。なお対象物品が「特定されている」(identified) ことが危険負担の買主への移転の前提条件である[63]。

　なお UCC § 2-510 に拠り，契約に違反する物品を売主が引き渡したり引渡の提供をしても，原則として，危険負担は買主に移転しない[64]。

図表＃13.4　危険負担と引渡条件の関係

	分　類	trade terms 例	概　要	危険負担の移転時
原則	**"shipment" contract**（積地引渡契約）	FOB place of shipment / C.I.F.	特定地まで持って行って引き渡す必要無し。UCC § 2-509(1)(a) & cmt. 2.	輸送業者に適切に引き渡した時
例外	**"destination" contract**（到達地引渡契約）	FOB point of destination	特定地まで持って行ってから引き渡す。UCC § 2-509(1)(b) & cmt. 2.	引渡が適切に提供された時

UCC の規定内容は 2003 年改訂後も一部修正を除きほぼ同じ。

　ところで物品が倉庫等の受寄者（bailee）の所に在り，これを移動させることなく売買する場合には，「権原証券」(negotiable document) を買主が受領した際に危険負担も移転する[65]。

---

62) *Id.* at 158-59, 160-61, 162; MURRAY ON CONTRACTS, *supra* note 45, §116[B], at 761-62; UCC §2-509; GABRIEL & RUSCH, *supra* note 59, at 118.
63) *See* 18 WILLISTON ON CONTRACTS, *supra* note 1, §52:29, at 159; MURRAY ON CONTRACTS, *supra* note 45, §113[C][1], at 745-46, §116[C], at 765; UCC §2-613（2003 年改訂版もほぼ同じ）．
64) UCC §2-510（2003 年改訂版もほぼ同じ）； 18 WILLISTON ON CONTRACTS, *supra* note 1, §52:29, at 171; MURRAY ON CONTRACTS, *supra* note 45, §116[C], at 764; UCC §2-509 cmt. 1.
65) MURRAY ON CONTRACTS, *supra* note 45, §116[B], at 763; UCC §2-509(2)(a)（2003 年改訂版もほぼ同じ）； GABRIEL & RUSCH, *supra* note 59, at 118.

§13-03.「契約目的の達成不能・挫折」(frustration of purpose)

　「契約目的の達成不能／挫折」(frustration of purpose) は，前二項で紹介した後発的履行不能や実行困難性と異なって，履行が不可能に成っておらず，履行の費用が困難な程に高額化した訳でも無い。しかし，<u>約束者にとっての契約の価値が著しく減少・喪失した為に，契約の基礎と成る目的が frustrate（挫折）した場合</u>である[66]。第二次リステイトメントに於いては§265に規定が見られる。

　その要件は実行困難性と似ていて，該偶発事象の不発生が基本的前提である契約の締結後に，目的が挫折された当事者の過誤によらずにその事象が発生し，且つ同当事者がその発生の危険を引き受けていないことである[67]。尤も実行困難性と異なる要素としては，これ等の諸要素に加えてその事象の契約に与える効果は履行を困難にしていなくても良く，履行との交換取引によって得られるとリーズナブルに期待していた便益へ悪影響を及ぼすことが要求されるのである[68]。即ち<u>便益の価値あるいは有用性に対する悪影響の程度が余りにも酷い為に，契約上の該当事者の中心的目的が挫折する（達成不能な）場合</u>が対象と成る[69]。契約上挫折した目的は，明白である為に両当事者共に契約の基礎と捉えていたものでなければならない[70]。

　契約目的の達成不能／挫折の要件は，以下の通りである[71]。

　① 履行を免除させるような「偶発事象」(**supervening event**) が発生し，
　② その偶発事象に因り破壊された契約の「基礎となる目的」(**basic pur-**

---

66) See HILLMAN, PRINCIPLES OF CONTRACT LAW, *supra* note 5, at 314; BLUM, *supra* note 3, §15.8, at 498.
67) BLUM, *supra* note 3, §15.8, at 499.
68) *Id.*
69) *Id.*
70) *Id.*
71) 30 WILLISTON ON CONTRACTS, *supra* note 1, §77:6, at 298.

pose）は両当事者が認識していたものであり，
③ その偶発事象は，リーズナブリーに予見可能では無く，即ち引き受けた危険であると公正には捉えられないものであり，
④ 抗弁を主張する者がその偶発事象・危険を引き起こさせておらず，またはその者の管理下には無く，および
⑤ その偶発事象に因って，履行の価値が実質的に或いは全く無くなっていること。

有名な古典的英国代表判例の「*Krell 対 Henry*」[72]は，国王エドワード七世の戴冠式の見学用に見晴らしの良いフラットのスイート・ルーム二日分の賃借契約をしていたところ，国王が病気で戴冠式が延期に成った際に，賃借料を支払う債務から免除された事件である[73]。この判例が示すように，借主にとっての賃借料は後発事象の発生に因り高騰化した訳では無く，ましてや実行が不可能に成ってもいない。しかし戴冠式が中止に成った為に，戴冠式を観るという唯一の目的が挫折して（達成不能に成って）いる。しかもその目的は，両当事者共に理解している賃借契約の目的であり，且つ契約の正に「根拠」（foundation）であった。戴冠式の延期という偶発事象は，両当事者の履行を不可能または困難にしていないけれども，目的を余りにも挫折（達成不能に）させた為に，履行を免除すべきと解されるのである。

挫折／達成不能（frustration）に因る免除の認定に関連する要素は，後発的履行不能や実行困難性と同様に，予見可能性と損害（目的挫折による価値減少の重篤さ）次第に懸かっている[74]。予見不可能で且つ契約を履行しても他の目的転用等が殆ど無いような場合にはその分だけ「挫折／達成不能」が認容され易く成ろう。予見可能性は危険の引き受けと表裏一体な関係にもあり，例えば挫折／達成不能を

---

72) 2 K.B. 740 (Eng. C.A. 1903).
73) *See* Hillman, Principles of Contract Law, *supra* note 5, at 314; Blum, *supra* note 3, §15.8, at 500.
74) *See* Hillman, Principles of Contract Law, *supra* note 5, at 315.

生んだ事象がリーズナブリーに予見可能な場合には，当事者達はそれを契約書に規定しおくべきと解されるから，そのような規定が無い場合は約束者がその危険を引き受けたと解される可能性も生じ得よう[75]。

§13-04. 契約締結後の履行免除事由に関する契約書条項文言

　後発的な偶発事象（contingency 或いは eventuality）による事情変更に応じた履行義務の減免を規定する契約条項は，一般に「**不可抗力条項**」（*force majeure clause*）と呼ばれる。（尤も逆に，契約書に於いて後発的偶発事象を理由とする抗弁を放棄することも可能である。）[76] 不可抗力条項は完全に履行義務を免除するように起案・解釈されるとは限らず，単に履行遅延を免除する起案・解釈も可能である[77]。

　更に不可抗力条項に於いて義務の減免を規定するのみならず，これとは別に，単に該契約の「変更」（modification）を要求する交渉権が発生する場合を規定する契約書も散見され，それは国際契約に於いて一般に「**辛苦（hardship）条項**」と呼ばれ，アメリカ国内契約に於いては「**重大な不衡平**」（**gross inequity**）と呼ばれる。以下，「*force majeure*」と，「hardship（gross inequity）」との各々に就いて別個に解説する。

　なお「不可抗力条項」と「辛苦／重大な不衡平条項」は共に履行義務の減免や履行義務に係わる契約の変更を扱う為に，それは単なる対価支払の債務しか負わない買主側よりも，寧ろ様々な履行義務を負う売主側にとってこそ原則として有利・必要な条項である[78]。

---

75) *See also* 30 WILLISTON ON CONTRACTS, *supra* note 1, §77:54, at 443.
76) *Id.* §77:6, at 299, §77:53, at 442.
77) 8 ARTHUR LINTON CORBIN, CORBIN ON CONTRACTS §31:4, at 57 (Joseph M. Perillo ed., rev. ed 2007).
78) *See id.* at 56.

§13-04. 契約締結後の履行免除事由に関する契約書条項文言　503

図表＃13.5　「*force majeure*（不可抗力）」条項と「hardship（辛苦）」条項の異同

	「*force majeure*」条項	「hardship (gross inequity)」条項
該条項が一般的に扱う内容	履行義務の減免	契約変更の交渉権
一般的に売主に有利か買主に有利か？	売主に有利	同左
一般的に対象事象を具体的に例示列挙するか否か？	事象を例示する	事象を例示しない（抽象的表現に留まる）

§13-04-1.「不可抗力条項」（*force majeure* clause（フォース マジャール））:

フランス語の「*force majeure*」[79]とは，英語に訳せば「superior force」であり[80]，当事者達の管理の届かない天災等の力という意味で，日本語では「不可抗力」とか「不可抗力条項」（*force majeure* clause）と訳され，且つ実務に於いて使われている。そもそも「*force majeure* clause」は，約束者の管理を超える事態によって時宜（じぎ）に適（かな）った履行が出来なくても債務・履行を減免・猶予される旨を明記する条項である[81]。前述して来たように，契約書上で明記しなくても一定の場合には法上も債務・履行を免除される諸法理が存在するけれども，契約書上でも減免・猶予を明記して免除事由・範囲を広げることが一般的な慣行に成っている状況から，文言上これを規定しない場合には却って減免・猶予を狭く解釈されると指摘されている[82]。即ち予見可能な事象に就いては実行困難の抗弁を殆どの裁判所が認容しないの

---

79) そもそも *force majeure* の法理は大陸法に起源を有し，英米法の法理に組み入れられたのは約一五〇年程前であるという指摘がある。Nissho-Iwai Co., Ltd. v. Occidental Crude Sales, Inc., 729 F.2d 1530, 1540 n.16 (C. A. Tex. 1984).
80) BLUM, *supra* note 3, Glossary, at 765; BLACK'S LAW DICTIONARY 673 (8th ed. 2004).
81) *See, e.g.,* 30 WILLISTON ON CONTRACTS, *supra* note 1, §77:31, at 366 ("a *force majeure* clause relieves one of liability only where nonperformance is due to causes beyond the control of a person who is performing under a contract."（強調付加）と紹介）.
82) *See* 2 FARNSWORTH ON CONTRACTS, *supra* note 35, §9.9 a, at 674.

で，不可抗力条項による履行義務減免の明記が奨励されるのである[83]。

　不可抗力条項が，法上の謂ての①「後発的履行不能」(impossibility) 的な場合のみを規定するのか，或いは②それよりも広く減免を認容する現代的な「実行困難性」(impracticability) 的な場合をも含むのか，または③「契約目的の達成不能／挫折」(frustration of purpose) 的な場合をも含意するのかに就いては，<u>起案の仕方次第で決せられる</u>[84]。尤も一般的な起案例では，一方では①のみならず②の場合にも減免を許容すると解されることが多いけれども，③に就いては特段の記載が無い限りは認容されないと解される虞がある。何故ならば不可抗力は前述のように，一般的に多くの履行義務を負う売主側を履行から減免すると解される記載に成っている為に，たとえ履行は可能であっても<u>買主側の契約上の目的が失われた場合に迄も買主を支払債務から免除するものでは無いと解され易い</u>からである。そこで仮に起案者が，買主側をも特に契約目的の達成不能／挫折の場合に支払債務から減免させる意図であるならば，その旨を明記するのが望ましい。

図表♯13.6　不可抗力条項と，法上の履行義務減免法理との関係

条　項	関係性	法　理	法理の概要
force majeure		① **impossibility**（後発的履行不能）	目的物の滅失等，物理的に履行が<u>不可能に成った場合</u>。
		② **impracticability**（実行困難性）	履行が物理的に<u>不可能では無い</u>けれども，<u>多大な負担が生じる場合</u>。
	???	③ **frustration of purpose**（契約目的の達成不能／挫折）	履行は可能であっても，契約の<u>目的が失われた場合</u>。

a. 表題： 　　フランス法上認容される不可抗力事由は英国法やアメリカ法よりも狭いという指摘もある[85]。そこで表題としてはフランス語の「*force majeure*」を用いるよりも，寧ろ英語の「Exemptions」や「Failure of Presupposed Conditions」や「Changed Circumstances」を用いるべきという指摘も見受けられるが[86]，実務では英語を用いる国際契約に於いても依然として「*force majeure*」の語を用いる方が多いように感じられる。表題は解釈に影響を与え無いという一般条項や解釈準則も考慮に入れれば，起案者は表題よりも約定内容文言の方にこそ留意すべきかもしれない[87]。

b. 対象偶発事象の例示列挙： 　　如何(いか)なる後発事象が履行義務減免対象たる「*force majeure*」に成るかに就いては，対象事象を例示列挙するのが一般的である。<u>具体的事象を例示列挙せずに単に抽象一般的な文言のみを用いると，「予見不可能」な事象だけしか免除しないと裁判所に解釈される虞(おそれ)が高いので</u>，或る程度の予見不可能では無い範囲に迄も免除を広げたければ具体的に該当事象を例示列挙すべきと奨励する treatise や契約書ドラフティングの指導書もあるので留意すべきであろう[88]。

　免除対象と成る具体的事象例を多めに列挙する条項は，特に不可抗力の抗弁の

---

83) CALAMARI & PERILLO, *supra* note 52, §13.19, at 549.
84) 2 FARNSWORTH ON CONTRACTS, *supra* note 35, §9.9 a, at 673. *See also* P. J. M. Declercq, *Modern Analysis of the Legal Effect on Force Majeure Clauses in Situations of Commercial Impracticability*, 15 J. L. & COM. 213, 235 (1995)（減免対象と成る偶発事象として何を含めるかは起案者の裁量次第であると指摘）.
85) *See* 2 FARNSWORTH ON CONTRACTS, *supra* note 35, §9.9 a, at 673.
86) *Id.* なお「force majeure clause」の類義語として「excusable delay clause」が用いられるという指摘もある。CALAMARI & PERILLO, *supra* note 52, §13.19, at 549.
87) 契約書の「解釈」に於いて表題や小見出しが重要では無い点に就いては，*See supra* §10-06.
88) CALAMARI & PERILLO, *supra* note 52, §13.19, at 550; Nancy M. Persechino, *Force Majeure*, *in* TINA L. STARK, NEGOTIATING AND DRAFTING CONTRACT BOILERPLATE Ch.11, at 319, §11.03[2][c], at 332 n.49 (2003).

利用が現実的・切実である種類の契約, 例えば建築等のプロジェクト案件型契約に於いて散見される[89]。そもそも具体的に免除を列挙された事象以外を裁判所は狭く解釈しがちであるから, 起案者は対抗して例示列挙後に包括規定的に「and other similar causes」等を追記しがちであるけれども, これも裁判所は「*ejusdem generis*」(イジュースデム ジェネリス)(同類解釈則)を用いて後掲(§13-04-1 [c-5])のように狭く解釈するから, 結局のところ具体的列挙事項以外の免除の蓋然性は低く成る[90]。

c. 不可抗力条項の典型例とその諸争点:　以下, 実務に於いて散見される文言例と, そこに潜む争点を順次解説して行こう。先ずは問題のある文例を示してみる。

The Seller is neither responsible or deemed to be in default hereunder for any delay in delivery of the Products due to act of God, flood, ... , <u>labor strikes, lockout</u>, ... , <u>governmental denial of permits or licenses</u>, <u>fundamental changes in world markets, supplies of goods, or exchange rates</u>, *and any other events which are unforeseeable by, beyond the reasonable control of*, and without the fault or negligence of the Seller.

契約実務の諸文例を参考に本書筆者が hypo. として起案(強調付加)。

なお「act of God」(神の御業)とは「*vis major*」(ヴィス メイジャー)の類義語であり[91], 専ら自然の力に因り生じた出来事であって人の力では注意を払っても予防・回避できないものの意であり[92], 古くは「act of God or the King's Enemies」の文言[93]も使われた

---

89)　*See* 2 FARNSWORTH ON CONTRACTS, *supra* note 35, §9.9 a, at 674.
90)　Persechino, *supra* note 88, §11.03[2][c], at 332-33.
91)　*See, e.g.,* 30 WILLISTON ON CONTRACTS, *supra* note 1, §77:37, at 379.
92)　*See* BLACK'S LAW DICTIONARY 37, 1603 (8th ed. 2004).

§13-04. 契約締結後の履行免除事由に関する契約書条項文言　507

けれども最近では専ら「act of God」のみで使用されているようである。

c-1. 人為的偶発事象（act of people）の争点：　契約書上，ほぼ常に例示列挙される具体的な不可抗力事象の代表例としては，「自然災害」(act of God)，「戦争」(war)，および「内乱」(riot) がある。これ等に加えて契約によっては，「労働争議」および「電力等の供給困難化」等を記載する場合も散見される。不可抗力の対象として例示列挙される後発事象は，①天変地異や自然災害等 (act of nature) の場合と，②人災 (act of people) 等の場合との，二種類に分ける事も可能である。

図表#13.7　天災と人災の具体的後発事象の文言例

①天変地異や自然災害等の文言例	act of God; other casualty; acts of God or other forces of nature including natural disasters; tornado; lightning; floods; hurricanes; fires; earthquakes; droughts; epidemics; plague; or other contagious diseases; unusually severe weather conditions; natural disasters; adverse weather conditions.
②人災等の文言例	quarantine[94]; quarantine restrictions; wars; acts of war; acts of civil or military authority; freight embargoes; hostilities; rebellion; riots; labor strikes; lockouts; sabotage; governmental denial of permits or licenses; governmental acts; acts of government; government priorities[95]; governmental delay; explosions; energy crises; shortages of raw materials; fundamental changes in world markets, supplies of goods, or exchange rates.

---

93) Declercq, *supra* note 84, at 214.
94)「quarantine」とは，検疫，隔離の意。

①の天変地異・自然災害が不可抗力として例示列挙されることに就いては異議が余り生じない。しかし人災である「labor strikes」や「governmental denial of permits or licenses」等に就いては，履行が不可能に成る事態を債務者が回避し得たのではないかという理由から履行の減免を許容すべきでは無いとの疑義が生じ易く[96]，特に「lockouts」に至っては経営者側が業務を止める行為であるから更に疑義が生じ得よう。

なお，「fundamental changes in world markets, supplies of goods, or exchange rates」迄も履行義務免除に該当する事象に含めるのは広過ぎるという指摘がある[97]。確かに前掲（§13-02-1）で説明した通り，別段の規定が無い限り法理上，原則として市場の変動は予見不可能な後発事象とは捉えられていない。

c-2.「包括規定」（catch-all provision）の争点： 例文「..., and any other events which are ....」のように実務では，対象事象を例示列挙した後に「包括規定」（catch-all provision）を続ける構成が多々見受けられる。確かに「包括規定」に於いて一般に用いられるフレーズである「beyond the reasonable control of」と「without the fault of」は不可抗力条項の核心とさえ言われているので重要ではある[98]。しかし「beyond the reasonable control」of the party suffered や「unforeseeable」或いは「unforeseen / not contemplated」の文言と，例示列挙された人災事象とが相反するのではないか（inconsistent）との疑義が生じる問題も抱えている。例えば全ての「戦争」が必ずしも予見不可能であったとされる訳では無く，具体的にはパールハーバーへの奇襲攻撃と米国の第二次世界大戦参戦は予見可能だったと

---

95)「priority」とは，他の債権者よりも優先的に弁済を受ける権利。See BLACK'S LAW DICTIONARY 1231 (8th ed. 2004).

96) See 2 FARNSWORTH ON CONTRACTS, supra note 35, §9.9 a, at 676 n.10. See also Persechino, supra note 88, §11.03[2][f][ii], at 335（当事者の従業員のみに関する労働争議の場合は免除されるべきでは無いとの立場を多くの当事者達は採ると指摘）.

97) Declercq, supra note 84, at 233.

98) Persechino, supra note 88, §11.03[2][D], at 331.

は判示されていないけれども，半年前から多国籍軍を増強（*i.e.*, Operation Desert Shield）していた湾岸戦争（*i.e.*, Operation Desert Storm）は予見可能と判断されるべき事例も在り得る[99]。

包括規定にはこれ以外にも以下のような争点も存在する。

c-3.「unforeseeable」或いは「unforeseen」の争点[100]： 「unforeseeable」は「客観的」に（即ち該当事者と同じ立場に居る理に適った人の見地から）予見不可能な場合であると解され，「unforeseen」は「主観的」に該当事者自身が予見不可能であった場合と解され得るので[101]，前者の方が一般には減免の対象事象を狭く解釈され得る虞が出て来る[102]。主観的には予見不可能であっても客観的には予見可能であったとの反論を許してしまうからである。

更に，「unforeseeable」であろうと「unforeseen」であろうとも，「予見云々」の文言使用自体がそもそも履行義務減免対象事象を狭く解釈させる虞を含んでしまう。何故ならば，例えば地震や洪水も自然に生じることが知られている以上，何時か何処かで生じることは予見可能だったはずと言われればその通りだからである[103]。そもそも当事者としてはたとえ予見可能だったり予見していた事象であっても，その「危険を配分」（allocation of risk）しようと願うものだから，その当事者意思を阻害する起案は望ましく無いであろう[104]。

なお「[not] contemplated」の文言が使われることもあり，それは「unforeseen」に近い[105]。

---

99) 30 WILLISTON ON CONTRACTS, *supra* note 1, §77:35, at 371–72.
100) *See* 2 FARNSWORTH ON CONTRACTS, *supra* note 35, §9.9 a, at 674–75 & n.6.
101) Declercq, *supra* note 84, at 219–20.
102) *Id.* at 237.
103) Persechino, *supra* note 88, §11.03[2][A], at 330（あらゆる事象は実質的に予見可能であるとされ得る危険を指摘）.
104) *See id.*
105) Declercq, *supra* note 84, at 220.

図表♯13.8 「unforeseeable / unforeseen」文言と減免対象事象の広狭との関係

文言の使用の仕方	履行義務減免対象事象の広狭
unforeseeable	最も狭い
unforeseen / not contemplated	上の場合ほどには狭くは無い
unforeseeable / unforeseen という qualifier（限定句）が適用されないことを明記すると共に，例示列挙事象は全て履行義務減免対象であると明記する。	広い
unforeseeable / unforeseen という qualifier が適用されない旨を明記すると共に，例示列挙事象が全て履行義務減免対象であるばかりでは無く，その他同様な事象も全て減免事象であると明記する。	最も広い

c-4.「beyond the reasonable control of the party ...」の争点： この包括規定は，以下の二つの場合を包含する概念である。即ち該当事者が，

① 不可抗力事象を生じさせなかったこと，および，
② 不可抗力事象を防止する為の理に適った手段を採り得なかったこと，

である[106]。前者①は「good-faith in not causing the event」な義務から導き出され，後者②も「reasonable diligence in taking reasonable steps to ensure performance」から導き出される[107]。

「不可抗力事象」を例示列挙した後に「beyond the reasonable control of」の語句を包括規定として付記する慣行が問題である理由は，「beyond the reasonable con-

---

106) Nissho-Iwai Co., Ltd. v. Occidental Crude Sales, Inc., 729 F.2d 1530, 1540 (C. A. Tex. 1984).
107) Id. See also 30 WILLISTON ON CONTRACTS, supra note 1, §77:31, at 366 ("An express *force majeure* clause in a contract must be accompanied by proof that the failure to perform was proximately caused by a contingency and that, in spite of skill, diligence, and good faith on the promisor's part, performance remains impossible or unreasonably expensive [.]"（斜体は原文，下線付加）と指摘); Persechino, supra note 88, §11.03[2][D], at 331 & n.46 (*Nissho-Iwai* 事件を出典表示しながら防止策を採る要件を指摘).

trol of」が修飾するのは各具体的例示列挙事項なのか，または全ての例示列挙事項は修飾せずに直近の「and other events」のみを修飾していると解釈すべきなのかとの疑義を生む虞からである。以下図表（#13.9）参照。

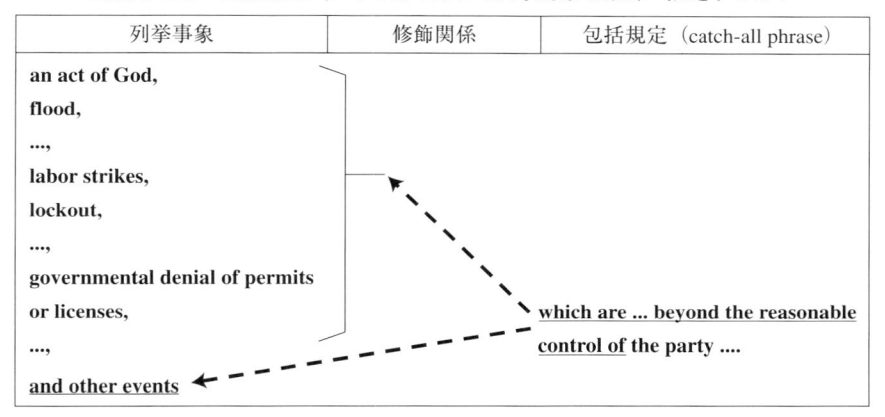

図表#13.9　包括規定が，その前の何れの列挙対象を修飾・限定するか？

列挙事象	修飾関係	包括規定（catch-all phrase）
an act of God, flood, ..., labor strikes, lockout, ..., governmental denial of permits or licenses, ..., and other events		which are ... beyond the reasonable control of the party ....

　例えば具体的例示列挙事象の一つである「labor strikes」を「which are ... beyond the reasonable control of ...」文言が限定していると解される虞がある。もし起案者としては「beyond the reasonable control of」が修飾する語句を「and other events」に限定して，各具体的例示列挙事象（*e.g.,* labor strikes）迄を修飾させたくない意図であれば，その旨を文言によって明確化しておかなければ，全ての具体的例示列挙事象を「beyond the reasonable control of」が*修飾する（＝限定する）*と解釈される虞が高まる[108]。

　この懸念に関する代表判例の「*Nissho Iwai 対 Occidental Crude Sale*」事件に於いては，以下の「不可抗力条項」内の後半の下線部「which shall not be reasonably within the control of the party」が，最初の下線部「any other event」のみを修飾・限定するのか，または，それよりも前の列挙された具体的な偶発事象をも修飾・

---

108) 729 F.2d. at 1540.

512　第Ⅲ章　法的拘束力

限定するのかが争点の一つに成った。

> Neither party shall be liable for ... loss, damage, claims or demands of any nature whatsoever due to delays or defaults in performance ... caused by impairment in any manner of [Occidental's] crude oil supply, ... [by] executive or administrative order or acts ... of any ... government, ... [by] *imposition of restrictions* ... by any ... government, ... or by *any other event*, whether or not similar to the causes specified above ... , *which shall not be reasonably within the control of the party* against whom the claim would otherwise be made.

Force Majeure clause in "Contract 1038" *quoted in* 729 F.2d at 1539 (italicization original). (underlines added).

連邦控訴裁判所（第五巡回区）は，適用法であるカリフォルニア州法上，列挙された具体的な偶発事象をも「*shall not be reasonably within the control of the party*」が修飾・限定すると判示[109]。そもそもリビアで政権が革命に因りガタフィ大佐（Colonel Khadafy）に奪取された後，そこから採掘される原油供給が禁輸措置（embargo）等により途絶えたことに端を発する本件では[110]，原油の買主である日本企業π（当審では被控訴人）が，現地で原油を採掘する⊿（当審では控訴人）の売主 Occidental Crude Oil 社を供給義務履行懈怠により提訴していた。⊿はリビア政府による禁輸措置等が「不可抗力」に当たると主張したけれども，裁判所は，同禁輸措置の原因が⊿によるリビア政府への採掘代金・税金等の支払留保にあった為に，「not be reasonably within the control of the party」とは言えないと陪審が評決しても誤りでは無かったと判示したのである[111]。

109）*Id.*
110）*Id.* at 1533.
111）*Id.* at 1543.

c-5.「*ejusdem generis*」(イジュースデム ジェネリス)(同類解釈則)の争点： 例示列挙の後に「... , and any other event which are beyond the reasonable control of the party ...」のような包括規定が付帯していた場合の general term である「any other event」を，裁判所は狭く解釈しがちである[112]。解釈原則の一つである前掲（§10-14）「*ejusdem generis*」(同類解釈則)に拠って，契約書に於ける例示と同様な事象のみを含む意図が当事者にあったと推定されるからである[113]。同類解釈則を回避する為には，具体的事象を例示列挙した後の包括規定文言に続けて「of either a similar or a different kind」の語句を挿入したり[114]，「... *ejusdem generic* canon of interpretation shall not be dispositive in determining whether a particular act or event qualifies as the Force Majeure Event ...」と起案すれば良い[115]。

§13-04-2.「辛苦条項」(hardship) または「事情変更条項」(change of circumstances)――「交渉規定」(negotiation provision)：

「不可抗力条項」に似ている一般規定（general provision）が，「辛苦条項」(**hardship**) や「事情変更条項」(**change of circumstances**) と呼ばれる「**交渉条項**」(**negotiation provision**)[116]である。同様な概念は「重大な不衡平」(**gross inequity**) と呼ばれる場合

---

112) HILLMAN, PRINCIPLES OF CONTRACT LAW, *supra* note 5, at 306; 2 FARNSWORTH ON CONTRACTS, *supra* note 35, §9.9 a, at 676 n. 13.

113) *See* SCOTT J. BURNHAM, DRAFTING AND ANALYZING CONTRACTS: A GUIDE TO THE PRACTICAL APPLICATION OF THE PRINCIPLES OF CONTRACT LAW §9.4, at 130 (3d ed. 2003). *See also* 2 FARNSWORTH ON CONTRACTS, *supra* note 35, §9.9 a, at 676; CALAMARI & PERILLO, *supra* note 52, §13.19, at 550.

114) *See, e.g.,* 2 FARNSWORTH ON CONTRACTS, *supra* note 35, §9.9 a, at 676; MURRAY ON CONTRACTS, *supra* note 45, §112(A)(4), at 737 n.59; CALAMARI & PERILLO, *supra* note 52, §13.19, at 550. 似たような文言としては「whether or not similar to the events specified above」も使えるであろう。前掲本文で引用した *Nissho-Iwai* 事件の契約書（729 F.2d at 1539）に於いても類似文言が使われている。

115) Persechino, *supra* note 88, §11.03[2][c], at 333.

116) Declercq, *supra* note 84, at 245.

もある[117]。この種の条項は、「事情の変更が［当事者の権利義務の］均衡を相当程度に転覆させる」（a change of circumstances significantly upsets the equilibrium）場合に、不利な影響を被った当事者が契約の「変更」（modification）を<u>交渉する権利を規定</u>する[118]。前掲（図表＃13.5）の通り「不可抗力条項」では履行・債務免除を規定するのに対して、本項の「辛苦／事情変更」条項に於いては状況の変化を考慮に入れた適切な調整をした上での<u>契約の継続を望んでいる点が異なる</u>[119]。なお辛苦を主張しがちな当事者は売主側／供給者側なので、買主側にとっては不利な条項と成り得る[120]。この種の条項を見掛ける契約類型は長期的契約（long-term K）であり、特にエネルギー供給を扱う取引に見られる[121]。

a. 要件： 辛苦／事情変更の救済が認容される前提条件として通常規定される文言は、「<u>beyond the contemplation of</u> the parties」と起案されたり、これとは少し変えて「<u>beyond the control of</u> the party affected」のように起案する方法も在り得る[122]。ICC推奨の文言は「events not contemplated by the party」である[123]。事情変更の程度の酷（ひど）さに関する要件としての文言は通常曖昧に記述され、例えば「material disadvantage」「substantial financial burden」「excessive burden」等が用いられる[124]。因（ちな）みにICCの［推奨］条項では、「**fundamentally alter the equilibrium** of the contract, thereby placing an **excessive burden** on ...」と規定している[125]。この条項文言は、本項の扱うトピックが前掲の通り別名「**gross inequity** clause」と呼

---

117) *See* 2 FARNSWORTH ON CONTRACTS, *supra* note 35, §9.9 a, at 678.
118) *See id.* at 678–79; Declercq, *supra* note 84, at 245.
119) *See* 2 FARNSWORTH ON CONTRACTS, *supra* note 35, §9.9 a, at 679.
120) *See id.*
121) *Id.* at 678.
122) *See id.* at 679.
123) *Id.* at 679 n. 23.
124) *See id.* at 679.
125) International Chamber of Commerce, Force Majeure and Hardship (1985) *in* 2 FARNSWORTH ON CONTRACTS, *supra* note 35, §9.9 a, at 679 n.24.

§13-04. 契約締結後の履行免除事由に関する契約書条項文言　515

ばれ得ることを良く表していよう。即ち契約に於ける当事者間の権利義務のバランスに影響を与える場合を扱う。尤もこのような条項は救済の安易な請求を奨励する印象を与えてしまうので，そもそも余り採用されない傾向も見受けられる[126]。

　なお「不可抗力条項」の場合と同様に，救済を求める当事者に依る通知義務を規定する場合もある[127]。

b. **効果**：　辛苦／事情変更条項の要件を満たした場合の効果としては，前掲（図表#13.5）の通り契約変更の交渉権の附与を規定する例が多い。尤も交渉の期限を規定する場合や，交渉の対象を数量や価格に限定する場合もある[128]。要件を満たしているにも拘わらず他方当事者が交渉に応じなければ，それが重大な契約違反に該当する場合も在り得，そうなれば他方当事者には契約解除の権利が生じ得る[129]。交渉に応じても合意が成立しない場合には契約違反には成らず，元々の契約が有効なままとなるけれども，そのような結果を避ける為に変更契約の成立を「仲裁」手続に任せる方法も見受けられる[130]。

§13-04-3.「条件変化」（changed condition）条項と「重大な不利な変化」（material adverse change: MAC）条項：　政府との契約に見受けられる「changed condition」（条件変化）条項とは，サイト（現場）に於ける条件の予期せぬ変化ゆえの追加費用を契約者が回収できると規定するものである[131]。

　他方，M&A取引や貸付（消費貸借）契約等に見受けられる「**material adverse**

---

126) See 2 FARNSWORTH ON CONTRACTS, supra note 35, §9.9 a, at 680.
127) Id.
128) Id.
129) Id.
130) Id. at 680 n 29（ICC 推奨条項は，仲裁に委ねるか，または ICC が指名する者に解決を委ねる場合を挙げていると指摘）.
131) Id. at 679 n.21.

change（MAC）」（重大な不利な変化）条項とは，重大な不利な変化が生じないことを M&A のクロージング条件にしたり，逆に重大な不利な変化の発生を貸付契約の「default」(不履行・懈怠) 事象として規定するものである[132]。例えば「... representations contained herein were accurate as of the date hereof and as of the Closing Date, except for any inaccuracy that would not, individually or in the aggregate, reasonably be expected to have a Material Adverse Change」のように用いられる[133]。なお，重大な不利な変化自体の定義条項としては，例えば以下のように定義するように奨励されている。

"Material Adverse Change" means any material adverse change in the business, results of operations, assets, or financial condition of the Seller as determined from the perspective of a reasonable person in the Buyer's position.

KENNETH A. ADAMS, A MANUAL OF STYLE FOR CONTRACT DRAFTING ¶¶ 7.48–7.123, at 94–114 (American Bar Association 2004).「adverse」とは「a change for the worse」の意味であり，「material」の意味は「of such a nature that knowledge of the item would affect a person's decision-making process」や「significant or important enough to merit attention」の意である。Id. ¶¶ 7.82–7.83, at 103. material adverse change に定量的な基準を設ける場合には，上の例文中の「... of the Seller」の後に「in an amount equal to $ ＿＿＿＿ or more」の句を挿入する方法も提案されているけれども，その金額設定が難しい等の問題も在る為に稀である。Id. ¶¶ 7.90–7.92, at 105–06. 上の例文の語尾に，「including but not limited to」の句を加えた後に具体的な material adverse change の事象例を列挙する案に就いては，却って裁判所がその具体例に該当しない事象を material adverse change に当たらないと解釈する虞があるので望ましくないと言われている――具体例は representations や closing conditions や termination provisions に挿入す

---

132) Id. at 670 n.22.
133) See KENNETH A. ADAMS, A MANUAL OF STYLE FOR CONTRACT DRAFTING ¶¶ 7.58–7.59, at 97 (American Bar Association 2004). なお「would (not)」の意味は，蓋然性が 50% 未満の意である。Id. ¶ 7.65, at 99.

べきである。*Id.* ¶¶ 7.116, at 112. 逆に material adverse change に該当しない事象を carve-outs として列挙する例としては，「any change affecting economic or financial conditions generally」とか「any change affecting the party's industry as a whole」とか「any change in a party's stock price or trading volume」とか「any failure to meet analysis' or internal earnings estimates」等が挙げられている。*Id.* ¶¶ 7.117, at 112-13.

§14. 契約の「変更」(modification of K)

　「契約変更」(modification) に就いては，既に前掲（§3-07-2）「既存義務の準則」(the pre-existing duty rule) の項に於いても触れたように，consideration［またはその代替事由］の有無が関係して来る。即ち原契約に於いて consideration が原則として契約成立の要件に成っているのと同様に，modification も「変更契約」である以上はやはり別途新たな consideration が要求される原則が適用に成る[1]。consideration の論点，特にそれが不要とされる例外の論点の他に，特に契約変更に於いて論じられる点としては，書面化要件の有無や，「waiver」(権利／条件放棄) の法理との関係が挙げられる。以下，概説する。

§14-01. consideration と「既存義務の準則」(the pre-existing duty rule) の例外

　前項に於いて紹介した通り，新たな consideration を欠く契約変更は「既存義務の準則」によって原則として不成立だけれども，前掲（§3-07-2[a]）にて紹介した通り一定の場合には consideration 無しでも有効に契約変更の成立する場合が認められている。

　先ず UCC §2-209 (1) は，前掲同項にて引用したように consideration が不要と明記している[2]。更に物品売買以外でも，州によっては署名付書面による契約変

---

1) *See, e.g.,* JOSEPH PERILLO, CALAMARI & PERILLO ON CONTRACTS §5,14, at 242 (5th ed. 2003); Brian A. Haskel, *Amendment and Waiver, in* TINA L. STARK, NEGOTIATING AND DRAFTING CONTRACT BOILERPLATE Ch.16, §16-02, at 505, 507 (2003); CLAUDE D. ROHWER & ANTONY M. SKROCKI, CONTRACTS IN A NUTSHELL §7.1, at 328 (6th ed. 2006).

2) UCC §2-209(1)(2003年改訂で変更なし). *See also supra* §3 note 163（consideration の代わりに good faith を要件としていると説明）; HENRY D. GABRIEL & LINDA J. RUSCH,

更を有効とする特別法を成立させている場合もある[3]。

　次に第二次リステイトメントの§89 (a)も，やはり前掲同項にて引用したように，所謂「予見しない困難性の例外」（the unforeseen difficulties exception）に該当する場合にはconsideration無しでも変更契約が成立すると規定している。

　加えて同リステイトメント§89 (c)も，やはり前掲同項にて引用したように，「約束的禁反言」（promissory estoppel）の法理により，相手方が契約変更の約束を信頼した為に立場の重要な変化が生じた場合には，consideration無しでも契約変更が成立すると指摘している。

　更に，解釈によって，原契約を「合意解除」（rescind）したと同時に新契約を成立させたという理論を用いれば，法理的にはconsiderationを欠く障害を回避可能に成り得る[4]。何故ならば，原契約がconsiderationを不要とする合意解除されたことで「既存義務」（pre-existing duty）が無くなるからである[5]。幾つかの法域ではこの解釈を採用する例が見受けられる[6]。尤も第二次リステイトメントはその解釈を否定している[7]。何故ならその解釈は擬制的過ぎるばかりか，不公正かつ不衡平な契約変更だからである[8]。

§14-02. 書面化の要件と「NOM条項」（no-oral-modification clause）

　原契約同様に変更契約も「契約」である為に，「詐欺防止法」（statute of fraud）

THE ABCS OF THE UCC— (REVISED) ARTICLE 2: SALES 48 (Amelia H. Boss ed., American Bar Association 2004)（同旨）。
3) CALAMARI & PERILLO, supra note 1, §5.14, at 243（NY州の制定法を例示して説明）。
4) ROHWER & SKROCKI, supra note 1, §7.3, at 336; JOHN EDWARD MURRAY, JR., MURRAY ON CONTRACTS §64[A][C], at 285, 290-94 (4th ed. 2001).
5) ROHWER & SKROCKI, supra note 1, §7.3, at 336.
6) Id.
7) RESTATEMENT (SECOND) OF CONTRACTS §89 cmt. b.
8) Id.

も原則として適用される[9]。即ち「強制可能」(enforceable) である為には書面化が要求される場合もある。

§14-02-1．制定法が書面化を要求する場合：
例えば UCC（§2-209(3)）は、「詐欺防止法」の要件が変更契約に適用されると明記している[10]。制定法により書面化が要件とされている場合には原則として、契約によってこれを「権利／条件放棄」(waive) することが認容されないと言われている[11]。

§14-02-2．書面化要件の例外：
前掲第二次リステイトメント（§89(c)）が consideration（コンシダレイション）を欠く契約変更の成立を肯定していたのと同様に、同§150 も、相手方当事者が契約変更に依る新たな約束を信頼した為に立場を重大に変更したことに鑑みて原契約を復活させるのが不正義に成る場合には、詐欺防止法を適用しないと規定している。

§14-02-3．「NOM 条項」：
以下では制定法に拠り書面化が変更契約の要件とされている場合では無く、任意の契約によって当事者が書面化を変更契約の要件とした場合を扱う。そもそも「NOM」とは「no-oral-modification [clause]」の略語であり、契約書の、主に一般条項に於いて、該契約の変更は「署名付書面」(signed writing) によることを要求する約定の意である。起案する際に注意すべき点は、その略称の通り例えば「There shall be no oral modification contract.」と起案した場合には、口頭による契約変更を禁じているけれども「行為」による契約変更は禁じていないので、所謂「行為による黙示の契約変更」(implied-by-conduct modification) を妨げない虞がある[12]。そこで行為による契約変更をも禁

---

9) BRIAN A. BLUM, CONTRACTS §11.6, at 336 (4th ed. 2007).
10) UCC §2-209(3)（2003 年改訂で変更なし）; MURRAY ON CONTRACTS, supra note 4, §64[E][4], at 298-301; ROHWER & SKROCKI, supra note 1, §7.3, at 338-39. See also GABRIEL & RUSCH, supra note 2, at 49-50（書面化要件適用範囲を巡る解釈上の疑義に就いて言及）.
11) ROHWER & SKROCKI, supra note 1, §7.5, at 338.
12) Id. §7.5, at 339.

§14-02．書面化の要件と「NOM 条項」(no-oral-modification clause)　521

じる意図であるならば，文言的には例えば「No modification shall be effective unless in a writing signed by both parties.」のように起案した方が良いと指摘されている[13]。

図表♯14.1　NOM 条項の問題

評　価	例　　文	評価理由
【×】	"There shall be no oral modification contract."	行為による黙示の合意を排除していない。
【○】	"No modification shall be effective unless in a writing signed by both parties."	署名付書面でなければ一切の合意を排除。

なお契約実務では，「行為」(conduct) により契約が変更されたと解される虞を防ぐ為に，例えば以下のような約定も散見される。

Neither the course of conduct between the parties nor trade practice shall act to modify any provision of these Terms of Use.

Net 2 Phone, Inc. v. Superior Court, 109 Cal.App.4th 583, 595 (2003) (emphasis added).

ところで判例は，NOM 条項を必ずしも尊重しているとは限らず，変更の合意に関する口頭証拠[14]の採用も許容していると言われている[15]。その理由は，契約変更する権利を当事者達が事前に制限できるとは裁判所が捉えていないからであ

---

13) *Id.*
14) なお前掲 (§11-01-2) に於いて説明した通り，「口頭証拠排除の準則」(parol evidence rule) は契約締結時点以前の外部証拠に関して適用されるので，締結後の外部証拠の採用を妨げるものでは無い。
15) BLUM, *supra* note 9, §12.13, at 371; Haskel, *Amendment and Waiver, supra* note 1, §16.03, at 510.

る[16]。そもそも当事者は契約を変更する権能を有しており，そのような契約変更できる契約の範囲にはNOM条項自身さえも含まれ，実際に口頭により契約変更を当事者達が合意したと成れば正にその変更権能を行使したと捉えられるのである[17]。特に予見不可能な「辛苦」(hardship) や「事情変更」(changed circumstances) や「法的な不利益」(detrimental reliance) 等の場合に裁判所が上の理屈を用いる[18]。尤もNOM条項にも拘らず契約変更を有効と解釈する為でも，契約変更が契約である以上はやはり，原則として両当事者達が「相互に同意」(mutual assent) していた旨を表す証拠か，または，「約束的禁反言」(i.e., 相手方の誘因と成る契約変更の約束の存在) 或いは「衡平的禁反言（equitable estoppel）」(i.e., 重要な事実を隠蔽／不実表示した場合) の法理が適用されるような証拠が必要である[19]。

---

[16] BLUM, *supra* note 9, §12.13, at 371; MURRAY ON CONTRACTS, *supra* note 4, §64[E], at 297. See also CALAMARI & PERILLO, *supra* note 1, §5.14(b), at 245 ("contracting parties <u>cannot today restrict their own power to contract</u> with each other <u>tomorrow</u>"と指摘〔強調付加〕).

[17] BLUM, *supra* note 9, §12.13, at 371; Haskel, *Amendment and Waiver, supra* note 1, §16.03, at 510; 29 SAMUEL WILLISTON, A TREATISE ON THE LAW OF CONTRACTS §73:22, at 70–71 (Richard A. Lord ed., 4th ed. 2007) [WILLISTON ON CONTRACTS]. 例えば高名なCardozo判事も以下のように指摘している。

<u>Those who make a contract may unmake it</u>. <u>The clause which forbids a change, may be changed</u> like any other.

Beatty v. Guggenheim Exploration Co., 122 N.E. 378, 381 (N. Y. 1919) (Cardozo, J.) (emphasis added) *cited in* MURRAY ON CONTRACTS, *supra* note 4, §64[E]], at 297 n.414.

[18] Haskel, *Amendment and Waiver, supra* note 1, §16.03, at 511. See also CALAMARI & PERILLO, *supra* note 1, §5.14, at 242–43（unforeseen difficultiesの際に多くの裁判所が既存義務の準則を緩和すると指摘）.

[19] See Haskel, *Amendment and Waiver, supra* note 1, §16.03[1]–[2][a][b], at 511–14.

a. **UCC に於ける NOM 条項の効果**[20]： 前述の判例の立場とは異なり，「NOM」条項を尊重する原則を採るのが UCC §2-209 (2) の立場であり，以下のように規定している。

> **A signed agreement which excludes modification or rescission except by a signed writing cannot be otherwise modified or rescinded, but … .**
> UCC §2-209(2) (emphasis added).

なお「rescission」や「rescind」とは「合意による解消」の意である（後掲§15-01）。ところでUCCは上の規定にも拘わらず，UCC自身が上の§2-209 (2) 規定の趣旨を減じるような規定を§2-209 (4) に置いている[21]。即ち同(4)項は，NOM条項の存在ゆえにたとえ「契約変更の試み」（attempted modification）は成立に至らずとも，依然として原契約上の権利の口頭による「権利／条件放棄」（waiver）としては有効であると解し得るよう規定している[22]。要は「禁反言」（estoppel）法理を法典化したと見られる[23]。即ち同§2-209 (5) は，「権利／条件放棄」の撤回が可能なのは他方当事者が権利／条件放棄を信頼して立場を重大な程に変更して撤回が不正義に成らない場合に限っている[24]。履行後には権利／条件放棄が撤

---

20) *See generally* Murray on Contracts, *supra* note 4, §64[E][5], at 302-05; 29 Williston on Contracts, *supra* note 17, §73:22, at 72; Calamari & Perillo, *supra* note 1, §5.14(b), at 245-46; Gabriel & Rusch, *supra* note 2, at 50-51.

21) Blum, *supra* note 9, §12.13, at 371; Haskel, *Amendment and Waiver, supra* note 1, §16.09[3], at 526.

22) Blum, *supra* note 9, §12.13, at 371; Rohwer & Skrocki, *supra* note 1, §7.8, at 342. 即ちUCCは次のように規定している。「Although an attempt at modification or rescission does not satisfy the requirements of subsection (2) or (3), it can operate as a waiver.」 UCC §2-209 (4) (emphasis added).

23) Haskel, *Amendment and Waiver, supra* note 1, §16.09[3], at 526. *See also* Cabriel & Pusch, *supra* note 2, at 51（UCC起草者はestoppel法理とwaiverとを混同しているという指摘を紹介しつつ，判例も一貫性を欠き混乱していると指摘）.

24) Blum, *supra* note 9, §12.13, at 371; Rohwer & Skrocki, *supra* note 1, §7.9, at 346-48.

回不可能に成り得るという訳である[25]。逆に言えば「正当化される（妥当な）信頼」（justifiable reliance）が無ければ撤回可能と解することが可能である[26]。

---

25) Haskel, *Amendment and Waiver, supra* note 1, §16.09[4], at 526. *See also* CALAMARI & PERILLO, *supra* note 1, §5.14(b), at 246（書面化の要件は course of performance により覆され得るという解釈を紹介）.
26) MURRAY ON CONTRACTS, *supra* note 4, §64[E][5], at 303-05. *But see* CALAMARI & PERILLO, *supra* note 1, §5.14(b), at 246（UCC §2-209(4)は信頼されたwaiverを意味するというPosner判事の解釈を否定的に紹介）.

§15. 契約・義務の「解消・消滅」(discharge)

　当§15では，契約または義務の「解消・消滅」(discharge) を扱う。そもそも「discharge of a duty」とは，第二次リステイトメントによれば[1]，「債務者の義務を消滅させ，且つその義務と相関関係を有する権利とこれに基づく請求権とを終了させる」意味であるけれども，通常は「相関関係を有する権利」云々（うんぬん）の部分は無視されて論じられる[2]。

§15-01. 契約の解消・消滅の用語と分類

　契約の「終了」を示す法律英語には複数が存在し且つ混乱も生じているので，以下，第二次リステイトメント (§283 解説部 *a.*)[3] の分析に従って整理しておく。

図表#15.1　契約を終了させる用語と意味の違い[4]

用　語	意　味	概　説
rescission（リシジアン）	合意解除（解消）	両当事者が原契約を解除する合意を締結して解除の効果が生じる「合意解除契約」。後掲本項§15-01-1 参照。
termination	権限に基づく契約終了	契約上または法上創設された権限を行使して生じる「契約終了」。UCC §2-106(3).

---

1) RESTATEMENT (SECOND) OF CONTRACTS Ch. 12, Introduction.
2) 13 ARTHUR LINTON CORBIN, CORBIN ON CONTRACTS §67:2, at 9 & n.3 (Joseph M. Perillo ed., rev. 2007).
3) 第二次リステイトメントの同 cmt. *a.* は，その出典として UCC §2-106 を挙げている。
4) *See* RESTATEMENT (SECOND) OF CONTRACTS §283 cmt. *a.*

用　語	意　味	概　説
cancellation	契約違反に基づく契約<u>破棄</u>（解除）	一方当事者が契約を違反した際に，他方当事者が契約を終了させることで生じる「契約破棄（解除）」。救済の権利を留保している。UCC §2-106(4).

UCC §2-106 は改訂で変更なし。

§15-01-1.「rescission」（合意解除（解消））：
「rescission」の動詞形の「to rescind」とは，一般用語では「to abrogate」（廃止する）や「to annul」（無効にする／取り消す）という意味であり，法律上の文言としては多義的である為に文脈によって意味が異なり[5]，混乱が生じている。しかし本書では，前述の通り第二次リステイトメントの定義に従って解説しておく。即ち「**rescission**」とは本来は「**rescission of contract**」（合意解除（解消）契約）の略であり，その意味は，原契約の当事者達がそれを解除する同意を取り交わして原契約を解除する為の契約を締結することである[6]。rescission も契約である以上，他の契約同様に法的拘束力を附与

---

5) *See, e.g.*, 26 SAMUEL WILLISTON, A TREATISE ON THE LAW OF CONTRACTS §63:3, at 49, 52-55 (Richard A. Lord ed., 4th ed. 2007) [WILLISTON ON CONTRACTS]. 例えば restitution の救済請求をする前提として求められる，π から発せられる「契約破棄の通知」（a notice of cancellation）のことを嘗ては「rescission」と呼び，これは「相互の合意で解消する」という本文中の意味とは異なるにも拘わらず同じ文言を用いている故に混乱を生じさせるので，前者の意味では rescission の文言を用いるべきでは無く，寧ろ UCC が用いる「cancel」の文言を前者には用いるべきである，と『CALAMARI & PERILLO』は指摘している。JOSEPH PERILLO, CALAMARI & PERILLO ON CONTRACTS §15.3, at 623-24 (5th ed. 2003).

6) JOHN EDWARD MURRAY, JR., MURRAY ON CONTRACTS §143, at 964 (4th ed. 2001); RESTATEMENT (SECOND) OF CONTRACTS §283(1). *See also* 13 WILLISTON ON CONTRACTS, *supra* note 5, §39:16, at 568（"'rescission' requires a bilateral agreement or conduct and puts an end to the contract as though it never existed." (emphasis added) と指摘）; 26 *id.* §68:3, at 52-53 & n.99（第二次リステイトメント上の定義を他の定義と共に紹介）; CORBIN ON CONTRACTS, *supra* note 2, §67.8, at 47（同書内でも rescission は合意による解除を意味すると指摘）.

される為にはconsideration等が必要に成る[7]。尤もrescissionでは当事者達が互いに，原契約上の債権を放棄し相手方の債務を解除し合って合意に達するから，considerationも十分に存在している[8]。その契約の唯一の目的は原契約を解除することなので，締結と同時に原契約の解除の効果が発生する。通常の契約と同様に言葉・文言を交わして成立させずとも行為によって黙示的にも成立する。なお動詞では「rescind」（合意解除する・解消する）の語を用いる。

a.「契約変更」(modification)との相違： 残存する全ての債務を解除するのでは無く，「部分的な解除」(partial rescission)を試みる場合は，rescissionの合意では無く寧ろ「契約変更」(modification)に分類される旨が，第二次リステイトメントに拠って明記されている[9]。『WILLISTON ON CONTRACTS』も同様な指摘をしている[10]。なお契約変更に就いては，前掲（§14）参照。

§15-01-2.「終了」(termination)と「破棄」(cancellation)： そもそも「**terminate**」とは，「to put and end to」または「to end」の意であり[11]，やはり「終了」と訳すのが良いであろう。更に「**cancellation**」には，「[t]he act of defacing［表面を傷付ける・読めなくする］or obliterating［抹消する］a writing (as by marking lines across it) with the intention of rendering it void」という意味があり[12]，その本来の意味も後掲（§15-02-1）するように債権者が「証書を破り棄て」て債務者を免除することにあるから，契約違反に基づく契約解除の場合も訳語的には「破棄」のニュアンスが含意されると推認するのが妥当ではなかろうか。『WILLISTON ON CONTRACTS』も，「cancellation」は一般用語としてならば「all methods of discharge」を意味するけれども，コモン・ロー上は「specialty（捺印証書契約）の物理的な破

---

7) MURRAY ON CONTRACTS, *supra* note 6, §64[C], at 291.
8) *Id.* §143, at 964; RESTATEMENT (SECOND) OF CONTRACTS §283 cmt. *a*.
9) RESTATEMENT (SECOND) OF CONTRACTS §283 cmt. *b*.
10) 29 WILLISTON ON CONTRACTS, *supra* note 5, §73:15, at 49.
11) BLACK'S LAW DICTIONARY 1511 (8th ed. 2004).
12) *Id.* at 219.

棄・損傷を意味し且つ捺印契約を解除する為の慣習的な方法である」（強調付加）と定義している[13]。

ところで先の図表（#15.1）が示すように「termination」（終了）と「cancellation」（破棄）を区別する法源としてはUCC（§§2-106(3), (4)）が指摘されている[14]。それによれば前者（termination）とは，契約または法によって創出された権限（power）に基づいて一方当事者が契約を終了させて全ての未履行義務を解除しつつ違反等により生じた諸権利は留保する意味で，他方当事者による治癒不能な重大な違反（uncured material breach）が無い場合を言い，後者（cancellation）とは，一方当事者の違反を理由に他方当事者が契約を解除（破棄）しつつも，該他方当事者は違反による救済の権利を放棄しない場合を言うのである，と[15]。

a.「終了」（termination）と「誠実かつ公正な取扱」（good faith and fair dealing）の義務：　契約を「終了」（terminate）する権利を行使する際にも，契約一般に適用される前掲（§10-23）の「誠実かつ公正な取扱」（good faith and fair deal-

---

13) 30 WILLISTON ON CONTRACTS, *supra* note 5, §75:1, at 3; CORBIN ON CONTRACTS, *supra* note 2, §67:2, at 8-9.
14) MURRAY ON CONTRACTS, *supra* note 6, §145(E), at 980.
15) *Id*. 即ちUCCは以下のように規定している。

　§2-106. Definitions:... ; "Termination"; "Cancellation".
　(1) ... .
　... .
　(3) "Termination" occurs when either party pursuant to a power created by agreement or law puts an end to the contract otherwise than for its breach. On "termination" all obligations which are still executory on both sides are discharged but any right based on prior breach or performance survives.
　(4) "Cancellation" occurs when either party puts an end to the contract for breach by the other and its effect is the same as that of "termination" except that the canceling party also retains any remedy for breach of the whole contract or any unperformed balance.
　UCC §2-106(3), (4) (emphasis added)（2003年改訂で変更なし）。

ing）の義務が課される[16]。特に誠実義務違反が問題に成るのは、フランチャイジーが相当な投資をしたフランチャイズ契約をフランチャイザーが「終了」（terminate）する際であり、その行使は慎重に為すことが要求されるばかりか、州制定法も誠実義務への遵守を要求する場合が見受けられる[17]。

§15-01-3. 義務解除（discharge）の分類：

更に第二次リステイトメントは「Discharge by Assent or Alteration」の項[18]に於いて、義務の解除と成る合意を先ず以下の四つのトピックスに大別している。

図表＃15.2　義務の解除と成る合意の四つの主なトピックス

トピックス	分類	項目	本書の該当項目
トピック1.	義務解除の合意に於けるconsideration（コンシデレイション）原則と例外	consideration を不要とする場合：証書の破棄（cancellation）、反対履行（支払）債務の免除（assent to discharge duty of return performance）、引渡債務の免除（簡易な占有移転）（assent to discharge duty to transfer property）、契約違反による損害賠償請求権の放棄（renunciation）	後掲 §15-02
トピック2.	既存義務の代替的約束	代物弁済（substituted performance）、代物弁済契約による解除合意（accord agreement / executory accord）、更改による新契約（substituted contract）、当事者代替型更改（novation）、確定勘定（account stated）	後掲 §15-03

16）　*See, e.g.,* UCC §2-309(3) & cmt. 8（同公式解釈部に 2003 年改訂で変更なし）。
17）　MURRAY ON CONTRACTS, *supra* note 6, §96[C], at 570.
18）　RESTATEMENT (SECOND) OF CONTRACTS Ch. 12.

530　第Ⅲ章　法的拘束力

トピックス	分　類	項　目	本書の該当項目
トピック3.	代替的約束なしの義務解除の合意	解除(解消)合意（agreement of rescission リシジアン），債務免除の合意（release），訴訟不提起契約（contract not to sue 或いは covenant not to sue）	前掲 §15-01-1 後掲 §15-04
トピック4.	契約書の変造	文書変造（alteration），同意（assent to alteration）	後掲 §15-05

　以上の四つのトピックスに就いては後掲（§§ 15-02 to 15-05）に於いて各個に概説することにして，その前に先ず，同じ第二次リステイトメントが指摘する四トピックス以外の履行義務解除の原因たり得る諸事由を図表（#15.3）以下で纏めておこう。

図表#15.3　義務解除の主要事由

番号	事　　由	第二次リステイトメント上の該当項目	本書の該当項目
①	履行・弁済（performance）	§§235, 258-60	前掲§12-03
②	実行困難性（impracticability）・達成不能／挫折（frustration）	§§261, 265	前掲§§13-01 to 13-03
③	条件の不発生（nonoccurrence of conditions）	§§224, 230	前掲§12-02
④	権利譲渡（assignment of correlative rights コレラティヴ）	§317	後掲§16-02-1
⑤	権利と義務が同一人に融合（the union of a right and duty in the same party）	§9 cmt. a.	n.a. [当§15-01-3]
⑥	能力（capacity）欠如による取消・無効（avoidance）	§§7, 14-16	前掲§7
⑥	錯誤（mistake）による取消・無効（avoidance）	§§7, 152, 153	前掲§8-01

§15-01. 契約の解消・消滅の用語と分類　531

番号	事　　由	第二次リステイトメント上の該当項目	本書の該当項目
⑥	不実表示（misrepresentation）による取消（avoidance）	§§7, 164	前掲§8-02
	信認関係（fiduciary relation）濫用による取消・無効（avoidance）	§§7, 173	n.a.［当§15-01-3］
	強迫（duress）による取消・無効（avoidance）	§§7, 175	前掲§8-03
	不当威圧（undue influence）による取消（avoidance）	§§7, 177	前掲§8-04
⑦	契約終了（terminate）の権限を契約が当事者に附与している場合	§77	前掲§15-01-2
⑧	出訴期限法（statute of limitation）による［時効の］場合	n.a.	n.a.［当§15-01-3］
⑨	破産法による場合	n.a.	n.a.［当§15-01-3］
⑩	保証人（suretyship）法による場合	n.a.	n.a.［当§15-01-3］
⑪	判決等への混同（merger）による場合	n.a.	n.a.［当§15-01-3］

番号①の「履行・弁済」（performance）は[19]，債務を履行すれば債務から免除されるという当然の意味である。なお前掲（§15-01-2）に於ける「破棄」（cancellation）の説明の通り，「治癒不能な重大な違反」に対して他方当事者は反対履行の債務から免除される[20]。**番号②**の「実行困難性・達成不能／挫折」は，不可抗力等により債務が免除される場合である[21]。**番号③**の「条件の不発生」は，義務

---

19) See RESTATEMENT (SECOND) OF CONTRACTS Ch.12, Introductory Note, Other methods of discharge; MURRAY ON CONTRACTS, *supra* note 6, §143(A), at 961; CALAMARI & PERILLO, *supra* note 5, §21.17, at 840; CORBIN ON CONTRACTS, *supra* note 2, §67.3, at 16.
20) MURRAY ON CONTRACTS, *supra* note 6, §143(A), at 961; RESTATEMENT (SECOND) OF CONTRACTS §283 cmt. *a*.
21) RESTATEMENT (SECOND) OF CONTRACTS Ch.12, Introductory Note, Other methods of discharge; MURRAY ON CONTRACTS, *supra* note 6, §143(A), at 961.

履行の前提条件が発生しない場合に，その時点以降にその条件がもはや発生しないならば義務履行から免れる[22]。番号④の「権利譲渡」とは，権利を譲渡すると譲渡人（assignor）の権利が消滅するので譲渡人に対する債務者の履行義務も解除される[23]。番号⑤の「権利と義務が同一人に融合」とは，理論的には一人の人物が自身に対して約束をすることは可能であっても，法はそのような約束の違反に対して救済を与えないから[24]，権利と義務が同一人に帰せば該義務は解除される。番号⑥の「avoidance」は，無効または取消事由に該当する場合，例えば行為無能力ゆえに avoidance（取消権）を行使した場合には，義務から免除されるのである[25]。受認者（fiduciary）等が信認関係にある受益者との間で利益相反な契約を締結した場合にも，特定の要件を満たさない限りは取り消し得るとされる（第二次リステイトメント§173）。番号⑦「契約を終了する権限を契約が当事者に附与している場合」は，前掲（§15-01-2）の通り契約上の約定が，当事者に契約終了（terminate）の権限を附与している場合である[26]。番号⑧「出訴期限法に拠る場合」は，時効の成立を理由に義務の強制（enforceability）から免れる場合である[27]。番号⑨「破産法による場合」は，破産法の適用により債務者が債務から免れる場合である[28]。番号⑩「保証人法による場合」は，保証人の債務が同法によって解除される場合である[29]。番号⑪の「**判決等への混同**」（**merger**）には次の二

---

22) MURRAY ON CONTRACTS, *supra* note 6, §145(A), at 961; RESTATEMENT (SECOND) OF CONTRACTS Ch.12, Introductory Note, Other methods of discharge.

23) CALAMARI & PERILLO, *supra* note 5, §21.8, at 828.

24) RESTATEMENT (SECOND) OF CONTRACTS §9 cmt. a. *See also* CALAMARI & PERILLO, *supra* note 5, §21.14, at 838（同旨）.

25) RESTATEMENT (SECOND) OF CONTRACTS Ch.12, Introductory Note, Other methods of discharge; MURRAY ON CONTRACTS, *supra* note 6, §143(A), at 961.

26) RESTATEMENT (SECOND) OF CONTRACTS Ch.12, Introductory Note, Other methods of discharge.

27) *Id.;* MURRAY ON CONTRACTS, *supra* note 6, §143(A), at 961.

28) RESTATEMENT (SECOND) OF CONTRACTS Ch.12, Introductory Note, Other methods of discharge; MURRAY ON CONTRACTS, *supra* note 6, §143(A), at 961.

29) RESTATEMENT (SECOND) OF CONTRACTS Ch.12, Introductory Note, Other methods of dis-

つの意味がある[30]。一つは狭義の「merger」であり，契約上の権利や義務という形式が「より高次元の形式」（a higher form）である「判決」や「仲裁決定」に「再生」（recreation）された場合に，既存の権利・義務が消滅して新形式の判決や決定に「混同」（merged）されたと捉える場合である[31]。二つ目の広義の「merger」は，「parol evidence rule」の論題に於ける「完全合意条項・完結条項」（merger clause）が，それ迄の契約交渉上の口頭合意内容等を全て消滅させて「確定的合意書」（definitive agreement）に再生させたかのような効果を生む場合である[32]。

§15-02. 義務解除の合意に於ける consideration（コンシダレイション）の原則と例外

図表#15.4 トピック1：義務解除に於ける consideration の原則と例外

第二次リステイトメントの分類	事由	第二次リステイトメント上の該当項目	本書の該当項目
トピック1. <u>義務解除の合意に於ける con-siderationの原則と例外</u>	consideration の原則	§273	本項§15-02
	証書の破棄 cancellation, destruction or surrender of a writing	§274	後掲§15-02-1
	反対履行（支払）債務の免除 assent to discharge duty of return performance	§275	後掲§15-02-2

---

charge.

30) CALAMARI & PERILLO, *supra* note 5, §21.13, at 836-37.
31) *Id.* at 837; MURRAY ON CONTRACTS, *supra* note 6, §145(G), at 982; RESTATEMENT (SECOND) OF CONTRACTS Ch.12, Introductory Note, Other methods of discharge.
32) *See* CALAMARI & PERILLO, *supra* note 5, §21.13, at 837; MURRAY ON CONTRACTS, *supra* note 6, §145(G), at 982. *See also* 30 WILLISTON ON CONTRACTS, *supra* note 5, §76:50, at 235-36（契約上の義務が判決に成った場合のみならず，informal K 上の義務が specialty の形式に記載され直した場合にも merger が生じると指摘）．

534　第Ⅲ章　法的拘束力

第二次リステイトメントの分類	事　由	第二次リステイトメント上の該当項目	本書の該当項目
	引渡債務の免除 （簡易な占有移転） assent to discharge duty to transfer property	§276	後掲§15-02-3
	契約違反による損害賠償請求権の放棄 renunciation	§277	後掲§15-02-4

　契約の有効性に関する一般原則と同様に，義務を解除する旨の約束も consideration 或いはその代替理由が存在しない限りは，原則として，拘束力を生じない[33]。代替理由とは，古くは所謂「要式契約」（formal contract）である「捺印契約」（contract under seal）であり，後には後掲（§15-04-1）する「債務免除の合意」（release）である場合や，現代的には「約束的禁反言」（promissory estoppel）的な場合である[34]。しかし例外的に，consideration／代替理由が存在しなくても有効とする事由も以下で説明するように数多く存在するので，私見では最早「例外が原則を飲み込む」ような感さえ抱かれる。以下そのような例外を紹介する。

§15-02-1．「証書の破棄」(cancellation, destruction or surrender of a writing)：
　有効性の要件をその形式に依拠した古の，所謂「要式契約」に属する「捺印契約」に於いては，「契約破棄」に関し前掲（§15-01-2）で示唆した通り，書面を物理的に破ったり棄てれば契約・義務を解除できた[35]。契約上の義務が証

33）RESTATEMENT (SECOND) OF CONTRACTS §273 & cmt. *a*; MURRAY ON CONTRACTS, *supra* note 6, §143(A), at 962-63.
34）RESTATEMENT (SECOND) OF CONTRACTS §273 cmt. *b*.
35）MURRAY ON CONTRACTS, *supra* note 6, §145(E), at 979; 30 WILLISTON ON CONTRACTS, *supra* note 5, §75:1, at 3.

書自体と余りにも一体化（化体）して捉えられた為に，証書の物理的な破棄自体がその行為者の意思に拘わらず債務免除の効果を生じさせたのである[36]。尤も現在では解除の意思が要件とされているけれども[37]，<u>債権者またはその代理人による物理的な証書の破棄がconsideration無しでも義務解除の効果を生む</u>とされ，これを「証書の破棄」(cancellation) と言う[38]。<u>破棄では無く証書を債務者またはその代理人に「放棄・引渡」(surrender) しても，同様の効果</u>が生じる[39]。証書を破棄したり引き渡す行為が，義務を解除する「真剣な意図」(serious intent) を表すのに適切な形式と捉えられるからである[40]。

§15-02-2. 反対履行（支払）債務の免除（assent to discharge duty of return performance）：

有体財産（tangible property）は占有を移転（delivery of possession）して贈与が可能であることのアナロジー(類推)から，契約上の他方当事者の反対履行債務を免除して一方当事者の履行（物の引渡）を贈与に出来るとする法理である[41]。贈与対象物は有体財産だけでは無く役務等も含む[42]。更に「贈与」であるから，consideration(コンシダレイション)は当然不要に成る。

---

36) MURRAY ON CONTRACTS, *supra* note 6, §145(E), at 979; 30 WILLISTON ON CONTRACTS, *supra* note 5, §75:1, at 3.
37) RESTATEMENT (SECOND) OF CONTRACTS §274 cmt. *a*.
38) MURRAY ON CONTRACTS, *supra* note 6, §145(E), at 979; RESTATEMENT (SECOND) OF CONTRACTS §274 cmt. *a*. See also CALAMARI & PERILLO, *supra* note 5, §21.3, at 822–23（同旨）.
39) RESTATEMENT (SECOND) OF CONTRACTS §274 & cmt. *a*; MURRAY ON CONTRACTS, *supra* note 6, §145(E), at 979. See also CALAMARI & PERILLO, *supra* note 5, §21.3, at 822–23（同旨）; 30 WILLISTON ON CONTRACTS, *supra* note 5, §75:1, at 4（証書を債務者に"redelivery"する「surrender」は，そもそも"delivery"によって拘束力を生んだ証書を逆に無効化する効果が歴史的に附与されて来たと紹介）.
40) RESTATEMENT (SECOND) OF CONTRACTS §274 cmt. *a*.
41) *Id.* §275 cmt. *a*.
42) *Id.*

図表#15.5 「反対履行（支払）債務免除」と「贈与」

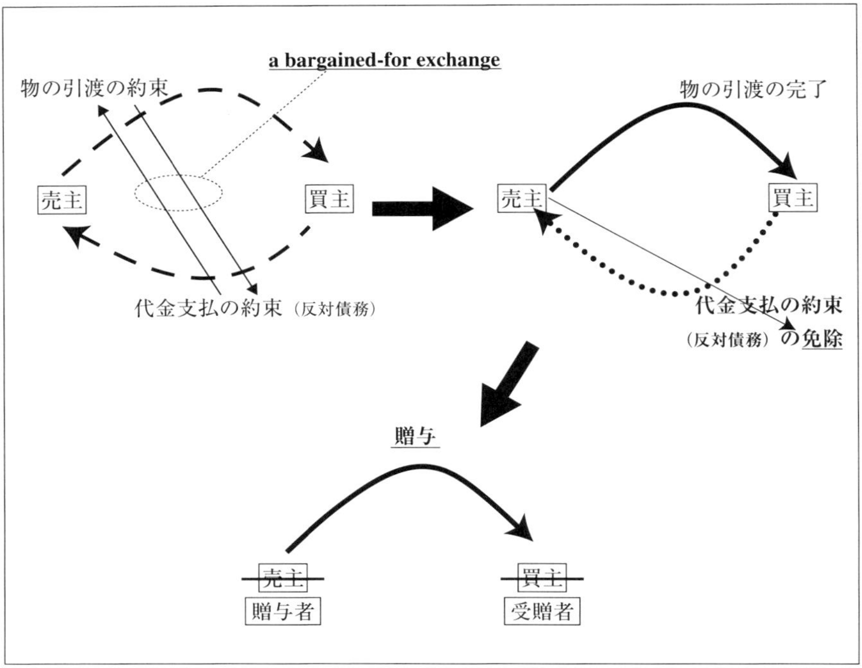

§15-02-3. 引渡債務の免除（assent to discharge duty to transfer property）：

　占有を移転して物や役務の贈与が可能という前項の法理を今度は買主側が行使して，支払済代金を贈与に代える為には，理論的には引渡債務を負う占有者の売主が一端は買主に物を引渡した後にそれを買主が売主に対して物理的に移転し直して贈与が成立するけれども，わざわざそのような「形式的な引渡」（formalities of delivery）を省略して，当初から買主が売主に対して以降は売主自身の為に占有して良いという意思を伝達すればそれで贈与を成立させる法理である[43]。かかる引渡債務免除は consideration（コンシダレイション）無しでも有効であり，占有の対象に成る「personal property」（人的財産・動産）が同法理の対象と成る[44]。民法（第一八二条二項）の

---

43) Id. §276 cmt. a.
44) Id.

「簡易な引渡」に似た法理であろう。

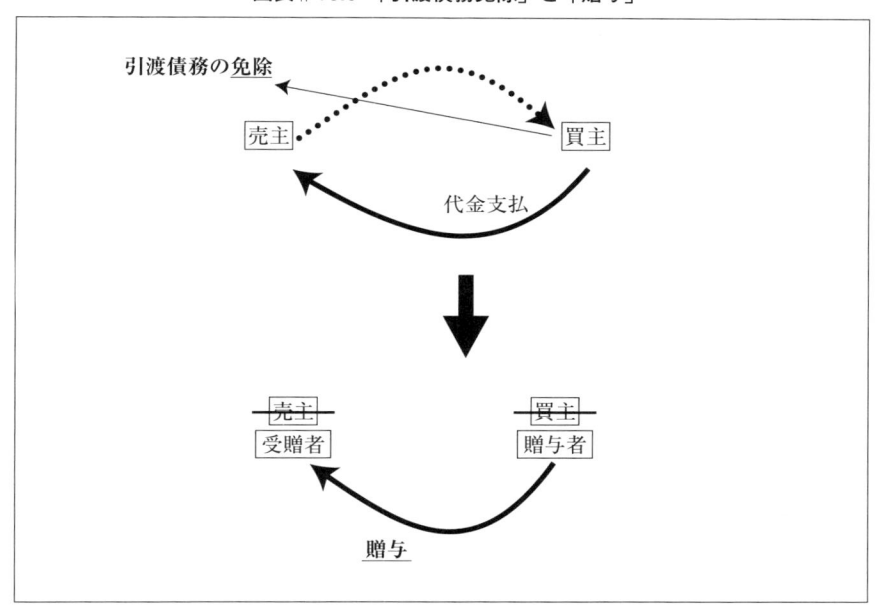

図表#15.6 「引渡債務免除」と「贈与」

§15-02-4. 契約違反による損害賠償請求権の放棄（renunciation）： 契約違反から生じる損害賠償（damages）請求権を債権者が書面により放棄すれば，consideration 無しでも，これにより賠償義務が有効に免除される法理である[45]。債務者は特定履行（specific performance）の義務からも免除されるけれども，非違反者側が既に提供した履行に対する利得返還（restitution）の義務からは免除されない[46]。原則として書面性が要件であり[47]，そもそもは UCC（§1-107）の規

---

45) RESTATEMENT (SECOND) OF CONTRACTS §277(1) cmt. & a. See also CALAMARI & PERILLO, supra note 5, §21.12(b), at 835（第二次リステイトメントの定義も含めて renunciation の意味を広く紹介）.
46) MURRAY ON CONTRACTS, supra note 6, §143(D), at 965, 966.
47) RESTATEMENT (SECOND) OF CONTRACTS §277 cmts. a, b.

538　第Ⅲ章　法的拘束力

定を第二次リステイトメントが採用してUCC適用契約以外の契約全般に適用対象を広げた法理である[48]。なお不完全履行（partial breach）から生じた賠償義務免除の場合は，口頭でも有効とされる[49]。

§15–03. 既存義務の代替的約束（代物弁済と更改）

図表#15.7　トピック2：代物弁済と更改等

第二次リステイトメントの分類	事　　由	第二次リステイトメント上の該当項目	本書の該当項目
トピック2.　既存義務の代替的約束（代物弁済と更改等）	代物弁済 substituted performance	§278	当§15–03
	更改による新契約 substituted agreement	§279	
	当事者代替型更改 novation	§280	
	代物弁済契約による解除合意 accord and satisfaction / executory accord	§281	
	確定勘定 account stated	§282	

　本項は，債権者が債務者から債務免除の対価を受ける場合を主に扱う。対価は，既存義務とは異なる履行（代物弁済）の場合と，既存義務とは異なる履行の約束（契約）の場合に先ずは大別される[50]。後者（履行の約束）は更に，幾つかの類

48）MURRAY ON CONTRACTS, *supra* note 6, §143(B), at 963 n.13, 966.　なおUCC §1–107（1997年改訂後の§1–306）は，被侵害者（the aggrieved party）が署名し引き渡した書面によって免除すれば有効と規定している。CALAMARI & PERILLO, *supra* note 5, §21.10, at 832 n.4.

49）RESTATEMENT (SECOND) OF CONTRACTS §277(2) & cmt. *c*;　MURRAY ON CONTRACTS, *supra* note 6, §143(D), at 966 n.32.

50）RESTATEMENT (SECOND) OF CONTRACTS Ch.12, Topic 2, Introductory Note.

§15-03. 既存義務の代替的約束（代物弁済と更改） 539

型に分化し，約束をしても新しい代替債務が履行される迄は旧債務を免除させない「代物弁済契約による解除合意と弁済」(accord and satisfaction) の場合や，約束と同時に既存債務の免除効果が生じる「更改による新契約」(substituted contract) の場合や，既存契約の「当事者代替型更改」(novation) の場合が存在する。なお以上とは異なる法理として，債務の額を確定する手続としての「確定勘定」(account stated) も同じトピック2に於いて第二次リステイトメントが規定しているので，本書でも本項でこれに言及しておく。

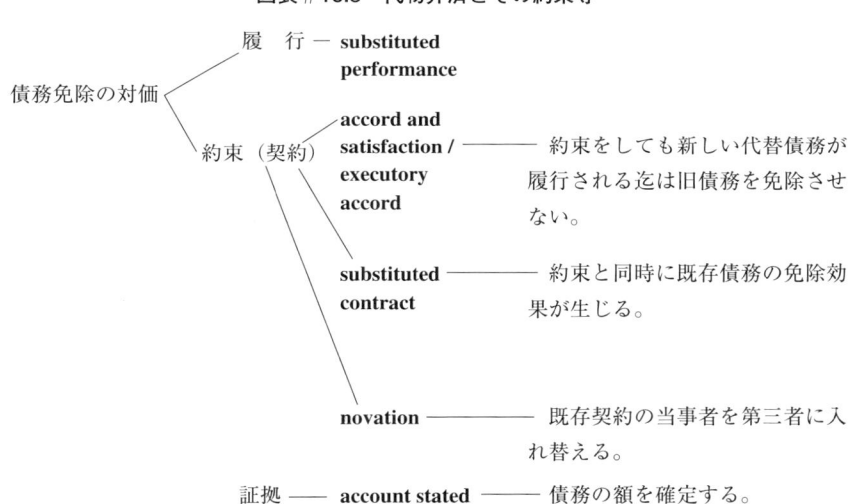

図表♯15.8　代物弁済とその約束等

```
                    履　行 ── substituted performance
債務免除の対価 ─┤
                    約束（契約）┬── accord and satisfaction / executory accord ── 約束をしても新しい代替債務が履行される迄は旧債務を免除させない。
                                 ├── substituted contract ── 約束と同時に既存債務の免除効果が生じる。
                                 └── novation ── 既存契約の当事者を第三者に入れ替える。

証拠 ── account stated ── 債務の額を確定する。
```

§15-03-1.「代物弁済」(substituted performance)：　既存の債務とは異なる (differs from) 履行を債務者が申し出て来た時に債権者はこれを受領する必要は無いけれども，もし既存履行の代わりにこれを受領すれば既存債務が解除される法理である[51]。もし第三者が債務者の為に既存債務と同種（例えば金銭債務）だ

---

51) Id. §278 cmt. a.

540　第Ⅲ章　法的拘束力

けれどもより少額な履行を申し出て来て債権者がこれを完済として取り扱って受領すれば，やはり既存債務は原則として解除される[52]。

§15-03-2.「代物弁済契約による解除合意」（accord agreement・executory agreement）と「更改による新契約」（substituted contract）の異同：

以下で説明する「代物弁済契約による解除合意」（accord agreement）と「更改による新契約」（substituted contract）に共通するのは，原契約上の旧債務に代わって，新種の債務に合意する点や，双方共に未履行で且つ consideration（コンシダレイション）により支持されている点である[53]。しかし，新契約の成立後も旧債務を存続させる意図である場合には accord agreement に分類され，新契約成立と同時に即座に旧債務を消滅させる意図であれば substituted contract に分類される[54]。

図表＃15.9 「accord & satisfaction」と「substituted contract」の相違

分類	概要	特徴	第二次リステイトメント上の該当条項
代物弁済契約による解除合意と弁済 **accord & satisfaction / executory agreement**	債務者の既存の債務の弁済（satisfaction）として一定の代物弁済の受領を債権者が約束する「代物弁済契約」（accord）であり，該代物弁済契約を履行（satisfaction）すれば債務者の元債務が解除される。	弁済までは旧債務が存続。	§281(1) & cmt. *e*.
更改による新契約 **substituted contract**	債務の弁済として代わりの新契約を債権者が受領する場合であり，新契約締結と同時に旧債務が免除される。	新契約の締結と同時に旧債務が消滅。	§279 & cmt. *c*.

---

52) *Id.* §278 cmt. *c*, illus. 4.
53) CALAMARI & PERILLO, *supra* note 5, §214, at 824; CLAUDE D. ROHWER & ANTONY M. SKROCKI, CONTRACTS IN A NUTSHELL §13.2, at 515 (6th ed. 2006).
54) RESTATEMENT (SECOND) OF CONTRACTS §279 & cmt. *c*, §281 cmt. *e*; ROHWER & SKROCKI,

§15-03. 既存義務の代替的約束（代物弁済と更改）　541

　なお当事者が締結したのは「代物弁済契約による解除合意と弁済」（accord & satisfaction）であるのか，または「更改による新契約」（substituted contract）であるのかを決するのは，当事者の意思による[55]。当事者意思が不明な場合は，原則として accord & satisfaction を締結する意図であったと解される[56]。代物弁済（*i.e.,* 履行）では無く単なる新たな「約束」を対価にして原契約上の義務を履行したと債権者が捉えるとは通常考え難いからである[57]。

a.「代物弁済契約による解除合意」（accord agreement・executory accord）：

　「代物弁済契約による解除合意」（accord agreement）とは，主に争いが在るような請求等の和解を奨励する為に[58]，債務者の既存の義務の弁済として一定の別種の履行の債権者による受領を約する「双務契約」（bilateral agreement）であり，債務者がその約束を履行すれば既存の義務が将来解除される[59]。原契約とは異なる accord 上の義務の適切な履行を「satisfaction」（弁済）と言う[60]。<u>satisfaction が生じる迄は，原契約の債務から債務者が解除されず</u>[61]，これこそが accord のエッ

---

　　supra note 53, §13.2, at 515-16; CALAMARI & PERILLO, *supra* note 5, §21.4, at 824; MURRAY ON CONTRACTS, *supra* note 6, §144, at 969.
55) CALAMARI & PERILLO, *supra* note 5, §21.6, at 827.
56) *Id.*（既存債務が解除されたと主張する債務者側に立証責任が課されるので，その意味は*既存債務が解除されていない＝代替弁済契約に依る解除合意*という前提に立つと分析）; MURRAY ON CONTRACTS, *supra* note 6, §144, at 969.
57) *See* MURRAY ON CONTRACTS, *supra* note 6, §144, at 969; RESTATEMENT (SECOND) OF CONTRACTS §279 & cmt. *c*, §281 cmt. *e*; CALAMARI & PERILLO, *supra* note 5, §21.6, at 827.
58) 29 WILLISTON ON CONTRACTS, *supra* note 5, §73:29. at 89.
59) RESTATEMENT (SECOND) OF CONTRACTS §281(1); 29 WILLISTON ON CONTRACTS, *supra* note 5, §73:27, at 85, §73:29, at 89; CALAMARI & PERILLO, *supra* note 5, §21.4, at 823.
60) CALAMARI & PERILLO, *supra* note 5, §21.4, at 824; ROHWER & SKROCKI, *supra* note 53, §13.2, at 515.
61) *See* 29 WILLISTON ON CONTRACTS, *supra* note 5, §73:31, at 97（"When an accord has been fully performed, there is satisfaction, and the previously existing claim is discharged."と記述）; ROHWER & SKROCKI, *supra* note 53, §13.2, at 515.

センスである[62]。この概念を表す為に，「bilateral executory accord」（双務的未履行の解除合意）と呼ばれることもある[63]。accord が履行される迄は既存の義務が「停止・猶予」（suspended）されるので[64]，債権者もその強制を請求する権利が停止される（suspended effect）[65]。即ち債務者に弁済の機会を附与するのである[66]。

図表＃15.10　「accord」と「satisfaction」の用語の違い[67]

accord	agreement の意
satisfaction	execution または performance の意

　例えば債務者による原契約上の債務履行が困難に成り，または既に契約違反に陥っていた時に，債権者が何とかして債務者を救済すべく代替的な債務を受領しようとする場合が，「代物弁済契約による解除合意」の典型例である[68]。紛争の和解契約は，通常，和解金の全額支払を終えた時に始めて旧債務を消滅させる意図であったと解されることが多いので「代物弁済契約による解除合意」に分類されがちである[69]。和解金が約定通り支払われなければ，債権者は代物弁済契約による解除合意違反を理由に債務者を訴え得るだけでは無く，旧契約上の請求権を行使することも可能に成る[70]。

b.「更改による新契約」（substituted contract）：　　当事者達が新契約に合意

---

62) RESTATEMENT (SECOND) OF CONTRACTS §281 cmt. *a*.
63) *Id.*; CALAMARI & PERILLO, *supra* note 5, §21.4, at 823.
64) RESTATEMENT (SECOND) OF CONTRACTS §281(2); CALAMARI & PERILLO, *supra* note 5, §21.5, at 825.
65) RESTATEMENT (SECOND) OF CONTRACTS §281 cmt. *b*.
66) *Id.*
67) *See, e.g.,* 29 WILLISTON ON CONTRACTS, *supra* note 5, §73:27, at 85-86; CALAMARI & PERILLO, *supra* note 5, §21.4, at 824.
68) ROHWER & SKROCKI, *supra* note 53, §13.2, at 516.
69) *Id.* at 517.
70) *Id.*

§15-03．既存義務の代替的約束（代物弁済と更改） 543

し，同時に原契約上の債務が消滅する場合である[71]。即ち「更改による新契約」(substituted contract) とは，義務の履行として債権者により受領される契約である[72]。或いは原契約上の既存債務が新契約に「混同された」(merged into) のである[73]。更改による新契約は既存債務を解除するので，たとえ更改による新契約が債務者によって違反されても債権者は既存債務の方を強制する権利を失っている[74]。更改による新契約も契約の一種であり，前掲（§15-02）の原則によりconsideration 或いはその代替法理が満たされなければ有効では無いし，錯誤や非良心条項等の各種の抗弁にも服する[75]。更改による新契約に於いて第三者が引き込まれると次項（§15-03-3）の「当事者代替型更改」(novation) に成る[76]。

§15-03-3．「当事者代替型更改」(novation)： 　「当事者代替型更改」(novation) は，旧契約の両当事者達に第三者を加えた三者間以上の契約であり，旧契約の当事者達の内の一人が外れてこれに第三者が代わって参加する[77]。そもそも「novation」（更改）とは，ローマ法上の，新契約との交換（the substitution of a new contract）を意味する文言であり[78]，『WILLISTON ON CONTRACTS』も「a "novation" is the substitution of a new contract for an existing one」（強調付加）と定義している[79]。アメリカ契約法上も「novation」とは「更改」(substituted contract) の内の債務者または債権者を第三者と入れ替えさせる (replaced) 契約と捉えられ[80]，入れ替

---

71) *Id.* at 515; CALAMARI & PERILLO, *supra* note 5, §21.4, at 824.
72) RESTATEMENT (SECOND) OF CONTRACTS §279(1).
73) CALAMARI & PERILLO, *supra* note 5, §21.5, at 826.
74) *Id.*; RESTATEMENT (SECOND) OF CONTRACTS §279(2).
75) RESTATEMENT (SECOND) OF CONTRACTS §279 cmt. *b*.
76) *Id.* §279 cmt. *a*.
77) CALAMARI & PERILLO, *supra* note 5, §21.8, at 828-29; ROHWER & SKROCKI, *supra* note 53, §13.3, at 517.
78) MURRAY ON CONTRACTS, *supra* note 6, §145(B), at 975 n.92. *See also* 30 WILLISTON ON CONTRACTS, *supra* note 5, §76:4, at 137（ローマ法に起源があると指摘）.
79) 29 WILLISTON ON CONTRACTS, *supra* note 5, §74:1, at 204.
80) *See* RESTATEMENT (SECOND) OF CONTRACTS Ch.12, Topic 2, Introductory Note; CALAMARI

えられた元の当事者の義務は即座に解除される[81]。第三者と入れ替えされるのは債務者の場合でも債権者の場合でも「当事者代替型更改」に成るけれども[82]，債務者を第三者と入れ替える場合が殆どである[83]。例えば第三者が義務を履行する約束の代わりに債務者を免除すると債権者が約する場合に novation が生じ得る[84]。同様な状況は，債務者が債権者に「流通証券」（negotiable instrument）を手渡して，そこには第三者が支払う旨が記載されていた場合である。なお第三者が自主的に債務を引き受ける約束を申し出てもそれだけでは「当事者代替型更改」が成立せず，債権者が債務者の免除に同意しなければならない[85]。

「当事者代替型更改」が成立する為には以下の四つの要素を満たすことが必要である[86]。

① 旧債務の存在，
② 旧契約と新契約との双方に対する三者相互間の合意，
③ 旧契約上の債務を即座に消滅させる意図，および
④ 新契約が有効で且つ強制可能であること。

後掲（§16）する「履行義務委任」（delegation）と，「当事者代替型更改」との相違は，前者の履行義務委任に於いては委任以降も旧債務者（delegator）の債務

& PERILLO, *supra* note 5, §21.8, at 829.
81) RESTATEMENT (SECOND) OF CONTRACTS §280 cmt. *b*; 29 WILLISTON ON CONTRACTS, *supra* note 5, §76:1, at 134; CALAMARI & PERILLO, *supra* note 5, §21.8, at 829.
82) RESTATEMENT (SECOND) OF CONTRACTS §280 & cmt. *a*.
83) *Id.* §280 cmt. *b*.
84) *Id.* & §280 illus. 1.
85) *Id.* §280 cmt. *d*; MURRAY ON CONTRACTS, *supra* note 6, §145(B), at 976.
86) MURRAY ON CONTRACTS, *supra* note 6, §145(B), at 976; ROHWER & SKROCKI, *supra* note 53, §13.3, at 517; 30 WILLISTON ON CONTRACTS, *supra* note 5, §76:11, at 152-53. なお逆に novation の効果としては，以下の三つが指摘されている。①既存債務の即座の解除，②新しい債務の創設，および③新しい債務者あるいは債権者の参加。CALAMARI & PERILLO, *supra* note 5, §21.8, at 829.

は消滅しない点にある[87]。これに比べて「当事者代替型更改」では前述の通り，成立と同時に即座に旧契約から外れる旧債務者の権利ばかりか債務も消滅する[88]。「当事者代替型更改」の目的は，正に旧債務者の免除にこそある[89]。

§15-03-4.「確定勘定」（account stated）：

債務の減免では無く，債権・債務の計算として一定の差引残高が正確である旨の合意が「確定勘定」（account stated）と言われ[90]，一方当事者が提出した計算書を他方当事者が異議なく保持していたならば同意の意思の表明とされる[91]。「確定勘定」は義務を解除しないけれども[92]，その内容を証拠として認める効果が生じるばかりか[93]，場合によっては約束的禁反言等の法理により拘束力を有する約束にも成り得る[94]。尤も詐欺，錯誤，誤り，または行き過ぎ等の証拠があれば裁判所は確定勘定を退け得るので，確定勘定の実質的な効果は債務残高の正しさに関する「一応の証明」（*prima facie* evidence）を構成する証拠という所であろう[95]。

なお『WILLISTON ON CONTRACTS』によれば，19世紀まで確立されていなかった「代物弁済契約による解除合意」（accord）に近似する法理が確定勘定であり，

---

[87] See infra text at §16-02-1; ROHWER & SKROCKI, *supra* note 53, §13.3, at 518.
[88] See CALAMARI & PERILLO, *supra* note 5, §21.8, at 829; ROHWER & SKROCKI, *supra* note 53, §13.3, at 518.
[89] MURRAY ON CONTRACTS, *supra* note 6, §145(B), at 975.
[90] RESTATEMENT (SECOND) OF CONTRACTS §282(1) & cmt. *a*.
[91] *Id.* §282(1) & cmt. *b*. *See also* 29 WILLISTON ON CONTRACTS, *supra* note 5, §73:55, at 173（債務者が異議なく account を retention しているだけでも法は約束を黙示的に認定すると指摘）．
[92] 29 WILLISTON ON CONTRACTS, *supra* note 5, §73:55, at 174 & n.35（第二次リステイトメント §282 を挙げつつ，account stated が債務者の債務を解除するように機能する訳では無いという同リステイトメントの立場を紹介）．
[93] RESTATEMENT (SECOND) OF CONTRACTS §282(2).
[94] *Id.* §282 cmt. *c*.
[95] MURRAY ON CONTRACTS, *supra* note 4, §145(A), at 974-75.「*prima facie* evidence」の意味に就いては，see 拙書『アメリカ不法行為法：主要概念と学際法理』65-67頁（中央大学出版部 2006年）．

債務残高として両当事者達が合意した一定金額を支払う旨の債務者による約束を意味し、言い換えれば以前の取引に基づいて債務額が真実であり且つその額の債務を債務者が負担している旨の約束であるから、その「勘定」(account) が同意されれば「新たな契約」(a new contract) を構成することに成る[96]。

§15-04. 代替的約束なしの義務解除の合意

図表♯15.11　トピック3：代替的な約束なしの義務解除の合意

第二次リステイトメントの分類	事　　由	第二次リステイトメント上の該当項目	本書の該当項目
トピック3.　代替的約束なしの義務解除の合意	解除(解消)合意 agreement of rescission リシジアン	§283	前掲§15-01-1
	債務免除の合意 release／訴訟不提起契約 contract not to sue	§§284, 285	後掲§§15-04-1, 15-04-2

　このトピック3で扱う義務解除の合意は、トピック2と異なって代物弁済や代替的約束を債権者が受領していないけれども、契約的な性格を有するものである[97]。なお最初の「合意解除」(rescission リシジアン) に就いては、前掲 (§15-01-1) 参照。

　§15-04-1.「債務免除の合意」(release)：　第二次リステイトメントに拠れば、**「債務免除の合意」(release)** とは義務を即座に或いは条件発生と同時に解除する旨を記した書面を言い[98]、交付に因り即座に発効するか或いは該条件発生と同時に即発効する[99]。即ち将来的に義務の解除を「約束」するものでは無く、条件充足に因り即発効するもの (executed transaction：既履行取引) のみを「release」

---

96) 29 WILLISTON ON CONTRACTS, *supra* note 5, §73:55, at 170-71.
97) RESTATEMENT (SECOND) OF CONTRACTS Ch.12, Topic 3, Introductory Note.
98) *Id.* §284(1).
99) *Id.* §284(2).　*See also* CORBIN ON CONTRACTS, *supra* note 2, §67:9, at 77 (同旨).

と言う[100]。

　嘗ては契約上の義務解除の方法として，「捺印され且つ手交された」（sealed and delivered）書式による「release」と呼ばれる方法のみが有効であり[101]，現在でも捺印が有効な州では同様であるばかりか，UCC（改訂前§1-107）の適用される場合には書面による債務免除の合意が有効とされている[102]。しかし捺印が欠けていてもconsideration（コンシダレイション）またはその代替法理により支持されていれば，債務免除の合意は有効とされる州もある[103]。

　なお債務免除の合意の有効性は他の解除の場合と同様に，錯誤や不実表示等の抗弁に曝（さら）されるものである[104]。

§15-04-2．「訴訟不提起契約」（contract not to sue 或いは covenant not to sue）:

　「完成した［既履行］取引」（executed transaction）である「債務免除の合意」（release）とは異なり，「訴訟不提起契約」（contract not to sue）は理論的には「約束」なので即座に解除効が生じないはずである[105]。しかし現実的には，そのような（債務消滅の）効果を生じさせる，と第二次リステイトメントは指摘している[106]。即ち効果は「債務免除の合意」（release）と同じである[107]。「債務免除の合意」と重複するように見える「訴訟不提起契約」の法理が存在している理由

---

100) MURRAY ON CONTRACTS, *supra* note 6, §145(C), at 977. 尤も現実には緩やかな使われ方をしている。*Id.*
101) CALAMARI & PERILLO, *supra* note 5, §21.10, at 832（正式な捺印証書で債務を解除する儀式的文言を用いたものがreleaseであったと指摘）.
102) MURRAY ON CONTRACTS, *supra* note 6, §145(C), at 977; RESTATEMENT (SECOND) OF CONTRACTS §283 cmt. *b*.
103) MURRAY ON CONTRACTS, *supra* note 6, §145(C), at 977; RESTATEMENT (SECOND) OF CONTRACTS §283 cmt. *b*. *But see* CALAMARI & PERILLO, *supra* note 5, §21.10, at 832（considerationの有無に拘わらず書面によるreleaseに効果を附与する州も幾つか存在すると指摘）.
104) MURRAY ON CONTRACTS, *supra* note 6, §145(C), at 977.
105) *See, e.g.,* CALAMARI & PERILLO, *supra* note 5, §21.11, at 833.
106) *See also id.*
107) 29 WILLISTON ON CONTRACTS, *supra* note 5, §73:5, at 16.

は，以下の歴史的経緯による。即ち「債務免除の合意」の場合は，名宛人たる一人の債務者を解除するのみならず他の債務者全員の債務までをも一緒に解除する効果が生じたからである[108]。他の債務者に賠償を過剰に課さない等の配慮からそのような「合同債務者」（joint obligors）に関するコモン・ロー上の原則が適用されたのである[109]。そこで債権者側としては合同債務者を解除しない為に，<u>単に一人の債務者のみを訴えない約束</u>（covenant not to sue）という形式を採って来た[110]。即ち「訴訟不提起契約」は「債務免除の合意」のように全ての債務を解除・消滅させず，正に名宛人のみを解除するように機能したのである[111]。

図表♯15.12 「債務免除の合意」と「訴訟不提起契約」の相違

分　類	性　格	効　果	背景・理由
債務免除の合意 release	完成した［既履行］取引 executed transaction――そもそもは要式契約として捺印＆手交が要件。現代では殆どの法域で書面性が要件で，consideration の有無は法域毎に異なる。	書面作成＆手交に因り即座に発効。但し，条件の充足を課すことも可能。	「合同債務者」（joint obligors）中の一部の債務者の免除が<u>全債務者の免除に成ってしまう</u>コモン・ロー上の原則。
訴訟不提起契約 covenant not to sue	約束（未履行） promise	性格的には未履行だけれども，実質的には即座に解除の効果。	合同債務者全員の免除を回避して，<u>一部の債務者のみの解除</u>が可能。

108) MURRAY ON CONTRACTS, *supra* note 6, §145(D), at 978. *See also* CORBIN ON CONTRACTS, *supra* note 2, §52:9, at 311, §67:9(1)(f), at 91 (joint debtors の内の誰かを解除すると全員に解除の効果が及んでいたコモン・ローの原則を紹介).
109) MURRAY ON CONTRACTS, *supra* note 6, §145(D), at 978; CALAMARI & PERILLO, *supra* note 5, §21.11, at 834（同旨）.
110) MURRAY ON CONTRACTS, *supra* note 6, §145(D), at 978; CORBIN ON CONTRACTS, *supra* note 2, §52:9, at 311.
111) 29 WILLISTON ON CONTRACTS, *supra* note 5, §73:5, at 17.

§15-05. 契約書の変造 (alteration)

図表#15.13　トピック4：契約書の変造

第二次リステイトメントの分類	事　由	第二次リステイトメント上の該当項目	本書の該当項目
トピック4. 契約書の変造	変造 alteration	§286	後掲§15-05-1
	変造への同意 assent to / forgiveness of alteration	§287	後掲§15-05-2

§15-05-1. 債権者による文書変造は義務解除の効果：　前掲（§15-02-1）の「証書の破棄」（cancellation）の項目に於いて説明した通り，古（いにしえ）の「捺印契約」はその契約上の義務が証書自体と余りにも一体化（化体）して捉えられた為に，その物理的な破棄のみならず，「変造」（alteration）行為も義務自体を無くさせると解されて来た[112]。このルールが発展して，債務者からの権限を得ない重大（material）な変造が，詐欺的な意図（fraudulent intent）を有しつつ債権者自身により，或いは債権者の知る所の下で第三者により為（な）された場合には，債務が免除されることと成ったのである[113]。「変造」の法理が適用に成る文書は所謂「完結された文書」（[completely 或いは partially] integrated document）である[114]。また，重大な変造でなければ義務解除の効果は生ぜず，変造前の原文の文言に拠り解釈されるだけで，例えば当事者名のスペルの変更や日付の追記も法的効果を生じさせる意図でなければ重大な変造とは成らない[115]。

---

112) MURRAY ON CONTRACTS, *supra* note 6, §145(F), at 980. *See also* CALAMARI & PERILLO, *supra* note 5, §21.15, at 839（古のコモン・ロー上では如何なる変造も債務免除と捉えられていたと指摘）.
113) MURRAY ON CONTRACTS, *supra* note 6, §145(F), at 981; RESTATEMENT (SECOND) OF CONTRACTS §286(1); 29 WILLISTON ON CONTRACTS, *supra* note 5, §75:4, at 18.
114) RESTATEMENT (SECOND) OF CONTRACTS §286 cmt. *a*.「completely / partially integrated agreement」に就いては，see *supra* §§11-02-2, 11-02-3（parol evidence rule の項）.
115) RESTATEMENT (SECOND) OF CONTRACTS §286 cmts. *a, b*.

§15-05-2. 同意等の場合： 変造された約定に対して債務者が同意を表明する場合，原文の代替案としての申込を承諾したものと解される[116]。変造された約定は謂わば原文との交換を望む「申込」の意思表示であり，他方当事者の同意はその「承諾」と捉え得るからである[117]。なお変造されたにも拘わらず，債務免除の効果よりも原契約通りの債務を債務者が希望したり変造を赦す場合には，その意思が尊重されて原契約等が有効と成る[118]。被変造者が変造によりその意に反する不利益を被るべきでは無いからである[119]。

---

116) Id. §287.
117) Id. §287 cmt. a.
118) Id. §287 & cmt. b. See also CALAMARI & PERILLO, supra note 5, §21.15, at 839（変造による免除が事後の同意等で無効に成り得ると指摘）.
119) RESTATEMENT (SECOND) OF CONTRACTS §287 cmt. b.

第Ⅳ章　第三者と権利義務の移転

Third Parties

§16. 複数当事者関係（third party beneficiary：第三受益者）・債権譲渡と履行義務委任（assignment of right and delegation of duty）

　当§16 では，契約当事者「以外」の第三者が権利を有したり義務を負う場合を扱う。

　嘗てのコモン・ロー上の原則では，救済は契約上の「privity」(プリヴィティー)（関係）と呼ばれる契約関係が存在する当事者に対してのみ認容されていた[1]。因(ちな)みに「privity」とは，約束的な言葉を交わし合った者達または約束の名宛人達を意味する[2]。契約当事者以外の stranger は，契約上の権利を何ら享受できなかったのである[3]。R. HILLMAN が挙げるその主な理由の一つは，「訴える権利」（right to sue）を第三者にまで拡大すると約束者が萎縮して契約締結を躊躇する虞(おそれ)である[4]。二つ目の理由は，裁判所が訴訟で溢れる虞である。しかしその後，privity が存在しない者に

---

[1] 13 SAMUEL WILLISTON, A TREATISE ON THE LAW OF CONTRACTS §37:1, at 4-5 (Richard A. Lord ed., 4th ed. 2007) [WILLISTON ON CONTRACTS].

[2] JOSEPH PERILLO, CALAMARI & PERILLO ON CONTRACTS §17.1, at 663 (5th ed. 2003).「privity」とは契約当事者間の関係を言っていたけれども，UCC に於いては，製品事故の被害者が製品購入者（契約当事者）以外でも π に成り得るとする「horizontal privity」の概念や，逆に訴えられる企業側も直接の販売者（契約当事者）では無くて流通経路の川上(かわかみ)の製造業者が △ に成り得るという「vertical privity」の概念が使われる。9 ARTHUR LINTON CORBIN, CORBIN ON CONTRACTS §41.2, at 4-6 (Joseph M. Perillo ed.. rev. 2007).
　See also 拙稿「補追『アメリカ不法行為法：判例と学説』」『国際商事法務』35 巻 10 号 1375 頁―＿＿巻＿＿号＿＿頁, at 第四部＜その二＞「製造物責任」，第 IV 章「保証違反（breach of warranties）」，第五節「privity（関係）と免責条項（disclaimers）」（2007 年～＿＿年）（分載継続中）（垂直的 privity と水平的 privity を概説）（2nd proof is available at the author's office）。

[3] 13 WILLISTON ON CONTRACTS, *supra* note 1, §37:1, at 9.

[4] ROBERT A. HILLMAN, PRINCIPLES OF CONTRACT LAW 322-23 (2004).

も救済を附与する「**第三受益者の法理**」（**doctrine of third party beneficiary**）が登場するように成り[5]，その発展はCorbinに負う所が多い[6]。第三受益者の法理は当事者である「約束者」（promisor）が，やはり当事者である「被約束者（受約者）」（promisee）に対し，「第三者」へ履行を附与する旨を約した際にその第三者が一定の場合には契約を強制し得るものであり（後掲図表♯16.1），そのような契約は「第三者の利益の為の契約」（contract for the benefit of third parties）とか，短縮して「**第三受益者契約**」（**third party beneficiary contract**）と呼ばれたのである[7]。

本章では，先ずは「第三受益者の法理」として，契約締結時点に於いて既に第三者に履行利益を享受させる意図が在る場合を，§16-01に於いて扱う。それに加えて更に，契約締結「後」に，契約上の権利や義務を第三者に移転した場合のトピックスを「債権譲渡」（assignment of right）や「義務の委任（債務引受）」（delegation of duty）として，§§16-02と16-03に於いて扱う。

§16-01.「第三受益者」（third party beneficiary）

契約当事者以外の第三者に対し履行が直接に為される場合や，第三者に対し間接的に履行利益が附与される場合があり，これ等を「**第三受益者契約**」（**third party beneficiary contract**）と言う[8]。

---

5) 13 WILLISTON ON CONTRACTS, *supra* note 1, §37:1, at 7. *See also* HILLMAN, PRINCIPLES OF CONTRACT LAW, *supra* note 4, at 323-28 & n.9（リーディング・ケースとして，third party creditor beneficiaryに請求権を認容した *Lawrence v. Fox*, 20 N.Y. 268 (1859)を紹介しつつ，donee beneficiaryの請求権に関する代表判例としてCardozo, J.の *H.R. Moch Co. v. Rresselaer Water Co.*, 159 N.E. 896 (N.Y. 1928)も紹介）.

6) 9 CORBIN ON CONTRACTS, *supra* note 2, §41.1, at 2 & n.3.

7) 13 WILLISTON ON CONTRACTS, *supra* note 1, §37:1, at 9-10. 日本国民法上の「第三者の為にする契約」に似た法理である。

8) *Id.* CLAUDE D. ROHWER & ANTONY M. SKROCKI, CONTRACTS IN A NUTSHELL §11.1, at 476 (6th ed. 2006).

§16-01．「第三受益者」(third party beneficiary)　555

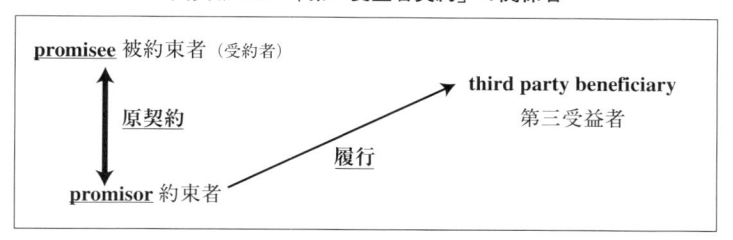

図表＃16.1　「第三受益者契約」の関係者

```
promisee 被約束者（受約者）
    ↑
    │原契約
    ↓              → third party beneficiary
                       第三受益者
         履行
promisor 約束者
```

　尤（もっと）も契約が履行されて益を得る第三者が誰でも同契約を強制できる訳では無い[9]。次項以降で概説するように，特定の第三受益者のみが履行を請求できる。

§16-01-1．第三者による強制と原契約当事者の意図：

第三受益者契約の内，法的に強制可能な権利をその第三者に対し創設する意図が原契約当事者に存在していたことを裁判所により認定された場合にのみ，その第三者は第三受益者契約を強制する権利を得る[10]。これを「**便益附与の意図基準**」(**intent to benefit test**) と言う[11]。即ちその第三者に強制可能な権利を附与すると意図されていたか否（すなわ）かが基準と成るのである[12]。

　過半数（majority）の判例の立場によれば，第三受益者契約の強制可能性を決定するのは，原契約の当事者達の内の被約束者（受約者）側，即ち約束への対価を支払う者が

---

9) 9 CORBIN ON CONTRACTS, *supra* note 2, §44.1, at 45; 13 WILLISTON ON CONTRACTS, *supra* note 1, §37:6, at 28-29.

10) ROHWER & SKROCKI, *supra* note 8, §11.1, at 476. *See also* BRIAN A. BLUM, CONTRACTS §19.2.2, at 722, §19.2.3, at 724 (4th ed. 2007)（第三者に便益を附与することを契約が要求しているだけでは不十分であり，もしその第三者に対し履行が為されなかった場合にはその第三者が履行を強制する権利までも附与する意図を当事者達が表明していなければならないと指摘）; RESTATEMENT (SECOND) OF CONTRACTS §302(1) (same); 13 WILLISTON ON CONTRACTS, *supra* note 1, §37:8, at 62-67 (same).

11) CALAMARI & PERILLO, *supra* note 2, §17.3, at 665.

12) 9 CORBIN ON CONTRACTS, *supra* note 2, §44.1, at 46; ROHWER & SKROCKI, *supra* note 8, §11.1, at 476; 13 WILLISTON ON CONTRACTS, *supra* note 1, §37:6, at 30-31.

該第三者に強制可能な権利を創設する意図を表明していた場合である[13]。通常ならば*履行を享受すべき被約束者*が第三者への履行附与を意図していたならば，その第三者の権利を強制可能としても約束者に対し何ら不正義，不衡平，または非公正が無いからである[14]。従って「便益附与の意図」は，「**履行が受益者に直接向かって走る**」(**performance is to run directly to the beneficiary**) か否か次第で決せられる[15]。尤も幾つかの法域の判例は，被約束者 (受約者) と約束者の双

---

13) 13 WILLISTON ON CONTRACTS, *supra* note 1, §37:8, at 71; CALAMARI & PERILLO, *supra* note 2, §17.3, at 665; ROHWER & SKROCKI, *supra* note 8, §11.1, at 477-78; 9 CORBIN ON CONTRACTS, *supra* note 2, §44.1, at 47. なお後掲 (text at §16-01-2) するように嘗ての第一次リステイトメントでは被約束者と beneficiary との間の関係を重視し，本文後掲「intended beneficiary」が認定されるのは後者が「a **creditor beneficiary** (債権者受益者)」であるか (被約束者に対して beneficiary が債権を有している場合)，または，「a **donee beneficiary** (受贈受益者)」であること (*i.e.*, 被約束者が beneficiary に贈与する意図が明確である場合) の何れかに限定されていた。第二次リステイトメントはこれ等を基礎にしながらも少し柔軟な解釈が出来るようなルールを採用している。BLUM, *supra* note 10, §19.2.4, at 725-28; RESTATEMENT (SECOND) OF CONTRACTS §302(1)(a),(b). *See also* HILLMAN, PRINCIPLES OF CONTRACT LAW, *supra* note 4, at 325-26 (第一次リステイトメント§133 のブラック・レターを挙げつつ creditor beneficiary と donee beneficiary の法理を紹介); 9 CORBIN ON CONTRACTS, *supra* note 2, §44.3, at 53-54 (donee と creditor 以外は incidental の分類しか存在しないのは狭過ぎると批判).

14) *See* CALAMARI & PERILLO, *supra* note 2, §17.3, at 665-66; ROHWER & SKROCKI, *supra* note 8, §11.1, at 477-78. *See also* 9 CORBIN ON CONTRACTS, *supra* note 2, §44.1, at 47 (promisor としては consideration が契約の動機だった [のでそれさえ担保されていれば十分である] と示唆).

15) CALAMARI & PERILLO, *supra* note 2, §17.3, at 667. 尤も「run」云々という機械的な基準よりも当事者意思を更に検討する判例も在る。*Id.* at 668. なおこの「run」のように英文法律用語は metaphor (暗喩) を多用する特徴を有する。例えば前掲 (§5-15-1) の「doctrine of clean hands」(クリーンハンドの準則) や，憲法用語の「chilling effect」(萎縮効果) 等である。BRYAN A. GARNER, A DICTIONARY OF MODERN LEGAL USAGE 559 (2d ed. Oxford Univ. Press 1995). なお metaphor とは，或る事物が他の事物の名称で呼ばれたり，他の事物であるとされる比喩 (metaphorical comparisons) を意味し，「as」や「like」といった「〜のような」を用いないものを言う。*See id.* at 558. (「〜のような」を用いる比喩は「similes」(直喩) と言う。)

方がその第三者を受益者とする意図の表明を要求している[16]。

§16-01-2.「意図された受益者」(intended beneficiary) と「付随的受益者」(incidental beneficiary):

強制可能な権利を有する第三受益者を「意図された受益者」(an intended beneficiary) 或いは「保護される受益者」(protected beneficiary) と言い，そうでは無い第三受益者を「付随的受益者」(incidental beneficiary) 或いは「遠い受益者」(remote beneficiary) と言う[17]。「便益附与の意図」が「受益者に直接向かって走る」場合の受益者は「意図された受益者」であるけれども，「便益附与の意図」が「被約束者に直接向かって走る」場合の第三受益者は単なる「付随的受益者」に成る[18]。

図表＃16.2 「意図された受益者」と「付随的受益者」の区別

便益附与の意図基準 intent to benefit test		第三受益者の区別
履行が<u>受益者</u>に直接向かって走る "performance is to run directly to the <u>beneficiary</u>"	⇒	意図された受益者／ 保護される受益者 **intended beneficiary / protected beneficiary**
履行が<u>被約束者</u>に直接向かって走る "performance is to run directly to the <u>promisee</u>"	⇒	付随的受益者／ 遠い受益者 **incidental beneficiary / remote beneficiary**

「付随的受益者」の例として treatises 等に於いてしばしば hypo.（仮想事例）に挙げられるのは，美しい庭に隣接する家が「借景」を享受する利益である。庭の所

---

16) 13 WILLISTON ON CONTRACTS, *supra* note 1, §37:8, at 71–73; ROHWER & SKROCKI, *supra* note 8, §11.1, at 478; CALAMARI & PERILLO, *supra* note 2, §17.3, at 665.

17) 13 WILLISTON ON CONTRACTS, *supra* note 1, §37:8, at 32; ROHWER & SKROCKI, *supra* note 8, §11.1, at 478, 480. *See also* 9 CORBIN ON CONTRACTS, *supra* note 2, §44.2, at 50 ("unprotected" beneficiary という文言にも言及).

18) CALAMARI & PERILLO, *supra* note 2, §17.3, at 667.

有者（promisee）と庭師（promisor）との間の原契約に於いて promisor が履行を怠っていても，借景を享受している隣家（付随的受益者）には履行を強制させる権利は存在しない。隣家の借景を享受する権利は，原契約から観れば偶然的で且つ付帯的なものに過ぎないのである[19]。「法と経済学」的に言えば，市場取引の「外」に生じる所謂「外部便益」（external benefit）[20]に該当する場合であろう。付随的受益者である故に約束者に対して原契約上の履行違反による損害賠償請求の訴えが出来ないリーディング・ケースの一つとしては，Cardozo, C. J.（カドーゾ主席判事）が担当した「*H.R. Moch Co. 対 Rensselaer Water Co.*」判例[21]が有名である。以下（図表♯16.3）を参照。

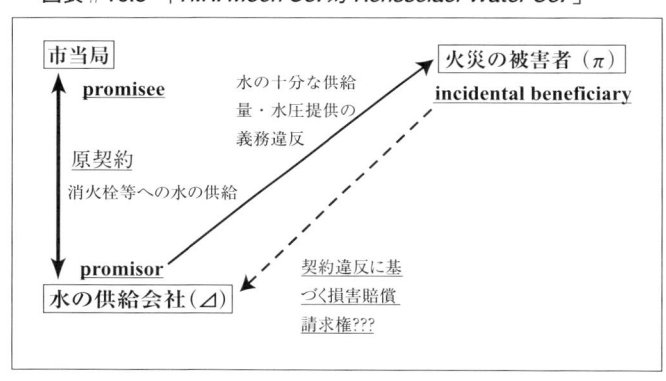

図表♯16.3 「*H.R. Moch Co. 対 Rensselaer Water Co.*」

```
           市当局                水の十分な供給       火災の被害者（π）
         promisee               量・水圧提供の      incidental beneficiary
            ↑                     義務違反
            │ 原契約
            │ 消火栓等への水の供給
            ↓
         promisor                契約違反に基
       水の供給会社（△）          づく損害賠償
                                 請求権???
```

市当局（被約束者／受約者）の消火栓等に対し水を供給する水道供給会社（約束者△）が火災の通報を受けた際に，契約に反して十分な量と水圧の水を供給しなかった為に，出火現場に隣接する倉庫への延焼を阻止できずに倉庫財産消失の害を被ったπ（付随的受益者）の H.R. Moch Co.（当審では上告人）が，水道供給契約違反によ

---

19) BLUM, *supra* note 10, §19.2, at 720.
20) *See* 拙書『アメリカ不法行為法：主要概念と学際法理』230頁 & n.59（中央大学出版部 2006年）。
21) H.R. Moch Co. v. Rensselaer Water Co., 159 N.E. 896 (N.Y. 1928).

§ 16–01.「第三受益者」(third party beneficiary)　559

る損害賠償を求めた同事件に於いて[22]，Cardorzo, C. J. は下段のように述べている。前掲（脚注5）「*Lawrence*」事件判例を引用しながらも，原契約当事者の「意図」(intention) が重要である点や，無闇矢鱈と訴える権利を拡大することに因る萎縮効果への懸念等が読者にも読み取れるのではなかろうか。

> [A] member of the public may not maintain an action under Lawrence v. Fox against one contracting with the city to furnish water at the hydrants, <u>unless an intention appears that the promisor is to be answerable to individual members of the public</u> as well as to the city for any loss ensuing from the failure to fulfill the promise. No such intention is discernible here. … . By the vast preponderance of authority, <u>a contract between a city and a water company</u> to furnish water at the city hydrants <u>has</u> in view <u>a benefit to the public that is incidental</u> rather than immediate, an assumption of duty to the city and not to its inhabitants. … . An intention to assume an obligation of <u>indefinite extension</u> to every member of the public is seen to be the more improbable when we recall the <u>crushing burden</u> that the obligation would impose.
>
> H.R. Moch Co., 159 N.E. at 897–98 (emphasis added).

　なお「付随的受益者」(incidental beneficiary) とは，法理的には原則として「<u>［第三］債権者受益者</u>」(third party **creditor beneficiary**) または「<u>［第三］受贈受益者</u>」(third party **doneee beneficiary**) に該当しない場合を言う[23]。以下図表（#16.4）参照。前述の通り第三者が受益者であることを当事者達が意図していなければ，その第三者は付随的受益者に過ぎなく成るのである[24]。

---

22) 159 N.E. at 896–97.
23) 13 WILLISTON ON CONTRACTS, *supra* note 1, §37:7, at 40–42. 尤も「creditor beneficiaries」と「doneee beneficiaries」の何れにも属さない「other intended beneficiaries」というグレイ・エリアな分類も存在し得るけれども，本書はそのような細目には触れない。*See id.* at 58; RESTATEMENT (SECOND) OF CONTRACTS §302 cmt. *d*.
24) 13 WILLISTON ON CONTRACTS, *supra* note 1, §37:7, at 43–44.

「債権者受益者」とは，被約束者／受約者が第三者に対し負っている債務を満足させることが第三受益者契約に於ける被約束者の目的の場合である[25]。即ち受益第三者に対して負っている債務から被約束者が免除されることが目的なのである[26]。

「受贈受益者」とは被約束者が第三者に贈与を意図していたと解される場合のみならず，被約束者が第三者に対し負債が無いにも拘わらず第三者宛に約束者の履行を得させしめる意図が解される場合を広く包含する[27]。大多数の裁判所は，受贈受益者であってもその第三者に履行請求の権利を認めている[28]。何故ならば，受益者自身は対価なしに便益を受けていても，その約束に対するconsideration は被約束者／受約者が附与しているからである[29]。consideration の出所が受益者では無く被約束者であっても約束を強制できない理由にはならない[30]。

図表＃16.4　受益者の分類

用語	細分類[31]	意味
意図された受益者 intended beneficiary （protected beneficiary）	［第三］債権者受益者 third party **creditor beneficiary**（*1）	強制可能性を有する契約上の権利を持つ第三者
	［第三］受贈受益者 third party **doneee beneficiary**（*2）	

---

25) 9 CORBIN ON CONTRACTS, *supra* note 2, §44.3, at 53.
26) 13 WILLISTON ON CONTRACTS, *supra* note 1, §37:12, at 98-99.
27) 9 CORBIN ON CONTRACTS, *supra* note 2, §44.3, at 52-53.
28) 13 WILLISTON ON CONTRACTS, *supra* note 1, §37:7, at 53-54, §37:10, at 83.
29) *See id.* §37:9, at 80.
30) *Id.* §37:26, at 163-64.
31) *Id.* §37:6, at 32-33（第一次リステイトメントでは「creditor beneficiary」と「doneee beneficiary」のような細分類があったけれども，第二次リステイトメントではこれを無くして単に「intended beneficiary」と「incidental beneficiary」の大きな二分類に成っていると解説); RESTATEMENT (SECOND) OF CONTRACTS §302 cmts. *a, b.*

§16-01.「第三受益者」(third party beneficiary)　561

| 付随的受益者
incidental beneficiary
（remote beneficiary） | n.a.[32] | 強制可能性を伴う権利を持たない第三者 |

(*1)「債権者受益者」は原契約の被約束者が第三者に対して負っていると主張されている債務を免除する場合[33]。

(*2)「受贈受益者」は「贈与」(gift) として原契約の被約束者が第三者に益を附与する意図の場合等[34]。

なお当事者の意図は契約書上で明記されていなくても良く、客観基準に従って周囲の状況から意図された受益者であると解釈されれば当事者の実際の意図に拘わらず強制できる請求権が第三者に認定され得る[35]。

§16-01-3. 効果：

強制可能な第三受益者契約が成立すれば、約束者は受益者に対して義務を負うばかりか、被約束者も権利を失う訳では無いので、仮に約束者に違反があれば被約束者が救済を得る権利を保持する[36]。即ち被約束者も意図された受益者も第三受益者契約の履行を請求する権利がある[37]。後掲図表＃16.5参照。尤も約束者が履行を完遂すれば被約束者に対する義務から免除される[38]。

---

32) 13 WILLISTON ON CONTRACTS, *supra* note 1, §37:6, at 32-33.

33) 13 *id.* §37:6, at 37-38, §37:12, at 96, 98. *See also* RESTATEMENT (SECOND) OF CONTRACTS §302(1)(a)("the performance of the promise will satisfy an obligation of the promisee to pay money to the beneficiary" と規定).

34) 13 WILLISTON ON CONTRACTS, *supra* note 1, §37:7, at 35-37, §37:8, at 80 & n.49; RESTATEMENT (SECOND) OF CONTRACTS §302 cmt. *c*.

35) 13 WILLISTON ON CONTRACTS, *supra* note 1, §37:8, at 68-69. *See also* CALAMARI & PERILLO, *supra* note 2, §17.3, at 667（第三者への便益附与が明記されていなくても、履行が受益者に直接向かって走る場合には便益附与の意図が認定されると指摘）.

36) BLUM, *supra* note 10, §19.2.6, at 729; 9 CORBIN ON CONTRACTS, *supra* note 2, §46.2, at 102.

37) 13 WILLISTON ON CONTRACTS, *supra* note 1, §37:52, at 310; RESTATEMENT (SECOND) OF CONTRACTS §305(1); CALAMARI & PERILLO, *supra* note 2, §17.14, at 690.

38) BLUM, *supra* note 10, §19.2.6, at 729. *See also* 13 WILLISTON ON CONTRACTS, *supra* note 1, §37:53, at 311 ("there can be only one satisfaction, since the promisor owes a single performance" と指摘).

図表＃16.5　「意図された第三受益者」と「被約束者」が請求可

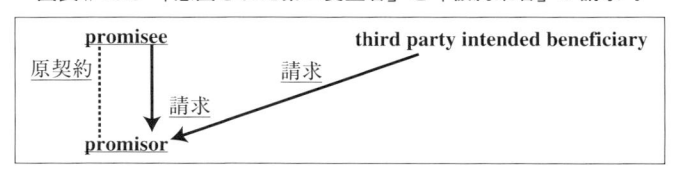

```
         promisee                third party intended beneficiary
原契約┊      \    請求
      ┊   請求\
         promisor  ←
```

　受益者が「債権者受益者」の場合，彼／彼女は約束者と被約束者の何れに対して請求権を行使しても良い[39]。例えば約束者が無資力等を理由に受益者に対して履行／便益を附与できなければ，受益者は被約束者に対して既に有していた請求権が未だ有効な為にその行使が可能であり[40]，これは即ち約束者が「**主たる債務者**」(**principal debtor**)であって，被約束者が「**保証人**」(**surety**) に成っていると捉え得る[41]。尤も受益者は先に「主たる債務者」に対して請求をしなくても良い[42]。先に被約束者に対し受益者が請求してこれに被約束者が応じて履行を完遂すれば，その被約束者は「代位権」(subrogation) を有して[43]，約束者に対し「補填」(reimbursement) を請求できる[44]。後掲図表＃16.6 参照。さもなくば約束者が不当利得に成るからである[45]。

---

39) 9 CORBIN ON CONTRACTS, *supra* note 2, §46.6, at 120; CALAMARI & PERILLO, *supra* note 2, §17.13, at 689（但し何れか一方から債権を充当されればそれ以上の重複的な windfall を得られないのは当然である）．
40) CALAMARI & PERILLO, *supra* note 2, §17.3, at 669, §17.13, at 689.
41) BLUM, *supra* note 10, §19.2.8, at 731; RESTATEMENT (SECOND) OF CONTRACTS §310; 9 CORBIN ON CONTRACTS, *supra* note 2, §46.6, at 120; CALAMARI & PERILLO, *supra* note 2, §17.13, at 689.
42) 9 CORBIN ON CONTRACTS, *supra* note 2, §46.6, at 120; JOHN EDWARD MURRAY, JR., MURRAY ON CONTRACTS §133[A], at 898 (4th ed. 2001).
43) 13 WILLISTON ON CONTRACTS, *supra* note 1, §37:54, at 316; RESTATEMENT (SECOND) OF CONTRACTS §310(1).
44) CALAMARI & PERILLO, *supra* note 2, §17.13, at 689.
45) 9 CORBIN ON CONTRACTS, *supra* note 2, §46.6, at 120.

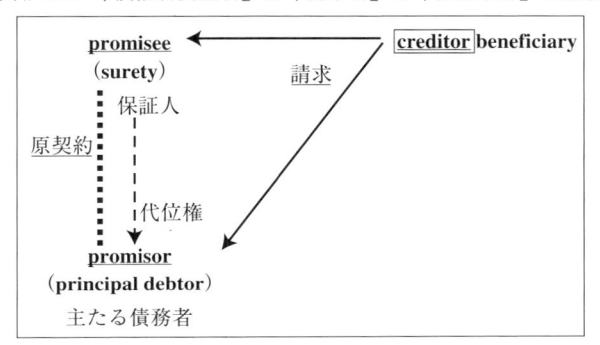

§16-01．「第三受益者」(third party beneficiary)　563

図表#16.6　「債権者受益者」は「約束者」と「被約束者」に請求可

```
     promisee  ←――――――――  creditor  beneficiary
     (surety)        請求
       ┊ ╲ 保証人
  原契約┊  ╲
       ┊   ╲代位権
       ┊    ↓
     promisor  ←
     (principal debtor)
       主たる債務者
```

なお受益者が「受贈受益者」の場合は通常，彼／彼女は契約を違反した約束者のみを訴えることができ，違反をしていない被約束者を訴えることは原則として出来ない[46]。そもそも被約束者は受贈受益者に対して何も債務を負っていなかったからである[47]。

図表#16.7　「受贈受益者」は「約束者」にのみ請求可

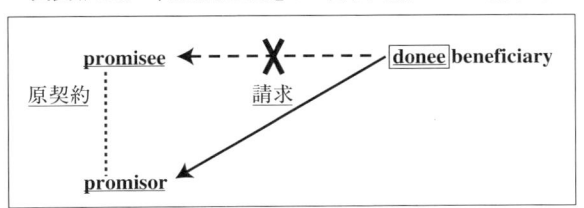

```
     promisee  ←――― X ―――  donee  beneficiary
       ┊          請求
  原契約┊
       ┊
     promisor  ←
```

§16-01-4．権利の「確定的附与」(vested) と抗弁 (defense)：

約束者と被約束者は，第三受益者の権利が「確定的に附与」(vested) された以降は，原契約を受益者の同意なしには「変更」(modification) したり「合意解除（解消）」

---

46) 13 WILLISTON ON CONTRACTS, *supra* note 1, §37:54, at 317. *See also* CALAMARI & PERILLO, *supra* note 2, §17.3, at 669, §17.13, at 689（同旨）．

47) 9 CORBIN ON CONTRACTS, *supra* note 2, §46.6, at 120; CALAMARI & PERILLO, *supra* note 2, §17.13, at 689-90.

（rescission）出来なくなる[48]。何故ならば確定的に附与された後は受益者の正当な権利を保護すべきだからである[49]。或いは理論的には，両当事者達が二者間関係に第三者を導き入れたことによって，契約を自由に当事者間で変更したり終了させる権利を「撤回不能に放棄した」（irrevocably waived）と捉え得るのである[50]。

第三受益者の権利が「確定的に附与」される時期は，原契約当事者の要求に応じて受益者が同意を表明した時か，受益者が権利に基づいて訴えを提起した時か，または受益者が権利を正当に信頼して立場を変化させた時である[51]。

ところで原則として約束者は，原契約に於いて被約束者に対して有する如何なる抗弁も，受益者に対し主張できる[52]。受益者の権利は約束者と被約束者との間

---

[48] ROHWER & SKROCKI, *supra* note 8, §11.5, at 484; 13 WILLISTON ON CONTRACTS, *supra* note 1, §37:57, at 335.

[49] BLUM, *supra* note 10, §19.2.5, at 728. 尤も原契約当事者は，vested 後に契約を変更したり権利附与を取り上げる権利を契約上で留保しておくことが可能である。*Id.* at 729.

[50] 13 WILLISTON ON CONTRACTS, *supra* note 1, §37:56, at 332.

[51] RESTATEMENT (SECOND) OF CONTRACTS §311(3); BLUM, *supra* note 10, §19.2.5, at 729; CALAMARI & PERILLO, *supra* note 2, §17.11, at 687（受贈受益者と債権者受益者の双方共に適用されるルールであると指摘）. *See also* 9 CORBIN ON CONTRACTS, *supra* note 2, §46.4, at 109（同旨）; HILLMAN, PRINCIPLES OF CONTRACT LAW, *supra* note 4, at 330（同旨）; 13 WILLISTON ON CONTRACTS, *supra* note 1, §37:57, at 335-38, 341 & n.43, 343（ほぼ同旨）.

[52] 例えば原契約の無効原因や enforceability 不存在の諸抗弁，或いは promisee による契約違反に基づく抗弁や impracticability や条件の不発生等を promisor は持ち出せる。BLUM, *supra* note 10, §19.2.7, at 730; 13 WILLISTON ON CONTRACTS, *supra* note 1, §37:55, at 320-23; RESTATEMENT (SECOND) OF CONTRACTS §309; CALAMARI & PERILLO, *supra* note 2, §17.10, at 684. 従って，次のようにも言われている。"[T]he beneficiary's rights are *subject to any limitation inherent in the [original] contract.*" 尤も他の取引で promisee が promisor に負っている負債等の両者の間のみの purely personal な抗弁事由は持ち出せない。BLUM, *supra* note 10, §19.2.7, at 730 (italicization original). 尤も beneficiary が promisee の liability を負うことは無い。何故なら beneficiary は benefit を受領するけれども promisee の責任を引き受けた訳では無いからである。*Id.*

の原契約に基づく為に[53]，受益者の請求は約束者が被約束者に対して持つ抗弁に服するからである[54]。言い換えれば，原則として受益者の権利は被約束者の権利を超えることは無い[55]。尤も上述の通り受益者の権利の「確定的な附与」後の原契約の変更や解除は抗弁として持ち出すことが出来なく成る[56]。更に約束者は，被約束者と受益者との間に存在する抗弁を援用できない[57]。原則として約束者が主張可能な抗弁は，約束者と被約束者との間の原契約・原取引から生じた抗弁だけであって，他の契約・取引から生じる抗弁は援用できないからである[58]。

§16-02．「債権譲渡」（assignment）と「履行義務委任」（delegation）に関わる用語

　以下では契約締結「後」に契約上の権利や義務を移転した場合を概説する。先ずは債権を譲渡する場合と，履行義務を委任する場合とでは，用いられる単語が異なる点を示しておこう。以下，図表（#16.8 to #16.10）を用いて纏めてみる。

図表#16.8　権利譲渡と義務委任の用語の相違[59]

共通一般用語	概念の分類	法律上の用語
transfer	債権譲渡	**assignment** of right
	履行義務委任［債務引受］	**delegation** of duty
	契約上の地位の譲渡（権利と義務を第三者へ移転する場合）[60]	**assignment** of the contract [61]

---

53) 即ち受益者の権利は約束者と被約束者との間の原契約に基づくから，その瑕疵の影響を受けるのである。See 9 CORBIN ON CONTRACTS, *supra* note 2, §46.5, at 116; CALAMARI & PERILLO, *supra* note 2, §17.10, at 684.
54) 13 WILLISTON ON CONTRACTS, *supra* note 1, §37:55, at 319.
55) CALAMARI & PERILLO, *supra* note 2, §17.10, at 684.
56) ROHWER & SKROCKI, *supra* note 8, §11.6, at 486-87.
57) *Id.* at 488; 9 CORBIN ON CONTRACTS, *supra* note 2, §46.5, at 116.
58) CALAMARI & PERILLO, *supra* note 2, §17.10, at 685.

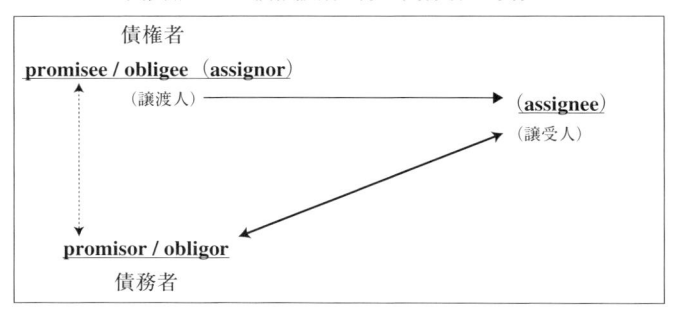

図表♯16.9　債権譲渡の際の関係者の呼称[62]

債権者
promisee / obligee（assignor）
（譲渡人）　　　　　　　　　　　　　　**(assignee)**
　　　　　　　　　　　　　　　　　　　（譲受人）

promisor / obligor
債務者

図表♯16.10　履行義務委任［債務引受］の際の関係者の呼称[63]

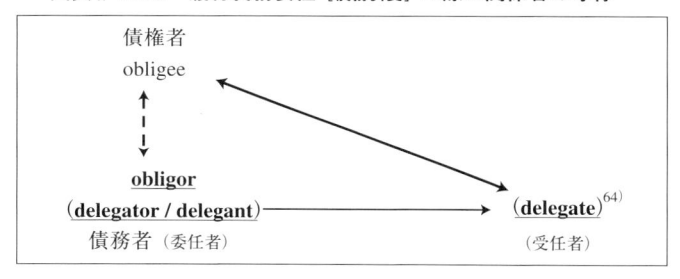

債権者
obligee

obligor
(delegator / delegant)　　　　　　　**(delegate)**[64]
債務者（委任者）　　　　　　　　　　　（受任者）

---

59) *See, e.g.,* BLUM, *supra* note 10, §19.3.1, at 736; MURRAY ON CONTRACTS, *supra* note 42, §135[A], at 910, 912; CALAMARI & PERILLO, *supra* note 2, §18.1, at 694.

60) 例えば家屋所有者と塗装業者との間の塗装［請負］契約に於いて、塗装業者が代金請求権と塗装役務提供義務との双方を第三者に移転（transfer）した場合、その第三者は代金請求権の assignee であると共に塗装役務提供義務の delegate でもある。*See* BLUM, *supra* note 10, §19.3.7, at 748; ROHWER & SKROCKI, *supra* note 8, §12.1, at 491–92. なお債権譲渡と共に義務をも委任したのか否かが不明な場合の解釈に就いては、see, *e.g.,* RESTATEMENT (SECOND) OF CONTRACTS §328; UCC §2–210(3) (2003 amend.); ROHWER & SKROCKI, *supra* note 8, §12.9, at 508–510; 29 WILLISTON ON CONTRACTS, *supra* note 1, §74:26, at 402.

61) CALAMARI & PERILLO, *supra* note 2, §18.1, at 694（裁判所や法曹は債務譲渡と義権委任の区別を無視して assignment の文言を用いがちであると指摘）.

62) MURRAY ON CONTRACTS, *supra* note 42, §135[A]2, at 911–12.

63) *Id.* §135 A.2, at 912.

§16-02-1. 債権譲渡・義務委任に関わる自由の原則と両者の相違点：

ラテン語の「*delectus personae*」(choice of the person) が象徴するように，嘗ては債権譲渡・義務委任が原則として禁じられていた[65]。権利や義務は契約毎に個性的で代替不可能だと捉えられていたからである。しかしその後のコモン・ローは，契約が禁じていない限り，原契約の obligor（債務者／非譲渡当事者）や obligee（債権者／非委任当事者）のリーズナブルな期待を裏切らず且つパブリック・ポリシーに反しない場合には，原則として「債権譲渡」(assignment of right) と「履行義務委任」(delegation of duty) を尊重し，そのような「譲渡・委任」の権利を当事者に附与している[66]。同原則は第二次リステイトメント §317 (2) や UCC §2-210 (2) に於いても採用されているのである[67]。

債権譲渡と義務委任の主な相違点は，原則として，前者（債権譲渡）では「譲渡人」(assignor) の権利が消滅して「譲受人」(assignee) に権利が創設されるけれども[68]，後者（義務委任）に於いては「原履行義務者（債務者）」(obligor) の債務が消滅しないままに「受任者」(delegate) に履行義務が創設される点である[69]。日本国民法上の「併存的債務引受」や「履行の引受」に似た効果である。そうでなければ資力を欠いたり技能等を欠く為に履行不能な第三者に履行義務を移転して債務者が債務を免れてしまうからである[70]。尤も前掲（§15-03-3）した「当事

---

64) 「delegatee」では無く「delegate」と呼ばれる。*Id.*
65) CALAMARI & PERILLO, *supra* note 2, §18.28, at 725 (「*delectus personae*」の法諺を "a party has a right to choose the persons with whom to deal" と紹介); BLACK'S LAW DICTIONARY 459 (8th ed. 2004)(*delectus personae* の定義に就いて).
66) BLUM, *supra* note 10, §19.3.1, at 738.
67) *Id. see also* text *infra* accompanying notes 112-14.
68) RESTATEMENT (SECOND) CONTRACTS §317(1); 29 WILLISTON ON CONTRACTS, *supra* note 1, §74:1, at 200; CALAMARI & PERILLO, *supra* note 2, §18.3, at 696-07 (譲渡人の権利が「原則」として消滅するけれども，無償譲渡や取り消し得る譲渡等の場合に譲渡人の権利が完全に消滅しない例外を指摘).
69) MURRAY ON CONTRACTS, *supra* note 42, §135[A], at 910; ROHWER & SKROCKI, *supra* note 8, §12.1, at 490.
70) *E.g.*, CALAMARI & PERILLO, *supra* note 2, §18.25, at 723.

者代替型更改」（novation）の場合には，債務者が債務から解除される[71]。日本国民法上の「免責的債務引受」に似た効果である。

§16-03. 債権譲渡（assignment）に於けるポリシーと要件と譲渡制限

　契約上の「権利」も「財産権」（property）であり，財産権は「譲渡可能」（transferable）であるべきという強いポリシーがここでも適用される[72]。従って債権譲渡は，原則として債務者の同意なしでも有効に成る[73]。債務者にとって譲受人は元々の債権者（譲渡人）よりも寛容では無いかもしれないけれども，裁判所はそのような多少の負担増が譲渡の自由性を凌駕する程とは捉えない[74]。

　ところで有効な債権譲渡に於いては前掲の通り原則として譲渡人の権利が即座に消滅して譲受人に権利が創設される仕組み[75]に成っている理由は，そもそも財産権の譲渡全般に於いてもそのような効果が生じるから，契約上の権利という財産権の譲渡に於いても共通の効果が生じていることによる[76]。即ち財産権は移転すれば，当然に原権利者の権利が消滅し新権利者が権利を取得する[77]。同じ権利が同時に二つ存在することは［あってはなら］ないのである。「法と経済学」に於ける私有財（private goods）の競合性・排他性（rivalry / exclusivity）概念である。

---

71) *Id.*
72) *Id.* §18.1, at 694, §18.10, at 704（嘗て法は債権の private な性格——個性——を理由に譲渡を許容しなかったけれども，経済が高度化して不動産や動産といった有体物以外の intangible な債権にも財産としての価値を商業が見い出したことに応じて譲渡可能性を認定して行ったと分析); ROHWER & SKROCKI, *supra* note 8, §12.1, at 490.
73) BLUM, *supra* note 10, §19.3.2, at 739.
74) 3 E. ALLAN FARNSWORTH, FARNSWORTH ON CONTRACTS §11.4, at 80 (3d ed. 2004).
75) CALAMARI & PERILLO, *supra* note 2, §18.3, at 696–07.
76) ROHWER & SKROCKI, *supra* note 8, §12.1, at 490.
77) *See, e.g.,* BLUM, *supra* note 10, §19.1, at 720.

§16-03．債権譲渡（assignment）に於けるポリシーと要件と譲渡制限　569

§16-03-1．有効な債権譲渡の為の要件：
有効な債権譲渡の為には，「制約無しの即座で完全な譲渡」（outright assignment）が必要とされる。「制約無しの即座で完全な譲渡」とは，「権利保持者／債権者」（holder of a right / obligee）が，譲受人に対し，権利を「現時点で移転」（to make a present transfer）して「確定的に附与」（vest）する「意思の表明」（manifestation of intent）であると定義される[78]。現時点で移転の効果が生じなければならないので，これは「約束」では無く「完成した［既履行］取引」（executed transaction）である[79]。逆に言えば将来に譲渡する約束は債権譲渡では無い[80]。既履行取引でなければならない理由は，権利譲渡は譲渡人の権利を全て即座に消滅させて譲受人に移転する効果を有するからである[81]。言い換えれば権利の譲渡人による「完全な放棄」（complete relinquishment）が必要であり，その意味は現存する権利の「撤回不能」な移転でなければならないことに成る[82]。

譲渡意思の表明は原則として口頭でも有効であるけれども[83]，制定法が例外的に書面化を要求する場合もある。例えばUCC（§1-206）は書面化を，$5,000を超える価値の譲渡の有効要件としていて，その規定は同Article 2（物品の売買）やArticle 9（権利譲渡・担保）以外の，例えば事業譲渡（sale of business）や著作権・著作物の譲渡に適用されていた[84]。

権利譲渡は「完成した［既履行］取引」（executed transaction）であるから，

---

78) CALAMARI & PERILLO, *supra* note 2, §18.3, at 696; MURRAY ON CONTRACTS, *supra* note 42, §137[A]2, at 919; RESTATEMENT (SECOND) OF CONTRACTS §324（to "manifest an intention to transfer"が要件であると規定）; 29 WILLISTON ON CONTRACTS, *supra* note 1, §74:3, at 221（同リステイトメントの規定を要件として紹介）．
79) CALAMARI & PERILLO, *supra* note 2, §18.3, at 697.
80) *Id.*
81) MURRAY ON CONTRACTS, *supra* note 42, §137[A]2, at 919.
82) BLUM, *supra* note 10, §19.3.2, at 739.
83) RESTATEMENT (SECOND) OF CONTRACTS §324; CALAMARI & PERILLO, *supra* note 2, §18.5, at 699.
84) ROHWER & SKROCKI, *supra* note 8, §12.3, at 497; UCC §1-206（但改訂前）（改訂後は$5,000超書面化要件が削除された）．

consideration 無しの「無償譲渡」(gratuitous assignment) でも有効だけれども，consideration を欠く場合には原則として「撤回可能」(revocable) と成り得るので要注意である[85]。尤も「無償譲渡」であっても，贈与と同様にそれが完了（completed）すれば以降は撤回不能に成り，例えば書面化していたり，譲渡意思表明の証拠（token）を引き渡していたり，「不利益的信頼」(detrimental reliance) のような場合に撤回不能と解される[86]。

§16-03-2. 譲渡制限：

契約上の権利の譲渡は原則として債務者の同意なしに自由に行える「自由譲渡性」(free assignability) が原則であるけれども[87]，例外は存在する。即ち債務者の債務に重大な変更を及ぼしたり，危険の負担を重大な程に増加させたり，反対履行（return performance）を得る機会を重大な程に阻害する権利譲渡は許容されない[88]。債務者が契約締結時に自主的に引き受けた危険よりも重大な危険を課すべきでは無いからである[89]。

例えば「再販売権」(right to distribute products) は，権利者（債権者）側による再販売の「最善の努力／リーズナブルな努力」(best efforts / reasonable efforts) 義務も付帯し，*債権者＝譲渡人* の個性や信頼関係が重要な契約ゆえに，競合者へ

---

85) MURRAY ON CONTRACTS, *supra* note 42, §137[B]1, at 920; CALAMARI & PERILLO, *supra* note 2, §18.7, at 700–01.

86) 撤回不能に成る場合等に就いては，see, *e.g.*, RESTATEMENT (SECOND) OF CONTRACTS §332; ROHWER & SKROCKI, *supra* note 8, §12.5, at 501–02; CALAMARI & PERILLO, *supra* note 2, §18.7, at 701.

87) MURRAY ON CONTRACTS, *supra* note 42, §138[A]1, at 924, §138[B], at 930.

88) *Id.* §138[A]1, at 924; RESTATEMENT (SECOND) OF CONTRACTS §317(2)(a)（obligor への影響に関する権利譲渡制限事項として以下の四つを挙げている：① materially changing the performance [borne by the obligor]; ② materially decreasing the likelihood that the [obligor] would receive the return performance from the assignee; ③ materially reducing the value of the return performance to the [obligor]; and ④ materially increasing the risk of the [obligor].）; CALAMARI & PERILLO, *supra* note 2, §18.12, at 706 to §18.12, at 707. *See also* BLUM, *supra* note 10, §19.3.3, at 741; UCC §2–210（改訂版も同様）。

89) MURRAY ON CONTRACTS, *supra* note 42, §138[A]1, at 924.

§16-03.債権譲渡（assignment）に於けるポリシーと要件と譲渡制限　571

の権利譲渡は許され無いと解され得る[90]。更には「リクアイアメント契約」（必要量購入契約）も，買主側の需要が譲渡人と譲受人との間で大幅に異なると問題に成り得る[91]。加えて火災保険に於いても，被保険者による債権譲渡の試みを保険会社としては譲受人と譲渡人の危険が異なる理由により拒絶できる[92]。更にパブリック・ポリシーに反する譲渡も禁じられる場合があり[93]，例えば給料債権の譲渡や，不法行為法上の請求権の譲渡等である[94]。

§16-03-3. 債務者（obligor）への通知と抗弁権：

債権譲渡が原則として債務者の同意なしで有効であっても，債務者が権利譲渡の通知を受領する前に於いては，債務者が譲渡人に履行を為せば債務から免除される[95]。即ち債権譲渡自体は通知なしでも発効するけれども，通知は譲渡された譲受人の権利を「確定的に附与」（vest）させて，これにより事後の譲渡人・債務者間の契約変更等に対し対抗できるように成る[96]。

通知の発出は譲渡人からでも譲受人からでも良いとは言え，後者からの通知に

---

90) Id. §138[A]3, at 926. 厳密に分析すれば「再販売権」と一体不可分に成っている「最善の努力／リーズナブルな努力義務」が委任不可能（non-delegatable）という意味であろう。See infra text at §16-04.
91) CALAMARI & PERILLO, supra note 2, §18.11, at 705.
92) Id. §18.12, at 706.
93) RESTATEMENT (SECOND) OF CONTRACTS §317(2)(b).
94) MURRAY ON CONTRACTS, supra note 42, §138[B], at 930; CALAMARI & PERILLO, supra note 2, §18.15, at 707-08. 賃金債権の譲渡を禁じる理由は，労働者が収入を得る前にそれを処分してしまう事態を避ける為である。BLUM, supra note 10, §19.3.3, at 741. 不法行為法上の請求権の譲渡を制限する理由は，① 権利が個人的過ぎる為に譲渡に向かない性格の債権であり，且つ② 賠償金・示談金の分配を狙う望ましくない資金的訴訟援助を容認したくないからである。See Tina L. Stark, Assignment and Delegation, in TINA L. STARK, NEGOTIATING AND DRAFTING CONTRACT BOILERPLATE Ch.3, §3, at 23, 31 (2003); BLUM, supra note 10, §19.3.3, at 742 n.6.
95) CALAMARI & PERILLO, supra note 2, §18.17, at 712; ROHWER & SKROCKI, supra note 8, §12.2.2, at 493; BLUM, supra note 10, §19.3.4, at 742.
96) CALAMARI & PERILLO, supra note 2, §18.17, at 712.

就いて債務者は譲渡の適切な証拠を求め得る[97]。尤も通知を受けた後，債務者は，譲受人への信託として譲渡人への履行を留保し，譲受人が履行を受けられるような義務を負う[98]。この義務に反して譲渡人に対して履行をしてしまうと，債務者は譲受人に対し責任を負わねばならず，再度同じ履行を譲受人に対し為すか，或いは損害賠償を支払わねばならなく成る[99]。

なお，債務者は原契約上の全ての抗弁（*e.g.*, 契約無効や強制不可能性等）を譲受人に対し行い得る[100]。「第三受益者契約」に於いて約束者が原契約上の抗弁を第三受益者に対し主張し得るのと同様である[101]。その理由は，譲渡人が債務者に対して有していた権利を超える権利を譲受人は得られ無いからである[102]。この効果を「譲受人は譲渡人の靴を履く」とか「譲受人は譲渡人よりも良い権利を得ない」と言う[103]。それはちょうど所有権を処分する際に所有する範囲を超えて権利を移転できないのと同じである[104]。更に債務者は，譲渡人との間の他の諸取引の内，譲渡の通知前に「履行期に至った」（accrued）クレーム（counterclaim／setoff）を抗弁として主張できる[105]。

実務に於いては役務提供者側や売主側（代金債権者：obligee/assignor）が代金請求債権を資金繰りの為に第三者（assignee：譲受人）に譲渡することが多く，その際，買主側（代金支払債務者：obligor）が抗弁を「権利／条件放棄」（waiver）する

---

97) BLUM, *supra* note 10, §19.3.4, at 742; CALAMARI & PERILLO, *supra* note 2, §18.17, at 713.
98) BLUM, *supra* note 10, §19.3.4, at 742.
99) *Id.* at 743.
100) CALAMARI & PERILLO, *supra* note 2, §18.17, at 711; ROHWER & SKROCKI, *supra* note 8, §12.2.2, at 493.
101) CALAMARI & PERILLO, *supra* note 2, §18.17, at 711.
102) BLUM, *supra* note 10, §19.3.5, at 744.
103) CALAMARI & PERILLO, *supra* note 2, §18.17, at 713-14（原文は"an assignee stands in the shoes of the assignor."と"The assignee has no better rights than assignor."である）.
104) BLUM, *supra* note 10, §19.3.5, at 744.
105) MURRAY ON CONTRACTS, *supra* note 42, §141[D]1, at 948-49; BLUM, *supra* note 10, §19.3.5, at 745; ROHWER & SKROCKI, *supra* note 8, §12.2.2, at 493-94.

ように契約上求められることもある[106]。ここで有効な権利／条件放棄が為されれば，たとえ原契約に於いて譲渡人の提供した役務や引き渡した製品に瑕疵・欠陥等があっても，買主側は抗弁を主張して譲受人に対する支払債務を免れ得なく成る[107]。抗弁の権利／条件を放棄したからである。しかしこれが消費者契約の場合には，買主（代金債務者）たる消費者が瑕疵・欠陥のある製品・役務しか売主（譲渡人）から受領していなくても，譲受人たるクレジット会社等の金融機関に対する代金債務から免れ得ず，不当なので，上のような権利／条件放棄は各種特別法や消費者契約を規律するFTC（連邦取引委員会）等に依って無効化される場合も多い[108]。

ところで別段の特約が無い限りは原則として，譲渡に於いて譲渡人は譲受人に対し，譲渡した権利が有効であり且つ如何なる抗弁にも服さない旨の「黙示の保証」(implied warranty) を附与することに成る[109]。従って債務者に依る抗弁が有効な場合，譲受人は譲渡人に対し「保証違反」(breach of warranty) の訴訟原因 (cause of action) を有する[110]。

§16-03-4. 債権の二重譲渡に対する登記制度：

前掲の通り債権譲渡は資金繰りのために為されることが多く，特に消費貸借の「担保」(**security**) として活用される。そこで契約上の権利のような「無体的権利」(intangible right) の売買や「動産」(personal property) への担保権を規律する UCC Article 9 は，「公知」(notice to the world) 機能を有する登記制度を用意し，譲受人が財務諸表 (financial statement) を登記所に先に登記すれば，その登記上の譲受人は他の二重譲受人に対して優越的な権利を享受できるとしている[111]。

---

106) *See, e.g.,* CALAMARI & PERILLO, *supra* note 2, §18.17, at 714.
107) *Id.* §18.17, at 715; ROHWER & SKROCKI, *supra* note 8, §12.2.2, at 495.
108) CALAMARI & PERILLO, *supra* note 2, §18.17, at 715.
109) BLUM, *supra* note 10, §19.3.5, at 745; CALAMARI & PERILLO, *supra* note 2, §18.24, at 722.
110) BLUM, *supra* note 10, §19.3.5, at 745.
111) CALAMARI & PERILLO, *supra* note 2, §18.21, at 720; ROHWER & SKROCKI, *supra* note 8, §12.2.3, at 495-96.

§16-04. 委任可能（delegable）な履行義務

　債権者が契約で得られる利益を裏切らない限りに於いて，履行義務は「委任可能」（delegable）である[112]。第二次リステイトメント§318とUCC§2-210は，契約またはパブリック・ポリシー（*i.e.*, 債務者自身による履行に債権者が実質的利益を有している場合）に反しない限り債務者が履行義務を委任する権利を有する旨の規定を置く[113]。即ち法は，義務委任に就いても債権譲渡に対する場合と同様に移転自由の立場を採る[114]。尤も委任が原則として自由であっても，例外的に債務者の個性に依存する契約，例えば債務者の芸術的技能（skill）や唯一・独特（unique）な能力を前提とした契約は一般に「委任不可能」（non-delegable）とされる[115]。単純な技能しか要求されないような履行義務は一般に委任可能であるけれども[116]，受任者の技能や経験が欠ける為に満足のゆく履行を期待できない場合には，委任不可能と成る[117]。尤も債権者の同意があれば，さもなくば委任不可能な履行義務も含めて如何なる委任も可能と成る[118]。逆に委任可能な履行義務も，当事者の合意が在れば委任不可能にし得る[119]。後掲§16-05-3参照。

---

112) BLUM, *supra* note 10, §19.2, at 720; ROHWER & SKROCKI, *supra* note 8, §12.7, at 503; CALAMARI & PERILLO, *supra* note 2, §18.28, at 725（受任者による履行が委任者による履行よりも重大に変化すれば委任不可能と指摘）．

113) BLUM, *supra* note 10, §19.3.6, at 745; UCC §2-210(1) & cmt. 1.

114) *Id.* at 745-46; MURRAY ON CONTRACTS, *supra* note 42, §140[A], at 939（履行義務委任は normal incident と捉えられていると指摘）．

115) *E.g.,* MURRAY ON CONTRACTS, *supra* note 42, §140[B], at 939; Stark, *Assignment and Delegation, supra* note 94, §3.04[2][b], at 34; ROHWER & SKROCKI, *supra* note 8, §12.7, at 503; BLUM, *supra* note 10, §19.3.6, at 746; CALAMARI & PERILLO, *supra* note 2, §18.28, at 726.

116) MURRAY ON CONTRACTS, *supra* note 42, §140[B], at 941.

117) ROHWER & SKROCKI, *supra* note 8, §12.7, at 505.

118) MURRAY ON CONTRACTS, *supra* note 42, §140[B], at 941（委任可能な履行義務を契約上の合意によって当事者は履行不可能に出来るのと同様に，委任不可能な履行義務を契約上の合意によって委任できると指摘）; ROHWER & SKROCKI, *supra* note 8, §12.7, at 503.

119) MURRAY ON CONTRACTS, *supra* note 42, §140[B], at 941.

委任不可能な履行義務の例としては，専門家による役務（professional service）の提供，例えば医師による患者への医療提供や，弁護士による依頼人への法律役務提供は「唯一・独特」な個人の能力に依存する為に代替不可能と言われる[120]。尤も通常の弁護士の「委任」(retention) 契約は法律事務所と依頼人との間の契約に成っているので，同事務所内の他の弁護士による役務提供が債務の委任に成る訳では無い[121]。エンターテインメントの製作や宣伝の創作は，債務者の審美眼や創造性や特殊技能に依存するので原則として委任不可能である[122]。更に，前掲（§16-03-2）の再販売権譲渡に関し説明したように，「最善の努力／リーズナブルな努力」の履行義務や「誠実」(good faith) な履行義務が権利に付帯する契約の場合には，その義務の委任が不可能とされる[123]。

　逆に委任可能な場合の代表例は「支払債務」であり，一般に受任者の信用力如何に拘わらず委任可能と言われ，その理由はたとえ委任しても依然として「委任者／債務者」(delegator) が債務を免れないからである[124]。尤も「約束手形」(promissory note) 等は，受任者が支払を承諾しない限りは委任不可能である[125]。建物や構造物の建築請負の債務は一般には委任可能とされているけれども[126]，例えば運河建設の経験の無い企業への建設履行義務の委任を債権者が受容する必要は無いとされる[127]。通常，企業が引き受けた履行義務は委任可能とされ，そ

---

120) CALAMARI & PERILLO, supra note 2, §18.28, at 726; ROHWER & SKROCKI, supra note 8, §12.7, at 504; MURRAY ON CONTRACTS, supra note 42, §140[B], at 940.
121) ROHWER & SKROCKI, supra note 8, §12.7, at 504.
122) MURRAY ON CONTRACTS, supra note 42, §140[B], at 940.
123) Stark, Assignment and Delegation, supra note 94, §3.04[2][b], at 35; MURRAY ON CONTRACTS, supra note 42, §140[B], at 940.
124) CALAMARI & PERILLO, supra note 2, §18.28, at 727; Stark, Assignment and Delegation, supra note 94, §3.04[2][b], at 35. 従って「併存的債務引受」に似ている。
125) CALAMARI & PERILLO, supra note 2, §18.28, at 727; Stark, Assignment and Delegation, supra note 94, §3.04[2][b], at 35.
126) CALAMARI & PERILLO, supra note 2, §18.28, at 726; Stark, Assignment and Delegation, supra note 94, §3.04[2][b], at 35.
127) ROHWER & SKROCKI, supra note 8, §12.7, at 505.

の理由は法人たる企業も結局は自然人にその履行を任せているからである[128]。尤もその企業固有の能力等に依存した契約に於いては例外とされ，例えば映画製作会社が他社に製作を委任してしまうと委任者の有する有名俳優や監督等の主要な人材を活用できなく成るので，履行義務委任が不可能とされる場合もある[129]。

　M＆A<small>エマンデイ</small>に於ける買収企業が対象企業（the target company）の設備・従業員を丸ごと買収した場合，通常は買収企業への履行義務委任に問題が無いとされる[130]。前述したように企業が負う履行義務は，その企業の特殊な技能・経験や人材の特性に履行が懸かっている場合を除いては一般に委任可能とされるのである[131]。要は，原契約の債務者（原履行義務者）／委任者から得られたであろう履行と実質的に同じ履行を債権者が受任者から得られるか否か次第に懸かっている[132]。

　履行義務委任を禁じる契約上の約定文言は原則その効果を認められるけれども[133]，例えば支払債務のように完全に「個性によらない」（impersonal な）債務に就いては委任を禁じていないと解釈されがちである[134]。尤も禁止約定は，対象と成った履行の性格の解釈に於いてそれが個性によるものと当事者が意図していたという解釈の根拠にも成り得る[135]。

---

128) MURRAY ON CONTRACTS, *supra* note 42, §140[B], at 940; CALAMARI & PERILLO, *supra* note 2, §18.28, at 727.

129) CALAMARI & PERILLO, *supra* note 2, §18.28, at 727; MURRAY ON CONTRACTS, *supra* note 42, §140[B], at 940.

130) ROHWER & SKROCKI, *supra* note 8, §12.7, at 505.

131) *See* Stark, *Assignment and Delegation*, *supra* note 94, §3.04[2][b], at 35.

132) ROHWER & SKROCKI, *supra* note 8, §12.7, at 506. *See also* MURRAY ON CONTRACTS, *supra* note 42, §140[B], at 941（委任者による履行に比べて受任者の履行が material difference か否かで判断され，その際に裁判所は，債権者の立場にリーズナブルな人が居たと仮定した場合に異議を述べる実質的な理由が存在するか否かで判断すると分析）．

133) *See* RESTATEMENT (SECOND) OF CONTRACTS §318(1); BLUM, *supra* note 10, §19.3.6, at 746.

134) ROHWER & SKROCKI, *supra* note 8, §12.7, at 506.

135) *Id.* §12.7, at 506.

§16-04-1. 履行義務委任の効果：

義務委任に於いては，たとえ受任者が債務を引き受け（assume）ても，「当事者代替型更改」（novation）でない限り[136]は委任者が債務を免れない[137]。前掲（§16-02）の債権の譲渡は「財産権」の移転にであるから，「*債権譲渡＝原契約者の権利の消滅*」に成ったけれども，義務委任の対象と成る「義務」は財産権では無い為に，財産権の移転の場合のような効果が生じないのである[138]。仮に委任者が有する権利とその負う義務との双方共に受任者に譲渡かつ委任しても，委任者はその義務から免れず「**surety**」（保証人）として二次的な義務が残存し[139]，その有していた権利のみが消失して受任者に権利が創設されることと成る[140]。

義務委任の契約関係を分析すると，受任者が債務を引き受ける旨の同意を表明すれば，その債務履行の約束に対し委任者が権利を取得するので，もし受任者が債務不履行と成れば委任者が契約違反による訴え提起も可能に成る[141]。更に受任者による債務引受は債権者にも権利を創設し，受任者が義務履行を怠れば債権者は，委任者と受任者との間の契約の「第三受益者」（third party beneficiary）として訴え提起が可能に成る[142]。即ち第三受益者たる債権者は，委任者と受任者の何れからでも債務履行を求め得るけれども，債権が満足されれば二重取りは許

---

136) CALAMARI & PERILLO, *supra* note 2, §18.26, at 723-24. それは免責的債務引受に似ている。

137) *E.g.,* BLUM, *supra* note 10, §19.3.6, at 746; ROHWER & SKROCKI, *supra* note 8, §12.8, at 507; RESTATEMENT (SECOND) OF CONTRACT §318(3). それは併存的債務引受に似ている。

138) BLUM, *supra* note 10, §19.2, at 720.

139) Stark, *Assignment and Delegation, supra* note 94, §3.04[2][a], at 34; MURRAY ON CONTRACTS, *supra* note 42, §140[A], at 939.

140) MURRAY ON CONTRACTS, *supra* note 42, §140[A], at 939.

141) CALAMARI & PERILLO, *supra* note 2, §18.26, at 724; ROHWER & SKROCKI, *supra* note 8, §12.8, at 506.

142) CALAMARI & PERILLO, *supra* note 2, §18.26, at 724（第三受益者契約の関係に成ると分析）; ROHWER & SKROCKI, *supra* note 8, §12.8, at 506-07. 尤も単なる「付随的受益者」の場合には受益者に請求権が生じる訳では無く，請求可能なのは「意図された受益者」の場合に限定されよう。CALAMARI & PERILLO, *supra* note 2, §18.26, at 724. 即ち

されない[143]。

　義務委任により委任者自身が債務から免れる為には，債権者が委任者の負う債務の解除に同意しなければならず，これに因り前掲（§15-03-3）「当事者代替型更改」（novation）が成立する[144]。なおこの「当事者代替型更改」契約には consideration（コンシダレイション）が存在し，それは解除する旨の債権者の約束に対する債務者側の，受任者が代わりに債務を履行する旨の約束である[145]。履行義務が委任されている事実や受任者による履行を債権者が受領した事実だけで当事者代替型更改が形成されることには成らない[146]。しかし債権者が委任者に依る「履行拒絶」（repudiation）を知っている場合には，受任者による履行が当事者代替型更改として申し込まれている点を債権者が知っていると推定され，その履行を債権者が黙って受領すれば当事者代替型更改の申込を承諾したとされる[147]。このように委任者への履行請求権を留保しないままに受任者による履行を受領した一定の場合には，委任者を明示的に解除していない場合に於いても当事者代替型更改の申込に対して「黙示の同意」（implied consent）を認定し得ると解釈される虞が出て来るのである[148]。尤も履行を受領する際に「without prejudice」（"権利放棄なしに"）等の権利留保の意思を明記しておけば，委任者解除の効果を回避可能である[149]。なお債権者が受任

　　　付随的受益者の場合は，民法上の「履行の引受」に似た効果と成る。
143) CALAMARI & PERILLO, supra note 2, §18.26, at 724. 従って本文の場合は，「併存的債務引受」に似た効果と成る。次の脚注144の場合は「免責的債務引受」に似る。
144) MURRAY ON CONTRACTS, supra note 42, §140[A], at 939; Stark, *Assignment and Delegation, supra* note 94, §3.02[1], at 27; ROHWER & SKROCKI, supra note 8, §12.8, at 507.
145) ROHWER & SKROCKI, supra note 8, §12.8, at 507.
146) MURRAY ON CONTRACTS, supra note 42, §140[D][2], at 942.
147) Id.
148) CALAMARI & PERILLO, supra note 2, §18.30, at 729; ROHWER & SKROCKI, supra note 8, §12.8, at 507. 更にはそもそも委任不可能な履行でさえも，例えば受任者が代わりに履行をしたことを知りながら債権者がこれを受領した場合には，義務委任に対して異議を言う権利を「放棄」（waiver）したと解釈される虞が出て来る。Id. 尤もその場合でも当事者代替型更改が形成される訳では無く，単に委任者に履行をさせる請求権を債権者が放棄したに過ぎない。MURRAY ON CONTRACTS, supra note 42, §140[D][3], at 943. See also CALAMARI & PERILLO, supra note 2, §18.29, at 728（同旨）。

者から「一部履行」(part performance) を受領しても，委任者は残余の履行義務から免れない[150]。更には受任者から瑕疵・欠陥の在る物の引渡を債権者が受けても，委任者は保証義務違反の責任から免れない[151]。

§16-05. 債権譲渡・履行義務委任の禁止条項

　裁判所は禁止条項を尊重するとリップ・サービスで言うけれども，実際には禁止範囲を狭く解釈する[152]。以下，「契約」譲渡禁止条項，「債権」譲渡禁止条項，および「義務」委任禁止条項の順で紹介する。

　§16-05-1.「契約譲渡」の禁止条項の是非と効果：　　債権譲渡を禁じたり，または義務委任を禁じるのでは無く，漠然と「契約」譲渡を禁じる以下のような約定の効果がしばしば問題に成る。これは債権譲渡を禁じる意図なのか，義務委任を禁じる意図なのか，或いは両者を禁じる意図なのか，または裁判所がそれ等の内の何れを解釈するのかが不明なので，契約実務的には起案の際に避けるべき約定文言とされている[153]。

【×】 No party may assign *this Agreement.*

(emphasis added).

---

149) MURRAY ON CONTRACTS, *supra* note 42, §140[D][2], at 942（同様の権利留保の文言例として「under protest」も挙げている）; CALAMARI & PERILLO, *supra* note 2, §18.30, at 729.
150) ROHWER & SKROCKI, *supra* note 8, §12.8, at 508.
151) *Id.*
152) 3 FARNSWORTH ON CONTRACTS, *supra* note 74, §11.4, at 86; Stark, *Assignment and Delegation, supra* note 94, §3.05, at 37.
153) 3 FARNSWORTH ON CONTRACTS, *supra* note 74, §11.4 a, at 90; Stark, *Assignment and Delegation, supra* note 94, §3.05[1], at 37.

第二次リステイトメントとUCCはこの「契約」譲渡禁止の約定の解釈に関する規定を置き，これが義務委任のみを禁じていて債権譲渡は禁じていないと解釈している[154]。その理由は，権利の自由譲渡性の原則と，義務委任禁止合意の尊重以外にも，例えば代金債権のような債権譲渡が有効に成っても債務者は害を被らないからとされる[155]。なお逆に，債権譲渡を認容する条項はこれを裁判所が尊重する傾向にある[156]。また，一般条項の文例として多く見られる「this [Agreement] shall inure to the benefit of the [parties and their] heirs and assigns」という文言は，それだけでは譲渡性に関する裁判所の判断に影響を与えず，譲渡性に関しては別途その旨を明記する必要があると指摘されている[157]。更なる起案上の留意点に就いては後掲§16-05-3参照。

§16-05-2.「債権譲渡」の禁止条項[158]：
前掲リステイトメントとUCCが示唆しているように，裁判所はそもそも権利譲渡の自由を志向する。その為に，債権譲渡禁止の約定も狭く解釈される傾向にある[159]ので要注意である。

a. 譲渡無効（void）文言明記の有無と効果：
約定に於いて当事者による譲渡を禁じるだけの文言の場合と，それに加えて譲渡の試みが「無効」である旨を明記した場合とでは，法的な効果が次のように異なるので要注意である[160]。

---

154) RESTATEMENT (SECOND) OF CONTRACTS §322(1); UCC §2-210(4) (2003 amend.); MURRAY ON CONTRACTS, *supra* note 42, §140[C], at 941; CALAMARI & PERILLO, *supra* note 2, §18.16, at 710. *See also* ROBERT A. FELDMAN & RAYNIBD T. NIMMER, DRAFTING EFFECTIVE CONTRACTS: A PRACTITIONER'S GUIDE §5.10[A][6], at 5-194.6 (2d ed. Supp. 2007)（同趣旨の指摘）.
155) MURRAY ON CONTRACTS, *supra* note 42, §140[C], at 941.
156) CALAMARI & PERILLO, *supra* note 2, §18.16, at 710.
157) *Id.*
158) *See* Stark, *Assignment and Delegation, supra* note 94, §3.05[2], at 38-39.
159) *See, e.g.,* BLUM, *supra* note 10, §19.3.3, at 740.
160) Stark, *Assignment and Delegation, supra* note 94, §3.05[2], at 38-39. *See also* BLUM, *supra* note 10, §19.3.3, at 740; FELDMAN & NIMMER, *supra* note 154, §5.10[A][6], at 5-194.7.

図表#16.11 「権利」制限と「権限」制限の相違

例　文	評価	効果の分類	効果の概要
"The NewCo shall not assign any of its rights hereunder."	×	権利（right）制限。即ち譲渡人が譲渡する権利を禁じる約束。	契約違反には成るけれども，譲渡自体は有効！
"The NewCo shall not assign any of its rights hereunder, and any attempt to assign its right is *void*." (emphasis added)	○	権限（power）制限。即ち譲渡を発効させる権限を制限する合意。	譲渡自体も無効。

　即ち，無効である旨を明記せずに単に譲渡を禁じる約定に於いては，単に当事者の個人的な「権利」（personal right）を制限する「personal covenant」と解釈され，たとえこれに違反しても譲渡自体は発効すると捉えられる[161]。しかし，譲渡の試みが無効である旨を明記しておけば，譲渡する「権限・権能」（power to assign）自体を奪う合意であった為に譲渡が無効と解釈されるのである[162]。

§16-05-3.「履行義務委任」の禁止条項：
自由譲渡性の原則が厳しく適用される「債権譲渡」の場合に比べれば，義務委任を禁止する規定に課される法的制限は緩やかである[163]。例えば第二次リステイトメントは義務委任禁止条項に関し余り多くを語っていないのである。即ちその規定§318 (1) は，原則として履行義務委任も可能であると規定しつつも，「unless otherwise the delegation is contrary to ... the terms of his promise」という条件を附すだけである[164]。

　前掲（§16-05-1）の通り仮に禁止条項に於いて「... shall not assign *this Agreement*」

---

161) Stark, *Assignment and Delegation, supra* note 94, §3.05[2], at 38-39; FELDMAN & NIMMER, *supra* note 154, §5.10[A][6], at 5-194.7; 3 FARNSWORTH ON CONTRACTS, *supra* note 74, §11.4 a, at 86, 89.
162) Stark, *Assignment and Delegation, supra* note 94, §3.05[2], at 38-39.
163) CALAMARI & PERILLO, *supra* note 2, §18.28, at 728.
164) *Id.*

のような曖昧な起案をすれば，原則として債権譲渡は許容されても履行義務委任は禁じられると解釈され得る[165]。しかし，そのような曖昧な起案は紛争の原因にも成るので，例えば以下のように履行義務の委任を明確に禁じる起案が望ましい[166]。

> **NewCo shall not delegate any obligations of performance hereunder. Any attempted delegation of the obligations of performance is void.**

See Stark, *Assignment and Delegation, supra* note 94, at §3.13[2], at 73 (emphasis and minor revisions added).

---

165) FELDMAN & NIMMER, *supra* note 154, §3.13[2], at 73.
166) *Id.*

第Ⅴ章　保証（担保）責任

Warranties

§17. 保証(担保)責任（warranty）

> A warranty is <u>an assurance</u> by one party to a contract <u>of the existence of a fact upon which the other party may rely</u>. It is intended precisely to relieve the promises of any duty to ascertain the fact … ; <u>it amounts to a promise to indemnify the promisee for any loss if the fact warranted proves untrue,</u> for obviously the promisor cannot control what is already in the past.

Metropolitan Coal Co. v. Howard, 155 F.2d 780, 784 (2d Cir. 1946) (Hand, J.) *cited in* 1 ARTHUR LINTON CORBIN, CORBIN ON CONTRACTS §1.15, at 39 (Joseph M. Perillo ed., rev. 2007)(emphasis added).

「保証(担保)責任」（warranty）は定義が難しい法理である。文脈によって使い方が多様であるように見受けられるからである[1]。しかしその理解には，当§17冒頭で引用したLearned Hand, J.（ラーニッド ハンド判事）の法廷意見が参考に成ると言われている[2]。更に『BLACK'S LAW DICTIONARY』によれば，「契約法」（contracts）に於ける「warranty」とは，「特に売ろうとしている事物（something）が，表明され或いは約束された通りである旨の売主の約束」と定義している[3]。一言（ひとこと）で言い直せば「warranty」とは，保証の対象物（the item subject to the warranty）が保証された基準（standard）を満たさない場合に，保証者（warrantor）が一定の事柄を成す（will do certain

---

1) *See, e.g.,* JOHN EDWARD MURRAY, JR., MURRAY ON CONTRACTS §100[A], at 622 (4th ed. 2001)(K. Llewellyn も A. Corbin も，warranty が promise なのか condition なのかの決定に困難を感じていたと指摘).
2) 1 ARTHUR LINTON CORBIN, CORBIN ON CONTRACTS §1.15, at 39 (Joseph M. Perillo ed., rev. 2007).
3) BLACK'S LAW DICTIONARY 1618 (8th ed. 2004)(訳は本書筆者).

things）旨の約束である[4]。

§17-01. 物品売買に於ける保証（担保）責任[5]

　そもそも「warranty」（保証［担保］責任）とは，<u>提供者側が履行の「品質」或いは権原等を保証（約束）する責任を負う法理</u>であり，「財産（物権）法」（property）の場合には例えば家主が店子に対して「warranty of habitability」（居住性の保証責任）を負うとされているように，一言で「保証（担保）責任」と言っても様々な類型が存在する[6]。しかし中でも保証（担保）責任の基本的な規定として多く紹介される法理は，UCC Article 2 に規定されている以下の「権原」に関する二種（図表＃17.1）と，特に「品質」に関する三種（図表＃17.2）なので[7]，本書でも此れ等に簡単に触れておく。

---

[4] Evelyn C. Arkebauer, *Cumulative Remedies and Election of Remedies, in* TINA L. STARK, NEGOTIATING AND DRAFTING CONTRACT BOILERPLATE Ch.9, at 205, §9.04[1], at 232 (2003).

[5] 本項の記述に就いては，see ROBERT A. HILLMAN, PRINCIPLES OF CONTRACT LAW 100-11 (2004); 拙稿「補追『アメリカ不法行為法：判例と学説』」『国際商事法務』35 巻 10 号 1375 頁－＿＿＿巻＿＿＿号＿＿＿＿頁，at 第四部＜その二＞「製造物責任」，第 IV 章「保証違反（breach of warranties）」（2007 年～＿＿＿年）（分載継続中）; JAMES J. WHITE & ROBERT S. SUMMERS, UNIFORM COMMERCIAL CODE §9, at 341 to §12, at 465 (5th ed. 2000).

[6] *See, e.g.,* HILLMAN, PRINCIPLES OF CONTRACT LAW, *supra* note 5, at 100; MURRAY ON CONTRACTS, *supra* note 1, §100[A], at 621. なお「warranty」の文言は多義的で問題が多いとは多くの基本書が指摘しているけれども，歴史的には最初に不動産法（law of real property）に於いて用いられたと言われ，今では分類として，①不動産関連の「the common law warranty」或いは「covenant real」と，②現代的な「personal covenants of warranty」とに分かれるという指摘がある。13 SAMUEL WILLISTON, A TREATISE ON THE LAW OF CONTRACTS §38:19, at 451 (Richard A. Lord ed., 4th ed. 2007) [WILLISTON ON CONTRACTS]. なお保険証券に関しては「condition」の意で用いられるという混乱も指摘されている。*Id.* at 452-53.

[7] HILLMAN, PRINCIPLES OF CONTRACT LAW, *supra* note 5, at 100-07（保証責任の内容としては本文中の「品質」に関する三種のみを紹介）; Arkebauer, *supra* note 4, §9.04[2][a], at 232-33（UCC が「黙示の保証」として四種類を規定していると指摘した上で，その内

§17-01. 物品売買に於ける保証（担保）責任　587

図表#17.1　UCC Art. 2 に於ける「権原」の保証(担保)責任二種

名　　称	概　　要	備　　考
warranty of title 権原の保証(担保)責任	権原を有していることを保証。	UCC §2-312(1)
warranty against infringement 侵害していない旨の 保証(担保)責任	他人の権利を侵害していないことを保証。	UCC §2-312(3)

図表#17.2　UCC Art. 2 に於ける主な「品質」の保証(担保)責任三種

名　　称	概　　要	備　　考
express warranty 明示の保証(担保)責任	売主は製品を販売した買主に対し以下を明示的に保証。即ち、「取引の基礎」(basis of the bargain) に成った「事実や約束」の「確言」(affirmation)、商品の「描写」(description)、または「sample」(実商品の一つ) や「model」(模型) と、商品とが違わないこと。(2011年に撤回された2003年改訂で新設された流通経路の先に居る「間接的買主」／「遠い購入者 (remote purchaser)」に対する「保証書」等や「宣伝広告」等による明示的な保証的責任は、別途後掲§17-03-1 [c]参照。)	UCC §§2-313[8]
implied warranty of merchantability 商品性に関する黙示の 保証(担保)責任	売主が「商人」(merchant) の場合、商品が通常の目的に適合している「商品性」(merchantability) を黙示的に保証。	UCC §2-314 (2003年改訂版もほぼ同じ)
implied warranty of fitness for particular purpose 特定目的に適合する黙示の 保証(担保)責任	買主が特定目的の為に商品を求めていることを知る理由があり、且つ、適合する商品の選択に就いて買主が売主の技能や判断を信頼していた場合には、商品がその特定目的に適合する旨を黙示的に保証。	UCC §2-315 (2003年改訂版でも変更なし)

以下，先ずは「権原に関する保証（担保）二種」から説明しておく。

§17-02. 権原に関する保証（担保）二種

権原に関する保証は，「権原の保証（担保）」と「侵害していない旨の保証（担保）」の二種類がUCCに於いて以下のように規定されている。

§17-02-1.「権原の保証（担保）」（warranty of title）：

保証者が物の権原を保証するので，譲受人は，第三者・債権者がその物に対し権利を主張して来る心配をしなくても良いという保証である[9]。即ちUCC（§2-312(1)(a) & (b)）によれば，売主は権原が「the title conveyed shall be good, and its transfer rightful」という保証（担保）をし，且つ物品が「shall be delivered free from any security interest ... or encumbrance of which the buyer ... has no knowledge」せねばならない，と規定して

の「権原の保証（担保）」と「侵害をしていない旨の保証（担保）」は契約実務では責任排除／制限される場合が殆ど無いと指摘。なお2011年に撤回された2003年改訂UCC§2-312 cmt. 6は，権原と非侵害の二つの保証は「黙示」の保証では無く，従って黙示保証の制限には目立つ記載等の要件を課す§2-316(2) & (3)が適用に成らないと指摘していた）。 即ちUCC Art. 2には「質」（quality）に関する保証三種以外にも，売主が譲渡する物に対して「権原」（title）を有していること，および非侵害を保証する規定二種も存在する。UCC §2-312; MURRAY ON CONTRACTS, supra note 1, §100[A], at 621 & n.21; 18 WILLISTON ON CONTRACTS, supra note 6, §52:60, at 350. 更にUCC §2-312は，特許や商標の権利侵害に関して適用され，更には著作権にも適用されていて，これ等の権利の取引を業務とする売主は第三者の正当な権利侵害請求なしに同権利を引き渡す保証責任を負っている。18 WILLISTON ON CONTRACTS, supra note 6, §52:62, at 359.

8) なお2011年に撤回された2003年改訂では，明示の保証規定である§2-313が売主と直接契約関係（privity）にある「直接的買主」（immediate buyer）に対してのみ適用され，「間接的購入者」（remote purchaser）に対して適用される規定として新たに§§2-313Aと2-313Bが創設されていた。UCC §2-313 cmt. 1 (2003 amend.)(withdrawn 2011). See also 5 FREDERICK M. HART & WILLIAM F. WILLIER, FORMS AND PROCEDURES UNDER THE UNIFORM COMMERCIAL CODE 21 A.02, at Art.2 1 A-3 (2007)（UCC 2003年改訂を概観）.

9) Arkebauer, supra note 4, §9.04[2][a], at 233 & n.75.

いる[10]。

§17-02-2. 「侵害をしていない旨の保証（担保）」（warranty against infringement）：　製品が他者の特許や著作権等を侵害していない旨の，業としての売主による保証であり[11]，UCC（§2-312 (3)）に規定されている。なお買主側の提供した「仕様」（spec.）が侵害等の原因であるという請求に対しては，逆に買主が売主に「賠償責任免除」（hold harmless ホールド ハームレス）を附与することも規定されている。

a. 権原の保証（担保）責任の排除（disclaimer）：　2011年に撤回されたUCCの2003年改訂版§2-312 (3)は，権原の保証（担保）責任の排除（disclaim）を可能としていたけれども[12]，契約実務に於いては，これ等の根源的な権原保証までも排除する例は余り無く，例外的に見受けられるのは権原の瑕疵を承知で買主が物品を入手する文脈くらいであると言われている[13]。

§17-03. 品質の保証（担保）三種

UCC Article 2 は，物品の「品質」に関する保証（担保）に関し，「明示の保証（担保）」一種と「黙示の保証（担保）」二種との計三種を以下の通り規定している。

§17-03-1. 「明示の保証（担保）」（express warranty）[14]：　売主が提供した

---

10) HENRY D. GABRIEL & LINDA J. RUSCH, THE ABCs OF THE UCC—(REVISED) ARTICLE 2: SALES 66 (Amelia H. Boss ed., American Bar Association 2004). *See also* WHITE & SUMMERS, *supra* note 5, §9-11, at 372.
11) Arkebauer, *supra* note 4, §9.04[2][a], at 233 & n.76.　*See also* GABRIEL & RUSCH, *supra* note 10, at 66（同旨）．なおこの侵害不存在の保証は売主が，一種の業として売る場合にのみ適用される．UCC §2-312 cmt. 3.
12) GABRIEL & RUSCH, *supra* note 10, at 66： WHITE & SUMMERS, *supra* note 5, §9-11, at 372.
13) Arkebauer, *supra* note 4, §9.04[2][a], at 233.
14) *See* HILLMAN, PRINCIPLES OF CONTRACT LAW, *supra* note 5, at 101-04； WHITE & SUMMERS,

製品の「品質」に関する情報が「事実」に反していた場合に「明示の保証」（express warranty）違反が問題に成る[15]。即ち明示の保証は製品に関する表現が製品と一致する保証である[16]。保証内容は「affirmation of fact or any promise」（UCC §2-313(1)(a)）等であり，その起源は判例法上の「[a]n affirmation of the quality or condition of the thing sold」にあり，後に UCC の前身である『UNIFORM SALES ACT』（§12）上に於いて「[a]ny affirmation of fact or any promise」として引き継がれたものを UCC がそのまま継承している[17]。このように warranty を定義する法規上の文言を見ると，それが必ずしも「約束」や「契約」に限定されないと指摘されている[18]。寧ろそれは「不法行為」（torts）に近い類型であるとか，または特に後述する「黙示の保証」に至っては「擬制的保証違反の訴訟」（breach of constructive warranty）の独立した訴訟原因を構成するという分析すら存在する[19]。確かに R. HILLMAN も，warranty の解説を，「取引交換理論により強制力が生じる約束」の類型から外して，「約束的禁反言」や「不当利得」と同類系の「約束を強制する追加的な諸理論（強調付加）」（Additional Theories for Enforcing Promises）の項目[20]に於いて紹介していることから推しても，アメリカ契約法体系に於ける「warranty」の特殊な位置付けが窺えよう。なお「明示の保証」の定義として，上で紹介した通り「promise」のみならず「fact」の「affirmation」（所説，確言，断定）も対象に成っている理由は，嘗ての一部判例が affirmation *of promise* は売主を拘束

---

supra note 5, §§ 9-3, 9-4, 9-5, 9-6 at 345-60; GABRIEL & RUSCH, supra note 10, at 54-61. なお 2011 年に撤回された 2003 年改訂に於いては，本文中のこの項に関する記述は売主と直接的買主に関するものに限定され，流通経路の先に居る所謂「遠い購入者」と呼ばれる間接的購入者には適用に成らないとされていた。UCC §2-313(2) & cmt. 1 (2003 amend.) (withdrawn 2011).

15) *See* MURRAY ON CONTRACTS, *supra* note 1, §100[A], at 621, §100[B], at 622.
16) *See, e.g.,* UCC §2-313(1)(a) to (c).
17) 13 WILLISTON ON CONTRACTS, *supra* note 6, §52:35, at 175.
18) *See id.*
19) *Id.* at 176.
20) HILLMAN, PRINCIPLES OF CONTRACT LAW, *supra* note 5, at 77-132.

するけれども affirmation of *fact* や *representation* は売主を拘束しないという区別をしていたから，そのような区別を払拭する目的であると指摘されている[21]。

a.「puffing」(誇大な賛辞)：　ところで明示の保証の中の有名な論点の一つは，売主が商品に関する「事実」に就いての「affirmation」(所説，確言，断定)をした場合には明示の保証責任が生じるけれども，「意見」(opinion)を述べたり「推奨」(commendation)した場合にはその責に任じないというものがある[22]。所謂「puffing」や「puffery」(誇大な賛辞)や「sales talk」「seller's talk」は，salesmanshipとして当然売主に在り得べき態度だから，リーズナブルな買主は「puffing」を「取引の基礎」にしないはずだとUCCが解釈しているからである[23]。更には売主側としても明示の保証責任を課される虞なく，商品の質や価値に関する或る程度の誇張を宣伝する余地が残されるべきという理由も指摘されている[24]。

　明示の保証責任が生じる「事実の確言」と，「意見」や「puffing」等との区別が難しい場合もあるけれども，一つの基準は声明が「具体的」(specific)か「曖昧・一般的」(vague / general)かであり，または「確認できる」(verifiable)か否かも基準に成り，更には「確定的」(definitive)か否か，即ち「束縛」(commitment)に成っているか否かや，書面か口頭かも目安と成る[25]。明示の保証に該当するか，または単なるpuffingに成るかの区別がボーダーライン上で近接する用語としては，商品が「good」であるとか「in good condition」である云々という場合で，事例により判断が分かれる[26]。

---

21) 18 WILLISTON ON CONTRACTS, *supra* note 6, §52:47, at 273.
22) *See, e.g.*, MURRAY ON CONTRACTS, *supra* note 1, §100[B], at 622.
23) *See* HILLMAN, PRINCIPLES OF CONTRACT LAW, *supra* note 5, at 102; WHITE & SUMMERS, *supra* note 5, §9-4, at 347-50.
24) 18 WILLISTON ON CONTRACTS, *supra* note 6, §52:47, at 286-88.
25) HILLMAN, PRINCIPLES OF CONTRACT LAW, *supra* note 5, at 102-03 (「これは凄い中古車である」と言うことの曖昧さに比べて，「一ガロン当たり32マイル走行する」は具体的で確認も可能であるという例を挙げて説明).
26) 18 WILLISTON ON CONTRACTS, *supra* note 6, §52:49, at 292.

b. 明示の種類： 次の図表（#17.3）が示すように，明示の保証では「明示」が「取引の基礎」（basis of the bargain）に成っていることが要件である[27]。なお，一般に裁判所は，事実・約束の「確言」（affirmation）を買主が知らなかった場合には保証責任の認定を躊躇しがちであるけれども，裁判実務上はπ／買主が「確言」を知っていたことさえ証明すれば，その「確言」が真実では無い旨をπが知っていたと△／売主側が示さない限りは明示の保証を認定する方向で処理される傾向が見受けられる[28]。

図表#17.3　明示の保証の分類[29]

basis of the bargain	**affirmation** of **fact** or **promise** 所説・確言・断定	§2-313(1)(a)
	description of the **goods**　描写	§2-313(1)(b)
	sample or **model** 実商品の一つ，または模型	§2-313(1)(c)

「description」（描写）とは，未特定の商品や，未だ存在していない将来の商品を描写する手法である[30]。つまり取引の対象物たる商品を，「叙述／描写」（depiction）を通じて「特定」（identify）する場合に，明示の一種である「description」

---

[27] *See, e.g.,* MURRAY ON CONTRACTS, *supra* note 1, §100[B], at 622; UCC §313(1)(a)–(c). なお 2011 年に撤回された 2003 年改訂によって新設された，「直接的買主（immediate buyer）」では無い流通経路の先に居る「遠い購入者（remote purchaser）」に対する保証的責任に就いては，それが「basis of the bargain」では無くても UCC の責任規定が適用されると規定されていた。UCC §2-313A cmt. 1 (2003 amend.) (withdrawn 2011). 即ち「basis of the bargain」の代わりに「保証書等」に就いては「reasonable belief test」が採用され，「宣伝広告等」に就いては「actual-and-reasonable reliance test」が採用されていた。DAVID G. OWEN, PRODUCTS LIABILITY §4.2, at 164–65 (2005).

[28] MURRAY ON CONTRACTS, *supra* note 1, §100[B], at 624. *See also* GABRIEL & RUSCH, *supra* note 10, at 55（同旨）。

[29] *See, e.g.,* UCC §2-313(1)(a)–(c).

[30] 18 WILLISTON ON CONTRACTS, *supra* note 6, §52:54, at 318.

が関係して来る[31]。そして買主が商品を購入する誘引に成った (*i.e.,* 取引の基礎に成った)「描写」(description) は，実際の商品がその描写による特定と一致する旨の明示の保証を生む[32]。「描写」は文言によらずとも，文言よりも正確に描写を行う工学技術的な仕様，青写真，或(ある)いはそれ等に類するものでも良く，それ等が取引の基礎に成っていれば商品はそれ等と一致しなければならなくなる[33]。そのような背景からか，契約実務では以下のような文言例がしばしば見受けられる。

> *Disclaimer of Express Warranties* <u>ANY DESCRIPTION</u> OF THE GOODS CONTAINED IN THIS AGREEMENT IS FOR THE SOLE PURPOSE OF IDENTIFYING THE GOODS, <u>IS NOT PART OF THE BASIS OF THE BARGAIN</u>, <u>AND DOES NOT CONSTITUTE A WARRANTY</u> THAT THE GOODS SHALL CONFORM TO THAT DESCRIPTION. THE USE OF ANY SAMPLE OR MODEL IN CONNECTION WITH THIS WAS FOR <u>ILLUSTRATIVE PURPOSES ONLY</u>, IS NOT PART OF THE BASIS OF THE BARGAIN, AND IS NOT TO BE CONSTRUED AS A WARRANTY THAT THE GOODS WILL CONFORM TO THE SAMPLE OR MODEL.   <u>NO AFFIRMATION OF FACT OR PROMISE</u> MADE BY THE SELLER, WHETHER OR NOT IN THIS AGREEMENT, <u>SHALL CONSTITUTE A WARRANTY</u> THAT THE GOODS WILL CONFORM TO THE AFFRIMATION OR PROMISE [EXCEPT THAT THE SELLER DOES EXPRESSLY WARRANT THAT (insert any warranties to be given by the seller)].

See 5 Frederick M. Hart & William F. Willier, Forms and Procedures under the Uniform Commercial Code 22.33[3], Form 2-1, Clause 151, at ¶ 2-214.31. (2007) (minor changes added).

---

31) *Id.* §52:57, at 323.
32) *Id.* §52:57, at 324.
33) UCC §2-313 cmt. 5.

商品の「一般名称」(generic term) も「描写」に成るので、例えば「エア・コン」の表示を見て購入したら中身が「扇風機」だった場合、それは一般名称に反するから明示の保証違反と成る[34]。更には例えば中古の「自動車」を売った場合、例えばその中古自動車が引渡の直後に全く動かなかったとすれば、明示の保証違反に成り得る。何故（なぜ）ならば、そもそも「自動車」（一般名称："automobile"）を販売すると明示されていれば買主は、或る地点から他の地点に輸送させてくれる基本的な輸送機能を想定するからである[35]。つまり「走る、曲がる、止まる」が自動車の基本的要素と捉えられる。尤（もっと）も中古車であれば、走行後、何時（いつ）かは壊れると買主は予期する。特に「黙示の保証」を一切免責する後掲（§17-03-4[b]）の「as is」（アズイズ）または「as is, where is」（現状渡し）等の文言を売主が示して販売した場合には、走行後余り時間が経たない間に壊れること迄も予想して買ったと解され、それ以降は買主の責任と成る。しかし、それでも引き渡した時点に於いては動くことが期待されよう[36]。これを保証法的に分析すれば、たとえ「as is」と売主が明示していたとしても、その免責文言は「黙示の保証」責任を免除するだけであって「明示の保証」は免責していない。更には後掲（§17-03-4[a]）するように「明示の保証」と「黙示の保証」が相反する場合には、口頭証拠排除の準則が当てはまらなければ前者が優越する。従って、中古で且つ「as is」と明記していても、「自動車」(automobile) を販売した以上は「自（か）ら」(auto)「動く」(mobile) という「明示」の保証は生きていると解される[37]。即ち売主が「自動車」という「一般的描写」(generic description) をうっかり示した以上は、それは「**免責不可能な明示の保証**」(**undisclaimable express warranty**) と成る[38]。後掲§17-03-4[b]参照。

---

34) HILLMAN, PRINCIPLES OF CONTRACT LAW, *supra* note 5, at 103.
35) 18 WILLISTON ON CONTRACTS, *supra* note 6, §52:57, at 333.
36) *See id.* at 334.
37) *Id.* at 333.
38) *Id.*

明示は売主による「口頭の表明」(verbal representation) だけに限らず，販売する商品の例示として物を「展示」(exhibition) した場合にも表示が構成され，その中の「sample」と「model」が取引の基礎に成った場合を UCC は明示の保証に成ると明記している[39]。

図表＃17.4 「sample」(実商品の一つ) と「model」(模型) の違い

sample 実商品の一つ	"actually drawn from the bulk of goods which is the subject matter of the sale"[40]
model 模型	some other visual depiction of the goods "offered for inspection when the subject matter is not at hand and which has not been drawn from the bulk of the goods"[41]

UCC が規定する「sample」と「model」の定義は概ね上の図表 (＃17.4) の通りである。即ち「sample」とは，商品の多数の実物の内の一つを意味し，「model」とは実物では無く，実際の商品が如何(いか)なるものであるのかを描写して買主に検査させる為の物を意味するので，一般用語に於いては前者が後者も包含しているのとは異なっている[42]。尤も重要なのは両者の定義の違いではなく，商品が如何なるものかを表す「例示」(illustration) として提示する意図に過ぎなかったのか，または，商品が有する実際の質や価値の表示として提示する意図だったのかの違いにある[43]。言い換えれば，全ての商品が，提示された物の有する価値を少なくとも共有する責任を生むように売主が行動したのか否かが問題に成り，状況から判断される[44]。つまり[45]既存の大量な実際の商品の中から「sample」(実商品の一

---

39) 18 *id.* §52:52, at 309.
40) UCC §2-313 cmt. 6.
41) *Id.*; 18 WILLISTON ON CONTRACTS, *supra* note 6, §52:52, at 312.
42) HILLMAN, PRINCIPLES OF CONTRACT LAW, *supra* note 5, at 104; 18 WILLISTON ON CONTRACTS, *supra* note 6, §52:52, at 312, §52:54, at 319.
43) 18 WILLISTON ON CONTRACTS, *supra* note 6, §52:52, at 312-13.
44) *Id.* at 313.
45) 本文中の以下の記述に就いては，see UCC §2-313 cmt. 6; 18 WILLISTON ON CONTRACTS,

っ）を取り出して提示した場合には，商品の価値を描写すると捉えられざるを得なく成る。（尤もこの認識を，誤認され無いように否定すればその限りでは無い。）逆に，手元には無い商品の描写物である「model」（模型）を提示した場合には，商品と全く同じという推認は「sample」（実商品の一つ）の場合程には強く働かず，特にその後に買主の主導によって「model」（模型）の特性を修正した場合には推認が弱く成る。以上の分析から判る事は，<u>「sample」（実商品の一つ）の方が取引の基礎である推定を「model」（模型）よりも強く生じさせる</u>ことである[46]。

c.「遠い購入者」に対する保証書等や広告宣伝等による保証責任（2003 年改訂）：

　2003 年の UCC 改訂版——結局 2011 年に撤回されてしまったけれども——に於いては，前項に於いて紹介した明示の保証が「直接の買主」（immediate buyer）[47]にのみ適用されることに成って，<u>直接販売した訳では無い流通経路の先に居る所謂「遠い購入者」（remote purchasers）[48]に対して適用される明示の保証的な義務</u>（*e.g.*, 商品に付帯するラベルやブックレットや宣伝広告等）に関しては別途 §§ 2−313A や 313B という規定が新設されていた[49]。§2−313A は所謂「保証書」等に関する義務規定であり，§2−313B は「宣伝広告」等に関する義務規定であった。その概要は以下（図表 #17.5）のように成っていた。

---

　supra note 6, §52:54, at 313, §52:53, at 319.
46) HILLMAN, PRINCIPLES OF CONTRACT LAW, *supra* note 5, at 104.
47) *Id.*;　UCC §§2−313(1), 2−313A(1)(a), 2−313B(1)(a) (2003 amend.) (withdrawn 2011) ("'[I]mmediate buyer' means a buyer that enters into a contract with the seller.").
48) UCC §§2−313A(1)(b), 2−313B(1)(b) (2003 amend.) (withdrawn 2011) ("'Remote purchaser' means a person that buys or leases goods from an immediate buyer or the other person in the normal chain of distribution.").
49) *See* HILLMAN, PRINCIPLES OF CONTRACT LAW, *supra* note 5, at 109−10.　詳細は，see 拙稿「補追『アメリカ不法行為法』：判例と学説」，*supra* note 5, at 第四部＜その二＞「製造物責任」，第 IV 章「保証違反（breach of warranties）」，第二節「明示の保証」（2007 年〜＿＿＿＿年）（分載継続中）。　なお「直接の買主」に対する義務は「warranty」と呼ぶけれども，「遠い買主」に対する義務は「obligation」と呼んで，両者は区別されている。*See* GABRIEL & RUSCH, *supra* note 10, at 59.

§17-03．品質の保証（担保）三種　597

図表#17.5　「遠い購入者」に対する保証責任

UCC 2003年改訂版規定	適用対象と成る明示的表現行為の分類	備　考
§2-313A	所謂「pass-through warranties」[50]と呼ばれる，メーカーが流通経路の最終買主に対し，製品に付帯する保証書等により保証する場合[51]。	売主が製品に関する affirmation of fact or promise や description をしている場合には，それ等が購入者の立場に居るリーズナブルな人によって製品と一致するとは信じられない場合を除いて，一致させる義務を負うと共に，売主が製品に関する remedial promise をしている場合には，それを履行する義務を負う[52]。
§2-313B	宣伝広告等[53]。	上と同様に一致させる義務を負い，且つ remedial promise を履行する義務を負うけれども[54]，但しその前提条件として，購入者が表示を知り，且つそれを遵守すると期待していた点（主観的基準）をも満たすことが追加的要件と成る[55]。加えて客観的基準として，宣伝広告等が義務・約束等を生じさせるとリーズナブルな購入者も信じる旨の要素が課されている[56]。

§17-03-2．「商品性の黙示の保証（担保）」（implied warranty of merchantability）[57]：　製造物責任法（products liability）に於ける「欠陥」（defect）の定義に

---

50) UCC §2-313A(3) & cmt. 1 (2003 amend.) (withdrawn 2011).
51) Id. cmts. 1, 4 (2003 amend.) (withdrawn 2011).
52) Id. §2-313A(3) (2003 amend.) (withdrawn 2011).
53) Id. §2-313B(3) & cmt. 1 (2003 amend.) (withdrawn 2011).
54) Id. §2-313B(3) (2003 amend.) (withdrawn 2011).
55) Id. §2-313B(3) & cmt. 3 (2003 amend.) (withdrawn 2011).
56) Id. §2-313B(3)(a) & cmt. 3 (2003 amend.) (withdrawn 2011).
57) See HILLMAN, PRINCIPLES OF CONTRACT LAW, supra note 5, at 105-06; WHITE & SUMMERS, supra note 5, §9, at 363 to §8, at 368; GABRIEL & RUSCH, supra note 10, at 62-63.

明らかに影響を与えた法理が，この「商品性の黙示の保証」（implied warranty of merchantability）である。その法理は，現代では人身損害訴訟に於ける不法行為・製造物責任法上の「欠陥」概念とダブるので[58]，UCC の 2003 年改訂版も人身損害賠償請求に於いては州の製造物責任法上の「欠陥」概念が商品性の黙示の保証に於ける「商品性」概念に取って代わる旨を明記した程である[59]。

　商品性の黙示の保証は，その製品の一般的な定義に適うだけの公正な品質を保証する義務が取引自体から売主に課される法理であり，所謂「隠れた瑕疵」から生じた損害に対して売主が責任を負う。嘗ての「買主注意」（caveat emptor：let the buyer beware）の原則が転換し，代わりに「売主注意」（caveat venditor: let the seller beware）の原則が採用されるに至った結果の法理である[60]。公正な品質が公正な価格に対して「対価関係」（quid pro quo）に成っている考え方に基づく。即ち明示の契約から生じる義務では無く，売買に付帯して「法が課す義務」（by operation of law）であり[61]，パブリック・ポリシーに根拠を置く。黙示の保証は，便宜上，契約の「見せかけ」（under the guise of）によって強制されるけれども，その実は，法の働きによって創造され，且つ課される義務なのである[62]。

　当法理は「商人」（merchant）にのみ適用される[63]。なお UCC が規定する「商人」とは，その種の商品を扱う者か，または職業上その実務あるいは商品に就いて特有な知識あるいは技能を有すると示している者等である[64]。

　「商品性」（merchantability）とは当該商品の売買や使用に於いて「一般的な目的」（the general purpose）にリーズナブルに適合（reasonable fitness）することを

---

58) *See, e.g.,* MURRAY ON CONTRACTS, *supra* note 1, §100[C][1], at 627（"defects" と "unmerchantability" との両立が問題であると指摘）.
59) UCC §2-314 cmt. 7 (2003 amend.) (withdrawn 2011); OWEN, *supra* note 27, §4.3, at 175. *See also* GABRIEL & RUSCH, *supra* note 10, at 63（同旨）.
60) *See, e.g.,* UCC §2-316 cmt. 8.
61) HILLMAN, PRINCIPLES OF CONTRACT LAW, *supra* note 5, at 101.
62) 18 WILLISTON ON CONTRACTS, *supra* note 6, §52:65, at 376.
63) *See, e.g.,* MURRAY ON CONTRACTS, *supra* note 1, §100[C], at 625 n. 51.
64) HILLMAN, PRINCIPLES OF CONTRACT LAW, *supra* note 5, at 105.

意味する[65]。従って，絶対的な完璧性は不要であるばかりか，高品質でさえも不要であり，通常の基準や平均的な程度の品質・価値への遵守で充分である[66]。同様に「傷が全く無いこと」（perfect flawless）も，「完全な満足度」（complete satisfaction）も不要である。例えば，魚のフィレ（切り身）に一本の小骨が入っていても，商品性の黙示の保証に反しないとされた例もある[67]。

買主が信頼したことは要件では無い。義務が生じるのは買主の信頼ゆえでは無く，販売自体から生じる法上の義務だからである。

§17-03-3.「特定目的に適合する黙示の保証（担保）」(implied warranty of fitness for a particular purpose)[68]：

これは「特定の（具体的な）必要性」(*particular* need) を製品が満たす黙示の保証である。例えば靴を購入する際に，買主が登山用の靴を求めていることを売主が知っていた場合である。「特定の目的」という狭い対象への適合が問題に成っている点が「明示の保証」に似ている。同時に法上の義務である「黙示の保証」という点は「商品性の黙示の保証」にも似ている。即ち特定目的に適合する黙示の保証は，明示の保証と商品性の黙示の保証との間に「挟まれた」(sandwiched) 保証責任である。

明示の保証があった場合，それが特定目的に適合する黙示の保証と相反しなければ，両立は可能である。立証に於いても，明示の保証があったからといって口

---

65) UCC §2-314 cmt. 8（"Fitness for the ordinary purposes for which goods of the type are used is a fundamental concept of the present section ..." と解説）. なお UCC 規定ブラック・レター（条文）上の定義に就いては，see UCC §2-314(2)(a) to (f)（2003 年改訂版もほぼ同じ）.
66) *See, e.g.,* MURRAY ON CONTRACTS, *supra* note 1, §100[C], at 625.
67) Ex parte Morrison's Cafeteria of Montgomery, Inc., 431 So.2d 975 (Ala. 1983), *on remand* 431 So.2d 979 (Ala. Civ. App. 1983). *See also* HILLMAN, PRINCIPLES OF CONTRACT LAW, *supra* note 5, at 105-06（フィッシュ・チャウダーは通常は骨を含んでいるので骨を詰まらせた消費者は商品性の黙示の保証に基づく訴訟原因を用い得ないけれども，仮にトカゲの頭が入っていたら商品性を欠いていると指摘）.
68) *See* HILLMAN, PRINCIPLES OF CONTRACT LAW, *supra* note 5, at 106-07; WHITE & SUMMERS, *supra* note 5, §9-10, at 369-71; GABRIEL & RUSCH, *supra* note 10, at 63-65.

頭証拠排除の準則により特定目的に適合する黙示の保証の存在を立証する為の関連証拠が許容されないことは無いと指摘されている[69]。

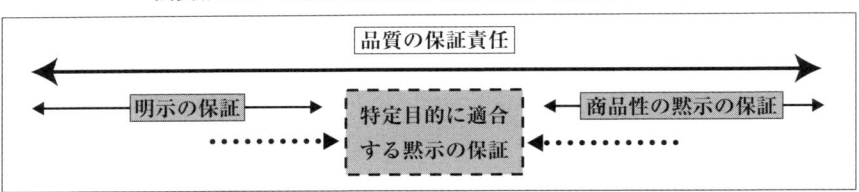

図表#17.6　三種の品質保証(担保)責任の関連図イメージ

```
                    品質の保証責任
    ←─────────────────────────────────────────→
    ←──────→    ┌─────────────┐    ←──────→
     明示の保証   │特定目的に適合 │    商品性の黙示の保証
    ·········→  │する黙示の保証 │  ←·········
                 └─────────────┘
```

「特定目的に適合する黙示の保証」が「商品性の黙示の保証」と異なるのは，「商人」以外にも課される点や，信頼が要件に成っている点である[70]。それは特定目的を満たす具体的な期待が根拠であるからであり，売主の misconduct（*i.e.*, 適合していないのに提供したこと）と，因果関係が必要とされる。売主の技能や判断への信頼が要件なので，例えば美容師は客の頭皮や毛髪を傷付けないパーマを選ぶ技能を有すると信頼されていたり[71]，ジャーマン・シェパード用のリーシュを求める買主に対しては強度が充分で千切れないものを販売する義務が認定された事例がある[72]。

§17-03-4. 責任排除（disclaimer）:　責任排除の有効性に関する記述はUCC §§2-316（Exclusion or Modification of Warranties），2-302（Unconscionable Contract or Term），および2-719（Contractual Modification or Limitation of Remedy）等の条文と解説部に規定されている。以下，明示の保証の場合と黙示の保証の場合とに分けて概説しておく。

---

69) 6 CORBIN ON CONTRACTS, *supra* note 2, §585, at 186.
70) HILLMAN, PRINCIPLES OF CONTRACT LAW, *supra* note 5, at 107.
71) Newmark v. Gimbel's, Inc., 246 A.2d 11 (N.J. Supper. Ct. 1968) *aff'd*, 258 A.2d 697 (N.J. 1969).
72) Peters v. Lyons, 168 N.W.2d 759 (Iwoa 1969).

a. 明示の保証(担保)と責任排除: 　明示の保証とその制限の表示とが相反する場合には，一貫性の欠如の責任を売主が負って制限表示の方が無効に成るのが原則である[73]。しかし，その際，口頭証拠排除の準則により外部証拠は採用されない[74]。即ち，前掲(§11-02)の所謂「integration」(完結した)確定的合意書が存在し，その中で売主が保証を免責・制限していた際には，その合意書と相反する明示の保証を契約締結「以前」にビジネス・パーソンが行っていた場合でも，口頭証拠排除の準則によってそのような明示の保証の証拠が許容されず，実質的に明示の保証の証明が難しくなる虞も残るのである[75]。

　ところで「model」(模型)に関する明示の保証に関しては，模型が例示目的に過ぎず，実際に販売される商品は異なる旨を明白に買主に告げれば，保証責任を回避することが出来る[76]。

b. 黙示の保証(担保)と責任排除: 　黙示の保証を有効に排除する為のUCC規定について，次頁(図表#17.7 & #17.8)にて概要を図示しておく[77]。

---

73) HILLMAN, PRINCIPLES OF CONTRACT LAW, *supra* note 5, at 107, 108; UCC §2-316(1) & cmt. 1 (当セクションは"all warranties, express or implied"という在りがちな条項が黙示の保証のみを排除／制限すると解することにより，予期せず且つ取引されていない責任排除／制限から買主を保護する意図であると解説).

74) HILLMAN, PRINCIPLES OF CONTRACT LAW, *supra* note 5, at 107, 108; UCC §2-316(1) (2003年改訂版も同じ).

75) *See* 18 WILLISTON ON CONTRACTS, *supra* note 6, §52:59, at 338. 　*See also* GABRIEL & RUSCH, *supra* note 10, at 67 (同旨).

76) HILLMAN, PRINCIPLES OF CONTRACT LAW, *supra* note 5, at 104.

77) *See* UCC §2-316 & cmts. 　*See also* HILLMAN, PRINCIPLES OF CONTRACT LAW, *supra* note 5, at 107, 109.

図表＃17.7　UCC§2-316が規律する有効な責任排除[78]

分　類	要　件
merchantability	writing 不要。但し writing の場合は目立つ記載要。「merchantability」の文言に言及すること。
fitness for particular purpose	writing 要，且つ目立つ記載要。以下の文言を用いれば充分：「There are no warranties that extend beyond the description on the face hereof.」

　尤も，全ての黙示の保証を排除したい場合は以下のような「as is」（現状渡し）や「with all fault」（瑕疵を問わない）といった「trade language」[79]（取引用語）を用いれば，上の黙示の保証の制限に関する細かな規定を遵守しなくても全ての黙示の保証の排除が可能と規定されている[80]。

図表＃17.8　UCC§2-316が規律する全ての黙示保証を
責任排除する有効な文言[81]

merchantability と fitness for particular purpose の双方を責任排除	「as is」や「with all faults」や「as they stand」等の文言。

　尤もこれ等の責任排除は「黙示の保証」を排除するのであって「明示の保証」を排除する訳では無いので要注意である[82]。従って仮に，商品は「as is」であり「disclaim all warranties either express or implied」と記載した場合，それが明示の保

---

78) UCC §2-316(2) & cmt. 3. *See also* GABRIEL & RUSCH, *supra* note 10, at 68-70（同旨）.
79) MURRAY ON CONTRACTS, *supra* note 1, §96[B][2][e], at 566.
80) UCC §2-316(3)(a) & cmt. 7; HILLMAN, PRINCIPLES OF CONTRACT LAW, *supra* note 5, at 107, 109.
81) UCC §2-316(3)(a) & cmt. 7.
82) 18 WILLISTON ON CONTRACTS, *supra* note 6, §52:36, at 189-90. *See also* UCC §2-316(1) & cmt. 1.

§17-03. 品質の保証（担保）三種　603

証と矛盾していれば，明示の保証［が口頭証拠排除の準則によって排除されない限り］は有効なママとなる[83]。従って，前掲（§17-03-1[b]）の通り，例えば中古自動車が引渡直後に全く動かなかったとすれば，「as is」等の文言は明示の保証を免責しないから，明示の保証違反に成り得る[84]。そのような責任を課すルールが正当化される理由は，そもそも売主は表示を更に明確に表せば責任を回避し得たからである[85]。明示の保証責任を回避しつつ「動かない自動車」（?!）を売主が安全に販売する為には，例えば「自動車部品」（"parts car"）と明記して販売することが有用であろう[86]。何故ならこの描写（description）をしていれば，買主は「信頼できる移動手段」（a dependable means of transportation）である「自動車」を期待しなかったであろうからである[87]。前掲「明示の保証」§17-03-1[b]内の「description」（描写）の記述も参照。

　ところで前掲（§10-12）の「取引の経過」，「履行の経過」，または「取引慣行」によっても黙示の保証が制限されることもあるとUCCは規定している[88]。

　なお2011年に撤回された2003年のUCC改訂版では，消費者製品の場合の責任排除文言を以前よりも少し厳し目に記載する規定を採用し，例えば商品性の場合には「The seller undertakes no responsibility for the quality of the goods except as otherwise provided in this contract ...」と記載したり，「as is」や「with all fault」の場合もrecordを用いる場合は目立つような記載を要求していた[89]。尤も筆者の契

---

[83] 18 WILLISTON ON CONTRACTS, *supra* note 6, §52:36, at 189-90.

[84] *Id.* at §52:57, at 333.

[85] *Id.* at 333-34. 更に，明示の保証はそもそも当該表示が取引に於ける交換の不可欠な要素に懸かるという前提であるから，それを責任排除／制限条項により回避しようとする試みは，交換内容と矛盾することに成ってしまう。　*See, e.g.,* UCC §2-313 cmt. 1.

[86] 18 WILLISTON ON CONTRACTS, *supra* note 6, §52:36, at 334.

[87] *Id.*

[88] UCC §2-316(3)(c) & cmt. 7（as is 等の文言は trade usage 等の具体例であると位置付けている）; HILLMAN, PRINCIPLES OF CONTRACT LAW, *supra* note 5, at 108, 109; GABRIEL & RUSCH, *supra* note 10, at 71.

[89] UCC §2-316 cmt. 5 (2003 amend.) (withdrawn 2011) ("Satisfaction of subsection(3)(a) does not require that the language be set forth in a record, but if there is a record the language must

約実務の経験に拠れば，大分以前から B2B 型の国際・英文契約書に於いてさえもその程度の目立つ厳し目の文言は使用されて来たというのが実感である[90]。保証責任制限条項の例文に就いては，以下参照。

ARTCILE○○. LIMITED WARRANTY

The Seller warrants that the Products *are free from defects in workmanship or material* for a period of one year from the date of purchase. The Seller shall correct these defects by repair or replacement at its own expenses unless the Buyer has altered the Products in any manner and has failed to maintain the Products in accordance with the Seller's recommendations.

THIS WARRANTY IS THE EXCLUSIVE WARRANTY AND IS PROVIDED IN LIEU OF ANY WARRANTY OF MERCHANTABILITY, FITNESS FOR A PARTICULAR PURPOSE, OR ANY OTHER WARRANTY, EXPRESS OR IMPLIED, EXCEPT WARRANTY OF TITLE AND INFRINGEMENT.

The limited warranty set forth above is intended as the sole and exclusive remedy of the Buyer with respect to any claim arising out of or relating in any way to the Products, whether based upon law, equity, statute, or otherwise, except for claims for personal injury proximately caused by defect in the Products. Both the Seller and Buyer hereby acknowledge and agree expressly that the essential purpose of this Agreement does not fail due to the limitation of the remedy set forth herein and that the purchase price has been negotiated to reflect this understanding.

---

be conspicuous if the contract is a consumer contract." と解説); HILLMAN, PRINCIPLES OF CONTRACT LAW, *supra* note 5, at 110. *See also* 5 HART & WILLIER, *supra* note 8, ¶ 21 A.02, at Art.2 1 A-3（2003 revision で disclaimer も変更されたと指摘）。

90) 例えば「as is」は昔から目立つように大文字で「AS IS」と記載するのが当たり前であったし，それどころか責任排除／制限条項のほぼ全文を大文字で記載するのは英文契約の国際慣例と言って良い程であろう。

This provision is partially based upon suggested ones *in* Arkebauer, *supra* note 4, §9.05[4], at 238, §9.04[2][a], at 234; 1 E. ALLAN FARNSWORTH, FARNSWORTH ON CONTRACTS §4.29 a, at 620 & n.27 (3d ed. 2004)(強調付加)（英文契約書の諸実例を参考に本書筆者が修正）.

c.「マグナソン・モス保証（担保）責任法」（Magnuson-Moss Warranty Act）:

　州によっては消費者保護の観点から，特に消費者製品（consumer products）に関する売主による責任排除を限定する特別法を制定している場合がある[91]。加えて連邦法としても，消費者製品に関しては，黙示の保証の制限を規制する制定法として，「**Magnuson-Moss Warranty Act**」（マグナソン・モス）[92]が存在する[93]ので要注意である。同法は，売主が明示の保証を極めて狭く表示しつつ黙示の保証も一切制限する欺瞞的慣行（deceptive practices）を規制すべく，明示の保証が附与されている場合に黙示の保証の制限を概ね禁じている[94]。尤もその適用対象は消費者製品であるから，消費者取引以外のB2B型商業的取引一般に於いては上述の慣行が未だ一般的に残存していると指摘されており[95]，筆者の契約実務経験から言ってもその指摘は正しいと思われる。

---

91) 18 WILLISTON ON CONTRACTS, *supra* note 6, §52:86, at 504.
92) 15 U.S.C.A. §2301-2312.
93) 18 WILLISTON ON CONTRACTS, *supra* note 6, §52:86, at 504-05.
94) *Id.* at 505.
95) *Id.* at 505-06.

おわりに

　思い返せばもう大分前になるが，幸いなことにCornell大学大学院（ロースクール）に企業派遣留学をする機会を与えられた筆者は，法学「未修者」のアメリカ人学生達に混じって，ロバート・A. ヒルマン教授が教鞭を執る「Contracts（契約法）」科目を履修する機会を得た。予習として毎週十数件も読まされる諸判例の山の中から，帰納法を駆使して自ら法理を発見・抽出し，それをサブノートに再生させて最終試験に備えて行くというロースクール的な基本教育を，ヒルマン先生から直接学ぶことが出来た。それは「legal reasoning」（法的推認能力）の鍛錬に成っただけでは無く，日本では得がたく且つ原書を読むだけでは本当の理解に至り難い，「consideration」や「detrimental reliance」等々の諸法理を会得する上でも，貴重な収穫であった。抽出した法理をハイポに当てはめて演繹的能力も鍛えられる授業の直後には毎回，同期の留学生達と共にstudy group（自主ゼミ?!）を開催し，ヒルマン先生の一言一句を書き留め忘れていないかと授業のノートを確認し合ったのも今では良い思い出である。

　更に幸いなことに筆者は，同ロースクール滞在中の二年目に，『CORNELL INTERNATIONAL LAW JOURNAL』（ＩＬＪ）誌の正規の紀要編集部員として，その活動への参加を許される機会も得られた。編集部員の主な責務は寄稿論文の編集作業に加えて，自らも論文を作成し，年に一〜二回開催する学術シンポジウムの雑務を熟すことである。特に論文作成の責務は，査読で高い評価を得られれば同誌に掲載される「名誉」が与えられるので，編集部員同士（同志！）で鎬を削ったものである。しかし何よりも得難い有意義な経験は，編集作業と論文起案を通じて以下の伝統を体得できたことである。即ち，真に正統的なアメリカ法律学上の法律英語・論文に於いては，「サイテーション」（citation：出典表示）と語法に対し，病的な迄の拘りが徹底され，且つそれがロー・ジャーナル／ロー・レヴューの編集部員に選ばれた者達に承継されて行くのである。例えば寄稿論文の

編集作業の一つに,「サイテーション・チェック」というものがあり,それは,論文中の脚注(FN: footnotes)で示された出典を,一つ残らず原典に当たって確認する仕事である。更に論文を自身が作成する際に,本文中で何か一つのセンテンスを書くと,その後には必ず脚注を付記するように指導される。まるで「先例の無い事は何も言ってはならない」程の徹底さである。——従って論文の最初のページは,本文よりも脚注の占める比率が過半数でなければならない！とまで指導される。その位の出典が無ければ,先行研究のリサーチが足りないと看做される程の厳しさなのである。

　以上の体験を経た筆者も,帰国後は専ら企業法務上の英文契約交渉・起案実務に追われることに成った。更に大学教授に転職する前の数年は,法務部門の長として管理業務と重役会議対応に忙殺される日々が続き,留学で得た経験を契約法の書物に纏める機会を得られなかった。三年半程前に誘いを受けて専任教授に成り,これで教授職の二大責務と聞いていた「研究」と「教育」に専念できるのかと期待していたところ,第三の責務である「行政職」という,聞かされていなかった(?!)雑務に時間と忍耐心を奪われて,夢果たせないまま今日に至ってしまった。しかし,覚え切れない程の数の雑務の中でも,特に学部長補佐と全学的大学入試委員長補佐の同時的兼務という重雑務の間隙を縫いつつ,何とか時間を盗んで少しずつ書き溜めたのが本書である。業務が思考を途切れさせる為に,何を何処まで書いていたのかを思い出すのに時間が掛かり,最後に原稿を推敲する際には更に長大な時間を費やされて大分苦労を強いられた。…と愚痴に成って申し訳なかったが,兎に角,本書は,前作『アメリカ不法行為法』を上梓してから入試等の業務で奪われた数年間と丁度同じだけのブランク期間を経て,来年(二〇〇九年)の第1四半期には出版の運びに成ると聞いている。

　実は本書の原稿も前作同様にもっと長いものであった。カットした部分——現時点でA4版のMSワードの電子ファイルで百数十ページに及ぶ——は主に,英文契約文言の実例を著した部分である。本書が余りにも長く成り過ぎることを懸念して自ら削除したけれども,何時かこの積み残しの原稿も別途の本として上梓したいと思っている[*]。そのような本に読者の皆様の需要があるならば,是非と

もお知らせいただければ幸いである。

　最後に，何時ものように本書の編集・出版に当たっては，中央大学出版部の平山勝基部長に大変お世話になった。特に脚注の多さと『ブルーブック』方式の正統的引用ルールに固執する原稿は，何時も苦労をお掛けして申し訳なく思っているけれども，真のアメリカ法のスタイルを出来るだけ邦語でも実現したいと願う筆者の我侭を受け入れてもらって大変感謝している。（※）本書初版後に，『国際契約の起案学』（木鐸社　2011年）として上梓した。

主要参考/関連/引用文献

＜判例・法令索引＞

- Adams v. Lindsell, 106 Eng.Rep. 250 (K.B. 1818) ... *100*
- Alaska Packers' Ass'n v. Domenico, 117 F. 99 (9th Cir. 1902) ... ***292****,400*
- Aluminum Co. of America v. Essex Group, Inc., 499 F.Supp. 53 (W.D. Pa. 1980) ... ***259-62****,491*
- Angus Medical Co. v. Digital Equipment Corp., 840 P.2d 1024 (Ariz. Ct. App. 1992) ... *324*
- Baber v. Lay, 305 S.W.2d 912 (Ky. 1957) ... *123*
- Beacon Theatre, Inc. v. Westover, 359 U.S. 500 (1959) ... *196*
- Beatty v. Guggenheim Exploration Co., 122 N.E. 378 (1919) (Cardozo, J.) ... *522*
- Beekman Invest. Partners. L.P. v. Alene Candles, Inc., 2006 WL 330323 (S.D.N.Y) ... *353*
- The Bremen v. Zapata Off-Shore Co., 407 U.S. 1 (1972) ... *329*
- Chaplin v. Hicks, [1911] 2 K.B. 786 ... *165*
- Central Ohio Graphics, Inc. v. Alco Capital Resource, Inc., 472 S.E.2d 2 (Ga. App. 1996) ... *332*
- Credit Index, LLC v. Riskwise Int'l, LLC, 192 Misc.2d 755, 746 N.Y.S. 2d 885 (N.Y. Sup.Ct. 2002) ... *397*
- DeFontes v. Dell Computers Corp., 133 S.W.3d 642, 2004 WL 253560 (R.I. Super.) ... *344*
- DeJohn v. The TV Corp. Int'l, 245 F.Supp.2d 913 (C.D.Ill. 2003) ... *128*
- Jane Doe A.H. v. Carnival Corp., 167 Fed.Appx. 126, 2006 U.S.App. LEXIS 3627 (11th Cir. 2006) ... *324*
- Ermolief v. R.K.O. Radio Pictures, 122 P.2d 3 (Cal. 1942) ... *372*
- Frigaliment Importing Co. v. B.N.S. International Sales Corp., 190 F. Supp. 116 (S.D.N.Y. 1960) ... ***271****,394,395*
- Gianni v. R. Russei & Co., 281 Pa. 320, 126 A. 791 (1924) ... *428-29*
- Graham Oil Co. v. Arco Products Co., 43 F.3d 1244 (9th Cir. 1993) ... *324*
- Hadley v. Baxendale, 1854 WL 7208 (Ex Ct), 9 Ex. 341, 156 Eng.Rep. 145 (Ex. 1854) ... *168,**367****,368*
- Hamer v. Sidway, 27 N.E. 256 (N.Y. 1891) ... *105*
- Henningsen v. Bloomfield Motors, Inc., 161 A.2d 69 (N.J. 1960) ... ***311****,323*
- Hills v. Wyman, 1825 WL 1552 (Mass.), 20 Mass. (3 Pick.) 207 (1825) ... *113*
- Hoffman v. Red Owl Stores, Inc., 133 N.W.2d 267 (Wis. 1965) ... *136*

- Hotchkiss v. National City Bank of New York, 200 F. 287
  (S.D.N.Y. 1911), *aff'd,* 201 F. 664 (2d Cir. 1912), *aff'd,* 231 U.S. 50 (1913) *358*
- Hugger–Mugger, LLC v. NetSuite, Inc., 2005 U.S.Dist.LEXIS 33003
  (D.Utah. Sept. 12, 2005) *331*
- i.LAN Systems, Inc. v. NetScout Service Level Corp., 183 F.Supp.2d 328
  (Mass.D. 2002) *151*
- Krell v. Henry, 2 K.B. 740 (Eng. C.A. 1903) *501*
- Lawrence v. Fox, 20 N.Y. 268 (1859) *554,559*
- Lefkowitz v. Great Minneapolis Surplus Store, Inc., 86 N.W.2d 689
  (Minn. 1957) *90*
- Laidlaw v. Organ, 15 U.S. (Wheat.)178 (1817) *282*
- Lucy v. Zehmer, 84 S.E.2d 516 (Va. 1954) *99*
- Marbury v. Madison, 5 U. S. 137 (1803) *10*
- Masterson v. Sine, 436 P.2d 561 (Cal. 1968) (Traynor, J.) *433*
- McDermott, Inc. v. Iron, 979 F.2d 1068 (5th Cir. 1992) *323*
- Metropolitan Coal Co. v. Howard, 155 F.2d 780 (2d Cir. 1946) (Hand, J.) *585*
- Mitchill v. Lath, 247 N.Y. 377, 160 N.E. 646, 68 A.L.R. 239 (1928) *428*
- H.R. Moch Co. v. Resselaer Water Co., 159 N.E. 896 (N.Y. 1928)
  (Cardozo, J.) *554,**558-59***
- Mohler v. Jeke, 595 A.2d 1247 (Pa. Super. Ct. 1991) *172*
- Ex parte Morrison's Cafeteria of Montgomery, Inc., 431 So.2d 975 (Ala. 1983),
  on remand 431 So.2d 979 (Ala. Civ. App. 1983) *599*
- Morton Thiokol, Inc. v. Metal Bldg. Alteration Co., 193 Cal.App.3d 1025
  (1987) *184*
- Net 2 Phone, Inc. v. Superior Court, 109 Cal.App.4th 583 (2003) *521*
- Newmark v. Gimbel's, Inc., 246 A.2d 11 (N.J. Supper. Ct. 1968) *aff'd,* 258
  A.2d 697 (N.J. 1969) *600*
- Nissho-Iwai Co., Ltd. v. Occidental Crude Sales, Inc., 729 F.2d 1530
  (C. A. Tex. 1984) *503,**510-12**,513*
- Ogden v. Saunders, 25 U.S. (12 Wheat.) 213 (1827) *10*
- Oglebay Norton v. Armco, 556 N.E.2d 515 (Ohio 1990) *203*
- OWBR LLC v. Clear Channel Communications, Inc., 266 F.Supp.2d 1214
  (D. Haw. 2003) *487*
- Patton v. Mid-Continent Systems, Inc., 841 F.2d 742 (7th Cir. 1988) (Posner, J.) *21*
- PK's Landscaping v. New England Tel. & Tel., 519 A.2d 285 (N. H. 1986) *300*
- Peters v. Lyons, 168 N.W.2d 759 (Iwoa 1969) *600*
- Petroleo Brasileiro, S.A. Petrobras v. Ameropan Oil Corp., 373 F.Supp. 503

(E.D.N.Y. 1974)	*173*
• Pollstar v. Gigmania Ltd., 170 F.Supp.2d 974 (E.D.Cal. 2000)	*129*
• ProCD v. Zeindenberg, 86 F.3d 1447 (7th Cir. 1996) (Easterbrook, J.)	*127*
• Quake Construction, Inc. v. American Airlines, Inc., 565 N.E.2d 990 (Ill. 1990)	*221*
• Raffles v. Wichelhaus, 2 Hurl. & C. 906, 159 Eng. Rep. 375 (Ex. 1864)	***270-71****,359-60,394,395*
• Register.Com, Inc. v. Verio, Inc., 356 F.3d 393 (2d Cir. 2004)	*128*
• Specht v. Netscape, 306 F.3d 17 (2d Cir. 2002)	*128*
• Sherwood v. Walker, 66 Mich. 568, 33 N.W. 919 (1887)	***257-58****,260,262,263,264,288,461*
• Southwest Airlines Co. v. BoardFirst, LLC, 2007 WL 4823761 (N.D. Tex.)	*128*
• Sprague v. Sumitomo Foresty Co., 709 P.2d 1200 (Wash. 1985)	*173*
• Taylor v. Cadwell, 122 Eng.Rep. 309 (Queens Bench, 1863)	*490*
• Texaco v. Pennzoil, 729 S.W.2d 768 (Tex. App. 1987)	*22,159,**210−11,226−29***
• Towne v. Wisner, 245 U.S. 418 (1918) (O. W. Holmes, J.)	*348*
• Varney v. Ditmas, 111 N.E. 822 (N.Y. 1916)	*59*
• Voest-Alpina Trading USA Corp. v. Bank of China, 142 F. 3d 887 (5th Cir. 1998)	*68*
• Warner-Lambert Pharmaceutical Co. v. John J. Reynolds, Inc., 178 F.Supp. 655 (S.D.N.Y. 1959), *aff'd*, 280 F.2d 197 (2d Cir. 1960)	*351*
• Webb v. McGowin, 168 So. 196 (Ala. Ct. App. 1935)	*117*
• Williams v. Walker-Thomas Furniture Co., 350 F.2d 445 (D.C.Cir. 1965)	*297*
• Wisconsin & M.R. Co. v. Powers, 191 U.S. 379 (1903)	*107*
• Wood v. Boynton, 25 N.W. 42 (Wis.1885)	***263****,264,265*
• Wood v. Lucy, Lady Duff-Gordon, 118 N.E. 214 (N.Y. 1917)	***124−25****,356,403,466-67*

[以下、法令等]

- UNITED STATES CONSTITUTION
    - U.S. CONST. art. 1, sec. 10 … *28*
    - U.S. CONST. amend. VII … *195,* ***196****, 326*
    - U.S. CONST. amend. XIII … *201*
    - U.S. CONST. amend. XXVI … *249*
- FEDERAL RULES OF CIVIL PROCEDURE
    - FED.R.CIV.P.38(a) … *196*
    - FED.R.CIV.P.38(b),(d) … *327*

- An Act for the Prevention of Frauds and Perjuries　　　*306*
- Hart-Scott-Rodino Antitrust Improvement Act of 1976, 15 U.S.C. §18 a, as amended (2012)　　　*452*
- Electronic Signature in Global and National Commerce Act [E-Sign 法], 15 U.S.C.A. § 7006(2)　　　*101*
- Uniform Computer Information Transactions Act [UCITA] § 203(4)(A)　　　*101*
- Principles of the Law of Software Contracts (Tentative Draft No. 1, Mar. 28, 2008)
    - Ch. 2, Topic 1, A., Summary Overview　　　*302, 303*
    - § 1.11, Reporters' Notes, cmt. *b*.　　　*298*
- Convention on Contracts for the International Sale of Goods [CISG]
    - CISG Art.4(a)　　　*33*
    - CISG Art.6　　　*33*
- UNIDROIT Principles of International Commercial Contracts
    - UNIDROIT Principles 2.15　　　*218*
- Federal Arbitration Act [FAA], 9 U.S.C. § 1 (2000)　　　*340–41*
- Uniform Arbitration Act of 1955　　　*341*
- Revised Uniform Arbitration Act of 2000　　　*341*
- New York General Obligation Law
    - § 5-1401(1)　　　*336, 337*
    - § 5-1402(1)　　　*330*
- Restatement (Second) of Conflict of Laws
    - § 8 cmt. *a*.　　　*339*
    - § 187　　　*335*
    - § 187 cmt. *f*.　　　*336*
    - § 302 (2)　　　*336*
- Uniform Customs and Practices [UCP]　　　*66*
- Incoterms 2010　　　**376**, *377, 380, 382*
- Uniform Vender and Purchaser Risk Act　　　*497*
- Uniform Sales Act　　　**30**,*497*

以下に就いては右の URL を参照。　　<http://www.fps.chuo-u.ac.jp/~cyberian>
　　Restatement [First] of Contracts
　　Restatement (Second) of Contracts
　　Restatement of Restitution
　　Uniform Commercial Code [UCC]

＜書籍，論文，等＞
【A】

- KENNETH A. ADAMS, LEGAL USAGE IN DRAFTING CORPORATE AGREEMENTS (2001) [ADAMS, LEGAL USAGE].
- KENNETH A. ADAMS, A MANUAL OF STYLE FOR CONTRACT DRAFTING (2004, American Bar Association) [ADAMS, A MANUAL OF STYLE].
- Ademuni-Odeke, *Insurance of F.O.B. Contracts in Anglo-America and Common Law Jurisdictions Revised: The Wider Picture,* 31 TUL. MAR. L. J. 425 (2007).
- Fatima Akaddaf, *Application of the United Nations Convention on Contracts for the International Sale of Goods (CISG) to Arab Islamic Countries: Is the CISG Compatible with Islamic Law Principles?,* 13 PACE INT'L L. REV. 1 (2001).
- Anita L. Allen, *Social Contract Theory in American Case Law,* 13 FLA. L. REV. 1 (1999).
- Annotation, *Validity of Contructural Provision Establishing Period of Limitations Longer than That Provided by Statute of Limitations,* 84 A.L.R. 3d 1172 (1978).
- Annotation, *Validity of Contractual Time Period, Shorter than Statute of Limitations, For Bringing Action,* 6 A.L.R.3d 1197 (originally published in 1966).
- Evelyn C. Arkebauer, *Cumulative Remedies and Election of Remedies, in* TINA L. STARK, NEGOTIATING AND DRAFTING CONTRACT BOILERPLATE Ch.9, at 205 (2003).
- Evelyn C. Arkebauer, *Number and Gender, in* TINA L. STARK, NEGOTIATING AND DRAFTING CONTRACT BOILERPLATE Ch.20, at 591 (2003).
- Ian Ayres & Rovert Gertner, *Filling Gaps in Incomplete Contracts: An Economic Theory of Default Rules*, 99 YALE L. J. 87 (1989).

【B】

- C. William Baxley, *Future Assurances, in* TINA L. STARK, NEGOTIATING AND DRAFTING CONTRACT BOILERPLATE Ch.22, at 605 (2003).
- Joseph D. Becker, *Contracts and Choice of Law in New York, in* 1 COMMERCIAL CONTRACTS: STRATEGIES FOR DRAFTING AND NEGOTIATING Ch. 4 (Morton Moskin ed. Supp. 2005).
- Steven R. Berger, *Notices, in* TINA L. STARK, NEGOTIATING AND DRAFTING CONTRACT BOILERPLATE Ch.15, at 461 (2003).
- BLACK'S LAW DICTIONARY (8th ed. 2004).
- THE BLUEBOOK: A UNIFORM SYSTEM OF CITATION (Columbia Law Review Ass'n et al. eds., 18th ed. 2005).
- BRIAN A. BLUM, CONTRACTS (4th ed. 2007).
- GARY B. BORN, INTERNATIONAL ARBITRATION AND FORUM SELECTION AGREE-

- MENTS: DRAFTING AND ENFORCING (2d ed. 2006).
- David Bosworth, *American Crusade: The Religious Roots of the War in Terror*, 7 BARRY L. REV. 65 (2006).
- Lauren Reiter Brody & Frances Kulka Browne, *Waiver of Jury Trial, in* TINA L. STARK, NEGOTIATING AND DRAFTING CONTRACT BOILERPLATE Ch.7, at 461 (2003).
- Michele Brewer Brooks, *The Biblical View of Marriage: Covenant Relationship*, 12 REGENT U. L. REV. 125 (2000).
- Louis M. Brown, *The Law Office—A Perspetive Law Laboratory*, 104 U. PA. L. REV. 940 (1956).
- SCOTT J. BURNHAM, DRAFTING AND ANALYZING CONTRACTS: A GUIDE TO THE PRACTICAL APPLICATION OF THE PRINCIPLES OF CONTRACT LAW (3d ed. 2003).
- WILLIAM BURNHAM, INTRODUCTION TO THE LAW AND LEGAL SYSTEM OF THE UNITED STATES (4th ed. 2006).
- HENRY N. BUTLER & CHRISTOPHER R. DRAHOZAL, ECONOMIC ANALYSIS FOR LAWYERS 17 (2d ed. 2006).
- PETER BUTT & RICHARD CASTLE, MODERN LEGAL DRAFTING: A GUIDE TO USING CLEARER LANGUAGE (2d ed. 2006, Cambridge Univ. Press).
- W. Burlette Carter, *Reconstructing Langdell*, 32 GA. L. REV. 1 (1997).

【C】
- Sylvia Fung Chin & Sean Goldstein, *Third Party Beneficiary, in* TINA L. STARK, NEGOTIATING AND DRAFTING CONTRACT BOILERPLATE Ch.5, at 95 (2003).
- Kathryn S. Cohen, *Achieving a Uniform Law Governing International Sales: Conforming the Damage Provisions of the United Nations Convention on Contracts for the International Sale of Goods and the Uniform Commercial Code*, 26 U. PA. J. INT'L ECON. L. 601 (2005).
- ROBERT COOTER & THOMAS ULEN, LAW AND ECONOMICS (4th ed. 2004).
- ARTHUR LINTON CORBIN, CORBIN ON CONTRACTS (Joseph M. Perillo ed. rev. 2007).
- Authur L. Corbin, *Offer and Acceptance, and Some of the Resulting Legal Relations*, 26 YALE L. J. 169 (1917).

【D】
- Bernard Daskal, Note, *Rights of First Refusal and the Package Deal*, 22 FORDHAM URB. L. J. 461 (1995).
- P. J. M. Declercq, *Modern Analysis of the Legal Effect on Force Majeure Clauses in Situations of Commercial Impracticability*, 15 J. L. & COM. 213 (1995).
- REED DICKERSON, THE FUNDAMENTALS OF LEGAL DRAFTING (2d ed. 1986).

【E】
- Theodore Eisenberg & Geoffrey Miller, *Ex Ante Choice of Law and Forum: An Empirical Analysis of Corporate Merger Agreements,* 59 VAND. L. REV. 1975 (2006).

【F】
- Paul Fasciano, Note, *Internet Electronic Mail: A Last Bastion for the Mailbox Rule,* 25 HOFSTRA L. REV. 971 (1997).
- Lynnette C. Fallon & Evan B. Berg, *Announcements, in* TINA L. STARK, NEGOTIATING AND DRAFTING CONTRACT BOILERPLATE Ch.5, at 95 (2003).
- E. ALLAN FARNSWORTH, FARNSWORTH ON CONTRACTS (3d ed. 2004).
- E. Allan Farnsworth, *Religious Ethics and Contract Enforceability,* 71 FORDHAM L. REV. 695 (2002).
- E. ALLAN FARNSWORTH, WILLIAM F. YOUNG, & CAROL SANGER, CONTRACTS: CASES AND MATERIALS (6th ed. 2001).
- E. ALLAN FARNSWORTH, AN INTRODUCTION TO THE LEGAL SYSTEM OF THE UNITED STATES (3d ed. 1996).
- E. Allan Farnsworth, *Precontractual Liability and Preliminary Agreements: Fair Dealing and Failed Negotiations,* 87 COLUM. L. REV. 217 (1987).
- E. Allan Farnsworth, *Contracts Scholarship in the Age of the Anthology,* 85 MICH. L. REV. 1406 (1987).
- Robert Farr, Note, *The Intersection of the Statutory Arbitration and At-Will Doctrines in Michigan: Reconciling a Perceived Incompatibility in Heurtebise,* 49 WAYNE L. REV. 117 (2003).
- ROBERT A. FELDMAN & RAYNIBD T. NIMMER, DRAFTING EFFECTIVE CONTRACTS: A PRACTITIONER'S GUIDE (2d ed. Supp. 2007).
- MARCEL FONTAINE & FILIP DE LY, DRAFTING INTERNATIONAL CONTRACTS: AN ANALYSIS OF CONTRACT CLAUSES (2006).
- MARTIN A. FREY & PHYLLIS HURLEY FREY, ESSENTIALS OF CONTRACT LAW (2001).
- Paul D. Friedland, *The Arbitration Clause, in* 1 COMMERCIAL CONTRACTS: STRATEGIES FOR DRAFTING AND NEGOTIATING Ch. 5, at 5-1 (Morton Moskin, ed. Supp. 2005).
- LON L. FULLER & MELVIN ARON EISENBERG, BASIC CONTRACT LAW (8th ed. 2006).
- Lon L. Fuller, *Consideration and Form,* 41 COLUM. L. REV. 799 (1941).
- Lon L. Fuller & William R. Perdue, Jr., *The Reliance Interest in Contract Damages* (pts. 1 & 2), 46 YALE L. J. 52 & 373 (1936).

【G】
- HENRY D. GABRIEL & LINDA J. RUSCH, THE ABCs OF THE UCC―(REVISED) ARTICLE 2: SALES (Amelia H. Boss ed. 2004, American Bar Association).
- BRYAN A. GARNER, A DICTIONARY OF MODERN LEGAL USAGE (2d ed. 1995, Oxford Univ. Press).
- David J. Gerber, *American Law in a Time of Global Interdependence: U.S. National Reports to the XVIth International Congress of Comparative Law: Section III. Competition Law,* 50 AM. J. COMP. L. 263 (2002).
- Clayton P. Gillette, *Letters of Credit as Signals,* 98 MICH. L. REV. 2537 (2000).
- Robert S. Glenn et al., *2006 Eleventh Circuit Survey: January 1, 2006 to December 31, 2006: Admiralty,* 58 MERCER L. REV. 1113 (2007).
- GRANT GILMORE, THE DEATH OF CONTRACT (1974).
- Victor Goldberg, *Reading Wood v. Lucy, Lady Duff-Gordon with Help from Kewpie Dolls, in* VICTOR GOLDBERG, FRAMING CONTRACT LAW: AN ECONOMIC PERSPECTIVE 43 (2006, Harvard Univ. Press).
- Paolo S. Grassi, *Letter of Credit Transactions: The Bank's Position in Determining Documentary Compliance. A Comparative Evaluation under U.S., Swiss and German Law,* 7 PACE INT'L L. REV. 81 (1995).
- Todd Green, *Contractual Waivers of the Right to Trial,* 46 ORANGE COUNTY LAWYER 8 (2004).

【H】
- THOMAS R. HAGGARD & GEORGE W. KUNEY, LEGAL DRAFTING: PROCESS, TECHNIQUES, AND EXERCISE (2d ed. 2007).
- THOMAS R. HAGGARD & GEORGE W. KUNEY, LEGAL DRAFTING IN A NUTSHELL (3d ed. 2007).
- JEFFREY L. HARRISON, LAW AND ECONOMICS IN A NUTSHELL (4th ed. 2007).
- FREDERICK M. HART & WILLIAM F. WILLIER, FORMS AND PROCEDURES UNDER THE UNIFORM COMMERCIAL CODE (2007).
- Brian A. Haskel, *Amendment and Waiver, in* TINA L. STARK, NEGOTIATING AND DRAFTING CONTRACT BOILERPLATE Ch.16, at 505 (2003).
- Shael Herman, *Llewellyn the Civilian: Speculations on the Contribution of Continental Experience to the Uniform Commercial Code,* 56 TUL. L. REV. 1125 (1982).
- Robert A. Hillman & Jeffrey J. Rachlinski, *Standard-Form Contracting in the Electronic Age,* 77 N.Y.U. L. REV. 429 (2002).
- ROBERT A. HILLMAN, PRINCIPLES OF CONTRACT LAW (2004).
- Robert A. Hillman, *The Triumph of Gilmore's the Death of Contract,* 90 NW. U. L. REV. 32 (1995).

- THOMAS HOBBS, LEVIATHAN (1651).
- Lawrence A. Hoffman, *The Relevance of Religion to a Lawyer's Work*, 66 FORDHAM L. REV. 1157 (1998).
- OLIVER WENDELL HOLMES, JR., THE COMMON LAW ([1881] Howe ed. 1963).

【K】
- Brad S. Karp & Shelly L. Friedland, *Governing Law and Forum Selection, in* TINA L. STARK, NEGOTIATING AND DRAFTING CONTRACT BOILERPLATE Ch.6, at 109 (2003).
- Duncan Kennedy, *From the Will Theory to the Principle of Private Autonomy: Lon Fuller's "Consideration and Form,"* 100 COLUM. L. REV. 94 (2000).
- Friedrich Kessler, *Contracts of Adhesion —— Some Thoughts about Freedom of Contracts,* 43 COLUM. L. REV. 629 (1943).
- LOU R. KLING & EILEEN T. NUGENT, NEGOTIATED ACQUISITIONS OF COMPANIES, SUBSIDIARIES AND DIVISIONS (2007).
- Russell Korobkin, *The Problems with Heuristics for Law, in* HEURISTICS AND THE LAW 45 (Gerd Gigerenzer & Christoph Engel ed. 2006).
- Bruce Kuklick, Book Review, *Honorable Justice?: The Life of Oliver Wendell Holmes,* 90 COLUM. L. REV. 803 (1990).
- GEORGE W. KUNEY, THE ELEMENTS OF CONTRACT DRAFTING WITH QUESTIONS AND CLAUSES FOR CONSIDERATION (2006).
- Christina L. Kunz et al., *Browse-Wrap Agreements: Validity of Implied Assent in Electronic Form Agreements,* 59 BUS. LAW. 279 (2003).
- John C. Kuzenski, *Making Room at the Table: The Public Policy Dangers of Over-Reliance on Black-Letter Contract Terms in State Common Interest Community Law,* 7 APPALACHIAN J. L. 35 (2007).

【L】
- Debra T. Landis, *Contractual Jury Trial Waiver in Federal Civil Cases,* 92 A.L.R. FED. 688 (1989).
- Arthur Allen Leff, *Unconscionability and the Code: The Emperor's New Clause,* 115 U. PA. L. REV. 485 (1967).
- Daniel J. Leffell, *Enforcement Issues Presented by a Few Common Contract Provisions, in* 1 COMMERCIAL CONTRACTS: STRATEGIES FOR DRAFTING AND NEGOTIATING Ch. 3 (Morton Moskin, ed. Supp. 2005).
- Mark A. Lemley, *Terms of Use,* 91 MINN. L. REV. 459 (2006).
- Marvin Leon, *Lessening the Risk of Letters of Intent,* 24 LOS ANGELES LAWYER 20 (2001).
- Peter V. Letsou, *The Scope of Section 12 (2) of the Securities Act of 1933: A Legal*

and Economic Analysis, 45 EMORY L. J. 95 (1996).
- C. James Levin & Avery R. Brown, *Severability, in* TINA L. STARK, NEGOTIATING AND DRAFTING CONTRACT BOILERPLATE Ch.17, at 539 (2003).
- C. James Levin & Avery R. Brown, *Captions, in* TINA L. STARK, NEGOTIATING AND DRAFTING CONTRACT BOILERPLATE Ch.21, at 597 (2003).
- KARL N. LLEWELLYN, THE COMMON LAW TRADITION: DECIDING APPEALS (1960).
- Karl N. Llewellyn, *Why a Commercial Code?* 22 TENN. L. REV. 779 (1953).
- KARL N. LLEWELLYN & E. ADAMSON HOEBEL, THE CHEYENNE WAY: CONFLICT AND CASE LAW IN PRIMITIVE JURISPRUDENCE (1941).
- Robert M. Lloyd, *Making Contracts Relevant: Thirteen Lessons for the First-Year Contracts Course,* 36 ARIZ. ST. L. J. 257 (2004).
- John Locke, An Essay Concerning the True, Original, Extent and End of Civil Government (1690).

【M】
- Richard A. Mann et al., *Starting from Scratch: A Lawyer's Guide to Representing A Start-Up Company,* 56 ARL. L. REV. 773 (2004).
- Ronald J. Mann & Travis Siebeneicher, Essay, *Just One Click: The Reality of Internet Retail Contracting,* 108 COLUM. L. REV. 984 (2008).
- Ronald J. Mann, *The Role of Letters of Credit in Payment Transactions,* 98 MICH. L. REV. 2494 (2000).
- NICHOLAS MERCURO & STEVEN G. MEDEMA, ECONOMICS AND THE LAW: FROM POSNER TO POSTMODERNISM AND BEYOND (2d ed. 2006, Princeton Univ. Press).
- Morton Moskin, *How New York Law Became America's Defining Law of Contract: A Selective History, in* 1 COMMERCIAL CONTRACTS: STRATEGIES FOR DRAFTING AND NEGOTIATING Ch. 1 (Morton Moskin, ed. Supp. 2005).
- JOHN EDWARD MURRAY, JR., MURRAY ON CONTRACTS (4th ed. 2001).

【N】
- Travis Newport, *Tortious Interference with International Contracts,* 9 CURRENTS INT'L TRADE L. J. 80 (2000).

【O】
- Clare O'Brien & Scott Anthony, *Letters of Intent, in* 1 COMMERCIAL CONTRACTS: STRATEGIES FOR DRAFTING AND NEGOTIATING Ch. 15 (Morton Moskin, ed. Supp. 2007).
- DAVID G. OWEN, PRODUCTS LIABILITY (2005).

【P】
- JOSEPH PERILLO, CALAMARI & PERILLO ON CONTRACTS (5th ed. 2003).

- Michael Pantazakos, *Ad Humanitatem Pertinent: A Personal Reflection on the History and Purpose of the Law and Literature Movement,* 7 CARDOZO STUD. L. & LITERATURE 31 (1995).
- Nancy M. Persechino, *Force Majeure, in* TINA L. STARK, NEGOTIATING AND DRAFTING CONTRACT BOILERPLATE Ch.11, at 319 (2003).
- David Ray Papke, *How the Cheyenne Indians Wrote Article 2 of the Uniform Commercial Code,* 47 BUFFALO L. REV. 1457 (1999).
- Morton A. Pierce & Michael C. Hefter, *Indemnities, in* TINA L. STARK, NEGOTIATING AND DRAFTING CONTRACT BOILERPLATE Ch.10, at 559 (2003).
- William F. Plunkett, Jr. & Timothy J. Plunkett, *Tortious Interference with Contract, in* 1 COMMERCIAL CONTRACTS: STRATEGIES FOR DRAFTING AND NEGOTIATING Ch. 13 (Morton Moskin, ed. Supp. 2007).
- Elliot E. Polebaum, *Arbitration, in* TINA L. STARK, NEGOTIATING AND DRAFTING CONTRACT BOILERPLATE Ch.8, at 169 (2003).
- A. MITCHELL POLINSKY, AN INTRODUCTION TO LAW AND ECONOMICS (2d ed. 1989).
- RICHARD A. POSNER, ECONOMIC ANALYSIS OF LAW (7th ed. 2007).
- RICHARD A. POSNER, LAW AND LITERATURE (revised and enlarged ed. 1998).
- C. Scott Pryor, *Consideration in the Common Law of Contracts: A Biblical-Theological Critique,* 18 REGENT U. L. REV. 1 (2006).

【R】
- Ronald B. Risdon & William A. Escobar, *Merger, in* TINA L. STARK, NEGOTIATING AND DRAFTING CONTRACT BOILERPLATE Ch.18, at 559 (2003).
- E. Michelle Robinson, Casenote, *Pre-Litigation Contractual Waivers of a Right to a Jury Trial Are Unenforceable under Georgia Law,* 46 MERCER L. REV. 1565 (1995).
- CLAUDE D. ROHWER & ANTONY M. SKROCKI, CONTRACTS IN A NUTSHELL (6th ed. 2006).
- JEAN-JACQUE ROUSSEAU, ON THE SOCIAL CONTRACT (1762).

【S】
- Eric C. Schneider, *Consequential Damages in the International Sale of Goods: Analysis of Two Decisions,* 16 U. PA. J. INT'L BUS. L. 615 (1995).
- Jeffrey Schweon, *Agreements for the Sale of Good, in* 2 COMMERCIAL CONTRACTS: STRATEGIES FOR DRAFTING AND NEGOTIATING Ch. 26 (Morton Moskin, ed. Supp. 2005).
- Fred R. Shapiro. *The Most-Cited Articles from The Yale Law Journal,* 100 YALE L. J. 1449 (1991).

- KARLA C. SHIPPERY, INTERNATIONAL CONTRACTS (2d ed. 2003).
- Gavin R. Skene, *Arranger Fees in Syndicated Loans — A Duty to Account to Participant Banks?*, 24 PENN ST. INT'L L. REV. 59 (2005).
- ADAM SMITH, AN INQUIRY INTO THE NATURE AND CAUSES OF THE WEALTH OF NATIONS (1776).
- David V. Snyder, *The Law of Contract and the Concept of Change: Public and Private Attempts to Regulate Modification, Waiver, and Estoppel*, 1999 WIS. L. REV. 607 (1999).
- TINA L. STARK, DRAFTING CONTRACTS: HOW AND WHY LAWYERS DO WHAT THEY DO (2007).
- Tina L. Stark, *Assignment and Delegation*, in TINA L. STARK, NEGOTIATING AND DRAFTING CONTRACT BOILERPLATE Ch.3, at 23 (2003).
- Tina L. Stark, *The Nuts and Bolts of Drafting Boilerplate Provisions*, in TINA L. STARK, NEGOTIATING AND DRAFTING CONTRACT BOILERPLATE Ch.2, at 11 (2003).
- Tina L. Stark, *Introduction*, in TINA L. STARK, NEGOTIATING AND DRAFTING CONTRACT BOILERPLATE Ch.1, at 3 (2003).
- WILLIAM STRUCK, JR. & E.B. WHITE, THE ELEMENTS OF STYLE (4th ed. 2000).
- ROBERT S. SUMMERS & ROBERT A. HILLMAN, CONTRACT AND RELATED OBLIGATION: THEORY, DOCTRINE, AND PRACTICE (5th ed. 2006).
- Robert S. Summers, *The First Hour of the Course in Commercial Law, Spring Semester 1990*, CORNEL LAW FORUM, Vol.17, No.1, at 12 (July 1990).

【T】
- T. S. Twibell, *Implementation of the United Nations Convention on Contract for the International Sale of Goods (CISG) under Shari'a (Islamic Law): Will Article 78 of the CISG Be Enforced When the Forum Is in an Islamic State?*, 9 INT'L LEGAL PERSP. 25 (1997).

【V】
- CENTO VELJANOVSKI, ECONOMICS PRINCIPLES OF LAW (2007, Cambridge Univ. Press).

【W】
- RICHARD WARNER, GRAEME DINWOODIE, HAROLD KRENT & MARGARET STEWART, E-COMMERCE, THE INTERNET, AND THE LAW: CASES AND MATERIALS (2007).
- Valerie Watnick, *The Electronic Formation of Contracts and the Common Law "Mailbox Rule,"* 56 BAYLOR L. REV. 175 (2004).
- WEBSTER'S THIRD NEW INTERNATIONAL DICTIONARY ON THE ENGLISH LAN-

- GUAGE UNABRIDGED (Philip Babcock Gove ed. 2002).
- Alan M. White & Cathy Lesser Mansfield, *Literacy and Contract,* 13 STAN. L. & POL'Y REV. 233 (2002).
- JAMES J. WHITE & ROBERT S. SUMMERS, UNIFORM COMMERCIAL CODE (5th ed. 2000).
- Michael Jay Willison, *A View of Justice in Shakespeare's The Merchant of Venice and Measure for Measure,* 70 NOTRE DAME L. REV. 695 (1995).
- SAMUEL WILLISTON, A TREATISE ON THE LAW OF CONTRACTS (Richard A. Lord, 4th ed. 2007) [WILLISTON ON CONTRACTS].
- Keith E. Witek, *Drafting a More Predictable Letter of Intent — Reducing Risk and Uncertainty in a Risky and Uncertain Transaction,* 9 TEX. INTELL. PROP. L. J. 185 (2001).
- DONALD WITTMAN, ECONOMIC FOUNDATIONS OF LAW AND ORGANIZATION (2006, Cambridge Univ. Press).
- Michael A. Woronoff, *Confidentiality, in* TINA L. STARK, NEGOTIATING AND DRAFTING CONTRACT BOILERPLATE Ch.13, at 393 (2003).

【Y】
- Kenji Yoshino, *The Lawyer of Belmont,* 9 YALE J. L & HUMAN. 183 (1997).

＜邦語文献＞
- 北川俊光＆柏木昇『国際取引法』（第2版、2005年、有斐閣）．
- ロバートD. クーター＆トーマスS. ユーレン『（新版）法と経済学』（2d ed. 1997年、商事法務）．
- 清水芳見『イスラームを知ろう』（2003年、岩波ジュニア新書）．
- 樋口範雄『アメリカ契約法』（1994年、弘文堂）．
- ――――同第二版（2008年、弘文堂）．
- 平野晋「補追『アメリカ不法行為法：判例と学説』」『国際商事法務』35巻10号1375頁－＿＿頁（2007年～＿＿年）（分載継続中）．
- 平野晋「インターネット法判例紹介（第120回）『*DeFontes v. Dell Computers Corp.*』」『国際商事法務』36巻5号688-89頁（2008年5月）．
- 平野晋「インターネット法判例紹介（第119回）『*Southwest Airlines Co. v. BoardFirst, L.L.C.*』」『国際商事法務』36巻4号550-51頁（2008年4月）．
- 平野晋「インターネット法判例紹介（第118回）『*DeJohn v. The. TV Corp.*』」『国際商事法務』36巻3号418-19頁（2008年3月）．
- 平野晋「国際法務戦略」*in* 福原紀彦編『企業法務戦略』67頁（2007年、中央経済社）．
- 平野晋「サイバー法と契約行動」『中央評論』59巻2号59頁（2007年、中央大学出版部）．

- 平野晋「インターネット法判例紹介（第 106 回）『*Register. Com, Inc. v. Verio, Inc.*』」『国際商事法務』35 巻 3 号 434-35 頁（2007 年 3 月）．
- 平野晋「インターネット法判例紹介（第 105 回）『*Pollstar v. Gigmania Ltd.*』」『国際商事法務』35 巻 2 号 276-77 頁（2007 年 2 月）．
- 平野晋『アメリカ不法行為法：主要概念と学際法理』（2006 年，中央大学出版部）．
- 平野晋「インターネット法判例紹介（第 2 回）『*ProCD, Inc. v. Zeidenberg* 事件判決』」『国際商事法務』26 巻 7 号 756-57 頁（1998 年 7 月）．
- 平野晋『電子商取引とサイバー法』（1999 年，NTT 出版）．
- 平野晋『アメリカ製造物責任法の新展開：無過失責任の死』（1995 年，成文堂）．
- ロバート・A. ヒルマン＆笠井修編著『現代アメリカ契約法』（2000 年，弘文堂）．

索　引

［和文索引］

【あ行】

揚地渡し　→　到達地渡
悪化　　　　　　　　　　　　　　　*16,21*
アメリカン・ルール　　　　　　　　*174*
意識的な無視　　　　　　　　　　　*263*
一般条項　*304,317,318,329,**370**,393,412,443*
違約罰条項　　　　　　　　　　　　*187*
失われた機会　*165,170,171,179,**181***
失われた利益　　*162,**163–64**,170,171*
売主注意の原則　　　　　　　　　　*598*

【か行】

買主注意の原則　　　　　　　　*282,598*
価格条件　　　　　　　　　　　　　*376*
科学としての法　　　　　　　　　　　*35*
学際法学　　　　　　　　　　　　*14,37*
確定的合意書　　*135,154,**218–19**,372,*
　　*373,410,**411**,412,413,414,415,417,418,*
　　419,420,423,424,426,427,433,434,
　　435,436,439,441,442,443,445,533,601
隠れた［潜在的］多義性　　　　　　*395*
過去の約因　　　　　　　*6,112,**114–16***
価値の喪失　　　　　　　　*163–64,172*
カルドア・ヒックス原理　　　　　　　*21*
間接強制　　　　　　　　*197,201,206*
機械的法学　　　　　　　　　　　*35,38*
機能する［有効な／効力発生的］約定［文言］
　　　　　　　　　　　　　　　302,356
擬制詐欺　　　　　　　　　　　　　*278*
教義主義　　　　　　　　　　　　*iv,**40***
禁止的インジャンクション　　　　　*204*
偶発事契約　　　　　　　　　　　　*166*
クリックラップ［契約］　　　*127–28,302*

啓典の民　　　　　　　　　　　　*3,21,*
契約上の制裁強制禁止則　　　　　　*188*
契約の偶発事象的［射倖的］見解　　*215*
『契約の死』　　　　　　*37,**42**,135,**153***
契約の自由／契約自由
　　　　　*12,**23**,36,186,215,**321***
契約は履行すべし　　　　　　　*9,21,25*
［契約を］締結しない自由　　　　　*215*
ケース・メソッド　　　　　　　*i,**39**,41*
権限踰越　　　　　　　　　　　　　*249*
現状渡し　　　　　　　　　　　　*90,265*
権利の上に眠る［者を許さず］　　　*195*
権利放棄なしに　　　　　　　　　　*578*
効率的違反［理論］　　　　　*21,22,159,*
国際商業会議所　　　　　　　　　*66,**376***

【さ行】

裁判官裁判　　　　　　　　　　　**195**,*196*
作為命令的インジャンクション　　　*204*
散弾銃条項　　　　　　　　　　　　*193*
私的立法者　　　　　　　　　　　　　*12*
資本の都（みやこ）　　　　　　　　　*45*
社会学的法学　　　　　　　　　　　　*38*
社会契約［論］　　　　　　　　*10,11,**17***
射倖契約　→　偶発事契約
自由譲渡　→　譲渡自由
州籍相違管轄権　　　　　　　　　　*333*
重大な便益の準則　　　　　　　　　*116*
終了条項　　　　　　　　　　　　　*125*
シュリンクラップ［・ライセンス］契約
　　　　　　　　　　　　　　127,128
条件付約束　　　　　　　　　　　　*449*
譲渡［の］自由／自由譲渡［性］
　　　　　　　　　　　568,570,580,581
書式の戦い　　　　　　　　　　　　　*96*

新規事業の準則　　　　　　**164**,192
制裁条項　　　　　　　　　　187
絶対的な約束　　　　　　　　449
選択権　　　　　　　　　　　207
束縛　　　　　　　　**58**,**403**,**407**,**450**
ソクラテス方式　　　　　　　　i

【た行】

対人効　　　　　　　　　　　20
対世効　　　　　　　　　　　20
仲裁適格　　　　　　　　　　341
調停　　　　　　　　　　　　345
重複的救済条項　　　　　　　177
積地引渡　　　　**377**,378,379,381,**499**
締結しない自由　→　［契約を］締結し
　　ない自由
手続的［自然］法学［運動］　　　43
同罪の準則　　　　　　　27,**319**
到達地渡［し］　　**377**,378,379,381,**499**
到着地渡　→　到達地渡
取引ゲーム　　　　　　　　　15

【な行】

荷積み渡し　→　船積渡

【は行】

敗訴者負担主義　　　　　　　175
［反対給付の］剝奪　317,**463**,**466**,**468**,**479**-**80**
パレート優位　　　　　　　16,**21**
引渡条件　　　　　　　　　　376
引渡の提供　　　　　　　　　378
標準書式契約［約款］／合意書　96,127,
　　　　　　301-**05**,371,383,443,465
日和見主義的行動　　　　　　400
不可欠的信頼利益　　　　　**180**-**81**
附合契約　　96,127,246,299,**301**-**03**,305
不公正な不意打ち　　　　186,**297**-**98**
付随的信頼利益　　　　　　**180**-**81**
物々交換　　　　　　　　　18,56
船積渡　　　　　　　　　　　380
ブラウズラップ契約　　　　　127
分割給付契約　　　　　　　　485

分配的正義　　　　　　　　　261
妨害法理　　　　　　　　　　399
法と経済学　　　　iv,**14**,15,16,19,21,22,23,
　　　　　　　24,37,364-65,367,368,558
法と大衆文化／大衆法文化　　i,26,39,213,
　　　　　　　　　　　289,325,464
法と文学　　　　　　　　24,25,26
本船渡条件　→　船積渡

【ま行】

ミラー・イメージ・ルール　　96
未履行契約　　　　　　　　　88
未履行双務契約　　　　　　　88
民事陪審裁判　　　　　　　　195
免責不可能な明示の保証　　　594
面前の準則　　　　　　　　**99**,101

【や行】

予見しない困難性の例外　　　120
余剰　　　　　　　　　**15**-**16**,17,365

【ら行】

ラッパ銃条項　　　　　　　　193
ラップ型契約　　　　81,**127**,302,303
リーガリーズ　　　　　　　　305
リキ・ダメ　　　　　　　　187-93
履行期前の履行拒絶　　　　　486
良化　　　　　　　　　　16,17,21
両得取り条項　　　　　　　　193
連邦事項管轄権　　　　　　　333

［欧文索引］

【A】

ＡＡＡ（トリプル・エイ）　　342,343,344,346
ＡＢＡ（エイ・ビー・エイ）　　129,404
absolute promise　　　　　　449
act of God　　　　　　　**506**-**07**,511
act of God or the King's Enemies　→
　　　　　　　　　　　　act of God

索　引　627

ad hoc arbitration　　　　　　　　　　341
[consensus] ad idem　　　　　　　97,360
　アド　アイテム
administered arbitration　　　　　　341
aggregatio mentium　　　　　　　　　97
　アグレアゲイシーオー　メンシーウァム
aleatory contract　　　　　　　　　166
aleatory view of contract　　　　　215
ALI　　　　　　　　　　　　29,30,129
American Arbitration Association　→
　　　　　　　　　　　　　　　　AAA
America Law Institute　→　ALI
American Bar Association　→　ABA
American Rule　　　　　　　　　　174
anticipatory repudiation　　　　　486
arbitrability　　　　　　　　　　　341
as is／AS IS　　　90,265-66,594,602,603,604
　アズ　イズ
asymmetrical ["one-sided"] forum
　selection clause　　　　　　　　332
authenticate／authentication　　309,310

【B】

bargained-for exchange　iv,6,7,37,84,106
bargaining game　　　　　　　　　　15
bargaining power　290,299,301,313,327,383
barter　　　　　　　　　　　　　　　18
battle of the forms　　　　　　　　 96
bench trial　　　　　　　　　　195-96
better off　　　　　　　　16,17,21,365
bilateral executory accord　　　　542
blunderbuss clause　　　　　　　　193
bona fide purchaser　　　　281,284,285
boilerplate　　　　301,415,438,443,465
　ボイラープレート
browse-wrap agreement　　127,128,302
B 2 B　　186,294,299,307,328,330,604,605
　ビー・トゥー・ビー
B 2 C　　　　　　　　　　　　185,305
　ビー・トゥー・シー
business compulsion　　　　　　　294
business-to-business　→　B2B
business-to-consumer　→　B2C
buzz-word［専門用語的キャッチフレーズ］
　バズ　ワード　　　　　　　　　　328

【C】

C.A.F.　　　　　　　　　　　　　381

C. & F.　　　　　　　　　　　　　381
catch-all phrase／provision　384-85,508,511
cash on delivery　→　C.O.D.
capital of the capital　　　　　　 45
　ケイヴィーアット　エムプトーア
caveat emptor　(let the buyer beware)
　　　　　　　　　　　　　　282,598
　ケイヴィーアット　ヴェンディトーア
caveat venditor　(let the seller beware)
　　　　　　　　　　　　　　　　598
C.F.　　　　　　　　　　　　　　381
CIP (carriage and insurance paid to)　382
civil jury trial　　　　　　　　　195
click-wrap agreement　　　　127-28,302
collection on delivery　→　C.O.D.
commit[ment]　58,121,122,223,403,407,450
conciliation　　　　　　　　　　　345
C.O.D.　　　　　　　　　　　455,461
conditional promise　　　　　　　449
conscious ignorance　　　　　　　263
constructive fraud　　　　　　　　278
contingency　　　　　　　　　　　255
　コントート
contort　　　　　　　　　　　　37,153
contract of adhesion　　96,127,299,301-02
cumulative remedy provision　　　177

【D】

[a] deal's a deal　　　　　　　　 253
THE DEATH OF CONTRACT　37,42,135,153
definitive agreement　135,154,218-19,410
　ディレクタス　パーソーニー
delectus personae　(choice of the person)　567
delivery term　　　　　　　　　　376
"derogation" clause　　　　　　　331
destination contract　377,378,379,381,499
distributive justice　　　　　　　261
diversity of citizenship　　　　　333
divisibility clause　　　　　　　 318
doctrinalism　　　　　　　　　　iv,40
duty bearer　　　　　　　　　　　 20
duty to read　　　　　　　　　　 303

【E】

efficient breach [theory]　　　　21,159
end user license agreement　→　EULA

English Rule	175	in pari delicto (イン パリ デリクトー)	27,247,**319**
equitable fraud → constructive fraud		in personam right	20
essential reliance	180–81	installment contract	485
estoppel in pais (イン ペイズ)	132,**475**	International Chamber of Commerce → ICC	
EULA	127		
execute (execution)	**49**,274	**【J】**	
executory bilateral contract	88		
executory contract	88	jdx (=jurisdiction)	335
exemplary damages	158	**【K】**	

【F】

		Kaldor-Hicks principle	21
FCA (Free Carrier)	380	**【L】**	
federal matter jurisdiction	333		
filling-the gap	ii, iii, 309,376	last shot doctrine	97
forfeiture	317,**463**,468,**479–80**	latent ambiguity	395
fraud in equity → constructive fraud		law and economics	14,37,365
fraus omnia corrumpit (フラウス オムニア コラムピット) (fraud vitiates everything it touches)	437–38	law and literature	24
		law and popular culture	i,26,213
free assignability	570	law ands	14,**37**
freedom of contract	**12**,186	law as a science	35
freedom of negotiation	215	law jargon (ジャーゴン)	305
full integration clause	441	Law Merchant → Lex Mercatoria	
		legalese (リーガリーズ)	305,443

【G】

		legal fraud → equitable fraud	
gap-filler / gap filling	123,349,355, 366–67,398	legal process [movement]	43
		Lex Mercatoria (レックス マァーカトリーア)	30,34,**372**
gap period	450–51	locus sigilli → L.S.	
general term	304,317,329,**370–71**,412,513	loss in value	**163–64**,172
【H】		lost [operating] profit	162,**163**,164,170,**171**
		lost opportunity	165,170,171,**181**
hard bargain[ing]	**290**,292	L.S.	**64**
have cake and eat it clause	193	**【M】**	

【I】

		mandatory injunction	204
ICC	66,343,**376**,514,515	material benefit rule	116
ignorantia legis neminem excusat (イグノランシーア リージス ナーミネム イクスキューサット) (ignorance of the law excuses no one)	252	mechanical jurisprudence	35,38
		mediation	345,346
		memorialize	80
incidental reliance	**180–81**	mirror image rule	96
including but not limited to / including without limitation	385,**388**,516	monetary restitution	143,**182**
		"multi-step" negotiation	345
indirect enforcement	**197**,201		

索　引　629

[N]

National Conference of Commissioners
　on Uniform State Laws　→　NCCUSL
NCCUSL　　　　　　　　　　　　　30
new business rule　　　　　　　　164

[O]

one-shot contract　　　　　　　　485
operative [term / word]　244,302,**356**
opportunistic behavior　　　　　　400
option　　　　　　　　　　　207–08

[P]

パクタ　スント　サーヴァンダ
pacta sunt servanda (agreement must
　be kept)　　　　　　　　　9,25,252
"pad" form　　　　　　　　　　　301
Pareto superior　　　　　　　　16,**21**
pass-through warranty　　　　　　597
past consideration　　　　　　　　112
partial invalidity provision　　　　 318
Peerless [*See also Raffles v. Wichelhaus*]
　　　　　　　　　252,**270–71**,358,**359**
penal provision　　　　　　　　　187
penalty clause　　　　　　　　　 187
プリアンブル
preamble　　　　　　　　　　　　354
presence rule　　　　　　　　　**99**,*101*
prevention doctrine　　　　　　　 399
preventive injunction　　　　　　 204
printed form　　　　　　　　　　 301
private legislature　　　　　　　　 12
"prorogation" clause　　　　　　 331
prohibitory injunction　　　　　　204

[Q]

クオントゥアム　メルーイト
quantum meruit　　　　　　　　140
quasi ex delicto　　　　　　　　 145
クィッド　プロー　クオー
quid pro quo　　　　　　　　　598

[R]

リサイタル
recital　　　　　　　45,**354**,356,362,465
リシンド
rescind　　　　　142,519,523,**526–27**

リシジアン
rescission　　　142,209,436,523,**525–27**,
　　　　　　　　　　　　　　530,546,564
right against the promisor　　　　　20
right against the world　　　　　　20
right holder / holder of [a] right　**20**,*569*
right *in personam*　　　　　　　**18**,*19*
right *in rem*　　　　　　　　　 **17**,*19*,**20**
Rose 2d of Aberlone [*See also Sherwood v.*
　Walker]　　252,**257–58**,262,369,461
rule against the enforcement of
　contractual penalties　　　　　 188
rule of *Adams v. Lindsell*　　　　 100

[S]

サイエンタ
scienter　　　　　　　　　　　 277,288
shipment contract　　377,378,379,381,**499**
shotgun clause　　　　　　　　　 193
shrink-wrap license　　　　　　**127**,*302*
シニー　クエイ　ノン
sine qua non (without which not)　 256
sleeping on rights　　　　　　　　195
social contract [theory]　　　　　10,**17**
sociological jurisprudence　　　　　38
specific restitution　　　　　　 143,**182**
specific restoration　　　　　　143,**182**
standard form [agreement/contract] /
　standardized agreement /
　standardized terms　　 96,127,**301–02**,
　　　　　　　　　　　　　　370–71,443
ステイタス　クウォー　アンティー
status quo ante　　132,**140**,*163*,**180**
surplus　　　　　　　　　　**15–16**,365

[T]

take-it-or-leave it　　　　　　　246,**302**
tender of delivery　　　　　　　　 378
termination clause　　　　　　　　125
terms and conditions　　　　　　　446
terms of use　　→　TOU
TOU　　　　　　　　　　**127**,*128*,302
trade symbol / trade term　　　　 376

[U]

アルトラ　ヴァイリーズ
ultra vires　　　　　　　　　　　249

undisclaimable express warranty	*594*
unfair surprise	*186*, ***297-98***
unforeseen difficulties exception	*120*

【V】

venue (ヴェニュー)	*334-35*
vinculum juris (ヴィンキュルム ジューリス)	*77*
vis major (ヴィス メイジャー) → act of God	

【W】

whereas clause (フェアラズ クローズ)	*45*, ***355***, *356*

with all fault	***602***, *603*
without prejudice	*578*
worse off	*16*, *21*

【Z】

zipper clause	*441*

■ 著者略歴

平野　晋（ひらの・すすむ）

1961 年　東京都に生まれる。
1984 年　中央大学法学部法律学科卒。1990 年コーネル大学ロースクール修了（LL.M.）。同年ニューヨーク州法曹資格試験（bar exam.）受験・合格。同年コーネル大学ロースクール特別研究生（『Cornell Int'l L. J.』誌編集部員に選抜）。2006 年博士号（総合政策）（中央大学）取得。
1984 年　富士重工業㈱入社。1989 年から同社企業派遣として上記コーネル大学留学。1991 年モーガン・ルイス＆バッキアス法律事務所研修生。1993 年ホワイト＆ケース法律事務所アソシエイト等を経て、2000 年㈱NTT ドコモ法務室長。
2004 年〜現在
　中央大学教授（総合政策学部）・米国弁護士（ニューヨーク州，1991 年より）・大学院総合政策研究科委員長（2013 年より）・国際情報学部開設準備室長（2018 年より）。

＜主要著書・論文＞

「Draft of the Japanese Strict Products Liability Code: Shall Japanese Manufacturers Also Become the Insurers of Their Products?」 in 『Cornell Int'l L. J.』25 巻 3 号 643 頁（Cornell University 1992 年），『電子商取引とサイバー法』（NTT 出版 1999 年），『アメリカ不法行為法：主要概念と学際法理』（中央大学出版部 2006 年），『国際契約の起案学：法律英語の国際標準』（木鐸社 2011 年），『ロボット法：AI とヒトの共生に向けて』（弘文堂 2017 年）。

体系アメリカ契約法

2009 年 3 月 30 日　初版第 1 刷発行
2013 年 10 月 15 日　初版第 2 刷発行
2019 年 3 月 25 日　初版第 3 刷発行

著　者　平　野　　　晋
発行者　間　島　進　吾

発行所　中央大学出版部
〒 192-0393
東京都八王子市東中野 742 番地 1
電話 042-674-2351・FAX 042-674-2354

Ⓒ 2009　Susumu HIRANO　　　　　　　　　　電算印刷㈱
ISBN978-4-8057-0725-8

本書の無断複写は，著作権法上での例外を除き，禁じられています。複写される場合は，その都度，当発行所の許諾を得てください。